新法科·法律实务和案例教学系列教材

本书受上海市高水平地方高校（学科）建设项目资助

Course of Criminal Procedure Law Cases

刑事诉讼法案例教程

叶　青　主编

法律出版社
LAW PRESS·CHINA
——北京——

图书在版编目(CIP)数据

刑事诉讼法案例教程 / 叶青主编. -- 北京 : 法律出版社, 2023
ISBN 978-7-5197-7966-5

Ⅰ. ①刑… Ⅱ. ①叶… Ⅲ. ①刑事诉讼法-案例-中国-教材 Ⅳ. ①D925.205

中国国家版本馆 CIP 数据核字(2023)第 095096 号

刑事诉讼法案例教程
XINGSHI SUSONG FA ANLI JIAOCHENG

叶 青 主编

责任编辑 陆帅文
装帧设计 臧晓飞

出版发行 法律出版社
编辑统筹 法律教育出版分社
责任校对 王 丰
责任印制 刘晓伟
经 销 新华书店

开本 710 毫米×1000 毫米 1/16
印张 30.75 **字数** 569 千
版本 2023 年 9 月第 1 版
印次 2023 年 9 月第 1 次印刷
印刷 保定市中画美凯印刷有限公司

地址:北京市丰台区莲花池西里 7 号(100073)
网址:www.lawpress.com.cn
投稿邮箱:info@lawpress.com.cn
举报盗版邮箱:jbwq@lawpress.com.cn

销售电话:010-83938349
客服电话:010-83938350
咨询电话:010-63939796

书号:ISBN 978-7-5197-7966-5
定价:68.00 元

凡购买本社图书,如有印装错误,我社负责退换。电话:010-83938349

明德崇法　华章正铸
——华东政法大学"十四五"规划教材系列总序

教材不同于一般的书籍,它是传播知识的主要载体,体现着一个国家、一个民族的价值体系,是教师教学、学生专业学习的重要工具,更是教师立德树人的重要途径。一本优秀的教材,不仅是教师教学实践经验和学科研究成果的完美结合,更是教师展开思想教育和价值引领的重要平台。一本优秀的教材,也不只是给学生打下专业知识的厚实基础,更是通过自身的思想和语言的表达,引导学生全方位地成长。

习近平总书记深刻指出:"当代中国的伟大社会变革,不是简单延续我国历史文化的母版,不是简单套用马克思主义经典作家设想的模板,不是其他国家社会主义实践的再版,也不是国外现代化发展的翻版,不可能找到现成的教科书。"新时代教材建设应当把体现党和国家的意志放在首位,要立足中华民族的价值观念,时刻把培养能够承担民族发展使命的时代新人作为高校教师编写教材的根本使命。为此,编写出一批能够体现中国立场、中国理论、中国实践、中国话语的有中国特色的高质量原创性教材,为培养德智体美劳全面发展的社会主义接班人和建设者提供保障,是高校教师的责任。

华东政法大学建校 70 年以来,一直十分注重教材的建设。特别是 1979 年第二次复校以来,与北京大学出版社、法律出版社、上海人民出版社等合作,先后推出了"高等学校法学系列教材(北大版)""法学通用系列教材(上海人民版)""法学案例与图表系列教材(法律版)""英语报刊选读系列教材(北大版)""研究生教学系列用书(北大版)""海商法系列教材(北大版)""新世纪法学教材(北大版、上海人民版)"等,其中曹建明教授主编的《国际经济法学概论》、苏惠渔教授主编的《刑法学》等教材荣获了司法部普通高校法学优秀教材一等奖;史焕章研究员主编的《犯罪学概论》、丁伟教授主编的《冲突法论》、何勤华教授与魏琼教授编著的《西方商法史》及我本人主编的《诉讼证据法学》等教材荣获了司法部全国法学教材与科研成果二等奖；苏惠渔教授主编的《刑法学》、何勤华教授主编的《外国法制史》获得了上海市高校优秀教材一等奖；孙潮教授主编的《立法学》获得“九五”普通高等教育国家级重点教材立项；杜志淳教授主编的《司法鉴定实验教程》、何勤华教授主编的《西方法律思想史（第二版）》和《外国法制史（第五版）》、高富平教授与黄武双教授主编的《房地产法学（第二版）》、高富平教授主编的《物权法讲义》、余素青教授主编的《大学英语教程：读写译1、2、3、4（政法类院校版）学生用书》、苗伟明副教授主编的《警察技能实训教程》等分别入选第一批、第二批“十二五”普通高等教育本科国家级规划教材；王立民教授副主编的《中国法制史（第二版）》荣获首届全国优秀教材二等奖。1996年以来，我校教师主编的教材先后获得上海市级优秀教材一等奖、二等奖、三等奖共计72项。2021年，由何勤华教授主编的《外国法制史（第六版）》、王迁教授主编的《知识产权法教程（第六版）》、顾功耘教授主编的《经济法教程（第三版）》、王莲峰教授主编的《商标法学（第三版）》以及我本人主编的《刑事诉讼法学（第四版）》等5部教材获评首批上海高等教育精品教材，受到了广大师生的好评，取得了较好的社会效果和育人效果。

进入新时代，我校以习近平新时代中国特色社会主义思想铸魂育人为主线，在党中央“新工科、新医科、新农科、新文科”建设精神指引下，配合新时代背景下新法科、新文科建设的需求，根据学校“十四五”人才培养规划，制定了学校“十四五”教材建设规划。这次的教材规划一方面力求巩固学校优势学科专业，做好经典课程和核心课程教材建设的传承工作，另一方面适应新时代的人才培养需求和教育教学新形态的发展，推动教材建设的特色探索和创新发展，促进教学理念和内容的推陈出新，探索教学方式和方法的改革。

基于以上理念，围绕新文科建设，配合新法科人才培养体系改革和一流学科专业建设，在原有教材建设的基础上，我校展开系统化设计和规划，针对法学专业打造“新法科”教材共3个套系，针对非法学专业打造“新文科”教材共2个套系。

“新法科”教材的3个套系分别是：“新法科·核心课程系列教材”“新法科·法律实务和案例教学系列教材”“新法科·涉外法治人才培养系列教材”。“新文科”教材的2个套系分别是：“新文科·经典传承系列教材”和“新文科·特色创新课程系列教材”。

“新法科”建设的目标，就是要解决传统法学教育存在的“顽疾”，培养与时代相适应的“人工智能+法律”的复合型人才。这些也正是“新法科”3套系列教材的设计初心和规划依据。

“新法科·核心课程教材系列”，以推进传统的基础课程和核心课程的更新换代为目标，促进法学传统的基础和核心课程体系的改革。“新法科”理念下的核心课程教材系列，体现了新时代对法学传统的基础和核心课程建设的新要求，通过对我国司法实践中发生的大量新类型的法律案件的梳理、总结，开阔学生的法律思维，提升学生适用法律的能力。

“新法科·法律实务和案例教学系列教材”，响应国家对于应用型、实践型人才的培养需要，以法律实务和案例教学的课程建设为基础，推进法学实践教学体系创新。此系列教材注重理论与实践的融合，培养真正能够解决社会需求的应用型人才；以“新现象”“新类型”“新问题”为挑选案例的标准和基本原则，以培养学生学习兴趣、提升学生实践能力为导向。通过概念与案例的结合、法条与案例的结合，从具体案情到抽象理论，让更多的学生明白如何在实践中解决疑难复杂问题，体会情、理与法的统一。

“新法科·涉外法治人才培养系列教材”，针对培养具有国际视野和家国情怀、通晓国际规则、能够参与国际法律事务、善于维护国家利益、勇于推动全球治理体系变革的高素质涉外法治人才的培养目标，以涉外法治人才培养相关课程为基础，打造具有华政特色的涉外法治人才培养系列教材。

“新文科·经典传承系列教材”，以政治学与行政学、公共事业管理、经济学、金融学、新闻学、汉语言文学、文化产业管理等专业的基础和主干课程为基础，在教材建设上，一方面体现学科专业特色，另一方面力求传统学科专业知识体系的现代创新和转型，注重把学科理论与新的社会文化问题、新的时代变局相联结，引导学生学习经典知识体系，以用于分析和思考新问题、解决新问题。

“新文科·特色创新课程系列教材”，以各类创新、实践、融合等课程为基础，体现了“新文科”建设提出的融合创新、打破学科壁垒，实现跨学科、多学科交叉融合发展的理念，在教材建设上突破“小文科”思维，构建“大文科”格局，打造具有华政特色的各类特色课程系列教材。

华东政法大学2022年推出的这5个教材系列，在我看来，都有如下鲜明的特点：

第一，理论创新。系列教材改变了陈旧的理论范式，建构具有创新价值的知识体系，反映了学科专业理论研究最新成果，体现了经济社会和科技发展对人才培养提出的新要求。

第二，实践应用。系列教材的编写紧密围绕社会和文化建设中亟需解决的新问题，紧扣法治国家、法治政府、法治社会建设新需求，探索理论与实践的结合点，让教学实践服务于国家和社会的建设。

第三，中国特色。系列教材编写的案例和素材均来自于中国的法治建设和改革开放实践，传承并诠释了中国优秀传统文化，较好地体现了中国立场、中国理论、中国实践、中国话语。

第四，精品意识。为保证本系列教材的高质量出版，我校遴选了各学科专业领域教学经验丰富、理论造诣深厚的学科带头人担任教材主编，选派优秀的中青年科研骨干参与教材的编写，组成教材编写团队，形成合力，为打造出高质量的精品教材提供保障。

当然，由于我校“新文科”“新法科”的建设实践积累还不够丰厚，加之编写时间和编写水平有限，系列教材难免存在诸多不足之处。希望各位方家不吝赐教，我们将虚心听取，日后逐步完善。我希望，本系列教材的出版，可以为我国“新文科”“新法科”建设贡献华政人的智慧。

是为序。

华东政法大学校长、教授 叶青

2022 年 8 月 22 日于华政园

序　言

法学案例教学选取源自司法实践中发人深思的代表性案例等素材，以达到理论联系实际之目的。《刑事诉讼法案例教程》改变了以往法律文本研习的枯燥性、抽象性和单调性，以生动的案例帮助学生理解法律背后的法学要义，辅助教师讲授知识点时援引相关的经典案例，也为研究刑事案例的专业人士提供“引玉之砖”。

本案例教程的前身为《案例刑事诉讼法学》（中国法制出版社 2013 年版），自其出版以来，这部案例教材深受读者的喜爱，在业内享有较高的声誉。2018 年全国人大常委会对《刑事诉讼法》进行了第三次全面修订，并获得通过。几次修订的内容中，不少制度尚处于初创阶段，实践中对法律条款的理解和适用尚存争议或有不明确之处，新设的制度也缺少现实的案例。时至今日，最高人民法院、最高人民检察院、公安部等中央国家机关在《刑事诉讼法》修改之后，先后启动司法解释的全面修订，这些都为本书的再次修订提供法律依据和现实素材。故此，我们对书中的相关章节进行了全面修订，并补充或调整个别代表性案例，对教材进行全方位修改，以此推动教辅材料知识更新，服务法科学生的研学需求。

本教材的编写特色在于：第一，以生动、典型的案例对蕴含的知识点加以阐释，帮助学生理解法条及司法解释的具体语境和适用情形。第二，体现理论与实践相结合、原则制度与司法案例相结合的特色。为实现编写目的和保证编写质量，编写组成员中除了教学科研人员外，我们还特别邀请了来自法院、检察院的资深法官、检察官担任撰稿人，使法学理论研究者与法律实务工作者的理论、经验相结合，为本教材案例来源的原始性与实践性提供了良好的基础；同时，也大大地提升了以案释法、以案说理的水平，强化了对法科学生和读者运用法律解决实际问题能力的培养。第三，本教材不同于教育部马工程重点教材《刑事诉讼法学》、刑事诉讼法案例汇编，它从根本上做到将部门法的知识体系与司法案例的分析精解相结合，将基础知识与司法案例相结合，通过案例帮助学生理解刑事诉讼制度的具体适用情形。

本次案例的选取与修订，主要坚持以下三项原则：第一，在修订任务方面，本次修订的基本任务是结合截至修订时最新的法律及司法解释、代表性的司法案例、共识性的刑事诉讼法学理论研究最新成果，对教材做出全面修订。第二，在案例选取方面，原则上选取公开的案例，首选“两高”指导性案例、社会上有影响的案例、学理上有争议的案例。第三，在体例设计方面，原则上做到每章节以理论知识阐释、法条链接、典型案例、法理与法律适用分析、参考文献、法律及司法解释条文进行多维度阐释与解读。章节内以案例群为基本单元，从不同维度对相关知识点分析阐释，将知识点内容导入案例分析中，基本知识点只以提示、强调或者重难点的形式择要出现。

本次修订由华东政法大学校长、华东政法大学诉讼法学研究中心主任叶青教授主持进行；华东政法大学刑事法学院副院长张栋教授、检察研究院执行院长王戬教授担任副主编，分别负责审读、修改书稿；华东政法大学刑事法学院刑事诉讼法学教研室主任陈邦达副教授作为本书主要撰稿人及学术秘书，协助主编、副主编做了大量的编务工作。刑事诉讼法学教研室的大部分教师参与了本书的修订撰稿工作。上海社会科学院科研处处长杜文俊研究员、陈海锋副研究员，华东理工大学法学院副院长周登谅教授，上海市第二中级人民法院张华法官，上海市浦东新区人民检察院副检察长安文录博士、黄金洪检察官等校外专家承担了部分撰稿任务。诉讼法学研究生黄洁、钱素燕承担部分编务辅助工作。本书得以“杀青”，是编写组全体同仁共同努力工作的结晶。具体分工如下：

叶　青　第一章、第六章
邓晓霞　第二章
周登谅　第三章
张　栋　第四章、第五章
王　戬　第七章、第二十四章
王晓华　第八章、第十四章
陈邦达　第九章、第十五章
许建丽　第十章
刘　红　第十一章
杜文俊　第十二章、第二十二章
李　翔　第十三章

张　华　第十六章
封安波　第二十七章
孙剑明　第十七章
陈海锋　第十八章、第二十三章
王　涛　第十九章、第二十章
安文录、黄金洪　第二十一章
程　衍　第二十五章、第二十六章

此外,我们要感谢本书所引用的有关文献资料的作者、相关案例承办的司法人员。感谢华东政法大学教务处、学校教材建设与评价委员会对本书编写、出版的指导与资助。感谢法律出版社陆帅文编辑的悉心且专业的编写与修改意见,使本书以崭新的面貌呈现在读者面前。由于我们编写水平有限且时间仓促,书中难免存有缺憾,我们也诚恳地欢迎广大读者批评指正。

八月长江去浪平,片帆一道带风轻。我们送走了奔赴大江南北的毕业生,又将迎来五湖四海的新生。每当看到莘莘学子寒窗苦读,我常备感教书育人的教师职责,编写一部好的教材亦是我们义不容辞的责任。我相信,踏出华东政法大学校门的,将是以人为本、匡扶正义、心怀天下、缘法而行的卓越法律人才!

是为序。

叶　青

二〇二三年八月于华政园

缩略语表

缩写	全称
《宪法》	《中华人民共和国宪法》
《刑法》	《中华人民共和国刑法》
《刑事诉讼法》	《中华人民共和国刑事诉讼法》
《监察法》	《中华人民共和国监察法》
《律师法》	《中华人民共和国律师法》
《人民法院组织法》	《中华人民共和国人民法院组织法》
《人民检察院组织法》	《中华人民共和国人民检察院组织法》
《未成年人保护法》	《中华人民共和未成年人保护法》
《民事诉讼法》	《中华人民共和国民事诉讼法》
《治安管理处罚法》	《中华人民共和国治安管理处罚法》
《全国人民代表大会和地方各级人民代表大会代表法》	《中华人民共和国全国人民代表大会和地方各级人民代表大会代表法》
《保险法》	《中华人民共和国保险法》
《民法典》	《中华人民共和国民法典》
《国家安全法》	《中华人民共和国国家安全法》
《人民警察法》	《中华人民共和国人民警察法》
《水法》	《中华人民共和国水法》
《防洪法》	《中华人民共和国防洪法》
《海关法》	《中华人民共和国海关法》

续表

缩写	全称
《刑诉法解释》	最高人民法院《关于适用〈中华人民共和国刑事诉讼法〉的解释》
《监狱法》	《中华人民共和国监狱法》
《社区矫正法》	《中华人民共和国社区矫正法》
《国家赔偿法》	《中华人民共和国国家赔偿法》
《预防未成年人犯罪法》	《中华人民共和国预防未成年人犯罪法》
《未成年人保护法》	《中华人民共和国未成年人保护法》
《保守国家秘密法》	《中华人民共和国保守国家秘密法》
《刑法修正案(八)》	《中华人民共和国刑法修正案(八)》
《刑法修正案(九)》	《中华人民共和国刑法修正案(九)》

目　录

第一章　刑事诉讼法学概述

第一节　刑事诉讼和刑事诉讼法

【案例1-1-01】聂树斌案[1]

1994年8月5日，河北石家庄西郊玉米地里发生一起凶杀案，被害人康某被人奸杀。同年9月23日，聂树斌在石家庄电化厂宿舍被捕。次年3月15日，石家庄中级人民法院以故意杀人罪、强奸罪判处被告人聂树斌死刑。聂树斌不服，上诉于河北省高级人民法院。1995年4月25日，河北省高级人民法院裁定维持原判，两天后，聂树斌被执行死刑。十年后的2005年，河南警方对外来务工人员进行例行排查，王书金向警方交代了数起强奸杀人案，其中包括导致聂树斌被判死刑的那起案件。这样一来，同一案件出现两名案犯，到底谁是真凶，一出扑朔迷离的现实版《罗生门》正式上演。

调查发现，1993年至1995年，王书金曾多次作案，奸杀多人。然而起诉时，检方竟然放弃了作案手段非常相似、作案时间相当接近的"聂树斌案"，仅指控了他其他三起强奸杀人罪行。2007年3月，被告人王书金一审被判死刑立即执行。王书金随即提出上诉，理由是检方漏诉了其一桩罪行，即"聂树斌案"。王书金认为自己的该节犯罪不但属于自首，而且属于重大立功，依法应予减轻处罚。2013年6月25日，河北省高级人民法院在邯郸中级人民法院再次开庭审理了王书金故意杀人、强奸上诉一案。此次开庭，距离前次开庭，已经经过了6年时间。对于一审已被判处死刑立即执行的王书金本人，以及18年前被执行了死刑的聂树斌的家人，无疑都是漫长而残酷的等待。

---

〔1〕 中华人民共和国最高人民法院刑事判决书，(2016)最高法刑再3号。

■ 法理与法律适用评析

聂树斌案是2012年《刑事诉讼法》再次修正时被司法界乃至整个社会舆论高度关注的一起冤假错案,至今仍然有其作为典型案例的研究价值。

刑事诉讼制度从来就是一个国家政治状况的反光镜,每一项政治结构上的重大变动都将带动刑事诉讼法的重新修订。党的十八大报告明确提出:“全面推进依法治国。法治是治国理政的基本方式。要推进科学立法、严格执法、公正司法、全民守法,坚持法律面前人人平等,保证有法必依、执法必严、违法必究。”全面贯彻实施新《刑事诉讼法》,实现提升人权保障新要求,是时代的呼唤与号召,理应成为司法机关践行司法为民宗旨的实践行动。德国著名法学家拉德布鲁赫也指出:“如果将法律理解为社会生活的形式,那么作为形式的法律的程序法,则是这种形式的形式,它如同桅杆顶尖,对船身最轻微的运动也会作出强烈的摆动。在程序法的发展过程中,以其清晰的对比反衬出社会生活的逐渐变化。”2012年《刑事诉讼法》再次修正所确立的“国家尊重和保障人权”的理念已逐渐深入人心,成为指导国家政治领域行为的基本价值准则之一。

从王书金案开庭所展示的证据材料看,其供认时并不知道聂树斌案的存在,而且在供认后,他还带领侦查人员指认过杀人现场。这样看来,王书金的供述极有可能是真实的。况且,平反聂树斌案,理论上并不需要王书金的供述。证据不足,指控罪名不成立,人民法院理应宣告被告人无罪。聂树斌案的死刑判决从定罪证据的证明要求看,事实是不清楚、证据是不确实的,几乎完全是依靠刑讯逼供就判了死刑。按照“疑罪从无”的原则,聂树斌本来也不该被定罪处死。综上所述,我们认为惩罚犯罪与保障人权必须并重,保障无辜的人不受刑罚追究是刑事诉讼法的重要任务之一,应当在司法实践中得到切实的体现。对王书金申诉案,2020年11月,最高人民法院作出裁定发回重审,11月20日该案在河北邯郸市中级人民法院开庭审理,12月22日该重审案二审宣判,王书金因犯故意杀人罪和强奸罪被判处死刑。2021年2月2日,经最高人民法院核准并下达执行死刑命令,由邯郸市中级人民法院对王书金执行了死刑。早在2016年12月2日,最高人民法院第二巡回法庭对原审被告人聂树斌故意杀人、强奸妇女再审案公开宣判,宣告撤销原审判决,改判聂树斌无罪。至此,“一案两凶”案件历经26年的反复刑事诉讼,在程序上画上了句号,但就此也留下了法理上的研讨空间。

一、刑事诉讼的含义及特征

刑事诉讼是国家专门机关在当事人及其他诉讼参与人的参加下,依照法律规定的程序,解决被追诉者刑事责任问题(定罪量刑)的活动。在我国,所谓的专门机关是指公安机关、安全机关、人民检察院和人民法院。当事人是指犯罪嫌疑人、被告人、自诉人、被害人、附带民事诉讼原告和被告。

刑事诉讼的特征是:

1. 刑事诉讼是专门机关行使和实现国家刑罚权的活动。国家具有一系列权力,行使惩罚犯罪的刑罚权是其中一项十分重要的权力。刑事诉讼不同于民事诉讼和行政诉讼的关键点就在于它是专门解决涉嫌犯罪人的刑事责任问题的活动,具有鲜明的国家强制性和威慑力。专门机关根据宪法和法律赋予的职权,办理刑事案件和执行刑事裁判,即对刑事案件进行立案侦查、审查起诉、开庭审判和执行刑罚等活动,最终实现国家对犯罪人的刑罚权。

2. 刑事诉讼是专门机关的活动与当事人及其他诉讼参与人的活动之有机结合。从刑事诉讼的开始到终结,专门机关确实都是居于主导的地位,但是这并不意味着它仅仅是专门机关的活动。没有诉讼参与人,尤其是当事人的参与,也就没有诉讼。刑事诉讼的中心问题在于解决犯罪嫌疑人、被告人的刑事责任,如果没有犯罪嫌疑人、被告人的参加,刑事诉讼活动就失去了目的和意义,所以各国法律均规定当被追诉者死亡,就不再对其提起检控,正在进行的诉讼活动也必须终止。如果没有自诉人向法院提起控诉,自诉案件的审判程序也不会启动。当然,司法实践中,如果没有被害人、证人、鉴定人、辩护人或代理人等参与活动,专门机关要查清案件事实真相,准确地断案判决,也将不可能实现。

3. 刑事诉讼是严格依照法定程序进行的活动。在刑事诉讼过程中,专门机关和诉讼参与人都必须根据国家法律规定的刑事诉讼法律关系和刑事诉讼程序、规则进行,如果违反了刑事诉讼的程序与规则,将会造成冤假错案或导致司法不公,轻则关系涉案公民的基本人权的损害,重则涉及社会的稳定与和谐。

4. 刑事诉讼是国家用以调整社会关系的一种带有强制性的特殊活动。刑事诉讼所调整的是社会根本利益中受到刑法保护并为犯罪行为所侵害的那部分社会关系,这部分社会关系只能用刑罚这种极端形式强行实现其他手段实现不了的调整。

二、刑事诉讼法的概念、渊源和效力

刑事诉讼法是国家的基本法律之一,属于程序法律性质。它是国家制定或认可的有关专门机关和诉讼参与人进行刑事诉讼活动的法律规范的总称。

它是专门机关办理刑事案件的操作规程，也是诉讼参与人在刑事诉讼活动中享受权利和履行义务的法律依据。

在刑事诉讼理论上，刑事诉讼法的概念有广义和狭义之分。广义的刑事诉讼法主要是指国家机关制定的一切有关刑事诉讼程序的法律、法规、条例、规定和司法解释。狭义的刑事诉讼法就是指一国成文的刑事诉讼法典。在我国，刑事诉讼法就是指现行的《中华人民共和国刑事诉讼法》。我国现行的《刑事诉讼法》是1979年7月1日制定通过，经过1996年3月17日第八届全国人大第四次会议第一次修正，2012年3月14日第十一届全国人大第五次会议第二次修正，2018年10月26日第十三届全国人大常委会第六次会议第三次修正，并颁布施行，总共有308条。

刑事诉讼法的渊源，就是刑事诉讼法的表现形式或称为刑事诉讼法的来源。在我国，刑事诉讼法的渊源，具体表现在以下方面。一是《中华人民共和国宪法》（以下简称《宪法》）。如《宪法》第140条规定："人民法院、人民检察院和公安机关办理刑事案件，应当分工负责，互相配合，互相制约，以保证准确有效地执行法律。"二是全国人民代表大会制定的法律。如《刑事诉讼法》、《中华人民共和国监察法》（以下简称《监察法》）、《中华人民共和国律师法》（以下简称《律师法》）、《中华人民共和国人民法院组织法》（以下简称《人民法院组织法》）、《中华人民共和国人民检察院组织法》（以下简称《人民检察院组织法》）等。三是全国人民代表大会常务委员会制定的条例、决定。如2004年8月28日制定的《关于完善人民陪审员制度的决定》（现已失效）、2005年2月28日制定的《关于司法鉴定管理问题的决定》等。四是全国人民代表大会及其常务委员会所作的立法解释。如2012年12月26日公布的最高人民法院、最高人民检察院、公安部、国家安全部、司法部、全国人大常委会法制工作委员会《关于实施刑事诉讼法若干问题的规定》。五是最高人民法院、最高人民检察院的司法解释。如2021年3月1日施行的最高人民法院《刑诉法解释》、2019年12月30日施行的最高人民检察院《人民检察院刑事诉讼规则》。六是国务院及其主管部门颁布的有关规定。如2020年7月20日公安部公布的《公安机关办理刑事案件程序规定》。七是有关国际条约。如我国签署加入的联合国《反腐败公约》《少年司法最低限度标准规则》《禁止酷刑和其他残忍、不人道或有辱人格待遇或处罚公约》。

刑事诉讼法的效力，是指刑事诉讼法的适用范围，即刑事诉讼法在什么地方、对什么人和在什么时间内具有效力。凡是在中华人民共和国领域内（包括领陆、领水、领空）犯罪需要追究刑事责任的案件，一律按照中国刑事诉讼法规定的诉讼程序处理。按照国际法的规定，凡是在中国船舶、飞机、使馆、领馆馆舍内犯罪的，均适用中国刑事诉讼法。凡是按照《中华人民共和国刑法》（以下简称《刑法》）规定构成犯罪，并且需要追究刑事责任的中国公民和外国人、无国籍人，一律适用中国的刑事诉讼法。但是对于享有外交特权和豁免权的外国人犯罪应当追究刑事责任的，则通过外交途径解决。刑事诉讼法的生效时间由各国法律明确规定。刑事司法实践中，无论办理的刑事案件是刑事诉讼法生效前或者生效后的，现行刑事诉讼法一律适用。

第二节　刑事诉讼法的制定目的、任务和价值

Ⅰ 刑事诉讼法的制定目的

我国《刑事诉讼法》第1条即开宗明义地规定："为了保证刑法的正确实施，惩罚犯罪，保护人民，保障国家安全和社会公共安全，维护社会主义社会秩序，根据宪法，制定本法。"具体地讲，我国制定刑事诉讼法的目的有三：一是保证刑法实体法的正确实施；二是惩罚犯罪、保护人民；三是保障国家安全、社会公共安全和社会秩序。

Ⅱ 刑事诉讼法的任务

我国《刑事诉讼法》第2条对本法的任务作了明确的规定。对于我国刑事诉讼法的任务，可作如下解读。

一是保证准确、及时查明犯罪事实，正确应用法律，惩罚犯罪分子。这是第一位的任务。准确和及时是辩证的统一，两者不可偏废。准确是目的，是前提，是对案件性质的要求。及时是手段，是对案件时间量的要求，及时是准确前提下的及时，及时离开了准确，也就失去其存在的意义，不是放纵犯罪，就是冤枉无辜。

二是保障无罪的人不受刑事追究。惩治犯罪与保护无辜，是刑事诉讼法的任务中对立统一的两个方面。只有保障无罪人不受刑事追究，才能充分调动广大人民群众同犯罪分子作斗争的积极性，可以协助司法机关查明犯罪案件的事实真相，准确及时地惩罚犯罪分子。

三是维护社会主义法制，尊重和保障人权，保护公民的人身权利、财产权利、民主权利和其他权利，保障社会主义建设事业的顺利进行。这是刑事诉讼

法的根本任务所在。

Ⅲ 刑事诉讼法的价值

刑事诉讼法的价值,是指刑事诉讼法及其实施能够满足国家、社会及其一般成员的特定需要而对国家、社会及其一般成员所具有的效用和意义。刑事诉讼法的价值源自刑事诉讼法的内在属性和国家、社会及其一般成员对于刑事诉讼法的需要。它一般包含秩序、公正、效益等内容。

从刑事诉讼法学理论上来讲,刑事诉讼法的价值可以分为工具价值和本体价值。刑事诉讼法对刑法实施的保证,即为工具价值。它主要表现为:(1)明确了国家刑罚权的主体及其实现的程序与规则;(2)保证了专门机关的权力行使和权力制约的原则与步骤;(3)规定了运用证据的规则,保证准确地认定案件事实;(4)科学地设计了追诉犯罪人刑事责任的程序系统,保证刑事案件从实体上最终得到公正处理;(5)保障刑法高效率地实施。

刑事诉讼法的本体价值,主要表现为:(1)其规定的诉讼结构、原则、制度和程序,体现了一个国家民主、人权、法治的现状和水平,是社会公正的重要标志;(2)因社会犯罪现象的复杂性、多变性,而法律永远具有滞后性的司法实践现状,故要求司法工作人员针对不同的案情运用法律处理案件,刑事诉讼法在一定程度上也就弥补了刑法的不足,并创制着刑法;(3)刑事诉讼法在特定情况下也可限制刑法的实施。如告诉才处理的刑事自诉案件,自诉人不告诉法院的则刑事自诉程序也即不会启动,刑法也就不会被适用于具体的案件当事人。

■ 法条链接

《刑事诉讼法》第1、2、200条。

■ 参考文献

1. 万毅:《程序如何正义——中国刑事诉讼制度改革纲要》,中国人民公安大学出版社2004年版。
2. 张文显主编:《诉讼法与司法文明》,法律出版社2021年版。
3. 卞建林、钱程:《刑事诉讼法学:新时代的理论发展与制度创新》,载《检察日报》2021年1月4日,第3版。
4. 叶青主编:《刑事诉讼法学教学研究资料汇编》(第四辑:2016~2020年),北京大学出版社2023年版。

第二章　刑事诉讼的历史发展

第一节　外国刑事诉讼的历史发展

【案例2-1-01】辛普森杀妻案[1]

“辛普森杀妻案”是美国20世纪最具有争议、最经典的司法大案。1994年6月12日深夜，美国前美式橄榄球运动员O.J.辛普森的前妻尼科尔和其男友戈尔德曼被双双杀害于洛杉矶的别墅中。控方指控辛普森涉嫌“一级谋杀”，主要证据有：警察在案发现场辛普森的野马牌汽车上及其住宅发现血迹；分别在现场和辛普森家中发现的成一对的染血手套；辛普森的左手在案发当日被割伤，辛普森的血型与车上血迹相同；在辛普森卧室里发现一双沾有尼科尔血迹的短袜；在辛普森家中发现的手套上有尼科尔和戈尔德曼的头发；在戈尔德曼脚下发现的一顶编织帽上有辛普森的头发和车上的纤维。另外，还有证据证明辛普森有杀人动机和时间。

辛普森得知指控罪名后，第一时间筹组了“梦之队”律师团。在这场全球瞩目的“世纪审判”中，辛普森的律师团发挥了无与伦比的作用。辛普森聘请的这些辩护律师包括擅长法庭盘问的知名律师，著名大学的法学教授，还有两位专门研究DNA法证学的专家。辛普森的辩护律师团主张：用DNA检验结果所得出的现场和手套上血迹是辛普森的结论并不可靠；没有目击证人也没有找出凶器；法医认为该谋杀使用了两件凶器，这明显意味着不止一个凶手；辛普森当庭试戴血手套，但手套太小不适合他的手；控方提供的大量证据是情况证据(circumstantial evidence)，这并不能将被告人与罪行必然联系起来。此外，律师团还指出，警察收集保存证据的程序违法，控方重要证人福尔曼有使用非法证据、漠视法律程序、殴打疑犯以强取口供的行为史，有明显的种族主

---

〔1〕 参见百度百科辛普森杀妻案，载 https://baike.baidu.com/item/辛普森杀妻案? fromModule = lemma_search - box。

义倾向，辛普森有被栽赃的可能。

尽管此案扑朔迷离，1995年10月2日，刑事陪审团认为无法排除辛普森被栽赃的可能，作出辛普森无罪的一致裁决。后来，两名受害人戈尔德曼和尼科尔的亲属分别向法院提起民事诉讼要求辛普森赔偿。经审理，1997年2月4日民事陪审团作出裁决一致认定辛普森对两名受害人之死负有责任，裁决辛普森赔偿原告方350万美元并向两名受害人家庭各支付1250万美元的惩罚性赔偿金共计3350万美元。至此，堪称“世纪审判”的辛普森案审理结束。

■ 法理与法律适用评析

刑事诉讼是由不同刑事庭审方式的本质特征所构成的、相互区别的诉讼类型。从国外刑事诉讼发展历史来看刑事诉讼主要经历了以下阶段，即从早期奴隶社会的弹劾式诉讼、封建社会的纠问式诉讼到近现代资本主义社会的当事人主义（或对抗式）、职权主义以及混合式的诉讼模式。

弹劾式诉讼模式主要在奴隶制和封建制早期的国家实行。较典型地体现在古罗马共和国时期、法兰克王国前期及英国的封建时期。弹劾式诉讼的主要特征体现为：（1）私人告诉，实行“不告不理”原则，即没有原告、法官不主动追究；（2）原告与被告的诉讼地位平等，审理中注重发挥争讼双方的作用，可以互相对质和辩论；（3）法官处于消极仲裁者的地位，法官没有收集、调查证据的义务，只负责在法庭上听取当事人的陈述和辩论，审查当事人提供的证据，认定案件事实并作出裁判；（4）诉讼中采用神示证据制度，即在案情存在争议的情况下，往往诉诸神明裁判。

纠问式诉讼模式是继弹劾式之后出现并盛行于欧洲中世纪中后期的诉讼制度，是封建社会的主要刑事诉讼形式。纠问式诉讼的主要特征体现为：（1）司法机关主动追究犯罪，控诉与审判职能不分，控告权和审判权集于官吏一身是这种诉讼形式的最显著特点；（2）司法官是唯一的诉讼主体，被告处于被追究的诉讼客体地位，不享有任何诉讼权利；（3）庭审前的调查活动秘密进行，纠问式诉讼的审理不允许当事人在法庭上辩论，审讯通常不公开进行；（4）刑讯逼供盛行甚至合法化，纠问式诉讼通常与野蛮的刑讯紧密结合在一起，被告是被拷问的对象，刑讯公开甚至合法化。纠问式诉讼是封建专制集权在诉讼中的表现，与弹劾式诉讼相比，在诉讼的民主性方面无疑是倒退了，但它确立了追究犯罪的职权应由国家机关承担的原则，用法定证据制度代替神明裁判制度，这些都是诉讼制度上的进步。

资本主义国家的刑事诉讼制度是在反封建专制司法制度的基础上建立起来的，是资产阶级革命胜利的产物。近现代资本主义刑事诉讼主要分为职权主义、当事人主义（或对抗制）诉讼模式及二者的混合模式。职权主义诉讼模式是资产阶级将公正、理性、人权等观念融入纠问式诉讼的基础上形成的，主要为德国、法国等大陆法系国家所采用。职权主义诉讼模式强调国家的干预和司法机关的职权作用：在侦查阶段，侦查机关的侦查行为通常不公开且自由度强，虽然目前大陆法系国家普遍允许律师参与侦查程序并承认犯罪嫌疑人的沉默权，但犯罪嫌疑人的权利行使仍受到一定限制，控辩双方在事实上处于不平等的地位；在起诉阶段，检察官需将案卷材料、证据连同起诉状一并移送法院，以便法院在开庭审理前了解和熟悉案件的全部事实和证据，从而决定是否启动审理程序；在审判阶段，庭审以法官对案件的调查来推动，法官对查明案件事实负有责任并可采取必要措施主动收集证据，控辩双方虽有对抗性活动，但由于攻防手段的悬殊，辩方难以真正与占优势的控方相抗衡。

当事人主义诉讼又称对抗制诉讼，主要为英美法系国家所采用。当事人主义诉讼由弹劾式诉讼发展而来，其主要特征是强调控辩双方当事人的平等地位，注重发挥当事人双方的诉讼积极性。在侦查阶段，控辩双方作为平等对抗的诉讼主体均有独立调查和收集证据的权利，法律赋予被告一系列的诉讼权利以保障被告方足以与控方相抗衡。在起诉阶段，检察官向法院起诉时一般都只需移送一份起诉状和证据清单，而案件材料及证据不随案移送，奉行“起诉状一本主义”。在美国，检察官可以同辩护方通过辩诉交易处理刑事案件。在审判阶段，案件事实的发现委之于控辩双方的举证和辩论，在法庭调查中实行交叉询问制度。法官保持消极中立的地位，一般不依职权主动地调查收集证据，庭审进程由控辩双方通过举证、质证、辩论来推动，法官处于主持者的地位而不是审问者的地位，其主要职责是评断控辩双方在举证、质证等活动中是否违反有关规则，并在此基础上进行裁判。

当事人主义诉讼模式和职权主义诉讼模式的主要区别在于控、辩、审三大诉讼主体发挥各自功能的方式不同。当事人诉讼模式体现了证据调查活动中的竞争机制，控辩双方的对抗被认为是发现案件真实的最理想方式，在诉讼中通过控辩双方的平等对抗，来达到制约政府权力、揭示案件事实真相的目的。而职权主义诉讼模式认为法官的主观能动性有利于防止诉讼受控辩双方法庭技巧甚至伎俩的影响而难以发现案件的客观真实，法官主动依职权调查才是发现案件真实情况的法宝。从实际功效来看，二者各有所长，各有所短。在诉讼程序的公正性来看，当事人主义诉讼模式优于职权主义诉讼模式，在诉讼效率方面,职权主义诉讼模式优于当事人主义诉讼模式。职权主义诉讼强调打击和控制犯罪,关注刑事诉讼的安全价值;而当事人主义诉讼强调正当程序,看重刑事诉讼的自由价值。由于二种诉讼模式各有优劣,近现代以来,特别是"二战"后两种诉讼形式相互借鉴、吸收、取长补短的趋势已经越来越明显。不同国家的诉讼模式也在不断地发生调整和改变,一些国家的诉讼模式呈现二种模式混合的状态。

美国的刑事诉讼制度是典型的当事人主义模式。在辛普森杀妻案中,控方派出了强大的阵容,动用各种手段寻找证据。辛普森也组建了强有力的辩护律师团队"梦之队",与控方展开平等对抗,通过充分地调查、收集证据,并在法庭上与控方展开激烈辩论,从而使陪审团对控方重要证人的可信性产生怀疑,质疑控方追诉行为的正当性,并进而怀疑由此所获得的相关证据。在美国刑事诉讼中,由于证明责任的承担者是控诉方而非被告人,控方对指控罪行的证明必须达到排除合理怀疑的标准(beyond reasonable doubt),即陪审团只有确信证据已达到"排除合理怀疑"的标准时,才能判决被告有罪,且陪审团定罪通常应形成全体一致的裁决。虽然控方提出了有力的证据,但基于辩方提出的各种疑点,陪审团最终无法排除合理怀疑达成一致意见,因而对辛普森无罪开释。辛普森案的无罪从某种意义上是当事人主义或对抗制的产物。

第二节　中国刑事诉讼的历史发展

1 中国古代刑事诉讼制度

【案例 2-2-01】杨乃武与小白菜案〔1〕

清朝同光年间发生在浙江余杭县城的杨乃武与小白菜一案可能是中国法制史上最具知名度的案件,被后人称为"晚清四大冤案"之首(其他三个冤案分别是杨三姐告状案、张汶祥刺马案、淮安奇案)。该案审理历经4年之久,案情复杂、过程曲折。

杨乃武(1836~1914年),浙江余杭县人,于同治十二年(1873年)乡试中举。小白菜原名叫毕秀姑,因为比较喜欢穿绿衣、系白裙而被称为"小白菜",同治十一年嫁于豆腐店伙计葛品连。葛品连婚后无住房,经协商于当年四月

〔1〕 王策来编:《杨乃武与小白菜案真情披露》,中国检察出版社2002年版。

搬到杨乃武家一间余房租住。因杨乃武经常教小白菜读书识字,被葛品连怀疑二人之间有奸情。同治十二年,葛品连暴病而亡,葛母(葛喻氏)怀疑葛品连是被杨乃武和小白菜下毒害死,旋即向县衙告状。

知县刘锡彤接葛喻氏喊告后,即赴现场勘验尸体,审问了小白菜,又将杨乃武逮捕归案,二人在县衙被屈打成招。后杭州知府陈鲁以因奸谋杀亲夫罪处小白菜凌迟之刑,以授意谋害他人亲夫罪处杨乃武斩立决。按清朝律例,命案要逐级上报会审,该案上报浙江按察使,经浙江按察使蒯贺荪草草审核后再将案件上报浙江巡抚杨昌浚。杨昌浚委派候补知县郑锡滜到余杭密查,殊不知用人不当,访查的结果是"无冤无滥",杨昌浚信以为真,于十二月二十日将全案上报刑部做最终审核。由于杨乃武家属多次赴京投递冤状,以及当时著名的《申报》对这一案件的持续追踪报道,该案引起了全社会的关注和同情。浙籍18位京官于是联名上书都察院,请求朝廷万勿轻易批复,应交刑部细致查证,秉公审讯。最后朝廷下旨命刑部复查,刑部接手此案后,将证人、被告人和葛品连的尸体解赴至京,于光绪二年十二月在海会寺开棺复验,结果验得葛品连并非中毒而死。至此,这桩轰动朝野的案件方得以真相大白,最终还了杨乃武与小白菜一个公道。

■ 法理与法律适用评析

中国是一个法律起源早,诉讼历史很长的国家,早在距今约5000年前的黄帝时代就有了法律,4500年前的尧舜时期就产生了诉讼。我国古代从夏商到西周是奴隶制国家,那时虽然没有刑事诉讼法的名称,但实际上已经有了刑事诉讼制度、审判制度与程序的规定。根据周礼记载,周朝的诉讼已有刑事与民事之分,一般称刑事诉讼为"狱",称民事诉讼为"讼"。中国古代刑事诉讼制度在其长期的历史进程中形成了一系列的基本特征,尽管这些制度经历了从夏商到明清近四千年的演变和发展,但其基本特征仍然保留了下来。这些特征体现了中国古代诉讼制度的性质,也与古代社会在政治、经济、文化等方面的状况相适应,具体而言,主要表现为以下几个方面。

1. 司法与行政不分。中国古代没有形成司法权独立于行政权的局面,司法机构一般同时为行政机构,刑事案件的审理机关一般为各级衙门。秦朝以后,中央集权制度最终确立起来,司法权最终皆由皇帝执掌,成为维护皇权至上的根本保证。在封建社会的各个朝代,中央和地方机构职权虽有变化,但皇权至上,司法与行政不分的制度总体并没有发生变化。

2. 程序法与实体法不分，刑事诉讼与民事诉讼差异不大。中国古代的律令没有严格的实体法和程序法之分，有关诉讼程序的规范一般都与实体法律规范同时规定在法律之中。同时，中国古代的实体法大都具有以刑为主、刑民结合的特征，即以定罪、判刑等刑事手段来调整绝大多数社会关系。加之，古代官吏深受儒家为主导的传统文化的熏陶，在诉讼中关于民事纠纷和刑事犯罪上的定性存在较大的随意性和武断性，因此，形成了刑事诉讼与民事诉讼交错发展、在诉讼程序上没有太大差异的局面。

3. 裁判与追诉职能不分。我国古代历代王朝没有出现类似检察机关行使追诉权的公诉制度。对公诉活动的提起，主要是由司法官吏依职权主动代表国家追究犯罪。司法官吏既是追诉主体，同时是裁判者，一旦发现犯罪，无论是否为被害人控告，都由司法官吏主动调查，依职权对被告人进行刑讯并收集证据，司法官吏既有权勘验现场、勘验尸体、询问证人，又负责对案件进行审理、判决。司法官吏的权力行使通常较少限制，这与我国古代的专制统治和司法与行政不分的体制相适应。

4. 刑讯逼供，罪从供定，实行口供中心主义。我国历代封建王朝的刑事诉讼法对刑讯逼供都有明文规定。封建社会的刑事诉讼实行刑讯逼供制度与被告口供中心主义的证据制度密切相关，封建法律规定"断案必取输服供词"，"无供不录案"，因此口供是定案必不可少的证据，刑讯成了获取口供的必要手段，"捶楚之下，何求而不得?"我国自秦朝开始就有刑讯制度，到了魏晋南北朝时期刑讯已经合法化，自唐朝后法律上虽然出现了限制非法刑讯的规定，但实际上这些规定并没有起到阻止刑讯的作用；相反，在某些方面非法刑讯还有所发展和泛滥，刑讯逼供是封建制刑事诉讼的主要特征。

5. 设立了较为完备的追诉程序，实行多级别的复审制度。秦汉以后至明清，被害人告诉、知情人告诉、官吏告发、犯罪人自首，均可成为司法机关审理案件的缘由。自隋唐始，审判机关发现犯罪可直接进行纠问，历代封建刑事诉讼法都重视强制措施在追诉、审判中的运用，法典中都有"捕亡"或类似专篇规定，规定的强制手段有逮捕、囚禁、追摄、勾问、保候等。法庭审判一般由一个法官独任，少数重大案件则由若干法官会同审判，如唐朝的三司(大理寺、刑部、御史台)推事、明朝的三法司(刑部、大理寺、都察院)及厂、卫会审等。

案件一般均应经过复审，如初审机关将案件主动移送上级审判机关复核审查，上级审判机关根据被告人初审判决不服的申诉进行复核复查，前者属移送复审，后者为申诉复审。另外，我国封建刑事诉讼法中较有特色的是死刑复核制度，自秦代开始，死刑案件通常要由中央有关司法机关审查后上请皇上核准，明清将死刑分为立决和秋后决两种，实行两种复核程序。对立决案件要求先报中央有关部门审核或会审后再报奏皇帝裁决。对秋后决的案件明朝实行朝审制度，清朝实行秋审和朝审两种制度。死刑复核制度体现了“慎刑”思想。

杨乃武与小白菜案发生在清末，清朝刑讯逼供盛行，其刑讯制度是在明朝刑讯制度基础上加以发展的，刑讯是合法获取口供的必要手段，人犯要是有人控告而又不承认犯罪，问官就可对人犯严刑拷打直至招认犯罪。本案中，杨乃武与小白菜也因受尽酷刑，被屈打成招。此外，清朝因袭历朝封建政制，实行地方行政、司法合一的体制。地方司法审判是清代整个司法审判活动的基础，从州县到督抚形成刑事案件逐级审查复核的司法体系，人命等徒刑以上（含徒刑）的刑事案件须根据律例拟罪后逐级向上申报，这样徒刑至督抚，流刑至刑部，死刑最后直至皇帝，形成严密的“逐级审转复核制”。正是由于这一较为严密的逐级复核制度案件才使该案流转到刑部，最后通过开棺验得葛品连并非中毒而死，还了杨乃武与小白菜清白，本案得以平反可以说逐级审转复核制度与秋审制度功不可没。总体而言，我国古代封建社会刑事诉讼中存在的刑讯逼供、不重视科学检验和秘密审判等特征是导致该冤案的主要原因。

Ⅱ 新中国的刑事诉讼制度

【案例 2-2-02】赵作海故意杀人案[1]

1998 年 2 月 15 日，河南省商丘市拓城县老王集乡赵楼村赵振晌的侄子赵作亮到公安机关报案，称其叔叔赵振晌于 1997 年 10 月 30 日离家后已失踪 4 个多月，怀疑被同村的赵作海杀害。公安机关当年进行了相关调查。1999 年 5 月 8 日，赵楼村在挖井时发现一具高度腐烂的无头、膝关节以下缺失的无名尸体，当年的刑侦手段有限，没有检验 DNA 的技术，办案人员仅凭尸检结果以及死亡时间，就断定这具尸体正是两年前失踪的赵振晌。公安机关遂把赵作海作为重大嫌疑人，于 5 月 9 日将其刑拘。后在办案人员的刑讯逼供下，赵作海不得不做了 9 次有罪供述。

2002 年 10 月 22 日，河南省商丘市人民检察院以被告人赵作海犯故意杀人罪向河南省商丘市中级人民法院提起公诉。2002 年 12 月 5 日，河南省商丘市中级人民法院作出一审判决，以故意杀人罪判处被告人赵作海死刑，缓期

---

〔1〕 参见百度百科赵作海案，载 https://baike.baidu.com/item/赵作海案/1386896? fr = aladdin。

2年执行,剥夺政治权利终身。河南省高级人民法院经复核,于2003年2月13日作出裁定,核准河南省商丘市中级人民法院的上述判决。

2010年4月30日,赵振晌竟然回到赵楼村。经调查,1997年10月30日夜,赵振晌因与赵作海发生矛盾,在打架过程中用菜刀将赵作海的头部砍伤,因怕赵作海报复,于第二天悄悄离开了家,没有告诉任何人。外出后以捡废品为生,因患偏瘫无钱医治才回到村里。

2010年5月5日下午,河南省高级人民法院决定启动再审程序。2010年5月8日下午,河南省高级人民法院召开审判委员会,认为赵作海故意杀人案是一起明显的错案,审判委员会决定撤销省法院(2003)豫法刑一复字第13号刑事裁定和商丘市中级人民法院(2002)商刑初字第84号刑事判决,宣告赵作海无罪。2012年6月26日,开封市龙亭区法院对涉嫌刑讯逼供的6名警察作出一审判决,其中5人获刑,1人免于刑事处罚。

■ 法理与法律适用评析

1949年10月1日中华人民共和国成立,标志着我国的法治建设和刑事诉讼立法进入了一个新的历史发展时期。中华人民共和国成立后,刑事诉讼法的发展经历了以下阶段:中华人民共和国成立初期颁布有关单行法规,1979年制定首部《刑事诉讼法》,1996年、2012年、2018年相继对该法进行修改。具体而言,第一阶段是新中国成立初期的刑事诉讼法规及其实施阶段。从新中国成立初期到1979年的30年间,我国没有制定刑事诉讼法典,只是在《宪法》和颁布的若干单行法律法规中规定了司法机关体系及若干刑事诉讼原则和程序。第二阶段是1979第一部《刑事诉讼法》颁布及其实施阶段。1979年《刑事诉讼法》是中华人民共和国第一部刑事诉讼法,实践证明它的实施对于惩治犯罪、维护社会治安、保障公民合法权益和完善社会主义法制发挥了重大作用。第三阶段是1996年《刑事诉讼法》颁布及其实施阶段。1996年的《刑事诉讼法》是我国刑事诉讼制度和司法制度的重大改革,反映了我国改革开放以来立法、司法领域发生的观念变化,它不仅为实现司法公正提供了重要的立法保障,同时促进了程序公正和保障人权意识的提高。1996年修改不仅涉及具体程序的改变,更涉及一些基本制度和原则的变化。如在诉讼原则中吸收了无罪推定的合理内核,确立了未经人民法院依法判决,对任何人都不得确定有罪的原则。第四阶段是2012年《刑事诉讼法》颁布及实施阶段。自1996年《刑事诉讼法》修订并实施以来,该法在惩罚犯罪与保障人权两方面都发挥了积极的作用,但随着我国市场经济、社会主义民主与法制建设的深入发展,该法的局限性也日益明显,难以适应现代司法实践的需要,迫切需要再次修改以适应我国民主与法制建设发展的新需要。2010 年后最高人民法院出台了一系列包括《关于办理死刑案件审查判断证据若干问题的规定》和《关于办理刑事案件排除非法证据若干问题的规定》等两个证据规定在内的重要司法解释,2012 年 3 月 14 日通过了《全国人民代表大会关于修改〈中华人民共和国刑事诉讼法〉的决定》。此次刑事诉讼法修改的重点之一是增加了对非法证据的审查与排除规定,进一步体现了惩罚犯罪与保障人权并重、实体公正与程序公正并重的理念,着力解决司法实践中,尤其是冤错案件中暴露出来的诉讼程序方面的突出问题,此次修改也是我国刑事诉讼制度进一步民主化、法治化和科学化的体现。第五阶段是 2018 年《刑事诉讼法》颁布及其实施阶段。2018 年《刑事诉讼法》以立法的形式巩固和推广了实践证明行之有效的改革成果,确立了认罪认罚从宽制度、速裁程序。在完善与监察法的衔接机制、建立缺席审判制度、加强境外追逃等多方面都有新的制度改进与突破,体现了我国刑事诉讼法治建设的不断进步。

从赵作海案来看,导致该冤案最主要的原因是办案人员的刑讯逼供行为,检察机关、审判机关对使用刑讯逼供等非法手段获取的犯罪嫌疑人供述未认真核实,就作为定案依据,这也充分暴露了我国刑事诉讼法以及相关证据制度的不完善,即未能从源头上排除刑讯逼供等非法手段取得的证据。就在本案得到纠正的一个月后,2010 年 6 月 13 日,最高人民法院、最高人民检察院、公安部、国家安全部、司法部五部委联合颁布出台“两个证据规定”,即《关于办理死刑案件审查判断证据若干问题的规定》和《关于办理刑事案件排除非法证据若干问题的规定》,其中对排除非法证据做了专门细致的程序设计。2012 年 3 月 14 日,新修订的刑事诉讼法以两个证据规定为基础,明确规定了“非法证据排除规则”,该规则顺应了刑事司法民主化、法治化的全球化潮流,为防范冤假错案提供了制度保障,进一步完善了我国刑事诉讼规则体系,是我国刑事司法改革的重大成就。赵作海案推动了“两个证据规定”的出台,对 2012 年《刑事诉讼法》的修改也发挥了巨大的推动作用,因而成为中国刑事法治进程中的标志性事件之一。

■ 参考文献

1. 宋世杰等:《外国刑事诉讼法比较研究》,中国法制出版社 2006 年版。
2. 卞建林、刘玫主编:《外国刑事诉讼法》,中国政法大学出版社 2008 年版。

3. 宋英辉等:《外国刑事诉讼法》,北京大学出版社 2011 年版。
4. [瑞士]萨拉 · J. 萨默斯:《公正审判:欧洲刑事诉讼传统与欧洲人权法院》,朱奎彬、谢进杰译,中国政法大学出版社 2012 年版。
5. 周欣主编:《外国刑事诉讼特色制度与变革》,中国人民公安大学出版社 2014 年版。
6. 陈瑞华:《比较刑事诉讼法》(第 2 版),北京大学出版社 2021 年版。
7. 徐忠明、杜金:《杨乃武冤案平反的背后:经济、文化、社会资本的分析》,载《法商研究》2006 年第 3 期。
8. 陆永棣:《仵作的迷惑与衙门的迷失——晚清杨乃武案成冤的一个侧面》,载《法治研究》2007 年第 3 期。
9. 韩剑尘:《清末杨乃武与小白菜案研究综述》,载《法律文献信息与研究》2010 年第 2 期。
10. 樊崇义主编:《刑事诉讼法学》(第 4 版),法律出版社 2016 年版。
11. 罗堂庆主编:《检察官推荐必读的 100 个经典案例》,中国检察出版社 2015 年版。
12. 叶青主编:《刑事诉讼法学》(第 4 版),上海人民出版社 2020 年版。
13. 陈永生:《冤案的成因与制度防范——以赵作海案件为样本的分析》,载《政法论坛》2011 年第 6 期。
14. 胡铭等:《错案是如何发生的:转型期中国式错案的程序逻辑》,浙江大学出版社 2013 年版。
15. 陈兴良:《无冤:司法的最高境界》,载《中国法律评论》2014 年第 2 期。
16. 黄士元:《正义不会缺席:中国刑事错案的成因与纠正》,中国法制出版社 2015 年版。
17. [美]拉里 · 劳丹:《错案的哲学:刑事诉讼认识论》,李昌盛译,北京大学出版社 2015 年版。
18. 王爱立主编:《中华人民共和国刑事诉讼法释义》,法律出版社 2018 年版。

第三章　刑事诉讼理论基本范畴

第一节　刑事诉讼目的

【案例3－1－01】邱某某故意杀人案〔1〕

2006年6月18日至7月2日被告人邱某某因为怀疑其女儿不是其亲生，遂与其妻何某某两次到陕西省汉阴县铁瓦殿抽签求卦，并留宿殿内。在此期间，因邱某某私自移动殿内两块石碑与殿内管理人员宋某某发生争执。且邱某某怀疑殿内住持熊某某有调戏何某某的行为，遂对熊某某和铁瓦殿心怀怨恨，产生杀人灭殿之恶念。

2006年7月14日，被告人邱某某乘铁瓦殿内举行观音会，殿内的管理人员均留在殿内之机，于当晚赶到铁瓦殿。乘住持熊某某等5名殿内管理人员和吴某某等5名香客在火炉房烤火之机，从厨房柴堆处拿了一把砍柴用的弯刀，放在自己曾睡觉的男香客房床下。当日深夜，邱某某等10人熟睡后，持事先准备的弯刀到各寝室，依次向管理人员熊某某、宋某某、王某某、陈某某、程某某和香客吴某某、熊某某、朝某某、罗某某、罗某生(12岁)的头部各砍数刀。随后，邱某某又找来斧头，再次向每人头部砍击，致10人全部死亡。次日天亮后，邱某某从熊某某的房内搜出一黑色帆布包，将里面的钱清点。在一笔记本的末页上写下署名为“邱某发”的借据，后将722.2元钱拿走。又将道观内一只白公鸡杀掉，用食指蘸鸡血在一硬纸板的两面分别写下“古仙地，不淫乱，违者杀，公元06”“圣不许将奸夫淫婆以零六年六二十晚”的字样，放在正殿门口。然后将牛毛毡和柴等易燃物抱进厨房旁边陈某某的寝室，将杀人工具弯刀、斧头及小刀等物放在柴堆上，放火燃烧。邱某某于7月15日下午7时许逃离铁瓦殿。

---

〔1〕《邱兴华特大杀人案始末》，载凤凰网2006年12月28日，https://news.ifeng.com/c/7fYavZ9RSDf。

2006年7月30日晚11时许，在湖北省随州市曾都区万福店农场，武汉至安康铁路复线施工地一临时工棚内，邱某某持一把铁铲劈向照看工地材料的周某某，周某某见状躲避，背部被铁铲划伤。邱某某将棚内的一黑色旅行包抢走。因包内无钱，遂将包丢弃在路边棉花地里。

2006年7月31日上午，邱某某逃至随州市万福店农场魏岗村二组村民魏某某家，以帮魏某某补盆和合伙做干鱼生意为名，骗得魏某某的信任。后在其家用餐时，发现魏家有钱。当日下午，邱某某再次来到魏家，吃完晚饭后趁其魏某某、徐某某夫妇和女儿魏某梅休息之机，用斧头和弯刀向三人的头部连砍数下。将三人砍伤后，抢得现金1302元及雨伞、手提灯，后逃离现场。8月1日凌晨，邱某某乘K357次列车返回安康。2006年8月19日邱某某潜逃回家时被公安机关抓获归案。魏某某因医治无效，于2006年9月9日死亡，徐某某、魏某梅的伤情经鉴定系重伤。

2006年8月20日，邱某某因涉嫌故意杀人罪被陕西省汉阴县公安局刑事拘留，同月29日经汉阴县人民检察院批准，由汉阴县公安局执行逮捕。

2006年10月19日，陕西省安康市中级人民法院作出一审判决，被告人邱某某犯故意杀人罪，判处死刑，剥夺政治权利终身；犯抢劫罪，判处死刑，剥夺政治权利终身，并处没收财产人民币5000元。数罪并罚，决定执行死刑，剥夺政治权利终身，并处没收财产人民币5000元。

一审宣判后，邱某某提起了上诉。2006年12月8日，陕西省高级人民法院二审，在庭审中，法庭主要围绕此案两大争议焦点，即对犯罪的原因的认定和是否采纳“司法精神病”鉴定申请展开，控辩双方在法庭上展开激烈辩论。邱某某的辩护律师当庭提出请求对邱某某进行司法精神病鉴定的要求，因其未提交出有说服力的证据，未得到法庭的采纳。经过审理，二审法院认为原审判决认定上诉人的犯罪事实清楚，证据确实充分，定罪准确，量刑适当，审判程序合法。故依照《刑事诉讼法》的有关规定作出驳回上诉、维持原判的终审裁定。

■ 法理与法律适用评析

所谓刑事诉讼目的，是指国家进行刑事诉讼所期望达到的，基于对刑事诉讼的基本规律和固有属性的理性认识而作出的预期目标。

关于刑事诉讼目的理论的内容，我国的理论界主要存在以下三种观点：(1)惩罚犯罪；(2)惩罚犯罪和保障人权并重；(3)直接目的与根本目的的层次说，直接目的是“控制犯罪与保障人权”，根本目的则是维护我国宪法制度及其赖以巩固与发展的秩序。

随着我们对诉讼理论进行深入的研究和探讨，尤其是近年来对于诉讼本质属性的研究中，已有的刑事诉讼目的理论的缺陷逐渐暴露。其中一些问题值得我们加以认真的反思。

一、刑事诉讼目的“双重论”的理论误区

无论是“惩罚犯罪与保障人权”还是“直接目的与根本目的”，都可以被视为一种刑事诉讼的双重目的理论。二者共同关注的问题仍旧是惩罚（控制）犯罪与保障人权。我们认为，这一看似全面、辩证的理论实有重大的漏洞。

当代刑事诉讼的构造和运作表明，刑事诉讼显然不能单纯地被理解为一种打击犯罪的活动，因为除了检察机关实施指控以外，还有被告方的辩护和人民法院的居中裁判。况且，依大陆法之诉讼理论，检察机关在提起公诉时除了要实现追诉犯罪的目的外，还负有客观性及合法性之义务，即检察官在诉讼中不能被视为一方当事人，而是承担着“保障终局裁判之正确性与客观性”和“防止任何无辜者被恣意追诉或定罪”重任的“法律守护人”〔1〕。可见，即便检察机关有打击犯罪的追求，这也仅仅是其所展开的诉讼活动的组成部分，因而将打击犯罪作为诉讼目的难免有以偏概全之嫌。

那么，“双重论”中的“保障人权”能否被看作一种修正或调和呢？我们认为，这其中也存有重大的误解。不可否认的是，在刑事诉讼中应当保障诉讼参加人的人权，这早已成为当代各国所公认的做法，然而问题恰恰在于能否将保障诉讼参加人的人权作为诉讼的目的呢？我们认为，二者显然不可混同。刑事诉讼目的应当有明确的指向，并且应体现刑事诉讼活动的特性，而人权保障则可以看作具有较强共性的法律原则，在刑事诉讼中保障人权本就是对这种共性的体现，因而将“保障人权”作为诉讼目的则既无必要，也容易造成人们对于真正的诉讼目的的忽视。

因此，无论是“惩罚犯罪”还是“保障人权”，都没有真正揭示刑事诉讼的目的是什么，而将二者并立作为我国刑事诉讼目的的做法同样没能解决问题，甚至其危害更大，这也意味着我们需要对相关问题作出进一步的反思。

二、刑事诉讼目的与刑事诉讼主体目的的混同

在明确了刑事诉讼目的“双重论”的理论误区后，另一个问题也值得我们关注，即刑事诉讼目的与刑事诉讼主体目的常常被混同。

在刑事诉讼中，各诉讼主体的目的往往与其所承担的诉讼职能相对应。

---

〔1〕 林钰雄：《检察官论》，法律出版社 2008 年版，第 14－17 页。

就控诉方而言，尽管当代检察理论认为检察官在诉讼中负有一定的客观性及合法性义务，但必须承认的是其在诉讼中的重要目的仍在于使其指控得以成立，从而实现追诉犯罪、维护社会公共秩序的目的。就辩护方而言，其目的则表现为促使控诉方的指控不成立以免除或减轻被指控人可能遭受的惩罚。至于作为裁判方的法官，其在诉讼中应当利益无涉、保持中立，他（她）既不能和控诉方一起来追诉或打击犯罪，也没有义务来帮助被告人来对抗指控。

就刑事诉讼目的而言，它应当具有概括性，也就是说刑事诉讼目的应当是各刑事诉讼主体所共同遵循的目的。单个刑事诉讼主体的目的显然不能替代刑事诉讼目的。考察我国现有的刑事诉讼目的理论，不难发现，无论是惩罚犯罪或控制犯罪，还是维护社会秩序等诉讼目的的价值预设都是强调国家与社会的公共利益高于公民的个人利益。而保障人权的诉讼目的只是作为前者的辅助和补充。由此造成刑事诉讼目的理论内部严重的矛盾与失调。

基于上述分析，我们认为，刑事诉讼目的应当具备以下几个特性。（1）整体性。刑事诉讼目的不是某一刑事诉讼主体的具体目的，而是整合了所有诉讼主体之目的并加以抽象为一个关于刑事诉讼结果的预期目标。（2）单一性。刑事诉讼目的之所以能够统筹全局，其中关键的原因在于它应当是单一的而非复合的目的。复合意味着不同目的之间可能存在难以调和的矛盾，从而难以发挥指引和协调作用。（3）客观性。刑事诉讼目的不是凭空就能捏造出来的，它是在对刑事诉讼基本规律和固有属性的理性认识的基础上总结得来的。

迄今为止，在人类社会的各种对抗中，刑事诉讼中国家与个人的对抗无疑是最为激烈的。控辩双方往往很难同时满意裁判的结果。但通过某种方式让双方都接受这个结果则是可能的。这种方式就是给予双方充分的机会参与诉讼、表达本方的观点并提出证据加以证明。当双方都享有充分的机会进行表达与对抗后，裁判结果也就更容易被他们接受，刑事诉讼的目的也就得以实现了。进一步来说，如果刑事诉讼程序的设计能够充分地尊重和体现控辩双方为之冲突的利益，将“潜在的实体冲突显现为程序冲突”，并“一步步地暴露证成和消解程序性冲突而达到对实体性冲突的消灭和控辩双方对立双方的心理调适”[1]。实际上，刑事诉讼目的在此已经得到体现，即刑事诉讼是以消解控辩双方的刑事冲突为目的。

消解控辩双方的刑事冲突，它从更高的层次上为刑事诉讼提出预期目标，也是对刑事诉讼基本规律和固有属性的正确认识和客观反映，同时它避免了

〔1〕 梁玉霞：《论刑事诉讼方式的正当性》，中国法制出版社2002年版，第57页。

复合目的观内部存在的难以调和的矛盾。因此,我们赞同这一观点,即可以将刑事诉讼的目的界定为消解控辩双方的刑事冲突。

本案曾在国内引起较大的轰动,然而本案的处理并非没有争议。例如,有学者认为法院驳回其辩护律师所提出的司法精神病鉴定申请的做法并不恰当。综观整个案件的处理,可以发现“惩罚犯罪”的目的被贯彻得异常坚决,而“保障人权”却不尽如人意。

不可否认的是,邱某某的罪行相当严重且社会影响极为恶劣,通过追究其刑事责任可以维护社会治安并防止更多的人成为受害者。然而,刑事司法除了要打击、控制犯罪外,也不能忽视人权保障,在司法程序中这又具体体现为对犯罪嫌疑人、被告人各项诉讼权利的保障。

从诉讼目的的角度来看,邱某某案以及大量其他的刑事案件均暴露出以往理论的一些误区,尤其是将某一诉讼主体的目的看成刑事诉讼的目的并用于指导刑事司法。显然,让犯罪嫌疑人和被告人去承担“惩罚犯罪”的目的是不恰当的,这无异于让他们自我归罪。而作为裁判者的法院也不适合将“惩罚犯罪”作为目的,这与其诉讼角色存在冲突。

我们主张将诉讼目的界定为消解控辩双方的刑事冲突,这既能避免诉讼主体实施与自身角色相矛盾的行为,也有助于消解理论上的矛盾。为了实现这一目的,应当确保各方的有效参与,通过正当程序来形成裁判的结果。

第二节　刑事诉讼主体

【案例3-2-01】潘某某故意伤害案[1]

潘某某与潘某华系叔侄关系。2000年12月23日中午,潘某某在潘某华家门口与潘某华之父因故发生纠纷并对骂,但很快被同村人劝开。身在现场的潘某华对潘某某骂自己的父亲深感气愤,当潘某某骑上摩托车离开约七八米时,他从地上拾起一块砖头,朝潘某某方向砸去,砸中摩托车的前轮处。潘某某停下车,双方发生厮打,潘某某用一把锐器刺中潘某华的右眼和背部,致潘某华右眼内容物脱出,背部皮肤形成长约2厘米的斜形裂口。虽经手术及

---

〔1〕 最高人民法院刑事审判一至五庭主办:《中国刑事审判指导案例》(第7卷),法律出版社2017年版,第198页。

药物治疗，但终因损伤严重，仍造成潘某华右眼球萎缩，视力无光感，且无法恢复。2001 年 4 月 9 日，渭城公安分局刑事科学技术鉴定结论认为，依照《人体重伤鉴定标准》第 19 条第 1 项的规定，潘某华右眼损伤程度属重伤。2002 年 3 月 5 日，渭城区人民检察院根据《刑法》第 20 条第 2 款的规定，以潘某某防卫过当致人重伤，但情节较轻，可免除刑罚为由，对潘某某作出不起诉决定。

潘某华不服渭城区人民检察院的不起诉决定，以潘某某故意侵犯其人身健康致其重伤，要求追究潘某某刑事责任并赔偿其经济损失为由，于 2002 年 3 月 10 日向陕西省咸阳市渭城区人民法院提交刑事附带民事自诉状。

渭城区人民法院审理后认为：被告人潘某某在与自诉人潘某华对殴中，致自诉人重伤，其行为不符合正当防卫的要件，构成故意伤害罪（重伤），依法应当追究其刑事责任，并赔偿自诉人相应的经济损失。鉴于自诉人对该事件的发生有明显过错，对被告人应酌情从轻处罚，并相应减轻其民事责任。依照《刑法》第 234 条、《民法通则》（《民法典》颁布后已废止）第 119 条的规定，拟以故意伤害罪判处潘某某有期徒刑 5 年，并判决潘某某赔偿潘某华各项经济损失总和的 70%。

就在人民法院公开宣判前，自诉人潘某华与被告人潘某某私下和解。潘某某支付潘某华医疗费等各项损失 3 万元，潘某华向法院递交了撤回自诉的申请书，要求撤回对被告人潘某某的自诉。

渭城区人民法院经审查后认为，自诉人潘某华在一审宣判前要求撤回自诉，确属自愿，遂予准许。

■ 法理与法律适用评析

我们认为，界定刑事诉讼主体的理论依据有二：诉讼性与主体性。

第一，“诉讼性”是确定刑事诉讼主体范围的法理依据。我国学者指出，刑事诉讼基本构造的特点是，控、辩、裁三方分立构成刑诉构造的主体；控辩双方既对立又统一，既配合又制约，形成特有的相互关系。[1] 也就是说，典型的诉讼程序必须由控、辩、裁三方同时参加，并且都应当发挥特定的作用。既然控、辩、裁三方是刑诉构造中不可或缺的组成人员，那么这三方都应被视为刑事诉讼主体。

第二，“主体性”是确定刑事诉讼主体范围的哲学依据。从哲学意义上

---

〔1〕 所谓刑诉构造，是指由一定的诉讼目的所决定的，并由主要诉讼程序和证据规则中的诉讼基本方式所体现的控诉、辩护、裁判三方的法律地位和相互关系。参见李心鉴：《刑事诉讼构造论》，中国政法大学出版社 1992 年版，第 150 页。

讲,主体是相对于客体而言的。确定刑事诉讼主体在一定程度上也是为了将其与刑事诉讼客体区分开来。关于“主体性”,我国学者在考察犯罪嫌疑人、被告人的主体性时曾指出,“应当看他们(犯罪嫌疑人与被告人)在诉讼中有无基本的人格尊严,能否在涉及个人基本权益的事项上拥有影响和选择权,能否积极主动地决定自己的诉讼命运”[1]。可见,作为诉讼主体其人格必须得到尊重,这种尊重则体现在他能够自主地参与和决定与自身权益有关的事项,而不须依附于他人来决定自己的命运。

基于上述理论依据,我们认为我国刑事诉讼主体范围的确定应考虑两个方面的问题:一是刑事诉讼主体应体现刑事诉讼基本构造的要求,符合“诉讼性”的基本诉讼理念;二是刑事诉讼主体应具备独立自主的意志,有权自主地参与并决定与自身权益有关的事项,并且不能依附于其他主体。因此,我们认为我国的刑事诉讼主体应包括:人民法院、检察机关、侦查机关、自诉人、犯罪嫌疑人、被告人。

值得指出的是,之所以没有将被害人列入刑事诉讼主体,其原因在于,尽管被害人在刑事诉讼中属于控诉一方并且往往同控诉机关一起执行控诉职能,但是在公诉案件中被害人只能依附于控诉机关,如何追诉犯罪的决定权则主要掌握在控诉机关手中,被害人的主体性便大大削弱。但这并不意味着被害人绝对不可能成为诉讼主体,在自诉案件中被害人就可以以自诉人的身份提起诉讼并成为刑事诉讼主体。因此,我们认为无须将之单列为刑事诉讼主体。况且,不将其作为刑事诉讼主体也不意味着被害人的合法权益得不到有效的保护。

就本案而言,诉讼主体的确定可以分为两个阶段:第一阶段是案发后至渭城区人民检察院作出不起诉决定,这一阶段里诉讼主体包括侦查机关(渭城公安分局)、检察机关(渭城区人民检察院)以及犯罪嫌疑人(被不起诉人潘某某),潘某华只能作为被害人,因此不是刑事诉讼主体;第二阶段是潘某华提起刑事自诉后至法院准许其撤回自诉,这一阶段里诉讼主体包括法院(渭城区人民法院)、自诉人(潘某华)、被告人(潘某某)。值得关注的是,潘某华在不同的阶段所扮演的角色及其发挥的作用是不一样的,作为被害人的潘某华只能辅助检察机关展开指控,而作为自诉人的潘某华可以启动新的诉讼程序,并借此实现其诉讼目标。通过本案,我们也可以再次体会刑事诉讼主体在刑事案件处理中的独特地位和价值。

---

[1]　参见陈瑞华:《刑事诉讼的前沿问题》,中国人民大学出版社 2000 年版,第 158 页。

第三节 刑事诉讼客体

【案例3-3-01】四农民抢劫杀人案[1]

1994年7月30日、8月16日,河北省承德市先后发生了两起杀害出租车司机的恶性案件。数月后,专案组通过秘密调查获悉,位于市郊的大石庙镇庄头营村村民陈某某"近来情绪反常,郁闷不乐"。同年11月3日至18日,陈某某、杨某某、何某某先后被采取强制措施。1996年2月24日,该村另一村民朱某某也被逮捕。警方认定他们就是抢劫杀害两名出租车司机的凶手。在侦查程序中,4名被告人均作了有罪供述。根据承德市人民检察院的指控,1994年7月30日杀害出租车司机刘某某的案件系陈某某、何某某所为;1994年8月16日杀害出租车司机张某则是4人共同作案。两起抢劫杀人案中所劫财物,第一次为300余元,第二次为400余元,以及传呼机、车钥匙等。

一审时,4名被告人全部当庭翻供,称他们是在刑讯逼供的情况下,被迫向公安机关承认抢劫杀人,并且当庭展示身上的伤痕。这一翻供未获法庭采纳。承德市中级人民法院下达一审判决,以抢劫罪判处4人死刑,剥夺政治权利终身。1996年10月6日,河北省高级人民法院以"原判决事实不清"为由,裁定撤销原判,发回重审。

1997年8月12日,承德市中级人民法院重审后以与第一次判决同样的事实和理由,第二次判处4名被告人死刑,剥夺政治权利终身。但是,第二次判决书中没有出现"事实清楚,证据充分,足以认定"的表述。1998年2月16日,河北省高级人民法院再次以"事实不清"为由裁定撤销原判,发回重审。

1998年10月13日,承德市中级人民法院以抢劫罪第三次判处4名被告人死刑,剥夺政治权利终身。1998年12月21日,河北省高级人民法院第三次裁定撤销原判,发回重审。

2000年10月20日,承德市中级人民法院第四次以抢劫罪分别判处陈某某、杨某某死刑,何某某死刑缓期2年执行,朱某某无期徒刑,4人均被剥夺政治权利终身。

2003年7月22日,河北省高级人民法院公开审理此案。2004年3月26

---

[1] 《无辜男子5次被判死刑 10年后发现另有真凶》,载《法制早报》2005年3月31日。

日河北省高级人民法院作出终审判决：判处被告人陈某某、杨某某、何某某死刑缓期2年执行，判处朱某某无期徒刑，4人均被剥夺政治权利终身。其后，被告人的家属辗转于最高人民法院和河北省高级人民法院之间进行申诉，认为该案是一起由刑讯逼供所导致的冤案，要求法院予以纠正。

■ 法理与法律适用评析

刑事诉讼客体，是指刑事诉讼主体所共同关注的对象，其核心内容是犯罪嫌疑人、被告人的刑事责任问题，其理论基础是案件的单一性和案件的同一性。案件的单一性表现为被告的单一和犯罪事实的单一。遇有共同犯罪或存在数个独立犯罪事实的情形，都应视为数个案件。案件单一性的功能在于单一案件确定单一的刑事责任，亦即一案一责任。只有这样，共同犯罪中给予不同的被告人分别作出判决确定各自的刑事责任才能得到合理解释。同理，对于一人犯数罪的案件，法院会依据各个不同的罪行作出判决再进行数罪并罚从而确定被告人的刑事责任，这也是对“一案一责任”原则的承认，如果不承认该原则，则数罪并罚也无从谈起。

案件的同一性则是涉及判决与起诉之间的关系。一方面，法院的判决应当受到检察官起诉的犯罪事实的范围的限制，但对于其所引用的法律条文则可以适当变更；另一方面，就法院已作出判决的同一案件，检察官不得就该案件重新起诉。案件同一性的功能在于，同一案件只能作出一次刑事处罚，亦即一案一处罚。这与“一事不二诉”和“一事不二判”〔1〕的原则是不谋而合的。

本案曾在国内的学术界引起过广泛的关注与讨论，尤其是三次被发回重审的做法更是备受诟病。诚如我国学者所言，本案可能是属于带有“极端性”的案例，其中存在大量的问题。例如，二审法院对同一案件，可以作出几次撤销原判、发回重审的裁定？二审法院以“事实不清、证据不足”为由发回原审法院重审是否违背了无罪推定的精神？检察机关对一个人的同一行为可以提起几次公诉？一个人因为同一行为，究竟要承受几次生命、自由或财产被剥夺的危险？〔2〕

---

〔1〕 一事不二诉，是指就同一诉讼客体，不得提起两次起诉；一事不二判，意指同一客体已经有实体上的判决，该判决也未受到合法的撤销，就不得再由同级或下级法院再次作出实体法上的裁判。

〔2〕 参见陈瑞华：《问题与主义之间——刑事诉讼基本问题研究》，中国人民大学出版社2003年版，第297－298页。

本案中存在的重复追诉、重复审判的做法已经严重违背了一事不再理的诉讼法理，完全无视“一案一责任”和“一案一处罚”的基本要求，进而使得刑事诉讼客体的确定失去意义。同时这说明，尽管犯罪嫌疑人、被告人被作为诉讼主体，但因为其身份的特殊性，难免会遭遇被“客体化”的局面。因而，只有合理地界定刑事诉讼客体，严格遵循一事不再理的诉讼法理，才能真正确立犯罪嫌疑人、被告人的诉讼主体地位，才能将追诉犯罪与保障人权协调起来。

第四节 刑事诉讼职能

【案例3－4－01】“东棉坳”案〔1〕

1999年2月10日晚，河池市东江中学老师覃某与女友开摩托车途经东棉坳地段时，被两名歹徒用棍打倒，身中30多刀。覃某的女友逃脱后报警。警方接到线索，案发当晚，原河池市东江镇的兰某某和覃某某曾在案发地附近出现过，有重大作案嫌疑。3月2日晚，民警们对兰某某和覃某某拳打脚踢。犯罪嫌疑人最终只好按照审讯人员的提示和诱导，作出了结伙在东棉坳抢劫、杀人的虚假供述。在批捕起诉审查和审判等环节中，公安部门出具了一份所谓“侦查程序合法，没有体罚虐待过犯罪嫌疑人”的书面证明材料，证明没有刑讯逼供。2000年7月，法院终审分别判处覃某某和兰某某死刑缓期二年执行和无期徒刑。后真正的凶手投案自首，2003年6月，法院开庭重审本案，宣判覃某某、兰某某无罪。

■ 法理与法律适用评析

刑事诉讼职能，是指根据法律的规定，国家专门机关和诉讼参与人在刑事诉讼中所承担的职责和所发挥的特定作用。

在刑事诉讼活动中，各个诉讼法律关系的主体都有其特定的诉讼目的。为了实现这些目的，他们担当不同的诉讼角色，通过其具体的行为来发挥不同的功能和作用。

目前的通说认为，刑事诉讼职能采“三职能说”，即控诉职能、辩护职能和

---

〔1〕 张军、陈卫东主编：《新刑事诉讼法案例解读》，人民法院出版社2012年版，第57页。

审判职能。这三项职能构成刑事诉讼程序中最重要的内容,彼此之间相互联系、相互制约。

控诉职能是指特定主体向人民法院提起诉讼并出庭支持公诉,要求追究被告人因其犯罪行为所应承担的刑事责任的职责与功能。在我国,行使控诉职能的主体是公诉机关和被害人。

辩护职能是指针对控诉方的指控,对其进行反驳和申辩的职责和功能。辩护职能是与控诉职能相对应的一项职能。在刑事诉讼中,犯罪嫌疑人、被告人是公诉机关和自诉人所指控的对象,因而辩护职能的主体便是犯罪嫌疑人与被告人。

审判职能是指人民法院对刑事案件进行审理并作出裁判所遵循的方式和所发挥的作用。在我国,典型意义上的诉讼便体现在审判阶段。这是因为在审判阶段控辩双方同时参加并进行相互间的对抗,法庭则居中进行裁判,控、辩、裁三方共同参加并完成审判活动。

根据诉讼职能区分理论的要求:控诉、辩护、裁判三项职能必须由三方独立的主体分别承担,而不能由两方或一方承担;任何一方主体不得通过实施诉讼行为,承担或者协助承担其他诉讼主体的诉讼职能;诉讼主体不得被迫实施与自己本应承担的诉讼职能完全相冲突的诉讼行为。在本案中,侦查人员采取刑讯的手段迫使两名犯罪嫌疑人兰某某和覃某某承认自己实施了犯罪,这无异于让他们自证其罪。这样,本应行使辩护职能的主体同时被迫承担了控诉职能,而这两项职能显然是矛盾的。倘若没有真凶的投案自首,两名被告人也许仍在服刑。可见,在诉讼职能确定之后,只有严格遵循职能区分理论的要求,并严格保障犯罪嫌疑人、被告人的各项诉讼权利,才能防止强迫自证其罪的发生。

第五节 刑事诉讼结构

【案例3-5-01】法官谋杀院长案[1]

2000年3月8日,吕某某因房产官司找西安市中级人民法院院长朱某某

---

〔1〕 本案相关内容参见《法官谋杀院长,本院审判法官:法律专家质疑司法中立》,载网易网2018年11月16日,https://www.163.com/dy/article/E0NBU4HI0514C1JT.html。

上访时，“二人发生争执”，西安市中级人民法院以吕某某“严重妨碍法院民事诉讼活动”为由，对吕某某拘留15天。3月10日，吕某某因涉嫌“故意杀人罪”被刑事拘留，由公安机关负责侦查。4月7日，吕某某被西安市人民检察院批准逮捕。同时，“长期与院长不和”的西安市中级人民法院法官杨某某则涉嫌“挑唆吕某某谋杀”院长也被捕。2000年9月18日，西安市人民检察院以故意杀人罪（未遂）对吕、杨二人提起公诉。

起诉书指控，“被告人吕某某因对其夫张某某遗产继承纠纷案一审判决不服”，“为寻求帮助，吕经人介绍认识了被告人杨某某。杨某某因在法院改革中不服从单位工作分配，其无理要求没有得到满足，竟把矛头指向院长朱某某，采取诬告、威胁和长期不上班等手段发泄对朱某某的怨恨。在吕找杨后，杨以为有机可乘……多次煽动吕去找朱某某闹事并对吕说：‘你这一闹，就会轰动西安市。’在被告人杨某某的唆使下，3月8日上午8时20分左右，吕某某来到西安市中级人民法院朱某某办公室，将办公室门反锁，指责、威胁朱某某。当朱某某提出要外出开会时，被告人吕某某乘朱某某不备，将其打倒在地，并抓住朱某某的领带紧勒其脖颈，致朱某某一过性脑缺血昏迷，后被及时赶到的法院干警解救脱险。被告人吕某某被当场抓获”。

在西安市中级人民法院受理本案后，两名被告人多次申请西安市中级人民法院整体回避，请求异地审理，但均被驳回。2000年12月25日，因“涉及个人隐私”，西安市中级人民法院“依法转入不公开开庭审理”。法院认为，“被告人杨某某为了达到其个人搞乱法院，整倒院长的险恶用心，竟采用借刀杀人的手段，唆使他人犯罪，其行为已构成故意杀人罪；被告人吕某某在被告人杨某某的欺骗、引诱、教唆下，勒杀院长朱某某，其行为亦构成故意杀人罪”。

经过审理，西安市中级人民法院判处杨某某有期徒刑15年，剥夺政治权利3年；判处吕某某有期徒刑13年，剥夺政治权利2年。

杨某某、吕某某均不服，随即上诉。一个半月后，陕西省高级人民法院未经开庭审理即下达终审裁定：“驳回上诉，维持原判。”

■ 法理与法律适用评析

一般认为，我国的刑事诉讼模式接近于大陆法系职权主义模式，近年来随着司法改革的进行也吸收了英美法系当事人主义模式的一些要素。

我们认为，要深刻认识我国诉讼结构可以通过对不同诉讼阶段的结构的分析来实现。

首先,侦查阶段的结构。在我国,侦查程序结构带有较为明显的纠问式的特点。侦查机关在依法收集证据、查明案情、采取强制措施时,除逮捕需要由检察机关批准外,基本上都可以自行作出决定。

其次,起诉阶段的结构。在这一阶段,一般也只有两方主体,即检察机关和被告人。其中,检察机关既是控诉方也是裁判者,因而实际上是行使了控诉与裁判的双重职能。

最后,审判阶段的结构。《刑事诉讼法》经过三次修正后,吸收了当事人主义的长处,采控辩对抗、审判居中的庭审方式。这一阶段的诉讼结构,在主体上包括控诉、辩护和审判三方主体;在运作方式上,弱化了法官的庭前审查,强化了控辩双方在庭审中的对抗。法官主要负责主持庭审,只在必要的情况下才依职权讯问被告人、讯问证人。

在本案中,从吕某某因涉嫌故意杀人被刑事拘留开始,到西安市中级人民法院作出一审有罪判决为止,我们可以发现案件的处理基本上体现了各个阶段的诉讼结构。但诚如研究者所指出的,由于本案中被害人身份的特殊性,难免会造成人们对于受案法院公正性的怀疑。我们知道,在一个典型的控、辩、裁三方组合的构造中,不仅要确保控诉和裁判分离、控辩平等对抗,还要确保裁判者的中立性,否则刑事审判只会流于形式,法院裁判的公正性和权威性根本无法保障。

在本案中,针对两名被告人所提出的集体回避的申请,法院以"被害人朱某某已经自行回避,且审理案件的法官虽与被告人是同事关系但不存在任何个人恩怨"为由驳回申请。但是,本案就发生在法院的办公室,被害人是法院的院长,被告人和证人都是该法院的法官,在这种情况下仍然坚持由本院审理不仅有违回避制度的精神,而且是对诉讼结构的某种颠覆。

第六节　刑事诉讼价值

【案例3-6-01】李某某杀人案〔1〕

2002年7月12日凌晨,河北省唐山市南堡开发区发生一起蒙面入室杀

〔1〕 张军、陈卫东主编:《新刑事诉讼法案例解读》,人民法院出版社2012年版,第1页。

人案(致两人重伤)。南堡公安分局在侦查此案中,将冀东监狱二支队政治处主任李某某列为犯罪嫌疑人。2002年7月14日至24日,南堡公安分局局长王某某、副局长杨某等人将在押的李某某提至唐山市公安局刑警一大队审讯。其间,10名干警在李某某手指、脚趾捆上电线,反复、轮流、长时间用手摇电话机电击李某某,迫使李编造了"杀人"过程。后李某某翻供,王某某、杨某等人再次将其从看守所提到玉田县公安局进行长达七天八夜的审讯,进行残忍的刑讯逼供,直到李供认"杀人"。

2002年11月,李某某被判处死刑,缓期二年执行。2004年6月8日,被羁押于浙江省温州市公安机关的死刑犯蔡某某供认曾于2002年在唐山市南堡杀人。河北省高级人民法院于2004年8月将李某某案发回重审,最终认定真凶为蔡某某,遂于2004年11月将李某某无罪释放。2004年12月,河北省河间市人民检察院对王某某等12名犯罪嫌疑人分别立案侦查,2005年1月提起公诉。2005年5月,法院以刑讯逼供罪判处王某某、杨某有期徒刑2年,参与刑讯逼供的其他人员也分别得到依法处理。

■ 法理与法律适用评析

刑事诉讼价值可以界定为,依国家立法机关通过立法所设计的,由特定诉讼主体及其他诉讼参与人参加的刑事诉讼程序其自身所应当体现的基本价值标准。

传统观点认为,由于刑事诉讼主体需要的多层次性和多元性,所以刑事诉讼价值目标也就具有多样性。一般来说,刑事诉讼价值目标主要包括秩序、公正、效率、人权。这一目标体系揭示了刑事诉讼的实体目的,也揭示了刑事诉讼存在的正当性与合法性根基,因而被我国学者称为"目的价值观"。

然而"目的价值观"的缺陷在于,它并没有突破传统法律价值理论的窠臼,诚如有学者所指出的,它没有对刑事诉讼中的价值问题作出具体的和有针对性的探讨,而这是由于我国长期以来片面重视哲学认识论、忽视哲学伦理学的结果,这种将价值定位于认识论上的主体与客体之间的关系的观念,只能推导出"价值就是有用性"的结论。[1] 诸如自由、人权、秩序、效率之类的价值既可以被视为一般法理学意义上的价值,也可以成为刑法、刑事诉讼法、民法、民事诉讼法等部门法的价值。这种生搬硬套不仅难以自圆其说,同时在某种程

---

〔1〕 参见陈瑞华:《刑事诉讼的前沿问题》,中国人民大学出版社2000年版,第84页。

度上也容易形成对诉讼价值理论作出进一步探讨的障碍。

同时，我国学者也指出，“刑事诉讼除了目的意义上的自由、秩序价值外，还必须具备一种形式价值，即刑事程序本身必须具备形式理性，保持中立、平等、公开和参与性，这些形式价值实际上也是对人的需要的满足，因此也应当是构成刑事诉讼价值体系的重要组成部分，刑事诉讼的价值体系应当是一个由目的价值系统和形式价值系统共同构成的多元价值体系。而对此，目的价值观的理论阐释是无能为力的”〔1〕。应该说，这一分析是颇为深刻的，这也意味着“目的价值观”最起码难以单独成为刑事诉讼的价值目标。

在对“目的价值观”反思的基础上，“过程价值观”逐渐进入我们的视野，该价值观是建立在这样一种认识的基础上提出的：即刑事诉讼绝不仅仅是一种以查明真相为目标的认识活动，而还应包含一系列诉讼价值的实现和选择过程。从哲学伦理学的角度来看，价值也就是人们值得追求和向往的“善”，而“善”又可以分为“作为方法的善”和“作为目的的善”。〔2〕 据此，刑事诉讼的程序也可以有两项独立的价值标准：一是外在价值或工具价值；二是内在价值或固有价值。前者是指刑事诉讼程序对于实现某一外在目标是否存在有用性；后者是指刑事诉讼程序本身是否具有独立的内在优秀品质，使控辩双方真正受到公正的对待。

就本案而言，公安机关为了查明真相而对“犯罪嫌疑人”李某某实施残酷的刑讯，迫使其承认自己“杀人”，后导致其被法院判处死刑缓期二年执行。直到2004年真凶出现后，李某某才被无罪释放。尽管实施刑讯逼供的办案人员被追究了刑事责任，但不得不反思的是，通过刑讯的方式所获取的有罪证据是导致李某某蒙冤的直接源头，而刑讯盛行的重要原因就在于，出于某种需要，办案人员通常将查明“真相”作为首要甚至唯一目标，至于采取何种手段则在所不问。

可以看出，在司法实务中刑事诉讼价值目标常常会出现某种偏向，如过于注重秩序的维护而忽略人权保障、为了追求办案效率而忽略程序的公正。对此，学术界早已作出反思，同时修正后的《刑事诉讼法》也提出要“尊重和保障人权”，这一目标的实现不仅要重视案件事实的查明，同时要注重程序的公正性。因此，在未来的刑事司法中，必须兼顾“目的价值”和“过程价值”，真正做到尊重人的尊严，确保控辩双方的平等对抗和裁判者的中立裁判，才能有效地

---

〔1〕 万毅：《刑事诉讼价值评论》，载《法学论坛》2003年第5期。

〔2〕 参见陈瑞华：《刑事诉讼的前沿问题》，中国人民大学出版社2000年版，第85－92页。

避免冤假错案的发生。

■ 法条链接

《刑事诉讼法》第1、2、3、4、7、14条。

■ 参考文献

1. 李心鉴:《刑事诉讼构造论》,中国政法大学出版社1992年版。
2. 宋英辉:《刑事诉讼目的论》,中国人民公安大学出版社1995年版。
3. 陈瑞华:《刑事诉讼的前沿问题》,中国人民大学出版社2000年版。
4. 梁玉霞:《论刑事诉讼方式的正当性》,中国法制出版社2002年版。
5. 宋英辉主编:《刑事诉讼原理》,法律出版社2003年版。
6. 刘涛:《刑事诉讼主体论》,中国人民公安大学出版社2005年版。
7. 孙记:《现代刑事诉讼结构论》,中国社会科学出版社2009年版。
8. 张小玲:《刑事诉讼客体论》,中国人民公安大学出版社2010年版。
9. 张军、陈卫东主编:《新刑事诉讼法案例解读》,人民法院出版社2012年版。
10. 龙宗智:《刑事程序论》,法律出版社2021年版。
11. 左卫民、周长军:《刑事诉讼的理念》,北京大学出版社2022年版。

第四章　刑事诉讼的基本原则

第一节　职 权 原 则

【案例 4-1-01】仇某某、周某刑讯逼供案[1]

2019 年 5 月至 8 月，江苏省靖江市公安局因刑事案件侦查需要，对犯罪嫌疑人夏某某采取指定居所监视居住强制措施。因夏某某在指定居所监视居住期间拒不供述其涉嫌犯罪的事实，负责侦办该案的某派出所教导员仇某某为逼取口供，指令指定居所监视居住执行民警周某，对夏某某限制饮食和休息，致夏某某身体机能遭受严重损害。涉案人员夏某某因病住院后，其家属向检察机关反映公安干警涉嫌违法的问题线索。检察机关经依法调查核实后决定立案侦查。侦查中，检察机关依法扣押了夏某某被监视居住及审讯期间的录音录像资料，对相关录音录像资料内容进行审查，证实了夏某某在监视居住期间存在被限制饮食、休息的违法情况。另通过委托国内权威司法鉴定机构对夏某某的病情和病因等进行鉴定，确认了变相逼供与损害后果之间的因果关系。2020 年 9 月 1 日，检察机关决定对仇某某、周某刑事拘留。同年 9 月 15 日，二人被依法逮捕。

■ 法理与法律适用评析

职权原则就是追究犯罪、惩罚犯罪的权力由国家专门机关专属行使的原则。其具体内容体现在《刑事诉讼法》第 3 条的规定中："对刑事案件的侦查、拘留、执行逮捕、预审，由公安机关负责。检察、批准逮捕、检察机关直接受理的案件的侦查、提起公诉，由人民检察院负责。审判由人民法院负责。除法律特别规定的以外，其他任何机关、团体和个人都无权行使这些权力。人民法院、人民检

---

〔1〕《江苏省检察机关查办司法工作人员相关职务犯罪新闻发布会典型案例》，载江苏检察院网，http://jsjc.gov.cn/shzs/dxal/202010/t20201023_1113618.shtml。

察院和公安机关进行刑事诉讼,必须严格遵守本法和其他法律的有关规定。”

职权原则可以从以下三个方面来理解:

第一,根据法律规定,只有公安机关、人民检察院、人民法院三机关有权行使侦查权、检察权和审判权,其他机关、团体和个人都无权行使这些权力。由此可见,侦查权、检察权和审判权具有专属性和排他性。刑事案件的侦查权,原则上只能由公安机关来行使。无论是立案侦查、采取侦查手段还是用强制措施,任何机构包括行政执法机构和个人均无权运用侦查权,除非法律另有规定。而对于检察权只能由人民检察院行使,审判权只能由人民法院行使。

第二,侦查权、检察权、审判权必须分别由公安机关、人民检察院、人民法院行使。既不能由其中任何一个机关同时行使这三种权力,也不能相互混淆、相互取代。

第三,公安机关、人民检察院、人民法院行使职权,必须严格遵守法律规定。公检法三机关在进行刑事诉讼活动中,必须严格遵守《刑法》《刑事诉讼法》和其他法律的有关规定,依法办案,决不允许有法不依、滥用权力。

本案中,仇某某、周某涉嫌刑讯逼供罪名,属于职务犯罪的范畴,可以由检察机关进行侦查,并提起公诉。另外,依照职权原则内容,公安机关、人民检察院、人民法院行使职权,必须严格遵守法律规定,不得滥用权力。本案中,相关侦查人员利用职权实施刑讯逼供行为,严重侵犯公民人身权利,损害司法公正,应当依法追究其刑事责任。法院依法进行公开审判则是行使审判权的体现。

■ 法条链接

《刑事诉讼法》第3、52条。

第二节　独立行使司法权原则

1 独立行使司法权原则的内容

【案例4-2-01】崔某干预司法案[1]

某县级市市级领导崔某插手干预市检察院办理的彭某某涉嫌故意伤害

---

[1] 《检察人员违反“三个规定”典型案例》,载中华人民共和国最高人民检察院网,https://www.spp.gov.cn/spp/xwfbh/wsfbh/202005/t20200506_460382.shtml。

罪、非法拘禁罪、非法采矿罪案，多次要求该院检察长赵某某对彭某某从轻处理，赵某某没按规定进行记录报告。受崔某干扰影响，赵某某在列席法院审委会会议时，明知彭某某不符合适用缓刑的条件，对审委会作出适用缓刑的决议未提反对意见。该院检委会专职委员、该案办案组主任检察官刘某某和承办检察官韩某某，在法院对彭某某作出缓刑判决后，明知适用缓刑错误，但未提出抗诉意见。赵某某与韩某某向上级检察院汇报该案时，提出“量刑是偏轻不是畸轻，不宜抗诉”的建议，最终上级检察院未及时对该案提出抗诉。2019年7月，崔某被开除党籍，其涉嫌犯罪问题被移送司法机关；赵某某被给予党内警告处分；刘某某、韩某某被给予政务警告处分。

■ 法理与法律适用评析

《刑事诉讼法》第5条规定：“人民法院依照法律规定独立行使审判权，人民检察院依照法律规定独立行使检察权，不受行政机关、社会团体和个人的干涉。”这一规定就是我们确立人民法院、人民检察院依法独立行使司法权原则的法律依据，这一原则在我国《宪法》《人民法院组织法》《人民检察院组织法》中都有相关规定。

依法独立行使司法权原则主要包括以下三方面的内容：

第一，人民法院、人民检察院在法律规定的范围内独立行使审判权、检察权，不受行政机关、社会团体和个人的干涉。人民法院和人民检察院是法定的司法机关，审判权和检察权也是《宪法》明确赋予人民法院和人民检察院的专门职权。因此，任何行政机关、社会团体和个人应当尊重、支持人民法院和人民检察院依法独立行使职权，而不得以任何方式干涉其行使法定职权。

第二，人民法院行使审判权和人民检察院行使检察权，都必须严格遵守宪法和法律的各项规定。司法人员必须在法定权限范围内展开工作，严格依照法律的规定行使职权，不得以任何借口而滥用职权，从而实现程序和实体的双重公正。

第三，审判权、检察权是人民法院、人民检察院各自作为一个组织整体独立行使。也就是说，有权独立行使审判权、检察权的是人民法院、人民检察院，而不是某个审判人员和检察人员可以独立行使审判权或检察权。

本案中，崔某作为县级市市级领导无权对检察院的审查起诉工作、法院的审判工作进行干涉，检察权应独立行使，不受崔某的领导，崔某对检察工作进行阻扰是错误的。检察长赵某某未依照法律规定提出正确量刑意见，检委会专职委员、办案组主任刘某某和承办检察官韩某某未对明知量刑有误的判决提出抗诉意见均违反了"独立行使司法权"原则。

■ 法条链接

《刑事诉讼法》第5条。

Ⅱ 独立行使司法权与党的领导、人大和社会的监督

【案例4-2-02】赵作海故意杀人案[1]

案情同【案例2-2-02】。

该起特殊的"亡者归来"案件立即引起了媒体舆论的持续关注和报道,法院也因此遭受了来自媒体、社会等司法机关以外的压力。2010年5月9日上午,河南省高级人民法院召开新闻发布会,向社会通报赵作海案件的再审情况,认定赵作海故意杀人案系一起错案。河南省高级人民法院于2010年5月8日作出再审判决:撤销省法院复核裁定和商丘市中级人民法院判决,宣告赵作海无罪。2010年5月17日上午,赵作海领到国家赔偿金和困难补助费65万元。

■ 法理与法律适用评析

正确理解和执行独立行使司法权原则,应当注意处理好以下几个方面的关系:

首先,正确处理党的领导和独立行使司法权的关系。作为执政党的中国共产党,是我国社会主义建设事业的领导核心。坚持党对司法机关的领导,是我国宪法的明确规定,也是人民法院、人民检察院依法独立行使审判权、检察权的保证。因此,各级人民法院和人民检察院在刑事诉讼中应当自觉接受同级党委的领导和监督,可以说党的领导与司法机关独立行使司法权在本质上是一致的。但自觉接受党的领导和监督,并不意味着党组织可以替代司法机关行使司法权、包办具体的业务工作。党的领导只能是组织上和思想上的,不是具体干涉司法业务工作。只有加强和改善党的领导,使之与司法机关的独

---

〔1〕 国家赔偿法颁布实施二十五周年典型案例,载中华人民共和国最高人民法院网,https://www.court.gov.cn/zixun-xiangqing-281861.html。

立行使职权相结合,才能有效地保证法律的正确实施。

其次,正确处理国家权力机关和独立行使司法权的关系。根据我国宪法的规定,各级人民法院、人民检察院都是由各级国家权力机关产生,都要对同级国家权力机关负责并报告工作,自觉接受监督。接受国家权力机关的监督与依法独立行使法定职权并不矛盾,而且有利于人民法院和人民检察院排除各种干扰,严格依法办案。各级国家权力机关如果发现人民法院、人民检察院处理具体案件有错误,有权提出纠正意见。各级国家权力机关对人民法院和人民检察院的监督应当以集体方式进行,不能代替、包办司法机关的具体工作,也不得随意干涉司法机关独立行使职权。

最后,正确处理社会监督和独立行使司法权的关系。社会监督包括人民群众监督、社会团体监督、新闻舆论监督等。法律规定"不受行政机关、社会团体和个人的干涉",这里的"干涉"特指干扰司法机关正常诉讼活动进行的非法行为,如以言代法、以权压法等,而不是正常的工作建议和批评意见。人民法院和人民检察院独立行使司法权与接受社会监督是统一的,而不是对立的。当前,在司法实践中,司法机关实行的审务公开、检务公开,虚心听取各方面的批评和意见,就是人民法院和人民检察院自觉接受社会监督的一种有效形式,有利于人民法院、人民检察院及时改进工作,更加认真地履行自己的职责,增强法制的权威性。

上述案件是新闻舆论监督和人民群众监督的具体呈现,体现了社会监督在纠正冤错案件、促进审判公开、防止司法权力滥用等方面的重要作用。

■ 法条链接

《刑事诉讼法》第5条。

第三节　专门机关与群众相结合原则

【案例4-3-01】赌场破获案[1]

2022年,三塘派出所民警在走访中了解到,一居民小区内隐藏着一个流

[1] 《"衡阳群众"助警方破案,获九千元奖励》,载湖南公安网2022年3月28日,https://baijiahao.baidu.com/s?id=1728530588021343995&wfr=spider&for=pc。

动赌场，人数众多，影响恶劣，群众对此反映强烈。获知情况后，三塘派出所迅速组织警力通过各种渠道开展布控、摸排，由于这个赌窝流动性大，行动诡秘，其设置赌场的时间、地点飘忽不定，给公安机关的打击侦办带来了一定难度。为彻底打掉这一赌博窝点，民警多次深入侦查，经过两个月的摸排，终于在辖区一居民处获得了明确线索。之后民警积极与知情人对接，知情人表示愿意配合公安机关打击违法犯罪行为，帮助民警进一步掌握了流动赌场的基本情况及活动规律。2022 年 2 月 22 日，三塘所民警在辖区一居民小区高层的电梯民房内，当场查获聚众赌博人员 12 人，现场收缴赌资近 10 万元，涉赌嫌疑人随后均被依法处罚，组织、经营者被追究刑事责任。该案的破获在一定程度上得益于人民群众的积极配合和大力协助。鉴于举报人对破获本案作出的巨大贡献，2022 年 3 月 24 日，根据《衡南县打击电信网络诈骗及毒黄赌举报奖励办法》的规定，经县局领导同意，三塘派出所为举报人“衡阳群众”颁发了 9000 元现金奖励。

■ 法理与法律适用评析

《刑事诉讼法》第 6 条规定，“人民法院、人民检察院和公安机关进行刑事诉讼，必须依靠群众……”这是确立专门机关和群众相结合原则的法律依据。专门机关，是指在刑事诉讼中依法行使侦查权、检察权和审判权的机关，主要是公安机关、人民检察院和人民法院。专门机关与群众相结合就是指公、检、法三机关在刑事诉讼中必须坚持贯彻执行群众路线，充分发挥人民群众的智慧和力量，把专门机关的业务工作与依靠广大群众很好地结合起来。专门机关与群众相结合原则是我国刑事诉讼独具特色的一项基本原则。刑事诉讼法对贯彻这一原则作了明确的规定，主要体现在：依靠群众，查明案情；方便群众揭露犯罪；接受群众监督。

上述案例体现了人民群众对于国家安全保护和社会治安维护的积极参与，相关案件线索的提供，在帮助民警发现犯罪、追捕犯罪嫌疑人方面，发挥了重要作用，为办案机关侦破案件创造了条件，充分彰显了专门机关与群众相结合的诉讼原则。

■ 法条链接

《刑事诉讼法》第 6 条。

第四节　以事实为依据，以法律为准绳原则

【案例4-4-01】盛某某正当防卫案[1]

2018年7月30日，传销人员郭某以谈恋爱为名将盛某某骗至杭州市桐庐县。根据以"天津天狮"名义活动的传销组织安排，郭某等人接站后将盛某某诱至传销窝点。盛某某进入室内先在客厅休息，郭某、唐某某、成某某等传销人员多次欲将其骗入卧室，意图通过采取"洗脑"、恐吓、体罚、殴打等措施威逼其加入传销组织，盛某某发觉情况异常予以拒绝。后在多次请求离开被拒，并遭唐某某等人逼近时，拿出随身携带的水果刀予以警告，同时提出愿交付随身携带的钱财以求离开，但仍遭拒绝。之后，事先躲藏的传销人员邓某某、郭某某、刘某某等人也先后来到客厅。成某某等人陆续向盛某某逼近，盛某某被逼后退，当成某某上前意图夺刀时，盛某某持刀挥刺，划伤成某某右手腕及左颈，刺中成某某的左侧胸部，致心脏破裂。随后，盛某某放弃随身行李趁乱逃离现场。当晚，传销人员将成某某送医院治疗。医院对成某某伤口进行处治后，嘱咐其回当地医院进行康复治疗。同年8月4日，成某某出院，未遵医嘱继续进行康复治疗。同年8月11日，成某某在传销窝点突发昏迷经送医抢救无效于当晚死亡。经法医鉴定：成某某系左胸部遭受锐器刺戳作用致心脏破裂，在愈合过程中继续出血，最终引起心包填塞而死亡。公安机关以盛某某涉嫌故意伤害罪（防卫过当）向检察机关移送审查起诉。浙江省杭州市人民检察院通过审查案件情况以及适用法律规定的正当防卫所需条件后，认定盛某某的行为构成正当防卫，作出不起诉决定。

■ 法理与法律适用评析

《刑事诉讼法》第6条规定："人民法院、人民检察院和公安机关进行刑事诉讼……必须以事实为依据，以法律为准绳……"这一规定确立了以事实为依据，以法律为准绳的原则，同时该原则被我国宪法确定为进行诉讼的原则。该原则体现了我国实事求是的思想路线和依法办案的诉讼法制精神，在刑事

---

[1] 《盛春平正当防卫案》，载中国法院网，https://www.chinacourt.org/article/detail/2020/09/id/5436035.shtml。

诉讼基本原则体系中处于核心地位。

以事实为依据，是指在刑事诉讼中，司法机关及其工作人员对于刑事案件中的实体问题和程序问题作决定时，必须以查证属实的证据和依据这些证据所认定的案件事实为基础，而不能以主观臆断或者推测想象等作为依据。以法律为准绳，即要求司法机关在办理刑事案件过程中，所作出的案件实体问题和程序问题方面的决定，必须以刑事实体法、刑事程序法和其他法律的有关规定为标准。以事实为依据，以法律为准绳，是正确处理刑事案件不可分割的两个方面。两者互相联系，缺一不可。事实是前提、基础和依据，法律是处理案件的标准尺度，离开了正确认定案件的事实，就缺乏定案的根据，更谈不上适用法律；反之，离开了正确应用法律，也就谈不上对正确认定的事实作出正确的处理。所以，以事实为依据，以法律为准绳，是一个有机的整体，只有将二者有机结合起来，才能保证刑事诉讼的正确进行。

本案中，检察机关的审查起诉活动严格遵循“以事实为依据，以法律为准绳”的原则，结合相关证据，查明案件事实，并根据正当防卫的起因、时间、主观、对象、限度五个条件审查正当防卫情形。因此，公安司法机关只有以事实为依据，以法律为准绳，才能依法办案，实现司法公正。

■ 法条链接

《刑事诉讼法》第6条。

第五节　分工负责、互相配合、互相制约原则

【案例4-5-01】“10·18”特大跨境电信诈骗案〔1〕

2019年3月至2020年5月，“宏盛国际”犯罪集团租用成都某网络科技有限公司的客服软件，在菲律宾马尼拉马卡蒂市电力大厦组织设立虚假赌博平台，内设“北京28”“加拿大28”等项目，实施电信网络诈骗犯罪。该犯罪集团通过交友软件，设置个人虚假信息资料、虚拟身份、虚拟定位，以交朋友“谈感情”的方式物色中国境内被害人，先期让被害人少量获利提现，待被害人产

〔1〕《新时代推动法治进程　2021年度十大案件正式发布》，载央广网2022年1月24日，https://baijiahao.baidu.com/s?id=1722843199239035234&wfr=spider&for=pc。

生信任后继续诱骗被害人大额充值，之后以信息错误、金额不足、账户被冻结等为由拒绝提现，非法占有被害人钱财。本案国内被害人达1500余名，涉案金额10,458.3052万元。公安部将此案列为督办案件，以立案时间确定为"10·18"专案，指定成都铁路公安局侦查。在公安部铁路公安局的统一指挥下，全国铁路公安机关抽调精干警力数百人，经过近一年缜密侦查，跨越二十多个省（区、市），最终成功破获本案，抓获犯罪嫌疑人100余人，冻结涉案资金900余万元。

该案移送检察机关后，鉴于涉案人数多、涉及地域广、涉案金额特别巨大，且证据材料繁多、案情疑难复杂，为便于查明案情，将本案合理拆分为五个案件，分别由四川省人民检察院成都铁路运输分院向成都铁路运输中级法院提起公诉一案29人；成都铁路运输检察院向成都铁路运输第一法院提起公诉四案69人。

成都铁路运输中院成立合议庭，多次组织召开庭前会议归纳争议焦点，明确庭审调查及法庭辩论方向，确保庭审质量和效率。鉴于被告人关押于两个看守所，且人数众多，为保证疫情防控"万无一失"，成铁两级法院采取"线上+线下"方式，通过审判法庭与两个看守所视频连线，首次实现被告人在三地同步受审。经过长达5天的庭审，法院查明，2019年3月，主犯苏某某等人在菲律宾设立电信网络诈骗窝点，雇用被告人朱某某、董某等100余人，利用交友软件推荐虚假赌博网站，诱骗1500余名被害人充值参赌，涉案金额共计1.04亿余元。2021年6月16日，成都铁路运输两级法院集中公开宣判，涉案的98名被告人分别因犯诈骗罪、帮助信息网络犯罪活动罪，被判处12年至1年不等有期徒刑，其中判处5年以上刑期的35人，重刑率达40%，98名被告人被判处罚金共计2400余万元。

■ 法理与法律适用评析

《刑事诉讼法》第7条规定："人民法院、人民检察院和公安机关进行刑事诉讼，应当分工负责，互相配合，互相制约，以保证准确有效地执行法律。"我国《宪法》第140条对此有相同的规定。这是确立司法机关分工负责、互相配合、互相制约的原则的法律依据。分工负责，是指人民法院、人民检察院和公安机关在进行刑事诉讼时，应当严格依据法律规定的职权，各负其责，各尽其职，不允许互相取代或者互相推诿。互相配合，是指人民法院、人民检察院、公安机关在进行刑事诉讼时，应当在分工负责的基础上，互相支持、互相合作，协调一致,共同完成揭露犯罪、证实犯罪,惩罚犯罪,保障无罪的人不受刑事追究的诉讼任务。互相制约,是指人民法院、人民检察院和公安机关在刑事诉讼中,按照职能分工和诉讼程序的要求,相互约束,相互制衡,以防止可能发生的偏差和错误,及时发现和纠正错误,确保正确执行法律,完成诉讼任务。

本案中,公安机关负责对犯罪嫌疑人进行抓捕、侦查,检察院负责对案件进行审查起诉,并分别向人民法院提起公诉,法院负责对案件进行依法审理,这正是分工负责的体现。在打击犯罪过程中,公安机关的侦查、检察机关的起诉、人民法院的审判先后承接、互为基础,侦查是为起诉做准备和服务,而起诉是为审判做准备和服务,体现了互相配合的原则。法院对于移送审判案件、检察院对于移送审查起诉案件的事实、证据充分审查,分别体现了对检察机关审查起诉工作和公安机关侦查工作的制约,从而保证正确运用法律,防止司法机关滥用职权。

■ 法条链接

《刑事诉讼法》第 7 条。

第六节　公民适用法律一律平等原则

【案例 4-6-01】赖某某受贿、贪污、重婚案[1]

2021 年 1 月 5 日,天津市第二中级人民法院公开宣判由天津市人民检察院第二分院提起公诉的中国华融资产管理股份有限公司原党委书记、董事长赖某某受贿、贪污、重婚一案,对被告人赖某某以受贿罪判处死刑,剥夺政治权利终身,并处没收个人全部财产;以贪污罪,判处有期徒刑 11 年,并处没收个人财产人民币 200 万元;以重婚罪,判处有期徒刑 1 年,决定执行死刑,剥夺政治权利终身,并处没收个人全部财产。同时,法院判决,对赖某某受贿所得财物及其孳息予以追缴,上缴国库,不足部分,继续追缴;对贪污所得财物依法发还被害单位。

经审理查明,2008 年至 2018 年,被告人赖某某利用担任原中国银行业监

---

〔1〕《新时代推动法治进程　2021 年度十大案件正式发布》,载央广网 2022 年 1 月 24 日,https://baijiahao.baidu.com/s? id = 1722843199239035234&wfr = spider&for = pc。

督管理委员会办公厅主任，原中国华融资产管理公司党委副书记、总裁，中国华融资产管理股份有限公司党委书记、董事长兼华融湘江银行股份有限公司党委书记等职务上的便利，以及职权和地位形成的便利条件，通过其他国家工作人员职务上的行为，为有关单位和个人在获得融资、承揽工程、合作经营、调动工作以及职务提拔调整等事项上提供帮助，直接或通过特定关系人非法收受、索取相关单位和个人给予的财物，共计折合人民币17.88亿余元。其中1.04亿余元尚未实际取得，属于犯罪未遂。2009年年底至2018年1月，赖某某利用职务上的便利，伙同特定关系人侵吞、套取单位公共资金共计人民币2513万余元。此外，赖某某在与妻子合法婚姻关系存续期间，还与他人长期以夫妻名义共同居住生活，并育有子女。天津市第二中级人民法院认为，被告人赖某某的行为构成受贿罪、贪污罪、重婚罪。赖某某受贿犯罪数额特别巨大，情节特别严重，主观恶性极深。在22起受贿犯罪事实中，有3起受贿犯罪数额分别在2亿元、4亿元、6亿元以上，另有6起受贿犯罪数额均在4000万元以上。同时，赖某某具有主动向他人索取贿赂和为他人职务调整、提拔提供帮助收受他人财物等从重处罚情节。赖某某的受贿数额特别巨大、犯罪情节特别严重、犯罪行为的社会影响特别恶劣、使国家和人民利益遭受特别重大损失。法院认为，赖某某到案后，虽然有重大立功表现，但赖某某的四个“特别”，使其具有的“重大立功表现”情节不足以从宽处罚。

■ 法理与法律适用评析

《刑事诉讼法》第6条规定：“人民法院、人民检察院和公安机关进行刑事诉讼……对于一切公民，在适用法律上一律平等，在法律面前，不允许有任何特权。”该规定确立了我国刑事诉讼中对一切公民在适用法律上一律平等的基本原则。同时，该原则也是“中华人民共和国公民在法律面前一律平等”的宪法原则在刑事诉讼中的具体体现。公民适用法律一律平等原则是指，司法机关在进行刑事诉讼时，对于一切公民，不分民族、种族、性别、职业、职务、社会地位、宗教信仰、家庭出身、教育程度、财产状况、居住期限等，在适用法律上一律平等，不允许有任何特权，也不允许有任何歧视。

在本案中，赖某某虽然担任了中国华融资产管理股份有限公司党委书记、董事长，作为国家的高级干部，但他仍然知法犯法，不遵守国家的有关规定，触犯了法律，理应同其他人一样受到法律的制裁，而其特殊身份并不能成为其逃脱法律制裁的挡箭牌，法律面前人人平等，对一切公民的犯罪行为，无论其社会地位高低、家庭出身、宗教信仰如何，都必须严格依法处理，如此才能保证司法公正，实现司法正义。

■ 法条链接

《刑事诉讼法》第6条。

第七节　法律监督原则

【案例4-7-01】王某某无罪案[1]

2014年2月18日，河北省保定市顺平县白云乡北朝阳村发生一起杀人命案。顺平县公安局认为报案人、该村村民王某某有重大嫌疑。2014年3月15日，顺平县公安局以王某某涉嫌故意杀人罪提请批准逮捕。保定市和顺平县两级检察院在王某某已经承认杀人犯罪的情况下，经审查后发现案件存在诸多疑点。通过提审王某某，发现其身体多处瘀青，右臂骨折。经过多方调查核实，确认王某某遭受刑讯逼供。在排除非法取得的犯罪嫌疑人供述后，顺平县检察院依法作出不批准逮捕决定，并提出9条补充侦查意见，监督、引导公安机关进一步侦查取证，将杀人真凶王某甲抓获归案。2015年1月17日，保定市中级人民法院以王某甲犯故意杀人罪，判处死刑，缓期2年执行。

■ 法理与法律适用评析

《刑事诉讼法》第8条规定："人民检察院依法对刑事诉讼实行法律监督。"该规定确立了人民检察院对刑事诉讼实行法律监督的诉讼原则。法律监督原则，是指作为国家法律监督专门机关的人民检察院，除履行法律赋予的诉讼职能外，还要对刑事诉讼全过程实行法律监督，及时发现并纠正刑事诉讼中的违法行为，保证法律的正确实施。法律监督原则在刑事诉讼中具有特定的含义，它与公、检、法三机关互相制约不能等同。法律监督是宪法和刑事诉讼法赋予人民检察院的一项专门职能，是其他司法机关所没有的，

---

[1] 《检察机关加强侦查监督典型案例》，载中华人民共和国最高人民检察院网，https://www.spp.gov.cn/zdgz/201611/t20161107_171821.shtml。

这种监督是单向的。公、检、法三机关是互相制约中的互相监督，只能是专门机关监督的必要补充。把两种监督结合起来，是完成刑事诉讼任务的需要。

上述案件中，检察院依法行使了法律监督权，及时发现并纠正公安机关的违法取证行为。同时，检察人员提前介入、引导侦查的证据收集，不仅对案件相关过程进行合法有效的监督，也保障了诉讼参与人的合法权益，及时追究了犯罪行为，是行使法律监督权的正确体现。

■ 法条链接

《刑事诉讼法》第 8 条。

第八节　各民族公民有权使用本民族语言文字进行诉讼原则

【案例 4－8－01】艾某某故意伤害案[1]

2019 年 2 月 13 日 20 时许，被告人艾某某在上海市浦东新区牟平路×××号其经营的新疆喀什餐厅厨房内，因琐事与该餐厅厨师热某某发生争执，艾某某遂持尖刀向被害人热某某左胸捅刺一刀。嗣后，艾某某等人将被害人送往医院，被害人经抢救无效死亡。艾某某在医院等候公安人员处置，到案后如实供述了上述犯罪事实。上海市第一中级人民法院认为，被告人艾某某故意伤害他人身体，致一人死亡，其行为已构成故意伤害罪。被告人艾某某将被害人送医救治后，在医院等待警方处理，到案后能如实供述作案事实，系自首，依法可从轻处罚。被告人能积极向被害人家属赔偿，取得被害人家属的谅解，酌情可从轻处罚，故意伤害罪判处被告人艾某某有期徒刑 11 年，剥夺政治权利 3 年。后艾某某上诉提出，要求减轻处罚。上海市高级人民法院依法组成合议庭，公开开庭审理了本案。因上诉人艾某某听不懂汉语，无法用汉语进行诉讼。为维护当事人的合法权益，使其在诉讼过程中能够充分表达自己的真实意愿，二审法官征得当事人同意后，聘请了维吾尔语翻译人员到庭参加诉讼，使得该案顺利审理。

---

〔1〕 上海市高级人民法院刑事裁定书，(2020) 沪刑终 1 号。

■ 法理与法律适用评析

《刑事诉讼法》第9条规定："各民族公民都有用本民族语言文字进行诉讼的权利。人民法院、人民检察院和公安机关对于不通晓当地通用的语言文字的诉讼参与人，应当为他们翻译。在少数民族聚居或者多民族杂居的地区，应当用当地通用的语言进行审讯，用当地通用的文字发布判决书、布告和其他文件。"这一规定确立了使用本民族语言文字进行诉讼的原则，是我国宪法关于"各民族一律平等""各民族都有使用和发展自己的语言文字的自由"的规定在刑事诉讼中的具体体现。

这一原则主要包括以下内容：

首先，各民族公民在刑事诉讼中，无论是当事人还是其他诉讼参与人，都有权使用本民族的语言文字进行诉讼。各民族公民在刑事诉讼中，有权使用本民族的语言进行陈述、回答提问、发表意见、进行辩论；有权用本民族的文字书写诉状、证词、供述和辩解、鉴定结论，以及其他有关意见或材料。

其次，司法机关应使用当地通晓的语言、文字进行诉讼。如果诉讼参与人不通晓当地语言、文字，司法机关要为他们提供翻译。这一规定，不仅适用于我国的少数民族公民，而且适用于在少数民族地区参与诉讼的汉族公民，同时适用于在我国参加诉讼的外国公民和无国籍人。

最后，在少数民族聚居或者多民族杂居的地区，对案件的审理应当用当地通用的语言进行；起诉书、不起诉书、判决书、裁定书及其他诉讼文书，应当用当地通用的一种或几种文字；对于不通晓当地通用文字的诉讼参与人，向其送达的诉讼文书应当用他所通晓的文字，或者聘请翻译人员为其翻译诉讼文书的内容。

在本案中，艾某某作为少数民族，有权使用少数民族的语言进行诉讼，行使自己的诉讼权利，法官不得禁止被告人的请求，应当为不通晓当地语言的参与人配备翻译，不得强迫其按照当地语言进行诉讼。本案中，法官的做法正是遵循这一原则的体现，有利于加强民族团结，保障各民族诉讼参与人正确行使权利。

■ 法条链接

《刑事诉讼法》第9条。

第九节 未经审判不得定罪原则

【案例4-9-01】吴某某投毒案[1]

2004年11月15日,河南省民权县周岗村电工王某某的两个儿子先后中毒,3岁的小儿子经抢救无效死亡。警方认定,这是一起投毒杀人案,吴某某被认定为因琐事"投毒报复"的"凶手"。2005年6月23日至2007年10月30日,河南省商丘市中级人民法院三次以故意杀人罪,判处吴某某死刑缓期二年执行,但均被河南省高级人民法院以"事实不清"为由发回重审。其后,商丘中院第4次开庭,再次以故意杀人罪,判处吴某某无期徒刑。吴某某提出上诉后,河南高院裁定驳回上诉,维持原判。此后,吴某某的申诉亦被河南高院驳回。服刑期间,吴某某坚决不认罪,并拒绝减刑。2016年6月3日,他向最高人民法院提起申诉。2018年9月,最高人民法院指令河南高院对该案进行再审。2020年4月1日,吴某某案在河南高院开庭进行再审宣判,吴某某被改判无罪,当庭释放。至此,吴某某已被羁押5611天。

■ 法理与法律适用评析

《刑事诉讼法》第12条规定:"未经人民法院依法判决,对任何人都不得确定有罪。"这一规定确立了未经审判不得定罪原则。该原则吸收了西方无罪推定原则的合理内核,是对我国刑事诉讼制度的重大发展,体现了社会主义法制原则的精神。未经审判不得定罪原则主要包括以下基本内容:

首先,确定被告人有罪的权力由人民法院统一行使。对被告人的被控行为进行审理,并依法确认是否有罪、所犯何罪以及科处相应刑罚是审判权的固有之义,也是世界各国的立法通例。人民法院是我国法定的唯一审判机关,代表国家统一行使审判权。因此,由人民法院统一行使定罪权是其性质所决定的。

其次,在人民法院依法作出的有罪判决发生法律效力之前,不得将任何人确定有罪。在刑事诉讼中,被追究刑事责任者,在被起诉到法院之前,都是处

---

〔1〕《新时代推动法治进程 2021年度十大案件正式发布》,载央广网2022年1月24日,https://baijiahao.baidu.com/s?id=1722843199239035234&wfr=spider&for=pc。

于犯罪嫌疑人的地位,而不是罪犯;在被起诉到法院后,是处于被告人的地位;只有被人民法院作了有罪判决后,才成为罪犯。

最后,人民法院判决被告人有罪,必须严格依照法定程序进行公开、公正审理,并给予被告人一切辩护上所需的保障。在法庭审理过程中,充分听取被告人及其辩护人的辩护意见,保障被告人的质证权,在获得确实可靠的证据的基础上对被告人作出是否有罪的裁判。

上述冤错案的发生的原因,既有公安机关侦查工作粗糙、先入为主的原因,也有检察机关审查把关不严、走过场的原因,同时,一审、二审法院受当时刑事政策和审判理念所限,没有贯彻"未经法院审判不得定罪"原则,法院作为我国法定的唯一的审判机关,应当充分贯彻法定的证明标准、严格依照法定程序进行公开、公正的审理,而不应当受侦查机关所收集的证据材料和所认定的侦查结论的影响,在审判之前就产生"庭前预断""对侦查结论认同"等认识,最终导致法庭审判流于形式。只有公、检、法三机关严格贯彻"未经审判不得定罪"原则,才能防止此类冤错案件的产生。

■ 法条链接

《刑事诉讼法》第12条。

第十节 保障诉讼参与人依法享有诉讼权利原则

【案例4-10-01】律师鲁某某申请知情权监督案[1]

2019年11月20日,戴某某因涉嫌寻衅滋事罪被某侦查机关刑事拘留。同日,某律师事务所律师鲁某某接受犯罪嫌疑人戴某某家属委托,担任戴某某等人寻衅滋事案中戴某某的辩护人。11月25日,律师鲁某某将律师执业证书、律师事务所证明、委托书等相关材料送交侦查机关。11月29日,戴某某被某市检察院批准逮捕。12月16日,侦查机关将该案移送某市检察院审查起诉,但未将案件移送情况告知戴某某的辩护人律师鲁某某。12月20日,某市检察院决定对戴某某取保候审。

---

[1] 《全国检察机关保障律师执业权利典型案例》,载中华人民共和国最高人民检察院网,https://www.spp.gov.cn/spp/xwfbh/wsfbt/202102/t20210205_508328.shtml#2。

12月25日，律师鲁某某向某市人民检察院申诉称，某侦查机关未依法告知其案件移送审查起诉的信息，阻碍其依法行使诉讼权利，某市人民检察院于当日依法受理。某市人民检察院对该案启动调查程序，听取律师鲁某某意见和同案犯罪嫌疑人辩护人的意见，询问侦查人员，查阅案件相关材料。此外，某市人民检察院对2019年12月以来移送该院有辩护律师的案件进行专项排查，有三位律师也反映其知情权受阻碍。经调查核实，以上律师反映的情况均属实。某市人民检察院认为，侦查机关在办理刑事案件过程中，对移送审查起诉这一重大程序性信息未依法告知辩护律师，侵犯了律师的知情权。2020年1月19日，某市人民检察院向侦查机关发出类案问题《纠正违法通知书》，要求侦查机关对多次阻碍律师依法行使诉讼权利的违法行为进行纠正和整改。2020年2月1日，侦查机关书面回复，表示要加强对办案民警的教育培训，同时要求各办案单位及时将案件重大程序性决定书面告知辩护律师，进一步规范办案，杜绝此类问题再次发生。

■ 法理与法律适用评析

《刑事诉讼法》第14条第1款规定："人民法院、人民检察院和公安机关应当保障犯罪嫌疑人、被告人和其他诉讼参与人依法享有的辩护权和其他诉讼权利。"此法条将犯罪嫌疑人、被告人独立出来加以强调，凸显了对犯罪嫌疑人、被告人人权的尊重和保障。其第14条第2款规定："诉讼参与人对于审判人员、检察人员和侦查人员侵犯公民诉讼权利和人身侮辱的行为，有权提出控告。"这一法律规定确立了我国刑事诉讼中保障诉讼参与人依法享有诉讼权利的原则。

保障诉讼参与人诉讼权利原则包括以下三方面的内容：第一，人民法院、人民检察院和公安机关对所有诉讼参与人依法享有的诉讼权利，都应当给予保障；第二，对于未成年的犯罪嫌疑人、被告人的诉讼权利，依法应当给予特别的保护；第三，赋予诉讼参与人控告权。

本案侦查阶段公安机关在办理刑事案件过程中，对移送审查起诉这一重大程序性信息未依法告知辩护律师，侵犯了犯罪嫌疑人依法获得律师帮助的权利，是对"诉讼参与人依法享有诉讼权利原则"的违反。

■ 法条链接

《刑事诉讼法》第14、40、162条。

第十一节 认罪认罚从宽原则

【案例4－11－01】钱某故意伤害案[1]

2019年9月28日晚，被告人钱某应朋友邀请在嵊州市长乐镇某餐馆与被害人马某某等人一起吃饭。其间，钱某与马某某因敬酒发生争吵，马某某不满钱某喝酒态度，持玻璃酒杯用力砸向钱某头部，致其额头受伤流血。钱某随后从餐馆门口其电瓶车内取出一把折叠刀，在厮打过程中刺中马某某胸部、腹部。马某某随即被送往医院救治，经医治无效于同年11月27日死亡。案发后，钱某即向公安机关主动投案，如实供述了自己的犯罪行为。案件移送检察机关审查起诉后，钱某表示愿意认罪认罚，在辩护人见证下签署了《认罪认罚具结书》。案发后，被告人钱某向被害人亲属进行了民事赔偿，取得被害人亲属谅解。绍兴市人民检察院以钱某犯故意伤害罪于2020年5月15日向绍兴市中级人民法院提起公诉，提出有期徒刑12年的量刑建议。绍兴市中级人民法院经开庭审理，当庭判决采纳检察机关指控的罪名和量刑建议。被告人未上诉，判决已生效。

■ 法理与法律适用评析

《刑事诉讼法》第15条规定："犯罪嫌疑人、被告人自愿如实供述自己的罪行，承认指控的犯罪事实，愿意接受处罚的，可以依法从宽处理。"这一法律规定确立了我国刑事诉讼中认罪认罚从宽原则。认罪认罚从宽，既是一项基本诉讼原则，又是一项全新的刑事诉讼制度。适用此项制度的案件，由于控辩双方就指控事实、罪名不存在争议，审理的对抗性显著降低，可以在保证司法公正的前提下尽量简化处理，提高诉讼效率。

认罪认罚从宽制度既是实体法上的制度，也是诉讼法上的制度。主要包括"认罪""认罚""从宽"三方面的内容："认罪"是指犯罪嫌疑人、被告人自愿、如实供述自己的罪行，对指控的犯罪事实没有异议；"认罚"是指明确表示愿意接受司法机关给予的刑罚等处罚；"从宽"是指对于认罪认罚的犯罪嫌疑人、被告人，可以依法从宽处理。从宽既包括实体法上的从宽，如自首、坦白等

---

〔1〕 钱某故意伤害案，最高人民检察院指导案例82号(2020年)。

情节的认定和从宽幅度的认定，还包括适用轻缓的程序性处理，或是适用更为便利的诉讼程序。

本案中，检察机关在依法审查证据、认定事实基础上，围绕如何确定量刑建议与被追诉人及其辩护律师开展了听取意见、量刑协商等工作，控辩双方达成一致意见。被告人签署具结书前，检察机关向被告人和辩护人详细阐释了本案拟起诉认定的事实、罪名、情节，量刑建议的理由和依据，自首、认罪认罚、赔偿损失及取得谅解等情节的量刑从宽幅度等。被告人表示接受，并在辩护人见证下签署了《认罪认罚具结书》。检察机关提起公诉时随案移送《量刑建议说理书》，法院经审查认可检察机关的量刑建议。

■ 法条链接

《刑事诉讼法》第15、173、174、176条。

第十二节　具有法定情形不予追究刑事责任原则

【案例4-12-01】黄某航、杨某非法捕捞水产品案[1]

2020年4月30日，被不起诉人黄某航邀约杨某一起捕鱼。次日，黄某航携带了一张密眼网（长12.4米、宽2.5米、网眼尺寸1.5厘米），和杨某一起骑车至长江支流桐槽溪重庆市南川区庆元镇姚家沟河段捕鱼。二人一起在河面放置好渔网后，杨某站在上游通过往水里投掷石头的方式，将鱼赶到渔网内。随后，两人将渔网拉出水面，把捕获的10条白参鱼（重约0.04千克）倒入桶中时被巡逻民警查获。2020年6月3日，重庆市南川区公安局根据该市环境资源案件集中管辖的有关规定，将案件移送重庆市涪陵区人民检察院审查起诉。涪陵区人民检察院在全面审查案件证据，听取了黄某航、杨某的近亲属和学校的意见后发现，黄某航、杨某均为在校大学生，二人平时表现良好，系为娱乐偶尔捕鱼，虽然二人在禁渔区、使用禁用工具捕鱼，但渔获物数量少且系当地常见鱼种，二人到案后认罪态度好并主动缴纳了生态赔偿金人民币2000元。

---

〔1〕《"检察为民办实事"之检察机关依法惩治长江流域非法捕捞水产品犯罪典型案例》，载中华人民共和国最高人民检察院网，https://www.spp.gov.cn/spp/xwfbh/wsfbt/202111/t20211105_534468.shtml#2。

7月9日，涪陵区人民检察院以情节显著轻微、不构成犯罪为由，依法决定对黄某航、杨某作法定不起诉。

■ 法理与法律适用评析

《刑事诉讼法》第16条确立了具有法定情形的不予追究刑事责任原则，规定“有下列情形之一的，不追究刑事责任，已经追究的，应当撤销案件，或者不起诉，或者终止审理，或者宣告无罪”。依法不追究刑事责任的情形有如下六种：

第一，情节显著轻微，危害不大，不认为是犯罪的。犯罪的显著特征在于社会危害性，有些行为虽然具有社会危害性，但性质不严重，情节显著轻微，危害不大，没有达到构成犯罪的程度，不应追究刑事责任，也就没有必要进行追诉。

第二，犯罪已过追诉时效期限的。法律规定对已过追诉时效期限的不再追究刑事责任，是因为犯罪经过一定期限后，犯罪分子对社会已无危害，没有必要再追究其刑事责任。但是，人民法院、人民检察院和公安机关已经采取强制措施，而逃避侦查和审判的，不受追诉时效的限制。

第三，经特赦令免除刑罚的。这是指虽然确有犯罪事实存在，但国家颁布了特赦令，不再予以追究犯罪人的刑事责任。特赦是国家针对特殊的罪犯赦免其刑罚的制度，特赦令具有特别法的效力。我国《宪法》第67条规定，全国人民代表大会常务委员会有权决定特赦。特赦可以减轻或者免除罪犯的刑罚。如果最高国家权力机关已经发布特赦令，公、检、法机关就应当根据特赦令不再追究刑事责任。

第四，依照《刑法》告诉才处理的犯罪，没有告诉或者撤回告诉的。根据我国《刑法》规定，告诉才处理的犯罪有：侮辱罪、诽谤罪、暴力干涉婚姻自由罪、虐待罪、侵占罪。这些犯罪以被害人的告诉作为追究刑事责任的前提条件，被害人及其法定代理人没有告诉或者告诉后又撤回的，则不予追究刑事责任。

第五，犯罪嫌疑人、被告人死亡的。这里是指被告人在追诉前或在诉讼过程中已经死亡的。我国刑法实行罪责自负原则，被告人既然已经死亡，已无科刑对象，再继续追究其刑事责任就无实际意义。

第六，其他法律规定免予追究刑事责任的。这是指除了《刑事诉讼法》和《刑法》规定的以外，其他法律中规定免予追究刑事责任的，人民法院、人民检察院和公安机关应当依法不予追究。

本案中，被告人黄某航、杨某主观恶性较小，使用的工具系小型网具，对渔业资源危害小，且实际捕获渔获物数量少，案发后积极修复生态，属于犯罪情节显著轻微、危害不大的情形，涪陵区人民检察院以此为由，依法决定对黄某航、杨某作法定不起诉，这是对“具有法定情形不予追究刑事责任”原则的遵循。

■ 法条链接

《刑事诉讼法》第 16 条。

第十三节 刑事司法国家主权原则

【案例 4－13－01】李某某（缅甸人）贩卖、运输毒品案[1]

2022 年 3 月 31 日，贺州市中级人民法院公开宣判一起涉外贩卖、运输毒品案件，被告人李某某（缅甸人）、陈某某违反国家对毒品的管理法规，贩卖、运输毒品甲基苯丙胺 1350.9 克，构成贩卖、运输毒品罪。被告人鲁某某构成运输、贩卖毒品罪的共犯，被告人邹某某、胡某某构成运输毒品罪的共犯。判决被告人李某某无期徒刑，并处没收财产，附加驱逐出境。其余 4 名被告人被判处无期徒刑、7 年至 9 年不等的有期徒刑。为了充分保障被告人李某某的诉讼权利，法院为其聘请了专业翻译，公开开庭进行审理，并将审理、宣判情况依法及时通报外事主管部门。

■ 法理与法律适用评析

《刑事诉讼法》第 17 条规定：“对于外国人犯罪应当追究刑事责任的，适用本法的规定。对于享有外交特权和豁免权的外国人犯罪应当追究刑事责任的，通过外交途径解决。”这一规定确立了刑事司法国家主权原则，也是国家主权原则在刑事诉讼中的具体体现。

刑事司法国家主权原则，也叫追究外国人刑事责任适用我国刑事诉讼法的原则。其主要内容包括以下两个方面：

第一，外国人在我国领域内犯罪，或在我国领域外对我国国家和公民犯罪

---

〔1〕《贺州中院公开宣判一外国人贩卖、运输毒品案件》，载微信公众号“贺州天平之声”2022 年 4 月 1 日。

的,凡应当追究刑事责任的,应由我国司法机关依照我国《刑事诉讼法》规定的程序进行追究。这里的外国人,是指不具有中华人民共和国国籍的人,包括具有外国国籍的人、无国籍的人和国籍不明的人。外国人的"犯罪",包括在我国主权领土范围内(领空、领陆、领水及我国的船舶、飞行器等)的犯罪,也包括在我国主权领土范围外针对我国及我国公民的犯罪。适用我国《刑事诉讼法》的程序,是指我国的司法机关对于外国人犯罪有司法管辖权,即立案侦查权、适用强制措施权、审判权和执行权。

第二,对享有外交特权和豁免权的外国人犯罪应当追究刑事责任的,通过外交途径解决。这一规定是保证某些从事外交工作的外国人执行职务的需要,也是国际惯例和国与国之间平等互惠原则的要求。根据 1986 年 9 月 5 日公布施行的《中华人民共和国外交特权与豁免权条例》的规定,享有外交特权和豁免权的人包括:外国驻中国使馆的外交代表以及与他们共同生活的配偶及未成年子女;来中国访问的外国国家元首、政府首脑、外交部长及其他具有同等身份的官员;途经中国的外国驻第三国的外交代表和与其共同生活的配偶及未成年子女;持有中国外交签证或者持有外交护照(仅限互免签证的国家)来中国的外国官员;经中国政府同意给予该条例第 22 条所规定的特权和豁免的其他来中国访问的外国人士。

本案中,李某某(缅甸人)行为已经涉嫌犯罪,但并不属于享有外交特权和豁免权的外国人,因此对其追诉应当适用我国《刑事诉讼法》。我国公安机关有权对其侦查,并由检察院向法院提起公诉,这是维护我国刑事司法主权的必然要求。

■ 法条链接

《刑事诉讼法》第 17 条。

■ 参考文献

1. 龙宗智、杨建广主编:《刑事诉讼法》(第 5 版),高等教育出版社 2016 年版。
2. 叶青主编:《刑事诉讼法:案例与图表》(第 4 版),法律出版社 2015 年版。
3. 陈光中主编:《刑事诉讼法》(第 6 版),北京大学出版社、高等教育出版社 2016 年版。
4. 宋英辉、甄贞主编:《刑事诉讼法学》(第 6 版),中国人民大学大学出版社 2019 年版。
5. 叶青主编:《刑事诉讼法学》(第 4 版),上海人民出版社、北京大学出版社 2020 年版。
6. 王新清主编:《新版以案说法——刑事诉讼法篇》,中国人民大学出版社 2006 年版。

第五章　刑事诉讼中的专门机关和诉讼参与人

第一节　刑事诉讼中的专门机关

刑事诉讼中的专门机关，是指依照法定职权进行刑事诉讼活动的国家机关，主要包括人民法院、人民检察院、公安机关。另外，还包括国家安全机关、军队保卫部门、监狱、海关走私犯罪侦查部门、中国海警局等。在刑事诉讼中，各专门机关的地位和作用是不同的，这些机关分别行使侦查、检察、审判、执行的职权，实行分工负责、互相配合、互相制约的原则，共同完成打击犯罪与保障人权的任务，保障公共安全，维护社会秩序。

1 人民法院、人民检察院、公安机关

【案例 5-1-01】王某某贩卖、制造毒品案〔1〕

2013 年 7 月，被告人王某某注册成立某贸易公司并担任法定代表人。2016 年以来，王某某多次以公司名义购进 γ－丁内酯，与香精混合制成混合液体“香精 CD123”。后委托广东某食品公司为“香精 CD123”粘贴“果味香精 CD123”标签，并将“果味香精 CD123”通过物流发往其指定的广东中山某食品饮料公司，按照王某某提供的配方和技术标准加工制成“咔哇氿”饮料。王某某通过总经销商四川某酒业公司将“咔哇氿”饮料销往多地娱乐场所。至案发，共销售“咔哇氿”饮料 52,355 件(24 瓶/件，275ml/瓶)，销售金额人民币 1158 万余元。2017 年 9 月 9 日，公安机关在王某某家中将其抓获，在其家中及公司仓库内查获“咔哇氿”饮料 723 件零 25 瓶。经鉴定，“果味香精 CD123”及“咔哇氿”饮料均检测出 γ－羟丁酸成分。2017 年 12 月 11 日，公安

〔1〕《检察机关依法惩治新型毒品犯罪典型案例》，载中华人民共和国最高人民检察院网，https://www.spp.gov.cn/spp/xwfbh/wsfbt/202106/t20210625_522305.shtml#1。

机关以王某某涉嫌生产、销售有毒、有害食品罪移送四川省成都市青羊区人民检察院审查起诉。2018年6月15日,成都市青羊区人民检察院以王某某犯贩卖、制造毒品罪依法提起公诉。2020年6月22日,成都市青羊区人民法院以贩卖、制造毒品罪,判处王某某有期徒刑15年,并处没收个人财产人民币427万元,依法没收被扣押在案的两套房产及违法所得、收益、孳息人民币643万余元。被告人王某某不服一审判决,提出上诉。2020年9月18日,二审法院依法裁定驳回上诉,维持原判。

■ 法理与法律适用评析

一、人民法院

根据《宪法》的规定,人民法院是国家的审判机关。人民法院的任务是审判刑事案件、民事案件和行政案件,并且通过审判活动,惩办一切犯罪分子,解决民事、行政纠纷,以保卫人民民主专政制度,维护社会主义法制和社会秩序,保护社会主义全民所有的财产、劳动群众集体所有的财产,保护公民私人所有的财产,保护公民的人身权利、民主权利和其他权利,保障社会主义建设事业的顺利进行,并教育公民忠于社会主义祖国,自觉地遵守宪法和法律。另外,人民法院上下级之间是监督关系。根据相关法律规定,上级人民法院监督下级人民法院的审判工作,最高人民法院监督地方各级人民法院和专门人民法院的审判工作。人民法院的监督不是通过对具体案件的指导实现的,各级人民法院依照职权独立地进行审判,上级人民法院不应对下级人民法院正在审理的案件作出决定,指令下级人民法院执行。下级人民法院也不应将案件在判决之前报送上级人民法院,请求审查批示。上级人民法院应当通过二审程序、审判监督程序、死刑复核程序维持下级人民法院正确的判决和裁定,纠正错误的判决和裁定来实现监督。

二、人民检察院

根据《宪法》的规定,中华人民共和国人民检察院是国家的法律监督机关,是代表国家行使检察权的专门机关。根据《刑事诉讼法》的规定,人民检察院在刑事诉讼中的职权包括三个方面:第一,侦查权。人民检察院是国家的刑事侦查机关之一。《刑事诉讼法》第19条第2款规定,人民检察院在对诉讼活动实行法律监督中发现的司法工作人员利用职权实施的非法拘禁、刑讯逼供、非法搜查等侵犯公民权利、损害司法公正的犯罪,可以由人民检察院立案侦查。对于公安机关管辖的国家机关工作人员利用职权实施的重大犯罪案件，需要由人民检察院直接受理的，经省级以上人民检察院决定，可以由人民检察院立案侦查。第二，公诉权。人民检察院是国家唯一的公诉机关。除了自诉案件以外的所有刑事案件，均必须由人民检察院向人民法院提起公诉，并派检察官出庭支持公诉。第三，监督权。作为法律监督机关，人民检察院对立案、侦查、审判和生效判决的执行是否合法、有效实行法律监督。

三、公安机关

我国公安机关是各级行政机关即各级人民政府的组成部分，是国家的治安保卫机关。公安机关的任务是：维护社会秩序，预防犯罪，侦查和打击危害国家安全的犯罪和其他刑事犯罪，保护国家、集体和个人所有的合法财产，保护公民的人身安全和其他合法权益，保卫人民民主专政，保卫社会主义制度，保障社会主义现代化建设的顺利进行。在刑事诉讼中，公安机关的主要任务是负责刑事案件的侦查和部分刑罚的执行。公安机关有权进行勘验、检查、搜查、扣押、鉴定、通缉、讯问犯罪嫌疑人、询问证人和被害人等活动；有权采用拘传、取保候审、监视居住、拘留等强制措施；有权提请检察机关批准逮捕，对人民检察院不批准逮捕的决定有权要求复议和提请复核；逮捕犯罪嫌疑人一律由公安机关执行，并负责对在押犯罪嫌疑人看管；对侦查终结的案件，有权提出起诉意见。此外，对于判处管制、宣告缓刑、剥夺政治权利、假释和暂予监外执行的罪犯，公安机关有执行、监督和考察的权能。

本案中，公安机关承担侦查职能，对犯罪嫌疑人贩卖、制造毒品的行为进行侦查，在侦破案件后，向检察机关移送审查起诉；检察机关有权对犯罪嫌疑人批准逮捕和对移送起诉的案件进行审查，经审查发现案件事实清楚、证据确实充分，则向法院提起公诉；一审法院在开庭审理过程中，坚持以事实为依据、以法律为准绳的原则，在查明案件后依法对被告人的主刑和附加刑作出裁判；被告人不服一审裁判有权提起上诉，二审法院在对上诉案件进行审理后，认为原判决认定事实和适用法律正确、量刑适当，提出上诉的理由不能成立的，则裁定驳回上诉或者抗诉，维持原判。该案正是公、检、法三机关在刑事诉讼程序中的职能体现。

■ 法条链接

《刑事诉讼法》第 3、8、12 条；《宪法》第 128、132 条；《人民法院组织法》第 2 条。

Ⅱ 其他专门机关

【案例5－1－02】黄某间谍案[1]

1997年7月，被告人黄某大学毕业后进入某研究所工作，后因违反劳动纪律受到单位处理，于2003年2月起待岗，2004年2月自动离职。在此期间，黄某对单位心生不满，且为获取非法金钱利益，产生了向境外间谍组织出卖国家秘密以换取金钱的念头。2002年春节后，黄某通过网络主动联络某国间谍组织，与之建立情报关系。2002年6月至2011年9月，黄某先后多次与该间谍组织代理人会面，并接受任务和指示，向该间谍组织提供其非法收集、窃取的我国国家秘密。四川省和成都市国家安全机关在掌握了黄某的犯罪证据后，于2011年12月20日，决定对黄某实施抓捕。在其家中查获其存储非法收集、窃取的国家秘密资料的光盘若干、间谍专用器材2个以及大量外币。经鉴定、评估，黄某提供绝密级国家秘密90项、机密级国家秘密292项、秘密级国家秘密1674项，对国家安全造成特别严重损害。最终，黄某因“间谍罪”被法院依法判处死刑，剥夺政治权利终身，并收缴间谍经费。

■ 法理与法律适用评析

刑事诉讼中的专门机除了人民法院、人民检察院、公安机关之外，还有其他机关参与刑事诉讼，担负重要的刑事诉讼职能。

国家安全机关，负责办理危害国家安全的刑事案件，行使与公安机关相同的职权；军队保卫部门，负责侦查军队内部发生的刑事案件；监狱，负责侦查罪犯在监狱内犯罪的案件；海关走私犯罪侦查部门，负责其所在海关业务管辖区域内的走私犯罪案件的侦查工作；中国海警局，负责对海上发生的刑事案件行使侦查权。

本案属于由国家安全机关侦查的危害国家安全案件。在此类案件中，国家安全机关行使与公安机关相同的侦查职权。

■ 法条链接

《刑事诉讼法》第4条。

---

〔1〕 四川省成都市中级人民法院刑事判决书，(2013)成刑初字1号。

第二节 诉讼参与人

Ⅰ 诉讼参与人概述

诉讼参与人是指在刑事诉讼过程中享有一定的诉讼权利，承担一定的诉讼义务的除国家专门机关工作人员以外的人。根据《刑事诉讼法》第 108 条的规定，诉讼参与人具体是指当事人、法定代理人、诉讼代理人、辩护人、证人、鉴定人和翻译人员。

根据与案件结局的利害关系及对刑事诉讼进程的影响程度，诉讼参与人一般可分为两大类：一是当事人；二是其他诉讼参与人。这两类诉讼参与人在诉讼地位、参与诉讼活动的范围和方式以及对刑事诉讼过程的影响程度等方面有着很大的差异。凡是与案件结局有着直接的利害关系、对刑事诉讼进程发挥着较大影响的诉讼参与人，就是当事人。当事人包括被害人、自诉人、犯罪嫌疑人、被告人、附带民事诉讼的原告人和被告人。凡是与案件没有直接利害关系，而是基于其他原因参加刑事诉讼的人，就是其他诉讼参与人，包括法定代理人、诉讼代理人、辩护人、证人、鉴定人和翻译人员。

Ⅱ 当事人

◎ 被害人

【案例 5 -2 -01】杨某等 43 人虚构收藏品拍卖诈骗案〔1〕

2016 年 5 月至 2017 年 12 月，被告人杨某伙同他人在北京市朝阳区、东城区等地先后成立多家国际拍卖有限公司。杨某安排公司业务员以固定的话术每天拨打电话，对被害人谎称粮票、油票等物品是“收藏品”，公司能将这些物品在境外免费高价拍卖，并以免费进行鉴定和包装为由，诱骗被害人携带“收藏品”到公司面谈。公司的“设计师”会对被害人带来的“收藏品”进行拍照，设计拍卖品图册；“鉴定师”会现场鉴定和评估价格，谎称被害人的“收藏品”极具市场价值，保守估价为几十万元；业务员虚构公司曾在美国、新加坡、中国香港特区等地成功高价拍卖的事实，诱骗被害人与公司签订《艺术品委托拍

---

〔1〕《检察机关依法追诉诈骗犯罪典型案例》，载中华人民共和国最高人民检察院网，https://www.spp.gov.cn/spp/xwfbh/wsfbt/202110/t20211026_533382.shtml#2。

卖合同》。签订合同后，又要求被害人购买价值5千元至数万元不等的公司"藏品"成为会员，才能够享受境外免费拍卖服务。通过划分会员等级，以公司对不同等级的会员所提供服务内容不同以及拍卖成功后收取的佣金不同为由，逐步诱骗被害人购买更多的公司"藏品"。期间，公司不断更换名称、经营地点和法定代表人。经查，被害人高价购买的公司"藏品"仅价值几百元或几十元，系成批购进，公司亦未曾在境外举办过拍卖会。被害人460余名主要为老年人，共计被骗人民币3000余万元，2018年12月29日北京市人民检察院第二分院以杨某等28人犯诈骗罪依法提起公诉。2019年11月29日，北京市第二中级人民法院作出一审判决，对28名被告人以诈骗罪分别判处有期徒刑2年至14年不等，并处罚金。

■ 法理与法律适用评析

被害人是其人身、财产或者其他权益遭受犯罪行为直接侵害的人。在刑事诉讼中，被害人可能以多种诉讼角色参加诉讼活动：在人民检察院代表国家提起公诉的刑事案件中，以个人身份参与诉讼，并与人民检察院共同行使控诉职能的称为被害人；在法定的自诉案件中，被害人以自诉人身份提起刑事诉讼，称为自诉人；在刑事诉讼中，由于被告人的犯罪行为而遭受物质损失的被害人，有权提起附带民事诉讼，称为附带民事诉讼原告人。这里所称的被害人，指公诉案件中以个人身份承担部分控诉职能的诉讼参与人。《刑事诉讼法》第108条规定的被害人一般仅指公诉案件的被害人。需要注意的是，公诉案件被害人承担的控诉职能并不影响检察机关对公诉的提起，提起公诉只能由人民检察院代表国家进行，被害人是否要求对涉嫌犯罪的人进行追诉不影响公诉的进行。

被害人享有的诉讼权利包括：有权使用本民族语言文字进行诉讼；对于侦查人员、检察人员和审判人员侵犯其诉讼权利和人身侮辱的行为，有权提出控告；有权参加法庭调查、法庭辩论，有权对已发生法律效力的判决、裁定，向人民法院或人民检察院提出申诉；对公安机关应当立案而不立案的，有权向人民检察院提出意见，请求人民检察院责令公安机关向检察机关说明不立案的理由；自刑事案件移送审查起诉之日起，有权委托诉讼代理人参加诉讼，维护其合法权益；对人民检察院作出的不起诉决定不服的，有权向上一级人民检察院提出申诉；对不服地方各级人民法院的第一审判决和生效裁定的，有权请求人民检察院抗诉和进行申诉；等等。同时，被害人还必须承担一定的诉讼义务，如应当如实向公安机关、人民检察院、人民法院及其工作人员作出陈述，如果故意捏造事实，提供虚假陈述，情节严重的，应当承担法律责任；接受公安司法机关的传唤，按时出席法庭参加审判；在法庭上接受询问和回答，并遵守法庭纪律等。

本案中的被害人人数众多，共有460余名，且主要为老年人，受骗金额多达3000余万元，这种“以拍卖为名，实则诈骗”的案件不仅犯罪时间长，人员流动性大，诈骗手段隐蔽性强，而且被害人范围广，造成的经济损失巨大，取证难度随之增大。在案件办理过程中，司法人员除了查明案件，也应办理好被告人的退赃退赔工作，从而及时为被害人追回经济损失，这有助于修复社会关系，降低案件的社会危害程度。

■ 法条链接

《刑事诉讼法》第46、108条。

◎ 自诉人

【案例5-2-02】郎某、何某诽谤案[1]

2020年7月7日，受害者谷某到浙江省杭州市某小区楼下取快递时，被便利店店主郎某偷拍了视频。郎某随后与朋友何某“开玩笑”，编造“少妇出轨快递小哥”聊天内容，发至微信群。通过不断转发，谣言在互联网发酵。8月7日谷某报警。8月13日，杭州市公安局余杭区分局发布警情通报，称郎某和何某捏造聊天内容，并截图发至微信群，造成不良社会影响。依据相应法律规定，警方对二人分别作出行政拘留处罚。10月26日，谷某委托律师向杭州市余杭区人民法院提交刑事自诉状及证据材料，要求以诽谤罪追究郎某和何某的刑事责任。12月14日，谷某收到杭州市余杭区人民法院的立案通知书。12月25日，根据杭州市余杭区人民检察院建议，杭州市公安局余杭区分局对郎某、何某以涉嫌诽谤罪刑事立案侦查。至此该案性质发生了重大转变——由一起自诉案件转为了公诉案件。该案公安机关已结束侦查，移送余杭区人民检察院。2021年2月26日，杭州市余杭区人民检察院依法将被告人郎某、何某涉嫌诽谤一案向余杭区人民法院提起公诉。2021年4月30日，“杭州取快递女子被造谣”一案在浙江省杭州市余杭区人民法院一审开庭审

---

〔1〕 郎某、何某诽谤案，最高人民检察院指导案例137号(2022年)。

理。两被告人郎某、何某犯诽谤罪，判处有期徒刑 1 年，缓刑 2 年，两被告表示服从判决，认罪认罚。

■ 法理与法律适用评析

自诉人是指在自诉案件中，以自己的名义直接向人民法院提起诉讼的人。自诉人是法律规定的自诉案件中特有的当事人，相当于自诉案件的原告。自诉人通常是该案件的被害人。刑事自诉程序由于自诉人的告诉而启动，如果没有自诉人的告诉，就没有刑事自诉案件的审判。公诉案件中向公安司法机关控告和报案的被害人不属自诉人，无权直接启动审判程序。

自诉人在刑事自诉案件中的诉讼权利主要有：可以直接向人民法院提起自诉；可以随时委托诉讼代理人；告诉才处理的案件和被害人有证据证明的轻微刑事案件中，在人民法院宣告判决前，有权同被告人自行和解或者撤回自诉；在告诉才处理的案件和被害人有证据证明的轻微刑事案件中，有权在人民法院的主持下与被告人调解；对于符合法定情形的法定人员有权提出回避申请；有权参加法庭调查和法庭辩论，并对第一审人民法院尚未发生法律效力的判决、裁定提出上诉；对人民法院已经发生法律效力的判决、裁定提出申诉；等等。自诉人在刑事自诉案件中的诉讼义务主要有：按时出庭并遵守法庭纪律、承担举证责任、不得捏造事实诬告陷害他人或者伪造证据等。

本案中，因诽谤受到名誉侵害的被害人谷某有权向法院提起自诉，其具备了自诉人身份，但由于本案属于利用信息网络诽谤他人，破坏公众安全感，严重扰乱网络社会秩序的情况，符合《刑法》第 246 条第 2 款“严重危害社会秩序”的情形，因而检察机关依法履行追诉职责，将其作为公诉案件办理。对公安机关未立案侦查，被害人已提出自诉的，检察机关进行了由自诉向公诉程序的转换。

■ 法条链接

《刑事诉讼法》第 212 条；最高人民法院、最高人民检察院《关于办理利用信息网络实施诽谤等刑事案件适用法律若干问题的解释》第 2、3 条；《刑诉法解释》第 1、320 条。

◎ 犯罪嫌疑人、被告人

【案例 5-2-03】杜某某故意杀人案[1]

1998 年 4 月，昆明市公安局通讯处女警员王某甲和该市路南县公安局副局长王某乙双双被枪杀，惨死在一辆“昌河”微型车上。昆明市公安局组建了专案组，当时的刑侦支队副政委秦某某、刑侦三大队大队长宁某某具体负责侦破工作。1998 年 7 月 2 日，王某甲的丈夫杜某某被警方以涉嫌故意杀人刑事拘留，随后被逮捕。曾为昆明市公安局戒毒所警员的杜某某被拘留后，在刑侦三大队办公室，秦某某、宁某某采用不准睡觉、连续审讯、拳打脚踢、电警棍击打等刑讯逼供方式，促使杜某某屈打成招而承认“杀人事实”，指认“作案现场”。1999 年 2 月 5 日，根据警方的侦查结果和检察院的指控，杜某某被昆明市中级人民法院以故意杀人罪一审判处死刑。判决下达后，杜某某大呼冤枉，在向云南省高级人民法院（以下简称云南高院）上诉时提出，他是被刑讯逼供才违心承认杀人的。1999 年 10 月 20 日，云南高院鉴于本案案情扑朔迷离、疑点难释，遂改判杜某某死刑、缓期 2 年执行。同年 11 月 12 日，杜某某被送进云南省第一监狱服刑。

2000 年 6 月，昆明警方破获一起特大杀人盗车团伙。其中一名案犯供述，1998 年曾对王某甲、王某乙实施枪杀。至此案件真凶杨某某等人落入法网，同时也证明了杜某某显属无辜。云南高院公开宣告杜某某无罪。随后，检察官向法院起诉指控两名被告——昆明市公安局刑侦支队副支队长宁某某、政委秦某某犯有刑讯逼供罪。法院经审理后查明事实，认定两名被告犯有刑讯逼供罪，判处宁某某有期徒刑 1 年 6 个月、缓刑 2 年，秦某某有期徒刑 1 年、缓刑 1 年。

■ 法理与法律适用评析

对公诉案件而言，犯罪嫌疑人和被告人是同一种人在不同诉讼阶段的不同称谓。受刑事追诉者在检察机关向法院提起公诉以前，被称为“犯罪嫌疑人”；在检察机关正式向法院提起公诉以后，则被称为“被告人”。在自诉案件中，自诉人直接向人民法院提起自诉，案件已经由人民法院受理即直接进入审

---

〔1〕 参见薛涛、乔岳：《以冤案视角审视非法证据排除规则——杜培武故意杀人案再研究》，载《黑龙江省政法管理干部学院学报》2019 年第 4 期。

判阶段，因此，在自诉案件中，受刑事追诉者统称为被告人。

刑事诉讼中犯罪嫌疑人、被告人享有广泛的诉讼权利。这些诉讼权利按其性质和作用的不同，可分为防御性权利和救济性权利两种。防御性权利，是指犯罪嫌疑人、被告人为对抗追诉方的指控，抵销其控诉效果所享有的诉讼权利，如有权拒绝回答侦查人员提出的与本案无关的问题；有权自行或在辩护人协助下获得辩护；有权参加法庭辩论，对事实的认定和法律的适用发表意见，并且可以与控诉方展开辩论；有权向法庭作最后陈述；等等。救济性权利，是指犯罪嫌疑人、被告人对国家专门机关所作的对其不利的行为、决定或裁判，要求另一专门机关予以审查并作出改变或撤销的诉讼权利，如对法定人员符合法定情形下的回避申请权；有申请变更强制措施的权利；对审判人员、检察人员和侦查人员侵犯公民诉讼权利和人身侮辱的行为，有权提出控告；有提出上诉、申诉的权利；等等。

除了以上诉讼权利以外，犯罪嫌疑人、被告人还享有一系列程序保障。这些程序保障对维护犯罪嫌疑人、被告人的诉讼主体地位具有非常重要的意义。这些程序保障有：在未经人民法院依法判决的情况下，不得被确定有罪；获得人民法院的公开审判；获得人民法院独立、公正的审判；在刑事诉讼过程中，不受审判人员、检察人员、侦查人员以刑讯逼供、威胁、引诱、欺骗及其他非法方法进行的讯问；不受强迫证实自己有罪；不受侦查人员实施的非法逮捕、拘留、取保候审、监视居住等强制措施；不受侦查人员的非法搜查、扣押等侦查行为；在提出上诉时不得被加重刑罚；等等。

本案中，侦查人员采用肉刑或变相肉刑乃至精神刑等残酷的方式折磨被讯问人的肉体或精神以获取其供述的方法，是一种极恶劣的刑事司法审讯方法。我国刑事诉讼相关法律条文均有明确规定禁止刑讯逼供，这种刑讯逼供和暴力取证等违法侦讯行为是对犯罪嫌疑人、被告人权利的侵害，同时与我国建设中国特色社会主义法治社会的目标背道而驰。

■ 法条链接

《刑事诉讼法》第19、52、56条。

◎ 附带民事诉讼当事人

【案例5-2-04】王某甲等7人危害钱塘江海塘防洪安全刑事附带民事公益诉讼案[1]

2020年7月汛期期间，王某甲、俞某等人经过预谋，利用挖掘机在绍兴市越城区钱塘江与曹娥江交汇处的钱塘江海塘开挖深坑，其中在护塘地共计开挖4处面积达1716平方米的深沟，为非法倾倒工程渣土准备场地；在背水坡开挖1处长7米、宽4米、深2.5米的深坑作“中转站”，为转运渣土提供便利。经王某乙介绍，周某管理的渣土车队在此区域偷倒工程渣土43车，渣土均被堆弃在护塘地上。上述行为既破坏海塘堤身原始断面和坡面植被，影响海塘防渗和稳定安全，又影响了护塘河河岸稳定，缩窄河道过流断面，妨碍行洪安全。

浙江省绍兴市越城区水利局（以下简称区水利局）按照《浙江省人民检察院浙江省水利厅关于加强水利领域公益诉讼工作协作的意见》要求，根据“河长+检察长”协作机制，将本案公益诉讼线索移送浙江省绍兴市越城区人民检察院（以下简称越城区院）。检察机关立案后，于2020年7月31日联合区水利局进行现场勘察，调查认为上述行为违反了《水法》《防洪法》《浙江省水利工程安全管理条例》《浙江省海塘建设管理条例》等规定，在损害社会公益的同时涉嫌刑事犯罪，遂将案件线索移送公安机关。

2020年8月8日，公安机关以故意毁坏财物罪立案。为查明案件事实，精准打击犯罪，越城区院介入引导公安侦查。针对办案中涉及水利专业问题，越城区院商请区水利局委托浙江省水利水电勘测设计院开展安全影响评估和修复设计。经评估，相关人员在钱塘江海塘开挖深坑、弃置渣土的行为，严重影响海塘防渗和行洪安全。越城区院综合全案证据，根据安全影响评估意见、修复方案等，最终以以危险方法危害公共安全罪进行批捕、起诉，并提起附带民事公益诉讼。2021年4月13日，越城区院向浙江省绍兴市越城区人民法院提起刑事附带民事公益诉讼，在依法追究王某甲、俞某等5名被告人刑事责任的同时，诉请判令5名被告连带承担受损海塘的全部修复费用23.8万余元；王某乙、周某2人的行为虽不构成犯罪，但其非法倾倒工程渣土的行为构

---

〔1〕《最高检、水利部联合发布涉水领域检察公益诉讼典型案例》，载中华人民共和国最高人民检察院网，https://www.spp.gov.cn/xwfbh/wsfbh/202206/t20220609_559428.shtml。

成共同侵权，亦应承担渣土清运等4万余元费用的民事赔偿责任。2021年5月28日，浙江省绍兴市越城区人民法院经审理当庭作出判决，5名被告人因犯以危险方法危害公共安全罪分别被判处1年6个月到3年不等的有期徒刑，对检察机关提出的民事公益诉讼请求全部予以支持。涉案全部被告（人）均认罪服判，主动缴纳了赔偿款。

■ 法理与法律适用评析

附带民事诉讼当事人包括附带民事诉讼原告人和附带民事诉讼被告人。《刑事诉讼法》第101条规定：如果是国家财产、集体财产遭受损失的，人民检察院在提起公诉时，可以提起附带民事诉讼。同时，法律增加了提起附带民事诉讼的主体："被害人死亡或者丧失行为能力的，被害人的法定代理人、近亲属有权提起附带民事诉讼。"

在刑事诉讼中，附带民事诉讼原告人和被告人作为刑事诉讼的当事人享有的一般诉讼权利主要有：使用本民族语言文字进行诉讼；申请回避权；对于侦查人员、检察人员和审判人员侵犯其诉讼权利和人身侮辱的行为，有权提出控告；参加法庭调查和法庭辩论；对于地方各级人民法院已经发生法律效力的判决、裁定，有权提出申诉。

附带民事诉讼原告人和被告人作为刑事诉讼的当事人享有的特殊诉讼权利主要有：委托诉讼代理人；为了解决生产或生活上的困难，有权要求先予执行；为了保证赔偿的实现，有权要求司法机关采取保全措施；请求人民法院主持调解或者自行和解；原告人可以撤诉，被告人可以反诉；对地方各级人民法院第一审尚未发生法律效力的判决和裁定的附带民事诉讼部分，附带民事诉讼的当事人及他们的法定代理人有权提出上诉。

本案中，由于钱塘江一线海塘经历过钱塘江大潮、特大台风考验，维系着数百万人的生命财产安全，是一道重要的安全屏障。在国家财产、集体财产遭受损失时，人民检察院在提起公诉时，也可以提起附带民事诉讼，检察机关通过依法能动履职，准确惩办违法犯罪，挽回公益损失，有效地维护了国家和社会公共利益。

■ 法条链接

《刑事诉讼法》第101、102、103、104条。

◎ 单位当事人

【案例5-2-05】Z有限公司刑事合规案[1]

湖北省随州市Z有限公司(以下简称Z公司)系当地重点引进的外资在华食品加工企业,康某某、周某某、朱某某分别系该公司行政总监、安环部责任人、行政部负责人。2020年4月15日,Z公司与随州市高新区某保洁经营部法定代表人曹某某签订污水沟清理协议,将食品厂洗衣房至污水站下水道、污水沟内垃圾、污泥的清理工作交由曹某某承包。4月23日,曹某某与其同事刘某某违规进入未将盖板挖开的污水沟内作业时,有硫化氢等有毒气体溢出,导致二人与前来救助的吴某某先后中毒身亡。随州市政府事故调查组经调查后认定该事故为一起生产安全责任事故。曹某某作为清污工程的承包方,不具备有限空间作业的安全生产条件,在未为作业人员配备应急救援装备及物资,未对作业人员进行安全培训的情况下,违规从事污水沟清淤作业,导致事故发生,对事故负有直接责任。康某某、周某某、朱某某作为Z公司分管和负责安全生产的责任人,在与曹某某签订合同以及曹某某实施清污工程期间把关不严,未认真履行相关工作职责,未及时发现事故隐患,导致发生较大生产安全事故。案发后,康某某、周某某、朱某某先后被公安机关采取取保候审措施,Z公司分别对曹某某等三人的家属进行赔偿,取得了谅解。

2021年1月22日,随州市公安局曾都区分局以康某某、周某某、朱某某涉嫌重大责任事故罪移送随州市曾都区检察院审查起诉。曾都区检察院经审查认为,康某某等人涉嫌重大责任事故罪,属于企业人员在生产经营履职过程中的过失犯罪,同时反映出涉案企业存在安全生产管理制度不健全、操作规程执行不到位等问题。事故报告认定被害人曹某某对事故负有直接责任,结合三名犯罪嫌疑人的相应管理职责,应当属于次要责任。三人认罪认罚,有自首情节,依法可以从宽、减轻处罚。Z公司系外资在华企业,是当地引进的重点企业,每年依法纳税,并解决2500余人的就业问题,对当地经济助力很大。且Z公司所属集团正在积极准备上市,如果公司管理人员被判刑,对公司发展将造成较大影响。2021年5月,检察机关征询Z公司意见后,Z公司提交了开

---

〔1〕《最高检发布第二批企业合规典型案例 保护企业合法权益 促进企业合规守法经营》,载中华人民共和国最高人民检察院网,https://www.spp.gov.cn/xwfbh/wsfbt/202112/t20211215_538815.shtml#1。

展企业合规的申请书、书面合规承诺以及企业经营状况、纳税就业、社会贡献度等证明材料，检察机关经审查对Z公司作出合规考察决定。

■ 法理与法律适用评析

当事人通常都是自然人，但在一些特殊情况下，单位也可以成为刑事诉讼的当事人。随着我国社会主义市场经济的发展和改革开放的深入进行，单位作为犯罪嫌疑人、被告人、被害人以及附带民事诉讼原告人或被告人等参与刑事诉讼的情况越来越多。单位犯罪已经成为一种普遍的社会现象。《刑法》第30条规定：公司、企业、事业单位、机关、团体实施的危害社会的行为，法律规定为单位犯罪的，应当负刑事责任。第31条规定：单位犯罪的，对单位判处罚金，并对其直接负责的主管人员和其他直接责任人员判处刑罚。也就是实行所谓的“双罚制”，既处罚单位，又处罚直接责任人员。在单位犯罪的情况下，单位可以独立成为犯罪嫌疑人、被告人，与作为自然人的直接负责的主管人员和其他直接责任人员一起参与刑事诉讼。其中，主管人员和其他直接责任人员参与刑事诉讼的方式、诉讼权利、诉讼义务和普通的刑事犯罪嫌疑人、被告人相同。但单位如何参与刑事诉讼却一直都存有争议，《刑事诉讼法》对此也没有做出明确规定。据此，相关司法解释专门对单位犯罪案件的审理程序做出了一些特别规定。根据这些规定，刑事案件被告人是单位的，涉嫌单位参加刑事诉讼的诉讼代表人，应当是单位的法定代表人或者主要负责人；法定代表人或者主要负责人被指控为单位犯罪直接负责的主管人员的，应当由单位的其他负责人作为被告单位的诉讼代表人出庭。在审判阶段，被告单位的诉讼代表人与被指控为单位犯罪直接负责的主管人员是同一人的，人民法院应当要求人民检察院另行确定被告单位的诉讼代表人出庭。

本案中，Z公司属于单位犯罪被告人，康某某等人是直接责任人员，因自2020年3月起，最高人民检察院分两批启动了企业合规改革试点工作，对涉经营类犯罪但实施刑事合规计划的企业采取不起诉的轻处理，强调以检察监督督促企业作出刑事合规计划的承诺，追求导航型、能动性检察司法理念。刑事合规不起诉制度的推行，意味着一种以法律激励为核心的合作模式在我国司法实践中的运行，改变了单位犯罪的传统罪责模式。本案是最高人民检察院发布的第二批企业合规典型案例，考虑到Z公司合规意愿及承诺、经营状况、纳税就业、社会贡献度等具体情况，检察机关经审查对Z公司作出合规考察决定，对直接负责的主管人员作出不起诉决定。

■ 法条链接

《刑法》第30、31条;《刑事诉讼法》第177、178条。

Ⅲ 其他诉讼参与人

根据《刑事诉讼法》第108条第4项的规定,诉讼参与人包括当事人、法定代理人、诉讼代理人、辩护人、证人、鉴定人和翻译人员。因此,其他诉讼参与人是指除当事人以外参加刑事诉讼活动的人,包括法定代理人、诉讼代理人、辩护人、证人、鉴定人和翻译人员。他们在刑事诉讼中不是独立承担诉讼职能的诉讼主体,但他们同样依法享有参加诉讼活动所必需的诉讼权利,承担相应的诉讼义务。

◎ 法定代理人

【案例5-2-06】王某某故意杀人案[1]

王某某在2019年4月17日因涉嫌故意杀人罪被刑事拘留,同年9月30日被逮捕,法院于2019年12月18日作出一审刑事判决。一审判决认定,被告人王某某系被害人王某乙之子,王某某因身体患病长期不参加生产劳动,王某乙经常抱怨其不干活,不让其吃饭,二人关系长期不和。2019年4月16日19时许,王某乙饭后在家中堂屋干活,王某某因未能吃饭而对王某乙心生怨恨,随即持自己日常用作拐杖的木棒殴打王某乙,王某乙也随手捡起家里的木棒、"打杵子"、"草锄子"等还击。二人从堂屋内打斗至门前院坝边时,王某某用木棒在王某乙头部猛击数下,将王某乙打倒在地,因所持木棒被打断,王某某又捡起另一木棒连续猛击王某乙胸部,致王某乙当场死亡。后王某某用王某乙的手机拨打宁强县公安局广坪派出所电话报警并在家等待,民警赶到后将其抓获。经宁强县公安司法鉴定中心鉴定,王某乙系他人持钝性物击打头部致严重颅脑损伤而死亡。经四川西南司法鉴定中心鉴定,王某某患有未特定的精神和行为障碍,对其2019年4月16日的违法行为具有限制刑事责任能力,有受审能力。

依据以上事实,一审法院认为,被告人王某某因家庭矛盾而持木棒将其父

---

〔1〕 陕西省高级人民法院刑事裁定书,(2021)陕刑终92号。

亲击打致死,其行为构成故意杀人罪,依法应予惩处。王某某患有未特定的精神和行为障碍,犯罪时尚未完全丧失辨认或者控制自己行为的能力,应当对其实施的犯罪行为承担刑事责任,可对其从轻处罚。王某某犯罪后主动拨打电话报警,并在原地等候公安人员,抓捕时无拒捕行为,到案后如实供述自己的犯罪事实,构成自首,可对其从轻处罚。王某某自愿认罪认罚,可对其从宽处罚。最终判处被告人王某某犯故意杀人罪,判处无期徒刑,剥夺政治权利终身。

宣判后,原审被告人王某某不服,提出上诉。王某某上诉提出,其实施2019年4月16日的违法行为时具有限制刑事责任能力,被害人长期对其进行精神和身体上的虐待,其有自首情节,原判对其量刑过重。二审中,上诉人王某某之兄王某甲作为其法定代理人参加诉讼。二审法院经审查认为原判决认定事实清楚,证据确实,判处适当,审判程序合法。裁定驳回上诉,维持原判。

■ 法理与法律适用评析

法定代理人是由法律规定的对被代理人负有专门保护义务并代其进行诉讼的人。其代理权的产生是基于法律的规定,而不是基于被代理人的意思表示。法定代理人的范围包括被代理人的父母、养父母、监护人和负有保护责任的机关、团体的代表。

在刑事诉讼中,法律一般只对未成年人、无行为能力人和限制行为能力人设立法定代理人。法定代理人参与刑事诉讼的职责是依法保护无行为能力人或者限制行为能力人的人身权利、财产权利、诉讼权利以及其他一切合法权利,同时,法定代理人有责任监督被代理人的行为。法定代理人有独立的诉讼地位,享有法律赋予的诉讼权利和承担相应的诉讼义务。法定代理人享有广泛的与被代理人相同的诉讼权利,但法定代理人不能代替被代理人作陈述,也不能代替被代理人承担与人身有关的特定诉讼义务,比如不得代替被代理人进行供述、辩解或陈述等。

本案中,王某某作为限制行为能力人,应当由法定代理人代其参加诉讼,因而王某甲作为王某某之兄,应当参与刑事诉讼,依法保护王某某的人身权利、财产权利、诉讼权利以及其他一切合法权利。

■ 法条链接

《刑事诉讼法》第108条。

◎ 诉讼代理人

【案例 5－2－07】劳某某故意杀人、抢劫、绑架案

劳某某在1996年至1999年，劳某某跟随其当时的男友法某某先后在南昌、温州、常州、合肥犯下4起绑架、抢劫、杀人案件。1999年，法某某在合肥被抓获，并于1999年11月18日被安徽省合肥市中级人民法院判处死刑。逃亡20多年后，劳某某于2019年11月28日在福建厦门落网。同年12月17日，南昌市人民检察院依法对劳某某批准逮捕。2020年8月31日，南昌市人民检察院依法对劳某某涉嫌故意杀人、绑架、抢劫罪一案向南昌市中级人民法院提起公诉。检察机关在审查起诉阶段依法告知了被告人劳某某享有的诉讼权利，依法讯问了被告人劳某某，听取了辩护人的意见。依法告知了被害人及其近亲属、附带民事诉讼的当事人有权委托诉讼代理人，听取了被害人及其近亲属的意见。

2020年12月21日上午，南昌市中级人民法院一审公开开庭审理被告人劳某某涉嫌犯故意杀人、绑架、抢劫等罪一案。南昌市人民检察院派员出庭支持公诉，被告人劳某某及其辩护人，刑事附带民事原告人及其诉讼代理人到庭参加诉讼。2021年9月9日上午，南昌市中级人民法院依法对被告人劳某某故意杀人、抢劫、绑架案进行一审公开宣判，被告人劳某某犯故意杀人罪、抢劫罪、绑架罪，数罪并罚，决定执行死刑，剥夺政治权利终身，并处没收个人全部财产。法院经审理认为，被告人劳某某伙同他人故意非法剥夺被害人生命，其行为已构成故意杀人罪；以非法占有为目的，采取暴力、威胁手段抢劫被害人财物，其行为已构成抢劫罪；以勒索财物为目的绑架被害人，其行为已构成绑架罪。劳某某在共同犯罪中起主要作用，系主犯，应当按照其所参与的全部犯罪处罚。劳某某归案后，如实供述自己常州绑架的事实，系坦白。劳某某故意杀人致5人死亡；抢劫致1人死亡，抢劫数额巨大，并具有入户抢劫情节；绑架致一人死亡，勒索赎金7万余元，犯罪情节特别恶劣，手段特别残忍，主观恶性极深，人身危险性和社会危害性极大，后果和罪行极其严重，应依法惩处。虽有坦白情节，但不足以从轻处罚。劳某某犯数罪，应依法予以并罚。遂作出上述判决。一审宣判后，被告人劳某某当庭表示上诉。

■ 法理与法律适用评析

诉讼代理人是基于被代理人的委托而代表被代理人参与刑事诉讼的人。

依据《刑事诉讼法》第108条的规定，公诉案件的被害人及其法定代理人或者近亲属有权委托诉讼代理人；自诉案件的自诉人及其法定代理人有权委托诉讼代理人；附带民事诉讼原告人、被告人及其法定代理人有权委托诉讼代理人。诉讼代理人不同于法定代理人。诉讼代理人是基于被代理人的委托，依据委托协议而进行的代理，因此，诉讼代理也称意定代理或授权代理。诉讼代理人的职责是帮助被代理人行使诉讼权利，在被代理人授权或者委托范围内进行诉讼活动，诉讼代理人既不能超越代理权限，也不能违背代理人的意志。依据《刑事诉讼法》的规定，律师、人民团体或者被代理人所在单位推荐的人、被代理人的监护人和亲友等可以被委托担任诉讼代理人。上述人员如果是正在被执行刑罚或者依法被剥夺、限制人身自由的人，不得担任诉讼代理人。

本案中，在审查起诉阶段，检察机关依法告知了被害人及其近亲属、附带民事诉讼的当事人有权委托诉讼代理人的权利，在审判阶段，法院依法通知刑事附带民事原告人及其诉讼代理人到庭参加诉讼。在刑事诉讼中，对被害人权益的充分保护实际上就是对每一个公民基本人权的保护，在刑事诉讼立法的发展中更应对被害人予以更多关注。

■ 法条链接

《刑事诉讼法》第33、47、108条。

◎ 辩护人

【案例5-2-08】律师侯某某申请发表意见权监督案[1]

2019年10月31日，谢某某因犯故意伤害罪被某县法院判处有期徒刑1年9个月。2019年11月6日，谢某某提出上诉。同年11月24日，谢某某委托某律师事务所律师侯某某担任二审辩护人。同年12月3日，某市中级人民法院依法讯问了谢某某。同年12月19日，某市中级人民法院决定不开庭审理，并于次日作出驳回上诉、维持原判的裁定。2020年3月11日，谢某某刑事上诉案件辩护律师侯某某致信某市检察院，控告某市中级人民法院在二审过程中存在应当开庭而未开庭、在决定不开庭审理后应当听取辩护人意见而未听取、对上诉人提交的取保候审申请超期未作回复等违法行为。某市检察院

[1] 《全国检察机关保障律师执业权利典型案例》，载中华人民共和国最高人民检察院网，https://www.spp.gov.cn/spp/xwfbh/wsfbt/202102/t20210205_508328.shtml#2。

收到来信当日即依法受理，调查核实查明，某市中级人民法院存在违法情形。在办理上诉案件过程中，某市中级人民法院作出不开庭决定后，未听取律师意见，未对变更强制措施申请作出处理决定且未书面说明理由，侵犯了辩护律师知情权、发表意见权等诉讼权利。

■ 法理与法律适用评析

辩护人是指在刑事诉讼中接受犯罪嫌疑人、被告人及其法定代理人的委托，或者接受人民法院的指定，依法为犯罪嫌疑人、被告人进行辩护，以维护其合法权益的人。《刑事诉讼法》第 34 条第 1 款规定："犯罪嫌疑人自被侦查机关第一次讯问或者采取强制措施之日起，有权委托辩护人；在侦查期间，只能委托律师作为辩护人。被告人有权随时委托辩护人。"《刑事诉讼法》明确了律师在侦查阶段的辩护人身份，为其开展辩护活动提供了依据。《刑事诉讼法》赋予了辩护人的许多权利，规定了辩护律师的介入范围。《刑事诉讼法》明确规定，侦查阶段、审查起诉阶段、批捕阶段、庭前准备程序阶段，如回避、证人名单等重大程序问题以及死刑复核阶段，律师辩护都可以介入。

本案中，人民法院经审查决定对二审上诉案件不开庭审理的，应当依法听取辩护律师意见，这是法定必经程序。人民法院不得以辩护律师在上诉时已提交书面意见为由，而在决定不开庭审理时不再听取辩护律师意见。只有充分保障律师在诉讼程序中的合法权利，才能共同维护司法公信力。

■ 法条链接

《刑事诉讼法》第 34、37、39、40、49 条。

◎ 证人

【案例 5-2-09】李某某故意杀人案〔1〕

北京市第二中级人民法院审理北京市人民检察院第二分院指控被告人李某某犯故意杀人罪一案，于 2019 年 11 月 29 日以(2019)京 02 刑初 21 号刑事判决，认定李某某犯故意杀人罪，判处死刑，剥夺政治权利终身。宣判后，李某某提出上诉。北京市高级人民法院经依法开庭审理，于 2021 年 1 月 28 日以

〔1〕 最高人民法院李某某故意杀人死刑复核刑事裁定书。

(2020)京刑终31号刑事裁定,驳回上诉,维持原判,并依法报请最高人民法院核准。最高人民法院依法组成合议庭,对该案进行了复核,依法讯问了被告人。经复核确认:2018年4月19日12时许,在北京市××区××镇×××××号院××号楼×单元×××室,被告人李某某因经济纠纷与其弟李某甲(被害人,殁年53岁)产生争执后,持尖刀多次刺、切李某甲头颈部、胸腹部等处,致李某甲颈部血管断裂、心脏及肝脏破裂引起失血性休克死亡。当日16时许,李某甲之妻宋某某(被害人,殁年55岁)来到上述×××室,李某某又持尖刀多次刺、切宋某某的颈部、胸部等处,致宋某某颈部血管断裂、肺脏破裂引起失血性休克死亡。19时许,李某某向公安机关投案。

上述事实,有第一审、第二审开庭审理中经质证确认的依法扣押的被告人李某某作案时所穿的衣服和鞋及从现场提取的尖刀、血渍足迹等物证,证人李某乙、赵某某、翁某等的证言,尸体鉴定意见、司法精神病鉴定意见、证明上述足迹系李某某所留的足迹鉴定意见、证明从上述衣服和鞋上均检出被害人李某甲的血迹、从李某某下颏部的血迹中检出其和被害人宋某某的混合基因分型的DNA鉴定意见,现场勘查笔录及视听资料等证据证实。被告人李某某亦供认。

最高人民法院认为,被告人李某某故意非法剥夺他人生命,其行为已构成故意杀人罪。李某某不能正确处理民间矛盾,持刀刺切其胞弟夫妇头颈部、胸腹部等要害处数十刀,致2人死亡,其犯罪的手段残忍,后果特别严重,罪行极其严重,应依法惩处。李某某虽能自首,但因其罪行极其严重而不足以对其从轻处罚。第一审判决、第二审裁定认定的事实清楚,证据确实、充分,定罪准确,量刑适当。审判程序合法。裁定核准北京市高级人民法院(2020)京刑终31号维持第一审以故意杀人罪判处被告人李某某死刑,剥夺政治权利终身的刑事裁定。

■ 法理与法律适用评析

在刑事诉讼中,证人是指就自己知道的案件情况向公安机关、人民检察院、人民法院做出陈述的当事人以外的人。证人只能是自然人。国家机关、企业、事业单位或者人民团体,不能成为证人,因为他们不能像自然人一样感知案件事实,无法享有证人的诉讼权利或者承担证人的诉讼义务。《刑事诉讼法》第62条规定:“凡是知道案件情况的人,都有作证的义务。生理上、精神上有缺陷或者年幼,不能辨别是非、不能正确表达的人,不能作为证人。”刑事诉讼法赋予证人一系列权利,如证人有权查阅证言笔录,并在发现笔录的内容与作证的内容不符时要求予以补充或者修改;证人有权对于其因作证而产生的经济损失要求补偿;有权向人民法院、人民检察院、公安机关请求予以保护;有权对于公安司法机关工作人员侵犯其诉讼权利或者人身侮辱的行为提出控告,等等。同时,证人也应依法承担如不得做伪证、遵守法庭纪律、没有正当理由不得拒绝出庭或出庭后拒绝作证等义务。

本案中,李某乙、赵某某、翁某等是本案证人,证人作为刑事诉讼中的重要参与人,对于案件的审理与公正判决具有重要意义。应加强完善证人保护制度,这也是实现司法公正的需要和司法体制综合配套改革的应有之义。

■ 法条链接

《刑事诉讼法》第62、246、247条。

◎ 鉴定人

【案例5-2-10】袁某某贩卖、运输毒品案[1]

2016年5月至6月,被告人袁某某在江苏省射阳县分4次向刘某某出售甲基苯丙胺(冰毒)共20克,收取毒资8600元。同年6月上旬,袁某某在江苏省盐城市亭湖区分2次向吴某某出售甲基苯丙胺共1克,收取毒资400元。同月11日,袁某某驾车至盐城市亭湖区一小区附近,欲向他人出售甲基苯丙胺时被抓获,公安人员当场从其车内查获甲基苯丙胺2.6克,并从车旁管道内查获其事先藏匿的甲基苯丙胺243.7克。涉案主要毒品系在被告人袁某某所驾驶汽车附近的管道内查获,袁某某在一审中辩称该批毒品非其所有。为准确查明案情,人民法院依法通知参与侦破本案的侦查人员周某某、曹某,鉴定人陈某某及有关证人出庭作证。通过庭审查明袁某某被抓获、毒品被查获的过程,确认从毒品外包装袋上检出的是袁某某的DNA。法院认为,被告人袁某某明知是毒品而贩卖、运输,其行为已构成贩卖、运输毒品罪。袁某某贩卖、运输毒品数量大,应依法惩处。据此,法院依法对被告人袁某某判处有期徒刑15年,剥夺政治权利5年,并处没收个人财产人民币10万元。

---

〔1〕《毒品犯罪及涉毒次生犯罪典型案例》,载中华人民共和国最高人民法院网,https://www.court.gov.cn/zixun-xiangqing-103782.html。

■ 法理与法律适用评析

刑事诉讼中的鉴定人是指接受公安司法机关的指派或者聘请，运用自己的专门知识或者技能对刑事案件中的专门性问题进行分析判断并提出专业性鉴定意见的人。

为了保障鉴定人进行科学的鉴定，鉴定人有权了解与鉴定有关的案件情况，有权查阅与鉴定事项有关的案卷材料，必要时，经侦查人员、审判人员同意，可以参加勘验与检查；有权要求指派或者聘请的机关提供足够的鉴定材料，在提供的鉴定材料不充分、不具备作出鉴定结论的条件时，有权要求有关机关补充材料，否则有权拒绝鉴定。

本案中，涉案主要毒品系在被告人袁某某所驾驶汽车附近的管道内查获，袁某某在一审中辩称该批毒品非其所有。为准确查明案情，人民法院依法通知参与侦破本案的侦查人员周某某、曹某、鉴定人陈某某及有关证人出庭作证。通过庭审查明袁某某被抓获、毒品被查获的过程，确认从毒品外包装袋上检出的是袁某某的DNA。因此，鉴定意见对准确查明案件事实、确保司法公正具有重要现实意义。

■ 法条链接

《刑事诉讼法》第108、147、187条。

◎ 翻译人员

【案例5-2-11】吴某某走私毒品案[1]

2017年2月26日，被告人吴某某（韩国国籍）从韩国来到山东省青岛市，向他人购买甲基苯丙胺（冰毒）后分装成23小包，用胶布封于其所穿长裤的裤腰夹层中。同年3月1日，吴某某在流亭机场欲乘坐中国东方航空MU559次航班出境前往韩国。海关旅检人员从吴某某托运的行李中发现疑似吸毒工具，遂将已至安检区域的吴某某重新带至海关查验区进行检查，从吴某某所穿长裤中查获用透明塑料袋盛装的白色晶体23包，重16.93克。经检验，均检出甲基苯丙胺成分。一审法院认为，被告人吴某某违反中华人民共和国毒品

---

〔1〕 山东省高级人民法院刑事裁定书，(2017)鲁刑终425号。

管理规定,走私甲基苯丙胺16.93克,其行为构成走私毒品罪,依法应予惩处。依照规定,以走私毒品罪判处被告人吴某某有期徒刑7年6个月,并处罚金人民币2万元,驱逐出境。

一审判决宣判后,被告人吴某某以"如实供述犯罪事实,原审未予认定;海关工作人员搜查程序非法,所取证据应当排除;属于走私毒品未遂,应从轻或减轻处罚;不知道所购买的是毒品,基于恐惧心理被迫购买并携带,主观上没有走私毒品的故意"为由提出上诉。二审法院经审理查明的事实和证据与原审相同。二审法院认为,原审判决认定事实清楚,证据确实、充分,定罪准确,量刑适当,审判程序合法,裁定驳回上诉,维持原判。

■ 法理与法律适用评析

翻译人员是指在刑事诉讼过程中接受公安司法机关的指派或者聘请,为参与诉讼的外国人、少数民族人员、盲人、聋人、哑人等进行语言、文字或者手势翻译的人员。为了翻译工作的准确及时,从而保障诉讼参与人的合法权益和刑事诉讼的顺利进行,翻译人员应当具备一定的条件,其要能够胜任语言文字翻译工作,有为当事人及其他诉讼参与人提供翻译的能力。翻译人员与案件或者案件当事人存在利害关系的应当回避。在诉讼进行中,翻译人员有权了解与翻译有关的案件情况,有权要求公安司法机关提供与翻译内容有关的材料,有权查阅记载其翻译内容的笔录,如果笔录同实际翻译内容不符,有权要求修正或补充。此外,翻译人员对提供翻译活动所获知的案件情况和他人的隐私,应当保密。应当如实进行翻译,如果有意弄虚作假,隐瞒、歪曲或伪造的,要承担法律责任。

本案中,吴某某为参与诉讼的外国人,应聘请翻译人员帮助其参与诉讼活动。尹某某作为翻译人员应当及时、准确完成翻译工作,以保障诉讼参与人的合法权益和确保刑事诉讼的顺利进行。

■ 法条链接

《刑事诉讼法》第9、108、187条。

■ 参考文献

1. 宋英辉、甄贞主编:《刑事诉讼法学》(第6版),中国人民大学大学出版社2019年版。
2. 陈光中主编:《刑事诉讼法》(第6版),北京大学出版社、高等教育出版社2016年版。

3. 叶青主编:《刑事诉讼法学》(第 4 版),上海人民出版社、北京大学出版社 2020 年版。
4. 陈卫东主编:《刑事诉讼法原理与案例教程》(第 3 版),中国人民大学出版社 2015 年版。

第六章　刑事诉讼的基本制度

第一节　刑事管辖制度

1 立案管辖

【案例6-1-01】林某故意伤害案

林某因女友邱某之父极力反对其与邱某恋爱怀恨在心,欲杀死邱某父亲以解心头之恨。某日晚,林某身藏水果刀闯入邱某家,由于邱某父亲及全家人奋力搏斗,林某未能得逞,将邱某父亲胳膊刺伤后仓皇逃跑。县公安局110接报案后,经验伤认定邱某父亲胳膊属于轻伤,认为林某的行为属轻伤害行为,仅对林某按《治安管理处罚法》进行处理。邱某父亲遂到县人民检察院控告,检察院审查后认为县公安局不立案的理由成立,表示同意公安局的决定。邱某父亲由于悲愤过度,心脏病突发,经抢救无效死亡。邱某父亲死后,其妻张某又向县人民法院起诉,要求追究林某故意杀人行为的刑事责任,同时提供了证人证言、书证等证据材料。县人民法院依据法律和相关司法解释的规定告知张某应当向公安机关报案。

■ 法理与法律适用评析

我国刑事诉讼中的管辖,指公安机关、人民检察院、人民法院三机关直接受理具体案件和人民法院组织系统内审判第一审案件权限范围的划分。

管辖制度设立的意义在于:一是明确管辖就可以充分发挥司法机关各部门应有的职能作用;二是明确、合理地确定各司法机关对所发案件的管辖范围,就可以保证各机关各司其职,从而使案件得到及时、正确地处理;三是对管辖的规定,体现了原则性与灵活性相结合的精神,以保证公正、高效地协调解决职权行使交叉可能影响案件及时查办的问题。

立案管辖,又称职能管辖,指公安机关(包括国家安全机关)、人民检察院和人民法院之间,在直接受理刑事案件上的权限分工。根据我国长期以来的司法实践经验,立法上划分立案管辖的根据主要有以下三点:(1)犯罪案件的性质和社会危害性的严重程度不同;(2)有利于准确、及时地查明案情,有利于制服犯罪分子;(3)权限划分同公安司法机关在刑事诉讼中所承担的具体任务和所赋予的法定职责相适应。

立案管辖具体有以下三类。第一类是人民法院直接受理的案件。人民法院直接受理的案件被称为自诉案件。《刑事诉讼法》第 210 条规定:自诉案件包括三种类型的案件:(1)告诉才处理的案件;(2)人民检察院没有提起公诉,被害人有证据证明的轻微刑事案件;(3)被害人有证据证明对被告人侵犯自己人身、财产权利的行为应当依法追究刑事责任,而公安机关或者人民检察院不予追究被告人刑事责任的案件。第二类是人民检察院直接受理的案件。《刑事诉讼法》第 19 条第 2 款规定:人民检察院在对诉讼活动实行法律监督中发现的司法工作人员利用职权实施的非法拘禁、刑讯逼供、非法搜查等侵犯公民权利、损害司法公正的犯罪,可以由人民检察院立案侦查。对于公安机关管辖的国家机关工作人员利用职权实施的重大犯罪案件,需要由人民检察院直接受理时,经省级以上人民检察院决定,可以由人民检察院立案侦查。第三类是公安机关受理的案件。因公安机关是国家的治安保卫机关,在刑事诉讼中的主要职责是负责刑事案件的侦查。《刑事诉讼法》第 19 条第 1 款规定:刑事案件的侦查由公安机关进行,法律另有规定的除外。

《刑事诉讼法》第 4 条规定:“国家安全机关依照法律规定,办理危害国家安全的刑事案件,行使与公安机关相同的职权。”国家安全机关管辖的“危害国家安全的刑事案件”主要是指《刑法》第二编第一章规定的危害国家安全罪中的犯罪,但在《刑法》其他章中规定的犯罪如果涉及国家安全,依照规定应当由国家安全机关负责侦查的,也属于《刑事诉讼法》规定的国家安全机关办理的“危害国家安全的刑事案件”。

本案林某涉嫌犯有故意伤害罪(轻伤),属于自诉案件中的第二种。被害人邱某的父亲向县公安局报警后公安局按照轻微伤依据《治安管理处罚法》处理于法不当。县人民检察院对被害人的控告处理意见于法不符,根据最高人民检察院《人民检察院刑事诉讼规则》的规定,对不属于本院管辖的控告,应当移送主管机关处理,即依法应当移送县人民法院处理,当然,也可以告知被害人可以直接向县人民法院提起自诉,追究林某故意伤害罪的刑事责任。至于被害人妻子张某向县人民法院起诉要求追究林某故意杀人罪的刑事责任一节,因为根据《刑事诉讼法》第 19 条的规定,故意杀人案件属于公安机关立案管辖,不属于人民法院立案管辖。县人民法院应当依据最高人民法院《刑诉法解释》第1条第2款的规定,告知张某可向公安机关报案,或者移送公安机关立案侦查。

Ⅱ 审判管辖

【案例6-1-02】邢某盗窃案

被告人邢某系H省G市F县村民,其至案发前两年一直租住在S市C区某居民小区做保洁员工作。邢某于2020年春节前盗窃S市C区一家金融机构数额特别巨大,并有故意伤害致人轻伤行为。后潜逃返乡期间,又趁本村一户村民举家外出拜年之际,实施入室盗窃,窃得赃物价值达5万余元。经F县公安局侦查破案后,移送F县人民检察院审查起诉,发现邢某系S市金融机构被盗大案的通缉犯,遂退回F县公安局补充侦查。后F县公安局将该案依法移送S市公安局侦办。被告人邢某的盗窃罪最终由S市人民检察院第一分院向S市第一中级人民法院提起公诉进行一审。

■ 法理与法律适用评析

所谓审判管辖就是指人民法院组织系统内部,在审判第一审刑事案件上的分工。根据《刑事诉讼法》第20-28条的规定,审判管辖包括级别管辖、地区管辖和专门管辖。

一、级别管辖

级别管辖,指各级人民法院之间,即基层人民法院、中级人民法院、高级人民法院和最高人民法院之间,在审判第一审案件上的分工。

中级人民法院管辖下列第一审刑事案件:(1)危害国家安全、恐怖活动案件;(2)可能判处无期徒刑、死刑的案件。高级人民法院管辖的第一审刑事案件,是全省(自治区、直辖市)性的重大刑事案件。最高人民法院管辖的第一审刑事案件,是全国性的重大刑事案件。大量的第一审刑事案件,在司法实践中都由基层人民法院负责审判。

最高人民法院《刑诉法解释》第15-20条对在执行《刑事诉讼法》有关级别管辖规定时可能遇到的问题作出应当如何处理的司法解释,如数罪并罚案件,一人犯数罪、共同犯罪和其他需要并案审理的案件,其中一人或者一罪属于上级人民法院管辖的,全案由上级人民法院管辖。

二、地区管辖

地区管辖,指同级人民法院之间按行政区域划分的对审判第一审刑事案件管辖权限的分工。

地区管辖的分工,主要是从有利于人民法院就地调查取证,节约人力、时间,及时查明案情,便于诉讼参与人出庭和扩大法制宣传教育等方面考虑规定的。

《刑事诉讼法》第25条规定:“刑事案件由犯罪地的人民法院管辖。如果由被告人居住地的人民法院审判更为适宜的,可以由被告人居住地的人民法院管辖。”最高人民法院《刑诉法解释》第2条规定,犯罪地包括犯罪行为地和犯罪结果地。针对或者主要利用计算机网络实施的犯罪,犯罪地包括用于实施犯罪行为的网络服务使用的服务器所在地,网络服务提供者所在地,被侵害的信息网络系统及其管理者所在地,犯罪过程中被告人、被害人使用的信息网络系统所在地,以及被害人被侵害时所在地和被害人财产遭受损失地等。第3条第1款则规定,被告人的户籍地为其居住地。经常居住地与户籍地不一致的,经常居住地为其居住地。经常居住地为被告人被追诉前已连续居住1年以上的地方,但住院就医的除外。

三、专门管辖

专门管辖,指专门人民法院对刑事案件的管辖范围。在我国刑事司法实践中,专门人民法院是指军事法院和铁路运输法院,它们有各自独立的案件管辖范围。

本案被告人邢某系一人多地犯有数罪,S市C区、G市F县均为其犯罪地,且S市C区不仅是其主要居住地,而且也是其主要犯罪地,因为相较其在户籍地F县入室盗窃价值5万多元财物的罪行,邢某盗窃金融机构且数额特别巨大,并犯有伤害罪,已属于可能判处无期徒刑以上的重罪。《刑诉法解释》第15条规定,一人犯数罪、共同犯罪或者其他需要并案审理的案件,其中一人或者一罪属于上级人民法院管辖的,全案由上级人民法院管辖。因此,邢某盗窃案应当由S市第一中级人民法院进行审判管辖是符合法律规定的。

第二节 刑事回避制度

【案例6-2-01】唐某、陈某回避案

S市F区公安分局对一起共同抢劫金店案件立案侦查,以区公安分局局长唐某为首组成侦破专案组,查获犯罪嫌疑人赵某、钱某、孙某涉嫌共谋抢劫F区内一家金店,造成店内保安人员王某被重器敲击致重伤。在侦查过程中,孙某聘请的律师孔某未与孙某商量后,遂提出本案的侦查员陈某与被害人王某是同住一个小区的邻居,关系密切,申请其回避。刑警大队长立即停止了陈某的侦查工作,陈某也为避嫌遂立即退出了金店抢劫专案组,后刑警大队长经审查认为孔某提出的要求回避申请不属于法定回避的理由,驳回了回避申请。接着犯罪嫌疑人钱某也向上级公安机关提出申请公安分局局长唐某回避,理由是唐某与犯罪嫌疑人赵某的父亲曾是知青农场的老战友,关系密切。上级公安机关随即作出了要求唐某回避的决定。

■ 法理与法律适用评析

回避制度,指法律规定的与案件当事人有某种利害关系的审判人员、检察人员、侦查人员,以及书记员、鉴定人、翻译人员,不得参加案件诉讼活动的一种诉讼制度。设立回避制度的根本目的,是通过维护裁判者的消极中立的立场来确保司法的公正,防止在处理案件时先入为主或徇私舞弊。具体意义在于:(1)有利于案件的公正处断;(2)有利于消除当事人及其法定代理人的思想顾虑;(3)有利于防止发生司法腐败行为。

根据《刑事诉讼法》和有关司法解释的规定,适用回避的人员为六种人,即侦查人员,检察人员,审判人员以及在侦查、起诉、审判活动中的书记员,翻译人员和鉴定人。这六种人员适用回避的情形主要有:(1)是本案的当事人或者是当事人的近亲属的;(2)本人或者他的近亲属和本案有利害关系的;(3)担任过本案的证人、鉴定人、辩护人、诉讼代理人的;(4)与本案当事人有其他关系,可能影响公正处理案件的,如法官应当严格执行回避制度,如果其与本案当事人委托的律师有亲朋、同学、师生、曾经同事等关系,可能影响案件公正处理的,应当自行申请回避;(5)审判人员、检察人员、侦查人员等接受当事人及其委托的人的请客送礼,违反规定会见当事人及其委托人的。

回避的处理程序有以下几个方面。首先是回避的提出。既可以是自行回避,也可以是申请回避或者指令回避。自行回避,指回避的适用人员在受理案件时发现自己有《刑事诉讼法》规定的回避情形的,应当主动提出回避,不承担该案的诉讼任务。申请回避是指当事人及其法定代理人、辩护人、诉讼代理人认为审判人员、检察人员、侦查人员及书记员、翻译人员、鉴定人有法定应当回避的情形,向人民法院、人民检察院或公安机关提出要求有关人员回避的申请。指令回避是指审判人员、检察人员、侦查人员、书记员、翻译人员、鉴定人有法定应当回避的情形而未自行回避,当事人及其法定代理人也没有提出申请要求他们回避，由办案机关有决定权的负责人或组织作出决定指令有关人员的回避。其次是回避的决定。审判人员、检察人员、侦查人员的回避，分别由人民法院院长、人民检察院检察长和公安机关负责人决定；法院院长的回避，由本院审判委员会决定；检察长和公安机关负责人的回避，由同级人民检察院检察委员会决定；书记员、鉴定人和翻译人员的回避，在侦查阶段由侦查机关负责人决定，在审查起诉阶段由人民检察院检察长决定，在审判阶段由人民法院院长决定。再次是回避的复议。刑事诉讼中的“决定”，一般是一经作出具有法律效力。当事人及其法定代理人、辩护人、诉讼代理人对驳回回避申请的决定如不服时，可以向作出决定的机关申请复议一次。最后是回避的效力。对侦查人员的回避作出决定前，侦查人员不能停止对案件的侦查。但是，对检察人员、审判人员的回避一经提出，诉讼活动一律暂停进行。

本案中，孔某系犯罪嫌疑人孙某聘请的辩护律师，依据《刑事诉讼法》第32条第2款其有权提出回避申请。对侦查员陈某的回避决定作出前，不应停止陈某的侦查工作，陈某也不应立即退出专案组的侦查活动。对侦查人员的回避决定，应由公安机关负责人决定，即公安分局局长决定，刑警大队长是无权作出决定的。本案中侦查员陈某与被害人是关系不错的邻居，这种邻居关系即属于《刑事诉讼法》规定的“与本案当事人有其他关系”情形，因此，不应以对侦查员陈某的回避申请不符合法定理由为由，驳回回避申请。同时，对F区公安分局局长唐某的回避，依法应由同级人民检察院检察委员会决定，而不应由上级公安机关对其作出回避决定。

第三节　刑事辩护制度

【案例6-3-01】李某伪证案[1]

2009年，重庆市黑社会性质团伙主要嫌疑人龚某某被起诉。龚某某曾任重庆银钢集团销售公司总经理，成立了重庆万贯财务公司。2005年，东方资产管理公司重庆办事处将21亿元不良债权以4300万元卖予万贯公司。龚某某还与法院官员勾结，低价拍卖了重庆“奥妮土地”。有犯罪前科的樊某某得

〔1〕 参见重庆市江北区人民法院刑事判决书，(2009)江法刑初字第711号；重庆市第一中级人民法院刑事二审判决书，(2010)渝一中法刑终字第13号。

到龚某某资助发放高利贷,并于2006年8月开始购买了多支枪械弹药。2009年6月3日,龚某某指使他人在重庆江北区爱丁堡小区门前枪杀了重庆男子李某某。

2009年7月10日起重庆开展了一系列针对当地黑帮组织的“打黑除恶专项行动”。龚某某等34人的涉黑案被称为重庆“打黑第一案”。龚某某于2009年6月被捕。2010年1月3日龚某某等被检察院以故意杀人罪及有关黑社会、枪支、毒品、赌场、行贿的9项罪名提起公诉。2月10日在重庆市第一中级人民法院进行了宣判,一审判处主要嫌疑人樊某某、吴某某死刑,龚某某无期徒刑。5月31日,重庆市高级人民法院二审维持了一审的判决。

龚某某原辩护律师系北京康达律师事务所合伙人、专职律师李某。当地检察院在查办龚案时怀疑李某唆使犯罪嫌疑人及证人伪造证据,令犯罪嫌疑人谎称被警方刑讯逼供。检察院随后以辩护人毁灭证据、伪造证据、妨害作证等罪名对其提起公诉。该案于2009年年末2010年年初进行了一审和二审,李某二审被判处有期徒刑1年6个月。2011年4月进行了李某遗漏罪行的审理,但最后因证据存疑,检方撤诉。李某于2011年6月11日刑满出狱。该案因律师进行刑事辩护而被判定伪证罪入狱,当时被中国诸多主流媒体所报道,引发了关于律师职业道德和人身权利、执业权利及律师辩护制度实施保障的诸多争议与讨论。

■ 法理与法律适用评析

一、辩护制度的概念和基本内容

辩护制度,是法律规定的关于辩护权、辩护种类、辩护方式、辩护人的范围、辩护人的责任、辩护人的权利与义务等一系列规章制度的总称。

辩护制度的健全与完善与否,现已成为衡量一个法治国家刑事诉讼民主化与科学化的重要标志之一。刑事辩护权是专属于犯罪嫌疑人、被告人的一项最重要的诉讼权利,受到各国立法者的高度重视。近代辩护制度,特别是律师辩护制度,是欧美资产阶级革命的产物,是资产阶级同封建司法制度特别是同它的诉讼制度斗争的胜利成果。

2007年10月28日第十届全国人大常委会第三十次会议通过了修改的《律师法》。它的颁布实施为维护当事人的合法权益,维护法律的正确实施,维护社会公平正义提供了法律保障。

我国辩护制度的内容包括:辩护权、辩护种类、辩护方式、辩护人的范围、辩护人的责任、辩护人的权利与义务等。概括地讲,可归纳为以下三方面:一是犯罪嫌疑人、被告人有自行辩护的权利;二是犯罪嫌疑人、被告人有权获得辩护人的帮助;三是司法机关特别是人民法院,有义务保障犯罪嫌疑人、被告人获得有效辩护。

二、实行辩护制度的意义

首先,实行辩护制度,有利于司法机关正确处理案件,防止办案人员的主观片面性,做到兼听则明,以避免冤假错案的发生。

其次,实行辩护制度,有利于公安司法机关维护犯罪嫌疑人、被告人的合法权益,充分体现尊重和保障人权的现代司法理念。

最后,实行辩护制度,有利于更好地完成刑事诉讼法的教育任务。

三、辩护人的概念和范围

辩护人,指接受犯罪嫌疑人、被告人的委托或人民法院的指定,帮助犯罪嫌疑人、被告人行使辩护权,以维护其合法权益的人。辩护人的范围包括:(1)律师;(2)人民团体或者犯罪嫌疑人、被告人所在单位推荐的人;(3)犯罪嫌疑人、被告人的监护人、亲友。

《刑事诉讼法》第33条第2款和《刑诉法解释》第40条第2款规定,下列人员不得被委托担任辩护人:(1)正在被执行刑罚或者处于缓刑、假释考验期间的人;(2)依法被剥夺、限制人身自由的人;(3)被开除公职或者被吊销律师、公证员执业证书的人;(4)人民法院、人民检察院、监察机关、公安机关、国家安全机关、监狱的现职人员;(5)人民陪审员;(6)与本案审理结果有利害关系的人;(7)外国人或者无国籍人;(8)无行为能力或者限制行为能力的人。但上述第(3)(4)(5)(6)(7)项规定的人员,如果是被告人的监护人、近亲属,由被告人委托担任辩护人的,人民法院可以准许。《刑诉法解释》第41条第1款规定,审判人员和人民法院其他工作人员从人民法院离任后2年内,不得以律师身份担任辩护人。

犯罪嫌疑人、被告人依法可以委托1人至2人作为辩护人。一名律师不得同时接受2个以上(含两个)犯罪嫌疑人、被告人的委托,做他们的共同辩护人。根据《刑事诉讼法》的规定,在侦查期间,犯罪嫌疑人及其近亲属只能委托律师担任辩护人。

四、辩护的种类和方式

我国辩护制度中辩护种类有以下三种。第一种是自行辩护,指犯罪嫌疑人、被告人自己针对指控进行反驳、申辩和辩解的行为。根据《刑事诉讼法》的规定,犯罪嫌疑人、被告人的自行辩护权贯穿整个刑事诉讼全过程。自行辩护是目前我国犯罪嫌疑人、被告人进行辩护的最重要的途径。第二种是委托辩护。犯罪嫌疑人或者被告人为维护其合法权益，依法有权委托律师或者其他公民协助其进行辩护。第三种是指定辩护，指人民法院、人民检察院和公安机关为因经济困难或者具有其他法定原因而本人无力聘请辩护人的犯罪嫌疑人、被告人通知法律援助机构指派律师进行辩护。

犯罪嫌疑人、被告人没有委托辩护人而具有下列情形之一的，人民法院、人民检察院和公安机关应当通知法律援助机构为其指派律师提供辩护：(1)盲、聋、哑人；(2)尚未完全丧失辨认或者控制自己行为能力的精神病人；(3)未成年人；(4)可能被判处无期徒刑、死刑的人；(5)经法定程序依法不负刑事责任的精神病人。

《刑诉法解释》第48条规定，具有下列情形之一，被告人没有委托辩护人的，人民法院可以通知法律援助机构指派律师为其提供辩护：(1)共同犯罪案件中，其他被告人已经委托辩护人的；(2)案件有重大社会影响的；(3)人民检察院抗诉的；(4)被告人的行为可能不构成犯罪的；(5)有必要指派律师提供辩护的其他情形。

这里需要特别说明的是，我国进行辩护的方式分口头辩护和书面辩护两种，且具有同等法律效力。

五、辩护人的诉讼地位和职责

【案例6-3-02】王某某涉嫌受贿二审无罪案〔1〕

被告人王某某系辽宁省东戴河新区建筑工程管理局局长。葫芦岛市龙岗区人民检察院指控其利用职务便利，以拖延办理施工手续、责令暂停施工等方式多次刁难建设施工单位并索贿10万元人民币。王某某本人坚决否认。本案一审法院葫芦岛市龙岗区人民法院判决王某某构成受贿罪，判处有期徒刑2年。葫芦岛市中级人民法院以事实不清、证据不足发回重审。一审法院重审后依然认定王某某构成受贿罪，判处有期徒刑2年。王某某不服再次提出上诉，二审法院开庭审理，经辩护律师充分举证、质证，依据证据裁判原则，提出疑罪从无的辩护意见，最终被二审法院采纳，认为现有证据无法证明王某某受贿，依法改判王某某无罪。

---

〔1〕　选自2022年1月10日中国网北京律媒桥信息咨询公司与中国人民大学法学院律师业务研究所等单位发布的“2021年度十大无罪辩护案例”。

■ 法理与法律适用评析

本案是监察委成立后辽宁省内职务犯罪案件中首个无罪判决案例。在所有登载在中国裁判文书网的案例中，本案也是能够查询到的监察委成立后全国范围内首例无罪判决的职务犯罪案例。

在刑事诉讼法的框架下依法追究犯罪，对于构成犯罪的，应依法追究刑事责任；对于不构成犯罪的、被诬告陷害进入刑事追诉的，应依法保障其合法权益。本案凸显了辩护律师的价值与职责。刑事辩护无案由区分，无阶段禁区。无论是什么类型的刑事案件，对于被告人确实不构成犯罪的，通过刑事律师的专业辩护，均有获得无罪判决的可能。

辩护人，包括辩护律师，在刑事诉讼中的法律地位是独立的诉讼参与人，是犯罪嫌疑人、被告人合法权益的专门维护者。其既不受公诉人意见的左右，也不受犯罪嫌疑人、被告人及其法定监护人无理要求的约束；既不能成为"第二公诉人"，也不是犯罪嫌疑人、被告人的"代言人"或"传声筒"。辩护律师与出庭公诉的检察人员的诉讼地位应当是平等的，他们均服从法庭审判人员的指挥，依法履行各自的诉讼职能。

辩护人的责任是根据事实和法律，提出证明犯罪嫌疑人、被告人无罪、罪轻或者减轻、免除其刑事责任的材料和意见，维护犯罪嫌疑人、被告人的诉讼权和其他合法权益。

六、辩护人的权利和义务

根据《刑事诉讼法》和《律师法》的规定，我国辩护人所具有的具体辩护权主要表现为：(1)独立辩护权；(2)阅卷权和会见通信权；(3)调查取证权；(4)提出法律适用意见权；(5)出庭质证、辩论权；(6)提出上诉权；(7)有要求公安司法机关对采取强制措施超过法定期限的犯罪嫌疑人、被告人解除强制措施的权利；(8)拒绝辩护权；(9)保密权；(10)申诉和控告权。辩护人所具有的主要义务有：(1)遵守看守所、法庭等场所规则的义务；(2)保密义务；(3)及时告知义务；(4)依法依规履职义务；(5)承担法律援助义务；(6)无正当理由不得拒绝辩护和出庭辩护。

结合案例看，涉嫌犯罪的嫌疑人和被告人依法有权委托律师为自己进行辩护，接受委托的律师也就有权依法独立开展辩护活动，行使诸如阅卷权、会见权、通信权、调查取证权、提出适用法律意见权、出庭质证、辩论权、提出上诉权和保密权等法定的权利。但是要注意的是，辩护律师行使上述权利的目的，是履行自己作为独立的诉讼参与人的职责，维护犯罪嫌疑人和被告人的合法权益，即根据事实和法律，提出证明犯罪嫌疑人、被告人无罪、罪轻或者减轻、免除其刑事责任的材料和意见，维护犯罪嫌疑人、被告人的诉讼权利和其他合法权益。

任何犯罪嫌疑人、被告人，无论他触犯了何种罪行，哪怕是死罪，只要其在诉讼过程中，他就有权委托辩护律师帮助他进行辩护，公安司法机关不但要保证他委托律师辩护的权利，而且还要保证他可以得到有效的辩护。任何公安司法机关及其工作人员不得以任何借口，非法剥夺犯罪嫌疑人、被告人及其辩护人的辩护权，甚至以“莫须有”的罪名和不实证据随意抓捕辩护律师，以公权压制私权，破坏辩护律师的正当执业权和侵害辩护律师的人身自由权和人格名誉权。

当然，辩护律师应当根据事实和法律进行辩护，不得捏造事实和歪曲法律。受委托或者指定的辩护律师，在履行职责过程中，不得帮助犯罪嫌疑人、被告人编造口供，串供，伪造、毁灭证据或者威胁、引诱证人提供不实证据，意图使犯罪嫌疑人、被告人逃避法律的制裁。否则，辩护律师不但不能提出中肯的辩护意见以维护犯罪嫌疑人、被告人的合法权益，还会适得其反，甚至还会使自己身陷囹圄，身败名裂。李某案即是一个明证。

这里，我们需要指出的是，时至今日还有些地方的公安司法机关的领导和工作人员的思想上还是存有辩护律师“是替坏人讲话的，是来捣乱的，是严打和打黑的阻力”，故而在实践中，就时而会出现处处刁难辩护律师履行职责的情形，致使辩护律师会见难、取证难、阅卷难、发问难、质证难。但是，大量的司法实践案例充分显示了辩护律师在认罪认罚案件和防范冤假错案上的所发挥的重要作用。我国辩护制度的设计，就在于与控诉方形成一种诉讼对抗关系，防止对犯罪的指控成为一种潜在的犯罪认定。从保障认罪认罚的自愿性、合法性，防范冤假错案角度而言，从确保所有刑事案件审判的公正性、合理性、裁判可接受性而言，辩护律师都是法庭最可信赖和应当依靠的力量。司法人员轻视、甚至无视刑事辩护意见、不尊重律师依法履职的思想是极其有害的，且与法相悖。我们要充分认识到，律师是法律职业共同体的重要成员，是实现公正司法、严格司法，有效防范冤假错案的无可替代的重要力量。要充分相信绝大多数律师是具备良好职业素养的，他们所提的辩护意见是理性、客观、公正、中肯的，是司法机关查明案件事实，正确适用法律，公平正义办案的依靠力量。

■ 法条链接

《刑事诉讼法》第32、37、44条；《律师法》第36、37条。

■ 参考文献

1. 陈光中、汪海燕:《侦查阶段律师辩护问题研究——兼论修订后的〈律师法〉实施问题》,载《中国法学》2010 年第 1 期。
2. 陈瑞华:《论量刑辩护》,载《中国刑事法杂志》2010 年第 8 期。
3. 谢小剑:《刑事职能管辖错位的程序规制》,载《中国法学》2021 年第 1 期。
4. 王敏远、胡铭、陶加培:《我国近年来刑事辩护制度实施报告》,载《法律适用》2022 年第 1 期。
5. 顾永忠:《论"委托辩护应当优先法援辩护"原则》,载《法治论丛》2022 年第 1 期。
6. 韩旭:《认罪认罚从宽案件中的"骑墙式辩护"》,载《西南民族大学学报(人文社会科学版)》2022 年第 2 期。

第七章　刑事诉讼证据

第一节　刑事证据的特征

Ⅰ 客观性

【案例 7－1－01】路某娟涉嫌故意伤害案

2021 年 12 月 26 日，路某娟在其家和刘某因琐事发生争吵，后刘某被人劝离。次日 12 时许，刘某再次到路某娟家与其发生争吵，并厮打在一起，路某娟拿起一把不锈钢水果刀在刘某身前乱抡，刘某抬起左胳膊阻挡时，被路某娟砍伤左小臂。后刘某前往医院治疗，被诊断为左尺骨下 1/3 处开放性骨折。经县公安司法鉴定中心鉴定，刘某尺骨骨折损伤程度符合轻伤二级。

■ 法理与法律适用评析

客观性是刑事证据的首要属性和最基本的特征，它是指证据必须是一种客观存在的事实，而非想象、估计、猜测、推论和没有根据的道听途说。无论刑事证据的表现形式是以人的思维反映为特征的主观意识，还是不以人的意志为转移的客观实物形态，刑事证据的内容必须具有实际存在的属性。此外，刑事证据作为一种诉讼证明手段，必须在诉讼过程中被一定的诉讼主体发现、收集、审查判断，并最终运用其来判明案件事实。其中，发现刑事证据既是最初的证明环节，同时决定了刑事证据能否被纳入诉讼程序而成为证明的工具与手段的前提条件，因此，刑事证据的客观存在应当是一种人们能够凭借自己的感官或相应的仪器设备来发现和认识的事实。

本案中，不锈钢水果刀是伤人凶器，在侦查过程中必须被提取和固定，并需要被妥善保管。作为重要的物证，不锈钢水果刀是客观的，对证明路某娟的伤人行为有关键作用。

Ⅱ 关联性

【案例 7-1-02】黄某忠涉嫌强制猥亵案

2019 年 11 月 30 日中午 12 时许，黄某忠在某工作室内，强制猥亵王某某（案发时 14 周岁）。公安机关就犯罪事实收集和固定了书证、证人证言、被害人陈述、被告人供述、勘验、检查、辨认笔录、视听资料、电子数据等证据。

■ 法理与法律适用评析

关联性，又称相关性，是指作为证据的事实，不仅是客观存在的，而且必须是同案件有客观联系的事实。证据的关联性就实质而言，也是证据的客观性表现，是证据客观属性的一种联系的和动态的反映。证据是客观存在的事实，但并不是所有的客观事实都是证据。对证据关联性的理解，可以从以下三方面着手：第一，证据反映的事实必须是一种法律可调整的与案情有关的事实，即该证据所反映的事实的形成与案件事实的发生过程有着直接或者间接的联系；第二，与案件客观联系的事实从整体上讲应该包括有罪或无罪，罪重或罪轻的全部事实；第三，从证据同案件事实的关联对定案的不同证明要求角度分析，作为认定犯罪嫌疑人及被告人有罪的证据，必须同犯罪事实存在客观的联系。

在本案的庭审过程中，黄某忠的辩护人认为，黄某忠一贯表现良好，毕业后，开始从事教育事业，辛勤工作，并获得大量荣誉证书。案件的发生，只是被告人一时冲动，没有犯罪预谋。对此，法院认为，辩护人的以上辩护意见属于品格证据，与黄某忠是否或如何实施犯罪行为不具有关联性，与本案无关。关于黄某忠的表现材料属于品格证据，因为和案件事实无关，所以不能作为证明黄某忠是否实施犯罪事实的证据，因为缺乏关联性，所以，不被法院采纳。

Ⅲ 法律性

【案例 7-1-03】徐某某和肖某打架斗殴案

2017 年 4 月 22 日，徐某某因生活琐事与邻居潘某保发生口角，随后二人在楼道内打架。潘某保的儿子潘某宇与徐某某的妻子肖某先后赶到现场并参与到打架当中。经鉴定徐某某伤情构成轻伤二级，肖某、潘某保和潘某宇三人的伤情均构成轻微伤。2017 年 6 月 21 日，潘某保、潘某宇二人主动到公安机关投案,并在公安机关供述了案发当天两人与徐某某和肖某发生打架的相关情况。

■ 法理与法律适用评析

法律性,又称合法性,是指证据必须是法定的诉讼主体依照法定的程序加以收集和认定的符合法律所规定的表现形式的事实。证据作为法律生活中证明法律事实的一种认识工具,其存在本身就离不开法律。刑事证据必须是以合法的证据形式表现出来的事实。我国《刑事诉讼法》规定了八种证据表现形式。此外,刑事证据的收集、审查判断及运用的主体、程序均由《刑事诉讼法》严格规定。证据必须经过查证属实,才能成为定案的根据,这一规定使得证据运用程序必须最终落实在“查证属实”的基础上,否则就不能作为“定案根据”的价值。同时,公安司法人员必须严格依照法定程序和合法手段收集、运用刑事证据,严禁刑讯逼供和以威胁引诱以及其他非法的方法收集证据。

本案中,公诉机关出示的证人李某、杨某的证言,因该两份证据均无证人签字,不符合刑事案件证据的要求,故法院对该份证据不予采纳。也就是说,李某和杨某的证言因不具有询问笔录的合法性要求,所以被排除。在其他证据确实充分的情况下,证明潘某保和潘某宇二人的伤人事实,法院最终认定潘某保和潘某宇构成故意伤害罪。

■ 法条链接

《刑事诉讼法》第50、52条。

第二节　证据的种类

1 物证

【案例7-2-01】罗某建涉嫌故意伤害案

2020年5月下旬,罗某建因与郭某有情感纠纷,遂雇人欲将郭某从宁国市带离至上海市。2020年6月1日7时许,郭某乘坐其丈夫陈某驾驶的二轮电动车前往宁国市区,罗某建与其雇用的三人驾车尾随其后趁机将陈某和郭某拦停。罗某建随后下车,提出要与郭某单独谈话。罗某建将郭某拉至附近一片竹林中与其交谈，期间二人发生争吵，罗某建因感觉郭某欺骗了其感情，为泄愤遂拿出随身携带的一把水果刀捅了郭某腹部一刀，后罗某建等人驾车将郭某送往医院救治，途中被公安机关查获。

■ 法理与法律适用评析

一、物证的概念和特征

物证是以其外部特征、内在物质属性及其存在方位等证明案件真实情况的物体和痕迹。物证的物体形式通常是以固态、液态和气态形式体现；物证的痕迹形式是指在外界因素作用下一个客体留在另一个客体上的印迹。物证一般有以下四种具体表现形式。第一，犯罪工具，这是最常见的物证，有的本身就具有明显的犯罪特征，如犯罪分子印制伪钞的印版。有的则本身不具有犯罪工具属性，只是被犯罪分子利用成为一种物证，如用来杀人的手术刀、农药、药用手钳等。第二，留有犯罪痕迹的物品，比如现场的脚印、指纹、汗渍、精斑等。第三，犯罪的对象物，比如赃款、赃物、放火案中的被烧房产、设备、被害人的尸体等。第四，查获的其他可供揭露犯罪分子犯罪行为的物品，比如犯罪分子遗留在现场的烟蒂、鞋、纽扣、头发等。

物证是一种广泛存在且十分重要的证据，它具有下列主要特征。一是物证具有特有的外部特征、明确的内在属性以及特定的存在方位。物证是以其外部特征、内在物质属性及其存在方位等对案件发挥证明作用的，这是物证不同于其他种类证据的最显著的特征，是物证特有的案件的关联方式。二是物证具有案件与调查对象的同时联系性。物证之所以能体现证明价值，是因为它与案件存在关联的同时，又与调查对象存在关联，从而使得调查对象同案件联系起来。如果只是与案件或者调查对象联系，那么就不能体现其证明价值，因而也就不是物证。三是物证具有不可替代性。作为物证使用的物体和痕迹都有各自不同的特征，而且这些特征是在特定的环境中形成的。因此，在通常情况下它不能用其他的物体和痕迹来替代，否则就不能反映与特定环境中形成的特定案件的关联性。在司法实践中，物证被要求提交原物，只有在原物提交确实困难时，才能提交复制品、照片，而这恰恰是物证不可替代性特征的具体表现。四是物证具有较强的客观性和可靠性。物证以物体、痕迹方式存在，是独立于人的意志之外的，是不以人的意志为转移的客观事实。大量的物证与案件、调查对象的联系是运用科学技术确定的，因而具有较强的可靠性。五是物证具有较强的稳定性。这与物证本身的物质形态有关，大量的物证形态以固态反映，其特征较为稳定；而且对于形态特征易变化的物证，实践中已经形成一整套科学的提取、固定和保全手段。六是物证具有证明的被动性和片段性。物证客观地存在于社会中，其本身是无意识的，因而它不会自动地、直接地证明案件事实，它需要人们去发现、识别并将它纳入诉讼程序中运用。另外，单一的物证只能反映案件事实的某一方面，缺乏案件全貌的反映性，因而，物证要与其他证据结合起来才能发挥出它的证明作用。

二、物证的收集和保全

物证收集的途径很多，主要是通过勘验、检查、搜查和扣押等侦查或调查手段来获取，但也有不少物证是犯罪嫌疑人或者被告人以及其他单位或者个人主动向司法人员提供的。在收集物证过程中应该注意以下几个问题。

一是物证收集要及时。作为具有一定物理和化学属性的物证，往往具有同一般物质一样容易受自然或人为因素影响而变形、消失的共性。所以，及时收集是防止物证因自然因素或人为因素而破坏、丧失的重要保障。

二是收集物证要细致。物证可能会因其体积太小或者痕迹不显眼，或者被其他东西覆盖等各种足以导致认识障碍的因素而被忽略，也可能因犯罪分子故意隐匿、伪装而不易发现。这就要求办案人员在收集物证时一定要有敏锐的洞察力和认真细致的工作作风，只有坚持一丝不苟的工作态度，才能最大限度地避免因工作粗心所导致的不必要的认识障碍。

三是收集的物证要真实。真实有效的物证是在案件事实的影响下产生的，故物证具有不可替代性。物证的真实客观性也体现在其与案件之间的客观联系性。

四是收集物证应充分利用科技手段。如红外线摄影仪可以发现肉眼无法发现的热辐射物质；运用 DNA 技术可以鉴别唾液、汗渍的个性特征。

关于物证的固定和保全，《刑事诉讼法》规定了一系列的方法，如规定对于扣押的物品、文件，要妥善保管或者封存，不得使用或损毁。在勘验、搜查中发现的可以证明被告人或犯罪嫌疑人有罪或无罪的各种物品和文件，应当扣押。对于扣押的物品和文件，应当会同在场的见证人和被扣押物品的持有人查点清楚，当场开列清单一式两份，由侦查人员、见证人和持有人签名盖章，一份交给持有人，另一份附卷备查。

三、物证的审查判断

1. 审查物证是否伪造

伪造的物证在一定情况下可能会扰乱或阻碍侦查人员的视线，故应从物证的来源上分析研究其有无伪造和发生差错的可能,防止犯罪分子利用伪造的证据来以假乱真,逃避罪责或嫁祸于人。

2. 审查物证与案件的关系

通过审查各种物证的外部特征及其性质与案件事实之间的联系,可以解决物证对案情的有效证明价值问题。在分析研究物证的外部特征及其性质时,要注意实践、条件对物证的影响。确定物证案件事实的联系时一定要坚持以事实为根据的原则,而不能根据事物的表象作简单的机械的联系,更不能主观臆断,牵强附会。

3. 审查物证的来源

不同的来源会对其真实性带来影响。经勘验、检查、搜查、提取和扣押的物证,没有相应的笔录证明其来源,应予以排除。

4. 审查物证是否为原物

对不能反映原始物证的外形、特征的复制品应予以排除。

本案中,水果刀是作案工具,是重要的物证。公安机关应当起获该水果刀,并组织相关人员对其进行辨认,同时结合郭某的伤势加强对水果刀的审查判断,由此加强对案件事实的认定。

Ⅱ 书证

【案例7-2-02】陈某刚涉嫌掩饰隐瞒犯罪所得案

2021年11月19日至20日,陈某刚在明知上游资金涉嫌网络犯罪活动的情况下,仍将自己名下的7张银行卡和一部手机提供给他人,用于接收、转移涉案资金并从中非法获利。该7张银行卡接收涉案资金共计2,821,308.29元,转移涉案资金共计2,735,224.4元。2021年11月24日,陈某刚被抓获归案,到案后如实供述其犯罪事实。

■ 法理与法律适用评析

一、书证的概念和特征

书证是以文字、符号、图画等所表达的思想内容来证明案件真实情况的书面文件或其他物品。书证的表现形式可以是手书或者印刷的文件及其他书面材料,也可以是记载了一定案情内容的竹木、金属、石砖、摄影照片或其他物品。但无论书证的表现形式如何,其记载的内容必须能反映一定的案情,并能够据此查明案件的真实情况,否则就不是书证。

书证有以下主要特征。

一是书证具有思想内容的证明性。书证是以文字、符号、图画等所表达的思想内容来证明案件真实情况的，这是书证区别其他证据最重要的特征。

二是书证具有证明的直接性、明确性和主动性。在通常情况下，在以文字为基本意思表示形式的书证内容中，人们可以直接判明其与案件的联系，它一般不需要通过中间环节而能直接起到证明案件事实的作用。

三是书证具有证明的稳定性。书证是诉讼开始之前人的意思表示在一定的物质载体上的固定，是有关事实的历史记载或犯罪事实的真实写照。

二、书证的收集和保全

收集书证的途径和方法与物证收集的途径和方法相同。书证的保全，通常的做法有以下几点。

第一，将书证编号入卷。原件不能入卷的，除在扣押书证的清单上注明发现和缴获的情况外，还应对文件的封面、编号、标题等进行拍照并附加说明后存入案卷。保密文件的原件，必须按照《中华人民共和国保守国家秘密法》（以下简称《保守国家秘密法》）的规定按收发手续退回原发文机关。

第二，对于黄色书刊、淫秽画片等，应开列清单，然后予以封存，不得扩散。

第三，不得丢失或损坏。

三、书证的审查判断

1. 审查书证是否伪造

犯罪分子可能会出于各种动机伪造书证，故必须查明书证是否在案件事实本身的影响下形成的。

2. 审查书证是否在暴力、胁迫、欺诈等情况下做成

即必须查明书证的书写制作内容是否反映了书写或制作人的真实意思表示。

3. 审查书证的内容与案情是否有出入

有些书证虽然不是在外力影响下制作的，但是由于人们主观上的原因，如记忆力、认识水平等也可能使书证的内容出错。

4. 审查书证与案件事实之间的关系

书证在某些情况下可以反映出其与案件事实之间的直接联系，但有时候则必须将它同其他证据联系起来分析对比，方能看出联系。

5. 审查书证是否为原件

不是原件的书证，其证明力将会受到影响。

本案中，银行交易明细、银行账户对账单、转账明细等属于书证，这些书

证反映了陈某刚所提供的银行卡协助开展犯罪资金转移、结算等事实，是案件事实认定的关键。在侦查过程中，侦查人员应当尽可能完整地收集相关书证，同时要加强书证关联性和客观性的审查判断，这是本案办理的关键所在。

Ⅲ 证人证言

【案例7-2-03】肖某某贩毒案

2021年11月9日，吸毒人员赵某付通过微信联系肖某某购买毒品，并通过微信转账6000元给肖某某。之后，肖某某在某火车站附近将约6克毒品交给了赵某付。2021年11月11日，赵某付微信联系肖某某购买冰毒和麻古，并通过微信红包和转账共计向肖某某支付1100元。之后，肖某某在某火车站附近将约1克冰毒和两粒麻古交给了赵某付。2021年11月14日，赵某付通过微信联系肖某某购买冰毒，并通过微信向肖某某转账5760元。之后，肖某某在某建材城一期附近的公交车站处将约6克冰毒交给了赵某付。

■ 法理与法律适用评析

一、证人证言的概念和特征

证人证言是证人向司法机关就自己所知道的案件情况所作的陈述。生理上、精神上有缺陷或者年幼，不能辨别是非、不能正确表达的人，不能作为证人。证人的身份取决于是否直接或间接地知道案件事实，故证人只能由知道案件事实的人来担任，不能由其他人来代替，更不能委托他人以自己的名义代理作证。证人证言的形式既可以是口头方式，也可以是书面或录音、录像方式。

证人证言的主要特征有以下几点。

1. 内容的特定性

证人证言只能是证人对自己所感知的案件事实进行描述，而不能对所感知的案件事实作出分析、推断或结论。

2. 证言具有较强的主观性

证人证言的形成由感知、记忆和表达三阶段构成，是证人的主观感性认识对客观世界的反映。

3. 证言具有较大的易变性

证人证言往往会随着证人的心理活动、思维变化而发生变化。

二、证人证言的收集和固定

证人证言通常由司法人员通过询问的方式来收集。询问前应当告知证人有如实作证的法律义务和违反该义务必须承担的法律责任。询问证人以口头方式进行。经过询问之后,如果证人自愿书写亲笔证词,则司法人员应当允许并为其创造自愿笔述的条件。对已经提供了证言的证人,人民法院、人民检察院、公安机关和国家安全机关有义务保障其本人及近亲属的安全。对证人及其亲属进行威胁、侮辱、殴打或者打击报复,构成犯罪的,应依法追究刑事责任;尚不够刑事处罚的,依法应给予治安管理处罚,从而为鼓励群众积极同犯罪行为作斗争创造良好的法治环境,也为诉讼创造良好的证源条件。证人证言的固定方法主要有笔录法和录音录像法。

三、证人证言的审查判断

1. 审查证人与当事人或者案件结果之间有无利害关系

通过了解证人与案件及案中当事人之间的关系情况,掌握其是否有可能受当事人或有利害关系人指使、收买或威胁,而作不真实的证言;了解证人的政治面貌、思想品质和作证的思想基础,以判断证言的可靠程度。

2. 审查证人证言的来源

证言的来源直接关系证据的客观真实性。证人亲身耳闻目睹,直接感受的,其证言真实性较大。

3. 审查取得证言的方法

采用暴力、威胁等方法取得的证言,或证人未签字的笔录,或未经法庭质证的证言,都不具有法律效力,不能成为对案件事实有证明作用的定案根据。

4. 证人证言与其他证据是否一致

如果证人证言与案件的其他证据发生矛盾,就说明证人证言或者其他证据是不真实的。

5. 未成年证人证言的审查

对于未成年证人的证言,《刑事诉讼法》并没有规定未成年证人作证的年龄界限,司法实践中应根据法定的“能辨别是非,能正确表达”的条件来判断其有效性。在审查过程中,要综合分析未成年证人的年龄、智商,并注意其回答问题的内容、语言是否与其年龄、智商相适应。

本案中,证人证言主要证明涉案人员的关系、被告人的微信身份,尽管这些事实并非本案的核心犯罪事实,但是其对于完善案件事实具有重要意义,是本案证据体系的重要一环。在审查这些证人证言时,应当注意证人证言的可靠性和合法性问题。

Ⅳ 被害人陈述

【案例7－2－04】郝某猛涉嫌强奸案

2020年7月6日晚,郝某猛邀请朋友曾某与徐某等人一起吃饭。饭后,曾某提出回家并让徐某送其回住所,郝某猛、徐某等人准备去KTV唱歌,郝某猛与曾某、吴某乘坐徐某驾驶的奔驰轿车离开。途中,郝某猛不断对曾某进行骚扰,遭到曾某明确拒绝及反抗。郝某猛让徐某、吴某下车后,在车上以举报曾某系KTV陪唱人员,并以让警察对其和KTV查处为由进行威胁,要求和其发生性关系。曾某坚决不从,但是迫于郝某猛的威胁也无法逃脱其控制。凌晨5时许,曾某在下车后乘坐郝某猛的轿车欲让其送她回家,郝某猛驾驶车辆将曾某带至一乡道上,采用暴力手段,强行在副驾驶座位上与其发生了性关系。郝某猛随后驾车离去,曾某遂立即报警。

■ 法理与法律适用评析

一、被害人陈述的概念和特征

被害人陈述,指被害人就人身、财产和其他合法权利受侵害的情况,向司法机关所作的陈述。被害人陈述的内容一般包括以下两个方面:一是对犯罪分子侵害过程的事实陈述;二是对其了解的犯罪分子进行检举揭发。

被害人陈述的主要特征有以下几点。

1. 被害人陈述具有内容的特定性

被害人陈述具有证据意义的内容表现为就自己遭受犯罪行为侵害的事实,包括犯罪行为造成其人身伤害、经济损失的事实,而不应当包含被害人提出的诉讼请求,被害人对犯罪行为及案件性质的分析判断、对案件处理中涉及相关法律问题的理解及对犯罪嫌疑人、被告人刑事处理的想法和意见。

2. 被害人陈述具有证明的直接性

被害人是遭受犯罪行为直接侵害的人,对犯罪行为、受害经过以及造成的危害后果等主要案件事实一般都有比较清楚的了解,所作的陈述比较详细、具体,信息量比较大,对案件一般具有直接的证明作用。

3. 被害人陈述具有不可替代性

对于被害人亲历的案件事实、被害经过,被害人自己清楚,不能由其他没有感知过该事实的人来替代被害人本人陈述,特别是对于有生命危险的被害人,应当在挽救其生命的同时,抓紧时机取得其陈述。

4. 被害人陈述具有证明的倾向性

被害人因其与刑事案件之间密切的利害关系以及被害人要求严厉惩罚犯罪人的心理状态，使得被害人陈述内容一般都不利于犯罪嫌疑人、被告人，都有比较明显的倾向性。

二、被害人陈述的收集和保全

询问被害人之前，要向被害人说明必须如实陈述的法律义务和诬告应承担的法律责任。

遭犯罪侵害严重受伤的被害人在被询之前，应事先与医务人员取得联系并通过医务人员确认其辨别是非和正确表达的能力，以免造成被害人不必要的意外事故或导致无效的陈述。

三、被害人陈述的判断

1. 审查被害人与被告人的关系

如果被害人在案发前与被告人素昧平生，则提供虚伪陈述的可能性就较小。如果被害人与被告人在案发前原本互相间有着错综复杂的密切联系，甚至彼此有恩怨情仇，则其陈述虚伪的可能性就大。

2. 审查被害人身份、道德品质情况

一般来说，被害人的道德品质的好坏，会影响其陈述的真实性。在审查中应综合其陈述的来源和内容以及同其他证据之间的对比情况进行全面的分析、判断。

3. 审查被害人陈述的来源，分析其内容的合理性

如果被害人是根据直接感受的犯罪事实所作的陈述，则其陈述的情节一般具有合理性；反之，若本身是他人传闻的，甚至源于自身的主观猜测和想象，则其陈述的情节往往不清甚至互相矛盾。

4. 未成年人被害人陈述的审查判断

对未成年被害人陈述的判断，应当注意未成年人的心理和生理特点，必须认真、仔细、耐心；特别要注意其陈述的内容是否超过了他正常的智力水平和表达能力，要查明在其陈述的背后是否有事先的诱导和威逼。

本案中，曾某的陈述是查明案件事实的重要证据。但是，基于被害人陈述的特点，需要加强对其真实性的审查。具体的审查方式包括：第一，曾某和郝某猛的交往和关系，排除曾某“陷害”郝某猛；第二，曾某是否存在撒谎的可能；第三，曾某的陈述是否清楚、清晰，内容表达是否合理。此外，还需要判断和考察曾某的供述和其他证据是否能够相互印证。

Ⅴ 犯罪嫌疑人、被告人的供述和辩解

【案例7-2-05】周某容、邹某超和廖某海涉嫌非法经营赌场案

2020年12月,周某容伙同邹某超以每年租金16,000元的价格租用一民房经营麻将馆。2021年2月左右,廖某海入伙,之后由三人共同经营。麻将馆经营期间,周某容、邹某超招聘了厨师为参赌人员提供中、晚餐和夜宵,并在麻将馆周边安装视频监控。周某容、邹某超、廖某海提供赌具,准备好现金,以便参赌人员用微信、支付宝进行交换,同时备用一台POS机,以便参赌人员刷信用卡兑换现金。经查,2020年12月至案发,周某容、邹某超、廖某海共在该赌场抽水渔利20万元左右,其中周某容、邹某超各分得7万元左右,廖某海分得5余万元左右。周某容等三人最终被判处非法经营赌场罪。

■ 法理与法律适用评析

一、犯罪嫌疑人、被告人的供述和辩解的概念和特征

犯罪嫌疑人、被告人的供述和辩解,又简称"口供",一般是指犯罪嫌疑人、被告人向司法机关就其被指控的犯罪事实,所作的口头或书面的供述、申辩和解释。其内容包括两个方面:一是供认犯罪事实的陈述;二是说明自己无罪和罪轻的辩解。

犯罪嫌疑人、被告人的供述和辩解有以下主要特征。

1. 证明案件事实的全面性、直接性

犯罪嫌疑人、被告人是案件事实的直接当事人,犯罪嫌疑人、被告人的供述和辩解在整个刑事诉讼过程中对于办案人员认识案件事实的原貌,把握案件事实的细节,正确地认识案件性质是十分重要的。

2. 口供内容的虚假性

一般而言,逃避或减轻处罚是犯罪嫌疑人、被告人的本能反应,他们为了自己或同伙逃避制裁、减轻处罚,往往会以各种手段和方式作虚伪的陈述,或进行顽固抵赖,或作避重就轻的供述。此外,还有人出于哥们儿义气而大包大揽,掩护他人,或虚假地夸大供述自己的罪行,以表示自己"真诚坦白"或嫁祸于人,虚假检举等。因此,犯罪嫌疑人、被告人的口供因其诉讼地位和复杂的心理活动的影响而呈现真真假假、虚虚实实的情况,所以办案人员对口供应有不可不信、不可全信的心理准备,强化对其他证据的收集。

3. 口供的易变性

在刑事诉讼中，口供经常出现反复或被推翻的情况。口供易变的原因复杂，有的是受羁押场所其他犯罪嫌疑人、被告人的教唆或影响而翻供；有的是获悉其亲友受迫使、收买某些被害人或证人改变陈述或证言的消息后而翻供；有的是迫于讯问的压力甚至遭受刑讯逼供而作的口供，在审判时翻供；等等。对此，办案人员收集口供时，应当注意收集程序的合法化，同时注重对口供合理性的全面分析，找出翻供或可能翻供的原因，并特别注意对口供以外的证据的收集，运用其他证据来分析判断口供的真实性和可靠性。

二、运用犯罪嫌疑人、被告人的供述和辩解的法律要求

《刑事诉讼法》第 55 条第 1 款规定：“对一切案件的判处都要重证据，重调查研究，不轻信口供。只有被告人供述，没有其他证据的，不能认定被告人有罪和处以刑罚；没有被告人供述，证据确实、充分的，可以认定被告人有罪和处以刑罚。”这条规定，是辩证唯物主义思想在我国证据问题上的集中体现，是司法人员在诉讼中正确对待口供判定案件的重要规则。

三、犯罪嫌疑人、被告人的供述和辩解的收集和保全

收集口供必须严格依照我国法定的讯问程序和手段进行，讯问中严禁刑讯逼供、诱供和骗供。讯问中要允许犯罪嫌疑人、被告人作合理的辩解。保全口供的常见方法有笔录法、亲笔供词法和录音录像法。

四、犯罪嫌疑人、被告人的供述和辩解的审查判断

1. 审查犯罪嫌疑人、被告人口供的目的和动机

掌握其供述和辩解是在什么情况下提出的，是真诚的认罪，还是被迫交待；是因心存侥幸而避重就轻，还是因其他目的而虚构夸大。针对翻供，则要分析其翻供的动机是什么。搞清了犯罪嫌疑人、被告人提供口供的动机、目的，就能正确判断其口供的真实、有效性。

2. 审查犯罪嫌疑人口供的收集是否合法

一是审查司法人员在讯问被告人、犯罪嫌疑人时，是否严格遵守法定的讯问程序；二是审查在讯问中是否有刑讯逼供、诱供、骗供的现象发生。

3. 审查犯罪嫌疑人、被告人口供是否合理

由于刑事诉讼法强调了重证据、重调查研究，不轻信口供的原则，故在审查口供时，应结合具体的案情和已掌握的证据，并根据一般的生活逻辑，来分析判断口供的合情合理性。

4. 审查被告人、犯罪嫌疑人口供与其他证据是否一致，有无矛盾

这一审查环节需要将口供同其他证据联系起来，通过对比、印证，来判断

其口供的真实可靠性。

5. 审查共同犯罪案件中共犯口供之间是否一致

如果口供一致,应考虑有无事先通谋、串供的可能,如果口供间有出入或矛盾,则不应简单地肯定或否定,而应当通过对质、侦查实验、司法鉴定等法律所允许的手段进行认真核查,并从中确定真实有效的口供。

6. 正确对待被告人、犯罪嫌疑人翻供

如果翻供的内容确有证据印证并能查证属实,应该予以采信。

本案为共同犯罪,周某容、邹某超和廖某海三人的供述是查明本案事实的重要证据。一方面,侦查机关应当尽可能完整和准确地固定三人的供述;另一方面,还应当注重收集其他种类的证据,比如,现场勘查情况、赌资、证人证言、资金往来记录等。在审查判断周某容三人的供述时,应当注意审查是否存在刑讯逼供、威胁、引诱或者欺骗等非法取证行为,要加强口供前后和不同被告人口供之间的印证,也要加强审查口供和其他种类证据能否相互印证。

Ⅵ 鉴定意见

【案例 7-2-06】吴某仕交通肇事逃逸案

2022 年 1 月 31 日 14 时许,吴某仕饮酒后驾车行至某路段时,因操作不当将行人刘某为、刘某心、刘某二撞倒在地。事故发生后,吴某仕弃车逃离现场。经交警大队认定,吴某仕负事故全部责任。经鉴定,刘某为系交通事故致重型颅脑损伤死亡。

■ 法理与法律适用评析

一、鉴定意见的概念和特征

鉴定意见,是鉴定人就案件的某些专门性问题,运用其专门知识或技能,进行科学缜密的研究鉴别后作出的书面意见。

鉴定意见的主要特征有以下几个方面。

1. 鉴定意见的专业性

鉴定意见的内容只限于解决案件中的专门问题,只能由专家依靠专门性的科学技术和方法对鉴定对象进行鉴别与判定,而不是一般人依靠经验、常识所进行的评价和判断。

2. 鉴定意见的科学性

鉴定意见是一种事实意见，这种事实意见的证据价值源于科学的分析和判断。此外，鉴定手段和鉴定方法本身也在不断地发展、创新和完善，因而，鉴定意见的科学性决定了法官对鉴定意见进行审查的必要性。

3. 鉴定意见的程序性

鉴定意见应当依照法定程序进行和确认。鉴定意见在鉴定人资格确认、鉴定对象的提取、保管、送鉴定以及进行鉴定、得出鉴定意见的每一个环节都应当符合法律程序的要求。鉴定意见还要经过法庭审理经查证属实的确认程序。

4. 鉴定意见为书面形式

鉴定意见必须依照法定制作格式来体现其鉴定内容。

5. 鉴定意见的确定性

鉴定意见应当是确定性意见，不应模棱两可。如果一个鉴定人难以作出肯定或否定的意见，可由多名鉴定人集体讨论作出意见；如果在讨论中形成不了统一的意见，不同意见的支持者可以分别作出鉴定意见。

二、鉴定意见的审查判断

1. 审查鉴定人的资格

首先要审查鉴定机构的资质，作出鉴定意见的鉴定机构是否具有法定的资格和条件，以及鉴定事项是否超出鉴定机构的业务范围。其次要审查鉴定人解决专业问题的知识和能力，是否独立进行鉴定，在鉴定书上是否签名或者盖章。多人参加的鉴定，对鉴定意见有不同意见的，是否注明。

2. 审查提供鉴定的材料是否充分可靠

鉴定是根据送检的材料作为事实依据的，如果鉴定材料本身不充分、不可靠，那么，鉴定人就不可能据此作出科学的鉴定。

3. 审查鉴定方法是否科学

鉴定方法、鉴定手段是否科学，是影响鉴定意见有效性的重要因素。

4. 审查鉴定人是否受外界影响

特别应审查是否有对鉴定人施加压力，进行威胁，或托人情、拉关系等。

5. 综合审查判断

审查鉴定意见是否合乎逻辑，能否与案内其他证据相互印证。

当前，我国司法鉴定业务主要有四大类：法医类、物证类、声像资料类和环境损害类。鉴定意见作为一种重要的证据类型，对于确定嫌疑物质性质、判断行为因果关系和分析涉案人员关系有重要帮助。本案中，通过鉴定可以认定刘某为的死因，对于确定吴某仕的醉驾行为和被害人死亡之间的因果关系具有直接的证明作用。此外，鉴定意见也是确定吴某仕向被害人予以民事赔偿的主要依据。关于鉴定意见的审查判断，需要结合鉴定人的资质、鉴定程序、鉴定过程的规范性等多方面予以综合判断，同时应当保障被追诉人对于控方所提供鉴定意见予以质证的权利。

Ⅶ 勘验、检查、辨认、侦查实验等笔录

【案例7－2－07】黄某平污染环境案

2021年9月，黄某平与刘某甲等五人合伙建立黑作坊使用废弃电容等提炼铝锭。经查，由于未按照规定安装环保设备，该作坊在提炼过程中多次发生有毒气体泄漏，造成了环境污染，导致周边多位村民感到身体严重不适并投诉举报。黄某平因犯污染环境罪，被判处有期徒刑1年，并处罚金2万元。

■ 法理与法律适用评析

一、勘验、检查笔录

1. 勘验、检查笔录的概念和特征

勘验、检查笔录是侦查人员对与犯罪事件有关的场所、物品、尸体、人身等进行勘验、检查后所作的文字记录、绘图、照片、录像等材料的总称。

勘验、检查笔录以其内容的不同，可划分为现场勘验笔录、物证勘验笔录、人身检查笔录、尸体勘验笔录和侦查实验笔录。勘验，是对与犯罪有关的场所、物品、尸体进行的旨在正确认识犯罪活动的具体情况，推断犯罪人的身份、犯罪动机、手段、方法而进行的收集和保全物证的活动。

检查，是对活人进行的，旨在确定被害人、被告人的某些身体特征、伤害情况或者生理状态。检查笔录对于判明一些与人体特征及伤害程度有密切关系的案件事实，确定案件性质，分清被告人刑事责任的有无和轻重，确定证人的资格等都具有十分重要的诉讼意义。

勘验、检查笔录的主要特征有以下几点。

（1）勘验、检查笔录是在诉讼过程中由司法人员对待证对象的一种客观记录。

（2）勘验、检查笔录是由司法人员所制作的一种具有综合性证明作用的证据。它所反映的内容包括勘验、检查的司法人员所发现的与案情有关的各种情况、痕迹、物品存在或形成的环境和相互关系等。

(3)勘验、检查笔录是固定和保全证据的主要手段。勘验笔录是由司法人员对待证对象的一种客观记录;如果有必要恢复现场原状,也可以依据勘验笔录加以恢复,它不因时间的推移而消失。

(4)勘验、检查笔录是通过如实记录司法人员的诉讼行为而反映案件情况的证据材料。它在实体内容方面反映了案情的客观真实,在很大程度上具有揭示案情真相的价值,这是其他任何笔录所无法比拟的;在程序方面反映了司法人员固定、保全各种物证或书证的实施方法和过程,从而能进一步增强有关物证或书证的证明力。

2. 勘验、检查笔录的审查判断

(1)审查勘验、检查活动是否按照法定程序进行,是否符合法律要求。

(2)分析了解现场是否有被破坏、伪造的情况,应当勘验、检查的地方(部位)是否都已做了勘验、检查。

(3)审查勘验、检查笔录是当场制作的,还是事后增添、补记的;对检查笔录应认真审查被害人、被告人的某些特征、伤害情况或者生理特征有无伪装,是否有变化。

(4)审查了解勘验、检查人员的业务水平及工作态度。

(5)审查勘验、检查笔录与其他证据是否一致,如发现矛盾,应作进一步调查。

二、辨认、侦查实验笔录

1. 辨认、侦查实验笔录的概念和特征

辨认是一种由侦查人员组织的就涉案人员、物品和场所让证人和犯罪嫌疑人予以辨别的侦查行为,辨认笔录是对辨认过程和辨认要素予以客观记录的文字性材料。

侦查实验是一种根据经验和逻辑对办案过程中遇到的疑难问题通过模拟场景和还原事情发生经过,由此对该问题予以科学分析的侦查行为,侦查实验笔录是对侦查实验过程和侦查实验相关要素予以客观记录的文字性材料。

辨认笔录和侦查实验笔录具有以下特征:

一是它们都是在侦查人员的组织下完成的,具有法律效力,辨认笔录和侦查实验笔录都是法定的证据种类;二是它们通过识别和模拟的方式帮助侦查人员认识相关事实,这种认识具有间接性;三是它们都是制作性材料,需要具备参与人员签名、捺指印等形式要求才具备相应的证明力。

2. 辨认、侦查实验笔录的审查判断

审查辨认笔录时,要注意:第一,辨认过程是否在侦查人员的组织下进行;

第二，辨认过程是否遵循了混杂辨认、分别辨认等原则要求；第三，辨认人是否在辨认前和辨认中被提示或者暗示；第四，辨认笔录是否符合法律规范的形式性要求，比如，记载要素是否齐全、规范，是否有辨认人和侦查人员的签名等。

审查侦查实验笔录时，要注意：第一，侦查实验的模拟场景和实际场景是否相近；第二，侦查实验的过程是否符合经验法则和科学规律；第三，侦查实验的过程是否存在违反法律法规和道德伦理规范的情形；第四，侦查实验笔录的记载是否规范。

本案中，黄某平等人非法提炼铝锭导致环境被污染，他们的犯罪事实由提炼铝锭的事实和污染环境的事实两部分组成，这两部分犯罪事实都可以通过现场勘验的方式制作笔录来证明。勘验笔录是证明物理空间中犯罪事实和犯罪结果的重要证据类型，在审查判断时，需要注意判断该笔录的制作主体的适格性、勘验过程的规范性和笔录形式的规范性等问题。

Ⅷ 视听资料、电子数据

【案例 7－2－08】陈某志等人寻衅滋事案

2022 年 6 月 7 日，陈某亮等 4 人从江苏驾车至河北唐山，与陈某志等人合谋实施网络赌博洗钱违法犯罪活动。6 月 10 日凌晨，陈某志等 5 人与陈某亮等 4 人在唐山市路北区某烧烤店聚餐饮酒。其间，2 时 40 分，陈某志对下班后在同店就餐的王某某进行骚扰，遭拒后伙同马某齐、陈某亮等人对王某某、刘某某等 4 人进行殴打，2 时 47 分逃离，2 时 55 分 4 名被害人由 120 送医。事件的过程被烧烤店室内和门口的摄像头记录有据。该事件也引发了剧烈的社会反响。2022 年 6 月 11 日 22 时 53 分，廊坊公安网络发言人发布通报称，根据省公安厅指定管辖，发生在唐山市路北区某烧烤店的寻衅滋事、暴力殴打他人案件，由廊坊市公安局广阳分局侦查办理。2022 年 6 月 12 日，廊坊市公安局广阳分局发布通报，经廊坊市广阳区人民检察院批准，陈某志等 9 名犯罪嫌疑人已由廊坊市公安局广阳分局执行逮捕。

■ 法理与法律适用评析

一、视听资料

1. 视听资料的概念和特征

视听资料，指采用现代化技术手段，借助音像设备、电子计算机和其他视听记录及还原技术为特征的仪器设备所显示出来的能够证明刑事案件事实的证据。常见的视听资料主要有录音资料、录像资料、电子计算机储存的资料和其他数码音像设备提供的资料。

视听资料的主要特征有以下几点。

一是生动直观性。视听资料是以连续动态的声音资料、图像资料或者音像结合资料来反映其所记载的案情的,这使接触该证据的人能比较直观地掌握其所反映的案情。

二是客观精确性。视听资料是利用高科技的音视设备所记录的声像证据,因此,它所反映的事实一旦被记载,其准确性往往超过人的观察和记忆能力。

三是物质依赖性。视听资料离开一定的物质材料,如磁带、光盘、磁性软盘及电脑内存硬盘,其信息就无法运作,信息也就无从记录和还原,因此,视听资料对物资设备及材料的依赖性较大。

2. 视听资料的收集

收集视听资料必须遵循客观、全面、合法的原则。所谓客观,就是不能凭主观想象去收集视听资料;所谓全面,即视听资料作为一种信息载体,对其收集要全面,不能随意剪辑;所谓合法,即视听资料应符合法定的表现形式,且收集程序合法。

视听资料在收集后必须妥善加以保全,以防因人为或自然的原因,或有意无意地使其记载的资料被破坏,可以设专人采用必要的技术手段来保全其资料的安全性,以备在刑事诉讼中适时地使用。

3. 视听资料的审查判断

(1)审查资料的来源。即审查它是原始证据还是传来证据;是源于司法人员的收集还是非司法人员的收集,若是后者,尤应慎重审查。

(2)审查视听资料的收集过程是否合法。

(3)审查信息收集过程中的设备的操作、运转是否正常,状况是否良好,特定情况下还可以采用实验方法检测。

(4)审查视听资料本身的内容是否具有客观性和相关性,即判断其记载的信息内容是客观发生的还是主观演绎的,是否有删剪痕迹,记载的信息与所要证明的案件事实是否有关。

二、电子数据

1. 电子数据的概念和特征

随着网络犯罪的不断增多,电子数据已经成为证明网络犯罪的重要证据类型,我国《刑事诉讼法》也赋予了电子数据独立的证据地位。从规范的角度来看,电子数据是案件发生过程中形成的,以数字化形式存储、处理、传输的,能够证明案件事实的数据。

电子数据包括但不限于下列信息、电子文件:(1)网页、博客、微博客、朋友圈、贴吧、网盘等网络平台发布的信息;(2)手机短信、电子邮件、即时通信、通讯群组等网络应用服务的通信信息;(3)用户注册信息、身份认证信息、电子交易记录、通信记录、登录日志等信息;(4)文档、图片、音频、视频、数字证书、计算机程序等电子文件。

以数字化形式记载的证人证言、被害人陈述以及犯罪嫌疑人、被告人供述和辩解等证据,不属于电子数据。

和其他证据类型相比,电子数据的特征主要有以下几个方面:

一是证据内容呈现数据化形式,数据本身具有特定的内容,但是也具有需要借助专门知识和软件系统予以识别的特性。

二是证据载体的依托性,电子数据通常需要凭借存储介质予以保存,一方面,电子数据的收集可以连带其载体一起提取;另一方面,收集电子数据时必须保证储存该电子数据的清洁性、稳定性和安全性。

三是数据内容的易变性,电子数据很容易复制、粘贴、修改、剪接,所以电子数据的原始性和电子数据的保管成为电子数据的重要内容。

2. 电子数据的收集

2016 年,最高人民法院、最高人民检察院、公安部印发《关于办理刑事案件收集提取和审查判断电子数据若干问题的规定》就电子数据的收集提供了具体指引。

取证主体方面,收集、提取电子数据,应当由 2 名以上侦查人员进行。取证方法应当符合相关技术标准。

收集电子数据时,通过区分是否可以扣押电子数据的原始存储介质,采取不同的取证方法。

如果能够扣押电子数据原始存储介质的,应当扣押、封存原始存储介质,并制作笔录,记录原始存储介质的封存状态。封存电子数据原始存储介质,应当保证在不解除封存状态的情况下,无法增加、删除、修改电子数据。封存前后应当拍摄被封存原始存储介质的照片,清晰反映封口或者张贴封条处的状况。封存手机等具有无线通信功能的存储介质,应当采取信号屏蔽、信号阻断或者切断电源等措施。

如果无法扣押原始存储介质的,可以提取电子数据,但应当在笔录中注明不能扣押原始存储介质的原因、原始存储介质的存放地点或者电子数据的来源等情况,并计算电子数据的完整性校验值:(1)原始存储介质不便封存的;

(2)提取计算机内存数据、网络传输数据等不是存储在存储介质上的电子数据的;(3)原始存储介质位于境外的;(4)其他无法扣押原始存储介质的情形。

电子数据的收集还可以运用在线提取、侦查实验、检查等方法予以更加全面和更加准确地进行。

收集、提取电子数据,应当制作笔录,记录案由、对象、内容、收集、提取电子数据的时间、地点、方法、过程,并附电子数据清单,注明类别、文件格式、完整性校验值等,由侦查人员、电子数据持有人(提供人)签名或者盖章;电子数据持有人(提供人)无法签名或者拒绝签名的,应当在笔录中注明,由见证人签名或者盖章。有条件的,应当对相关活动进行录像。

收集、提取电子数据,应当根据刑事诉讼法的规定,由符合条件的人员担任见证人。由于客观原因无法由符合条件的人员担任见证人的,应当在笔录中注明情况,并对相关活动进行录像。针对同一现场多个计算机信息系统收集、提取电子数据的,可以由一名见证人见证。

3. 电子数据的审查判断

电子数据的审查判断主要围绕其真实性、完整性和合法性展开。

电子数据的真实性,应当着重审查以下内容:(1)是否移送原始存储介质;在原始存储介质无法封存、不便移动时,有无说明原因,并注明收集、提取过程及原始存储介质的存放地点或者电子数据的来源等情况。(2)电子数据是否具有数字签名、数字证书等特殊标识。(3)电子数据的收集、提取过程是否可以重现。(4)电子数据如有增加、删除、修改等情形的,是否附有说明。(5)电子数据的完整性是否可以保证。

电子数据的完整性,可以从以下几个方面着手:(1)审查原始存储介质的扣押、封存状态;(2)审查电子数据的收集、提取过程,查看录像;(3)比对电子数据完整性校验值;(4)与备份的电子数据进行比较;(5)审查冻结后的访问操作日志。

电子数据的合法性,应当着重审查以下内容:(1)收集、提取电子数据是否由2名以上侦查人员进行,取证方法是否符合相关技术标准。(2)收集、提取电子数据,是否附有笔录、清单,并经侦查人员、电子数据持有人(提供人)、见证人签名或者盖章;没有持有人(提供人)签名或者盖章的,是否注明原因;对电子数据的类别、文件格式等是否注明清楚。(3)是否依照有关规定由符合条件的人员担任见证人,是否对相关活动进行录像。(4)电子数据检查是否将电子数据存储介质通过写保护设备接入检查设备;有条件的,是否制作电子数据备份,并对备份进行检查;无法制作备份且无法使用写保护设备的,是否附有录像。

就犯罪嫌疑人、被告人的网络身份与现实身份的同一性问题,可以通过核查相关 IP 地址、网络活动记录、上网终端归属、相关证人证言以及犯罪嫌疑人、被告人供述和辩解等进行综合判断。判断犯罪嫌疑人、被告人与存储介质的关联性,可以通过核查相关证人证言以及犯罪嫌疑人、被告人供述和辩解等进行综合判断。

在查明本案事件发生经过时,烧烤店内的视频监控是非常重要的证据,其较为直观全面地反映了事情经过,属于视听资料。在审查判断视听资料时,应当重点判断该资料是否存在删除、剪接和篡改的可能,由此以确定该证据的真实性。

■ 法条链接

《刑事诉讼法》第 55、61、124、125、126 条。

第三节　刑事证据分类

1 控诉证据和辩护证据

【案例 7-3-01】李某琪诈骗案

2017 年 5 月至 7 月,李某琪在北京市海淀区等地,虚构投资电影能获取高额回报等事实,通过银行转账等方式,分多次骗取申某共计人民币 88 万元,李某共计人民币 160 万元,并将上述款项用于个人消费。

李某琪对公诉机关指控的部分事实及罪名未提出异议,但表示有部分钱款用于投资油卡,该部分钱款不应被认定为诈骗金额。辩护人认为,对本案定性不持异议,李某琪将其中 70 万元到 80 万元用于投资油卡,该部分金额不应被计入犯罪金额;同时申某因为李某琪抵押车辆已经收到的 40 万元、李某琪因此偿还的利息以及之前给申某零零碎碎的转账都应从犯罪金额中扣除;李某琪系初犯、偶犯,法律意识淡薄,主观恶性不大,到案后认罪、悔罪,同时被告人并无逃匿行为,建议法庭对被告人从轻处罚。

■ 法理与法律适用评析

以证据与被告人、犯罪嫌疑人的利害关系为标准,可将证据划分为控诉证据和辩护证据。

控诉证据，亦称不利于被告人、犯罪嫌疑人的证据，它是肯定被告人、犯罪嫌疑人有罪和加重其罪责的证据。控诉证据是对被告人、犯罪嫌疑人进行立案侦查、控诉和人民法院制作有罪判决、加重刑罚的根据。

辩护证据，亦称有利于被告人、犯罪嫌疑人的证据。其作用是否定被告人、犯罪嫌疑人有罪或者认为应当减轻其罪责。辩护证据是犯罪嫌疑人、被告人及其辩护人反驳控诉，进行辩解以及人民法院制作无罪判决、减轻或免除刑罚的根据。

区分控诉、辩护证据的意义在于要求司法人员在诉讼过程中必须客观全面地收集对被告人、犯罪嫌疑人有利或不利的证据，并进行认真审查和科学判断，防止主观片面。

划分控、辩两类证据也是规范法庭审判秩序的需要。在对抗制的法庭审理活动中，证据调查主要由控辩双方举证、质证交互进行。控方对控诉证据进行举证，然后由辩方质证；辩方对辩护证据进行举证，然后由控方质证。控、辩两类证据反映了证据对控辩双方在法庭审理中的不同意义，反映了证据在证明作用上归属控辩双方的不同阵营。

本案中，尽管李某琪对指控的部分事实及罪名未提出异议，但是也提出了相关的辩护意见。提出辩护意见是被告人的诉讼权利，对于辩方的主张，辩方应当提供证据予以证明。对此，法院应当重视辩方证据，只有这样才能准确认定案件事实。

Ⅱ 原始证据和传来证据

【案例 7 -3 -02】孔某群故意伤人案

2021 年 5 月 3 日 21 时许，孔某群在北京市顺义区暂住地旁工地处，因车辆被划问题与黄某发生口角，黄某一直出言辱骂，后孔某群返回工地并捡起地上的一根方木，与手持铁锹的黄某互殴，黄某用手抓孔某群面部，孔某群持方木抡到黄某肋部，后被人劝开。经鉴定，黄某的伤情构成轻伤二级。公诉机关认为，孔某群的行为应当以故意伤害罪追究刑事责任。

■ 法理与法律适用评析

证据以不同的来源作为分类标准，可划分为原始证据和传来证据。

凡是直接从第一来源（第一手材料）获得的证据材料就是原始证据。凡是从间接的非第一来源获得的证据材料,就是传来证据。传来证据经过了中间环节的转述和转抄,同待证事实的距离较远,因而失真的可能性也较大,传递的次数一般与其证明力成反比。所以,传来证据的证明力相对于原始证据要小。在司法实践中,应尽可能使用原始证据。

强调原始证据的诉讼证明价值,不等于因此否定传来证据的作用。司法实践中往往一开始难以收集原始证据,常常是通过传来证据去发现和收集原始证据。传来证据还可以作为审查判断原始证据的重要依据。在无法收集或难以提取原始证据的情况下,传来证据可以替代原始证据起到一定的证明作用。

收集、审查和运用传来证据,应当遵守以下规则:(1)应尽可能收集最接近原始证据、传抄或转述次数最少的传来证据,且经查证属实并能够反映原始证据的外形、特征或者内容;(2)原则上应收集和提取原始证据,只有在原始证据的收集和提取确有困难的情况下,才能使用传来证据;(3)不能收集使用道听途说、来源不明的传言。

在本案的庭审中,辩护人提出辩护意见,认为孔某群不构成故意伤害罪,并对控方提出的证人证言提出质疑。证人高某案发时未在现场,也未目睹案件事实,其证言系根据经验所作的判断、推测或者评论,其对案情的了解均来自黄某事后的陈述,属于传来证据。

应当注意的是,审查判断证据时,应当慎重对待传来证据,准确地评估传来证据的证明力。本案应当结合高某的身份和证言的可信度综合判断其证言的可信度。相对而言,原始证据的证明力要高于传来证据。

Ⅲ 直接证据和间接证据

【案例 7-3-03】李某国杀妻案

李某国与孙某系夫妻关系,共生育两个女儿。李某国因长期猜疑孙某出轨,遂产生怨恨心理,常因琐事发生争执。2021 年 12 月 23 日 11 时许,李某国与孙某又因琐事心生怒气,在电话确认女儿不回家后,趁孙某在东屋卧床休息之机,持木棍多次击打孙某头部。后李某国又将孙某拽至屋外院子里,用被子捂住孙某上半身及头部,骑在孙某身上,用砖头多次击打孙某上半身及头部,并使用草叉等物品对孙某上身进行拍打。孙某趁李某国中途回屋喝酒之机电话报警。李某国酒后见孙某不再动弹后,以为孙某已死亡,遂产生轻生念头,用菜刀将自己脖子割伤,自杀未遂。

■ 法理与法律适用评析

以单一证据对案件主要事实的反映程度作为分类标准,可以将证据划分为直接证据和间接证据。

直接证据,指能够单独地反映案件主要事实的证据。所谓案件主要事实,指是否存在犯罪事实和谁是实施犯罪行为的人的事实。一般来说,司法实践中常见的直接证据有被告人的供述和辩解,被害人指认某人犯罪的控诉,现场目击证人指认或否认某人犯罪的证词,能直接再现被告人、犯罪嫌疑人犯罪事实的视听资料,等等。直接证据一般较多地表现为言词证据,但言词证据不都是直接证据。

直接证据最显著的特征是单一证据与案件主要事实之间在内容上的吻合,因此,它能够对案件的主要事实直接加以证明,无须借助其他证据。由于直接证据多表现为言词证据,这就必然导致直接证据具有一定的可变性、反复性,其虚假可能性也往往较大。

直接证据的收集、审查和运用,应遵守以下规则:(1)要准确识别直接证据;(2)要依法收集直接证据,严禁使用非法手段收集直接证据;(3)要严格审查判断直接证据,做到重证据、不轻信口供,运用直接证据定案,一般应有若干间接证据加以互相印证;(4)孤证不能定案。

间接证据指不能单独地反映案件主要事实,而需同其他证据联系起来并用推理方法来反映案件主要事实的证据。

间接证据的特点主要是:(1)对案件主要事实的证明是间接的,任何一个单独的间接证据都不能直接证明案件的主要事实,而只能从一个侧面证明案件中的部分事实或个别情节;(2)对案件主要事实的证明方法是推断的,间接证据要完成对案件主要事实的证明,就必须与其他证据事实联系起来,一环扣一环,形成一个完整的、严密的逻辑证明体系,以推理方法,在最终排除所有其他可能性之后,才能作为最后的定案根据;(3)间接证据的实物证据形式较多,故具有稳定性,其客观性也较强。

由于间接证据本身的特点,司法人员在运用时必须遵循下列规则:(1)间接证据本身必须真实可靠,应当在时间上、内容上与案件事实本身一致;(2)每一个间接证据都应与案件事实有客观联系,各个间接证据之间应当组成一个完整的证据体系,一组一组地证明案件事实,间接证据之间必须协调一致,不能有矛盾;(3)作为认定案件事实根据的所有间接证据的总和,只能得出唯一的结论,应当排除其他任何矛盾和怀疑。

本案中,被害人陈述和被告人供述和辩解的内容和案件主要事实相关,所以是直接证据。相比较而言,证人李某国的大女儿、大女儿丈夫孔某和李某国二女儿的证言无法单独证实案件主要事实,只是和案件事实存在一些非核心关联,所以属于间接证据。此外,木把菜刀一把、红色砖块、带血迹的两根木棍、草叉一把的照片、现场提取的敌敌畏农药一瓶,这些物证和案件事实存在一定关联,但是无法直接证明案件事实,所以也属于间接证据。尽管间接证据无法单独证明案件事实,但是在案件侦办过程中应当加强对间接证据的重视和收集,因为间接证据相互印证能形成完整的证据链条也可以认定案件事实。

Ⅳ 言词证据和实物证据

【案例 7-3-04】白某河故意杀人案

白某河因感情纠纷与孙某产生矛盾,并欲杀害孙某。2021 年 9 月 5 日凌晨 2 时许,白某河用私下配置的钥匙开门进入孙某家中,在与孙某争吵无果的情况下,白某河将被害人孙某按倒在床上,用尖刀朝着孙某颈部扎、划数刀,扎孙某大腿根部一刀。事后,白某河将刀清洗,在逃离现场后又将该刀扔掉,经鉴定,孙某的伤势构成重伤二级。

■ 法理与法律适用评析

以证据的表现形式为分类标准,可将证据划分为言词证据和实物证据。

言词证据,是指以人的语言表述作为存在和表现形式的证据。我国《刑事诉讼法》所规定的证人证言,被害人陈述,犯罪嫌疑人、被告人的供述和辩解,鉴定意见,都属于言词证据。鉴定意见被划为言词证据,是因为鉴定意见是鉴定人对有关案件的某个或某些专门问题的看法,而这种看法,是通过书面意见来表达的人的陈述。

实物证据,是指以实物形态作为存在和表现形式的证据。法定证据种类中的物证,书证,勘验、检查笔录及视听资料属于实物证据。

言词证据的表现形式是主观的,但其内容必须是客观真实的,言词证据一般通过询问或讯问方法收集。实物证据的外在表现形式具有客观性,但其内容必须是真实的,且与案件事实是相关的;实物证据主要通过勘验、检查、搜查和扣押等方式来收集。

言词证据由于是以人的表述来反映案件事实的,所以它能直接反映案件的事实,尤其是案件的主要事实,但同时受主观感知能力和表述能力、思想感情等因素的影响，往往不能完全、客观地反映案件事实，甚至夸大、缩小或歪曲案件事实，所以在审查判断言词证据时必须充分考虑上述各种因素。实物证据具有较强的客观实在性，能被人们的感官直接感知，除被伪造的情况外，一般能客观反映案件事实，且证明力也较大，因为实物证据一般不太容易受人的主观因素支配而随意更改、变化，但也有可能受自然因素影响而遭侵蚀，导致失实。

本案中，孙某的陈述、相关证人证言、白某河的供述和辩解属于言词证据，作案工具、案发现场的痕迹物证等属于实物证据。对于言词证据要重点审查其真实性、可靠性和合法性，对于实物证据则要重点审查其关联性。

■ 法条链接

《刑事诉讼法》第52、56、61、62条。

第四节　诉 讼 证 明

1 证明对象

【案例7-4-01】江某与陈某涉嫌收购、贩卖毒品案

2014年年初，江某与陈某商定合伙贩卖毒品牟利。2014年2月6日晚，卢某任携带毒品从广东省东莞市至舟山市，在他人的介绍下与陈某碰面，卢陈二人商定以人民币8万元购买甲基苯丙胺1000克。随后，陈某支付毒资8万元，卢某任则交付甲基苯丙胺1000克。整个过程，江某均在场。次月21日晚，陈某电话指使江某，将150余克甲基苯丙胺贩卖给吸毒人员王某。

关于犯罪事实，江某辩称，其未参与陈某贩卖毒品活动，也不知道陈某让其转交的盒子里有毒品；其供述中部分内容不是事实。另外，民警对其讯问时未给予合理休息时间，存在疲劳审讯、威胁及诱供行为，且相关笔录内容与其实际供述不符。

■ 法理与法律适用评析

刑事诉讼中的证明对象，又称“待证事实”，指司法机关在办案过程中需要用证据加以证实的一切案件事实。换言之，凡是需要依靠证据加以确定的

案件事实都是证明对象。

证明对象的范围,是由每个案件的具体情况决定的。从司法实践看,刑事案件需要证明的事实,一般都是与定罪量刑有关的事实,即实体法事实和程序法事实。

实体法事实,主要包括两方面的内容。一是有关犯罪构成要件的事实,具体有:(1)犯罪事实是否发生;(2)犯罪是否为被告人所实施;(3)犯罪的行为和结果,犯罪的时间、地点、方法、手段;(4)被告人犯罪的故意或过失、动机和目的;(5)行为是否属正当防卫、紧急避险;(6)是否有不追究刑事责任的情况;(7)其他与犯罪有关的事实,诸如是否有依法应从重、从轻、减轻处罚的情节等。二是犯罪嫌疑人、被告人的个人情况等,如姓名、性别、年龄、民族、文化、职业、是否有前科、犯罪后态度等。

程序法事实,指解决诉讼程序问题与被告人定罪量刑有关的具有法律意义的事实,具体有:(1)是否具有应当回避的事实;(2)对犯罪嫌疑人、被告人是否采取强制措施的事实;(3)是否超越诉讼期限的事实;(4)是否违反诉讼程序并可能影响正确判决的其他事实等。

本案中,证明的对象包括两个方面:一方面是实体法事实;另一方面是程序法事实。实体法事实是指江某是否实施了走私、运输、贩卖毒品等行为,这也是本案需要查明的核心事实;程序法事实是指在刑事诉讼过程中相关程序性事实的真实情况,特别是是否存在违法的情形,本案中,就是要查明江某在讯问过程中是否遭遇非法讯问。程序性事实在刑事诉讼过程中也很重要,其是程序合法和程序正义的直接体现。

Ⅱ 证明责任

【案例7-4-02】何某涉嫌强奸案

2022年1月21日凌晨1时至3时许,黄某与朋友在酒吧喝酒,后来因不胜酒力欲独自回住处。何某在路旁看到黄某下车时是醉酒状态,遂趁机将其搀扶回黄某的住处。进入房间后,何某趁着黄某醉酒倒在床上无意识之机,脱光自己和被害人的衣服,亲吻并抓摸被害人,意图与被害人发生性关系,后因黄某挣扎及反抗而未能得逞。

■ 法理与法律适用评析

证明责任,指负有运用证据证明案件事实的法律义务。证明责任包括三个方面的内容:(1)提出证明主张;(2)收集或提出有关证据;(3)运用证据证明这一主张,并使这一主张达到法定的证明要求。只有同时承担这三个方面的责任,才是证明责任。

提出证据的责任,指司法机关和诉讼参与人所负有的提出证明所需要的有关证据的责任。凡是负有证明责任的必须负提出证据的责任。有的诉讼当事人仅负有提出证据责任,或者说他仅有作为证据来源提出证据的义务,而没有作为诉讼证明主体所负有的运用证据证明案件事实的责任。

侦查机关、检察机关在侦查和审查批捕以及审查起诉过程中,指控某公民涉嫌犯罪时,必须依法承担足以证明该公民犯罪的证据的责任,否则就不能依法行使法定的追诉权。同样,人民法院判决时,也必须审查核实控告方提出的有罪证据、罪重证据和辩护方反驳控诉提出的证据,如果证据不足,不能认定被告人有罪的,应当作出证据不足、指控犯罪不能成立的无罪判决。

自诉案件中,自诉人负有证明责任。自诉案件的自诉人不能按照法律所规定的证明要求完成证明责任的,则必须承担不利于自己的控诉的法律后果。在自诉案件的诉讼审理程序中,人民法院并不承担证明的主要责任,而应由自诉人承担证明的主要责任。关于自诉案件的被告人依法提起反诉的,则负有对反诉内容证明的责任。

刑事被告人、犯罪嫌疑人原则上不承担证明自己有罪或无罪的义务。犯罪嫌疑人、被告人往往处于被剥夺或限制人身自由的强制措施状态之中,本身不具备收集证据的条件。另外,被告人、犯罪嫌疑人处在被控告的地位,而证明责任是控诉权的派生,没有控诉便没有证明责任。如果把证明责任转给被告人、犯罪嫌疑人,便容易使司法人员推卸自己的证明责任,从而也削弱了其责任心,在司法实践中,就可能会出现强制被告人、犯罪嫌疑人履行证明责任,甚至出现刑讯逼供现象。立法将证明责任规定由被告人、犯罪嫌疑人承担,也容易使有些司法人员把沉默不语或不能证明自己无罪的被告人、犯罪嫌疑人认定为有罪,搞“有罪推定”。在刑事诉讼中,被告人、犯罪嫌疑人有反驳指控的辩护权利,即有权根据事实和法律,提出证明自己无罪、罪轻或者减轻、免除其刑事责任的材料和意见。辩护权的行使完全是由被告人、犯罪嫌疑人的自由意志支配的,任何机关、团体、个人不得剥夺或限制,除非其本身决定放弃权利。

本案中,何某没有责任自证其罪。如果要认定何某构成强奸罪,那么控方必须提供相关证据,并且达到排除合理怀疑的标准。从案件侦办情况来看,控方的证据包括:黄某的报案陈述及其辨认笔录,证人李某、包某云、余某的证言,受理报警登记表、受案登记表、立案决定书、抓获经过、现场照片、微信聊天记录、现场勘验检查工作记录、监控录像及截图、法医毒物司法鉴定意见书、鉴定书、何某的供述等，这些证据能够证实何某实施的犯罪事实。在本案中，控方依法履行了证明责任。

Ⅲ 证明标准

【案例7-4-03】张氏叔侄案

2003年5月18日晚上9时左右，张某平和侄子张某驾车去上海。17岁的王某经别人介绍搭他们的顺风车去杭州。王某本来是到杭州西站，她姐夫来接她，张某平和张某把王某送到了杭州西站却没人来接。王某的姐夫叫她自己打车到钱江三桥后再与他联系。张某平和张某将王某送到了立交桥后离开去了上海。几天后，二人却突然被警方抓捕。原来，2003年5月19日杭州市公安局西湖区分局接到报案，在杭州市西湖区一水沟里发现一具女尸，而这名女尸正是5月18日搭乘他们便车的女子王某。公安机关初步认定是当晚开车搭载被害人的张某和张某平所为。

之后，张某平和张某因犯强奸罪，分别被判死刑、缓期2年执行和有期徒刑15年。入狱后张某平及其家人从来没有放弃申诉，2012年2月27日，浙江省高级人民法院对该案立案复查。2013年3月26日，浙江省高级人民法院依法对张某、张某平强奸案再审。法院公开宣判认为，有新的证据证明，本案不能排除系他人作案的可能，最终宣告张某、张某平无罪。

■ 法理与法律适用评析

刑事诉讼中的证明标准，指法律规定的专门机关的办案人员运用证据证明案件事实所要达到的程度。这既是对证据的质量要求，也是对证明活动的质量要求。根据《刑事诉讼法》的有关规定和诉讼理论，我国的刑事诉讼证明标准是"案件事实清楚，证据确实充分。"

案件事实清楚，指构成犯罪的各种事实情节或者定罪量刑所依据的各种事实情节，都必须是真实的、清楚的。证据的确实、充分，是对证据质量的法律要求，"确实"是对证据在质上的要求，是指所有的证据都必须经过查证属实，真实可靠，具有真实性和证明力。具体的要求是：一是据以定案的单个证据必须经过查证属实；二是单个证据与案件事实必须存在客观联系；三是单个证据必须具有相应的证明力。"充分"是对证据在量上的要求，是指案件的证明对象都有相应的证据证明其真实可靠，排除其他任何可能性。具体的要求是：一是所有的证明对象都有依法收集到的相应的证据；二是所有的证明对象都有相应的证据证明；三是所有的证据在数量上都能排除其他任何可能性，能够作出肯定无疑的唯一结论。

从刑事司法运行来看，随着刑事诉讼的发展，证明标准应该是一个由低到高的渐进过程。立案阶段的证明标准较低，而刑事审判阶段的证明标准最高。在立案阶段，证明标准是具有犯罪的可能和需要追究刑事责任。在逮捕环节，证明标准是有证据证明有犯罪事实，可能判处徒刑以上刑罚，采取取保候审、监视居住等方法不足以防止发生社会危险性。对于适用拘留或者回避等诉讼程序，《刑事诉讼法》也规定了不同的证明标准。侦查终结时，无论是检察院的审查起诉，还是法院的裁判，《刑事诉讼法》都要求犯罪事实清楚，证据确实、充分。由此可见，犯罪事实清楚，证据确实、充分的证明标准是刑事诉讼法针对刑事案件认定处理提出的要求，并不是刑事诉讼一开始就能达到的。这说明随着刑事诉讼活动的进行，专门机关办案人员对案件的认识不断深入，《刑事诉讼法》对刑事诉讼证明的要求也相应提高，直至达到犯罪事实清楚，证据确实、充分的证明标准。

本案成为近些年具有代表性的冤案。本案中，经过再审，张某平、张某二人因证据不足，不能排除合理怀疑，被宣告无罪。根据《刑事诉讼法》的规定，定罪量刑的基础和标准是"案件事实清楚，证据确实充分"，就证据而言，证明标准需要达到"能够排除合理怀疑"的程度。严把证据关就要求必须准确把握证明标准，不能放纵犯罪，同时也不能冤枉无辜。

■ 法条链接

《刑事诉讼法》第51、55、120、162、176、210、211条。

第五节　证 据 规 则

1 传闻证据规则

【案例7-5-01】甘某玉涉嫌诈骗案

2018年4月，甘某玉利用作为"链家房产"新中介人员的身份，在为购房人吴某某办理房屋中介期间，编造理由骗得吴某某将购房首付款30万元转至其私人银行账户，后甘某玉将该款项挥霍殆尽。对此，公诉机关指控甘某玉构成诈骗罪。经法院开庭审理，链家房产工作人员邹某、杨某甲、杨某乙的证言均系传闻证据，且部分陈述存在矛盾，不能作为定案依据，故现仅有买房人吴某某的陈述及其转账30万元给甘某玉的转账凭证，而根据吴某某的陈述其买房交易已经实际完成，因此现有证据不足以证实甘某玉采用欺骗的手段骗取吴某某购房款30万元的事实。

■ 法理与法律适用评析

传闻，指陈述人在庭审活动或者诉讼之外所作出的，用以证明案件事实的一种陈述。传闻证据规则是英美法系国家的一项重要证据规则。所谓传闻证据，一般是指以下两种证据资料：一是证人于庭审以外对直接感知的案件事实亲笔所写的陈述书及他人制作并经本人认可的陈述笔录；二是证人于庭审之上就他人所感知的事实向法庭所作的转述。按照传闻证据规则，如果某人的证言属于传闻证据，那么就应当排除，除非它属于法律规定的例外情形。

确立传闻证据规则的理由主要是传闻证据在诉讼中的使用剥夺了诉讼双方包括被告人对原始人证的询问和反询问的权利，同时违反了刑事诉讼的直接审理原则，不利于法官获得正确的心证。

本案中，链家房产工作人员的证言系传闻证据，其证明力有限，不能直接证明甘某玉构成诈骗罪。在我国，证人出庭作证率低，证人证言多以书面形式质证，这实际上违背了直接审理原则，原则上，未出庭作证的证人证言也属于传闻证据，其证明力值得慎重审查。排除传闻证据就是旨在提升证据证明力，防止定罪证据的证明力打折扣、不扎实。

Ⅱ 非法证据排除规则

【案例7-5-02】王某雷涉嫌故意伤害案

2014年2月18日22时许，王某雷报案称，当日22时许，其在回家路上发现一名男子躺在地上，旁边有血迹。次日，公安机关对此案立案侦查。经排查，公安机关认为报案人王某雷有重大嫌疑，遂其刑事拘留。随后公安机关讯问王某雷，固定了其有罪供述。

■ 法理与法律适用评析

非法证据排除规则，指对于那些通过非法程序或手段取得的证据，应予以排除的规则。我国刑事诉讼中的非法证据排除规则主要集中针对证人证言、被害人陈述、犯罪嫌疑人或被告人供述等言词证据上，排除的条件是实施了刑讯逼供或以威胁、引诱、欺骗等非法的方法收集证据。

此外，排除的范围还包括非法实物证据。物证、书证的取得明显违反法律规定，可能影响公正审判的，应当予以补正或者作出合理解释，否则，该物证、书证不能作为定案的根据。明显违法取得的证据应当排除，具体包括：经勘验、检查、搜查提取、扣押的物证，没有勘验、检查、搜查、提取、扣押的笔录，不能证明物证、书证来源的；以刑讯逼供等非法手段取得的口供；以暴力、威胁等方法取得的证人证言等。

关于非法证据调查程序的启动，被告人及其辩护人提出审判前供述是非法取得的，法庭应当要求提供涉嫌非法取证的人员、时间、地点、方式、内容等相关线索或者证据；而审前供述合法性的举证责任由控方承担，在控方不举证，或者已提供的证据不够确实、充分的情况下，则应当承担不能以该证据证明指控的犯罪事实的法律后果和责任。

本案中，检察机关办案人员在审查该案时，发现该案事实证据存在许多疑点和矛盾。在提讯过程中，王某雷推翻了全部有罪供述，称有罪供述系被采取非法取证手段后作出的。检察机关在进一步审查公安机关的报捕材料和证据后认为：第一，该案主要证据之间存在矛盾，案件存在的疑点不能合理排除；第二，影响定案的相关事实和部分重要证据未依法查证，关键物证未收集在案；第三，犯罪嫌疑人有罪供述属非法言词证据，应当依法予以排除。最终，检察机关对王某雷作出不批准逮捕的决定。这是非法证据排除规则在审前阶段适用的具体体现。

Ⅲ 补强规则

【案例7-5-03】许某某正当防卫案

2018年9月23日19时许，许某某醉酒后驾驶电动三轮车路过某地时，遇见打农药回家的妇女周某某，遂趁四周无人之机下车将周某某推倒，意图强行与周某某发生性关系。周某某用手乱抓、奋力反抗，将许某某头面部抓伤，并在纠缠、反抗过程中，用药水箱上连接的一根软管将许某某颈部缠绕住。持续片刻后，许某某身体突然前倾、趴在田埂土路上，周某某认为其可能是装死，仍用力拽拉软管数分钟,后见许某某身体不动,也不说话,遂起身离开现场。次日清晨,周某某在他人的陪同下到现场查看,发现许某某已死亡,遂电话报警。经鉴定,许某某系窒息死亡。

公安机关以周某某涉嫌过失致人死亡罪提请批准逮捕。检察院在审查起诉时认为,周某某的行为可能属于正当防卫,并重点围绕是否构成正当防卫退回补充侦查、补强证据。经补充侦查后,检察院认定,周某某系正当防卫,依法不负刑事责任。

■ 法理与法律适用评析

补强规则,指为了保护被告人的权利,防止案件事实的误认,对某些证明力显然薄弱的证据,要求有其他证据予以证实才可以作为定案证据的规则。该规则作为对证据证明力自由判断原则的一项例外,形成于18世纪后半叶的英国,当时主要作用于被告人自白,目的在于保障被告人的基本权利。随着西方资产阶级革命的兴起和推动,该规则在西方证据法中成为一项重要的证据规则,其适用范围也已经超出了被告人自白。和域外法律规定相比,我国补强规则的范围相对较窄,仅限于口供,即仅对被告人的口供要求补强,口供必须有补强证据才能据以定案。

本案中,周某某是否构成正当防卫对本案的定罪量刑非常关键,但是从已有的证据来看,证据相对不足。所以,为了准确认定正当防卫,就需要补强证据,通过丰富证据来予以准确判断。补充侦查是补强规则的具体要求,此外,“孤证不能定案”也要求需要通过补强证据来完善证据体系。特别需要注意的是,“不能仅凭口供定案”更是需要通过补强其他类型的证据来保证证据体系的证明力。

Ⅳ 意见证据规则

【案例7-5-04】康某涉嫌放火案

2015年1月21日12时许,康某位于武汉市硚口区的家中着火。经火灾事故简易调查认定,过火面积30平方米,房内物品基本烧毁。经侦查后,公安机关将涉嫌放火的康某抓获。

认定上述事实的证据有:(1)刑事侦查照片;(2)消防部门关于现场照片的情况说明;(3)现场平面图;(4)公安机关的说明及现场照片;(5)三名证人的证言;(6)物品价格鉴定意见;(7)火灾现场检测报告;(8)现场检测报告书;

(9)康某的供述等。

■ 法理与法律适用评析

意见证据,指证人根据其感知的事实作出的推断性证言,包括普通证人证言和专家证言。按照意见证据规则,对于普通证人证言,一般不能采纳,除非法律另有规定;对于专家证言,根据一般规则可以采纳。在英美证据法中,意见证据不可采主要基于以下两方面的原因。第一,就所证明的事实,证人的意见不具有相关性:如果待证事实属于需要专业知识的事实,非专家证人的意见显然没有任何证明价值;如果待证事实属于不需要专业知识的事实,由于事实裁判者同样可以进行判断或推论,证人的意见又显得没有充分的相关性。第二,该一般原则可以阻止证人侵越事实裁判者的权力。英美证据法理论将证人视为一种证据方法,其作用在于将其亲自体验的事实如实地在法庭提出;而依据一定的证据材料作出推断或结论,则属于裁判职能,应当由陪审团(或法官)负责。

《关于办理死刑案件审查判断证据若干问题的规定》第 12 条第 3 款规定:"证人的猜测性、评论性、推断性的证言,不能作为证据使用,但根据一般生活经验判断符合事实的除外。"据此,在我国刑事证据规则体系中已建立起了意见规则,虽然该规则针对死刑案件,但具有刑事诉讼的普遍规范意义。

本案中,证人证言属于意见证据。在审查判断时,证人陈某的证言系公安机关在案发 9 个月后收集的,距离案发时间较长,其三次证言关于火灾发生时间、火灾发生时康某在现场的状态、火灾发生时其自身所处方位等情节存在矛盾,其证言内容既不能直接证明,也不能印证系康某实施放火行为。证人曾某并非目击证人,未目睹火灾发生时的情况,其证言的部分内容属于推断性证言,依法不能作为证据使用。张某的证言系传闻证据,其陈述来源于曾某的推断,依法亦不能作为证据使用。这是意见证据规则在证据审查判断中的具体体现。

■ 法条链接

《刑事诉讼法》第 52、55、56、58、59、60、61 条。

■ 参考文献

1. 俞亮:《证据相关性研究》,北京大学出版社 2008 年版。

2. 孙锐:《刑事证据制度转型:由证据概念、证据属性到证据资格》,载《东北师大学报(哲学社会科学版)》2021 年第 2 期。
3. 周洪波:《诉讼证据概念:"修正的事实说"重申》,载《浙江社会科学》2019 年第 6 期。
4. 孙远:《证据概念否定论——从证据概念到证据法基本概念体系》,载《中国刑事法杂志》2016 年第 2 期。
5. 艾明:《我国刑事证据能力要件体系重构研究》,载《现代法学》2020 年第 3 期。
6. 孙锐:《论刑事证据的同一性审查》,载《当代法学》2020 年第 5 期。
7. 陶焜炜:《刑事证据审查体系的层阶化再造——以规范要素的系统性整合为基点》,载《河北法学》2020 年第 5 期。
8. 吴洪淇:《刑事证据审查的基本制度结构》,载《中国检察官》2018 年第 9 期。
9. 左卫民、官胜男:《刑事错案与鉴定意见:复杂关系的实证考察》,载《华东政法大学学报》2022 年第 3 期。
10. 谢登科:《电子数据的技术性鉴真》,载《法学研究》2022 年第 2 期。
11. 赵宪伟、刘政、徐衍:《海量电子数据审查的实现路径》,载《中国司法鉴定》2022 年第 1 期。
12. 杜鸣晓:《论电子数据与视听资料之混淆》,载《上海政法学院学报》2015 年第 1 期。
13. 赵毅宇:《视听资料、电子数据与电子证据的使用乱象及破解——以信息电子技术为分析视角》,载《华南理工大学学报(社会科学版)》2020 年第 2 期。
14. 王宇坤:《口供印证的类型化研究——基于我国刑事审判实践的思考》,载《浙江工商大学学报》2020 年第 1 期。
15. 汪容:《传闻证据规则若干基本问题研究》,载《中国刑事法杂志》2005 年第 2 期。
16. 宋英辉、李哲:《直接、言词原则与传闻证据规则之比较》,载《比较法研究》2003 年第 5 期。
17. 陈盛:《直接证据何以存在——对直接证据与间接证据分类标准的理解》,载江溯主编:《刑事法评论:刑事法治新视野》,北京大学出版社 2018 年版。
18. 万毅:《论证据分类审查的逻辑顺位》,载《证据科学》2015 年第 4 期。
19. 陈炳臣:《未成年人言词证据在刑事诉讼中的应用研究》,载《青少年犯罪问题》2021 年第 5 期。
20. 廖思蕴:《中国语境下实物证据鉴真规则的构建》,载《证据科学》2021 年第 3 期。
21. 何家弘、吕宏庆:《间接证据的证明方法初探》,载《证据科学》2021 年第 3 期。
22. 林胜超、叶晓莲:《网络犯罪间接证据的印证证明》,载《中国检察官》2019 年第 4 期。
23. 孙远:《证明对象、要件事实与犯罪构成》,载《政治与法律》2011 年第 8 期。
24. 陈光中、陈学权:《中国语境下的刑事证明责任理论》,载《法制与社会发展》2010 年第 2 期。
25. 聂立泽、苑民丽:《主客观相统一原则与刑事证明标准的层次性研究》,载《法学评论》2011 年第 2 期。
26. 罗国良:《我国刑事诉讼中的证明标准是定罪标准》,载《法律适用》2010 年第 9 期。
27. 陈虎:《提高死刑案件证明标准一个似是而非的命题》,载《中外法学》2010 年第 3 期。
28. 王彬:《后果论视角下的刑事证明标准——以“排除合理怀疑”为中心的分析》,载《法商研究》2021 年第 6 期。
29. 何家弘、马丽莎:《间接证据案件证明标准辨析》,载《国家检察官学院学报》2021 年第 5 期。
30. 左袖阳:《疫学因果关系的刑事证明责任分析》,载《中国刑事法杂志》2013 年第 5 期。
31. 左宁:《论刑事证明责任倒置之误用》,载《法学杂志》2011 年第 4 期。
32. 孙远:《法律要件分类说与刑事证明责任分配——兼与龙宗智教授商榷》,载《法学家》2010 年第 6 期。
33. 沈志先主编:《刑事审判证据规则研究》,上海人民出版社 2007 年版。
34. 顾永忠主编:《中国疑难刑事名案程序与证据问题研究》(第 1 卷),北京大学出版社 2008 年版。
35 何邦武:《刑事传闻规则研究》,法律出版社 2009 年版。
36. 纵博:《刑事证据规则的解释原理与路径》,载《法学》2022 年第 3 期。
37. 纵博:《刑事证据规则的漏洞填补研究》,载《国家检察官学院学报》2021 年第 3 期。
38. 吴光升、杨宝贵:《刑事证据补强:功能性思考、适用范围与补强程序》,载《证据科学》2019 年第 6 期。
39. 闫召华:《论不可靠刑事证据的排除》,载《当代法学》2020 年第 3 期。
40. 董坤:《规范语境下口供补强规则的解释图景》,载《法学家》2022 年第 1 期。

第八章　刑事强制措施制度

第一节　强制措施的适用目的

【案例8-1-01】王某危险驾驶罪强制措施的适用

2023年春节期间，王某与朋友聚餐时喝了不少酒。聚餐毕，王某欲叫代驾开车回家，但正值假期，代驾供不应求，王某在车上等了半个多小时都无法找到代驾。王某自认为酒量较好，吹了一阵冷风后也感觉自己清醒不少，开车应该没问题，王某的住所离饭店也只有10分钟车程，综合考虑各种因素，王某决定冒险自行开车回家。怎料，王某刚开出第一个路口就遇见警方临检酒驾。警方查出王某体内酒精含量高达180毫克/百毫升，达到醉酒驾驶的标准，遂将其扣留。王某到案后对其醉酒驾驶的事实供认不讳，也积极配合警方的调查，于是被公安机关取保候审。侦查人员向王某告知了取保候审的义务，王某签署了《被取保候审人权利义务告知书》并缴纳了保证金后离开了派出所。

王某认为自己一经被警察释放，并且在派出所缴纳了"罚款"，这件事情就翻篇了，于是没有把取保候审义务放在心上。三天后，王某按计划出国旅游并在旅游期间更换了国外的手机号码，两周以后才回国。期间，公安机关通过打电话、上门通知等方式传唤王某到案接受调查，发现王某失踪后，公安机关发布了通缉令。王某回国后，公安机关以其违反取保候审义务为由将其逮捕。之后王某被法院判处拘役四个月。

判决作出后，王某认为逮捕是针对被判处有期徒刑以上刑罚的被告人作出的，是对有期徒刑的一种预先执行。醉酒驾驶的危险驾驶罪法定最高刑只有拘役，且自己也仅被判处拘役四个月的刑罚，公安机关对其逮捕是错误的，因此提出了申诉。

王某的申诉是否符合法律规定?

■ 法理与法律适用评析

要解释王某的申诉是否合法,首先要了解强制措施的目的。传统理论均认为,强制措施的目的是保障刑事诉讼活动的顺利进行。而妨碍刑事诉讼活动的障碍一般认为属于主观性、可能性障碍,主要有:犯罪嫌疑人、被告人逃逸、隐藏、逃避侦查和审判;以串供、转移、毁灭等方式妨碍、干扰办案机关查证;继续犯罪、危害社会;自杀等。

诉讼理论公认,强制措施不是惩罚手段,而是保障手段,保障刑事诉讼的顺利进行。从外观上看,强制措施和刑罚有很多相似性,尤其是拘留和逮捕措施,与徒刑的执行手段几乎一样,同时《刑法》还规定了审前羁押可以折抵刑期,因此很多人会对拘留、逮捕等强制措施与刑罚执行混淆。王某的错误就在于错误认识逮捕的功能,将其视为有期徒刑的预执行措施,忽视了强制措施保障诉讼顺利进行的功能。强制措施的主要目的是确保刑事司法程序的正常进行和社会公共利益的保护。通过限制犯罪嫌疑人或被告人的人身自由,强制措施可以防止其逃避法律追究、阻止证据灭失、维护社会秩序。而刑罚则是对已经历了刑事司法程序并被判有罪的个人进行的法律制裁,旨在惩罚犯罪行为、维护社会公正和秩序。本案中,王某所犯的是危险驾驶罪,根据《刑法》的规定,危险驾驶罪的最高法定刑是拘役。《刑事诉讼法》对逮捕的适用原则上限于"可能判处徒刑以上刑罚"的犯罪嫌疑人、被告人。危险驾驶罪违犯者从刑期条件上来讲似乎不属于被逮捕的对象,但是《刑事诉讼法》同时也规定,对违反取保候审、监视居住义务的犯罪嫌疑人,情节严重的也可以逮捕。本案中,王某无视取保候审的规定,在没有得到取保候审执行机关批准的情况下擅自出境,更换了手机号码,也未及时通知执行机关,导致公安机关无法传唤其到案,王某的行为已经违反了取保候审义务,对刑事诉讼活动的顺利进行造成了妨碍,公安机关可以采取包括没收保证金、逮捕等方式变更强制措施。公安机关对王某逮捕的目的是确保其能够及时到案接受侦查和审判,并非对其违反取保候审行为的惩罚,与其所受的刑罚更没有直接关联,因此王某的申诉并无法律依据支持。

第二节 拘传的适用

【案例8－2－01】央视记者李某涉嫌受贿犯罪被异地拘传

2008年12月4日晚,山西省太原市杏花岭区人民检察院4名检察官着便装敲开了中央电视台法制栏目女记者李某的家门,他们出示了拘传证以及最高检指定管辖的函件,上面写着李某涉嫌犯罪。在当地派出所查验了山西检方的相关手续后,李某被4名检察官带走。

而在此前不久,杏花岭区人民检察院曾是李某的采访对象。该院被举报以刑事手段插手经济纠纷,涉嫌滥用职权。很快,一些对检察院挟私报复的怀疑充斥舆论。

12月9日,最高人民检察院正式回应:2008年10月,山西省太原市杏花岭区人民检察院在侦查一起贪污犯罪案件中,发现记者李某收受犯罪嫌疑人弟弟的贿赂,利用其记者的职务之便,为请托人谋取利益,涉嫌受贿犯罪。最高人民检察院同时确认,该案是最高人民检察院逐级指定杏花岭区人民检察院管辖的。

■ 法理与法律适用评析

央视女记者李某被异地拘传一案,经媒体公开后在社会上引起了较大的反响。是司法机关对媒体记者(还是国家级权威媒体)的打击报复,还是媒体利用新闻报道权谋取私利并涉嫌犯罪?一时议论纷纷。由于案件原委复杂,公开透明且经查证的材料有限,本书只就太原市杏花岭区人民检察院对李某采取异地拘传措施谈谈看法。

拘传,是指公安机关、人民检察院和人民法院强制未被羁押的犯罪嫌疑人、被告人到案接受讯问或者审判的一种强制措施。拘传的功能比较单一,就在于保证专门机关对未经羁押的犯罪嫌疑人、被告人到案接受讯问和审判,以保证刑事诉讼的顺利进行。

拘传的对象是未经羁押(拘留和逮捕)的犯罪嫌疑人和被告人。在刑事诉讼中,已被专门机关采用拘留或逮捕方法的犯罪嫌疑人、被告人,无须拘传就可直接运用提讯的方法实现对被告人的讯问或审判。未经羁押的,既可以是没有对其采用任何强制措施的犯罪嫌疑人、被告人,也可以是已经对其采用了取保候审或监视居住的犯罪嫌疑人、被告人。

关于拘传的适用条件,《刑事诉讼法》第 66 条作了原则性的规定,即由专门机关"根据案件情况"决定是否采用。从司法实践的情况看,通常是对犯罪嫌疑人、被告人经合法传唤无正当理由不到案的适用拘传。当然专门机关有权不经传唤直接拘传,如有拒绝传唤可能的,无法传唤的,情况比较紧急的等。

对犯罪嫌疑人或者被告人适用拘传时,由案件经办人填写《呈请拘传报告书》,经本部门负责人审核后,由区、县级以上专门机关主管领导的批准,签发拘传证(人民法院用拘传票)。在拘传证上要记明被拘传人的姓名、性别、年龄、依据、住所、案由、拘传的理由、应押送的处所及签发的日期,并由签发人签名或盖章。

执行拘传时,应当在被拘传人所在的市、县内的地点进行。被拘传人的工作单位、户籍地与居住地不在同一市、县的,拘传应当在被拘传人的工作单位所在地的市、县进行;在特殊情况下,也可以在被拘传人户籍地或者居住地的市、县内进行。专门机关在本辖区以外拘传犯罪嫌疑人、被告人的应当通知当地的专门机关,当地的专门机关应当予以协助。

执行拘传的公安司法人员不得少于 2 人,拘传时应当向被拘传人出示拘传证,并责令被拘传人在拘传证上签名(盖章)、捺指印。如果被拘传人抗拒拘传,执行拘传的人员可以使用适当的强制方法,强制其到案。

犯罪嫌疑人、被告人到案后,办案人员应当责令其在拘传证上填写到案时间,然后立即着手对其进行讯问。讯问结束后,应当由被拘传人在拘传证上填写讯问结束时间。被拘传人拒绝填写的,办案人员应当在拘传证上注明。

讯问结束后,如果不需要对被拘传人采取其他强制措施的,应当将其放回,恢复其人身自由。如果被拘传人符合其他强制措施如拘留、逮捕的条件,应当依法变更其他强制措施,但应当在拘传期间内作出批准或不批准的决定,如果拘传时限届满仍不能作出批准决定的,应当立即结束拘传,将其放回。

拘传持续的时间从犯罪嫌疑人到案时开始计算。一次拘传持续的时间,不得超过 12 小时;案情特别重大、复杂,需要采取拘留、逮捕措施的,拘传持续的时间不得超过 24 小时。不得以连续拘传的形式变相拘禁犯罪嫌疑人。拘传时,应当保证犯罪嫌疑人的饮食和必要的休息时间。

结合李某案看,太原市杏花岭区人民检察院接受最高人民检察院等上级检察院的指定承办该案,似乎无可厚非。太原市杏花岭区人民检察院前往北京对李某适用拘传措施也是其办案的应有手段。但按照《刑事诉讼法》的规定,异地拘传应有当地专门机关的协助,太原市杏花岭区人民检察院没有主动寻求协助,而是在北京李某住所地派出所的被动"协助"下[1]对李某执行拘传,这是检察院适用异地拘传程序的一个重大瑕疵。另外,检察院以拘传将李某带离北京也有违刑诉法的规定。侦查阶段适用拘传,目的在于及时地讯问拘传对象以利查清案件事实,因而,强制到案及讯问是拘传构成不可分割的两个组成部分。根据《刑事诉讼法》的规定,讯问应在犯罪嫌疑人所在的市、县内的地点进行,李某无论居住或是工作的地点都在北京而非太原市。法律之所以要求异地拘传应有当地专门机关的协助,其中就有当地专门机关提供讯问场地便利的考虑。如果讯问地点在太原市杏花岭区人民检察院所在地,那只有这样一种可能,即对李某采取拘留或逮捕等羁押措施,因为《刑事诉讼法》规定,羁押后的讯问应在看守所进行。但遗憾的是,拘传不是羁押。

第三节 取保候审的适用

【案例8-3-01】梁某"捡金"案

2008年12月9日,深圳机场清洁工梁某为同事顶班在机场B号楼2楼出发大厅进行清洁工作。在19号登记柜台旁打扫卫生时,梁某发现在靠近垃圾桶附近有一辆行李车上放着类似方便面箱的小纸箱,两个大人带着一个小孩在嗑瓜子;稍后再来时,发现人不在而小纸箱仍在。出于清洁工的职责和习惯,梁某将纸箱搬进清洁车,其后不久梁某将该纸箱交给同事曹某,说可能是电瓶,委托其代为放置,并转交给认领的人;在早餐时间,梁某还告诉多名同事,其捡到了很重的东西,可能是电瓶。期间,梁某一直没有打开纸箱查看。

下午下班后,梁某将无人认领的纸箱用自行车带回住处,放置于床底下。大约16时多,同事曹某找到梁某,并称有乘客已报警说丢了东西;梁某回答明天上交。根据《深圳机场旅客遗失物品的管理规定》,凡是捡到旅客遗失物品原则上当天(最迟不晚于次日9时)由捡拾物品的本人或单位相关负责人交候机楼失物招领处。

大约18时左右,3名警察从其他途径知道梁某捡到物品,并上门询问;梁某在经过短暂的询问后很快承认,并将床底的纸箱拽出来。警察打开纸箱查

[1] 太原市杏花岭区人民检察院在李某住所对其适用拘传时,李某报警,住所地派出所警察接警后赶李某家中处理。

看无误，将梁某与家人一起带回机场分局刑警队。[1]

公安机关认为，警方在询问梁某的前20分钟，其都只说从机场带回了矿泉水和洗手液，未提那个纸箱；直到警方认为其态度不够配合并提出要进行搜查时，梁某才拿出涉案的黄金饰品，随后，警方又从梁某丈夫的衣服口袋搜出部分饰品，说明其主观上有非法占有的目的；梁某声称的纸箱在垃圾桶旁边与事实不符，实际上离最近的垃圾桶也有11米多，该纸箱是在柜台的1米黄线处；梁某捡到纸箱后并没有其所述的在现场等待三四分钟，而是在33秒时间内拿走纸箱。[2] 为此，隔日，梁某被正式拘留；2009年1月14日，梁某以涉嫌盗窃被正式逮捕；同年3月12日，梁某因涉嫌盗窃罪被公安机关移送起诉。此后，该案由深圳市人民检察院移送到宝安区人民检察院审查起诉，并发回公安机关补充侦查两次，最终公安机关于8月13日将补查结果报送检察院；9月10日，宝安区人民检察院将梁某的强制措施从逮捕改为取保候审；9月13日，宝安区人民检察院以案件重大复杂为由，延长半个月审查期限；9月25日，检方最终作出证据不足不起诉的决定，梁某案的刑事程序至此基本结束。在看守所度过9个月后，梁某本人彻底恢复自由。

■ 法理与法律适用评析

梁某"捡金"案在社会上引起了强烈的反响，特别是社会对"捡东西还算犯罪"有很大的争议。当然，从最终公安机关、检察机关公布的案件信息来看，梁某的确不是一般的"捡"，而有非法占有的动机，且其陈述"捡"的物品和过程都与实际有出入；不仅如此，对梁某的行为是"盗窃"还是"侵占"也引起激烈的争论，公安机关和检察机关也有分歧。本案的事实现在已经水落石出，梁某也早已重新走上人生的道路；但我们发现梁某案反映了中国刑事案件的一个基本特征，即高羁押率、低取保候审率的现实。

虽然梁某案发生在2009年前后，当时的适用还是1996年的《刑事诉讼法》，而现行《刑事诉讼法》对取保候审的修改并不大，主要是增加了适用取保候审的情形、取保候审应遵守的规定等内容。从现在的相关规定看，梁某案仍然是滥用羁押措施的一种表现，也反映了我国取保候审存在的困境。

取保候审，是指公安机关、人民检察院和人民法院责令犯罪嫌疑人、被告

---

〔1〕 宋毅、高靖、谢孝国：《本报记者昨天回放"梁丽案"现场，力图重现案发前后的波谲云诡——从清洁工到囚徒的10小时逆转》，载《羊城晚报》2009年5月16日。

〔2〕 刘春林：《清洁工"捡金"案，检方决定不起诉》，载《南方都市报》2009年9月26日。

人提供担保，保证其不逃避侦查或审判，并随传随到的一种强制方法。根据《刑事诉讼法》第67、68条的规定，取保候审的适用条件，首先，专门机关对具有下列情形之一的犯罪嫌疑人、被告人，可以适用取保候审：(1)可能判处管制、拘役或者独立适用附加刑的；(2)可能判处有期徒刑以上刑罚，采取取保候审不致发生社会危险性的；(3)患有严重疾病、生活不能自理，怀孕或者正在哺乳自己婴儿的妇女，采取取保候审不致发生社会危险性的；(4)羁押期限届满，案件尚未办结，需要采取取保候审的。其次，被取保候审人能够提供符合法律要求的担保，即提供保证人或者交纳保证金。

从已经公开的有关梁某的案情看，5月31日，梁某的律师向宝安区人民检察院提交了变更强制措施的申请后，检察院迟迟没有作出回复；[1]最终一直到9月10日才将强制措施变更为取保候审。虽然我国有关的法律规范并没有规定检察机关对这种申请给予回应的具体时间，这也是法律的不完善之处，但从最终取保候审的时间看，最初检察机关是认为其不符合条件的，否则也至于到最后才予以取保候审。从本案看，首先，梁某涉及的金额超过300多万元，如为盗窃罪，最高刑期可达无期徒刑或死刑；如是侵占罪，最高刑期是5年有期徒刑。显然不符合第一种取保候审的情形。其次，虽然梁某在被取保候审后发现有子宫肌瘤，且恶性的可能性大，但在最初羁押时并没有发现这方面的问题。当然，梁某也不属于生活不能自理、怀孕或正在哺乳婴儿的妇女。因此，梁某可能属于第二种情形，但要看是否符合“不致发生社会危险性”。最后，也有对梁某案件的侦查、审查起诉期限有质疑，认为超期一个多月。[2]从上述的案情介绍看，梁某案并没有超期。从3月14日被移送检察机关审查起诉，还存在深圳市人民检察院与宝安区人民检察院之间的移送管辖、两次退回公安机关补充侦查、检察机关自己的审查起诉期间，甚至到9月13日，宝安区人民检察院还延长了审查的期限，这都在法律规定的范围内，完全合法。

至此，我们看到，梁某能否被申请取保候审，关键是如对其采取取保候审是否会发生社会危险性。我们无法得知当时宝安区人民检察院在考虑是否给梁某取保候审时是否进行了社会风险的评估，但我们认为梁某是完全符合取保候审的要求的。从一般风险评估的内容看，无非是犯罪嫌疑人案发前后的表现、一贯的表现、居住条件、保证条件等。但从梁某的一贯表现看，从已有的

---

〔1〕高靖、宋毅、贺文：《律师为梁丽申请取保候审，检察院对此未回应》，载金羊网，http://www.ycwb.com/news/2009-06/05/content_2152600.htm。

〔2〕黄晏铭：《梁丽案的超期羁押才是亮点》，载光明网，http://guancha.gmw.cn/content/2009-09/24/content_984086.htm。

证人证明，梁某是个守本分的人，平时没有偷鸡摸狗之事；其在机场工作多年，夫妻二人都有固定工作。从本案看，梁某事前无预谋，也无前科。事中，虽有侵占的意图，但以占小便宜的动机为主，而且不知或不信是黄金等贵重物品，也和许多同事提起，绝没有占有大量他人财物的故意。事后，她不仅在知道有人报案后承诺隔日归还，赃物也只是放在一般的床底，没有刻意隐藏的意思，而且在询问不久就交代，本人也没有要逃匿的意思。更为重要的是，检察机关早就对盗窃罪有分歧，而受害人也在找到赃物后决定不追究梁某的责任。在这些因素下，我们无法看出梁某可能给社会带来什么危险性，但检察院却两度驳回梁某家属提出的取保候审的请求。从最后的取保候审来看，检察机关也是以保证人担保的形式进行的，这就意味着取保候审的条件其实在一开始就是具备的。

梁某至多被认为是具有小农意识下的一时糊涂，不懂法律，没有拾金不昧的精神而已。道德不高尚，但绝对不是犯罪。因此，她从一开始就不应该被羁押，而在申请变更强制措施时，检察机关更应该及时自我改正、自找台阶，而不是羁押梁某9个多月。这不仅影响其就业，对其身心造成极大摧残，而且对其未成年的子女造成不良的冲击。

第四节 监视居住的适用

【案例8－4－01】吸毒女色诱盗窃案

据红网2012年4月29日的消息，湖南永兴警方通过蹲点守候成功抓获涉嫌色诱盗窃的两名女吸毒人员曹某和王某。

4月25日，永兴县公安局马田派出所所长刘某云带领民警在辖区开展“三访三评”大走访活动时，有群众反映：在马田墟老火车站一带，有两名吸毒女子经常借机专找老人实施盗窃，给附近居民和过往群众带来极大恐慌，群众反映强烈。该所所长刘某云对此非常重视，在逐步掌握了她们的活动规律后，4月27日上午，蹲点守候的民警在马田墟老火车站将正欲实施盗窃的犯罪嫌疑人曹某、王某抓获。

经审讯，她们交待为了筹集毒资，当天利用色诱的办法正盗窃一名姓刘的老人2760元现金时被民警抓获。同时，她们还交代在马田墟老火车站利用同种办法盗窃多名老人钱物的犯罪事实。目前，犯罪嫌疑人曹某因涉嫌盗窃罪已被永兴警方刑事拘留,犯罪嫌疑人王某因患有严重疾病被永兴警方实施监视居住。[1]

另据娄底新闻网报道,2012年4月24日晚上,湖南省冷水江市公安局治安大队根据群众举报,在冷水江市某市场内捣毁一个地下“六合彩”黑庄点,现场抓获正在接受投注“六合彩”码单的刘某及投注“六合彩”码单的赌博人员姜某、陈某,收缴登记“六合彩”码单的账本3个。

通过审讯,刘某自2011年9月至2012年4月,接受他人投注地下“六合彩”共计26期,涉案金额5万余元。民警乘胜追击,再次布网,于4月25日零晨6时许在冷水江市某院子里将段某抓获,收缴码单19张。据段某供述,她于2012年4月开始接受刘某等多人投注地下“六合彩”码单8期,涉案金额7万余元。

犯罪嫌疑人刘某已被刑事拘留,段某因在哺乳期,被监视居住。[2]

■ 法理与法律适用评析

监视居住是逮捕的替代措施,也就是对罪该逮捕,但因客观情况使得逮捕会产生不良后果,或适用监视居住更好,则不用逮捕。上述两个小案例都是警方根据涉案犯罪嫌疑人的具体情况,采用监视居住的典型事例,反映了监视居住对逮捕的替代作用和人权保障功能。

监视居住,是指公安机关、人民检察院和人民法院限令犯罪嫌疑人、被告人在规定的期限内不得离开住处或指定的居所,限制其人身自由的一种强制方法。根据现行《刑事诉讼法》第74条的规定,人民法院、人民检察院和公安机关对符合逮捕条件,有下列情形之一的犯罪嫌疑人、被告人,可以监视居住:(1)患有严重疾病、生活不能自理的;(2)怀孕或者正在哺乳自己婴儿的妇女;(3)系生活不能自理的人的唯一扶养人;(4)因为案件的特殊情况或者办理案件的需要,采取监视居住措施更为适宜的;(5)羁押期限届满,案件尚未办结,需要采取监视居住措施的。此外,对于符合取保候审条件,但犯罪嫌疑人、被告人不能提出保证人,也不交纳保证金的,可以监视居住。

在上述的第一个案例中,两名吸毒女因吸毒需要,多次色诱老人,利用老

---

[1] 何忠雄:《两吸毒女色诱老人盗窃 永兴警方蹲点守候抓现行》,载新浪新闻网,http://hunan.sina.com.cn/news/shms/2012-04-30/25575.html。

[2] 曹友云:《因六合彩,哺乳妈妈被监视居住》,载娄底新闻网,http://www.ldnews.cn/Police/culture/201205/20120503200635.html。

人警惕性低、防护能力弱的特点，实施盗窃。考虑到吸毒犯的特点，两人完全可能再次实施新的盗窃犯罪，甚至逃跑，警方完全可以予以逮捕；但因犯罪嫌疑人之一的王某患有严重疾病需要治疗，看守所对其的治疗可能造成不便。在第二个案例中，犯罪嫌疑人刘某、段某以接受他人投注“六合彩”多次，涉案金额分别达5万余元、7万余元，根据现行《刑法》可能要被判处有期徒刑以上刑罚；而且职业性赌博犯罪具有复发性，犯罪嫌疑人可能逃跑或再犯罪，具有逮捕的必要性。但考虑犯罪嫌疑人的不同情况，对刘某直接予以刑事拘留；而段某因处于哺乳期，符合不予逮捕的条件。当地警方对王某因疾病、段某因哺乳不能逮捕而分别予以监视居住，体现了《刑事诉讼法》的人权保障精神。

【案例8－4－02】监视居住逃脱和超期羁押案

据中国法院网2007年6月12日报道，受公安机关委托的某保安服务管理中心的保安队长何某在对犯罪嫌疑人监视居住过程中，因麻痹大意，致使犯罪嫌疑人脱逃。

江西梧州当地公安机关决定在涉嫌诈骗罪的犯罪嫌疑人徐某（哺乳期）家中对徐某监视居住，由城西派出所执行。派出所因警力有限，遂于2006年1月与抚州某保安服务管理中心签订保安合同，约定由保安服务管理中心提供保安服务，负责犯罪嫌疑人人身安全及防止犯罪嫌疑人自杀、自残、逃跑等。合同签订后，保安服务管理中心派6名保安分三班对徐某进行监视居住，每班一男一女两名保安，派出所每天派民警上门检查。

2006年6月，保安服务管理中心派何某等6名保安执行监视居住任务，何某任队长。6月27日晚8时许，何某与同事杨某（女，另案处理）至徐某家接班，杨某反锁好大门后将钥匙交给何某，何某习惯性地将钥匙放在客厅茶几的小抽屉中，便坐在客厅看电视。因何某不够警惕，在沙发上看电视后睡着，钥匙被徐某拿走开门出逃。凌晨6时许，何某醒来发现徐家大门被打开，徐某及儿子失踪，何某叫醒杨某四处寻找，但未找到。公安机关出动大批警力追捕，但徐某至今未仍归案。[1]

另据山西新闻网2010年10月12日报道，因涉嫌参与一起刑事案件，汾阳男子李某朝被文水县公安局实施监视居住。但因公安局工作人员失误，李

---

〔1〕 傅晓晖：《因疏忽致监视居住嫌犯逃脱，受托保安失职获刑》，载中国法院网，http://old.chinacourt.org/html/article/200706/12/251228.shtml。

某朝被超期实施强制措施18天，李遂将文水县公安局告上法庭，索赔71,841.6元。

2008年7月1日，文水县公安局因怀疑汾阳人李某朝参与一起刑事案件，对其实施了刑事拘留。当年7月30日，由于证据不足，文水县公安局解除了对李某朝的拘留。因案件尚未办结，文水县公安局又对李某朝实施了取保候审。2009年8月14日，文水县公安局在对李某朝解除取保候审的同时，以无法排除其犯罪嫌疑人身份为由，对其实施了监视居住。2010年3月4日，李某朝被解除监视居住。至此，文水县公安局对他监视居住超过法律规定期限18天。

当地公安局解释称：该局早在2010年1月4日就已做出了对李某朝提前撤销监视居住的决定，却一直没有人通知他。文水县公安局工作人员的解释是："那一段正赶上过年，没顾上通知你来办手续。"

记者从文水县公安局了解到，1月4日，因期限届满，该局确实已解除了对李某朝的监视居住。因为工作人员失误未及时通知李某朝，直到3月4日李某朝到文水县公安局询问情况才被通知。[1]

■ 法理与法律适用评析

监视居住对人身自由的限制更强，其适用的条件和执行的措施也更为严格。根据《刑事诉讼法》第74、75、77、78条的规定，对符合逮捕条件的犯罪嫌疑人，有怀孕或者正在哺乳自己婴儿的妇女，可以监视居住；监视居住由公安机关执行；监视居住应当在犯罪嫌疑人的住处进行。被监视居住的人应当遵循多项规定，如未经执行机关批准不得离开执行监视居住的处所；在传讯的时候及时到案；不得以任何形式干扰证人作证；将护照等出入境证件、驾驶证件交执行机关保存等。对被执行监视居住的犯罪嫌疑人可以采取电子监控、不定期检查等监视方法对其遵守监视居住规定的情况进行监督。

在第一个案例中，考虑到犯罪嫌疑人徐某需要哺乳婴儿，当地公安机关没有对其进行逮捕而是予以监视居住，监视居住的地点在徐某家中。负责执行的城西派出所则因警力不足与当地保安服务中心合作，由保安中心负责监视，以保障犯罪嫌疑人的人身安全，也防止其自杀、自残或逃跑等，公安机关也每天派民警上门检查。总体上，当地警方的做法都是符合《刑事诉讼法》有关监

---

〔1〕《汾阳男子状告文水公安局》，载山西新闻网，http://news.daynews.com.cn/shxw/1039603.html。

视居住要求的。不过由于负责具体执行的保安玩忽职守，对犯罪嫌疑人缺少应有的警惕，对有关的保安措施也没有实施到位，致使犯罪嫌疑人逃脱，无法及时到案。为此，该保安中心应当协同当地警方立即对违反监视居住义务的徐某进行逮捕，并不再予以监视居住。

当然，该案件发生在2012年《刑事诉讼法》实施前，如在现在，也可以对犯罪嫌疑人进行电子监控，将出入境证件、身份证件、驾驶证件等交执行机关保存，从而加强预防，使犯罪嫌疑人难以逃脱，即使逃跑也难以在社会上躲藏。

另外，根据《刑事诉讼法》第79条的规定，监视居住的最长期限为6个月。虽然没有明确这是人民法院、人民检察院和公安机关可以分别对犯罪嫌疑人、被告人予以监视居住6个月还是一共可以执行6个月，但每个机关最多只能执行6个月的监视居住是肯定的。期限届满的，应当及时解除监视居住，并及时通知被监视居住人和有关单位。

在第二个案例中，文水县公安局在对犯罪嫌疑人李某朝实施监视居住时，因到期而未及时解除，造成当事人合法权益受到侵害。从案件中看到，李某朝从2009年8月14日被从取保候审变更为监视居住，这个变更是错误的。根据现行的《刑事诉讼法》第74、81条的规定，监视居住首先应当是罪该逮捕的人，而本案中变更强制措施的理由是“无法排除犯罪嫌疑”，显然还没有达到需要逮捕的程度，更谈不上需要用监视居住来替代。

即使按照监视居住决定来执行，从2009年8月14日至2010年2月14日则满六个月，但直到3月4日李某朝才被解除强制措施，超期18天。从记者的调查中看出，当地公安机关其实早在2010年1月4日即作出了解除李某朝监视居住的决定，但由于恰值春节期间，工作人员在忙于自己过年，却忘记通知李某朝，违法了《刑事诉讼法》的相关规定。

第五节　拘留的适用

【案例8－5－01】《网络报》记者关某被异地拘留[1]

2008年12月14日，一条“记者调查太原房产商土地违规时离奇失踪”的帖子在网上广泛传播，将记者被抓的风波再次推向高潮。失踪的记者关某，是

〔1〕 2008年12月25日《北京晚报》。

北京《网络报》记者。11 月底,关某被单位派到太原采访调查一家房地产企业涉嫌土地违规问题。12 月 1 日下午,关某给报社总编辑打完电话后便失去了联系。他在太原所住酒店的监控录像显示,关某是在酒店大厅被 5 名男子带走。

在案件毫无进展、关某下落不明的情况下,网络报总编辑助理李某龙把消息发到网上。第二天,新华网山西频道就爆料,关某因涉嫌受贿于 12 月 1 日被河北省张家口市警方带走。张家口市警方随后也证实了刑拘关某的消息,并称其"涉嫌非公务人员受贿罪",但具体案情还要保密。

【案例 8－5－02】北海律师伪证案[1]

北海律师伪证案始于杨某新等 4 名律师于 2010 年八九月接受委托办理"11・17 杀人抛尸案",在此案的审理过程中三名证人宋某玲、杨某燕和潘某和先后被拘留,在 2011 年 6 月 13 日,杨某新等 4 名律师忽然被北海市公安局以"妨害作证罪"(《刑法》第 306 条)刑事拘留或监视居住。

导致四名律师同时被采取强制措施的,是一起发生在 2009 年的故意伤害致死案件。北海市人民检察院起诉书中指控,这起刑事案件由第一被告人裴某德与死者黄某海发生口角引起,裴某德在第一现场参与了对黄某海的殴打,并指使被告人裴某、杨某棋、黄某富等人挟持黄某海乘出租车到北海市水产码头,裴某德随后乘摩托车赶到,几个人"对黄某海拳打脚踢进行殴打,将黄某海殴打致死"。

2010 年 9 月,罗某方、梁某诚、杨某汉及杨某新分别受被告人裴某德、裴某、黄某富、杨某棋的委托担任他们的辩护人,正式介入此案。同年 9 月 19 日,杨某新律师和杨某汉律师同时对宋某玲、潘某和、杨某燕 3 名证人进行了调查。根据律师的调查笔录显示,3 名证人均证实裴某德没有在第一现场殴打黄某海,这意味着起诉书指控的主要事实根本不能成立。此案之后在 2010 年 9 月底和 10 月中旬开庭两次,但因为控方提交给法院的证据自相矛盾,并且控辩双方证据完全对立。

但在 2011 年 4 月,3 名证人陆续被北海市公安局以伪证罪刑事拘留。两个月之后,杨某新在内的 4 名辩护律师以涉嫌辩护人妨碍作证罪被北海市公安局采取强制措施。"6 月 14 日上午突然将杨某新带走,之后毫无音讯,一直到 18 日下午北海市公安局海城分局才给我拘留通知书。"杨某新妻子黄女士

---

〔1〕 http://news.ifeng.com/mainland/detail_2011_06/21/7157411_0.shtml? _from_ralated.

告诉记者。被拘留的律师杨某汉的家属也收到了同样内容的刑事拘留通知书。然而,另外两位被拘留的律师罗某方与梁某诚的家属则一直未收到公安机关的任何通知。

■ 法理与法律适用评析

2012年《刑事诉讼法》对拘留(包括逮捕)执行的相关修改,凸显了《刑事诉讼法》在人权保障方面的进步。

拘留,是指公安机关、人民检察院在对直接受理案件的侦查中,遇有法定的紧急情况,暂时将现行犯或重大嫌疑人予以羁押的一种强制方法。

《刑事诉讼法》将拘留的适用对象规定为现行犯或者重大犯罪嫌疑人。所谓现行犯,是指正在犯罪或犯罪后即时被发现的犯罪嫌疑人。所谓重大犯罪嫌疑人,是指一定证据证明其有实施犯罪重大可能性的人。这两种对象属于犯罪嫌疑人范畴。

拘留的适用情形是:(1)正在预备犯罪、实行犯罪或者在犯罪后即时被发觉的;(2)被害人或者在场亲眼看见的人指认他犯罪的;(3)在身边或者住处发现有犯罪证据的;(4)犯罪后企图自杀、逃跑或者在逃的;(5)有毁灭、伪造证据或者串供可能的;(6)不讲真实姓名、住址,身份不明的;(7)有流窜作案、多次作案、结伙作案重大嫌疑的。这里需要指出的是,根据《刑事诉讼法》第165条的规定,人民检察院只能对上述(4)、(5)两种情形的对象适用拘留。此外,被取保候审、监视居住的犯罪嫌疑人、被告人违反规定,情节严重的,需要予以逮捕的,可以对犯罪嫌疑人、被告人先行拘留。

公安机关在执行拘留的时候,必须出示拘留证,宣布拘留,并责令被拘留人在拘留证上签名或者盖章。被拘留人拒绝签名或者盖章的,应当加以注明。然后,将被拘留人强制带走,立即送看守所羁押,至迟不得超过24小时。对于符合法定的拘留情形,因情况紧急来不及办理拘留手续的,应当在将犯罪嫌疑人带至公安机关后立即办理法律手续。公安机关在异地执行拘留的时候应当通知被拘留人所在地的公安机关,被拘留人所在地的公安机关应当予以配合。

拘留后,除无法通知或者涉嫌危害国家安全犯罪、恐怖活动犯罪通知可能有碍侦查的情形以外,应当在24小时以内,通知被拘留人的家属。(补充说明:逮捕后,除无法通知的以外,应当在24小时以内,通知被逮捕人的家属)有碍侦查的情形消失以后,应当立即通知被拘留人的家属。公安机关、检察机关对于被拘留的人,应当在拘留后的24小时以内进行讯问。在发现不应当拘留的时候,必须立即释放,发给释放证明。

人民检察院拘留犯罪嫌疑人的羁押期限为14日,在特殊情况下可以延长1日至3日。公安机关对被拘留的人,认为需要逮捕的,应当在拘留后的3日以内,提请人民检察院审查批准。在特殊情况下,提请审查批准的时间可以延长1日至4日。实际上,公安机关的拘留时间一般为7日。但对于流窜作案、多次作案、结伙作案重大嫌疑的,提请审查批准的时间可以延长至30日。人民检察院应当自接到公安机关提请批准逮捕书后的7日内,作出批准逮捕或者不批准逮捕的决定。

结合关某受贿、北海律师伪证两案,都存在拘留后不及时通知甚至不通知家属的问题,这在司法实践中绝不是个别的现象。这里有两个主要问题需要注意。第一,拘留(包括逮捕)后不及时通知甚至不通知家属,在2012年《刑事诉讼法》修改前,有其法律上的原因。1996年《刑事诉讼法》规定,在无法通知和有碍侦查的情况下,可不通知。其中,"有碍侦查"弹性太大,办案人员的裁量权或随意性过多,不符合法治原则,因此,2012年修改后的《刑事诉讼法》只保留了拘留措施中涉嫌危害国家安全犯罪、恐怖活动犯罪通知可能有碍侦查的情形外可不通知的特殊规定,最大限度地压缩了办案人员的随意性。以现在的《刑事诉讼法》审视关某受贿、北海律师伪证两案,他们既无身份不明的无法通知情形,案件也不属危害国家安全犯罪、恐怖活动犯罪,都应当在拘留后24小时内通知家属。第二,在北海律师伪证案中,由于被拘留的对象有律师身份,根据《律师法》的规定,律师被拘留、逮捕后,应通知其家属、律师事务所和律师协会。北海警方的做法也有违此规定。

第六节　逮捕的适用

【案例8-6-01】辛某盗窃案

某居民小区屡次发生入室盗窃案件,公安机关接到群众举报后,将几天来一直在某居民小区外徘徊、游荡的辛某带至派出所盘问。辛某吞吞吐吐,顾左右而言他,而且拒不讲明他的姓名、住址,后经公安机关多番作思想工作,辛某说他叫张强,住该小区外的一条小巷内。公安机关从辛某身上搜出管制刀具一把和专用撬锁工具若干。辛某假称,他来到该小区是想揽点活,给人做些修理门窗之类的杂活。由于不知道该小区有谁修理,所以没敢进小区,只是在外面徘徊。后经公安机关了解情况,辛某的家并不在该市,而且其暂时住所也不在该小区附近。因而,公安机关准备对其采取逮捕措施,并已报人民检察院批准逮捕。

■ 法理与法律适用评析

本案中,辛某不讲真实姓名、住址,身份不明有重大嫌疑,对其能否采取逮捕强制措施,关键看是否具备逮捕的条件。

逮捕是公安机关、人民检察院和人民法院依法剥夺犯罪嫌疑人、被告人的人身自由、予以羁押,并进行审查的一种最严厉的强制方法。适用逮捕有以下三种情形。

第一种情形,具备下列两个条件的应当予以逮捕。第一个条件是有证据证明有犯罪事实。所谓"有证据证明有犯罪事实"是指同时具备下列情形。一是有证据证明发生了犯罪事实。犯罪事实既可以是单一犯罪行为的事实,也可以是犯罪嫌疑人实施的数个犯罪行为中的一个。对实施多个犯罪行为或者共同犯罪案件的犯罪嫌疑人,具有下列情形之一即可:有证据证明犯有数罪中的一罪的;有证据证明犯有多次犯罪中的一次犯罪的;共同犯罪中已有证据证明有犯罪行为的。二是有证据证明犯罪事实是犯罪嫌疑人实施的。三是证明犯罪嫌疑人实施犯罪行为的证据已经查证属实的。"有证据证明有犯罪事实"的实质在于确保逮捕的对象达到应被追究刑事责任的起点要求。第二个条件是可能判10年有期徒刑以上刑罚的。

第二种情形,具备下列三个条件的应当予以逮捕。第一个条件是有证据证明有犯罪事实。第二个条件是可能判处徒刑以上刑罚的。第三个条件要求具备下列三种情况之一。第一,采取取保候审尚不足以防止发生下列社会危险性的:(1)可能实施新的犯罪的;(2)有危害国家安全、公共安全或者社会秩序的现实危险的;(3)可能毁灭、伪造证据,干扰证人作证或者串供的;(4)可能对被害人、举报人、控告人实施打击报复的;(5)企图自杀或者逃跑的。第二,曾经故意犯罪。第三,身份不明的。

第三种情形,具备以下条件可以予以逮捕:违反取保候审、监视居住规定,情节严重的。

但本案中如对辛某采取逮捕措施,无须考虑第三种情形,而应在第一种或第二种情形中考虑,但这两种情形的第一条件均为有证据证明有犯罪事实。但本案公安机关还尚未掌握辛某其他与犯罪事实有关的任何材料。因此,辛某并不符合逮捕的条件，人民检察院也不会批准逮捕，对辛某采取刑事拘留强制措施更恰当一些。

拘留是公安机关和人民检察院在办理直接受理的案件中，对于现行犯或者重大嫌疑分子，在法定的紧急情况下，暂时剥夺其人身自由、予以羁押，并进行审查的一种强制方法。拘留的对象是对现行犯或者重大嫌疑分子，并在法定的紧急情况下适用的，根据《刑事诉讼法》第 82 条的规定，法定紧急情形有：(1)正在预备犯罪、实行犯罪或者在犯罪后即时被发觉的；(2)被害人或者在场亲眼看见的人指认他犯罪的；(3)在身边或者住处发现有犯罪证据的；(4)犯罪后企图自杀、逃跑或者在逃的；(5)有毁灭、伪造证据或者串供可能的；(6)不讲真实姓名、住址，身份不明的；(7)有流窜作案、多次作案、结伙作案重大嫌疑的。在本案中，辛某不讲真实姓名、住址，身份不明，身上又携带管制刀具等危险工具，因而有重大嫌疑，所以，公安机关对其采取刑事拘留强制措施比较恰当。同时，本案中辛某并不符合流窜作案的情形，根据《公安机关办理刑事案件程序规定》第 129 条第 3 款的规定，流窜作案，是指跨市、县管辖范围连续作案，或者在居住地作案后逃跑到外市、县继续作案。从案情看，辛某在其他地方尚未有作案嫌疑，虽然其家并不在该市，但不能认定辛某为流窜作案。

综上，只要符合针对现行犯或者重大嫌疑分子，并在法定的紧急情况下适用，无论其罪行轻重，经审查后是否需要逮捕，都可予以先行拘留。但若是对罪该逮捕的现行犯，具备逮捕条件的犯罪嫌疑人、被告人，在无上述法定紧急情形时，也应依法采取逮捕措施，而不应先行拘留，拘留并不是逮捕前的必经步骤。

【案例 8－6－02】钱某伤害案

钱某是某市人大代表。2002 年 7 月 5 日晚钱某与朋友在某酒店吃饭时与邻桌的王某发生争执，王顺手抄起餐台上的一把餐刀向钱某刺去，钱某反手一推将王某扎伤。“110”巡警到场，将王某送往医院并将钱某带走。后王某经鉴定为重伤，公安机关遂于 7 月 6 日决定对钱某予以拘留，并于 7 月 30 日提请人民检察院对钱某批准逮捕。人民检察院审查认为钱某的行为属于正当防卫，于 8 月 10 日作出不批准逮捕的决定。公安机关不服，向检察院复议，未被接受。遂向上一级人民检察院申请复核。在此期间，钱某一直被押，直到 9 月30 日，上级检察机关作出不批准逮捕的决定，公安机关才将钱某释放，并对该案侦查终结移送检察院审查起诉。该案于10月20日由人民检察院提起公诉，在庭审过程中，人民法院认为，应对钱某实施逮捕，于是派法警将其逮捕归案。

■ 法理与法律适用评析

逮捕后的羁押期限与办案期限是两种不同的期限，羁押期限是为保证刑事诉讼活动顺利进行，对尚未经过审判的犯罪嫌疑人和被告人实施暂时剥夺人身自由、在专门场所内受到监管的时限规定。办案期限是办案部门办理案件所必需遵守的时限规定。我国《刑事诉讼法》将未决犯罪嫌疑人、被告人的羁押与各诉讼阶段的办案期限合二为一，没有分开计算，这容易造成在押犯罪嫌疑人、被告人羁押期限的延长。

首先，公安机关提请批准逮捕超过了法定期限。《刑事诉讼法》第91条第1、2款规定："公安机关对被拘留的人，认为需要逮捕的，应当在拘留后的三日以内，提请人民检察院审查批准。在特殊情况下，提请审查批准的时间可以延长一日至四日。对于流窜作案、多次作案、结伙作案的重大嫌疑分子，提请审查批准的时间可以延长至三十日。"本案不属于可延长的情况，最多7日内要完成公安机关提请审查批准逮捕，7月6日拘留，30日才报请批捕，超出17日提请批准逮捕明显违法。

其次，人民检察院应当自接到公安机关提请批准逮捕书后的7日以内进行审查，应当根据情况分别作出批准逮捕或者不批准逮捕的决定。对于批准逮捕的决定，公安机关应当立即执行，并且将执行情况及时通知人民检察院。对于不批准逮捕的，人民检察院应当说明理由，需要补充侦查的，应当同时通知公安机关。本案中，对钱某的行为是故意伤害还是正当防卫，公安机关和检察机关固然存在分歧，但公安机关于7月30日报请逮捕，人民检察院于8月10日才作出不批准逮捕的决定违法。人民检察院批准逮捕也超过了7日审查的法定期限。

最后，人民检察院不批准逮捕的，公安机关应当在接到通知后立即释放，并且将执行情况及时通知人民检察院。对于需要继续侦查，并且符合取保候审、监视居住条件的，依法取保候审或者监视居住。本案中，公安机关认为人民检察院不批准逮捕决定错误时，可以要求复议，但必须将拘留对象立即释放，或者变更为取保候审或监视居住，并将执行回执在收到不批准决定书后3日内送达作出不批准逮捕决定的人民检察院，从案情看公安机关的做法是错误的。

同时,公安机关于8月10日向上一级人民检察院申请复核,上级检察机关于9月30日作出不批准逮捕的决定。《刑事诉讼法》第92条规定:“公安机关对人民检察院不批准逮捕的决定,认为有错误的时候,可以要求复议,但是必须将被拘留的人立即释放。如果意见不被接受,可以向上一级人民检察院提请复核。上级人民检察院应当立即复核,作出是否变更的决定,通知下级人民检察院和公安机关执行。”虽然根据我国有关的法律规范上一级检察机关必须立即复核,但并没有规定检察机关对这种复核给予回应的具体时间,这也是法律的不完善之处。从最终做出不批准逮捕决定来看,上一级检察机关是认为钱某是不符合逮捕条件的,但检察机关作出复核决定的时间显然超过了必要的限度,上级检察机关作出复核决定合法,但不合理。

公安机关在办案的过程中对钱某采取刑事拘留强制措施没有履行报请手续。根据《宪法》第74条和《全国人民代表大会和地方各级人民代表大会代表法》第32条第1款的规定:县级以上的各级人民代表大会代表,非经本级人民代表大会主席团许可,在本级人民代表大会闭会期间,非经本级人民代表大会常务委员会许可,不受逮捕或者刑事审判。本案中,钱某持刀伤人,其犯罪时即被发现,具有危险性,公安机关应予以先行拘留。但因其具有市人大代表身份,依法对其拘留在市人大闭会期间要报请市人大常委会批准。

《刑事诉讼法》第156条规定:“对犯罪嫌疑人逮捕后的侦查羁押期限不得超过二个月。案情复杂、期限届满不能终结的案件,可以经上一级人民检察院批准延长一个月。”公安机关于7月6日决定对钱某予以拘留,直到9月30日才对该案侦查终结移送检察院审查起诉,超过普通刑事案件2个月的侦查羁押期限,期间钱某一直被押。检察机关认为钱某系正当防卫,一般认为正当防卫不存在社会危险性,即不符合逮捕的条件,可变更成取保候审或监视居住的强制措施,进而侦查机关羁押期限届满,案件尚未办结,也需要采取取保候审或监视居住。

在逮捕的执行上,人民法院法警逮捕钱某的做法不当,应当由公安机关执行逮捕决定。根据《刑事诉讼法》第80条的规定,逮捕犯罪嫌疑人、被告人,必须经过人民检察院批准或者人民法院决定,由公安机关执行。公安机关逮捕人的时候,必须出示逮捕证,以表明是依法行使职权。人民检察院或者法院只有决定权,而没有执行权。

法条链接

《宪法》第 74 条；《刑事诉讼法》第 66、67、71、74、75、77、78、81、82、85、86、91、93、94、97、99、119 条；《全国人民代表大会和地方各级人民代表大会代表法》第 32 条。

参考文献

一、著作及编著类

1. 赖玉中:《刑事强制措施体系研究》,中国政法大学出版社 2012 年版。
2. 郭华主编:《强制措施制度》,中国人民公安大学出版社 2011 年版。
3. 张智辉主编:《强制措施立法完善研究》,中国检察出版社 2010 年版。
4. 杨雄:《刑事强制措施的正当性基础》,中国人民公安大学出版社 2009 年版。
5. 孙连钟:《刑事强制措施问题研究》,知识产权出版社 2007 年版。
6. 李斌杰编著:《公安基层所队适用公安行政强制措施 236 问》,中国法制出版社 2006 年版。
7. 郭立新主编:《检察机关侦查实务:举报初查、立案技巧、强制措施卷》,中国检察出版社 2005 年版。
8. 张建良:《刑事强制措施要论》,中国人民公安大学出版社 2005 年版。

二、杂志类

1. 孙长永:《少捕慎诉慎押刑事司法政策与人身强制措施制度的完善》,载《中国刑事法杂志》2022 年第 2 期。
2. 刘梅湘:《预期目标与理性检视:监视居住的实证研究》,载《中国刑事法杂志》2021 年第 3 期。
3. 刘计划:《我国逮捕制度改革检讨》,载《中国法学》2019 年第 5 期。
4. 谢小剑、朱春吉:《公安机关适用指定居所监视居住的实证研究——以 5955 个大数据样本为对象》,载《中国法律评论》2019 年第 6 期。
5. 程雷:《指定居所监视居住实施问题的解释论分析》,载《中国法学》2016 年第 3 期。
6. 孙长永、武小琳:《新〈刑事诉讼法〉实施前后刑事拘留适用的基本情况、变化及完善——基于东、中、西部三个基层法院判决样本的实证研究》,载《甘肃社会科学》2015 年第 1 期。
7. 李训虎:《逮捕制度再改革的法释义学解读》,载《法学研究》2018 年第 3 期。
8. 闵春雷:《论审查逮捕程序的诉讼化》,载《法制与社会发展》2016 年第 3 期。
9. 马静华:《逮捕率变化的影响因素研究——以新〈刑事诉讼法〉的实施为背景》,载《现代法学》2015 年第 3 期。
10. 郭烁:《论中国刑事强制措施体系的理想模式》,载《苏州大学学报(哲学社会科学版)》2015 年第 5 期。
11. 徐永康:《我国刑事诉讼观念百年省思——以刑事强制措施的规定为视角》,载《社会科学家》2012 年第 1 期。
12. 宋英辉、王贞会:《刑事强制措施修改若干问题》,载《暨南学报(哲学社会科学版)》2012 年第 1 期。
13. 王贞会:《刑事强制措施限制适用的宪政基础》,载《中国刑事法杂志》2012 年第 1 期。
14. 卞建林:《我国刑事强制措施的功能回归与制度完善》,载《中国法学》2011 年第 6 期。

第九章　刑事附带民事诉讼

第一节　刑事附带民事诉讼的概念和特点

1 刑事附带民事诉讼的概念

【案例9-1-01】张某正当防卫案[1]

2016年3月12日,周某因与被告人张某在解决张某亲属张某1交通事故纠纷过程中产生矛盾,遂纠集陈某和丛某、张某2持事先准备的砍刀等工具至张某暂住处后与张某发生冲突,张某持刀捅刺陈某胸部一刀,后又持铁锹打伤周某左前臂。在此过程中张某头部受伤。案发后,张某拨打电话报警并在现场等待。陈某经医院抢救无效于当日死亡。经鉴定:陈某系被单刃锐器刺破心脏致失血性休克死亡;周某左尺骨近段粉碎性骨折的损伤程度已构成轻伤一级;张某皮损伤程度已构成轻微伤。附带民事诉讼原告人陈某1、黄某因陈某死亡实际发生的丧葬费、交通费、住宿费、误工费等经济损失共计39,025元。一审法院认定:被告人张某犯故意伤害罪,判处有期徒刑12年6个月;赔偿共计39,025元。被告人以其系正当防卫、不构成犯罪为由提出上诉。原审附带民事诉讼原告人以原判认定经济损失过低为由提出上诉,同时认为被告人所犯罪名为故意杀人罪,且原判量刑过轻。二审法院认为,上诉人张某属于正当防卫。虽然在防卫过程中造成了不法侵害人一死一伤的后果,但不属于防卫过当,不负刑事责任。张某对上诉人陈某1、黄某因正当防卫造成的经济损失,不负赔偿责任。判决:一、撤销一审刑事附带民事判决;二、上诉人张某无罪;三、驳回上诉人陈某1、黄某的诉讼请求。

---

〔1〕 天津市第一中级人民法院刑事判决书,(2018)津01刑终326号。

■ 法理与法律适用评析

一、刑事附带民事诉讼的概念及理解

刑事附带民事诉讼，是指司法机关在刑事诉讼过程中，在解决被告人刑事责任的同时，附带解决因被告人犯罪行为所造成的物质损失而进行的诉讼活动。由于这种损害赔偿是在刑事诉讼中附带解决的，因此被称为刑事附带民事诉讼，简称附带民事诉讼。

刑事附带民事诉讼既不是刑事诉讼本身，也不是纯粹的民事诉讼。它不是解决被告人的刑事责任问题，而是主要着眼于被害人因被告人的犯罪行为造成的物质损失的赔偿问题。

二、附带民事诉讼提起的条件

1. 刑事部分已经立案，即刑事案件成立

被告人的行为构成犯罪，刑事诉讼正在进行，是附带民事诉讼存在的基础。对于《刑事诉讼法》第101条中的“犯罪行为”，这里的“犯罪行为”应理解为“被追究为犯罪的行为”，只要被告人的行为在刑事诉讼中“被追究”刑事责任，而这一行为又使被害人遭受了物质损失，那么被害人在刑事诉讼中就有权对此提起附带民事诉讼，而不是等到被告人的行为最后被证实“事实上”构成犯罪，或被裁判为犯罪之后，才能提起附带民事诉讼。

2. 被告人的犯罪行为造成了被害人的物质损失

首先，附带民事诉讼是一种被告人的犯罪行为同时为侵权行为的特殊损害赔偿诉讼。所以，附带民事诉讼的提起必须以被害人的物质受到损失为前提。根据《刑诉法解释》的规定，因受到犯罪侵犯，提起附带民事诉讼或者单独提起民事诉讼要求赔偿精神损失的，法院一般不予受理。

其次，被害人的物质损失必须是由被告人的行为直接引起的。主要包括，犯罪行为实施中给被害人造成的损失，如致人伤害后的医疗费、损害财物后的修理费，以及犯罪行为将来使被害人必然遭受的损失，如误工费等。如果不是直接造成的，有关人员就不能就此提出附带民事诉讼。

【案例9-1-02】赵某刑事附带民事诉讼案

2001年8月，某工厂女工赵某在下班途中，被一歹徒拦路强奸。赵某及时向公安机关报了案，并将此事告诉了邻居及丈夫。一周以后，夫妻之间因此而发生冲撞，被害人赵某服毒自杀，幸亏及时抢救才得以复生。破案后，赵某向人民法院请求提起刑事附带民事诉讼，让被告人赔偿因服毒住院而花费的

医药费。法院审理认为,提起附带民事诉讼只能以犯罪行为直接引起的物质损失为条件,直接物质损失或为因犯罪行为导致被害人人身伤残而产生的医疗费及相关费用,或为在抢劫等犯罪行为中致使被害人遭受的物质损失。本案中,被害人服毒自杀的直接导火索是夫妻发生的口角,而不是被告人的犯罪行为,故法院驳回了其附带民事诉讼请求。

3. 附带民事诉讼应该在刑事诉讼过程中提起

此处的"刑事诉讼过程中"仅仅是指案件立案后至一审法院审理完毕之前的阶段。因为只有这样,才符合附带民事诉讼程序设立的精神,实现其设立的目标,即节省司法资源,保障被害人的合法权益。第一审期间未提起附带民事诉讼,在第二审期间提起的,第二审人民法院可以依法进行调解;调解不成的,告知当事人可以在刑事判决、裁定生效后另行提起民事诉讼。

在案例 9 - 1 - 01 中,被告人的行为属于正当防卫,且不属于防卫过当,依法不负刑事责任。张某对上诉人因正当防卫造成的经济损失,不负赔偿责任。因此,二审法院以判决的形式撤销一审刑事附带民事判决,判决上诉人张某无罪的同时,驳回上诉人的附带民事诉讼请求。

Ⅱ 刑事附带民事诉讼的特点

【案例 9 - 1 - 03】李某侮辱案

李某、刘某在同一单位但素有隔阂,李某对刘某的升迁嫉妒愤恨,便假意邀请刘某至家中,对其殴打、辱骂,纠缠达数小时之久,最终刘某不堪其辱而跳楼,摔成重伤。检察院以非法拘禁罪对李某提起刑事诉讼,刘某父母在刑事诉讼过程中提起附带民事诉讼,要求被告人李某赔偿附带民事诉讼原告人的住院治疗费 25,628 元、再次手术费 25,000 元、误工费 15,000 元、伤残补助费及护理费 18 万元,合计 245,628 元。

法院审理后,依据《刑法》《民法典》《民事诉讼法》的相关规定作出如下判决:(1)被告人李某犯非法拘禁罪,判处有期徒刑 3 年,缓刑 4 年;(2)附带民事诉讼原告人刘某损失医疗费 33,428 元、误工费 1524.88 元、护理费 3049.76 元、营养费 980 元、伤残补助费 56,797.4 元、伤残护理费 36,500 元,合计 132,280.04 元,被告人李某赔偿附带民事诉讼原告人刘某 92,596.028 元,扣除李某已支付的 7800 元,其余 84,796.028 元,在判决生效后 1 个月内支付 44,796.028 元,余款在判决生效后第 2 个月起 60 日内付清。附带民事诉讼原告人刘某的其余损失自理。

在案件中,刘某因患重伤,由其法定代理人刘某父母代为提起附带民事诉讼,但原告人仍为刘某本人;还有最后判决中对赔偿费用的决定等都是依据民法的有关规定而作出的。故附带民事诉讼虽然在刑事诉讼程序中,但仍要受民事法的调整。

首先,附带民事诉讼是依附于刑事诉讼的一种民事诉讼。附带民事诉讼对刑事诉讼的依附性主要体现在:从实体法来看,它是一种由被告人犯罪行为而引起的物质损害赔偿的民事诉讼;从程序法来看,它是一种在刑事诉讼中提起的,并利用刑事诉讼程序解决的民事诉讼,无论是审判组织还是审理期限,均参照《刑事诉讼法》的规定进行,在刑事诉讼中认定被告人有罪的证据同时可以作为认定被告人行为构成民事侵权的证据。

其次,附带民事诉讼审理的赔偿内容是由刑事诉讼中被告人的同一行为引起的。被告人的同一行为,在《刑法》上属于犯罪行为,在民法上属于侵权行为,它同时引起了刑事和民事两种法律责任。正因为这两种法律责任根源于同一违法行为,因而有可能而且有必要在同一个诉讼过程,即刑事诉讼过程中一并加以解决。

最后,附带民事诉讼活动所要解决的问题是民事赔偿,应当受到民事法律规范调整。附带民事诉讼虽然从属于刑事诉讼,但毕竟是一种特殊的民事诉讼,还具有一般民事诉讼的特征。在实体上如物质损失的赔偿范围,由民法的相关规定决定。在程序上受《中华人民共和国民事诉讼法》(以下简称《民事诉讼法》)规范的调整与约束,如当事人、诉讼代理人、共同诉讼人范围的确定,对妨害民事诉讼的强制措施,诉讼保全和先行给付,调解、执行等。

Ⅲ 附带民事诉讼与一般民事诉讼的区别

第一,受理的范围不同。附带民事诉讼的范围,按照现行法律规定,限于因犯罪行为而引起的物质损害的赔偿范围。

第二,审理的程序不同。附带民事诉讼是在刑事诉讼过程中提起和审判的,因而在审理程序上从属于《刑事诉讼法》。例如:(1)管辖。附带民事诉讼的管辖从属于刑事诉讼的管辖。一般而言,刑事案件归哪一级别、哪一地区、哪一类别法院管辖,有关附带民事案件就归哪管辖。(2)审判组织。附带民事案件的审判组织从属于刑事案件的审判组织。(3)审理期间、送达。《民事诉讼法》规定,因正当理由而耽误期限的,“在障碍消除后的 10 日内,可以申请顺延期限”;《刑事诉讼法》则规定,要在障碍消除后5日内申请。为了不使附带民事诉讼拖延刑事诉讼的进程,附带民事诉讼的期间、送达,从属于《刑事诉讼法》的规定。(4)附带民事诉讼的提起期间。根据《刑事诉讼法》的规定,只能“在刑事诉讼过程中”才能提起附带民事诉讼。(5)附带民事诉讼的审理方式,根据《刑事诉讼法》的规定,应当同刑事案件“一并审判”,只有为了防止刑事案件的过分迟延,才可以在刑事案件审判后,由同一审判组织继续审理附带民事诉讼。

第三,诉讼费用不同。按照《民事诉讼法》的规定,当事人进行民事诉讼,应当依照规定交纳诉讼费用。但按照现行《刑事诉讼法》的规定,刑事诉讼则无须交纳诉讼费用。附带民事诉讼是利用刑事诉讼程序解决的民事诉讼,所以,可以按照《刑事诉讼法》的规定,免交诉讼费用。刑事诉讼中由刑庭将附带民事案件转交民庭处理的,也无须缴付诉讼费用。

第二节　附带民事诉讼当事人

附带民事诉讼当事人,是指因犯罪而遭受物质损失的自然人和法人,以及对刑事被告人犯罪行为造成的物质损失负有民事赔偿责任的自然人和法人,包括附带民事诉讼原告人、被告人、第三人。

1 附带民事诉讼原告人

【案例9-2-01】张某放火案

2000年7月,某市太行机械厂(属国有企业)工人张某因厂领导对其停薪留职心生怨恨,于该月20日放火烧毁厂房一间,并当场烧死该厂工人李某、烧伤袁某。经法医鉴定,袁某为一度烧伤。7月22日,公安机关将张某逮捕归案,张某对其行为供认不讳。2000年9月1日,市人民检察院向市人民法院提起公诉。李某的父亲和袁某向法院提起附带民事诉讼,该太行机械厂也就自己的损失提起了附带民事诉讼。

■ 法理与法律适用评析

一、附带民事诉讼原告人的概念和条件

附带民事诉讼原告人,是指因犯罪行为侵害而遭到物质损失,依法在刑事

诉讼中可以提出赔偿要求的自然人和法人。附带民事诉讼原告人应当具备如下条件:

第一,侵害民事原告人权益的是犯罪行为。这里指的“犯罪”必须是构成犯罪的行为,而不包括不构成犯罪的一般违法行为。如果侵害来自一般违法行为,损失确实存在,只可以通过民事诉讼程序解决。

第二,附带民事诉讼原告人因犯罪受到物质损失。由于附带民事诉讼在解决被告人刑事责任的同时,附带解决被告人的犯罪行为所造成的物质损失的赔偿问题,所以精神损害赔偿法院一般不予支持。

第三,附带民事诉讼原告人必须在刑事诉讼中依法提出民事赔偿的请求。受损害的人虽受犯罪侵害,由于各种原因,在刑事诉讼中没有提出民事赔偿的请求,或者虽提出请求,但提出的时间超出了法律规定的提起附带民事诉讼的期限,或者依法提出请求,但法院认为有必要依法移交民事法庭裁决时,就不能被认定为附带民事诉讼的原告人,损害赔偿只能通过民事法庭来解决。

第四,附带民事诉讼原告人必须是符合法定条件的人。被害人死亡或者丧失行为能力的,其法定代理人、近亲属有权提起附带民事诉讼。

二、附带民事诉讼原告人的范围

1. 作为刑事案件被害人的自然人

我国《刑事诉讼法》第 101 条第 1 款规定:“被害人由于被告人的犯罪行为而遭受物质损失的,在刑事诉讼过程中,有权提起附带民事诉讼。”根据这一法律规定,被害人能以公民的名义提起附带民事诉讼,这是最为常见的附带民事诉讼原告人。

2. 被害人的法定代理人和近亲属

《刑事诉讼法》第 101 条第 1 款还规定:被害人死亡或者丧失行为能力的,被害人的法定代理人、近亲属有权提起附带民事诉讼。这是因为法定继承人依照法律规定有权继承被害人的合法财产,而被害人因犯罪而遭受的物质损失是其合法财产的组成部分,法定继承人当然有权继承被害人提起附带民事诉讼请求赔偿损失的债权。近亲属有权提起附带民事诉讼的道理与此相似。

3. 因犯罪行为遭受物质损失的被害单位

单位也可能成为犯罪侵害的对象,当犯罪行为毁坏了单位的财物而使单位遭受物质损失时,被害单位可以成为附带民事诉讼原告人。

4. 人民检察院

《刑事诉讼法》第 101 条第 2 款规定:“如果是国家财产、集体财产遭受损失的,人民检察院在提起公诉的时候,可以提起附带民事诉讼。”《刑诉法解释》第179条第1、2款规定，国家财产、集体财产遭受损失，受损失的单位未提起附带民事诉讼，人民检察院在提起公诉时提起附带民事诉讼的，人民法院应当受理。人民检察院提起附带民事诉讼的，应当列为附带民事诉讼原告人。

在案例9－2－01中，袁某因其人身权利受到张某犯罪行为侵犯而遭受物质损失，所以有权提起附带民事诉讼。根据上述法理分析，李某已经死亡，李某的父亲继承其提起附带民事诉讼请求赔偿损失的债权，也是适格的附带民事诉讼当事人。太行机械厂的厂房因被告人的放火行为而毁坏，遭受物质损失，该厂是被害人，有权提起附带民事诉讼，但同时该厂又是国有企业，所以在受损失单位未提起附带民事诉讼的情况下，人民检察院可以在提起公诉时附带提起。

三、附带民事诉讼原告人范围理论中存在的争议

（一）关于人民检察院提起附带民事诉讼的法律地位问题

我国《刑事诉讼法》规定，当国家财产、集体财产遭受损失时，人民检察院在提起公诉时，可以提起附带民事诉讼。在这种情况下，关于人民检察院的法律地位问题，在诉讼理论上存在不同见解。但《刑诉法解释》第179条第2款明确规定，人民检察院提起附带民事诉讼的，应当列为附带民事诉讼原告人。

【案例9－2－02】李某失火案

被告人李某，系鸿发公司业务发展经理。1998年9月12日，李某来到新丰县，住在锦绣饭店（经济性质为国有）。夜间，李某酒后吸烟入睡，烟头引起火灾，造成数人死亡和直接经济损失人民币25万元的严重后果。此案经公安机关侦查终结，人民检察院经审查认为李某行为已经构成失火罪，于是依法向新丰县人民法院提起公诉，同时提起了附带民事诉讼。法院经过审理，查明犯罪事实和证据，认定被告人李某犯失火罪，依法判处有期徒刑6年，赔偿部分经济损失人民币20万元。

■ 法理与法律适用评析

本案中，因李某犯罪行为给国有性质的锦绣饭店带来严重的经济损失，根据《刑事诉讼法》的规定，人民检察院有权提起附带民事诉讼。在这一诉讼行为中，人民检察院既作为国家法律监督者，在受损失的单位没有提起诉讼的情况下，人民检察院提起附带民事诉讼的，应当列为附带民事诉讼原告人。

(二)关于保险人提起附带民事诉讼的问题

随着保险业的发展,在司法实践中出现了大量保险人因被告人的犯罪行为而遭受财产损失的情况,主要是被保险人在因犯罪行为遭受物质损害后,由保险人依据保险合同向被保险人支付一定数额的保险赔偿金。例如,保险人与投保人签订了人身或财产等保险合同。

投保人因受犯罪侵害,人身或财产遭受损失,保险公司便要根据保险合同支付保险金。对于保险人有无权利在刑事诉讼中提起附带民事诉讼的问题,我们认为,应根据情况区别对待。对于财产保险,保险人预付赔偿金的,保险人有权提起,否则无权提起。但是对于人身保险,无论保险人是否预付了保险金,保险人都不得在刑事诉讼中提起附带民事诉讼。因为人身损害赔偿的请求权不能转移,在人身保险中不存在保险人代位追偿的问题。

【案例9-2-03】近亲属提起附带民事诉讼案

1996年3月,石某以14万元的价格购买了湘江丰田双排座130汽车一辆,于同年3月6日向A市人民保险公司投保了车辆损失险:保险期是1996年3月6日至1998年3月5日;保险金额为14万元。1997年12月25日,石某驾车途中,与一辆逆行的东风车相撞,石某当场死亡,驾驶的丰田车也被损坏。公安交警大队经勘查和鉴定分析,认定东风车司机无证驾车、逆行行驶,应负肇事的全部责任。

案发后,人民保险公司经过验损,推定丰田130汽车全部损坏,赔偿石某家属14万元。因石某在单位参加了人寿保险公司的简易人身保险,获得赔偿金6000余元。肇事者李某于1998年2月1日被逮捕。5月15日案件被移送人民检察院审查起诉。

■ 法理与法律适用评析

本案中,根据《刑事诉讼法》及司法解释的规定,石某的近亲属有权提起附带民事诉讼确定无疑。至于A市人民保险公司,根据《财产保险条例》(现已失效)第19条之规定,因为石某向其投了车辆损失财产保险且案发后已经付了赔偿金给被害人家属,所以被害人家属应当在接受预付赔偿金之后将提起附带民事诉讼的权利移交给保险人,即A市人民保险公司此时也有权提起附带民事诉讼。另外,关于人寿保险公司是否可以提起附带民事诉讼,由于人身损害赔偿请求权不得转移,所以尽管人寿公司已经预付了赔偿金,根据《保险法》的规定，人寿公司也不能取得代位求偿权，即无权在刑事诉讼中提起附带民事诉讼，法院也不得因被保险人已经得到人身保险金而剥夺被害人提起附带民事诉讼的权利。

Ⅱ 附带民事诉讼被告人

【案例9－2－04】焦某、何某某、刘某某故意伤害刑事附带民事诉讼案[1]

被告人焦某于2012年3月8日，在某校园内因琐事与赵某、修某某（殁年16岁）发生口角，并约定进行殴斗。何某某得知后指使刘某某将其存放在宿舍内的折叠刀提供给焦某。后焦某在该校男厕所内与赵某、修某某等人互殴过程中，持刀刺击修某某的颈左侧，伤及左侧颈总动脉，致修某某急性失血性休克死亡。

被告人焦某、何某某、刘某某作案后在接受公安机关讯问时，供认了犯罪事实。三人的行为确使附带民事诉讼原告人遭受丧葬费等经济损失。

法院经审理认为，被告人焦某、何某某、刘某某持械故意伤害他人身体，致人死亡，其行为均已构成故意伤害罪，依法均应予惩处。焦某系主犯，何某某、刘某某系从犯。鉴于三人犯罪时系未成年人，在罪行未被有关部门发觉，司法机关未确定犯罪嫌疑人，尚在一般性排查询问时，均主动交代犯罪事实，到案后并如实供述犯罪事实，系自首，且认罪态度较好，被害人一方在本案中亦有一定过错；刘某某积极赔偿被害人部分经济损失，故依法分别对焦某从轻处罚，对何某某减轻处罚，对刘某某减轻处罚并宣告缓刑。依照《刑法》有关规定，以故意伤害罪，分别判处被告人焦某有期徒刑12年，被告人何某某有期徒刑5年，被告人刘某某有期徒刑3年，缓刑3年。焦某、何某某、刘某某及其法定代理人暨附带民事诉讼被告人共同赔偿附带民事诉讼原告人丧葬费等经济损失人民币63万元。

■ 法理与法律适用评析

本案中，3名在校学生共同实施故意伤害他人的犯罪行为并造成被害人急性失血性休克死亡，其中焦某系主犯，何某某、刘某某系从犯。由于3人犯罪时均为未成年人，但均已满故意伤害罪的刑事责任年龄，因此除了承担刑事

---

〔1〕《最高法公布发生在校园内的刑事犯罪典型案例（北京）》，载最高人民法院网2015年9月18日，https://www.court.gov.cn/zixun－xiangqing－15565.html。

责任,3人及其法定代理人作为附带民事诉讼被告人共同赔偿附带民事诉讼原告人丧葬费等经济损失。

一、附带民事诉讼被告人的概念和条件

附带民事诉讼被告人是指因犯罪行为造成他人物质损失以及应对被告人的犯罪行为依法应承担赔偿责任的当事人,他们既可以是自然人也可以是法人、企事业单位。在我国,附带民事诉讼被告人必须具备三个条件:

1. 刑事被告人的犯罪行为必须造成被害人遭受物质损失。如果被告人的行为不构成犯罪,或虽构成犯罪,但没有对被害人的民事权利造成损害,或虽造成被害人民事权利损害,但损害不属于法定的赔偿范围,那么刑事被告人就不能成为附带民事诉讼的被告人。刑事被告人必须在对损害负赔偿责任的情况下,才是被告人。如果被告人无民事赔偿责任能力,或其赔偿不应由其本人负担,那么就应以对被告人犯罪行为所造成的损失负赔偿责任的人或机关等为民事被告人。

2. 对被害人受到的物质损失在法律上承担赔偿责任。刑事被告人是有民事行为能力的成年人的,应对自己的行为独立地负赔偿责任;刑事被告人是有民事行为能力的未成年人的,应与其监护人共同负赔偿责任;刑事被告人是有财产的限制民事行为能力或无民事行为能力人的,应与其监护人共同负赔偿责任,但单位担任监护人的除外;刑事被告人是无财产的限制民事行为能力、无民事行为能力人的,则其监护人应负赔偿责任。

3. 被害人对刑事被告人提起附带民事诉讼,后者才能成为附带民事诉讼被告人。

二、附带民事诉讼被告人的范围

1. 刑事被告人本人以及共同犯罪案件中未被追究刑事责任的共同侵权人。在刑事被告人具有完全民事行为能力和独立民事责任能力的情况下,附带民事诉讼被告人即为刑事被告人本人。在共同侵权的情况下,共同侵权人负连带责任。只要其中一个共同侵权人被提起附带民事诉讼,其他共同侵权人无论是否构成犯罪、是否被追究刑事责任,都应成为附带民事诉讼共同被告人。如果被害人或者其法定代理人、近亲属仅对部分共同侵害人提起附带民事诉讼的,人民法院应当告知其可以对其他共同侵害人,包括没有被追究刑事责任的共同侵害人,一并提起附带民事诉讼,但共同犯罪案件中同案犯在逃的除外。另外,根据《刑诉法解释》的规定,共同犯罪案件,同案犯在逃的,不应列为附带民事诉讼被告人。逃跑的同案犯到案后,被害人或者其法定代理人、近亲属可以对其提起附带民事诉讼,但已经从其他共同犯罪人处获得足额赔偿的除外。

2. 刑事被告人的监护人。在刑事被告人是未成年人或其他无民事行为能力人、限制行为能力人的情况下，负有民事赔偿责任的监护人，则为附带民事诉讼被告人。在刑事被告人与其监护人共同负赔偿责任的情况下，监护人可以作为共同附带民事诉讼被告人。刑事被告人赔偿不足的部分，由监护人赔偿。

3. 死刑罪犯的遗产继承人和共同犯罪案件中案件审结前已死亡的被告人的遗产继承人。因为在这两种情况下，对被害人的经济赔偿应当看作已经死亡的刑事被告人生前所负的债务，属于遗产的清偿范围。但是，如果该继承人声明放弃继承，则不得继续将其作为被告。

4. 对被害人的物质损失依法应当承担赔偿责任的其他单位和个人。例如，机关、团体、企事业单位的工作人员（如火车司机、汽车驾驶员、医务人员等），在执行职务中因过失犯罪而造成公民、法人财产损失的，刑事被告人所在的机关、团体、企业事业单位同时成为附带民事诉讼被告人。需要注意的是，国家机关工作人员在行使职权时，侵犯他人人身、财产权利构成犯罪，被害人或者其法定代理人、近亲属提起附带民事诉讼的，人民法院不予受理，但应当告知其可以依法申请国家赔偿。

【案例 9-2-05】谌某某、杨某故意伤害一审刑事案[1]

2015 年 11 月 2 日，附带民事诉讼原告人黄某在某广场门口天桥上摆地摊，与某区人民政府公园街道办事处城市管理协管员谌某某发生冲突，后黄某下天桥，公园街办城市管理协管员范某打电话给谌某某询问情况，得知谌某某与他人发生纠纷，范某便与公园街办城市管理协管员杨某及万某（案发时未满 16 周岁）等人赶到现场，在广场大门口天桥下，因附带民事诉讼原告人黄某抢附带民事诉讼被告人杨某执法记录仪，杨某将黄某推倒在地，后附带民事诉讼被告人谌某某、范某、杨某和万某一起殴打黄某，致使黄某右尺桡骨干骨折，经鉴定，黄某损伤程度为轻伤一级。

法院认为，区人民政府公园街道办事处属于行政机关，谌某某、范某、杨某、万某在本案发生时系区人民政府公园街道办事处城市管理协管员，他们在代表该街道办事处执法过程中不当行使职权，致黄某轻伤一级，本案属于国家

〔1〕 江西省南昌市东湖区人民法院刑事判决书，(2017)赣 0102 刑初 598 号。

赔偿案件的受案范围,被害人可以依法申请国家赔偿。

■ 法理与法律适用评析

本案中附带民事诉讼被告人杨某是行政执法人员,在执行职务过程中不当行使职权造成附带民事诉讼原告人黄某轻伤一级。根据《刑诉法解释》的规定,国家机关工作人员在行使职权时,侵犯他人人身、财产权利构成犯罪,被害人或者其法定代理人、近亲属提起附带民事诉讼的,人民法院不予受理,但应当告知其可以依法申请国家赔偿。

第三节 附带民事诉讼的赔偿范围

[1] 附带民事诉讼现行法定赔偿范围

【案例 9-3-01】廖某与李某抢劫案[1]

2016 年 1 月 16 日 3 时 25 分许,被告人李某酒后在北京市通州区某村某超市门前,持刀将廖某手腕、腹部、腿部扎伤,致廖某开放性腹部损伤、腹腔积血及左环、小指伸肌腱损伤等,被告人李某劫财未果后逃离现场。经北京市通州区公安司法鉴定中心鉴定,廖某所受损伤属重伤二级。被告人李某于 2016 年 1 月 21 日被民警抓获。附带民事诉讼原告人廖某诉称:被告人李某的犯罪行为给其造成严重的经济损失,请求判令被告人李某赔偿其医疗费 41,035.4 元、误工费 10,950.72 元、护理费 7500 元、交通费 2000 元、营养费 800 元、住院伙食补助费 800 元,共计人民币 63,086.12 元。并提供了医疗费票据等证据材料。被告人李某辩称:没有实施抢劫致伤廖某的行为;不同意赔偿廖某的经济损失。辩护人暨诉讼代理人黄树海提出:根据案发当日监控录像上行为人的衣着、步态等判断,3 时 21 分左右紧随廖某进入案发胡同的人不是被告人李某;3 时 47 分左右进入案发胡同的人是被告人李某,而廖某于 3 时 25 分左右被扎伤,被告人李某进入案发胡同的时间是在犯罪行为实施完毕以后,因此,该犯罪行为不是被告人李某实施,被告人李某无罪,也不应当承担相应赔偿责任。

---

〔1〕 北京市通州区人民法院刑事判决书,(2017)京 0112 刑初 782 号。

经过审理,法院认为附带民事诉讼原告人廖某的经济损失经审理核实后确认为:医疗费41,035.4元、误工费8600元、护理费2400元、交通费600元、营养费800元、住院伙食补助费800元,共计人民币54,235.4元。

法院认为,被告人李某以非法占有为目的,酒后持刀劫取他人财物,致人重伤,其行为已构成抢劫罪,依法应予惩处。公诉机关指控的罪名成立。被告人李某有前科劣迹,依法对其酌予从重处罚。其未劫取到财物等情节,法院在量刑时予以考虑。被告人李某在承担刑事责任的同时,还应依法承担其给附带民事诉讼原告人廖某造成的经济损失进行赔偿的民事责任。对于附带民事诉讼原告人廖某提出的合理合法的诉讼请求,法院予以支持;对于附带民事诉讼原告人廖某提出的过高的诉讼请求,法院不予支持。综上所述,根据被告人李某犯罪的事实、性质、情节和对于社会的危害程度等,判决被告人李某犯抢劫罪,判处有期徒刑10年6个月,剥夺政治权利2年,并处罚金人民币2200元。被告人李某赔偿附带民事诉讼原告人廖某医疗费、误工费、护理费、交通费、营养费、住院伙食补助费等各项经济损失共计人民币54,235.4元,于判决生效之日起7日内执行清。驳回附带民事诉讼原告人廖某其他诉讼请求。

■ 法理与法律适用评析

附带民事诉讼,是指司法机关在刑事诉讼过程中,在解决被告人刑事责任问题的同时,附带解决因被告人的犯罪行为给被害人造成的物质损失的赔偿问题而进行的诉讼活动。

1. 赔偿的是由被告人的犯罪行为造成的损失。损害事实与被告人的犯罪行为之间必须具有因果联系,如果损害事实与被告人的犯罪行为之间没有因果关系,就不能作为附带民事诉讼的赔偿范围。

2. 赔偿的是因被告人的犯罪行为直接遭受的损失以及间接损失。例如,在伤害案件中,前者如被害人支付的医疗费用,后者如被害人因伤不能工作而造成的收入减少。

3. 被告人犯罪行为造成的损失,既包括被害人已经受到的损失,也包括一些必然遭受的损失。这种必然遭受的损失应当是合理的,具体范围应当按照民事实体法有关规定来确定。

本案中,附带民事诉讼原告人提出的医疗费、护理费、交通费、营养费、住院伙食补助费等各项经济损失等均属于与损害事实有因果关系的被告人的伤害行为引起的、直接的、已经遭受的物质损失,误工费属于被告人的伤害行为引起的、间接的、必然遭受的物质损失，所以法院支持其诉讼请求，但由于其请求数额明显高于其实际受到的损失数额，所以法院降低了赔偿项目的数额。

Ⅱ 附带民事诉讼赔偿范围新问题

◎ 侵犯财产型案件被害人所受到的损失

【案例 9－3－02】王某某故意杀人、盗窃、信用卡诈骗、伪造身份证件案[1]

2017 年 1 月 4 日上午，在北京市东城区某酒店房间内，被告人王某某因感情纠纷与被害人夏某 2（女，殁年 31 岁）发生争执，王某某用手扼压夏的颈部，致其机械性窒息死亡。后王某某盗窃夏某 2 的苹果牌手机一部。该手机已被起获，经鉴定，价值人民币 5276 元。被告人王某某于 2017 年 1 月 7 日被北京市公安局东城分局抓获归案。另查明，附带民事诉讼原告人夏某 1、荀某的经济损失为：丧葬费50,802元，处理丧葬事宜的误工费 6000 元、交通费 3000 元、住宿费 3000 元，以上各项经济损失共计人民币 62,802 元。被告人王某某于 2013 年 2 月申办招商银行信用卡一张，后透支使用该信用卡，2016 年 7 月 6 日后未再履行过还款义务，截至案发，尚欠透支款本金人民币 66,110.83 元，经发卡银行多次催收超过 3 个月仍未归还。

法院判决：被告人王某某犯故意杀人罪，判处死刑，缓期 2 年执行，剥夺政治权利终身；犯盗窃罪，判处有期徒刑 6 个月，并处罚金人民币 1000 元；犯信用卡诈骗罪，判处有期徒刑 5 年，并处罚金人民币 50,000 元；犯伪造身份证件罪，判处有期徒刑 6 个月，并处罚金人民币 1000 元，决定执行死刑，缓期 2 年执行，剥夺政治权利终身，并处罚金人民币 52,000 元。被告人王某某赔偿附带民事诉讼原告人夏某 1、荀某丧葬费、误工费、交通费、住宿费等各项经济损失。驳回附带民事诉讼原告人夏某 1、荀某的其他诉讼请求。责令被告人王某某退赔银行透支款。在案扣押的款物，折抵或变价后折抵附带民事赔偿款、发还被害人亲属或由扣押机关处理。

■ 法理与法律适用评析

对于因诈骗、抢劫、侵占等非法占有、处置的被害人财产，公、检、法三机关办理刑事案件时，一直援用《刑法》第 64 条规定，“犯罪分子违法所得的一切

---

〔1〕 北京市第二中级人民法院刑事附带民事判决书，(2018)京 02 刑初 10 号。

财物,应当予以追缴或者责令退赔”。因此,侵犯财产型案件被害人所受到的损失,一般均不作为附带民事诉讼受理。《刑诉法解释》第176条规定:“被告人非法占有、处置被害人财产的,应当依法予以追缴或者责令退赔。被害人提起附带民事诉讼的,人民法院不予受理。追缴、退赔的情况,可以作为量刑情节考虑。”在此问题上过去存在不同看法。一种观点认为,追缴赃款、赃物的行为,是刑法意义上的司法机关职权行为,即使属于被害人受到的物质损失,也无法纳入附带民事诉讼范畴。这种观点有以下两个理由。

第一,犯罪分子违法所得财物和犯罪分子的行为造成的物质损失是两个不同的概念。前者是指犯罪分子用违法犯罪的手段所获得的财物,如盗窃、贪污所得的钱物等;而后者则是犯罪分子的行为给被害人造成的物质损失,如伤害、杀人等所带来的医疗、丧葬费用等,用《刑法》第64条的规定无法解决,只能通过附带民事诉讼的方法来弥补被害人的损失。

第二,违法得到的财物,如果也适用民事诉讼的方法来解决,那么有的案件,如走私等犯罪案件,就没有人提起附带民事诉讼,犯罪分子违法所得的财物就无法追缴。因此,把追缴赃款赃物也纳入附带民事诉讼是不可取的。现在公、检、法机关依照职权直接处理赃款赃物,主动解决被害人的物质损失,既简便易行,又便于保护被害人的合法权益。

还有一种观点认为,被害人因被告人犯罪而失去的财物,也是被告人犯罪行为造成的物质损失。既然是犯罪行为造成的物质损失,就应当通过附带民事诉讼的方法来处理。这种观点有以下三个理由。

第一,《刑法》第64条规定包括两方面含义:一是由司法机关将犯罪分子违法所得的赃物依法采取诉讼保全措施,案件审结时或者没收上缴国库或者发还被害人;二是如果犯罪分子违法所得的财物还存在,应责令其退赔。这种形式的民事处理方法,从民法的角度来讲是返还财产、恢复原状或者赔偿损失。既然是民事问题,那么就应当通过民事诉讼的方法来处理。

第二,被害人因被告人的犯罪行为而失去的财物,也属于因犯罪行为而造成的损失。既然如此,就应当依照《刑事诉讼法》的规定,允许被害人提起附带民事诉讼,通过附带民事诉讼的程序处理。司法机关直接处理赃款赃物,容易出现问题,如发还的赃物不是被害人原来的物品,或者该发还的没有发还,甚至不是犯罪所得的财物,却误认为赃款赃物发还等。因此,仅凭司法机关自己擅断处理,难免不出问题。如果采用附带民事诉讼的方法解决,就可将赃款赃物的处理完全置于当事人的监督之下,既有利于司法机关严肃执法,也便于充分保护当事人的合法权益。

第三,将赃款赃物的处理问题纳入民事诉讼的范畴来解决,对于被告人违法所得的财物,并非无法解决,可以根据《刑法》或《中华人民共和国民法典》(以下简称《民法典》)的有关规定予以没收。总之,如果把《刑法》第64条的规定纳入民事诉讼的范畴来解决,利多弊少。

从《刑诉法解释》第176条的规定看,被告人非法占有、处置被害人财产的,应当依法予以追缴或者责令退赔。被害人提起附带民事诉讼的,人民法院不予受理。可见,最高人民法院的解释采纳了第一种观点。

本案中,被告人在实施信用卡诈骗罪时欠透支款本金人民币66,110.83元,经发卡银行多次催收超过3个月仍不归还。属于被告人非法占有、处置被害单位财产,应当依法予以追缴或者责令退赔。被害单位如果提起附带民事诉讼的,人民法院不予受理。

◎ **精神损失**

【案例9-3-03】牛某某涉嫌强奸案[1]

2021年7月,上海市第二中级人民法院判决维持了一起在刑事附带民事诉讼中支持精神损害赔偿请求的一审判决。该案中,被告人牛某某利用暴力手段,对智力残障的未成年人多次实施奸淫。受害人提起刑事附带民事诉讼,要求精神损害赔偿,公诉机关依据法律规定支持起诉,最终牛某某被判处有期徒刑10年,并向被害人一次性赔偿精神抚慰金3万元。

■ 法理与法律适用评析

2021年3月1日,《刑诉法解释》正式施行,该解释规定"因受到犯罪侵犯,提起附带民事诉讼或者单独提起民事诉讼要求赔偿精神损失的,人民法院一般不予受理"。与2012年《刑诉法解释》规定的"不予受理"相比,增加了"一般"二字,为精神损害赔偿开辟了空间。

本案成为2021年《刑诉法解释》实施后,上海法院首个在刑事附带民事案件中支持精神损害赔偿请求的案例,亦作为典型案例入选最高人民检察院《未成年人检察工作白皮书(2020)》。

---

〔1〕 李菁:《法院首次在刑事附带民事诉讼中支持精神损害赔偿,这是啥案子》,载澎湃新闻2021年7月15日,https://www.thepaper.cn/newsDetail_forward_13594694;王春霞:《未成年人遭性侵 首次获赔精神抚慰金》,载《中国妇女报》2021年6月9日,第5版。

在此类案件中,被害人在附带民事诉讼中请求赔偿精神抚慰金是否得到法院的支持,一直是司法实践中很受困扰的问题。《刑事诉讼法》第101条对刑事附带民事诉讼的赔偿范围仅限于“由于犯罪行为而遭受物质损失”,全国人大常委会编的《中华人民共和国刑事诉讼法释义》认为,被告人的犯罪行为对被害人所造成的损失,必须是被害人的物质损失,如果没有物质损失,也不能提起附带民事诉讼。这表明物质损失是提起附带民事诉讼的必要条件,“必须是被害人的物质损失”强调两点:一是损失只限于被害人的,而不包括证人等其他角色;二是损失必须是物质损失,而不包括精神损失。其中,将损失限定为物质损失的规定,是由于过去相当长的时间内,立法机关认为刑事诉讼的主要目的是惩罚犯罪,并认为通过惩罚犯罪本身已经可以在某种程度上安抚被害人的伤害,而被告人在服刑之后通常失去经济收入来源,因此立法机关认为,对附带民事诉讼的赔偿范围仅限于物质损失比较符合实际,有利于判决的执行。但随着对刑事诉讼打击犯罪与保护人权双重目标的认识,尤其是近年来对被害人权利保护的意识提升,对刑事附带民事诉讼的赔偿范围应当兼顾被害人利益的保护。并且本案的被害人是1名未成年的女孩,因此对本案被害人的保护,除了应当体现一般保护,还应当体现法律对未成年人身心的特殊保护。因此,审理该案的法官认为,以往的案件中,受害未成年人提出精神损害赔偿后,在审判实践中往往以和解的方式解决,而被告人就会要求被害人出具谅解书。这个和解的过程对受害人来说无疑是二次伤害。本案中,被告人的犯罪行为除造成被害人身体损害外,更多还造成了被害人的精神痛苦、心灵创伤。且由于被害人防卫能力弱,自我修复和调节能力不足,多种因素使其所受的伤害较一般刑事案件更为强烈。

2021年《刑诉法解释》第175条第2款规定:“因受到犯罪侵犯,提起附带民事诉讼或者单独提起民事诉讼要求赔偿精神损失的,人民法院一般不予受理。”这一解释对刑事诉讼中的精神抚慰金的赔偿请求,采用“一般不予受理”的表述,虽然没有明确予以支持,但也并未规定一概不予以受理。这表明这一条款赋予法官必要的自由裁量空间,也就是一般情况下,是不予受理的,但特殊情况下也可以受理。本案中,结合受害未成年人提出精神损害赔偿的具体情况,以及检察机关支持被害人提起刑事附带民事诉讼的理由,应当认为是具有法律依据的。

目前刑事附带民事诉讼的赔偿范围与民事诉讼相比还存在差距,但随着我国刑事诉讼保障人权的理念逐渐彰显,这一差距早晚会缩小甚至消失。特别是在《民法典》颁布之后,对公民精神损害赔偿的利益应当予以重视。《民法典》侵权责任编第1183条第1款规定，侵害自然人人身权益造成严重精神损害的，被侵权人有权请求精神损害赔偿。据审理该案的法官描述，本案被害人被性侵后脾气暴躁、害怕与陌生人接触、不敢一人睡觉，严重影响日常生活，可以认定牛某某的犯罪行为对其造成了“严重精神损害”。检察机关秉持对未成年人的优先保护原则，根据《民法典》的规定，支持被害人的民事诉讼请求于法不悖。综上所述，法院支持了刑事附带民事案件原告人的精神损害赔偿请求。

第四节 附带民事诉讼的审判原则

【案例9-4-01】郑某非法采伐、毁坏国家重点保护植物案[1]

2017年下半年，被告人郑某与兰某（另案处理）共谋采伐生长于荥经县××乡××村×组（小地名：大石板）姜某1家院坝外的一株地径约44厘米的红豆杉，二人支付姜某1相应价款、取得姜某1同意后，在未取得林木采伐许可证的情况下，雇请他人共同将该株红豆杉予以砍伐，并制成两米长的红豆杉木材装车运走。2017年年底，郑某伙同陈某1（另案处理）、谢某1（在逃）将生长于荥经县××乡××村×组（小地名：陈家山）谢某2家林地内的一株地径约56厘米的红豆杉盗伐，制成两段两米长的木材后搬运下山装车运走。2018年1月，郑某伙同他人将生长于荥经县××乡××村×组谢某2家林地内的一株地径约36厘米的红豆杉盗伐，制成两段两米长的木材后搬运下山装车运走。郑某等人采伐的三株红豆杉，属国家一级重点保护植物，立木蓄积3.8091立方米。2018年8月2日，郑某被公安机关抓获。

另查明，2018年12月荥经县林业调查规划设计队受委托编制《郑某非法采伐国家重点保护植物案责令补种树木栽植方案》、出具《关于郑某非法采伐国家重点保护植物案责令补种树木栽植方案的情况说明》，对补植树种、数量、地点、时间、树木规格、树木株行距、栽植穴、栽植施工工艺和管护期限等进行设计，明确补种桢楠树30株，连续3年进行管护和补植，保证三年保存率达85%，概算补植树木的费用为人民币9300元。该方案的编制费用为人民币2000元。

---

[1] 四川省雅安市中级人民法院刑事判决书，(2019)川18刑初7号。

案件审理过程中,郑某委托家属在荥经县补植复绿警示教育基地(荥经县大田坝乡同乐村4组)补种桢楠树30株。

法理与法律适用评析

附带民事诉讼审理的原则,在我国立法中并无明文规定。根据《刑事诉讼法》和《民事诉讼法》的基本原则及相关规定,结合附带民事诉讼的特点,附带民事诉讼审理的原则主要体现在如下五个方面:

一是刑事、民事案件合并处理的原则。《刑事诉讼法》第104条规定:"附带民事诉讼应当同刑事案件一并审判,只有为了防止刑事案件审判的过分迟延,才可以在刑事案件审判后,由同一审判组织继续审理附带民事诉讼。"本案中,法院通过将刑事部分与附带民事部分由同一审判组织合并审理,不仅节约了司法资源,节省了时间,而且能够综合考虑被告人的刑事责任和民事责任,保证最后判决的可执行性和可接受性。

二是简化诉讼程序的原则。附带民事诉讼虽然也要严格遵守法定的诉讼程序,但与民事诉讼程序相比,有不少简化之处。例如,允许民事当事人用口头方式进行起诉和答辩,允许在刑事诉讼过程中提起附带民事诉讼,允许民事当事人用口头方式进行答辩,当事人无须交纳诉讼费用等。

三是对提起的附带民事诉讼及时审理的原则。在刑事诉讼中,被害人对被告人犯罪行为所造成的损失提起附带民事诉讼。随着诉讼进程的推移,被告人的犯罪行为被证实。司法机关对已经提起的附带民事诉讼要进行及时处理。

四是实事求是确定赔偿的原则。实事求是是我们各项工作的指导思想,也是我国附带民事诉讼立法、司法的根本原则。要实事求是地对待被告人和被害人的赔偿要求,一要查明真相,二要分清是非,三要合理认定。首先,要正确确定被告人应承担赔偿责任的程度和数额;其次,要查明被告人的实际赔偿能力;最后,要根据被告人应承担赔偿的责任程度、数额,被告人实际的赔偿能力,实事求是地解决被告人的赔偿问题。

五是着重调解的原则。用调解方式解决民事纠纷,这是我国民事诉讼的突出特点,也是我国民事诉讼基本原则之一。《刑事诉讼法》第103条规定:"人民法院审理附带民事诉讼案件,可以进行调解,或者根据物质损失情况作出判决、裁定。"这既有利于简化诉讼程序,方便当事人诉讼,又有利于实事求是地确定赔偿问题,迅速、彻底地解决民事纠纷。但调解并不是每一个附带民事诉讼的必经程序，在执行调解程序时，必须坚持以事实为根据、以法律为准绳，尊重民事当事人的意愿等原则。同时，人民检察院作为附带民事诉讼原告人提起诉讼的，法院不得进行调解，应当依法判决附带民事诉讼被告人承担或不承担赔偿责任。

第五节 附带民事诉讼的审理

【案例9－5－01】李某才、郭某故意伤害一审刑事案〔1〕

2018年6月24日22时许，被告人郭某、李某才伙同郭某光等人在某市盘龙区穿金路某医院急诊室内因看病问题与值班医生被害人詹某发生纠纷，后被告人郭某、李某才、郭某光等人将被害人詹某打伤。经鉴定：被害人詹某的伤情为轻伤二级。2018年6月24日，被告人郭某、李某才被公安机关抓获。

刑事附带民事诉讼原告人詹某以被告人李某才、郭某的犯罪行为给其身体上和经济上造成损失为由，向法院提起刑事附带民事诉讼，请求法院依法追究被告人李某才、郭某的刑事责任，并判令二被告人赔偿原告人经济损失共计人民币92,605.86元，其中包括医疗费、后期医疗费、误工费、护理费、住院伙食补助费、营养费、鉴定费、交通费、精神赔偿金。同时刑事附带民事诉讼原告人詹某向法庭提交了身份证明、军官证、病历资料及费用清单、司法鉴定意见书及鉴定费发票、收入证明等证据以证明其诉讼请求。

庭审中，被告人李某才、郭某对公诉机关指控其二人犯故意伤害罪的犯罪事实及罪名无异议，当庭表示认罪、悔罪。对于刑事附带民事诉讼原告人提出的诉讼请求，被告人李某才、郭某表示愿意在合理范围内进行民事赔偿，经法庭当庭调解，原告人提出在调解的基础上可以将诉讼请求降低到人民币50,000元，但庭后双方未就附带民事部分达成调解协议并履行。

刑事附带民事诉讼原告人的代理人对公诉机关指控被告人李某才、郭某的犯罪事实及罪名无异议，当庭重申了原告人的诉讼请求，希望法庭支持原告人的诉讼请求。

法院认为，被告人李某才、郭某故意伤害他人身体健康，致一人轻伤，其二人的行为已构成故意伤害罪。被告人李某才、郭某基于伤害他人的共同故意，

〔1〕 云南省昆明市盘龙区人民法院刑事判决书，(2019)云0103刑初51号。

均积极实施了对被害人拳打脚踢的伤害行为，故本案系一般共同犯罪，不宜区分主从关系。被告人李某才、郭某当庭认罪，可酌情从轻处罚。对刑事附带民事诉讼原告人的代理人所提代理意见已予以注意。

对于刑事附带民事诉讼原告人詹某主张的赔偿诉求，根据刑事部分在案证据以及原告人所提交证据，法院综合认定被告人李某才、郭某应当连带承担合计人民币20,276.52元的民事赔偿责任。判决被告人李某才犯故意伤害罪，判处有期徒刑1年。被告人郭某犯故意伤害罪，判处有期徒刑1年。被告人李某才、郭某连带赔偿刑事附带民事诉讼原告人詹某医疗费、后期治疗费、鉴定费、误工费、护理费、住院伙食补助费、营养费、交通费，共计人民币20,276.52元。驳回刑事附带民事诉讼原告人詹某的其他诉讼请求。

■ 法理与法律适用评析

人民法院受理附带民事诉讼后，应当及时向附带民事被告人，送达附带民事起诉状副本，或者口头告知起诉的内容，并制作笔录。被告人是未成年的，应当将附带民事起诉状副本送达他的法定代理人，或者将口头起诉的内容告知他的法定代理人。人民法院送达附带民事起诉状副本时，还要根据刑事案件审理期限，确定被告人提交民事答辩状的期限。

人民法院对附带民事诉讼案件可以先行调解。法院应当根据查清的事实，在自愿、合法的基础上进行。经调解的，应当及时制作调解书，送达双方当事人后即发生法律效力。调解达成协议并当庭执行完毕的，可以不制作调解书，但是，经双方当事人、审判人员、书记员签名或者盖章后即生效。调解未达成协议或者调解书未送达前当事人一方反悔的，民事诉讼应通过审判解决。例如，在本案中，被告人李某才、郭某表示愿意在合理范围内进行民事赔偿，经法庭当庭调解，原告人提出在调解的基础上可以将诉讼请求降低到人民币50,000元。

在审理有附带民事诉讼的刑事案件时，应合理协调两种程序，本着“先刑后民”、减少重复劳动的原则进行。法庭审理刑事案件所调查核实的证据，查清的案件事实情况，适用于附带民事诉讼，不需要重复调查。开庭时，审判长应一并查明刑事当事人与附带民事当事人的身份等事项；宣布案由时应一并宣布附带民事诉讼的案由；宣布合议庭成员、书记员、公诉人、鉴定人、翻译人员后，要和告知刑事当事人一样，同时告知附带民事诉讼当事人有申请回避的权利和庭审中的其他诉讼权利。法庭调查阶段，在公诉人宣读起诉书后，应接着由附带民事诉讼原告人宣读附带民事起诉状,或口头陈述附带民事诉讼请求。被害人或其法定代理人就刑事问题向被告人发问后,附带民事诉讼原告人或其法定代理人、委托代理人等,经审判长许可,可以对刑事被告人就有关附带民事诉讼的事实情况发问。法庭宣读未到庭的证人证言笔录、鉴定人的鉴定意见和其他作为证据的文书时,应包括有关附带民事诉讼的各种证据,附带民事诉讼的当事人都有权对此发表意见。在法庭审理过程中,附带民事诉讼当事人有权就民事部分申请通知新的证人到庭、调取新的物证、申请重新鉴定或勘验。法庭辩论时,根据《刑事诉讼法》和《民事诉讼法》的规定,有附带民事诉讼的法庭辩论的顺序为:在公诉人发言后,由附带民事诉讼原告人及其诉讼代理人发言,在刑事被告人陈述辩护,辩护人进行辩护后,由附带民事诉讼被告人及其诉讼代理人答辩,然后双方依次就刑事问题进行辩论,就附带民事诉讼问题进行辩论。在被告人最后陈述阶段,根据《刑事诉讼法》和《民事诉讼法》的有关规定,应先由刑事被告人作最后陈述,然后由审判长按照附带民事诉讼原告人、被告人的顺序,征求他们的最后意见。根据《民事诉讼法》的规定,此时法庭还可以对附带民事诉讼问题进行调解。合议庭在评议和宣判时,应对刑事部分和附带民事部分一并进行评议和作出判决、宣判。经评议,即使认定公诉案件被告人的行为不构成犯罪,对已经提起的附带民事诉讼,仍应由该审判组织作出刑事附带民事判决。

根据民事诉讼的处分原则,附带民事诉讼在审结之前,原告人要求撤诉的,人民法院应当允许。但是,国家、集体财产遭受损失,被告人又有赔偿能力的,人民检察院或者受损害单位不能要求撤诉,因为对国家、集体财产,任何人无权随意处置。

关于附带民事诉讼的上诉和抗诉,根据《刑事诉讼法》的规定,附带民事诉讼的当事人和人民检察院,对地方各级人民法院一审判决、裁定附带民事部分不服,有权提出上诉或抗诉。对附带民事诉讼上诉或抗诉的案件,刑事部分已经超过上诉期限而没有上诉的,判决的刑事部分应当生效。也就是说附带民事诉讼部分的抗诉,对刑事部分没有约束力,不能因对附带民事部分的上诉或抗诉而延长刑事判决的生效时间。第二审人民法院对附带民事上诉或抗诉的案件进行审理时,如果发现刑事部分有错误,必须予以纠正的,应当按照审判监督程序解决。这样既严格执行了法律,又可纠正一审不当的判决。对判决的刑事部分提起上诉或抗诉的案件,附带民事部分没有上诉或抗诉的,该部分判决也不能生效。刑事部分的上诉或抗诉对民事部分有连带上诉的作用。这是因为刑事部分认定的案件事实适用于附带民事部分,刑事部分事实认定如果有错误,势必影响民事部分的判决。

关于附带民事诉讼的财产保全,有权提起附带民事诉讼的人因情况紧急,不立即申请保全将会使其合法权益受到难以弥补的损害的,可以在提起附带民事诉讼前,向被保全财产所在地、被申请人居住地或者对案件有管辖权的人民法院申请采取保全措施。申请人在人民法院受理刑事案件后15日内未提起附带民事诉讼的,人民法院应当解除保全措施。人民法院受理附带民事诉讼以后,为了保证作出赔偿经济损失的判决能够顺利执行,在必要的时候,可以查封、扣押被告人的财产和采取其他财产保全措施。人民法院采取财产保全措施,一般应根据附带民事诉讼原告人的请求。如果法院认为必要,也可依照职权作出财产保全决定。对被告人的财产采取财产保全措施时,应以个人的财产为限;查封、扣押的数量,应以足够赔偿为限。

■ 法条链接

《刑法》第64条;《刑事诉讼法》第101条;《刑诉法解释》第167条。

■ 参考文献

1. 李少平主编:《最高人民法院关于适用〈中华人民共和国刑事诉讼法〉的解释理解与适用》,人民法院出版社2021年版。
2. 陈立斌主编:《刑事附带民事诉讼案件审理精要》,人民出版社2018年版。
3. 叶青主编:《刑事诉讼法学》(第4版),上海人民出版社、北京大学出版社2020年版。
4. 姚建龙、陈子航:《"牛某某性侵未成年人案"观点聚讼与辨正——对新〈刑诉法解释〉第175条的理解与适用》,载《上海政法学院学报》2022年第2期。
5. 周新:《刑事附带民事公益诉讼研究》,载《中国刑事法杂志》2021年第3期。

第十章　期间和送达

第一节　期　　间

Ⅰ 期间的概述

刑事诉讼期间,是指公安机关、人民检察院、人民法院进行刑事诉讼,以及诉讼当事人和其他诉讼参与人参加刑事诉讼必须遵守的时间期限。

期间由法律直接规定,又称法定期间。法律规定的期间有两类:司法机关应当遵守的期间和当事人以及其他诉讼参与人应当遵守的期间。

期日与期间不同,它是指司法机关和诉讼参与人共同进行刑事诉讼活动的特定时间。两者的区别在于:第一,规定的来源不同。期间由法律规定;期日由司法机关具体承办人确定。第二,遵守的对象不同。期间由司法机关或诉讼参与人一方遵守;期日往往需要双方共同遵守。第三,起止日期的规定不同。期间有明确的开始、结束时间;期日只规定开始的时间,不规定终止的时间。第四,稳定性不同。期间由法律明确规定,不能任意变更;期日由司法机关指定,遇重大理由时可以调整。

期间的重要意义表现在:首先,有利于保证准确、及时、合法地处理案件,提高办案效率。其次,能够保护当事人的合法权益不受侵犯,防止久押不结不判等违法现象发生。最后,有利于维护法律的严肃性,保障其正确实施。

Ⅱ 法定期间

◎ 强制措施期间

【案例 10－1－01】郁某某涉嫌交通肇事案〔1〕

2017 年 12 月 28 日,邳州市公安局对犯罪嫌疑人郁某某涉嫌交通肇事罪

〔1〕 王根:《邳州市院案管科强化案件受理审查　纠正超期羁押行为》,载邳州市人民检察院网,http://xzpz.jsjc.gov.cn/jianwu/dwjs/201804/t20180408_343539.shtml。

刑事拘留,后延长拘留期限至2018年1月4日,但直至2018年1月5日,公安机关才将此案移送邳州市人民检察院提请批准逮捕。邳州市人民检察院在受理案件时发现,公安机关提请批准逮捕的郁某某涉嫌交通肇事一案,存在超期羁押问题。邳州市人民检察院向公安机关发出纠正违法通知书,及时纠正了这一违法行为。

■ 法理与法律适用评析

根据《刑事诉讼法》及《刑诉法解释》的规定,强制措施的期间规定如下:

对犯罪嫌疑人、被告人传唤、拘传持续的时间不得超过12小时;案情特别重大、复杂,需要采取拘留、逮捕措施的,传唤、拘传持续的时间不得超过24小时。

对犯罪嫌疑人、被告人取保候审最长不得超过12个月,监视居住最长不得超过6个月。

公安机关对被拘留的人认为需要逮捕的,应当在拘留后3日内提请人民检察院审查批准。特殊情况下,可以将提请审查批准的时间延长1日至4日;对于流窜作案、多次作案、结伙作案的重大嫌疑分子,提请审查批准的时间可以延长至30日。人民检察院应当在接到公安机关提请批准逮捕书的7日以内,作出批准逮捕或者不批准逮捕的决定。人民检察院对直接受理的案件中被拘留的人,认为需要逮捕的,应当在14日以内作出决定。在特殊情况下,决定逮捕的时间可以延长1日至3日。

本案中,郁某某的刑事拘留期限至2018年1月4日届满,公安机关于2018年1月5日才将此案移送检察机关提请批准逮捕。《刑事诉讼法》第91条第1款规定:"公安机关对被拘留的人,认为需要逮捕的,应当在拘留后的三日以内,提请人民检察院审查批准。在特殊情况下,提请审查批准的时间可以延长一日至四日。"该案中公安机关提请批捕的时间不符合法律规定,存在超期羁押问题。

◎ 侦查羁押期间

【案例 10-1-02】陶某盗窃案〔1〕

2014 年 6 月 4 日，南昌市东湖区公安局以陶某涉嫌盗窃电动车，向南昌市东湖区人民检察院提请批准逮捕，南昌市东湖区人民检察院于 6 月 9 日作出批准逮捕决定。2015 年 1 月 9 日，南昌市东湖区人民检察院发现陶某被逮捕羁押后，既未办理延长羁押手续，也未移送审查起诉，在近 150 天的时间里一直处于无法律依据的羁押状态。该院向公安机关发出纠正违法通知书，要求立即对犯罪嫌疑人变更强制措施，并向看守所发出检察建议。

■ 法理与法律适用评析

对犯罪嫌疑人逮捕后的侦查羁押期限不得超过 2 个月。案情复杂、期限届满不能终结的案件，可以经上一级人民检察院批准延长 1 个月；对于交通十分不便的边远地区的重大复杂案件，重大的犯罪集团案件，流窜作案的重大复杂案件，犯罪涉及面广、取证困难的重大复杂案件，在上述 3 个月侦查羁押期限内不能侦查终结的，经省、自治区、直辖市人民检察院批准或决定，可以延长 2 个月；对犯罪嫌疑人可能判处 10 年以上刑罚的，依照前述规定延长 2 个月，仍不能侦查终结的，经省、自治区、直辖市人民检察院批准或决定，可以再延长 2 个月；因为特殊原因，在较长时间内不宜交付审判的特别重大复杂案件由最高人民检察院报请全国人大常委会批准延期审理。

在侦查期间，发现犯罪嫌疑人另有重要罪行的，自发现之日起重新计算侦查羁押期限。犯罪嫌疑人不讲真实姓名、住址，身份不明的，应当对其身份进行调查，侦查羁押期限自查清其身份之日起计算，但是不得停止对其犯罪行为的侦查取证。

陶某盗窃案中，陶某于 2014 年 6 月 9 日被批准逮捕，但是直到 2015 年 1 月 9 日才发现陶某被逮捕羁押后，既未办理延长羁押手续，也未移送审查起诉。《刑事诉讼法》第 98 条规定："犯罪嫌疑人、被告人被羁押的案件，不能在本法规定的侦查羁押、审查起诉、一审、二审期限内办结的，对犯罪嫌疑人、被告人应当

---

〔1〕 赵志强：《依靠跟踪倒查机制，江西监督纠正一例超期羁押 150 天案，获评全国检察机关"优秀侦查活动监督案件"》，载微信公众号"江西检察"2016 年 6 月 8 日，https://mp.weixin.qq.com/s/PWXtTcDtHpjLxJtL9o8P1Q。

予以释放；需要继续查证、审理的，对犯罪嫌疑人、被告人可以取保候审或者监视居住。”在未办理延长羁押手续，侦查羁押期间届满后，应当对犯罪嫌疑人予以释放；需要继续查证、审理的，对犯罪嫌疑人、被告人可以取保候审或者监视居住。

◎ **审查起诉期间**

【案例 10－1－03】多某某不起诉案〔1〕

2022 年 1 月 20 日多某某因涉嫌诈骗罪被洛隆县公安局取保候审，洛隆县公安局于 1 月 24 日向洛隆县人民检察院移送审查逮捕，洛隆县人民检察院于 2022 年 1 月 30 日以事实不清、证据不足为由不批准逮捕，洛隆县公安局于 2022 年 3 月 13 日移送洛隆县人民检察院审查起诉，2022 年 4 月 11 日洛隆县人民检察院退回公安机关补充侦查，公安机关于 2022 年 5 月 11 日补充侦查后再次移送洛隆县人民检察院审查起诉。洛隆县人民检察院审查认为公安机关认定的犯罪事实不清、证据不足，于 2022 年 6 月 1 日对多某某作出不起诉决定。

■ 法理与法律适用评析

审查起诉期间一般不得超过 1 个月；重大、复杂的案件，可以延长 15 日。犯罪嫌疑人认罪认罚，符合速裁程序适用条件的，应当在 10 日内作出决定，对可能判处的有期徒刑超过 1 年的，可以延长至 15 日。对于需要补充侦查的案件，应当在 1 个月以内补充侦查完毕。

在多某某不起诉案中，公安机关提请检察院批准逮捕的期间符合法律规定。由于犯罪嫌疑人未被羁押，公安机关移送检察院审查起诉的期间也符合法律的规定。根据《刑事诉讼法》第 175 条有关人民检察院退回公安机关补充侦查的期间为 1 个月以及第 172 条有关审查起诉期间的法律规定，该案的退回补充侦查和审查起诉的期间均在法律规定的期间内。

◎ **一审、二审、再审期间**

【案例 10－1－04】曾某某国家赔偿案〔2〕

2003 年 10 月 29 日曾某某、陈某某因涉嫌故意杀人罪被湘潭市公安局刑

〔1〕 洛隆县人民检察院多某某诈骗案不起诉决定书，洛检刑不诉（2022）3 号。
〔2〕 中华人民共和国最高人民法院赔偿委员会赔偿决定书，（2018）最高法委赔监 16 号。

事拘留,同年11月11日被批准逮捕,2004年6月15日,湘潭市人民检察院向湘潭市中级人民法院提起公诉。在诉讼过程中附带民事诉讼原告人周某某等提起了附带民事诉讼。曾某某先后三次被法院以犯故意杀人罪判处死刑,均被上级法院发回重审;2011年8月23日,湖南省高级人民法院将案件再次发回湘潭市中级人民法院重审,直到2015年7月21日,湘潭市中级人民法院判决宣告曾某某无罪,并当庭释放。曾某某于2015年11月12日以重审无罪为由,向湘潭市中级人民法院申请国家赔偿。

■ 法理与法律适用评析

公诉案件的一审审理期间为2个月,至迟不得超过3个月。对于可能判处死刑的案件或者附带民事诉讼的案件,以及有《刑事诉讼法》第158条规定情形之一的,经上一级人民法院批准,可以延长3个月;因特殊情况还需延长的,报请最高人民法院批准。适用简易程序审理案件,人民法院应当在受理后20日以内审结。对可能判处的有期徒刑超过3年的,可以延长至一个半月。适用速裁程序审理案件,人民法院应当在受理后10日以内审结;对可能判处的有期徒刑超过1年的,可以延长至15日。

自诉案件的一审审理期间,被告人被羁押的适用公诉案件的审理期间,未被羁押的,应当在受理后6个月以内宣判。

二审案件的审理期间为2个月。对于可能判处死刑的案件或者附带民事诉讼的案件,以及有《刑事诉讼法》第158条规定情形之一的,经省、自治区、直辖市高级人民法院批准或者决定,可以延长2个月;因特殊情况还需要延长的,报请最高人民法院批准。最高人民法院受理上诉、抗诉案件的审理期限,由最高人民法院决定。

人民法院按照审判监督程序重新审判的案件,应当在作出提审、再审决定之日起3个月以内审结,需要延长期限的,不得超过6个月。

曾某某故意杀人案,先后3次被上级法院发回重审,最后一次发回重审为2011年8月23日,作出判决之日为2015年7月21日。《刑事诉讼法》第241条规定:“第二审人民法院发回原审人民法院重新审判的案件,原审人民法院从收到发回的案件之日起,重新计算审理期限。”第208条第1款规定:“人民法院审理公诉案件,应当在受理后二个月以内宣判,至迟不得超过三个月。对于可能判处死刑的案件或者附带民事诉讼的案件,以及有本法第一百五十八条规定情形之一的,经上一级人民法院批准,可以延长三个月;因特殊情况还需要延长的，报请最高人民法院批准。”湘潭市中级人民法院第四次作为一审法院审理该案时，未经上一级人民法院和最高人民法院批准延长审限，因此，曾某某故意杀人案严重超过一审的审理期限。

◎ 申诉、上诉、抗诉的期间

被害人如果不服人民检察院的不起诉决定，可以在收到决定书后 7 日以内向上一级人民检察院提出申诉。被不起诉人如果对于人民检察院因“犯罪情节轻微，依照《刑法》规定不需要判处刑罚或者免除刑罚的”而作出的不起诉决定，可以自收到决定书后 7 日以内向人民检察院申诉。当事人等不服人民法院已经发生法律效力的判决、裁定的申诉，刑事诉讼法无明确的期限规定。

不服第一审判决的上诉、抗诉期限为 10 日；不服第一审裁定的上诉、抗诉期限为 5 日。被害人及其法定代理人不服地方各级人民法院第一审判决的，自收到判决书后 5 日以内，有权请求人民检察院提出抗诉。人民检察院自收到被害人及其法定代理人的请求后 5 日以内，应当作出是否抗诉的决定，并且答复请求人。

◎ 通知、送达期间

拘留犯罪嫌疑人，除无法通知或者涉嫌危害国家安全犯罪、恐怖活动犯罪通知可能有碍侦查的情形以外，应当在拘留后 24 小时以内，通知被拘留人的家属。逮捕犯罪嫌疑人、被告人，除无法通知的以外，应当在逮捕后 24 小时以内，通知被逮捕人的家属。指定居所监视居住的，除无法通知的以外，应当在执行监视居住后 24 小时以内，通知家属。

人民法院决定开庭审判后，应当将人民检察院的起诉书副本至迟在开庭 10 日以前送达被告人及其辩护人。人民法院确定开庭日期后，应当将传票和通知书至迟在开庭 3 日以前送达。当庭宣告判决的，应当在 5 日内将判决书送达当事人和人民检察院。

◎ 其他诉讼期间

（一）委托律师及其他辩护人、诉讼代理人的期限

犯罪嫌疑人在被侦查机关第一次讯问或者采取强制措施之日起有权委托辩护人；被告人有权随时委托辩护人。侦查机关在第一次讯问犯罪嫌疑人或者对犯罪嫌疑人采取强制措施的时候，应当告知犯罪嫌疑人有权委托辩护人。

人民检察院自收到移送审查起诉的案件材料之日起3日以内,应当告知犯罪嫌疑人有权委托辩护人。人民法院自受理自诉案件之日起3日以内,应当告知被告人有权委托辩护人。

被害人及其法定代理人或者近亲属,附带民事诉讼的当事人及其法定代理人,自案件移送审查起诉之日起,有权委托诉讼代理人。人民检察院自收到移送审查起诉的案件材料之日起3日以内,应当告知被害人及其法定代理人或者其近亲属、附带民事诉讼的当事人及其法定代理人有权委托诉讼代理人。自诉案件的自诉人及其法定代理人,附带民事诉讼的当事人及其法定代理人,有权随时委托诉讼代理人。人民法院自受理自诉案件之日起3日以内,应当告知自诉人及其法定代理人、附带民事诉讼的当事人及其法定代理人有权随时委托诉讼代理人。

(二)移送案件材料期限

当事人通过原审人民法院提出上诉的,原审人民法院应当在3日以内将上诉状连同案卷、证据移送上一级人民法院,同时将上诉状副本送交同级人民检察院和对方当事人;当事人直接向第二审人民法院提出上诉的,第二审人民法院应当在3日以内将上诉状交原审人民法院送交同级人民检察院和对方当事人。第二审人民法院决定开庭审理的公诉案件,第二审人民法院应当在决定开庭审理后及时通知人民检察院查阅案卷。人民检察院应当在1个月内查阅完毕,人民检察院查阅案卷的时间不计入审理期限。

(三)死刑执行期限

下级人民法院接到最高人民法院执行死刑的命令后,应当在7日以内交付执行。

(四)变更执行的监督期限

人民检察院认为暂予监外执行不当的,应当自接到通知之日起1个月以内将书面意见送交决定或者批准暂予监外执行的机关;决定或批准暂予监外执行的机关接到人民检察院的书面意见后,应当立即对该决定进行重新核查。

人民检察院认为人民法院减刑、假释的裁定不当,应当自收到裁定书副本后20日以内,向人民法院提出书面纠正意见。人民法院应当在收到纠正意见后的1个月内重新组成合议庭进行审理,作出最终裁定。

(五)申请恢复期间的期限

当事人由于不能抗拒的原因或者有其他正当理由而耽误期限的,在障碍消除后5日以内,可以申请继续进行应当在期满以前完成的诉讼活动。

Ⅲ 期间的计算

◎ 期间的计算标准与计算方法

【案例 10－1－05】莫某某盗窃案[1]

2020 年 3 月 13 日犯罪嫌疑人莫某某因涉嫌盗窃罪被海南省定安县公安局刑事拘留，海南省定安县人民检察院于 4 月 17 日批准逮捕，定安县公安局当天执行逮捕，后于 6 月 22 日将该案移送审查起诉。在审查起诉过程中，承办检察官发现莫某某的侦查羁押期限超期，并将有关情况告知该检察院执检部门。经核查，莫某某的法定侦查羁押期限届满日应是 6 月 18 日，定安县公安局在其羁押期限届满前并未提请批准延长侦查羁押期限，也并未在法定时间内将该案移送审查起诉，直至 6 月 22 日才将该案移送检察院，至此，莫某某已被超期羁押，其合法权益已受到侵犯。对此，检察院依法发出纠正违法通知书，定安县公安局予以采纳并将纠正情况告知检察院。

■ 法理与法律适用评析

我国刑事诉讼的期间以时、日、月为计算单位。以时计算的，如传唤、拘传持续的时间不得超过 12 小时；案情重大、复杂，需要采取拘留、逮捕措施的，传唤、拘传持续的时间不得超过 24 小时。以日计算的，如人民法院应当至迟在开庭 10 日以前将人民检察院起诉书副本送达被告人及其辩护人。以月计算的，如对于补充侦查的案件，应当在 1 个月以内补充侦查完毕。期间的计算方法有以下四部分内容：

第一，《刑事诉讼法》第 105 条第 2 款规定："期间开始的时和日不算在期间以内。"以时为单位计算的期间，从第二时开始计算。例如，6 日上午 9 时拘传犯罪嫌疑人，拘传期限 12 小时，应从 6 日上午 10 时起算。以日为单位计算的期间，从第二日开始计算。例如，被告在 5 月 4 日接到判决书，上诉期限为 10 日，应从 5 月 5 日起算。

第二，根据最高人民法院的司法解释，以月计算的期限，自本月某日至下月同日为一个月，半月一律按 15 日计算期限。例如，本月 1 日收案至下一个月 1 日为审查起诉期间。若期满日为本月最后一日的，至下月最后一日为一

---

〔1〕 李轩甫、谢仁亮：《监督纠正一起超期羁押案件》，载《检察日报》2020 年 9 月 1 日，第 2 版。

月。但如果下月同日不存在的,应当将期满日向前移,也就是以期满月的最后一日为期满日,而不得向后顺延到再下一个月。例如,人民检察院1月31日将案卷退回公安机关补充侦查,公安机关补充侦查的期满之日本应是“2月31日”,但由于2月没有31日,所以此时的期满之日应是当年2月的最后一日,即28日或者29日。

第三,《刑事诉讼法》第105条第4款规定:“期间的最后一日为节假日的,以节假日后的第一日为期满日期,但犯罪嫌疑人、被告人或者罪犯在押期间,应当至期满之日为止,不得因节假日而延长。”如被告人上诉期的届满之日为10月1日,则应顺延至国庆节后的第1个工作日。

第四,《刑事诉讼法》第105条第3款规定:“法定期间不包括路途上的时间。上诉状或者其他文件在期满前已经交邮的,不算过期。”例如,公安机关在异地执行拘留后带回本地,则返回途中所需的时间就不能计算在拘留后应当在24小时以内讯问的时间上;通过邮寄的上诉状或者其他文件,只要是在法定期间内交邮的,即使司法机关收到时已过法定期限也不算过期,上诉状或其他文件是否在法定期限内交邮以当地邮局所盖邮戳为准。

本案中,公安机关2020年4月17日对莫某某执行逮捕,该案的侦查羁押期限应从4月18日开始计算2个月,即6月18日侦查羁押期限届满。定安县公安局于6月22日才将该案移送审查起诉的做法是错误的,属于超期羁押。

◎ 期间计算中的特殊规定

【案例10-1-06】郑某某、陈某某组织、领导传销活动案[1]

2017年6月28日、30日,陈某某、郑某某因涉嫌组织、领导传销活动罪分别被中山市公安局东凤分局刑事拘留,同年7月26日被执行逮捕。2018年3月15日,广东省中山市第二人民法院作为一审法院受理本案,并于同年6月12日向广东省中山市第二市区人民检察院出具调取证据材料建议书。因需要补充侦查,检察院于同年6月14日向法院出具延期审理建议书,法院于6月15日决定对本案延期审理,7月12日检察院向一审法院建议恢复庭审。2018年10月9日一审法院再次向检察院出具调取证据材料建议书,于是检察院在10月11日因补充侦查再次向法院建议延期审理,法院于10月12日

---

〔1〕 广东省中山市中级人民法院刑事裁定书,(2019)粤20刑终30号。

决定对本案延期审理,11月9日检察院向一审法院建议恢复庭审。法院最终于2018年12月17日作出一审判决,并于12月21日宣判。郑某某提出上诉,认为一审审判程序存在严重的超期情况,远超过法律规定的3个月,达到9个月才结案,是导致量刑畸重的重要原因。

经过二审审理,广东省中山市中级人民法院认为:“人民检察院补充侦查的案件,补充侦查完毕移送人民法院后,人民法院重新计算审理期限。可见,一审法院审理本案并不违反上述法律规定的审理期限。”因此,该上诉理由不能成立,法院不予采纳。

■ 法理与法律适用评析

重新计算期间的法定情形包括:

(1)在侦查期间,发现犯罪嫌疑人另有重要罪行的,自发现之日起重新计算侦查羁押期限。

(2)公安机关或者人民检察院补充侦查完毕后移送至人民检察院或者人民法院的,人民检察院或者人民法院重新计算审查起诉期限或者审理期限。

(3)人民检察院或者人民法院改变管辖的公诉案件,从改变后的人民检察院或者人民法院收到案件之日起计算审查起诉期限或者审理期限。

(4)第二审人民法院发回原审人民法院重新审判的案件,原审人民法院从收到发回的案件之日起,重新计算审理期限。

(5)简易程序转为普通程序的第一审刑事案件,从决定转为普通程序的次日起重新计算审理期限。

在本案中,中山市第二市区人民检察院于2018年6月14日、10月11日因案件需要补充侦查,分别向一审法院提出延期审理的建议,根据《刑事诉讼法》第205条的规定,人民检察院应当在1个月以内补充侦查完毕,因此人民检察院于7月12日以及11月9日建议恢复庭审符合要求。人民检察院补充侦查完毕后移送至人民法院的,人民法院重新计算审理期限,故同年7月12日以及11月9日人民法院重新计算审限。依照《刑事诉讼法》第208条第1款的规定,人民法院审理公诉案件,应当在受理后2个月以内宣判,至迟不得超过3个月。因此,本案中一审法院于2018年12月17日作出一审判决并未超过法定审理期限。二审法院经过审查认为原审法院没有超期审理,不予采纳该上诉理由的做法是正确的。

【案例 10 -1 -07】何某以危险方法危害公共安全案[1]

2017 年 8 月 31 日被告人何某涉嫌以危险方法危害公共安全罪,被广州市番禺区公安分局刑事拘留,于 2018 年 1 月 25 日被逮捕,其间司法鉴定机构于 2017 年 9 月 5 日接受委托对何某案发时的精神状态及刑事责任能力进行鉴定,并于 2018 年 1 月 16 日出具了鉴定意见。2018 年 6 月 5 日,广州市番禺区人民法院作出一审判决。何某不服提起上诉,认为本案对何某从刑事拘留起至逮捕止接近 5 个月,侦查程序违法。

广州市中级人民法院经过二审审理认定:"本案中,去除对上诉人何某案发时的精神状态及刑事责任能力进行司法鉴定的时间,司法机关对上诉人何某采取强制措施的期限并未违反法律的规定,该上诉意见理由不成立,本院不予采纳。"

■ 法理与法律适用评析

不计入法定期间的法定情形包括:

(1)对犯罪嫌疑人、被告人作精神病鉴定的期间不计入办案期限。

(2)对于监察机关移送起诉的已采取留置措施的案件,人民检察院应当对犯罪嫌疑人先行拘留,人民检察院应在拘留后的 10 日内作出是否逮捕、取保候审或者监视居住的决定。人民检察院决定采取强制措施的期间不计入审查起诉期限。

(3)犯罪嫌疑人不讲真实姓名、住址,身份不明的,侦查羁押期限自查清其身份之日起计算,但是不得停止对其犯罪行为的侦查取证。对于犯罪事实清楚,证据确实、充分,确实无法查明其身份的,也可以按其自报的姓名起诉、审判。

(4)法院中止审理的期间不计入审理期限。

(5)第二审人民法院决定开庭审理后通知人民检察院查阅案卷,人民检察院应在一个月以内查阅完毕,其查阅案卷的时间不计入审理期限。

(6)最高人民法院《关于严格执行案件审理期限制度的若干规定》第 9 条对不计入审理期限的情形所作的其他详细规定。

司法机关对于被刑事拘留的犯罪嫌疑人,从被刑事拘留之日起至作出逮捕决定之日止,一般的拘留期限是 14 天,对于流窜作案、多次作案、结伙作案

---

[1] 广东省广州市中级人民法院刑事裁定书,(2018)粤 01 刑终 1296 号。

的最长不超过37天。本案中,对原审被告人何某进行精神病鉴定的期间不计入办案期限,即2017年9月5日至2018年1月16日并不计入办案期限,因此司法机关对何某采取强制措施的期限没有超过法律规定。

Ⅳ 期间的恢复

【案例10-1-08】谢某交通肇事案〔1〕

被告人谢某因涉嫌交通肇事罪被人民法院免予刑事处罚。谢某于6月13日收到判决书,认为自己的行为不构成犯罪,决定提出上诉。但6月13日当晚,谢某由于忘记关煤气灶,致使其煤气中毒,直到6月28日才脱离危险。谢某于6月29日向人民法院提出申请要求准许他继续上诉。人民法院批准了谢某的申请,同意他继续上诉。

■ 法理与法律适用评析

期间的恢复,是指刑事诉讼当事人因某种特殊的原因未能在法定期间内进行特定的诉讼活动,经人民法院许可,可以继续进行诉讼活动。鉴于当事人耽误期间的原因中确有不可抗拒的原因或其他正当理由的情形,为充分保护当事人的合法权益,刑事诉讼法规定当事人在一定条件下可以申请恢复诉讼期间。期间恢复的条件是:

第一,只有当事人才有权提出恢复期间的申请,其他诉讼参与人无权提出。

第二,期间的耽误是由于不能抗拒的原因或有其他正当理由,如遭受自然灾害、患有严重疾病或未收到诉讼文书等。

第三,当事人的申请应当在障碍消除后的5日以内,向审判本案的人民法院提出。

第四,必须经人民法院裁定允许。人民法院在接到当事人的申请后,经过审查,认为当事人所述情况确实属于不能抗拒的原因或者有其他正当理由的,应当裁定准许其继续进行未完成的诉讼活动。

本案中,谢某本应在收到判决书后10日内提出上诉,即6月14日至23日为上诉期间。谢某于6月29日才向人民法院提出要求上诉,但人民法院依然予以受理,是因为谢某在上诉期内遭遇煤气中毒事件,系属不可抗力因素,

---

〔1〕 刘昂主编:《刑事诉讼法原理与实务》,中国政法大学出版社2020年版,第50页。

且谢某在脱离危险期后的5日内即向法院提起申请,符合期间恢复的条件,因此法院准许其继续上诉是正确的。

第二节　送　　达

1　送达的概念和意义

【案例10-2-01】黄某某诈骗罪再审案[1]

九寨沟县人民法院于2015年3月18日认定被告人黄某某构成诈骗罪,判处有期徒刑6年,责令其将违法所得退赔被害人。该判决生效后,四川省阿坝藏族羌族自治州人民检察院以九寨沟县人民法院审判程序严重违法,剥夺了被害人应当享有的诉讼权利,影响了该案的公正审判为由,向阿坝藏族羌族自治州中级人民法院提出再审抗诉,有以下几点理由。第一,根据《刑事诉讼法》第187条的规定,人民法院确定开庭日期后,应当将开庭的时间、地点通知人民检察院,传唤当事人,传票和通知书至迟在开庭3日以前送达。《刑事诉讼法》第108条规定,"当事人"是指被害人、自诉人、犯罪嫌疑人、被告人、附带民事诉讼的原告人和被告人。但原审人民法院在审理本案时没有通知被害人出庭,剥夺了被害人参与法庭审理的权利。第二,原审法院在法定期限内未将判决书送达被害人,剥夺了被害人对判决结果的知情权和请求二审抗诉权。阿坝藏族羌族自治州中级人民法院认为,抗诉机关提出的抗诉意见成立,并裁定撤销原判,发回重新审理。

■ 法理与法律适用评析

刑事诉讼文书送达,是指公安机关、人民检察院、人民法院按照法定的程序和方式,将诉讼文书送交诉讼参与人和有关单位的活动。送达具有以下特征:

第一,送达的主体只能是公安机关、人民检察院、人民法院,而送达的对象既可以是诉讼参与人,也可以是有关单位,包括司法机关。

第二,送达的诉讼文件是司法机关依照职权制作的,如传票、起诉书、判决

---

〔1〕 四川省阿坝藏族羌族自治州中级人民法院刑事裁定书,(2016)川32刑再1号。

书等，每一种诉讼文件都有相应的法律效力。

第三，法律对送达的程序和方式有明确规定。司法机关只有经依法送达，诉讼文件才发生法律效力。

送达是一项严肃的法律活动，是诉讼程序的组成部分，直接关系到整个刑事诉讼活动能否顺利地进行。只有按照《刑事诉讼法》规定的期间和程序，将有关诉讼文件送达诉讼参与人和有关单位，才能使诉讼参与人和有关单位及时了解其中的内容，按照规定参加诉讼活动，行使诉讼权利，履行诉讼义务。

本案中，原审人民法院未向本案的被害人送达开庭通知书和判决书，被害人是《刑事诉讼法》规定的当事人。这属于“剥夺或者限制了当事人的法定诉讼权利”的情形，可能影响公正审判，所以再审人民法院作出撤销原判，发回重审的裁定。

Ⅱ 送达回证

送达回证，又称送达证，送达证书，指司法机关制作的用以证明送达行为及其结果的诉讼文件。其内容包括：送达机关和送达文书的名称；被送达人的姓名（名称）、职业、职务、住所地或者经常居住地；送达方式；送达人和受送达人的签名或盖章；签收日期等。

送达回证是送达人完成送达任务的凭证，也是被送达人接收或者拒收送达的诉讼文件的证明，还是检查司法机关是否按照法定的程序和方式送达诉讼文件，认定当事人及其他诉讼参与人的诉讼行为是否有效的依据。

Ⅲ 送达的方式、手续和期限

◎ 送达的方式和手续

【案例 10－2－02】跨省委托送达法律文书[1]

2020 年 3 月 20 日，合肥市肥西县人民法院接到了一个来自绵阳市涪城区人民法院的办公电话。经了解，涪城区人民法院受理了一起涉及 14 名被告人的诈骗案件，其中一名被告人董某经常居住地为肥西县境内。受疫情影响，涪城区人民法院无法通知董某前往四川，向其直接送达起诉书及办理取保候审相关材料，而在审查起诉阶段对董某采取的监视居住期限即将届满。情急

〔1〕 杜文静：《千里施援手　妥善办理跨省刑事案件委托送达及取保手续》，载肥西县人民法院官网 2020 年 3 月 30 日，http://fxcourt.cn/display/419751.html。

之下，涪城区人民法院委托被告人经常居住地法院代为办理送达及取保手续。经过充分沟通，肥西县人民法院"受理了"这一起跨越1500公里的外省委托送达。3月23日在收到邮寄的起诉书及取保候审材料后，随即通知被告人。3月26日，董某及其保证人来到肥西县人民法院，法官在向其送达起诉书后告知其相关权利义务，同时为其办理了取保候审手续，及时妥善地完成了涪城区人民法院的委托。

【案例10-2-03】转交送达服刑收件人[1]

被执行人马某因犯参加黑社会性质组织罪、开设赌场罪，被云南省红河哈尼族彝族自治州中级人民法院依法作出刑事判决，已经发生法律效力。因被执行人马某未履行罚金刑义务，人民法院于2020年7月23日依法移送立案执行。执行过程中，人民法院采取了以下执行措施：通过邮寄方式委托小龙潭监狱向被执行人马某转交送达执行通知书、报告财产令、廉政监督卡、缴款通知书，被执行人签收后，未实际履行。经人民法院穷尽其他财产调查措施之后，本案被执行人确无财产可供执行。裁定终结本次执行程序，本裁定送达后即发生法律效力。

■ 法理与法律适用评析

根据《刑事诉讼法》以及《刑诉法解释》的规定，送达的方式有以下几种：

1. 直接送达

根据《刑事诉讼法》第107条第1款的规定，送达传票、通知书和其他诉讼文件应当交给收件人本人。这种送达方式为直接送达。收件人本人在送达回证上签收的日期为送达的日期。

2. 间接送达

《刑事诉讼法》第107条第1款规定，如果收件人本人不在，可以交给他的成年家属或所在单位的负责人员代收。代收人应当在送达回证上记明代收理由和收到的日期并签名或盖章。间接送达还包括了以下几种方式：

(1)委托送达。委托送达，是指司法机关直接送达诉讼文书有困难的，委托收件人所在地的司法机关代为送交收件人的送达方式。委托送达的，应当将委托函、委托送达的诉讼文书及送达回证，寄送收件人所在地的人民法院。

---

〔1〕 云南省红河哈尼族彝族自治州中级人民法院刑事裁定书，(2020)云25执308号。

受托法院收到后，应当登记，在10日内将文书送达收件人，并将送达回证及时寄送委托法院。无法送达的，应当将不能送达的原因及时告知委托的人民法院，并将诉讼文书及送达回证退回。

（2）邮寄送达。邮寄送达，是指司法机关在直接送达有困难的情况下，通过邮局将诉讼文书、送达回证用挂号方式邮寄给收件人的送达方式。收件人签收挂号邮寄的诉讼文书后即认为已经送达。签收日期为送达日期。

（3）转交送达。转交送达，是指司法机关将诉讼文书交收件人所在机关、单位代收后再转交给收件人的送达方式。通常适用于军人、正在服刑或者被采取专门矫治措施的人。

3. 留置送达

留置送达是在收件人本人或者代收人拒绝签收向其送达的诉讼文书时，送达人依法将诉讼文书留在收件人住处的送达方式。留置送达的程序是，在收件人本人或者代收人拒绝接收诉讼文书或者拒绝签名、盖章的情况下，送达人可以邀请他的邻居或者其他见证人到场，说明情况，在送达回证上注明拒收的事由、送达的日期，由送达人、见证人签名或盖章，将诉讼文书留在收件人、代收人的住处或单位；也可以把诉讼文书留在受送达人的住处，并采用拍照、录像等方式记录送达过程，即视为送达。留置送达同直接送达和间接送达产生同样的法律和诉讼效果。另外，调解书不适用留置送达。当事人或者其指定的代收人拒绝签收调解书，说明当事人已反悔，不能将调解书留在受送达人的住所。

送达人应当按照法律规定进行送达。如果送达人不按法律规定送达，为不合法送达，由此引起的法律后果应由送达人负责。如果送达人依法送达后，收件人不按诉讼文件的要求行使诉讼权利或履行诉讼义务，由此产生的法律后果则应由收件人自行负责。

在案例10-2-02中，涪城区人民法院因为疫情，向董某直接送达诉讼文书存在困难且监视居住期限即将届满，所以委托董某经常居住地的肥西县人民法院代为送达起诉书及办理取保候审相关材料。委托送达一般是在收件人不住在承办案件的司法机关所在地，而且直接送达有困难的情况下所采用的一种送达方式。

在案例10-2-03中，因收件人马某正在服刑，向其送达诉讼文书，可以通过执行机关即小龙潭监狱转交。采取转交送达的方式主要是考虑到收件人的特殊情况、转交机关的可靠性以及便于转交机关了解有关情况，给收件人做好相关工作。

◎ 送达的期限

严格按照法律规定的期限送达，是合法送达的要求之一，它与按照法定程序送达同等重要。刑事诉讼法对某些诉讼文件的送达，明确规定了期限。例如，《刑事诉讼法》第187条规定，人民法院应当将人民检察院的起诉书副本至迟在开庭10日以前送达被告人及其辩护人；人民法院应当将开庭的时间、地点通知人民检察院，传唤当事人，通知辩护人、诉讼代理人、证人、鉴定人和翻译人员，传票和通知书至迟在开庭3日以前送达。《刑事诉讼法》第202条第2款规定，当庭宣告判决的，应当在5日以内将判决书送达当事人和提起公诉的人民检察院；定期宣告判决的，应当在宣告后立即将判决书送达当事人和提起公诉的人民检察院。判决书应当同时送达辩护人、诉讼代理人。另外，依据《刑事诉讼法》第224条的规定，适用速裁程序审理案件，不受普通程序送达期限的限制。

■ 法条链接

《刑事诉讼法》第91、105、106、107、156、172、208、230条；《刑诉法解释》第204、205、206、207、208条。

■ 参考文献

1. 李少平主编：《最高人民法院关于适用〈中华人民共和国刑事诉讼法〉的解释理解与适用》，人民法院出版社2021年版。
2. 叶青主编：《刑事诉讼法学》（第4版），上海人民出版社、北京大学出版社2020年版。

第十一章 立案程序

第一节 立案程序概述

【案例 11-1-01】湖南中学“操场埋尸案”[1]

2019 年 6 月 20 日 0 时许，湖南省新晃县公安局在新晃县某中学校跑道内挖出一具遗体，披露出一个 16 年前的命案。

2003 年 1 月 22 日上午 8 时，新晃县某中学校方负责监督正在施工建设的体育场工程质量和安全的邓某某老师和往常一样去新晃一中体育场工地上班，身上仅有人民币两百元，他中午、下午、晚上没有回家。同月 23 日，邓某某妻子急忙去工地找，未找到，后来邓某某儿子又到新晃一中去了解，才知道邓某某中午以后没有下过山(未离开该校体育工地施工现场)。

2003 年 1 月 25 日上午 9 时许，邓某某妻子谭某到新晃侗族自治县公安局报案，称其丈夫邓某某于 22 日上午失踪。报案之后，两个月未有进展。警方声称证据不足，不能确定邓某某到底是去世了还是失踪了。邓家人很久得不到邓某某的消息，就向省公安厅寄了有关材料，省公安厅说将此案转给了怀化市公安局负责调查侦办。怀化市公安局指派了侦查员、法医邓某生警官负责此案，邓某生当时在墙壁上提取了血样，准备带去与邓某某父母的血样做 DNA 鉴定。时任新晃县公安局政委的杨某斡旋后，邓某生第二天就回怀化了，此事就如沉大海，再也没有了下文。2019 年邓某生在接受深一度记者采访时说，“实际上公安局当时不能确认他是被杀，县公安局是开展了工作，并不是作为立案，立案有个规定，没见到尸体，没见到什么工具，是不能作为立

---

[1] 综合下列多篇报道:“央视追问‘操场埋尸’案 16 年公安机关为何只备案不立案”2019-06-25;“人民日报评操场埋尸案:案件早该查清为何久拖不决”2019-06-26;澎湃新闻记者朱远祥“湖南新晃‘操场埋尸案’背后的那张‘网’”2020-04-03;澎湃新闻记者庄岸“湖南怀化检察院:‘操场埋尸案’起诉 24 人均被判刑”2022-01-03 等。

案的”。

2019 年 4 月，新晃县晃州镇杜某某等人涉黑涉恶犯罪团伙涉嫌故意伤害、非法拘禁、聚众斗殴等犯罪行为。经公安机关审讯深挖，杜某某及其团伙成员罗某某、高某某供认其杀害邓某某及埋尸的犯罪事实。至此案件真相才得以曝光。

2021 年 12 月 31 日，湖南怀化市人民检察院检察长在该市第六届人民代表大会第一次会议上作的工作报告中提到，检察机关深挖彻查尘封 16 年之久的“操场埋尸案”，立案查处失职渎职的 5 名司法工作人员，依法起诉的 24 名涉案人员均被判处有期徒刑及以上刑罚。

■ 法理与法律适用评析

刑事诉讼中的立案是指公安机关、人民检察院和人民法院对于报案、控告、举报、自首或自诉等相关材料在各自的职权范围内进行审查，以确定是否存在犯罪事实、是否需要追究刑事责任，从而决定是否要对案件进行侦查或审判的诉讼活动。

一、立案的概念

“立案”一词在刑事诉讼中包含广义和狭义两层含义。广义的立案也被称为立案程序，其是与侦查程序、审查起诉程序、审判程序和执行程序并列的诉讼程序，是刑事诉讼的开始和必经程序，具有独立的地位和重要的意义。它不仅包括立案的决定，还包括不立案的决定、立案的具体过程和立案监督等内容。狭义的立案仅指公安机关、人民检察院或人民法院在对控告、举报、报案、自首或自诉等材料进行审查后作出的具体决定，从而为进行侦查或审判提供法律依据。

广义上的立案作为我国刑事诉讼的一个重要程序阶段，其特征在于：第一，立案是法律赋予公安司法机关的权力；第二，立案是刑事诉讼的启动和必经阶段。我国的刑事诉讼实行阶段论，每一个阶段都是按照刑事诉讼的规律进行的，因而也是不可颠倒的。立案是刑事诉讼各阶段的开始，只有经过立案，才能进行侦查或审判。“操场埋尸案”就是因为当时公安机关没有立案，导致报案无法进入侦查程序进行侦查。

立案与破案不同。立案只要求有犯罪事实发生，需要追究刑事责任即可，立案是为了侦查案件，从而发现案件事实。破案则是案件在侦查阶段的一种处理方式，是立案后的结果之一。

立案与销案相对。销案是对已经立案的案件，经侦查机关侦查后，发现没有犯罪事实或不需要追究刑事责任，从而撤销案件的一种侦查活动。销案也是侦查机关在立案后，经对案件进行侦查后的一种处理措施，与破案同属于侦查的结果。

本案涉及的是侦查机关对报案人的报案进行审查时受到了干扰，没能作出立案决定（狭义的立案），使得报案事实无法进入侦查阶段，无法运用侦查措施来收集证据、查明案件事实。

二、立案的任务

立案的任务是刑事诉讼在立案阶段所要达成的目标。在立案阶段，公安司法机关的任务就是通过对报案、控告、举报、自首或自诉等材料的审查，从而确定是否存在犯罪事实、有无必要追究刑事责任，从而为后续的侦查或审判提供依据。根据我国《刑事诉讼法》及相关法律解释的规定，立案的任务包括：第一，接收相关材料，分流案件；第二，审查相关材料，公安司法机关根据各自的管辖范围，对接收的相关材料进行审查，以确定是否符合立案的条件；第三，决定是否立案，并接受相关监督。

三、立案的意义

刑事立案作为刑事诉讼的必经阶段，具有重要的积极意义：

第一，有利于准确及时地打击犯罪；

第二，有利于对人权的保障；

第三，有利于对侦查权的控制；

第四，有利于对司法现状的了解和司法政策的制定。

从案例 11－1－01 湖南中学“操场埋尸案”看，因为侦查机关没有立案，导致了犯罪无法得到及时查清，无法将犯罪分子绳之以法，使犯罪分子逍遥法外，犯下更多的罪行。

■ 法条链接

《刑事诉讼法》第 109、114、169、170、171、174、175 条。

第二节 立案的材料来源、立案程序和立案条件

【案例11-2-01】珠宝商丢失黄金案[1]

据浙江《都市快报》2012年11月22日报道，报社接到电话珠宝商李先生称：11月10日下午5时，珠宝公司关门，李先生让收银员小唐快递两块金条：一块重1000.06克，一块重1012.32克。5时40分左右，快递员小徐收件，以普通包裹打包运走。11月11日中午11时许，包裹送达深圳，黄金加工厂徐经理打开包装，发现是个空盒。按照当天即时金价每克351元计算，不翼而飞的两块金条，总价值706,345.38元。运费48元的包裹寄时重近3公斤，运到深圳只有780克。李先生提供的监控录像完整记录了收银员小唐填写单据，把金条装箱、打包，交给快递员的全过程。小唐说："我在店里做了5年多，以前更重的货也送过，没出过错。金条用报纸包好，再用黄色胶带密封。装在箱底，塞满报纸。最后用胶带封死整只纸箱。"快递员小徐昨天照常上班，他回忆说："我收到包裹后称了一下，算上包装将近3公斤，收运费48元。送货过程里我绝对没拆开过包裹，里面装什么东西我也不知道。"在深圳黄金加工厂，包裹由门卫签收。11日下午1时许，加工厂徐经理亲自拆包，全过程都有监控录像。纸箱还是原来那个，拆开后只剩报纸。徐经理说："拆包前，胶带没有撕开过的痕迹。我也称了一下，包裹重量只有780克。他马上和快递公司联系，再打电话给杭州李经理，然后报警。"《都市快报》记者采访该快递公司媒体部的周经理。周经理说："杭州公司内部没有查出问题。具体细节和监控视频不能公布，也不方便给李先生看。"

■ 法理与法律适用评析

本案遇到的问题是：两地警方都未立案。罗湖警方认为，寄出地点在杭州，不能在深圳立案。而11月11日下午，李先生向杭州小营派出所报案。派出所开始表示，只有深圳警方给出书面的不予立案文件，才会介入调查。但之后又以案发地在深圳为由拒绝立案。此案最终被两地的司法机关拒绝刑事

---

〔1〕《珠宝商寄两公斤黄金价值70万 快递弄丢赔5万》，载腾讯网，http://zj.qq.com/a/20121122/000015.htm。

立案。

这里涉及立案的如下几个问题。

一、立案的材料来源

立案的材料主要是指公安机关和人民检察院自行发现的,或举报人、报案人、控告人或自首的犯罪嫌疑人等提供的与犯罪有关的材料。根据《刑事诉讼法》及相关司法解释的规定,立案的材料来源主要有:(1)公安机关、检察机关自行发现;(2)有关单位和个人的举报和报案;(3)刑事被害人的报案或控告;(4)犯罪人自首。

根据《中华人民共和国未成年人保护法》(以下简称《未成年人保护法》)第11条,任何组织或者个人发现不利于未成年人身心健康或者侵犯未成年人合法权益的情形,都有权劝阻、制止或者向公安、民政、教育等有关部门提出检举、控告。这属于立案材料的来源,是否立案,是公安司法机关的职权。

二、立案程序

立案程序,是指立案的具体过程,一般包括立案材料的受理、立案材料的审查和立案审查后的处理。

广义的立案程序从接受立案材料开始。法律规定接受报案、控告和举报是公安司法机关的职责,并有义务移送至有立案管辖权的机关和通知相关人员。公安司法人员对所有的报案、控告、举报、自首都应当立即接受,并及时根据管辖范围进行分流。公安机关接受案件应制作《接受刑事案件登记表》,作为公安机关受理刑事案件的原始材料存档备查。在案例11-2-01中报案人不知道派出所是否制作了《接受刑事案件登记表》。

接受材料后进入立案材料的审查阶段。它是立案程序的关键阶段。公安司法机关根据各自的管辖范围,对相关的材料进行审查,以确定其是否符合立案的条件。审查的内容包括事实审查和法律审查。事实审查就是对犯罪事实的有无进行审查,以合理相信为标准;法律审查是对是否符合相关法律要件的审查。立案审查的方式主要是书面审查、秘密审查,也可以要求报案人、举报人或控告人予以说明相关情况。根据现有报道,在案例11-2-01中,派出所似乎并没有做任何事实审查和法律审查。

对自诉案件的审查,有别于为侦查而对控告、举报、报案或自首材料的立案审查。根据《刑事诉讼法》和《刑诉法解释》的规定,其审查的内容主要为自诉案件特别规定的事实条件和法律条件,审查的形式只能为书面审查,不得主动进行任何形式的调查。

公安司法机关对立案材料审查后,应当作出是否立案的决定。

三、立案的条件

立案的条件是指立案所必须具备的理由和根据。《刑事诉讼法》第112条规定，人民法院、人民检察院或者公安机关对于报案、控告、举报和自首的材料，应当按照管辖范围，迅速进行审查，认为有犯罪事实需要追究刑事责任的时候，应当立案；认为没有犯罪事实，或者犯罪事实显著轻微，不需要追究刑事责任的时候，不予立案，并且将不立案的原因通知控告人。控告人如果不服，可以申请复议。

（一）根据上述规定，侦查立案的条件一般包括事实条件和法律条件

1. 事实条件

立案的事实条件，即“有犯罪事实”，是指有符合《刑法》规定的犯罪行为的发生，且有一定的证据予以证明。事实条件是立案的首要条件，也是客观的条件。

由于立案是刑事诉讼的开始，之后公安司法机关将对案件采取各种措施予以侦查，对当事人和社会都将产生一定的影响。因此，立案应当具有一定的事实基础，不能凭空臆造。但由于立案只是刑事诉讼的开始，许多案件的情节还需要在侦查中予以查实，因此，对立案的事实条件也不能过于苛刻。

自诉案件中的立案是为审判做准备，其要求的事实条件要高于侦查立案。这里的事实条件包括以下几方面：(1)刑事案件的被害人提出控诉，如果被害人死亡、丧失行为能力或者因受强制、威吓等原因无法告诉，或者是限制行为能力人以及由于年老、患病、盲、聋、哑等原因不能亲自告诉，其法定代理人、近亲属可以代为告诉；(2)有明确的被告人，且能及时找到被告人；(3)具体的诉讼请求；(4)有证明被告人犯罪事实的证据。例如，在上述案例里，受害人提供了发货时和收货时的录像监控，黄金消失的基本事实已有证据证明。

对于事实条件，一般认为应符合以下几点要求：(1)有犯罪事实而非其他事实，这里要严格区分犯罪事实与一般的违法事实、违纪事实、违反道德伦理的事实等。(2)这里的犯罪事实要有一定的证据予以证明，但这里的证明只需对犯罪事实的发生产生确信，至于犯罪事实的具体内容的证明则没有具体要求，不过随着“从人到案”侦查模式的发展，要求侦查人员能及时采取侦查措施，减少不必要的审查环节和权力制约，[1]为此，对犯罪事实的证明要以“有理由相信”为标准，即有一定的证据，使人合理地相信犯罪事实的存在。(3)这里对犯罪事实的确认是公安司法人员通过审查确认的，具有程序意义，

---

〔1〕 参见马静华：《侦查到案制度比较研究》，载《中国法学》2009年第5期。

不具有实体意义,不得作为对犯罪嫌疑人或被告人实施处罚的依据。

2. 法律条件

立案的法律条件,即“需要追究刑事责任”,是指根据刑事法律的相关规定,该犯罪事实具有应受刑事处罚性;无须追究刑事责任的,则不符合立案条件;可能免予刑事处罚的,并不影响其立案。

根据《刑事诉讼法》第16条的规定,具有下列情形之一的,不追究刑事责任,因此也就不能立案;即使立案,发现有其情形之一的,也需要撤销案件:(1)情节显著轻微、危害不大,不认为是犯罪的;(2)犯罪已过追诉时效期限的;(3)经特赦令免除刑罚的;(4)依照《刑法》告诉才处理的犯罪,没有告诉或者撤回告诉的;(5)犯罪嫌疑人、被告人死亡的;(6)其他法律规定免予追究刑事责任的。

这个案件按照刑事案件的立案条件来看,首先,事实条件清楚,符合《刑法》中职务侵占或盗窃罪的构成条件,受害人有录像和书面证据证明黄金丢失。其次,法律条件符合需要追究刑事责任的案件。两地公安机关拒绝立案的争议焦点在于均认为不属于他们管辖。《刑事诉讼法》规定为了能及时打击犯罪,保护公民的合法权利,虽然公安司法机关在职能上有区分,但都必须接受报案、举报、控告或自首。本案中,公安机关有职责接受报案并将案件移交有管辖权的机关。

审判立案的特殊性使自诉案件在立案的法律条件上也有所不同。根据法律及相关司法解释的规定,自诉案件的立案法律条件除应当包括一般立案的条件外,还包括:(1)属于自诉案件的范畴,具体包括告诉才处理的案件,如侮辱诽谤案、暴力干涉婚姻自由案等;人民检察院没有提起公诉,被害人有证据证明的轻微刑事案件,如故意伤害案,非法侵入住宅案等;被害人有证据证明对被告人侵犯自己人身、财产权利的行为应当依法追究刑事责任,而公安机关或者人民检察院已经作出不予追究的书面决定的案件。(2)属于相应法院的管辖范围。(3)该犯罪事实未被处理过,如未曾因证据不足而撤诉;未曾调解结案等。

对自诉案件在法定期间内审查完毕,有下列情形之一的,应驳回起诉或说服自诉人自行撤回起诉:(1)不符合最高人民法院司法解释规定的立案条件的;(2)证据不充分的;(3)犯罪已过追诉时效期限的;(4)被告人死亡的;(5)被告人下落不明的;(6)除因证据不足而撤诉的以外,自诉人撤诉后,就同一事实再告诉的;(7)经人民法院调解结案后,自诉人反悔,就同一事实再行告诉的。对立案后出现下列情形的,也应驳回起诉或说服自诉人撤回起诉:

(1)虽已立案,经审查后缺乏罪证而又未能补充证据的;(2)存在共同侵害人的情况下,自诉人在对部分侵害人的起诉被判决后再就同一事实起诉其他共同侵害人;(3)存在共同被害人的情况下,部分共同被害人在被通知参加其他被害人提起的诉讼时不参加或不出庭,而后又单独提出诉讼的。

(二)立案的具体标准

虽然我国《刑事诉讼法》及相关司法解释对侦查立案与审判立案都规定了立案的条件,但这些规定相对于数百种具体的犯罪仍然显得过于原则性,从而可能给公安司法人员的审查立案造成困难,为此,最高人民法院、最高人民检察院和公安部在不同时期,分别以独立或联合的方式制定了一些司法解释、部门规章,统一了立案的尺度。

四、提供材料人员及其亲属的安全问题

【案例 11-2-02】举报遭到威胁报复[1]

2007 年 10 月 11 日,王某让在自家附近被村民王某在等六人劫持进一辆面包车中,在这辆车上,王某让的双手被活生生的砍了下来。

这一切起因于 2003 年一场王某让实行的抢劫案。2003 年 12 月 18 日,河南省沁阳市西向镇供电站建筑工地承包人杜某,在建筑工地的房间内被三个身份不明者持刀抢劫,抢走 12.5 万元,虽然沁阳警方随即展开了侦查,但因没有线索案子迟迟没有告破。但此案在村里却是一件人尽皆知的事情。村民王某在在事发后拿着一张存有 7 万元的存折在村子里炫耀。而当时王某在也不过是一个月赚几百块钱的小工,大家都心知肚明发生在沁阳的抢劫案就是王某在等三人所为,但系同村故未揭发。一直到 2007 年 7 月的一天,王某让的弟弟、侄子与王某在的兄弟发生纠纷。作为叔叔的王某让一气之下决定举报王某在。2007 年 7 月 6 日,王某让向沁阳市公安局刑警大队举报了四年前那起抢劫案的作案者的行踪。但在抓捕中王某在屡次逃脱,虽然期间王某让多次提醒警方要保护自己和家人面临被报复的危险,但最终王某让还是遭到了残酷的报复。

由于对举报人的保护机制不到位引发社会舆论,沁阳警方决定给予王某让 41 万元的赔偿款,而赔偿款的名义是救助,当时监控王某在的 8 名干警也受到了处罚。王某让不能接受这一结果。后经过协商,当地部门提出再给予

---

〔1〕 案例来源:《河南农民举报村中恶霸,被砍断双手,后续警方赔偿 71 万》,网易号,https://www.163.com/dy/article/I7R3L8SD05561KBC.html。

王某让30万元的救助款,每个月给予1000元,共支付25年。

■ 法理与法律适用评析

公安司法机关应保障提供材料人员及其亲属的安全,并为其保密。报案人、举报人和控告人向公安司法机关提供有关犯罪的材料,由此可能导致犯罪嫌疑人的报复。为鼓励公民同犯罪行为作斗争,公安司法机关应根据相关当事人的要求,并根据案件的实际情况,制定措施,保障有关当事人的人身、财产安全;对犯罪分子可能威胁有关当事人的亲属的,公安司法机关也应为他们提供安全保障。作为安全保障的一部分,公安司法机关还应根据有关人员的要求,对其姓名和报案、举报或控告的行为予以保密,以防被打击报复。严禁将举报材料转给被举报单位和被举报人;对故意泄密或打击报复举报人、报案人或控告人的行为,应当予以严厉惩处。

当然,公安司法机关也应告知控告人、举报人相关法律责任,防止诬告。但由于普通公民可能对事实不是很了解,或出于法律认识不清等原因,存在控告、举报不实的情况,只要不是故意捏造事实、伪造证据,就不应当被按诬告处理,以保护公民同犯罪作斗争的积极性。

■ 法条链接

《刑法》第264、271条;《刑事诉讼法》第110条。

第三节　立案的监督

链接【案例11-1-01】和【案例11-2-01】

■ 法理与法律适用评析

刑事案件发生后,受害人第一反应就是去报案,可实践中很多人报案后杳无音讯,迟迟等不来立案。在司法实践中,有案不立、有案难立的问题在一定程度上客观存在。比如,案例11-1-01中公安机关在接到报案后没有及时作出立案决定,导致错失侦查时机,并助长了犯罪分子后续犯下更多的罪行。在案例11-2-01中,两地的公安机关推脱责任,可能加剧犯罪分子自认为能顺利逃脱法网制裁的侥幸心理而继续犯罪;更严重的是致使被害人的合法权益得不到及时、充分的救济,影响公安机关执法公信力。

《刑事诉讼法》在立案程序环节设立了一个立案监督制度,即人民检察院对立案活动进行监督。人民检察院是我国的法律监督机关,其对刑事诉讼立案活动的监督是立案监督中最为重要的形式,也是我国刑事诉讼中法律监督原则在立案程序中实施的体现。检察机关的立案监督主要是指通过检察机关进行的监督,包括检察机关依职权进行的监督和依当事人申请进行的监督,既包括检察机关对公安机关、人民法院的监督,也包括上级检察机关对下级检察机关的监督、检察机关内部各部门之间的监督。

立案监督不仅包括对立案过程的监督,也包括对立案结果的监督。鉴于立案过程本身期限较短,而且立案过程的主要环节为立案审查,其是以秘密的、书面化的形式进行的,因此,立案的监督主要体现为对立案结果的监督。

在案例 11－1－01 和案例 11－2－01 里都涉及检察院对公安机关的立案监督问题。

检察院应当对下列情形依法启动或受理立案监督:(1)检察机关发现公安机关可能存在应当立案侦查而不立案侦查的。(2)被害人及其法定代理人、近亲属或行政执法机关认为公安机关应当立案侦查的案件而不立案侦查,或者当事人认为公安机关不应当立案而立案,向人民检察院提出的。(3)对于有证据证明公安机关可能存在违法动用刑事手段插手民事、经济纠纷,或者利用立案实施报复陷害、敲诈勒索以及谋取其他非法利益等违法立案情形,尚未提请批准逮捕或者移送起诉的,人民检察院应当要求公安机关书面说明立案理由。(4)公安机关对当事人的报案、控告、举报或者行政执法机关移送的涉嫌犯罪案件受理后未在规定期限内作出是否立案决定,当事人或者行政执法机关向人民检察院提出的。

在案例 11－1－01 中,邓某某的妈妈找到了县检察院,这就属于在寻求检察院的立案监督。但是当时接待她的检察官说:“我们不敢帮你,你在新晃县可能找不到证据。”这属于具体的检察院没能依法履行自己的立案监督职责。

在案例 11－2－01 中,李先生在被公安机关拒绝立案后可以依法向人民检察院提出立案监督以保护自己的合法权益。

■ 法条链接

《刑事诉讼法》第 110 条;《人民检察院刑事诉讼规则》第 557、558、559、

560、561、562、563、564、565、566 条。

■ 参考文献

1.《刑事诉讼法学》编写组:《刑事诉讼法学》(第 3 版),高等教育出版社 2019 年版。
2. 陈光中主编:《刑事诉讼法》(第 7 版),北京大学出版社、高等教育出版社 2021 年版。
3. 叶青主编:《刑事诉讼法学》(第 4 版),上海人民出版社、北京大学出版社 2020 年版。

第十二章　侦 查 程 序

第一节　侦 查 概 述

Ⅰ 侦查的概念和特征

【案例 12 -1 -01】贺某某等盗窃案[1]

2020 年 4 月 10 日，犯罪嫌疑人贺某某在网上查询到运城市垣曲县、长治市、阳泉市等地近日将举行援鄂医护人员回家欢迎仪式，遂电话联系犯罪嫌疑人任某某、李某某，提议驾车去各地活动现场趁机盗窃现场群众财物。后任某某联系李某照（另案处理）、李某珍（另案处理），李某某联系了犯罪嫌疑人张某某及成某某（另案处理）。当日下午，贺某某驾驶车辆拉着任某某、李某照、李某珍，张某某驾驶车辆拉着李某某、成某某，分别从吕梁、太原出发到运城市垣曲县。

经公安机关侦查，4 月 11 日早晨，贺某某等人到垣曲县人民广场，利用当地举办援鄂医护人员回家欢迎仪式，趁人员聚集盗窃现场群众（医护人员同事及家属）手机 9 部。4 月 12 日 8 时许，贺某某等人到长治市财苑大厦欢迎援鄂医护人员现场，趁仪式举行期间再次盗窃现场群众（医护人员同事及家属）手机 8 部，逃到太原后将手机销赃。

4 月 20 日，贺某某等 4 人再次前往运城市准备作案时被运城市垣曲县公安局抓获。4 月 24 日，运城市垣曲县公安局将案件移交长治市公安局潞州区分局。长治市公安局潞州区分局向长治市潞州区人民检察院提请批准逮捕，5 月 14 日，潞州区人民检察院对贺某某等 4 名犯罪嫌疑人批准逮捕。

---

〔1〕《全国检察机关严厉打击盗抢犯罪　5 个典型案例公布》，载光明网，https://m. gmw. cn/baijia/2020 -05/15/1301225804. html。

■ 法理与法律适用评析

侦查,是指由特定的司法机关为收集证据,查明、证实犯罪和抓获犯罪嫌疑人而依法采取的收集证据、查明案情的工作和有关的强制性措施。我国《刑事诉讼法》第108条第1项规定:"侦查"是指公安机关、人民检察院对于刑事案件,依照法律进行的收集证据、查明案情的工作和有关的强制性措施。2018年修订的《刑事诉讼法》对于侦查的概念进行了修改,主要是为了与监察机关的调查职权相区别,《刑事诉讼法》特意删除了"专门调查工作"的表述;同时强调公安机关、人民检察院的侦查活动是在刑事诉讼中进行的,与监察机关对职务违法犯罪案件进行的调查活动相区别。[1] 依侦查的法律定义,其具有四大特征:一为侦查的主体是特定的司法机关,在特定的国家机关以外,其他任何国家机关或者个人,都无权采取侦查措施。否则,所采取的专门性侦查活动就属于非法活动,不能产生任何法律效力。二为侦查活动具有特定的内容,法律规定侦查的内容有两个方面:(1)指《刑事诉讼法》规定的讯问犯罪嫌疑人,询问证人、被害人,勘验,检查,搜查,扣押物证、书证,鉴定和通缉等为收集证据、查明案件事实而进行的工作。(2)有关的强制性措施,指《刑事诉讼法》规定的为了收集证据、查明案件事实和查获犯罪嫌疑人而采取的限制、剥夺人身自由或对人身、财物进行强制的措施,具体包括强制性方法和刑事诉讼强制措施,前者如强制检查、强制扣押等,后者如拘传、逮捕等。三为侦查活动必须严格依法进行,严禁刑讯逼供和以威胁、引诱、欺骗以及其他非法方法收集证据,不得强迫任何人证实自己有罪。侦查机关必须严格依法行使侦查权,保障公民不受非法侵害。四为侦查内容的隐蔽性和形式的公开性。侦查的隐蔽性,指为了防止被侦查对象毁灭证据、串供、逃跑或其他意外事件,侦查的内容,包括侦查计划、侦查对象、侦查范围、侦查方式、侦查获得的证据以及报案人、控告人、举报人等侦查秘密,不得对外泄露。侦查的公开性,是指侦查的形式,如拘留、逮捕犯罪嫌疑人,对其住处进行搜查等,必须是公开的。

法律将侦查设定为一种职权行为,是国家司法权的重要组成部分。在刑事诉讼中,依法享有侦查权的机关由两部分组成:一是《宪法》和《刑事诉讼法》规定当然享有侦查权的司法机关,根据《刑事诉讼法》第4、19条的规定,主要是指公安机关、国家安全机关、人民检察院。二是因法律特别规定在特定

---

〔1〕参见王爱立主编:《中华人民共和国刑事诉讼法修改条文解读》,中国法制出版社2018年版,第57页。

情况下享有侦查权的机关,根据《刑事诉讼法》第 308 条的规定,在特定的情况下军队保卫部门、中国海警局、监狱享有刑事侦查权。

本案中,贺某某等在抗击新冠肺炎的医护人员返乡欢迎仪式上,流窜作案,多次扒窃他人随身财物,根据《关于办理盗窃刑事案件适用法律若干问题的解释》的相关规定,应当被认定为多次盗窃,且属于扒窃,本案属于典型的扒窃案件,属于公安机关的案件管辖范围,依法应由公安机关立案侦查。

【案例 12 - 1 - 02】黄某、李某伟间谍案[1]

黄某,案发时为云南省某省直机关工作人员,副高级工程师。李某伟,案发时为云南省某职业技术学院副院长,2002 年至 2004 年,在云南省某县挂职副县长。

黄某、李某伟长期向外国间谍组织提供我国机密情报,在长达十余年的时间里,在金钱诱惑下,黄某、李某伟夫妇按照境外间谍人员的要求,从各自单位将工作中接触到的涉密文件私自带回家中。两人分工协作,李某伟负责对涉密文件进行拍照,黄某则负责将照片伪装加密拷入 U 盘,并伺机出境与境外间谍人员进行交接。

云南省国家安全厅侦查发现,自 2002 年以来,黄某夫妇将工作中接触到的所有文件悉数拍照出卖给境外间谍人员,其中机密级文件 4 份、秘密级文件 10 份,两人共接受情报经费 49,000 美元和 30 余万元人民币。此外,境外间谍人员还在海外开设银行账户,向黄某额外发放所谓"养老金"100 万元人民币。

2019 年 4 月,云南省国家安全机关依法对黄某、李某伟采取强制措施。时年 5 月,昆明市中级人民法院以间谍罪判处黄某有期徒刑 10 年,剥夺政治权利 10 年;以间谍罪判处李某伟有期徒刑 3 年,剥夺政治权利 3 年。

■ 法理与法律适用评析

国家安全机关,对于危害国家安全的案件当然享有侦查权,本案系一起典型的危害国家安全犯罪,其侦查主体依法应为国家安全机关。《刑事诉讼法》第 4 条规定,国家安全机关依照法律规定,办理危害国家安全的刑事案件,行使与公安机关相同的职权。因此,国家安全机关也是侦查主体之一。

---

〔1〕《妻子境外留学偶遇"翩翩君子" 夫妻双双掉入"陷阱"》,载微信公众号"央广网"2020 年 11 月 2 日,https://mp.weixin.qq.com/s/tf8GvEgZ6KN3pWk-STLdYw。

【案例12-1-03】王某某虐待被监管人案[1]

王某某系A县看守所管教民警,2020年4月6日上午10时左右,A县看守所在押人员即被害人赵某1与同监室在押人员王某因日常生活规范琐事发生口角、争执。被告人王某某,当班民警叶某某、杨某某、李某某接报后,立即赶到监室进行处置。在处置过程中,被告人王某某将被害人赵某1、王某带至04号监室外的过道上,要求二人做平板支撑,用手撑在地上,身体呈俯卧撑的姿势,平行趴在地上。被害人赵某1反映其腰部有伤不能支撑,被告人王某某用脚踢赵某1右前臂外侧,用橡胶警棍击打二人臀部方式进行体罚,致被害人赵某1右手臂尺骨骨折。经鉴定,被害人赵某1损伤程度属于轻伤二级。

2020年6月16日,被告人王某某主动到A县人民检察院接受调查,其如实供述了自己用脚踢赵某1右前臂外侧,用橡胶警棍击打二人臀部方式进行体罚的犯罪事实。后绵阳市人民检察院于2020年6月17日立案侦查。案发后被告人王某某和被害人赵某1的家人于2021年1月29日达成赔偿协议,王某某赔偿了赵某1家人经济损失40万元,并取得赵某1家人的书面谅解。

二审法院认为,上诉人王某某作为看守所履行监管职责的民警,在履行监管职责时,采取脚踢的方式造成被监管人员轻伤二级的结果,符合《刑法》第248条的犯罪构成要件,应当认定虐待被监管人罪。在案发后,其主动到案,如实供述自己的犯罪事实,系自首,依法应当从轻或者减轻处罚;其在当庭认罪认罚,依法从宽处理,其积极赔偿赵某1的损失并取得谅解,可以酌情从轻处罚。综合各种因素,法院判决:(1)撤销四川省绵阳高新技术产业开发区人民法院(2021)川0792刑初20号刑事判决;(2)被告人王某某犯虐待被监管人罪,免予刑事处罚。

■ 法理与法律适用评析

2018年《监察法》出台,监察委员会成立后,反贪反渎职能转隶,对人民检察院的案件管辖范围进行了较大调整,《刑事诉讼法》第19条第2款规定:"人民检察院在对诉讼活动实行法律监督中发现的司法工作人员利用职权实施的非法拘禁、刑讯逼供、非法搜查等侵犯公民权利、损害司法公正的犯罪,可以由人民检察院立案侦查。对于公安机关管辖的国家机关工作人员利用职权实施的重大犯罪案件,需要由人民检察院直接受理的时候,经省级以上人民检

---

[1] 四川省绵阳市中级人民法院刑事判决书,(2021)川07刑终138号。

察院决定,可以由人民检察院立案侦查。"法条前半部分表明,法律仍然赋予检察机关以特定职务犯罪的侦查权,后半部分是指人民检察院的机动侦查权。

人民检察院在诉讼的过程中实行法律监督,被监督的主体只能是司法工作人员,如立法上列举的非法拘禁、刑讯逼供、非法搜查,重点在于侵犯公民权利、损害司法公正的犯罪。也就是说,侵犯公民权利和损害司法公正的案件仍然由人民检察院立案侦查,具体来说有14种人民检察院管辖的案件:非法拘禁、非法搜查、刑讯逼供、暴力取证、虐待被监管人员、私放在押人员、失职致使在押人员脱逃、徇私舞弊减刑假释暂予监外执行、徇私枉法、民事行政枉法裁判、执行判决裁定失职、执行判决裁定滥用职权、诉讼阶段中的滥用职权、诉讼阶段中的玩忽职守。这表明,人民检察院立案侦查的案件必须同时符合四点:一是案件来源特定,只能是诉讼活动的法律监督过程中发现的案件;二是主体特定,只能是司法工作人员;三是行为特定,犯罪行为必须是利用职权实施的;四是案件性质特定,仅包括侵犯公民权利、损害司法公正的案件。

本案中,王某某作为监狱的管教民警,属于司法工作人员,在执行的阶段,造成被监管人轻伤二级,侵犯了被监管人的公民人身权利,符合《刑法》虐待被监管人罪的构成要件,依照法律应当由人民检察院立案侦查。可见,虽然反贪职能转隶,人民检察院仍然享有侦查权,也是重要的侦查主体之一。

【案例12-1-04】何某某非法采矿案[1]

被告人何某某,因涉嫌犯非法采矿罪于2021年7月14日被天津市滨海新区海警局刑事拘留,同年8月20日被逮捕。

2019年5月13日,被告人何某某担任船长的东疆胜轮受公司指令从广东卸货返回途中到达福建沿海台湾海峡浅滩海域,在该非法作业区域内,配合多艘采砂船以"现采现驳"的方式将7万吨左右的海砂过驳到东疆胜轮上,用时38小时左右。5月15日14时许,东疆胜船离开该海域返回,其间船舶自动识别系统设备处于关闭状态。2019年6月1日,该船到达天津南港后被海警查获。

2019年11月22日,滨海新区海警局对该案立案侦查,并对东疆胜船卸载至南港工业区货场的海砂进行扣押,后对查扣的海砂依法拍卖,拍卖价款共计人民币129.464434万元。滨海新区海警局对已出售的4万余吨海砂款人民

---

〔1〕 天津市滨海新区人民法院刑事判决书,(2021)津0116刑初1981号。

币227.7万元进行追缴。

2021年7月13日，被告人何某某主动到案。同年12月30日，法院判决：(1)被告人何某某犯非法采矿罪，判处有期徒刑1年，并处罚金人民币6万元；(2)涉案海砂拍卖所得人民币129.464434万元及追缴的海砂出售款227.7万元，依法没收，上缴国库。

■ 法理与法律适用评析

《刑事诉讼法》第308条规定："军队保卫部门对军队内部发生的刑事案件行使侦查权。中国海警局履行海上维权执法职责，对海上发生的刑事案件行使侦查权。对罪犯在监狱内犯罪的案件由监狱进行侦查。军队保卫部门、中国海警局、监狱办理刑事案件，适用本法的有关规定。"可见，军队保卫部门、中国海警局、监狱的有关部门作为法律特别授权的侦查机关，在特定的范围内享有侦查权，也是侦查的主体之一。本案中，被告人何某某在非法作业区域进行非法采矿作业，且案发地点是在海峡浅滩海域，根据《刑事诉讼法》第308条的有关规定，应当由海警部门进行侦查。

值得注意的是，根据现行《海关法》的规定，国家在海关总署设立专门侦查走私犯罪的公安机构，配备专门的缉私警察，负责对其管辖的走私犯罪案件的侦查、拘留、执行逮捕、预审。因此，海关侦查走私犯罪的公安机构也是侦查的主体之一。另外，我国的人民法院是国家的审判机关，不享有侦查权。

Ⅱ 侦查的目的

【案例12-1-05】文某某故意伤害案[1]

2016年9月22日11时许，被告人文某某与被害人张某1等人在重庆市九龙坡区人民法院西彭人民法庭三楼过道处，因民事纠纷发生争吵。双方进入三楼楼梯间后，文某某与张某1发生抓扯，文某某用脚蹬了在其前方准备下楼梯的张某1，致使张某1跌倒在三楼与二楼楼梯间的平台处，造成张某1右胫骨平台及右腓骨头粉碎性骨折。经重庆市公安局九龙坡区分局物证鉴定所鉴定，张某1的损伤程度属轻伤一级。2016年9月22日13时许，文某某接民警电话通知后主动到公安机关配合民警接受调查。

庭上，文某某及辩护人提出：侦查机关违法预设"文某某用脚将张某1蹬

[1] 重庆市第五中级人民法院刑事裁定书，(2018)渝05刑终524号。

到二楼与三楼楼梯平台致使张某1骨折”的侦查目的,该违法行为导致本案立案,侦查行为均不合法,导致收集的证据不具有合法性,不能作为刑事案件定案证据。法院经审查认为,西彭派出所作为本案的侦查机关,将被害人及其亲属报案时所陈述“文某某用脚将张某1蹬到二楼与三楼楼梯平台致使张某1骨折”作为侦查目的,是为了查清本案的事实,并不违反《刑事诉讼法》的规定。

重庆市九龙坡区人民法院认为,被告人文某某故意伤害他人身体,致一人轻伤,其行为已构成故意伤害罪。依照《刑法》第234条第1款之规定,判决认定被告人文某某犯故意伤害罪,判处有期徒刑1年。

■ 法理与法律适用评析

我国《刑事诉讼法》的根本目的是惩罚犯罪和保障人权的统一。侦查程序作为其中的一个阶段,具有与其一致的具体目的。根据我国《刑事诉讼法》的精神,侦查阶段的主要具体目的应当是收集确实、充分的证据,查明案件事实,查获犯罪嫌疑人。

本案中,公安机关作为案件的侦查机关,遵循正确的侦查目的,通过调取录像、证人证言、法医鉴定等,查清案件事实,准确确定了犯罪嫌疑人。需要注意的是,保障无罪的人不受刑事追究,尊重和保障人权,保障犯罪嫌疑人和其他诉讼参与人的诉讼权利也是侦查目的应有之义。

第二节　侦查行为

1 讯问犯罪嫌疑人

◎ 讯问的主体、时间及地点

【案例12-2-01】陈某某盗窃手机案[1]

陈某某系惯偷,曾因多次盗窃被判处拘役、有期徒刑。

人民检察院指控被告人陈某某犯盗窃罪。2019年2月24日被告人陈某某,趁被害人缪某短暂离开,窃走被害人缪某挂在摊位墙上的ViVo手机一只

〔1〕浙江省温州市鹿城区人民法院刑事判决书,(2019)浙0302刑初735号。

（无法估价）。同年3月14日，被告人陈某某，窃走被害人林某放在地上充电的苹果XS MAX型手机一只（价值人民币7925元）。同年4月13日，被告人陈某某，窃走被害人潘某放在柜台上的银色华为手机一只（无法估价）。同年4月23日，被告人陈某某，窃走被害人黄某黑色华为手机一只（无法估价）。被告人陈某某对指控的第二节事实表示有异议，辩解该节事实证据不足，

经查，讯问录像及钟警官的照片证实，2019年3月16日14时46分所作第一次讯问笔录中与2019年3月16日15时42分所作第二次讯问笔录中记载的讯问人钟警官均不在场，制作笔录讯问期间，仅有一名侦查人员与一名辅警在场；侦查人员陈某的当庭证言证实制作笔录讯问期间，其确与辅警在场。

故该辨认笔录具有瑕疵，可能影响司法公正，依法不得作为定案的根据。综上，鉴于两份有罪供述及辨认笔录依法不得作为定案的根据，且在案其他证据不足以证实本节盗窃事实系由被告人陈某某实施，故对公诉机关指控的该第二节盗窃事实依法不予认定。

【案例12－2－02】宋某故意杀人案[1]

人民检察院指控：2012年7月25日21时许，被告人宋某与酒后的被害人伍某丁因琐事发生口角，宋某想起多年前伍某丁盗窃过自家财物，遂产生报复伍某丁将其打一顿的想法。于是宋某在自家大门外取了一根竹棒猛打坐在路边的伍某丁上半身，将其打倒后返回家中。之后不久，宋某想知道伍某丁是否死亡，便返回现场，发现伍某丁仍有气息，遂产生杀害伍某丁的想法，继而对其实施了掐颈，用拳头猛击胸口等行为。后宋某为掩饰伍某丁的死因，回家拿菜刀再次返回现场，用菜刀砍击伍某丁头部，并将伍某丁放在离殴打现场数十米远的水田缺口处，伪造伍某丁因醉酒溺水死亡的现场。经鉴定，伍某丁系生前钝器打击头部致颅脑损伤死亡。2012年9月13日宋某被抓获，侦查机关对其进行多次讯问。庭上，被告人宋某辩称：其没有打死伍某丁，不构成犯罪；以前承认杀害伍某丁是在说谎。

法院认为，公诉机关指控被告人宋某杀害伍某丁，犯故意杀人罪的事实不清，证据不足。宋某有罪供述存在诸多问题，不能作为定案依据，宋某有罪供述合法性未得到保证。侦查人员对宋某的第一次、第二次讯问限制人身自由持续时间达24小时以上，且没有同步录音录像；第三次讯问未严格执行规定

---

〔1〕 四川省内江市中级人民法院刑事判决书，（2014）内刑初字第4号。

在看守所进行,此次供述笔录与第二次供述笔录基本内容雷同,包括讯问的问题及先后顺序,宋某对作案过程的回答内容与顺序均相同,甚至此次笔录的错别字和标点符号也与第二次供述笔录相同。

因此,公诉机关指控被告人宋某杀害伍某丁,犯故意杀人罪的事实不清楚,指控证据不能证明指控事实,依法判决被告人宋某无罪。

■ 法理与法律适用评析

根据《刑事诉讼法》第118条第1款的规定,讯问的时候,侦查人员不得少于二人。而案例12-2-01中2019年3月16日第一、二次讯问被告人陈某某制作笔录期间,仅有一名侦查人员和一名辅警参与讯问,讯问主体违反法定程序,所以被告人陈某某的两次有罪供述依法均不得作为定案的根据。讯问犯罪嫌疑人,必须由检察机关、公安机关(含国家安全机关和其他享有侦查权的机关)的侦查人员进行,其他人员无此权力。讯问的时候,侦查人员不得少于二人。讯问双人制有利于工作,保证办案质量;也可以互相监督,防止违法行为发生;同时有利于保障侦查人员安全,防止犯罪嫌疑人行凶报复或诬陷。

《刑事诉讼法》第119条第2、3款规定:"传唤、拘传持续的时间不得超过12小时;案情特别重大、复杂,需要采取拘留、逮捕措施的,传唤、拘传持续的时间不得超过24小时。不得以连续传唤、拘传的形式变相拘禁犯罪嫌疑人。传唤、拘传犯罪嫌疑人,应当保证犯罪嫌疑人的饮食和必要的休息时间。"而在案例12-2-02中,侦查人员对宋某的第一次、第二次讯问限制人身自由持续时间达24小时以上,且没有同步录音录像,显然程序违法。

关于讯问地点,对已经被拘留或者逮捕的犯罪嫌疑人,应当在拘留或逮捕后24小时内,在羁押场所进行讯问。犯罪嫌疑人被送交看守所以后,侦查人员对其进行讯问,应当在看守所内进行。如发现错误拘捕的,应立即释放,并发给释放证明。对于需要逮捕而证据不足的,可以先采取取保候审或监视居住。对于未被拘留或逮捕的犯罪嫌疑人,可以传唤到犯罪嫌疑人所在市、县的指定地点或到他的住处进行讯问,但是应当出示人民检察院或公安机关的证明文件。对在现场发现的犯罪嫌疑人,经出示工作证件,可以口头传唤,但应当在笔录中注明。在案例12-2-02中,第三次讯问未严格执行规定在看守所进行。

对于讯问的次序和内容,详见《刑事诉讼法》第120条之规定,应当注意的是侦查人员在讯问犯罪嫌疑人的时候,应当告知犯罪嫌疑人享有的诉讼权利,如实供述自己罪行可以从宽处理和认罪认罚的法律规定。

◎ 讯问特定犯罪嫌疑人的特殊要求

【案例 12-2-03】陈某某掩饰、隐瞒犯罪所得案[1]

被告人陈某某系聋哑人。因涉嫌犯掩饰、隐瞒犯罪所得罪于 2022 年 1 月 27 日采取刑事强制措施(监视居住)。

经公安机关侦查,2021 年 1 月,被告人陈某某在明知帮助他人转移的资金是犯罪所得的情况下,经人介绍,在福建省漳州市将自己的 4 张银行卡提供给他人并提供支付密码、人脸识别等验证方式帮助他人转款,上述银行卡共计转款 12 万余元。2022 年 1 月 27 日,陈某某接信息通知后主动到案,侦查人员依法进行讯问。考虑到陈某某是聋哑人,侦查人员又不懂哑语,无法交流,公安机关特地从聋哑学校请来了哑语教师充当翻译,顺利推进刑事诉讼活动的进行。经法院认定,陈某某系从犯,从轻处罚,判处被告人陈某某犯掩饰、隐瞒犯罪所得罪,判处拘役 5 个月,缓刑 6 个月;并处罚金人民币 2000 元。

■ 法理与法律适用评析

《刑事诉讼法》第 121 条规定:"讯问聋、哑的犯罪嫌疑人,应当有通晓聋、哑手势的人参加,并且将这种情况记明笔录。"讯问不满 18 岁的未成年犯罪嫌疑人时,可以通知其法定代理人到场;讯问不通晓当地语言文字的人、外国人和无国籍人,应当为他们提供翻译人员。本案陈某某系聋哑人,侦查机关应当依法为其配备翻译人员。

◎ 讯问的禁止规定

【案例 12-2-04】王某、刘某某刑讯逼供案[2]

王某,因涉嫌犯刑讯逼供罪于 2019 年 1 月 24 日被刑事拘留,同年 2 月 2 日被执行逮捕,同年 11 月 14 日被取保候审,2021 年 1 月 5 日被监视居住。

刘某某,因涉嫌犯刑讯逼供罪于 2019 年 1 月 24 日被刑事拘留,同年 2 月 1 日被取保候审,2020 年 3 月 9 日被取保候审,2021 年 3 月 8 日被监视居住。

---

[1] 河南省永城市人民法院刑事判决书,(2022)豫 1481 刑初 302 号。

[2] 辽宁省丹东市中级人民法院刑事裁定书,(2020)辽 06 刑终 152 号。

2018年9月19日12时许,被害人吴某因涉嫌贩卖毒品罪被丹东市公安局振兴分局花园派出所从其家中抓获并带回该所。到案后,吴某拒不供认贩卖毒品的犯罪事实。为取得吴某有罪供述,该所办案侦查人员被告人王某、刘某某经合谋,于当日23时47分将吴某从该所办案区带至未安装监控设备的办公区调解室,以扇打面部、警棍电击、拳打脚踩等手段对吴某进行殴打,吴某因遭到殴打后,承认了贩卖毒品的犯罪事实,次日2时07分将吴某从办公区调解室又带回办案区,从带回办案区内的监控录像可以看出吴某右侧额头和左侧眼角有明显伤痕。经鉴定,被害人吴某伤情为轻伤二级。

法院认为,被告人王某、刘某某身为司法工作人员,为取得犯罪嫌疑人有罪供述,对犯罪嫌疑人实行刑讯逼供,其行为均已构成刑讯逼供罪,应予惩处,系共犯。考虑本案的实际情况,以及2名被告人的犯罪情节显著轻微,决定均免予刑事处罚。

■ 法理与法律适用评析

《刑事诉讼法》第52条规定:审判人员、检察人员、侦查人员必须依照法定程序,收集能够证实犯罪嫌疑人、被告人有罪或者无罪、犯罪情节轻重的各种证据。严禁刑讯逼供和以威胁、引诱、欺骗以及其他非法方法收集证据,不得强迫任何人证实自己有罪。最高人民检察院和最高人民法院也通过司法解释强调:非法收集的言词证据不能作为定案的证据。

本案中,王某、刘某某身为侦查人员,在办理案件、讯问犯罪嫌疑人的过程中,为获取口供,施加暴力致使被害人轻伤,有违《刑事诉讼法》保障人权精神以及任何人不得自证其罪的原则,侦查人员的刑讯逼供行为还容易导致冤假错案的发生,严重侵害公民的合法权利,动摇司法公信力。侦查人员讯问犯罪嫌疑人,必须严守法定程序,保障犯罪嫌疑人诉讼权利,严禁刑讯逼供或以威胁、引诱、欺骗以及其他非法方法进行讯问。对于侦查人员侵犯犯罪嫌疑人诉讼权利的违法行为,犯罪嫌疑人有权提出控告;构成犯罪的,应当依法追究其刑事责任。

◎ 讯问笔录

【案例 12－2－05】田某诈骗案[1]

田某，男，在玉石城经营的"和雅玉器"店与被害人陈某结识，2015 年 10 月至 2016 年 3 月，陈某从被告人田某处先后购买了大量金属器、玉石器、书画等工艺品，并通过银行转账的方式向田某支付 132.95 万元。经鉴定：涉案金属器、玉石器为现代仿品和现代工艺品；书画为现代印刷品。2016 年 8 月 15 日，陈某认为其被骗向公安机关报案，公安机关遂于 2017 年 2 月 15 日立案并于 2 月 16 日将被告人田某抓获。案发后，田某亲属已退回陈某 131 万元。

在侦查阶段，办案民警对被告人田某第 1、2、3、5 次讯问期间存在以非法方法收集被告人供述的情形，第 4、6、7 次讯问笔录未同步录像且不排除存在以非法方法收集被告人供述的情形，在现有讯问笔录的同步录像过程中，每一次讯问笔录均存在分段保存的情况，无法确定讯问的准确时间及过程，不排除存在选择性录制、剪接、删改的情况，且存在对被告人田某讯问笔录的内容未给被告人核对的情形，甚至存在办案人员提前写好"以上笔录内容我已看过，与我说的一致"内容的字条让被告人田某在笔录照抄的情形。原审法院对被告人田某在侦查阶段第 1 至 7 次讯问笔录作为非法方法采集的证据予以排除。公诉机关指控被告人田某构成诈骗罪的犯罪事实不清、证据不充分，指控罪名不能成立。根据《刑事诉讼法》第 200 条第 1 款第 3 项的规定，判决被告人田某无罪。

再审经查，由于田某的文化程度较低，其没有阅读能力，田某的一些无罪辩解未记录在案，在讯问笔录和部分录音录像内容不一致以及讯问人员未向田某宣读讯问笔录内容的情况下，田某照抄侦查人员出具的"以上笔录内容我已看过，与我说的一致"的字条，所获讯问笔录程序违法，依法应予以排除，故维持原判。

■ 法理与法律适用评析

《刑事诉讼法》第 122 条规定："讯问笔录应当交犯罪嫌疑人核对，对于没有阅读能力的，应当向他宣读。如果记载有遗漏或者差错，犯罪嫌疑人可以提出补充或者改正。犯罪嫌疑人承认笔录没有错误后，应当签名或者盖章。侦

---

〔1〕 新疆维吾尔自治区巴音郭楞蒙古自治州中级人民法院刑事裁定书，(2019)新 28 刑终 38 号。

查人员也应当在笔录上签名。犯罪嫌疑人请求自行书写供述的，应当准许。必要的时候，侦查人员也可以要犯罪嫌疑人亲笔书写供词。”犯罪嫌疑人的供述和辩解，是法定的一种证据。因此，讯问犯罪嫌疑人应当制作笔录。

根据公安部《公安机关办理刑事案件程序规定》第206条的规定，笔录经犯罪嫌疑人核对无误后，应当由其在笔录上逐页签名、捺指印，并在末页写明“以上笔录我看过（或向我宣读过），和我说的相符”；拒绝签名、捺指印的，侦查人员应当在笔录上注明；讯问笔录上所列项目，应当按照规定填写齐全；侦查人员、翻译人员应当在讯问笔录上签名。

本案在程序上存在诸多问题，如在侦查阶段，田某文化较低，侦查人员竟让田某照抄侦查人员出具的“以上笔录内容我已看过，与我说的一致”的字条，且并未向田某宣读讯问笔录。

此外，为防止侦查人员刑讯逼供、指供、诱供等违法行为，《刑事诉讼法》第123条规定：“侦查人员在讯问犯罪嫌疑人的时候，可以对讯问过程进行录音或者录像；对于可能判处无期徒刑、死刑的案件或者其他重大犯罪案件，应当对讯问过程进行录音或者录像。录音或者录像应当全程进行，保持完整性。”

Ⅱ 询问证人和被害人

◎ 询问证人

【案例12-2-06】陈某某故意伤害、非法侵入住宅案[1]

2019年11月14日，陈某某因与被害人张某2的感情纠葛，酒后以送饭为由，将房门拽开强行进入张某2家中，双方发生肢体冲突致张某2受伤、家中物品受损。经鉴定，张某2的损伤程度已经构成轻微伤。

2020年10月13日，在苏某2树园内，陈某某酒后和苏某1因琐事发生争执并厮打，后苏某1母亲张某1被苏某2电话叫到园内，在其劝架中，陈某某用木板将张某1右眼砸伤。经鉴定，张某1的损伤程度已经构成重伤二级。2020年10月21日陈某某到公安局投案，但对故意伤害的事实未如实供述。

人民法院认为陈某某故意伤害他人身体，致人重伤，其行为已构成故意伤害罪。其明知是他人的住宅而故意非法侵入，破坏他人生活的安宁，其行为已构成非法侵入住宅罪。

---

〔1〕 河南省许昌市中级人民法院刑事裁定书，(2021)豫10刑终222号。

关于证人证言,辩护人辩称,侦查机关在询问张某1和苏某2时没有个别进行,两人接受询问的时间有重合,故对张某1的及苏某2的询问笔录不应采信,应予排除。

经查,本案中对被害人张某1的询问和对证人苏某2的询问虽然时间上有重复,但是办案机关询问人员不同,不违背询问应当个别进行的规定,且对两人的询问取证主体合法,内容客观证实,与案件有关联性,均应作为证据使用,应予采信。

■ 法理与法律适用评析

询问证人,是指侦查人员为查明案件事实,用言辞的方式,向知道案情并能辨别是非、正确表达的人进行询问,调查了解与案件有关的事实的侦查行为。询问证人是一种常用的侦查行为,几乎在每一个刑事案件中,侦查人员都会通过询问证人了解案件的有关情况。

《刑事诉讼法》第124条至第126条规定了询问证人应遵守的程序。侦查人员询问证人,可以在现场进行,也可以到证人所在单位、住处或者证人提出的地点进行。在必要的时候,可以通知证人到人民检察院或者公安机关提供证言。在现场询问证人,应当出示工作证件,到证人所在单位、住处或者证人提出的地点询问证人,应当出示人民检察院或者公安机关的证明文件。

《刑事诉讼法》第124条第2款规定,询问证人应当个别进行。其意义在于,防止证人、被害人之间相互影响,从而削弱证人证言、被害人陈述等证据的真实性、可靠性。本案中,侦查人员的行为符合《刑事诉讼法》的规定,所获取的证人证言具有法定效力。另外,我国《刑事诉讼法》规定,询问证人,应当告知他应当如实地提供证据、证言和有意作伪证或者隐匿罪证要负的法律责任。本案中,虽然从询问时间上来看具有重合性,但经审理查明为不同侦查人员分别进行的询问,并不违反询问证人的法定程序,故而法院对于证据依法采信。

◎ 询问被害人

【案例12-2-07】钟某1、钟某2等寻衅滋事案[1]

钟某1、钟某2,因涉嫌犯寻衅滋事罪,2019年3月12日被执行逮捕,后被羁押于赣州市看守所。

2017年7月4日凌晨,钟某1、钟某2、赖某某与林某等人一起在KTV包厢内消费。其间,钟某1因酒水问题与KTV工作人员发生争执,随后钟某1无故用果盘扔向工作人员,同时对工作人员进行谩骂。钟某2、赖某某见状与工作人员相互推搡。之后,钟某1、钟某2、赖某某与工作人员在包厢内发生肢体冲突,钟某1使用垃圾斗击打被害人刘某头部,使用酒瓶、玻璃杯将被害人蔡某1手臂、鼻梁砸伤,被告人钟某2、赖某某则使用酒瓶、拳头击打被害人陈某1、陈某2、赖某、吴某,导致包厢内财物被损毁。

经鉴定,被害人蔡某1的损伤程度为轻伤二级。被害人刘某、陈某1、陈某2、赖某、吴某的损伤程度为轻微伤。公安民警接报警电话后,在现场将被告人钟某1、钟某2、赖某某抓获。

侦查人员于2017年7月4日对陈某2、证人莫某进行询问时,组织陈某2进行辨认时,该2人均未满18周岁,但未有法定代理人或者其他人员在场;对莫某询问时,没有女工作人员在场。

侦查人员于2017年7月4日对陈某1、蔡某1、刘某、赖某进行询问时,均存在侦查人员同时对不同被害人进行询问的情况。

侦查人员毛某生、章某在2017年7月4日14:35-14:40组织赖某对不同被辨认人进行了辨认。

经审查,上述证据不符合证据的合法性要求,因此法院对上述证据不予采信。

■ 法理与法律适用评析

根据《刑事诉讼法》第281条的规定,讯问未成年被告人、询问未成年证人时,应当通知其法定代理人或者其他人员到场。询问女性未成年犯罪嫌疑人时,应当有女工作人员在场。

根据《刑事诉讼法》第124条第2款、第127条的规定,询问被害人应当个

---

〔1〕 江西省赣州市章贡区人民法院刑事判决书,(2018)赣0702刑初377号。

别进行。

根据《刑诉法解释》第105第3项的规定，辨认活动应当个别进行。

本案中，侦查人员在询问被害人时，存在同时对不同被害人进行询问的情况。组织辨认活动也没有分别进行，法院对于上述证据不予采纳，符合法律规定。

Ⅲ 勘验、检查

【案例12-2-08】高某某抢劫案[1]

2014年11月24日晚，被告人高某某与被害人李某珍等人在麻将馆打麻将，其间，高某某起意抢劫李某珍。当日23时许打麻将结束后，高某某提出送李某珍回家，李某珍同意。二人行至李某珍家单元门附近时，高某某用铺路方砖击打李某珍头部，将李打倒在地，致李某珍颅脑损伤死亡。高某某抢走李某珍随身携带的现金200元及金项链一条（价值2574元）。次日，高某某将金项链出卖，获赃款2093元。同月28日，公安人员将高某某抓获。

根据在案证据，能够认定被告人高某某出售的金项链即为被害人李某珍生前随身所佩戴的项链。高某某始终供述抢劫金项链的犯罪事实，且供述项链本来有个吊坠，抢劫后发现吊坠没有了，与现场血泊中提取一黄金吊坠的情况印证。高某某供述，其抢劫项链时，连接吊坠的挂钩被拽断，朱某某亦证明收购的项链挂钩缺一半，与现场勘验、检查笔录记载的提取的吊坠断裂的情况印证。

现场勘验、检查笔录记载，被害人李某珍在其家单元门前被害，挎包拉链呈开启状，现场血泊中有一黄金吊坠，吊坠呈断裂痕迹，血泊西侧地面有一带血方砖。经DNA鉴定，从方砖上检出李某珍血迹，证明该方砖系作案工具。与被告人高某铭供述的持方砖在被害人家单元门前打击被害人头部后抢走被害人挎包内现金及所戴金项链，后发现吊坠不见的情况印证。

■ 法理与法律适用评析

《刑事诉讼法》第128条规定，侦查人员对于与犯罪有关的场所、物品、人

---

[1] 王锋永、王婷婷：《高佑铭抢劫案［第1261号］——根据被告人的供述、指认提取到了隐蔽性很强的物证，且与其他证据相互印证并排除串供、逼供、诱供等可能性的，可以认定有罪》，载中华人民共和国最高人民法院刑事审判第一、二、三、四、五庭主办：《刑事审判参考》总第114集，法律出版社2019年版，第71-77页。

身、尸体应当进行勘验或者检查。通过现场勘验,可以发现和收集与犯罪有关的痕迹、物品,及其在现场所处方位,为判断案情,确定侦查方向提供依据;通过对尸体、场所的勘验,可以确定被害人死亡的时间和原因,可以推断作案的手段、过程、凶器的类型等情况,从而可以推断作案的人数、作案条件、犯罪嫌疑人的特点,有利于正确确定侦查范围;通过对人身检查,可以确定被害人、犯罪嫌疑人的某些生理特征、伤害情况以及其他特征,有助于判断案情性质,查明案件事实。

勘验、检查,是指侦查人员对犯罪有关的场所、物品、人身、尸体进行勘察和检验,以发现和收集与犯罪有关的物品、痕迹、伤情或者生理状况等的侦查行为。勘验、检查的种类包括:现场勘验、物证勘验、尸体检验、人身检查、侦查实验、复验、复查。

本案中,侦查人员通过对案发现场勘验、对物证的勘验等进一步判断明晰案情,确定作案特点,查明案情,最终使得证据之间相互印证,确证被告人的犯罪行为。

Ⅳ 搜查

【案例12－2－09】刘某、李某甲、李某乙等销售假冒注册商标的商品案〔1〕

自2018年以来,刘某低价购入假茅台等品牌白酒在商洛市商州区、安康市平利县等地销售,并雇佣李某乙在商洛市商州区等地负责送货取货等工作。2020年3月,平利县市场监督管理局从刘某经营的烟酒茶超市查获飞天茅台酒、五粮液、国窖1573、剑南春、西凤等品牌白酒39瓶,经鉴定均为假冒注册商标的商品,价值47,246元。公安机关于4月28日立案侦查。同年6月,刘某联系李某甲作为平利县烟酒茶超市负责人,李某甲对外销售飞天茅台酒4箱24瓶,售价55,760元,经鉴定亦为假冒注册商标的商品。2020年10月,公安机关对刘某15处涉案仓库、场所进行搜查,扣押贵州茅台、国窖1573、五粮液、剑南春、西凤酒、天之蓝、汾酒等品牌白酒571瓶。经鉴定,上述白酒均为假冒注册商标的商品,价值为473,584元。案发后,刘某的家属主动退缴犯罪所得55,760元。2021年7月6日,法院以销售假冒注册商标的商品罪分别判处刘某有期徒刑1年,并处罚金100,000元;李某甲有期徒刑8个月,并处罚金60,000元;李某乙有期徒刑8个月,并处罚金30,000元。

---

〔1〕 陕西省平利县人民法院刑事判决书,(2021)陕0926刑初49号。

■ 法理与法律适用评析

搜查，是指侦查人员为收集物证、书证，查获犯罪嫌疑人，依法对犯罪嫌疑人以及可能隐藏犯罪嫌疑人或者罪证的人身、物品、住处和其他有关场所，进行搜索的一种侦查行为。

搜查是正常行为，需经过县级以上侦查机关负责人批准。进行首次搜查应当由侦查人员进行，为了实现搜查任务，防止发生违法行为，进行搜查的侦查人员应当在二人以上。此外，任何机关、团体和个人都无权进行搜查。进行搜查，必须出示搜查证。

搜查应当当场制作笔录，并由搜查人、见证人、被搜查人签名。如果被搜查人在逃或者拒绝签名、盖章，或者被搜查人的家属拒绝签名、盖章，应当在笔录中记明。本案中，公安机关经侦查报上级批准，依法对涉案仓库进行搜查，并查获涉案物品，符合法律规定。

Ⅴ 查封、扣押物证、书证

【案例12－2－10】杨某某等销售有毒、有害食品案[1]

2017年下半年至2020年7月，被告人杨某某多次从山东、河南、广东等地购进含有非法添加西地那非成分的食用保健品裸片及仿制的各种保健品包装材料，在安徽省合肥市瑶海区、新站区设置窝点，进行包装然后对外销售。2019年7月至2020年7月，杨某某通过物流或者当面交货的方式进行销售，并雇佣其女儿、儿子协助包装发货、招揽生意。2020年7月30日，合肥市公安局新站分局对杨某某的包装窝点进行搜查，共扣押添加了西地那非的保健品成品300余盒，裸片70余千克，待销售金额共计约5.5万元。以上保健品经检验均含有西地那非成分。

■ 法理与法律适用评析

《刑事诉讼法》第141条第1款规定："在侦查活动中发现的可用以证明犯罪嫌疑人有罪或者无罪的各种财物、文件，应当查封、扣押；与案件无关的财物、文件，不得查封、扣押。"

---

〔1〕《合肥一家三人销售有毒有害食品获刑并承担三倍赔偿》，载《人民法院报》2021年8月13日，第3版。

查封、扣押物证、书证，是指侦查人员通过勘验、搜查行为，或者其他途径，发现能够证明犯罪嫌疑人有罪或者无罪的各种物品和文件，依法予以扣押的行为。

查封、扣押物证、书证，作为侦查行为，只能由侦查人员进行，而且必须由二人以上侦查人员进行，并要有见证人到场。需要注意的是，人民检察院、公安机关根据侦查犯罪的需要，经公安机关或者人民检察院批准，可通知邮电机关将有关的邮件、电报检交扣押。邮件、电报的扣押特殊性，因为邮件和电报直接涉及限制公民宪法上的通信自由权。因此，必须严格控制，并且需要经过特殊的程序进行。人民检察院、公安机关也可以依照规定查询、冻结犯罪嫌疑人的存款、汇款、债券、股票、基金份额等财产。

Ⅵ 鉴定

【案例 12－2－11】印某某故意伤害案[1]

2017 年 9 月 22 日 13 时 30 分许，被告人印某某电话联系其前妻王某某未果，后打电话至王某某的追求者被害人孙某处，通话中双方发生言语冲突，期间被害人孙某挑衅被告人印某某至其住处解决问题。被告人印某某遂驾车至被害人孙某所在小区，从车中取出铁棍随身携带，并于当日 14 时许上楼。上楼后，被告人印某某将铁棍放至距被害人孙某住处门口五六米远的楼道拐角处，敲门后与手持匕首、三棱刺刀的孙某发生冲突、打斗，其间被告人印某某手握被害人孙某之刀双手戳刺被害人孙某左颈部、左胸部等数刀，致被害人孙某当场死亡。经法医鉴定，被害人孙某系生前被他人用锐器刺戳胸部等处造成心、肺破裂致失血性休克而死亡。

关于上诉人印某某是否持刀直接刺戳被害人，经查，依据上海市公安局物证鉴定中心出具的《鉴定书》《检验报告》及相关尸检照片，结合鉴定人和有专门知识的人的意见等证据可以证实，从被害人左肩部、剑突致命伤创口由上到下的方向性和边缘光滑来看，被害人的致命伤符合直接刺戳形成。上诉人的相关辩解和辩护人的相关辩护意见与查明的事实不符，法院不予采纳。

■ 法理与法律适用评析

鉴定，是法定的一种侦查行为，是侦查机关为了查明案情，指派或者聘请

---

〔1〕 上海市第二中级人民法院刑事裁定书，(2019)沪 02 刑终 309 号。

具有专门知识的人,对案件中有关专门化问题进行比对、分析和鉴别,作出推断结论的一种活动。《刑事诉讼法》第146条规定,为了查明案情,需要解决案件中某些专门性问题的时候,应当指派、聘请有专门知识的人进行鉴定。

侦查程序的鉴定范围,仅限于与案件有一定联系的物品、文件、痕迹、人身和尸体。常用的鉴定种类有:(1)法医鉴定;(2)司法精神病鉴定;(3)司法会计鉴定;(4)刑事技术鉴定;(5)一般技术鉴定;(6)其他方面的鉴定。

另外,凡是需要采用鉴定行为查明案情事实的,应当选择鉴定人。作为侦查行为的鉴定,凡侦查机关内部具有解决案件中专门问题的鉴定人,应当正式指定他对案件中专门问题进行鉴定。凡是需要聘请外单位的鉴定人进行鉴定的,应当适时办理委托鉴定手续。鉴定人应具备以下条件:具有解决案件中专门问题的知识和技能;与案件及其当事人没有利害关系,不具有法律规定的回避条件情形;工作态度认真负责,工作作风细致、严谨。

本案中,通过法医鉴定证实了被害人的致命伤符合直接刺戳形成,查明了案情,这印证了邱某某用刀戳刺被害人导致最终死亡结果的犯罪事实。

【案例12-2-12】古某某、李某某提供侵入、非法控制计算机信息系统、程序工具案〔1〕

被告人古某某、李某某二人于2018年12月经事先商议,由古某某编写名为“水滴子”的计算机软件并架设远程服务器用于软件的日常运营,李某某负责通过QQ及微信将古某某开发的“水滴子”软件销售给他人,所售钱款二人均分。该款名为“水滴子”的软件可供他人同时使用数量巨大的手机卡针对被害单位天翼电子商务有限公司上海分公司(以下简称天翼公司)旗下“翼支付”App及平台批量模拟出正常“翼支付”用户进行注册、登录、修改密码、扫描商家二维码等操作,从而实现虚假交易套取天翼公司营销立减、代金券交易等活动的营销资金。2018年至2019年,给被害单位分别造成人民币47,057.19元、7267.15元损失。

被告人古某某辩护人提出,本案中由天翼公司相关人员送交司法鉴定的“水滴子”软件检材提取、收集程序未经法定程序且委托鉴定程序违法,故应认定有关司法鉴定意见无效的辩护意见。对此,法院经审查后认为,首先,我国现行法律、行政法规、部门规章并未明确禁止除办案机关以外的单位可以将

〔1〕上海市虹口区人民法院刑事判决书,(2019)沪0109刑初999号。

合法获取的证据交由有资质的司法鉴定机构进行鉴定。其次,在本案中为查明“水滴子”软件的功能特性,法院依法要求相关司法鉴定人员及相关证人出庭作证,就“水滴子”软件的功能原理、技术特性等做了当庭质证,其所做当庭陈述意见与天翼公司委托司法鉴定所得鉴定意见相一致,而该证据显然系经法定程序取得,故而合法有效。法院认为,本案所涉及的两份司法鉴定报告均为真实、合法、有效,可以作为证据采纳。故被告人古某某辩护人所提出的辩护意见与法律不符,法院不予采纳。

■ 法理与法律适用评析

鉴定程序,是指侦查机关的侦查人员适用鉴定这种侦查行为来查明案情的程序,而不是进行鉴定的方法、步骤。第一,要选择鉴定人。第二,侦查机关向鉴定人送交足够的有关鉴定材料,包括对比样本,介绍必要的案情,并明确提出需要通过鉴定解决的问题,但不得暗示或者强迫鉴定人作出倾向性的结论。第三,应当要求鉴定人在鉴定之后,及时出具明确的而不是模棱两可的鉴定结论,并且签名以示负责。如果是多人一起进行鉴定的,凡意见一致,共同作出鉴定结论的,共同在鉴定结论上签名;如果意见不一致,可以分别制作鉴定结论。鉴定单位在鉴定结论上盖公章是必要的,但不能代替鉴定人在鉴定结论上签名。第四,对人身伤害的医学鉴定有争议需要重新鉴定或者对精神病的医学鉴定,由省级人民政府指定的医院进行,鉴定人进行鉴定后,应当写出鉴定结论,并且由鉴定人签名,医院加盖公章。第五,侦查机关的办案人员,对于鉴定结论应当进行审查,必要时,经批准,可以进行补充鉴定或重新鉴定。鉴定人故意作虚假鉴定的,应当依法追究其法律责任。对犯罪嫌疑人作精神病鉴定的期间不计入办案期限。

此外,关于鉴定结论的告知,原则上侦查机关应当将用作证据的鉴定意见告知犯罪嫌疑人、被害人,如果犯罪嫌疑人、被害人提出申请,可以补充鉴定或者重新鉴定。有的鉴定结论只用作了解案件的某些现象;或者用作排除某种嫌疑情况,并不用作确定犯罪事实、追究犯罪嫌疑人刑事责任的依据;或者用作决定撤销案件的依据。这种鉴定结论一般不告知犯罪嫌疑人和被害人。

本案中,辩护人提出,鉴定检材提取、收集程序未经法定程序且委托鉴定程序违法,故鉴定意见存在瑕疵。经查,该委托程序合法,鉴定机构和鉴定人员具有法定资质,鉴定程序符合法律和有关规定,鉴定过程和方法符合相关专业的规范要求,鉴定意见明确,法院对辩护意见不予采信符合规定。

Ⅶ 通缉

【案例 12-2-13】郁某某故意杀人案[1]

2002 年 5 月 31 日，郁某某的姐姐、姐夫因电话联系不到郁某某，到郁某某母亲处拿了郁某某家的备用钥匙，到其家用钥匙打开房门，发现房门上贴的纸条等异常情况，遂报警。民警赶至现场，经现场勘查，在南房间床铺底下发现一具被水泥埋着的尸体。经查，死者系王某 1，王某 1 妻子郁某某已逃逸，具有重大作案嫌疑，遂决定对郁某某因涉嫌故意杀人罪刑事拘留并网上追逃。2018 年 4 月 19 日，湖南省常德市公安局通过技术侦查手段，在武陵分局府坪派出所辖区发现一女子面部特征与网上逃犯郁某某面部特征较相似。该所民警在常德市武陵区××街××店找到该女子并现场盘查，该女子自称叫赵某，辽宁人，但无法提供身份证明，遂其将带回派出所审查。经对该女子进行思想教育后，该女子交代自己的真实身份为郁某某，并交代了其用打开煤气的方式致王某 1 煤气中毒死亡的事实，民警遂将其抓获。

法院认为，被告人郁某某故意杀死一人，其行为依法构成故意杀人罪。公诉机关指控罪名成立。被告人郁某某犯罪后果严重，作案后长期潜逃，依法应予惩处，鉴于其到案后能如实供述自己的罪行，本案系婚姻家庭矛盾引发，被害人在本案起因上有过错等，决定对郁某某从轻处罚。为维护社会治安秩序，保障公民的人身权利不受侵犯，根据郁某某犯罪的事实、性质、情节及社会危害程度，判决被告人郁某某犯故意杀人罪，判处有期徒刑 15 年，剥夺政治权利 4 年。

■ 法理与法律适用评析

《刑事诉讼法》第 155 条第 1 款规定，应当逮捕的犯罪嫌疑人如果在逃，公安机关可以发布通缉令，采取有效措施，追捕归案。

通缉，是指公安机关对依法应当逮捕而在逃的犯罪嫌疑人，以发布通缉令的方式，通报有关地区的公安机关和广大群众，缉拿其归案的一种侦查行为。[2]

---

〔1〕 上海市第一中级人民法院刑事判决书，(2018)沪 01 刑初 68 号。

〔2〕 参见叶青主编：《刑事诉讼法学》(第 4 版)，上海人民出版社、北京大学出版社 2020 年版，第 454 页。

从通缉的概念中可以看出,通缉的对象必须具备两个条件:一是犯罪嫌疑人应当被依法逮捕;二是犯罪嫌疑人已经在逃。司法实践中,公安机关对通缉的使用是比较慎重的,一般仅对罪行比较严重的在逃犯罪嫌疑人适用通缉,对应该逮捕但罪行不太严重的在逃犯罪嫌疑人则发出协查通报,要求其他公安机关协助查获缉拿。通缉是各地公安机关协同打击犯罪的重要形式,也是公安机关积极发动群众同犯罪作斗争的重要手段,是缉拿在逃犯罪嫌疑人的有效措施,它具有如下特征:

一是主体的特定性。通缉是特殊的侦查行为,并非所有侦查机关都有权适用,根据我国《刑事诉讼法》的相关规定,适用通缉行为的主体仅为公安机关,县级以上的公安机关才有权发布通缉令。

二是性质的协作性。通缉是各地公安机关之间,在分工负责的基础上进行的通力合作,协同追捕在逃的犯罪嫌疑人。

三是范围的特定性。有权适用通缉的公安机关,只能在本辖区内发布对特定犯罪嫌疑的通缉令。

四是通缉对象的特定性。通缉对象只能是依法应当逮捕而又在逃的犯罪嫌疑人。如果依法不应当逮捕,或者不是犯罪嫌疑人,则不能适用通缉措施。[1]

五是行为的谨慎性、方式的多样性。通缉是一种对在逃的犯罪嫌疑人有巨大震慑作用的侦查方式,公安机关发布通缉令,必须由特定的主体,经过严格的审批手续才能发布。而发布通缉令的方式可以是多样的,可以印发传单、张贴通缉令等。关于通缉的程序,详见《刑事诉讼法》和《公安机关办理刑事案件程序规定》的相关条文。

本案件为故意剥夺他人生命的故意杀人恶性案件,对于犯罪嫌疑人应当进行逮捕,郁某某为王某1妻子,在故意杀害王某1后,外逃他省,公安机关经侦查,认为其具有重大作案嫌疑,发布通缉令对其进行网上追逃,最终将其抓获。

---

〔1〕 参见叶青主编:《刑事诉讼法学》(第4版),上海人民出版社、北京大学出版社2020年版,第455页。

第三节　侦查终结

[1] 侦查终结的概念、意义及条件

【案例12-3-01】吴某某诈骗案[1]

2020年2月12日以来，被告人吴某某在新型冠状病毒疫情期间，以非法占有为目的，在微信上谎称自己有口罩、额温枪、一次性手套等防疫用品货源，并通过向被害人发送相关防疫用品网络截图以获取信任，同时要求被害人先行全额支付货款。在收到货款后，被告人吴某某便以各种理由推脱，继而断绝联系，先后骗取23名被害人共计人民币50,025元。骗取的款项用于赌博及个人挥霍。警方根据线索，收集到以下证据：(1)书证：户籍证明、归案经过、侦破经过、刑事判决书、被告人微信流水、被告人银行账户信息及流水、收条、微信聊天截图、微信转账截图、情况说明等；(2)证人王某丁的证言；(3)被害人边某某、沈某某、王某丙、彭某某、王某乙、金某某等人的陈述；(4)被告人吴某某的供述与辩解；(5)勘验、检查等笔录：检查笔录及照片；(6)视听资料：讯问同步录音录像、被害人询问视频。

在合法收集证据、确认侦查内容、办理齐全各类法律手续后，公安机关决定侦查终结，制作了侦查终结报告和起诉意见书，将此案移送检察机关审查起诉。

■ 法理与法律适用评析

侦查终结，是指侦查机关对于由自己立案侦查的案件，经过一系列的侦查活动，认为案件事实已经查清，证据确实充分，足以认定犯罪嫌疑人是否犯罪和应否对其追究刑事责任而决定结束侦查，依法对案件作出相应处理或提出处理意见的诉讼活动。[2]

侦查终结的意义在于：(1)标志着侦查任务的完成，或者终止本案诉讼活动，或者把本案的诉讼推向下一程序；(2)停止对不承担刑事责任者的追溯，

---

〔1〕 吴某某诈骗罪起诉书，浙江省金华市金东区人民检察院金东检一部刑诉〔2020〕226号。

〔2〕 参见叶青主编：《刑事诉讼法学》(第4版)，上海人民出版社、北京大学出版社2020年版，第458页。

维护其合法权益；(3)通过侦查终结，适时将事实清楚，证据确实、充分，依法应当追究刑事责任的案件，及时移送人民检察院审查起诉，为提起公诉奠定可靠基础。

侦查终结的条件，根据《刑事诉讼法》第162条的规定，应当为犯罪事实清楚。查明案件事实是侦查程序的主要任务，只有完成这个任务，才具备侦查终结的基本条件。犯罪事实清楚，是指犯罪嫌疑人有罪或者无罪，罪重或者罪轻的全部事实、情节都已经查清，侦查机关认为，有关犯罪的时间、地点、行为手段、行为过程以及行为结果等都已查清，有关犯罪线索也全部查清，并没有遗漏罪行，也没有遗漏犯罪嫌疑人；证据确实、充分。经过侦查活动，搜集确实、充分的证据，是侦察程序的任务，也是侦察终结的第二个条件。证据确实、充分，要求通过侦查获得的证据是真实可靠的，能够足以证明所认定的有罪或者无罪的事实。犯罪嫌疑人的罪行得到证实，或者犯罪嫌疑得到澄清，证据与证据之间的矛盾得到排除，能够相互印证；犯罪的性质和罪名认定正确。这是指根据已经查明的事实和有关实体法律的规定，足以对犯罪嫌疑人所犯罪行的性质和罪名作出正确的认定；法律手续完备。在侦查活动中，侦查人员使用的各种诉讼文书是依法侦查的凭证。在侦查终结时，对各种诉讼文书应当进行清理、核对，检查各种应当具备的诉讼文书是否齐全，如拘留证、逮捕证、讯问笔录、搜查证等。凡是应当具备的诉讼文书，都不能遗漏。如果发现短缺，应当及时予以补齐。法律手续完备，是侦查终结必不可少的程序性条件。

Ⅱ 侦查终结案件的处理及侦查羁押期限

【案例12－3－02】张某莉非法吸收公共存款案[1]

被告人张某莉系甲、乙金融公司实际控制人，其以甲公司名义租赁上海市黄浦区××路××号××广场××室及黄浦区××路××号××、××室等多个办公地，对外开展经营活动。2014年5月至2016年12月，甲公司在未经国家主管部门许可的情况下，向社会不特定公众宣传公司相关理财产品，与投资人签订《债权转让之服务协议》《出借咨询与服务协议》等协议，承诺12个月的投资期限，有12%至16%不等的年化利率，对外吸收公众存款，吸收的资金全部转入被告人张某莉控制的银行账户，并由其以乙金融公司名义对外放贷投资。经上海××会计师事务所鉴定，甲公司共计吸收公众存款1500万余

〔1〕 张某莉非法吸收公共存款罪起诉书，上海市黄浦区人民检察院沪黄检刑诉〔2021〕989号。

元人民币，造成投资人损失966万余元人民币。

2021年3月23日张某莉因涉嫌非法吸收公众存款罪，被上海市公安局黄浦分局刑事拘留，同月24日延长刑事拘留期限30天，2021年4月29日，经上海市黄浦区人民检察院批准，同日由上海市公安局黄浦分局执行逮捕。2021年6月29日经上海市人民检察院第二分院批准，由上海市公安局黄浦分局延长侦查羁押期限1个月。2021年7月23日经上海市人民检察院批准，由上海市公安局黄浦分局延长侦查羁押期2个月。本案由上海市公安局黄浦分局侦查终结，以被告人张某莉涉嫌非法吸收公众存款罪，于2021年9月26日向上海市黄浦区人民检察院移送起诉。

■ 法理与法律适用评析

根据《刑事诉讼法》第162条的规定，侦查机关侦查终结的案件，如果侦查机关认为案件事实清楚，证据确实、充分，依法应当追究犯罪嫌疑人刑事责任的，侦查机关应当出具起诉意见书，连同案卷材料、证据等一并移送同级人民检察院审查决定是否起诉。共同犯罪的案件，侦查机关应当写明每个犯罪嫌疑人在犯罪过程中的地位、作用、具体罪责和认罪的态度，并分别提出处理意见，供起诉机关参考。[1]

根据《刑事诉讼法》第163条的规定，侦查机关在侦查过程中，发现不应对犯罪嫌疑人追究刑事责任的，应当作出撤销案件的处理决定，并制作撤销案件决定书。其中，“不应对犯罪嫌疑人追究刑事责任的”是指犯罪嫌疑人的行为不构成犯罪、没有犯罪事实或者具有《刑事诉讼法》第16条规定的6种情形之一，因而不追究刑事责任。撤销案件后，犯罪嫌疑人已经被逮捕的，应当立即释放，发给释放证明，并通知原批准逮捕的人民检察院。在侦查过程中，发现犯罪嫌疑人不够刑事处罚需要行政处理的，经县级以上公安机关批准，对犯罪嫌疑人依法予以行政处理或者移交其他有关部门处理。

我国《刑事诉讼法》对从立案到侦查终结之间的侦查期限并没有作强制性规定。这是因为，侦查工作具有一定的特殊性，不同的案件，根据具体的情况，侦查的难度也有不同，从立法上很难具体规定从立案开始到侦查终结到底应该在多长时间内完成。因此，在司法实践中，如果犯罪嫌疑人没有被采取强制措施，侦查是不受任何诉讼期限限制的。但是，一旦犯罪嫌疑人的人身自由

---

〔1〕 参见叶青主编：《刑事诉讼法学》(第4版)，上海人民出版社、北京大学出版社2020年版，第459页。

受到限制，即处于羁押状态，出于对犯罪嫌疑人人身自由权利的保护，侦查机关的侦查活动不能无限制地进行下去，需要受到侦查羁押期限的限制。因此，所谓的侦查羁押期限，仅涉及犯罪嫌疑人被依法刑事拘留或逮捕到侦查终结的期间规定。

侦查羁押期限可以分为四种情况：一般侦查羁押期限、特殊侦查羁押期限、不计算侦查羁押期限的情形、侦查羁押期限的重新计算。一般侦查羁押期限详见《刑事诉讼法》第156条第1句，特殊侦查羁押期限详见《刑事诉讼法》第156条第2句、第157条、第158条、第159条。不计算侦查羁押期限的情形详见《刑事诉讼法》第160条第2款，另外，对于被逮捕的犯罪嫌疑人依法应当作精神病鉴定的，其鉴定的期间不计入办案期限。该情形只限定于作精神病鉴定，而对犯罪嫌疑人作其他鉴定的时间则应当计入侦查羁押期限。侦查羁押期限的重新计算详见《刑事诉讼法》第160条第1款及相关规定。

第四节　人民检察院对直接受理案件的侦查

Ⅰ 人民检察院的拘留和逮捕决定权

【案例12-4-01】池某某徇私枉法案〔1〕

2020年6月至8月，被告人池某某在担任连城县公安局朋口派出所辅警期间，身为司法工作人员，在明知刘某(另案处理)有开设赌场的违法犯罪行为需要追究刑事责任的情况下，徇私情私利，利用职务便利，通过隐瞒刘某开设赌场事实、向其通风报信、泄露警情等系列违法违规行为，故意包庇刘某等人在朋口开设赌场长达2余月的违法犯罪行为，致使违法犯罪嫌疑人刘某等人在该段时间逃避法律打击和制裁，不受追诉。在此期间，被告人池某某一直与其保持不正当男女关系。2021年3月4日，被告人池某某主动投案，到案后如实供述自己的犯罪事实。

经查，池某某因三次违法行为分别于2010年、2013年、2014年被处以行政处罚。因本案于2021年3月5日被取保候审，同年5月28日，人民检察院依法决定逮捕池某某，交由公安机关执行。

---

〔1〕 福建省龙岩市中级人民法院刑事裁定书，(2021)闽08刑终196号。

■ 法理与法律适用评析

人民检察院对直接受理案件的侦查，又称自侦案件，它指《刑事诉讼法》根据职能管辖所确定的由人民检察院直接受理的刑事案件的侦查。[1] 我国《刑事诉讼法》对检察院直接受理案件的侦查有明确的规定，人民检察院在对诉讼活动实行法律监督中发现的司法工作人员利用职权实施的非法拘禁、刑讯逼供、非法搜查等侵犯公民权利、损害司法公正的犯罪，可以由人民检察院立案侦查。具体来说，为本章开头案例 12 - 1 - 03 所述。

我国《刑事诉讼法》规定，人民检察院直接受理的案件中，若符合相关的法律规定，需要拘留犯罪嫌疑人的，由人民检察院直接作出决定，由公安机关执行。这表明，人民检察院在直接受理的案件的侦查过程中，发现有下列两种情形的，有权决定拘留犯罪嫌疑人：(1)犯罪嫌疑人犯罪后企图自杀、逃跑或者在逃的；(2)犯罪嫌疑人有毁灭、伪造证据或者串供的可能的。人民检察院的拘留决定权对于及时侦破案件有着非常重要的意义，但是在适用的过程中应当注意两点：第一，人民检察院必须依法作出拘留决定并交由有关的公安机关执行，其并没有执行拘留的权力；第二，人民检察院对依法决定拘留的人，应当负责讯问，讯问应当在拘留后 24 小时内进行，在发现不应当拘留的情形的时候，必须立即释放，并发给释放证明，对于需要逮捕而证据还不充足的，可以变更强制措施为取保候审或监视居住。

人民检察院对直接受理的案件中被拘留的人，认为需要逮捕的，应当在 14 日以内作出决定。在特殊情况下，决定逮捕的时间可以延长 1 日至 3 日。对不需要逮捕的，应当立即释放；对需要继续侦查，并且符合取保候审、监视居住条件的，依法取保候审或监视居住。

本案中，池某某作为司法工作人员，在办理案件的过程中，徇私枉法，徇情枉法，利用职务便利，刻意隐瞒他人犯罪事实，故意泄露警情，使违法犯罪人员不受刑事追诉，人民检察院作出决定对池某某依法逮捕，交公安机关执行。

---

[1] 参见叶青主编：《刑事诉讼法学》(第 4 版)，上海人民出版社、北京大学出版社 2020 年版，第 464 页。

Ⅱ 人民检察院自侦案件侦查终结后的处理

【案例12-4-02】陈某失职致使在押人员脱逃案[1]

2020年3月3日，严某俊因涉嫌抢夺罪被吴川市公安局民警抓获，并被传唤到吴川市公安局解放派出所办案区接受讯问。2020年3月5日凌晨2时至9时，根据吴川市公安局解放派出所的值班安排，被告人陈某负责看管严某俊。当日5时许，由于陈某严重不负责任，在办案区候问室门口的简便床上熟睡，致使在押的犯罪嫌疑人严某俊用被单的边料绳子打开候问室的铁闸门，并在检查室盗走其已被依法扣押的华为手机一台和摩托车钥匙一串，后驾驶其被扣押的作案工具摩托车脱逃。2020年3月6日，严某俊在茂名市电白区附近抢夺被害人崔某的钱包一个，钱包内有现金人民币400元。2020年3月8日，严某俊在茂名市电白区沙院镇中润集团工业园宿舍区被吴川市公安局再次抓获。

2020年12月1日，被告人陈某因本案被湛江市人民检察院取保候审。湛江市坡头区人民检察院以《坡检一部刑诉〔2021〕Z12号》起诉书指控被告人陈通犯失职致使在押人员脱逃罪，于2021年7月28日向法院提起公诉。

■ 法理与法律适用评析

根据《刑事诉讼法》第168条和《人民检察院刑事诉讼规则》的相关规定，人民检察院直接受理的案件，在侦查终结后，有三种处理方式：提起公诉、不起诉和撤销案件。

一、提起公诉

人民检察院自侦案件侦查终结后，认为犯罪嫌疑人犯罪事实清楚，证据确实、充分，足以认定犯罪嫌疑人构成犯罪，依法应当追究刑事责任的，人民检察院应当作出提起公诉的决定。首先，侦查人员应当写出侦查终结报告，并制作起诉意见书，报送侦查部门负责人审核、检察长批准；其次，经检察长批准提出起诉意见书的，侦查部门应当将起诉意见书以及其他案件材料一并移送本院审查起诉部门审查；最后，审查起诉部门审查后，根据检察长或检察委员会的决定做出是否提起公诉的决定。

另外，如果是国家或者集体财产遭到损失的，侦查部门在提出公诉意见的

---

〔1〕 湛江市坡头区人民法院刑事判决书，(2021)粤0804刑初122号。

同时,也可以提出附带民事诉讼意见。

二、不起诉

人民检察院自侦案件侦查终结后,发现有《刑事诉讼法》第 177 条规定的情形,认为犯罪事实清楚,证据确实、充分,足以认定犯罪嫌疑人构成犯罪,但是犯罪情节轻微,依照《刑法》规定不需要判处刑罚或者应当免除刑罚的,侦查人员应当写出侦查终结报告,并制作不起诉意见书,报送侦查部门负责人审核,检察长批准;经检察长批准提出不起诉意见书的,侦查部门应当将不起诉意见书以及其他案件材料一并移送本院审查起诉部门审查。上述的"犯罪情节轻微,依照刑法规定不需要判处刑罚"是指《刑法》第 13 条规定的情形;"免除刑罚的"是指《刑法》中有"应当(可以)免除刑罚"字样的条款中规定的情形,如对预备犯、中止犯、胁从犯等就应当或可以免除刑罚。[1]

三、撤销案件

人民检察院直接侦查的案件,在侦查过程中发现有足够的证据证明犯罪嫌疑人的行为不构成犯罪,或者存在依法不应当追究刑事责任的情形,应当撤销案件的,由侦查部门制作撤销案件意见书,报经检察长或者检察委员会决定后撤销案件。上述的"不应当追究刑事责任"的情况和公安机关撤销案件的情形是相同的,即具备《刑事诉讼法》第 16 条规定的六种情形之一的或经侦查认为没有犯罪事实发生的,就属于"不应当追究刑事责任",人民检察院就应当撤销案件。

本案中,陈某在看管犯罪嫌疑人时,熟睡致使犯罪嫌疑人脱逃,符合失职致使在押人员脱逃罪的犯罪构成,人民检察院经侦查,达到犯罪事实清楚,证据确实、充分的要求,依法决定侦查终结,对被告人陈某提起公诉。

第五节　补 充 侦 查

I 审查批捕阶段的补充侦查

【案例 12 - 5 - 01】李某某走私、贩卖、运输、制造毒品案[2]

2011 年 7 月 25 日,南昌县公安局因李某某涉嫌伙同张某某贩卖毒品提

[1] 参见叶青主编:《刑事诉讼法学》(第 4 版),上海人民出版社、北京大学出版社 2020 年版,第 466 页。

[2] 江西省高级人民法院刑事裁定书,(2018)赣刑终 281 号。

请南昌县人民检察院批准逮捕,南昌县人民检察院于同年8月1日作出南检刑不予批捕(2011)41号不予批准逮捕决定书,以事实不清,证据不足为由不予批准逮捕李某某,并建议公安机关进一步补充侦查;2013年7月3日,南昌县公安局对李某某刑事拘留,并于2013年7月18日再次提请南昌县人民检察院对李某某批准逮捕,南昌县人民检察院于同年7月25日作出南昌县人民检察院南检刑不批捕(2013)62号不批准逮捕决定书,以事实不清,证据不足为由对李某某不予批准逮捕,并通知南昌县公安局,次日,南昌公安局对李某某取保候审;2014年3月12日,南昌县公安局再次以南公刑捕字(2014)83号提请批准逮捕书第三次提请南昌县人民检察院对李某某批准逮捕,南昌县人民检察院于同年3月31日作出南昌县人民检察院南检侦监不批捕(2014)41号不批准逮捕决定书,以事实不清,证据不足为由第三次对李某某不予批准逮捕。

■ 法理与法律适用评析

《刑事诉讼法》第90条规定,人民检察院对于公安机关提请批准逮捕的案件进行审查后,应当根据情况分别作出批准逮捕或者不批准逮捕的决定。对于批准逮捕的决定,公安机关应当立即执行,并且将执行情况及时通知人民检察院。对于不批准逮捕的,人民检察院应当说明理由,需要补充侦查的,应当同时通知公安机关。本案中,南昌县人民检察院于2011年8月1日、2013年7月25日、2014年3月31日三次作出不批准逮捕决定书,并建议公安机关进行补充侦查。

Ⅱ 审查起诉阶段的补充侦查

【案例12-5-02】刘某某徇私枉法案[1]

上诉人(原审被告人)刘某某,因涉嫌犯徇私枉法罪,于2018年1月16日由冠县监察委员会决定并由阳谷县公安局执行留置措施,2018年1月30日由阳谷县人民检察院决定并由阳谷县公安局执行逮捕。

一审判决认定:被告人刘某某于2008年7月担任冠县公安局刑事警察大队(以下简称刑警大队)一中队副中队长,2011年1月至案发担任冠县公安局刑警大队一中队指导员。2010年7月1日,冠县公安局接受被害人张某1被轮奸一案的报案。时任刑警大队一中队副中队长的刘某某作为案件承办民

---

〔1〕 山东省聊城市中级人民法院刑事判决书,(2019)鲁15刑终207号。

警，在已确定该案犯罪嫌疑人为李某、吴某1、翟某1的情况下，于2011年10月通过他人收受吴某1之父吴某25,000元人民币，并接受对吴某1予以照顾的请求。办案中被告人刘某某为徇私利，对吴某1、翟某1应当采取强制措施而不采取强制措施。2011年12月11日，李某归案后，冠县公安局法制大队在案件审核过程中建议对吴某1、翟某1采取拘留措施，刘某某仍未根据建议对二人采取拘留措施，仅将李某移送审查起诉。后公诉机关将张某1被强奸案退回补充侦查，在补充侦查提纲第三项中明确要求抓捕吴某1、翟某1。刘某某仍未按公诉机关的退补要求实施抓捕，致使吴某1、翟某1作案后长期脱离司法侦控，并影响了李某强奸案的及时诉讼，造成恶劣的社会影响。

一审法院依照《刑法》第399条、第64条、第67条第3款、第94条之规定，以被告人刘某某犯徇私枉法罪，判处有期徒刑5年；对被告人刘某某违法所得5000元，予以没收，上缴国库。二审裁定，驳回上诉，维持原判。

■ 法理与法律适用评析

《刑事诉讼法》第175条第2款规定，人民检察院审查案件，对于需要补充侦查的，可以退回公安机关补充侦查，也可以自行侦查。本案中，刘某某在张某1被强奸案由公诉机关在审查起诉阶段退回补充侦查后，作为山东省冠县公安局刑事警察大队一中队原指导员的刘某某仍未按公诉机关的退补要求实施抓捕，导致吴某1、翟某1作案后长期脱离司法侦控，出现了徇私枉法的犯罪事实。

Ⅲ 法庭审理阶段的补充侦查

【案例12－5－03】某某小额贷款有限责任公司、刘某虚报注册资本案[1]

泾川县人民检察院以泾检一部刑诉(2021)1号起诉书、泾检一部刑变诉(2021)2号变更起诉决定书指控被告人刘某犯虚报注册资本罪，故意销毁会计凭证、会计账簿罪，贪污罪，挪用公款罪，国有公司人员滥用职权罪，向法院提起公诉。法院于2021年7月2日作出(2021)甘0821刑初23号刑事判决，被告人刘某提出上诉，甘肃省平凉市中级人民法院审理后发回重审。法院于2022年1月5日立案，依法适用普通程序，另行组成合议庭审理本案。泾川县人民检察院以补充侦查为由分别于2022年1月23日、2月22日建议延期

---

〔1〕 甘肃省平凉市崆峒区人民法院刑事判决书，(2022)甘0821刑初1号。

审理,3 月 21 日建议恢复审理。泾川县人民检察院补充侦查后以泾检一部刑追诉(2022)1 号追加起诉决定书,指控被告单位某某小贷公司犯故意销毁会计凭证、会计账簿罪,向本院提起公诉。法院于 2022 年 4 月 14 日公开开庭审理了本案。其间,延长审限 3 个月。现已审理终结。

法院判决:(1)被告单位平凉市崆峒区某某小额贷款有限责任公司犯故意销毁会计凭证、会计账簿罪,判处罚金 30,000 元。被告人刘某犯虚报注册资本罪,判处有期徒刑 8 个月,并处罚金 200,000 元;犯故意销毁会计凭证、会计账簿罪,判处有期徒刑 1 年 6 个月,并处罚金 30,000 元;犯贪污罪,判处有期徒刑 11 年 6 个月,并处罚金 1,000,000 元;犯挪用公款罪,判处有期徒刑 7 年;犯国有公司人员滥用职权罪,判处有期徒刑 3 年 6 个月;总和刑期有期徒刑 24 年 2 个月,并处罚金 1,230,000 元;数罪并罚,决定执行有期徒刑 19 年 6 个月,并处罚金 1,230,000 元。(2)责令被告人刘某向平凉市崆峒区某某小额贷款有限责任公司退赔贪污违法所得 7,583,160.98 元(其中包括侦查机关扣押的 90,000 元及西兴庭院 ×× 号楼西单元 ×× 室房产变卖后的价款)。(3)责令被告人刘某向平凉市崆峒区某某小额贷款有限责任公司退赔挪用公款违法所得 1,210,000 元及孳息、利息 59,980 元。

■ 法理与法律适用评析

法庭审理阶段的补充侦查有两种情况:人民检察院主动要求退回补充侦查和合议庭建议补充侦查,本案属于检察院主动要求退回补充侦查。法庭审理时的决定补充侦查权属于人民检察院,而不属于人民法院。本案中泾川县人民检察院补充侦查后追加起诉决定书,增加了起诉罪名。法院支持了关于被告单位某某小贷公司犯故意销毁会计凭证、会计账簿罪的补充起诉。

Ⅳ 退回补充侦查后的处理

【案例 12-5-04】张某明故意伤害案[1]

被告人张某明,因涉嫌犯故意伤害罪于 2017 年 3 月 2 日被羁押,同年 4 月 7 日被逮捕;后羁押于北京市第一看守所。北京市人民检察院第二分院指控被告人张某明犯故意伤害罪,于 2017 年 7 月 3 日向法院提起公诉。在诉讼过程中,附带民事诉讼原告人杨某、陈某 1、陈某 2、李某 1、李某 2 向法院提起

[1] 北京市第二中级人民法院刑事判决书,(2020)京 02 刑初 141 号。

附带民事诉讼。法院依法组成合议庭,公开开庭进行了合并审理,并于2017年12月29日作出刑事附带民事判决,在法定期限内,原审附带民事诉讼当事人均未提出上诉,原公诉机关未提出抗诉,原审附带民事部分判决已发生法律效力。被告人张某明对原审刑事部分判决不服,提出上诉,北京市高级人民法院经审理后认为,本案刑事部分判决认定的部分事实不清,证据不足,于2020年7月24日作出(2018)京刑终40号刑事裁定:(1)撤销北京市第二中级人民法院(2017)京02刑初86号刑事附带民事判决主文第一项,即被告人张某明犯故意伤害罪,判处有期徒刑12年,剥夺政治权利2年;(2)将本案刑事部分发回北京市第二中级人民法院重新审判。法院依法重新组成合议庭,公开开庭进行了审理。在本案审理期间,北京市人民检察院第二分院以补充侦查为由建议延期审理,法院依法决定延期审理;补充侦查完毕后,本案依法重新计算审理期限。经北京市高级人民法院批准,依法延长审理期限3个月。现已审理终结。

■ 法理与法律适用评析

本案中,补充侦查是基于故意伤害案件属于上级法院撤销判决发回重审的特点决定的,本案案发于2017年,距离案件开庭审理日期的时间跨度较大,且属于被告人不服判决的上诉案件,侦查机关在特定的办案期限内也一时难以穷尽所有的情况;同时基于法庭审理过程中,需要进一步补充和核实证据。为了进一步查明案件的事实,同时也是出于诉讼效率的考虑,检察机关要求补充侦查并建议对该案延期审理。

第六节　侦查监督

侦查监督,是指人民检察院作为国家专门的法律监督机关,依法对侦查机关刑事侦查活动的合法性进行的监督。《刑事诉讼法》第8条规定:“人民检察院依法对刑事诉讼实行法律监督。”以本条为依据可知,侦查监督属于人民检察院刑事诉讼法律监督的重要部分。在侦查活动中,人民检察院通过监督可以发现侦查机关在侦查活动中的违法行为,从而及时采取纠正或者预防措施,进而有利于保障侦查活动的依法进行。[1] 侦查监督部门的职责和任务,贯穿了从刑事立案到侦查终结的全过程,既包括对适用法律、定性等实体公正方面的监督,也包括对收集证据、自行逮捕等程序公正方面的监督,工作方向主要是针对公安机关等侦查机关的侦查活动,工作的重心要放在引导侦查取证工作、保证侦查活动的依法进行上。

Ⅰ 侦查监督的内容和范围

侦查监督的内容,是指人民检察院通过履行侦查监督职能予以发现和纠正的违法行为。根据《刑事诉讼法》和《人民检察院刑事诉讼规则》的有关规定,人民检察院对公安机关侦查活动的监督,主要是发现和纠正以下违法行为:(1)对犯罪嫌疑人刑讯逼供、诱供的;(2)对被害人、证人以体罚、威胁、诱骗等非法手段收集证据的;(3)伪造、隐匿、销毁、调换或者私自涂改证据的;(4)徇私舞弊,放纵、包庇犯罪分子的;(5)有意制造冤、假、错案的;(6)在侦查活动中利用职务之便谋取非法利益的;(7)在侦查过程中不应当撤案而撤案的;(8)贪污、挪用、调换所扣押、冻结的款物及其孳息的;(9)违反《刑事诉讼法》关于决定、执行、变更、撤销强制措施的规定的;(10)违反办案期限规定的;(11)有其他违反《刑事诉讼法》有关规定的行为的。

Ⅱ 侦查监督的程序

【案例 12-6-01】艾某贩卖毒品案[2]

2011年12月8日11时50分许,犯罪嫌疑人艾某在天目西路、光复路口将0.22克海洛因以人民币100元卖给举报人周某,成交时被当场抓获。上海市公安局某分局以犯罪嫌疑人艾某涉嫌贩卖毒品罪提请上海市某区人民检察院批准逮捕。

上海市某区人民检察院经审查,发现该局承办民警的下列取证行为,违反了相关法律规定:在本案中民警张某于2011年12月8日出具证言,证实其亲眼目睹了犯罪嫌疑人艾某的贩毒经过,并参与了抓捕。经该院审查,重新询问了有关证人,证实了案发当日参与抓捕的民警是李某,而非张某,且无证据证明张某案发时在现场,因此张某的该份证言缺乏真实性,不能采信。此外,民

---

〔1〕 参见陈光中主编:《刑事诉讼法》(第7版),北京大学出版社、高等教育出版社2021年版,第334页。

〔2〕 根据上海市闸北区人民检察院侦监科提供的材料改编。

警李某、社保队员夏某系本案的目击证人，但该局承办民警未向上述二人取证并提供证言。经对全案证据材料分析，该院认为现有证据不足以证实犯罪嫌疑人艾某实施了贩毒行为，故该院以事实不清，证据不足，对艾某作出不予批准逮捕的决定。

同时，该局承办民警在侦查取证过程中，未依照法定程序，全面、客观地收集、审查、核实能够证实犯罪嫌疑人艾某有罪或者无罪、犯罪情节轻重的各种证据，违反了1996年《刑事诉讼法》第43条、《关于办理死刑案件审查判断证据若干问题的规定》第3条的规定。根据1996年《刑事诉讼法》第8、76条之规定，向该局发出了《纠正违法通知书》。

■ 法理与法律适用评析

一、发现侦查活动中的违法行为

人民检察院发现公安机关和侦查人员的违法行为，主要有以下几种方式：(1)人民检察院在审查逮捕、审查起诉中，应当审查公安机关的侦查活动是否合法；(2)人民检察院根据需要可以派员参加公安机关对于重大案件的讨论和其他侦查活动，从中发现违法行为；(3)通过受理诉讼参与人对于公安机关和侦查人员侵犯其诉讼权利和人身侮辱的行为向人民检察院提出的控告并及时审查，从中发现违法行为；(4)通过审查公安机关执行人民检察院批准或者不批准逮捕决定的情况，以及释放被逮捕的犯罪嫌疑人或者变更逮捕措施的情况，发现违法行为。

二、针对违法侦查行为进行处理

根据最高人民检察院《人民检察院刑事诉讼规则》的有关规定，人民检察院在发现侦查活动存在违法情况后，可以分别作出以下几种处理方式：

一是口头通知纠正的方式。对于情节较轻的违法行为，如属个别侦查人员的违法，应当向违法者本人口头提出纠正意见；对于带有普遍性的违法行为，应当向侦查机关的负责人提出纠正意见。检察人员参加讯问犯罪嫌疑人、勘验现场等侦查活动中发现侦查人员有违法行为应及时提出。

二是书面通知纠正的方式。对于侦查机关在侦查活动中比较严重的违法行为，应当报请检察长批准后，向其发出《纠正违法通知书》。人民检察院发出《纠正违法通知书》后，应当根据公安机关的回复，监督落实情况；没有回复的，应当督促其回复。人民检察院提出的纠正意见不被接受，公安机关要求复查的，应当在收到公安机关的书面意见7日以内进行复查经过复查，认为纠正违法意见正确的,应当及时向上一级人民检察院报告;认为纠正违法意见错误的,应当及时予以撤销。

三是进行调查核实并依法处理。在侦查、审查起诉和审判阶段,检察人员发现侦查人员以非法方法收集证据的,应当报经检察长批准,及时进行调查核实。检察人员调查完毕后,应当制作调查报告,根据查明的情况提出处理意见,报请检察长决定后依法处理。在这个过程中,经调查核实依法排除非法证据的,应在调查报告中说明;对于存在以非法方法收集证据情形但尚未构成犯罪的,应依法向被调查人所在的机关提出纠正意见。

四是移送有关部门依法追究刑事责任。人民检察院负责捕诉的部门发现侦查活动中的违法情形已涉嫌犯罪且属于人民检察院管辖的,应当移送本院侦查部门;侦查部门审查后应当提出是否立案侦查的意见,报请检察长决定;对于不属于人民检察院管辖的,应当依照有关规定移送有管辖权的机关。

Ⅲ 侦查监督的途径和措施

【案例 12-6-02】孙某盗窃案[1]

犯罪嫌疑人孙某因涉嫌盗窃罪于2008年4月8日被依法批准逮捕,捕后侦查羁押期限应为同年6月8日。同年5月30日,上海市某区看守所向孙某盗窃案的承办单位本区公安分局刑侦支队送交了《羁押期限届满通知书》。同年6月6日。区看守所电话通知区公安分局督察部门和办案单位:孙某盗窃案侦查羁押期限即将届满。同日,驻所检察室也向孙某盗窃案承办人催办,承办人称该案已结案,准备移送区检察院审查起诉。直至6月11日,驻所检察室得知该案仍未换押,即致电区检察院公诉科催办,获悉该案于当日才由公安机关移送检察院审查起诉,侦查羁押期限已超过3日。通过调查取证,确认了上述违法事实,区检察院于2008年6月26日,向区公安分局制发《纠正违法通知书》,提出纠正意见。事后,公安机关就此事进行了整改并将有关处理事项回复检察院。

【案例 12-6-03】邱某等人强奸案

2010年1月5日15时30分许,犯罪嫌疑人邱某、金某、李某、江某、邱乙、

〔1〕 上海市人民检察院研究室:《上海检察机关案例汇集(第一卷)》,第516页。

顾某经共谋,将被害人王某骗出并带至本市某旅馆房间,采用暴力、胁迫手段轮流对王某实施奸淫,致其轻伤。

公安机关提请批准逮捕,侦监部门在审查逮捕金某等6人时,发现多处监督线索。一是遗漏本案共犯。卷宗材料显示,本案被害人系由证人陆某约出后到作案地点,且有线索显示陆某可能知道金某等人欲强奸被害人,其有共犯嫌疑。二是遗漏重大犯罪事实。经过讯问发现,多名犯罪嫌疑人均被提及曾多次与其他女性发生性关系,且采取了暴力、胁迫手段,并了解到其中一名犯罪嫌疑人手机中存有相关视频。公安机关扣押了该手机,但并未随案移送,而且对相关事实未予立案侦查。三是遗漏的犯罪事实涉及多名案外人员。多名犯罪嫌疑人的供述证实,尚有多名未涉嫌本案的案外人员,伙同他们共同实施了前述多次轮奸行为。后侦监部门增加认定多起犯罪事实,并依法追加多名犯罪嫌疑人到案。

■ 法理与法律适用评析

在司法实践中,人民检察院主要通过以下途径和措施对公安机关的侦查活动实行法律监督:[1]一是提出纠正违法的意见,或者提出相关的检察建议;二是对于侦查机关所提出的不合法逮捕申请,或者没有逮捕必要性的,依法作出不批准逮捕的决定;三是对于侦查机关所提出的延长逮捕后羁押期限的申请,依法进行审查,对于不符合法定条件的申请不予批准;四是在审查起诉过程中发现案件事实不清、证据不足或者存在遗漏犯罪嫌疑人、遗漏犯罪行为的,作出退回补充侦查的决定;五是在侦查终结之前,检察机关要对侦查人员是否存在刑讯逼供等非法取证行为进行专门的“核查”程序,核查采取讯问犯罪嫌疑人的方式,听取其有关侦查行为合法性的意见,全部核查过程都要全程录音录像;六是在审查批捕和审查起诉时发现侦查机关存在违反法律程序的情形,也可以作出排除非法证据的决定;七是检察机关在侦查过程中可以对被逮捕的犯罪嫌疑人,进行羁押必要性审查,对于原来错误或者违法采取羁押措施,或者因为案件情况的变化,继续羁押没有必要,可以依法解除羁押措施,变更为监视居住或取保候审等非羁押性强制措施。

侦查监督的目的是规范侦查行为,提高侦查的质量与水平,从而促进司法的公正文明。侦查是公权力,在行使过程中有无枉法、徇私、放纵或冤枉,有无

[1] 参见陈瑞华:《刑事诉讼法》,北京大学出版社2021年版,第369-370页。

遗漏或错误，通常都是通过对侦查行为是否规范来行使监督的，即获取证据的途径方式是否合法正当，有无刑讯逼供、诱供诱证，取证是否全面、客观，采取强制措施或侦查措施是否依法等。本案中，公安机关存在遗漏犯罪嫌疑人、犯罪事实的情况，尽管可能公安人员不是出于徇私舞弊、放纵包庇犯罪分子的目的，但从客观公正的角度看，公安机关的行为使得一些犯罪嫌疑人得不到应有的处罚，被害人的合法权利没有得到全面的保护，从总体上看，案件事实也没有能够查清。为此，检察机关通过行使侦查监督职能，通过追捕程序，将其余的同案犯抓获到案；通过立案监督程序，促使公安机关立案侦查；同时及时介入侦查，对证据的收集、提取、固定及侦查取证的方向，提出意见和建议，确保了刑事诉讼的顺利进行。

第七节　技术侦查措施

【案例 12-7-01】周某明与周某贵故意杀人案[1]

2006 年 3 月 21 日上午，明光市嘉山集乡平湖村的几个村民在黄冲水库北侧修剪树枝时，发现土坑里躺着一具男尸。接到报案后，明光市公安局迅速成立了专案组。经过查证，死者为平湖村花冲里村民组 38 岁的光棍周某来。根据举报，死者周某来对其二嫂支某在外与其他男人勾三搭四的行为非常生气，曾扬言“支某若仍执迷不悟，会让她后悔一辈子”。但支某对死者的言行并无回应。

公安干警在得知这一线索后，立即传讯二嫂支某和她的情人徐某。可这两人被带回明光公安局后，均矢口否认，表示对周某来的死并不知情。面对如此情况，办案人员不得不暂停审理，在没有足够证据的情况下，不能武断地得出结论。

经过专案组反复研究，决定利用心理测试技术（也就是测谎仪），来突破嫌疑人的心理防线。结合案件，专案组精心编制了 1 组激励测试，3 组 CQT（准绳）、6 组 GKT（情景测试），共计 10 组问题，对两名犯罪嫌疑人进行了测试。经过 7 个小时的测试，专家组通过分析图谱果断否定了二人作案的可能。

为了进一步查明情况，专案组人员不辞劳苦，通过各种途径深入调查走

〔1〕 杨正鸣、倪铁主编：《侦查学案解》，复旦大学出版社 2011 年版，第 103-104 页。

访。根据群众反映周某来生前兄弟关系极其复杂这一线索,有两个人这时进入了公安干警的视线。这两人均为死者的亲兄弟,周某贵(死者的三哥)和周某明(死者的五哥),这两人曾因家庭琐事与死者结怨颇深,很有作案可能。2006 年 3 月 30 日,专案组传讯了死者的三哥周某贵,准备对其进行测试。专案组同上次一样精心制订了详细的测试计划,编制了 1 组激励测试,4 组 MGQT(多目标准绳),7 组 GKT(情景测试),共计 12 组测试问题。经过 10 个小时的测试,其 MGQT 综合得分为 -5 分,根据图谱结果和侦查人员的经验分析,周某贵与死者周某来被杀一定有着必然的联系,大概率是知情者。

专案组将周某贵先行释放,并实施秘密监控,同时在 3 月 31 日早晨传讯了周某明,并对其进行了心理测试。经过两次的心理测试,僵持了数十个小时的周某明终于熬不住了,他扑通一声跪倒在地说:"我错了,千不该万不该,我不该下手太重了。"就这么一句话,他的心理防线彻底崩溃。经过 15 个小时的斗智斗勇,在测谎技术和强有力的科学证据面前,犯罪嫌疑人周某明彻底交代了 2 月 12 日晚 8 时,与周某贵共同谋杀死者周某来的犯罪事实。

■ 法理与法律适用评析

随着社会的不断发展,犯罪手段方法也层出不穷,犯罪嫌疑人不断利用现代科学技术方法等实施新的犯罪,而在这种新时期的背景之下,技术侦查手段就显得尤为突出重要。而随着科学技术的不断发展,其在侦查活动中的重要性也与日俱增。为打击严重犯罪,采取相应的技术侦查措施是各国通行的做法,我国早在 1993 年制定《国家安全法》(已失效)和 1995 年制定《中华人民共和国人民警察法》(以下简称《人民警察法》)时,就规定了侦查机关因侦查犯罪的需要,根据国家有关规定,经过严格的批准手续,可以采取技术侦察措施。但当时并未在《刑事诉讼法》中予以规定,之后考虑到加强打击犯罪力度、防止滥用侦查措施等缘故,2012 年在《刑事诉讼法》修改时增加了技术侦查措施一节,[1]之后由于《监察法》的出台,2018 年修改《刑事诉讼法》时删除了第 2 款中人民检察院对"重大的贪污、贿赂犯罪案件"可以采取技术侦查措

---

〔1〕 虽然《刑事诉讼法》中增加了技术侦查措施一节,但仍未对技术侦查的概念进行规定,反而是《公安部规定》第 255 条规定,技术侦查措施是指由设区的市一级以上公安机关负责技术侦查的部门实施的记录监控、行踪监控、通信监控、场所监控等措施。参见易延友:《刑事诉讼法:规则原理应用》(第 5 版),法律出版社 2019 年版,第 376 页。

施的规定。[1]

一般而言,所谓技术侦查措施,是指利用现代科学知识、方法和技术的各种侦查手段的总称。[2] 从广义上看,在侦查中,多数案件都需要运用某些技术手段,如在现场勘验、检查中某些仪器设备的使用,为鉴别与判断某些事实而进行的鉴定等。从这种意义上讲,多数案件都存在技术侦查的问题。然而,在我国的侦查理论与实务中,"技术侦查"这一概念多数情况下专指侦查中某些特殊手段的运用,即"技术侦察",而不是一般意义上的鉴定活动或勘验、检查中某些仪器的使用。[3] 一般来说,根据有关规定,《人民警察法》所规定的"技术侦察",是指国家安全机关和公安机关为了侦查犯罪而采取的特殊侦查措施,即侦查机关在秘密的前提下,应用现代科学技术与刑事犯罪作斗争的一种秘密侦查手段。

但是从理论和实践中来看,仅仅将"技术侦查措施"界定为秘密的专门技术手段,无论是从司法实践还是从"技术侦查措施"的字面含义上来看,都欠妥当。从广义上来看,技术性侦查措施不仅包括秘密的专门技术手段,还应当包括许多公开的在侦查过程中的专业技术手段。这些侦查技术措施包括测谎检查、网上查控、模拟画像、刑事鉴定、会计资料勘验、脑纹识别、通讯工具控制等。

还需要注意的是,技术侦查作为一种侦查手段,其获得的某些信息和结果并不能作为直接证据证明犯罪嫌疑人的犯罪事实,但是可以作为一种线索或一种与犯罪嫌疑人周旋的侦查手段,从而有利于全案的侦破。

另外,技术侦查的适用上有着严格的条件限制:一是时间上的限制,必须是在公安机关或人民检察院立案后,才能实施技术侦查措施。二是所针对的犯罪种类的限制,公安机关适用技术侦查案件的范围主要有危害国家安全犯罪、恐怖活动犯罪、黑社会性质的组织犯罪、重大毒品犯罪或者其他严重危害社会的犯罪案件,而人民检察院对于利用职权实施的严重侵犯公民人身权利的重大犯罪案件,根据侦查犯罪的需要,经过严格的批准手续,可以采取技术侦查措施,按照规定交有关机关执行。三是在审批过程中有严格的限制,必须根据侦查犯罪的需要,经过严格的批准手续,按照规定交有关机关执行技术侦

---

〔1〕 参见王爱立主编:《中华人民共和国刑事诉讼法释义》,法律出版社 2018 年版,第 306 - 307、309 页。

〔2〕 参见《刑事诉讼法学》编写组:《刑事诉讼法学》(第 3 版),高等教育出版社 2019 年版,第 259 页。

〔3〕 参见杨正鸣、倪铁主编:《侦查学案解》,复旦大学出版社 2011 年版,第 102 页。

查措施。四是技术侦查具有有效期限，技术侦查的批准决定自签发之日起3个月内有效，对于不需要继续采取技术侦查措施的，应当及时解除；对于复杂、疑难案件，期限届满仍有必要继续采取技术侦查措施的，经过批准，有效期可以延长，但每次不得超过3个月。

在上述案件的侦破过程中，公安机关运用到了测谎检查这一技术性侦查措施。所谓的测谎检查，是指专门的技术人员按照一定的规则，运用测谎仪器设备记录测谎对象在回答其所设置的问题的过程中某些生理参量的变化，并通过分析测谎仪器设备所记录的图谱，对被测谎对象在回答有关问题时是否说谎作出判断的活动。[1]

在技术侦查的测谎技术应用中应当注意：我国的《刑事诉讼法》及相关的法律规定都没有规定可以将测谎所得的结果作为直接证据使用，而使用测谎这一技术侦查措施，其最主要的目的是借助测谎这一科技手段，将测谎检查和其所得的结果作为判别真伪、获取线索和证据的一种方式和途径，从以上案例中就可以清晰地看出，测谎技术的使用对整个案件的侦破起到了关键性作用。当然，测谎的结果也可能因为测试人员的专业素质、被测试对象的心理素质、测试条件、测试题目的选择等多种因素而出现不同的结果，影响到侦查人员对测谎结果的判断。因此，侦查机关在使用测谎技术的时候，不能过于依赖测谎结果，以免造成冤假错案。

【案例12－7－02】白某峰强奸、杀人、抢劫案[2]

2007年11月24日，三门峡市公安局湖滨区分局刑警大队从侦破一起抢劫案件入手，果断实施并案侦查，成功运用DNA鉴定刑事科学技术，一举侦破2006年发生在湖滨区的一起强奸杀人案、两起强奸案，一个强奸、杀人、抢劫、负案累累的犯罪嫌疑人终于落入法网。

2007年11月5日18时40分，天色渐暗，卫某回家经过铝厂转盘，由北向南行至贺家庄公路涧河桥北30米处，身后突然蹿出一男子，猛然用胳膊将其勒倒在地。卫某还未反应过来，已被该男子拖至西边的草丛中。卫某开始呼喊，该男子掐住卫某脖子威胁，卫某不停地反抗。这时，不远处有行人走来，该男子慌忙将卫某手提包抢走离开。等卫某回过神来，那男子已不知去向，卫某

---

〔1〕 参见杨正鸣、倪铁主编：《侦查学案解》，复旦大学出版社2011年版，第104页。

〔2〕 杨正鸣、倪铁主编：《侦查学案解》，复旦大学出版社2011年版，第113页。

才想起赶紧报警。

该案引起了湖滨区公安分局领导的高度重视。经过大量细致艰苦的工作,民警锁定一个名叫白某峰的男子。受害人卫某看到他户籍资料照片时,一眼就辨认出,白某峰就是当晚对她实施抢劫的犯罪嫌疑人。

经审讯,犯罪嫌疑人白某峰对其于2007年11月5日晚抢劫卫某的犯罪事实供认不讳。案件侦破到此似乎告一段落,可民警并没有停止审讯,而是继续深挖余罪。民警将其与1年前的系列强奸杀人案联系起来,在案发现场勘察中,现场提取到了遗留在现场的嫌疑人的几根毛发,以及一只旧皮鞋、几枚衬衣纽扣。现场的毛发成为认定嫌疑人的重要因素。民警将提取到的毛发和犯罪嫌疑人白某峰被提取的验材一并送往三门峡市公安局刑科所DNA室进行检验。2007年11月24日上午,鉴定结果做出:白某峰DNA与之前强奸杀人案现场所留的犯罪嫌疑人DNA一致。至此,该市系列强奸杀人案件成功告破。

■ 法理与法律适用评析

上述的案例是一则利用刑事鉴定中的DNA鉴定技术查找犯罪嫌疑人,并成功突破案件的真实案例。刑事鉴定是指侦查机关为查明案情,指派或聘请具有专门知识的人,对于犯罪案件有关的物品、文件、痕迹、人身、尸体等专门性问题进行审查、检验、鉴别和评定的一项技术性侦查措施。[1]

刑事鉴定是获取证据的重要侦查措施,它以解决某些专门性问题来弥补侦查人员知识水平的不足,帮助司法机关判明证据的真伪,从而达到确认犯罪嫌疑人、查清犯罪事实的目的。刑事技术鉴定,必须由县级以上公安机关刑事技术部门或者其他专职人员负责进行,一般的侦查人员没有接受过正式的培训和专业的知识技巧,是无权进行刑事鉴定的,否则会造成鉴定结果的非科学性,给查清事实真相造成一定的困难。

■ 法条链接

《刑事诉讼法》第52、56、57、100、150、151、152、153条。

---

〔1〕 参见杨正鸣、倪铁主编:《侦查学案解》,复旦大学出版社2011年版,第114页。

■ 参考文献

1. 叶青主编:《刑事诉讼法学》(第4版),上海人民出版社、北京大学出版社2020年版。
2. 刘志远、赵景川:《侦查监督制度的功能定位与重构——兼论侦查程序中被害人的权利保护》,载《法学杂志》2008年第6期。
3. 王文生:《论宽严相济刑事政策在侦查监督中的运用》,载《当代法学》2011年第3期。
4. 单民、上官春光:《检察机关侦查监督的定位与空间》,载《人民检察》2011年第10期。
5. 刘计划:《侦查监督制度的中国模式及其改革》,载《中国法学》2014年第1期。
6. 张志杰:《人民检察院侦查监督工作回顾与展望》,载《人民检察》2021年第Z1期。

第十三章　起 诉 程 序

第一节　公 诉 程 序

【案例 13 - 1 - 01】姚某某等五人假冒注册商标案[1]

2015 年至 2019 年，被告人姚某某安排被告人古某购进打印机、标签纸、光纤模块等材料，伪造“CISCO”“HP”“HUAWEI”光纤模块等商品，并安排被告人魏某某、张某、庄某某向境外销售。姚某某、古某共生产、销售假冒上述注册商标的光纤模块 10 万余件，销售金额共计人民币 3162 万余元；现场扣押假冒光纤模块、交换机等 11,975 件，价值 383 万余元；姚某某、古某的违法所得数额分别为 400 万元、24 万余元。魏某某、张某、庄某某销售金额分别为 745 万余元、429 万余元、352 万余元；违法所得数额分别为 20 万元、18.5 万元和 14 万元。

2019 年 4 月，山东省日照市公安局（以下简称日照市公安局）接到惠普公司报案后立案侦查。同年 5 月 24 日，山东省日照市人民检察院（以下简称日照市检察院）以涉嫌假冒注册商标罪对被告人姚某某、古某批准逮捕；对被告人魏某某、张某、庄某某因无法证实犯罪故意和犯罪数额不批准逮捕，同时要求公安机关调取国外买方证言及相关书证，以查明魏某某、张某、庄某某是否具有共同犯罪故意及各自的犯罪数额。

2019 年 7 月 19 日，日照市公安局补充证据后以被告人姚某某、古某涉嫌假冒注册商标罪，被告人魏某某、张某、庄某某涉嫌销售假冒注册商标的商品罪，移送日照市检察院起诉。同年 7 月 23 日，日照市检察院将该案交由山东省日照市东港区人民检察院（以下简称东港区检察院）办理。

东港区检察院在审查起诉期间要求公安机关补充完善了以下证据：一是调取被告人姚某某等 5 人之间的 QQ 聊天记录、往来电子邮件等电子数据，证

---

〔1〕 姚某某等五人假冒注册商标案，最高人民检察院第二十六批指导案例第 101 号（2021 年）。

实庄某某、张某、魏某某主观上明知销售的商品系姚某某、古某假冒注册商标的商品，仍根据姚某某的安排予以销售，构成无事前通谋的共同犯罪。二是调取电子合同、发货通知、订单等电子数据，结合扣押在案的销售台账及被告人供述、证人证言等证据，证实本案各被告人在共同犯罪中所起的作用大小。三是调取涉案商标的商标注册证、核准商标转让、续展注册证明等书证，证实涉案商标系在我国注册，且在有效期内。经对上述证据进行审查，东港区检察院认为，现有证据能够证实被告人庄某某、张某、魏某某三人在加入万能国际公司担任销售人员后，曾对公司产品的价格与正品进行对比，且收悉产品质量差的客户反馈意见，在售假过程中发现是由古某负责对问题产品更换序列号并换货等，上述证据足以证实庄某某、张某、魏某某三人对其销售的光纤模块系姚某某、古某贴牌制作的假冒注册商标的商品具有主观明知。故认定该三人构成假冒注册商标罪，与姚某某、古某构成共同犯罪。检察机关还依法对万能国际公司是否构成单位犯罪进行了审查，认定万能国际公司自 2014 年成立后截至案发，并未开展其他业务，实际以实施犯罪活动为主，相关犯罪收益也均未归属于万能国际公司。根据最高人民法院《关于审理单位犯罪案件具体应用法律有关问题的解释》第 2 条的规定，公司、企业、事业单位设立后，以实施犯罪为主要活动的，不以单位犯罪论处，故不构成单位犯罪。

2019 年 9 月 6 日，东港区检察院变更公安机关移送起诉的罪名，以被告人姚某某、古某、庄某某、张某、魏某某均构成假冒注册商标罪向山东省日照市东港区人民法院（以下简称东港区法院）提起公诉。

2019 年 10 月 10 日，东港区法院依法公开开庭审理本案。庭审过程中，部分辩护人提出以下辩护意见：(1) 被告人庄某某、张某、魏某某与被告人姚某某不构成共同犯罪；(2) 本案商品均销往境外，社会危害性较小。公诉人答辩如下：第一，庄某某、张某、魏某某明知自己销售的假冒注册商标的商品系姚某某、古某贴牌生产仍继续销售，具有假冒注册商标的主观故意，构成假冒注册商标的共同犯罪。第二，本案中涉案商品均销往境外，但是被侵权商标均在我国注册登记，假冒注册商标犯罪行为发生在我国境内，无论涉案商品是否销往境外均对注册商标所有人合法权益造成侵害。合议庭对公诉意见予以采纳。

2019 年 12 月 12 日，东港区法院作出一审判决，以假冒注册商标罪分别判处被告人姚某某、古某、庄某某、张某、魏某某有期徒刑 2 年 2 个月至 4 年不等，对古某、庄某某、张某、魏某某适用缓刑。同时对姚某某判处罚金 500 万元，对古某等 4 人各处罚金 14 万元至 25 万元不等。一审判决后，上述被告人均未上诉，判决已生效。

■ 法理与法律适用评析

刑事诉讼中的起诉,是指法定的机关或个人,依照法律规定向有管辖权的法院提出控告,请求法院对指控的内容进行审判,以确定被告人刑事责任并依法予以刑事制裁的诉讼活动。起诉是刑事诉讼程序中的重要环节。根据行使诉讼权的主体不同,刑事起诉可以分为公诉与自诉两种方式。起诉职权的运用和效果,对审判权能有重要的影响。起诉,是刑事审判产生和存在的前提,没有起诉,也就没有审判。换言之,作为刑事诉讼制度的重要组成部分,其作用:首先体现在通过对犯罪的追究,为审判及处罚创造条件,奠定基础,以实现国家对犯罪的追究与制裁。其次,体现了控诉犯罪与审判犯罪的分工,调整了起诉与侦查,起诉与审判之间在权力、职能、程序上的相互关系,从而在制度上为使刑事案件得到正确处理提供了保障。再次,确定了被告人的诉讼地位,使其面临国家的审判,可能遭受严厉的刑事制裁;但同时从另一角度保障了被告人的合法权益,使刑事被告人区别于刑事罪犯,使被告人从封建纠问式诉讼中的诉讼客体成为诉讼主体,避免遭到任意的审讯和处罚。审查起诉是指人民检察院在起诉阶段,为了确定侦查终结的刑事案件是否应当提起公诉,而对侦查机关确认的犯罪事实和证据、犯罪性质和罪名进行审查核实,并作出处理决定的一项诉讼活动。其内容包括:对公安机关移送的案件或者自侦终结的案件,从事实和法律两方面进行全面审查;根据审查情况依法作出起诉或者不起诉的决定,并制作相应的法律文书;根据作出的决定,按照法律规定对案件作出程序上的处理。此外,审查起诉也是人民检察院对侦查活动实行法律监督的一项重要手段。本案中日照市检察院以涉嫌假冒注册商标罪对被告人姚某某、古某批准逮捕;对被告人魏某某、张某、庄某某因无法证实犯罪故意和犯罪数额不批准逮捕的同时,要求公安机关调取国外买方证言及相关书证,以查明魏某某、张某、庄某某是否具有共同犯罪故意及各自的犯罪数额。我国的刑事诉讼构造,将审查起诉作为侦查与审判之间的一个独立的诉讼阶段。审查起诉是刑事诉讼公诉案件的必经程序,作为连接侦查与审判的纽带,其对于刑事案件的正确处理,实现刑事诉讼的任务,保证人民检察院正确地提起公诉,发现和纠正侦查活动中的违法行为,具有重要意义。

根据我国刑事诉讼法的相关规定,人民检察院对于公安机关移送审查起诉的案件,应当在7日内进行审查。审查的期限计入人民检察院审查起诉期限。人民检察院对于公安机关移送审查起诉的案件,应当在收到审查起诉意见书后,指定检察人员审查:案件是否属于本院管辖;起诉意见书以及案卷材料是否齐备;移送是否符合有关要求和规定,诉讼文书、技术性鉴定材料是否单独装订成卷等;对作为证据使用的实物是否随案移送,移送的实物与清单是否相符;犯罪嫌疑人是否在案以及采取强制措施的情况。审查后,对具备受理条件的,填写受理审查起诉案件登记表,对于不符合形式审查条件的,应当要求公安机关在3日内补送。对于案卷装订不符合要求的,应当要求公安机关重新装订分类后再移送审查起诉。对于犯罪嫌疑人在逃的,应当要求公安机关采取必要措施保证犯罪嫌疑人到案后移送审查起诉;共同犯罪的部分犯罪嫌疑人在逃,应当要求公安机关在采取必要措施保证在逃的犯罪嫌疑人到案后另案移送审查起诉。

审查起诉的审查过程是一个验证真伪的过程。检察官在这一阶段不仅要对侦查终结的案件事实、证据进行审查,还要对案件的法律适用进行审查判断并作出相应的处置决定。根据《刑事诉讼法》及相关司法解释的规定,具体来说,对案件进行审查判断的内容可以归纳为以下几个方面:(1)犯罪嫌疑人身份状况是否清楚。(2)犯罪事实、情节是否清楚,证据是否确实充分,犯罪性质和罪名的认定是否正确;有无法定的从重、从轻、减轻或者免除处罚情节;共同犯罪案件的犯罪嫌疑人在犯罪活动中的责任认定是否恰当。(3)证据是否确实、充分。对于证据的审查,应当包括确实性和充分性两个方面。对于证据确实性的审查,主要包括三个方面,即证据的相关性、客观性和合法性。(4)有无遗漏罪行和其他应当追究刑事责任的人。(5)是否属于不应当追究刑事责任的情况。(6)有无附带民事诉讼。(7)采取的强制措施是否适当。(8)侦查活动是否合法。(9)与犯罪有关的财物及其孳息是否查封、扣押、冻结并妥善保管以供核查;对被害人合法财产的返还和对违禁品或者不宜长期保存的物品处理是否妥当,移送的证明文件是否完备。本案中,检察官通过分析认为,现有证据能够证实被告人庄某某、张某、魏某某三人在加入万能国际公司担任销售人员后,曾对公司产品的价格与正品进行对比,且收悉产品质量差的客户反馈意见,在售假过程中发现是由古某负责对问题产品更换序列号并换货等,上述证据足以证实庄某某、张某、魏某某三人对其销售的光纤模块系姚某某、古某贴牌制作的假冒注册商标的商品具有主观明知。故认定该三人构成假冒注册商标罪,与姚某某、古某构成共同犯罪,进而提起公诉。提起公诉是启动刑事审判程序的机制之一,它依法定的程序要求进行;对于提起公诉的案件,行使公诉权的检察机关对其有着明确的实体判断,这种判断是依法律预定的实体标准进行的。人民检察院一旦提起公诉,只要符合法定的程序要求,即具有启动诉讼程序的诉讼效力,至于案件是否切实符合实体标准,则是正式审判所要审查和确认的内容。

人民检察院的审查起诉、提起公诉和出庭支持公诉是公诉中紧密相关的三个阶段。审查起诉、提起公诉是出庭支持公诉的基础,出庭支持公诉是审查起诉、提起公诉的延续和发展。出庭参与审判是检察官所有活动中最突出的展示职能特性的活动,出席法庭使检察官进入了一个由控诉、辩护和审判三方构成的诉讼结构,并在这一结构中发挥自己特定的诉讼职能,这一职能通过检察官在审判活动中所承担的一系列诉讼任务体现出来。人民检察院出庭支持公诉的主要任务:通过宣读起诉书、举证、质证、法庭辩论,维护提出的指控;进行法制宣传教育及对审判活动进行监督。

■ 法条链接

《刑法》第 213 条;最高人民法院《关于审理单位犯罪案件具体应用法律有关问题的解释》第 2 条;《刑事诉讼法》第 169、171、175、176 条。

第二节 不 起 诉

【案例 13-2-01】侯某正当防卫案[1]

侯某系葛某经营的养生会所员工。2015 年 6 月 4 日 22 时 40 分许,某足浴店股东沈某因怀疑葛某等人举报其店内有人卖淫嫖娼,遂纠集本店员工雷某、柴某等 4 人持棒球棍、匕首赶至葛某的养生会所。沈某先行进入会所,无故推翻大堂盆栽挑衅,与葛某等人扭打。雷某、柴某等人随后持棒球棍、匕首冲入会所,殴打店内人员,其中雷某持匕首两次刺中侯某右大腿。其间,柴某所持棒球棍掉落,侯某捡起棒球棍挥打,击中雷某头部致其当场倒地。该会所员工报警,公安人员赶至现场,将沈某等人抓获,并将侯某、雷某送医救治。雷某经抢救无效,因严重颅脑损伤于 6 月 24 日死亡。侯某的损伤程度构成轻微伤,该会所另有 2 人被打致轻微伤。公安机关以侯某涉嫌故意伤害罪,移送检察机关审查起诉。浙江省杭州市人民检察院根据审查认定的事实,依据《刑法》第 20 条第 3 款的规定,认为本案沈某、雷某等人的行为属于《刑法》第 20 条第 3 款规定的"其他严重危及人身安全的暴力犯罪",侯某对此采取防卫行

---

〔1〕 侯某正当防卫案,最高人民检察院第十二批指导案例第 48 号(2018 年)。

为，造成不法侵害人之一雷某死亡，依法不属于防卫过当，不负刑事责任，决定对侯某不起诉。

■ 法理与法律适用评析

本案中，人民检察院审查后认为防卫人的行为符合《刑法》规定的无过当之防卫，不需要承担刑事责任，符合不起诉条件，故对行为人不起诉。

不起诉，是指人民检察院对侦查机关侦查终结移送起诉的案件，经审查依法作出不将案件移送人民法院进行审判的一种处理决定。不起诉是人民检察院审查起诉的结果之一，具有终止诉讼的法律效力。根据《刑事诉讼法》的规定，不起诉具体指人民检察院对公安机关侦查终结移送起诉的案件和自己侦查终结的案件进行审查后，认为犯罪嫌疑人的行为依法不应追究刑事责任，或者其犯罪情节轻微，未达到起诉条件，依照《刑法》规定不需要判处刑罚或者免除刑罚，以及对于补充侦查的案件，认为证据不足不符合起诉条件，从而作出不将犯罪嫌疑人送交人民法院审判的决定。我国不起诉有三种情况：依法不追究刑事责任的不起诉，可简称为法定不起诉或者绝对不起诉；依法不需要判处刑罚或者可以免除刑罚的不起诉，可简称为酌定不起诉或者相对不起诉；证据不足不符合起诉条件的不起诉，可简称为证据不足不起诉或者存疑不起诉。

一、法定不起诉

《刑事诉讼法》第 177 条规定，犯罪嫌疑人没有犯罪事实，或者有本法第 16 条规定的情形之一的，人民检察院应当作出不起诉决定。在审查起诉中，对犯罪事实和情节的审查是最主要的内容之一，这也是追究犯罪嫌疑人刑事责任的事实基础。因此，如果在审查起诉中发现，被侦查机关移送审查起诉的犯罪嫌疑人根本没有实施过该犯罪事实，则应当作出不起诉的决定。

《刑事诉讼法》第 16 条规定的是法定不起诉："有下列情形之一的，不追究刑事责任，已经追究的，应当撤销案件，或者不起诉，或者终止审理，或者宣告无罪：（一）情节显著轻微、危害不大，不认为是犯罪的；（二）犯罪已过追诉时效期限的；（三）经特赦令免除刑罚的；（四）依照刑法告诉才处理的犯罪，没有告诉或者撤回告诉的；（五）犯罪嫌疑人、被告人死亡的；（六）其他法律规定免予追究刑事责任的。"

二、酌定不起诉

《刑事诉讼法》第 177 条第 2 款规定："对于犯罪情节轻微，依照刑法规定不需要判处刑罚或者免除刑罚的，人民检察院可以作出不起诉决定。”

根据这一规定，酌定不起诉必须同时具备两个条件：一是犯罪嫌疑人实施的行为触犯了刑律，符合犯罪构成要件，已经构成犯罪；二是犯罪行为情节轻微，依照《刑法》规定不需要判处刑罚或者免除刑罚。酌定不起诉在《刑法》中的具体情形有：(1)《刑法》第37条所规定的，对于犯罪情节轻微不需要判处刑罚的。(2)在中华人民共和国领域外犯罪，《刑法》规定应负刑事责任，但在国外已受过刑事处罚，可免除刑罚的。(3)聋、哑人和盲人犯罪，可以从轻、减轻、免除处罚的。(4)正当防卫或紧急避险超过必要限度，造成社会危害，应当酌情减轻刑事责任或者免除刑事责任的。(5)预备行为构成犯罪，可以比照《刑法》该罪条款，从轻、减轻或免除刑事责任的。(6)中止犯罪，可以减轻或者免除刑罚；共犯中起次要作用和辅助作用的从犯，比照主犯从轻、减轻或免除处罚的。(7)胁从犯或被诱骗参加犯罪者，按照其犯罪情节，比照主犯减轻或免除刑罚的。(8)有自首情节的罪行较轻的犯罪嫌疑人，或者罪行较重，犯罪后自首并有立功表现者，可以从轻、减轻或免除处罚的。

三、证据不足不起诉

《刑事诉讼法》第175条第4款规定：“对于二次补充侦查的案件，人民检察院仍然认为证据不足，不符合起诉条件的，应当作出不起诉的决定。”根据《人民检察院刑事诉讼规则》第368条规定：“具有下列情形之一，不能确定犯罪嫌疑人构成犯罪和需要追究刑事责任的，属于证据不足，不符合起诉条件：(一)犯罪构成要件事实缺乏必要的证据予以证明的；(二)据以定罪的证据存在疑问，无法查证属实的；(三)据以定罪的证据之间、证据与案件事实之间的矛盾不能合理排除的；(四)根据证据得出的结论具有其他可能性，不能排除合理怀疑的；(五)根据证据认定案件事实不符合逻辑和经验法则，得出的结论明显不符合常理的。”

据此，证据不足不起诉应当具备两个条件：一是案件经过两次补充侦查，这是程序条件；二是证据不足，不符合起诉条件，这是实质条件。案件事实清楚，证据确实、充分是对案件提起公诉的标准，当经过两次补充侦查仍然不能达到这一标准时，人民检察院应当作出不起诉的决定。

对于二次补充侦查的案件，人民检察院仍然认为证据不足，不符合起诉条件的应当作出不起诉的决定；对于犯罪情节轻微，依照《刑法》规定不需要判处刑罚或免除刑罚的，人民检察院可以作出不起诉决定。对于符合《刑事诉讼法》第16条规定的情形之一的案件，应当作出不起诉决定。人民检察院作出不起诉决定后，应当制作不起诉决定书。不起诉决定书的内容主要包括：

(1)被不起诉人的基本情况,包括姓名、性别、出生年月日、出生地、民族、文化、职业、住址、身份证号码,是否受过刑事处罚,采取强制措施的种类、时间、决定机关。(2)案由和案件来源。应当写明案件性质和由哪一侦查机关或部门侦查终结的,如果是上级人民检察院移交起诉的或者因审判管辖变更由同级法院移送审查起诉的案件,还要写明是由哪一人民检察院交由本院审查起诉或者由哪一人民检察院转至本院审查起诉的。(3)案件事实。根据不起诉类型的不同,分别写明:①如果是根据《刑事诉讼法》第 16 条规定决定不起诉的案件,简要写明案件事实及《刑事诉讼法》第 16 条规定的情形之一;②如果是根据《刑事诉讼法》第 175 条第 4 款的规定不起诉的案件,简要写明经补充侦查仍然认为证据不足,不符合起诉条件的事实和理由;③如果是根据《刑事诉讼法》第 177 条第 2 款规定决定不起诉的案件,应当简要写明案件事实和认定“犯罪情节轻微,依照刑法规定不需要判处刑罚或者免除刑罚”的根据。作出不起诉决定,应当告知被不起诉人和被害人,有关告知事项包括:①对于根据《刑事诉讼法》第 177 条第 2 款规定不起诉的,被不起诉人如果不服不起诉决定,可以自收到决定书后 7 日以内向人民检察院申诉;②被害人如果不服不起诉决定,可以自收到决定书后 7 日以内向上一级人民检察院申诉。被害人也可以不经申诉,直接向人民法院起诉。

不起诉的决定,由人民检察院公开宣布,并将不起诉决定的活动记入笔录。不起诉的决定应当送达被不起诉人及其辩护人以及被不起诉人的所在单位。若被不起诉人被限制人身自由,应当立即宣布释放。有被害人的案件,还应将不起诉的决定书送达被害人或其近亲属及其诉讼代理人。对于监察机关或者公安机关移送起诉的案件,人民检察院决定不起诉的,应当将不起诉决定书送达监察机关或者公安机关。对于人民检察院直接立案侦查的案件决定不起诉后,审查起诉部门应当将不起诉决定书副本以及案件审查报告报送上一级人民检察院备案。对于公安机关移送起诉的案件,人民检察院决定不起诉的,应当将不起诉决定书送达公安机关。公安机关认为不起诉的决定有错误的时候,可以要求复议,如果意见不被接受,可以向上一级人民检察院提请复核。公安机关认为不起诉决定有错误、要求复议的,人民检察院审查起诉部门应当另行指定检察人员进行审查并提出审查意见,经审查起诉部门负责人审核后,报请检察长决定,并将复查决定通知公安机关。

对于复核的案件,上一级人民检察院收到公安机关提请复核的意见书,应当交由审查起诉部门办理。审查起诉部门指定检察人员进行审查并提出审查意见,经审查起诉部门负责人审核后,报请检察长或者检察委员会讨论决定,并将复查决定通知下级人民检察院和公安机关。改变下级检察院的决定，应当撤销下级人民检察院作出的不起诉决定，交由下级人民检察院执行。

被害人对不起诉的决定不服，在申诉期限内提出的，由上一级人民检察院审查起诉部门受理；在申诉期限满之后再提出申诉，人民检察院是否受理，应根据案件的具体情况和申诉人提出的申诉理由决定。决定受理的，由作出不起诉决定的人民检察院控告申诉部门处理。被害人申诉期限为7日。

被不起诉人对于人民检察院依照《刑事诉讼法》第177条第2款规定作出的不起诉决定不服，可以自收到决定书后7日以内向人民检察院申诉。一般是对作出不起诉决定的理由不服，这些理由是对被不起诉人进行行政处罚、行政处分或者没收其违法所得的根据。被不起诉人在申诉期限内向人民检察院提出申诉的，由作出决定的人民检察院审查起诉部门受理。

■ 法条链接

《刑法》第20条；《刑事诉讼法》第16、175、177条。

第三节　自 诉 程 序

【案例13-3-01】郭某拒不执行判决、裁定自诉案[1]

2014年3月至12月，刘某带领17名农民工在郭某的窑厂为其务工，郭某拖欠农民工工资11.8万元，刘某多次催要无果，遂将其诉至河南省商丘市睢阳区人民法院。2015年1月13日，该院作出(2015)商睢民初字第139号民事调解书，确认郭某于2015年1月15日前支付9800元，同年1月20日前支付2万元，剩余8.82万元于同年4月15日前付清。郭某于2015年1月14日向刘某实际支付9800元，其余款项在协议约定的期限内未履行。2015年2月2日，刘某向商丘市睢阳区人民法院申请强制执行，该院于当日立案执行。执行法院向郭某送达了执行通知书，责令其申报财产状况。由于郭某拒不履行支付义务并拒绝报告财产状况，2015年5月18日，执行法院对郭某拘留15日。采取拘留措施后，郭某仍拒不履行支付义务，2015年6月2日，执行法院

[1] 郭某某拒不执行判决、裁定自诉案，河南省商丘市睢阳区人民法院刑事判决书，(2015)商睢刑初字第00194号。

向郭某送达了执行裁定书,限其于2015年6月30日前依照生效民事调解书确定事项履行义务。因郭某拒绝履行,执行法院于2015年11月20日再次对其拘留15日。截至2015年11月24日,郭某仍拖欠刘某等农民工工资10.82万元及迟延利息。后刘某向公安机关提起控告,公安机关不予受理。

2015年11月24日,刘某向商丘市睢阳区人民法院提起自诉,要求追究郭某拒不执行判决、裁定的刑事责任,该院于当日立案。同年12月4日,该院对郭某予以逮捕。同年12月9日,该院对本案公开开庭审理并当庭宣判,以拒不执行判决、裁定罪判处郭某有期徒刑2年6个月。一审宣判后,郭某不上诉。执行法院已对申请执行人刘某等农民工司法救助2万元。

■ 法理与法律适用评析

本案犯罪嫌疑人涉嫌拒不执行判决、裁定罪。本罪虽然在刑法上未被列为"告诉才处理"罪名,但是,有关司法解释将其规定为可以自诉的案件。最高人民法院2020年修正的《关于审理拒不执行判决、裁定刑事案件适用法律若干问题的解释》第3条规定:"申请执行人有证据证明同时具有下列情形,人民法院认为符合刑事诉讼法第二百一十条第三项规定的,以自诉案件立案审理:(一)……(二)申请执行人曾经提出控告,而公安机关或者人民检察院对负有执行义务的人不予追究刑事责任的。"本案中,刘某向公安机关提起控告,公安机关不予受理,遂其向人民法院提起自诉。

在我国,自诉案件是指法律规定的可由被害人或其法定代理人、近亲属直接向人民法院起诉,要求追究被告人刑事责任,人民法院能够直接受理的刑事案件。我国刑事诉讼实行以公诉为主、自诉为辅的犯罪追究机制,即在刑事犯罪实行国家追诉的同时,兼采被害人追诉主义。在绝大多数刑事案件由人民检察院代表国家追诉的同时,只有部分刑事案件由被害人及其法定代理人、近亲属直接向人民法院提起自诉,由人民法院直接受理。我国实行公诉为主、自诉为辅的起诉机制,目的是在保护国家利益、社会利益的同时,最大限度地保护被害人的个人合法权益。

公诉与自诉在追诉主体、客体上的不同显而易见,二者虽同属于对犯罪的追诉权,但是性质有所差别。国家公诉采用的是"职权原则",而被害人自诉采用的是"不告不理"原则;另外二者在追诉程序上也大不相同。具体而言,与公诉案件相比,自诉案件具有以下特点:

1. 从犯罪客体来看,自诉案件主要是侵犯公民个人权益方面的犯罪,如侵犯公民的人身权利、财产权利、名誉权、婚姻自主权等。

2. 从起诉的对象看,相对于公诉案件,自诉案件一般是性质不太严重、社会危害性比较小的案件。

3. 从起诉程序看,自诉案件的被害人及其法定代理人等有能力依靠自己的力量承担诉讼。自诉案件一般有明确的被告,案情比较清楚,情节相对简单,无须专门的取证手段和侦查措施,被害人及其法定代理人有能力自行提起诉讼和支持诉讼。如果是案情复杂需要专门的侦查手段,被害人及其法定代理人没有能力查清案情或者收集、提供证据的案件,不宜作为刑事自诉案件处理。

根据《刑事诉讼法》第 210 条及相关司法解释的规定,自诉案件范围包括下列几类案件:(1)告诉才处理的案件;(2)被害人有证据证明的轻微刑事案件;(3)被害人有证据证明对被告人侵犯自己人身、财产权利的行为应当依法追究刑事责任,而公安机关或者人民检察院不予追究被告人刑事责任的案件。

一、告诉才处理的案件

所谓告诉才处理的案件,《刑法》第 98 条规定:"本法所称告诉才处理,是指被害人告诉才处理。如果被害人因受强制、威吓无法告诉的,人民检察院和被害人的近亲属也可以告诉。"告诉才处理的刑事案件具体包括以下几类:(1)《刑法》第 246 条第 1 款规定的侮辱、诽谤案,但是严重危害社会秩序和国家利益的除外;(2)《刑法》第 257 条第 1 款规定的暴力干涉他人婚姻自由案(犯本罪,致使被害人死亡的除外);(3)《刑法》第 260 条第 1 款规定的虐待案(犯本罪,致使被害人重伤、死亡的,或者被害人没有能力告诉,或者因受到强制、威吓无法告诉的除外);(4)《刑法》第 270 条规定的侵占财物案。

二、被害人有证据证明的轻微刑事案件

轻微刑事案件,是指犯罪事实、情节较为轻微,可能判处 3 年以下有期徒刑以及拘役、管制等较轻刑罚的案件。应当注意的是,这类案件强调被害人的举证责任。自诉能否成立,在一定程度上取决于被害人有无证据或者证据是否充分。如果被害人没有证据,人民法院将不予受理。如果被害人提出的证据不充分,不足以支持其起诉主张,人民法院将裁定驳回自诉。被害人有证据证明的轻微刑事案件具体包括以下几类案件:(1)《刑法》第 234 条第 1 款规定的故意伤害案。(2)《刑法》第 245 条规定的非法侵入他人住宅案。(3)《刑法》第 252 条规定的侵犯通信自由案。(4)《刑法》第 258 条规定的重婚案。(5)《刑法》第 261 条规定的遗弃案。(6)《刑法》分则第三章第一节规定的生产、销售伪劣商品案,但是严重危害社会秩序和国家利益的除外。(7)《刑法》

分则第三章第七节规定的侵犯知识产权案,但是严重危害社会秩序和国家利益的除外。(8)属于《刑法》分则第四章、第五章规定的,对被告人可能判处3年有期徒刑以下刑罚的案件。以上八类案件,被害人直接向人民法院起诉的,人民法院应当受理。对于其中证据不足,可以由公安机关受理的,或者认为对被告人可能判处3年有期徒刑以上刑事处罚的,应当移送公安机关立案侦查。被害人向公安机关控告的,公安机关应当受理。

三、被害人有证据证明对被告人侵犯自己人身、财产权利的行为应当依法追究刑事责任,而公安机关或者人民检察院不予追究被告人刑事责任的案件

依据有关司法解释,公安机关或者人民检察院不予追究被告人刑事责任的案件,是指公安机关或人民检察院已作出不予追究的书面决定的案件,即公安机关、人民检察院已经作出不立案、撤销案件、不起诉等书面决定。例如,最高人民法院2020年修正的《关于审理拒不执行判决、裁定刑事案件适用法律若干问题的解释》第3条规定:"申请执行人有证据证明同时具有下列情形,人民法院认为符合刑事诉讼法第二百一十条第三项规定的,以自诉案件立案审理:(一)负有执行义务的人拒不执行判决、裁定,侵犯了申请执行人的人身、财产权利,应当依法追究刑事责任的;(二)申请执行人曾经提出控告,而公安机关或者人民检察院对负有执行义务的人不予追究刑事责任的。"自诉案件一般有明确的被告,案情比较清楚,情节相对简单,无须专门的取证手段和侦查措施,被害人及其法定代理人有能力自行提起诉讼和支持诉讼。如果是案情复杂需要专门的侦查手段,被害人及其法定代理人没有能力查清或者收集证据、提供证据的案件,不宜作为刑事自诉案件。依据自诉案件的特征和法律的规定,自诉案件提起诉讼的条件包括以下几点。

1. 有适格的自诉人

在法律规定的自诉案件范围内,遭受犯罪行为直接侵害的被害人有权向人民法院提起自诉。被害人死亡、丧失行为能力或因受强制威吓等原因无法告诉,或因是限制行为能力人以及年老、患病、盲、聋、哑等原因不能亲自告诉的,被害人的法定代理人、近亲属有权向人民法院起诉。

2. 有明确的被告人和具体的诉讼请求

自诉案件的刑事程序由于自诉人的起诉而引起,对于自诉案件,公安机关和人民检察院均不介入,因此没有公安机关的侦查和人民检察院的审查起诉。自诉人起诉时应明确提出控诉对象,如果不能提出明确的被告人或者被告人下落不明,自诉案件不能成立。自诉人还应提出具体的起诉请求,包括指明控诉的罪名和要求人民法院追究被告人何种刑事责任。如果提起刑事附带民事诉讼,还应提出具体的赔偿请求。

3. 属于自诉案件的范围

属于自诉案件的范围,即属于《刑事诉讼法》第 210 条规定的告诉才处理的案件,被害人有证据证明的轻微刑事案件,被害人有证据证明对被告人侵犯自己人身、财产权利的行为应当依法追究刑事责任,而公安机关或者人民检察院不予追究被告人刑事责任的案件,这三类案件范围以及《刑诉法解释》确定的具体的自诉案件范围。

4. 被害人有证据证明

被害人提起刑事自诉必须有能够证明被告人犯有被指控的犯罪事实的证据。

5. 属于受诉人民法院管辖

自诉人应当依据《刑事诉讼法》关于级别管辖和地域管辖的规定,向有管辖权的人民法院提起自诉。根据《刑事诉讼法》第 25 条的规定,刑事案件由犯罪地的人民法院管辖。如果由被告人居住地的人民法院审判更为适宜的,可以由被告人居住地的人民法院管辖。根据最高人民法院官网《刑事自诉须知》三、(五)的规定:自诉人为外国人或港、澳、台居民亲自来法院递交起诉状的,应出示证明其身份的证件(如护照,港、澳、台居民通行证等),并提供复印件。自诉人委托他人递交起诉状的,应递交经公证、认证的起诉状、授权委托书和受委托人身份证复印件等身份证明材料。当事人从我国领域外寄交起诉书、授权委托书及证据材料的,或者向法院提供证据材料是在我国领域外形成的,起诉书、授权委托书及证据材料应当经所在国公证机关公证,并经我国驻该国使领馆认证,或者履行我国与该所在国订立的有关条约中规定证明手续。当事人从港、澳、台地区寄交起诉书、授权委托书及证据材料的,或者向法院提供的证据材料是在港、澳、台地区形成的,应当办理相关公证手续。起诉书、证据材料及授权委托书等是外文的,应同时提交中文译本;如果需要向外国当事人送达材料的,还应同时提供被送达当事人所在国的官方文字译本。

自诉人应当向人民法院提交刑事自诉状。提起附带民事诉讼的,还应当提交刑事附带民事自诉状。自诉人书写自诉状有困难的,可以口头起诉,由人民法院工作人员作出告诉笔录,向自诉人宣读,自诉人确认无误后,应当签名或盖章。自诉状或者告诉笔录应当包括以下内容:(1)自诉人、被告人、代为告诉人的姓名、性别、年龄、民族、出生地、文化程度、职业、工作单位、住址。(2)被告人犯罪行为的时间、地点、手段、情节和危害后果等。(3)具体的诉讼请求。(4)致送的人民法院的名称及具状时间。(5)证人的姓名、住址及其他证据的名称、来源等。

如果被告人是两个人以上，自诉人在自诉时需按照被告人的人数提供自诉状副本。人民法院在收到自诉人的起诉状或口头起诉后，应立即按受理条件进行立案前的初步审查，对于符合受理条件的，应立即立案审理，并告知自诉人。对于不符合受理条件的，应迅速通知自诉人并告知不受理的理由。自诉人坚持告诉的，人民法院可以裁定驳回起诉。

■ 法条链接

《刑法》第 313 条；最高人民法院 2020 年修正的《关于审理拒不执行判决、裁定刑事案件适用法律若干问题的解释》第 3 条；《刑事诉讼法》第 25、46、114、210、211 条。

■ 参考文献

1. 陈光中主编：《刑事诉讼法》（第 7 版），北京大学出版社、高等教育出版社 2021 年版。
2. 卞建林：《刑事起诉制度的理论与实践》，中国检察出版社 1993 年版。
3. 刘德朝：《轻伤害案件的自诉与公诉》，载《中国人民公安大学学报》2003 年第 1 期。
4. 杨新京：《刑事自诉案件法律监督的现状与程序完善》，载《人民检察》2009 年第 15 期。
5. 宋高初：《我国刑事自诉负效益分析》，载《法学评论》2005 年第 6 期。
6. 樊崇义主编：《刑事诉讼法学》（第 5 版），法律出版社 2020 年版。
7. 陈卫东主编：《刑事诉讼法学原理与案例教程》（第 3 版），中国人民大学出版社 2015 年版。
8. 李少平主编：《最高人民法院关于适用〈中华人民共和国刑事诉讼法〉的解释理解与适用》，人民法院出版社 2021 年版。
9. 叶青主编：《刑事诉讼法学》（第 3 版），中国人民大学出版社 2020 年版。
10. 宋英辉、甄贞主编：《刑事诉讼法学》（第 5 版），中国人民大学出版社 2016 年版。
11. 樊崇义、冯中华、刘建国主编：《刑事起诉与不起诉制度研究》，中国人民公安大学出版社 2007 年版。
12. 宋继贤、谷德新：《刑事不起诉制度研究》，载《法学与实践》2005 年第 1 期。
13. 赵鹏：《酌定不起诉之现状考察及完善思考》，载《法学》2011 年第 9 期。

第十四章　审判程序概述

第一节　审判的概念、特征和任务

Ⅰ 审判和刑事审判的概念

【案例 14－1－01】曹某某抢劫案

2003 年 5 月 9 日晚，被告人曹某某到某市某路刘家宅 89 号其朋友姜某某暂住地，见被害人黄某与姜某某在屋内闲谈，即怀疑姜某某与其在谈朋友期间又与他人关系暧昧。被告人曹某某进入房间后，便责骂姜某某、黄某两人，后又从碗橱里拿了一把菜刀欲砍黄某，被姜某某、黄某两人夺下。僵持中，被告人曹某某提出其与姜某某谈朋友花费不少，要黄某赔偿精神损失费 2 万元。遭黄某拒绝后，被告人曹某某又先后拿起菜刀和煤气灶等物向黄某砸去，致黄某头皮挫裂伤、颈前软组织挫伤、左肘挫裂伤、右手挫伤。被告人曹某某还威胁黄某“拿不出钱来别想走”。黄某在曹某某的逼迫下，不得已将装有人民币 1300 元、驾驶证和身份证等物的皮夹交出后趁隙逃跑。检察机关指控曹某某犯有抢劫罪，起诉至法院。

被告人曹某某辩称 1300 元不是其逼迫被害人黄某拿出的，其辩护人提出本案的定性应为敲诈勒索罪，且是犯罪未遂。因为被告人与姜某某已同居，当其看见被害人黄某欲抱姜某某时，情急之下冲进房内，并对被害人黄某作出一些过激行为，索要 2 万元只是想得到补偿，并无抢劫的犯意，被害人黄某的钱包也不是被告人曹某某逼迫拿出的。现被告人曹某某愿意退赔 1300 元并对被害人黄某受的伤进行赔偿。被告人曹某某系初犯、偶犯，建议对其适用缓刑。

法院经审理认为，被告人曹某某敲诈勒索他人财物，数额较大，其行为已构成敲诈勒索罪，依法应予惩处。在实施犯罪过程中，被告人由于意志以外的原因未得逞，是犯罪未遂，依法可予从轻处罚。被告人到案后，退还了全部非法所得,可酌情予以从轻处罚。采纳被告人及辩护人的部分辩解及辩护意见。

■ 法理与法律适用评析

审判的概念表述有广义和狭义之分。狭义的审判,仅指法庭审理阶段的活动,换言之,仅仅指在开庭审理中,法官在控辩双方及其他诉讼参与人参加下开展案件庭审调查、法律评价和裁判活动的程序。广义的审判,既包括狭义的审判,也包括审判前的诉讼准备阶段和诉讼结束阶段所开展的各项活动,如确定合议庭组成人员,庭前审查活动,向有关当事人及诉讼参与人送达开庭通知,公布案由,公告案件公开或不公开审理的理由,庭审后送达裁判文书等活动。

从审判活动的内在构成分析,可以将审判解析为审理和裁判两个部分。所谓审理,一般是指法院在控辩双方和其他诉讼参与人的参加下,查明事实、核实证据并适用法律的活动。所谓裁判,一般是指法院依据认定的证据、查明的事实及相关的法律,对案件的实体和程序问题作出处理结论的活动。审理和裁判密切相连,审理是裁判的前提和基础,裁判是审理的目的和结果。

法院受理检察院提起的公诉及自诉人提起的自诉并作出立案决定后,刑事诉讼的审判程序即启动,诉讼进入审判阶段。审判阶段是体现和实现诉讼核心任务的中心阶段,解决被告人的刑事责任问题。在我国诉讼法学界,对刑事审判概念的一般理解为法院在控辩双方及其他诉讼参与人的参加下,依照法定程序的相应职权,对依法向其提出诉讼请求的刑事案件进行审理和裁判的诉讼活动。刑事审判由“刑事审理”和“刑事裁判”两部分构成。刑事审理,是指法院在检察院、当事人及其他诉讼参与人的参加下,通过法庭听证、法庭辩论,在控辩双方质证的基础上,核定各种证据,查明案件事实并适用刑事法律的活动。刑事裁判,是指法院在对案件审理的基础上,根据事实,依据法律,对被告人的刑事责任作出裁判的活动。

在案例 14－1－01 中,检察机关以抢劫罪起诉被告人,辩护人做了罪轻辩护,提出被告人所犯的不是抢劫罪,而是敲诈勒索罪未遂。法院在查明案件事实的基础上,运用《刑法》对本案事实进行了认定,整个过程都是人民法院行使审判权的体现。

Ⅱ 刑事审判的特征

1. 主司刑事审判主体的唯一性。刑事审判是特殊类型的国家职权活动,是国家实现刑罚权的必要途径。根据《刑事诉讼法》第3条的规定,人民法院是代表国家行使刑事职权的唯一合法机关。法官对案件的审理和裁判,无论是独任庭还是合议庭,无论是作出裁判还是进行调解,均是以国家的名义。法院是国家刑事审判职权的载体和代表,国家以法律形式授权法院内部具有审判员资格和陪审员资格的公民直接代表国家审理刑事案件并作出裁判或进行调解。

2. 参与刑事审判主体的多元性。刑事审判是多方诉讼法律关系主体共同参与的一项诉讼活动,既包括主持审判活动的主体,也包括出庭支持公诉和提起自诉或附带民事诉讼的原告主体,当然也包括必须参与庭审的刑事被告主体及可以缺席审判的附带民事被告主体,同时还包括因诉讼的某一方面需要而参与审理活动的辩护人、代理人、鉴定人、翻译人员等一般诉讼参与主体。刑事审判活动正是通过上述主体的一系列诉讼行为而完成其审判任务的。虽然各方面诉讼主体实施诉讼行为所追求的具体诉讼目标不同,但却统一在我国刑事诉讼法所确定的审判活动的基本价值取向中。在案例14－1－01中,参与刑事审判活动的主体有公诉机关、人民法院、被告人及其辩护人、附带民事诉讼原告人及其诉讼代理人、证人、鉴定人,体现了参与刑事审判主体的多元性。

3. 刑事审判的被动性和主动性。相较于我国的审前程序,审判程序具有启动被动性的特征。和世界上绝大多数国家一样,我国刑事审判程序原则上亦实行不告不理,即审判程序的启动必须以合法的起诉、上诉或抗诉为前提,没有合法的告诉程序,就不能激活审判职权并启动审判程序,使刑事案件进入审判流程。但同时,在我国的刑事审判程序中又包含了一定程度程序启动的主动性,如我国的死刑复核程序和审判监督程序等特别审判程序均可由人民法院主动启动。我国刑事审判的主动性不仅体现在程序启动的方式上,同时还体现在刑事审判的过程中,比如在案例14－1－01中,人民法院在作出一审判决时可以主动改变起诉罪名;又如,二审法院应当不受上诉或抗诉范围的限制,实行全面审查原则等。我国刑事审判的被动性和主动性的二元结合体现出我国刑事审判所蕴含的多维价值取向,这是不同于其他国家刑事审判的一项非常重要的法律特征。

4. 刑事审判中的中立性和独立性。刑事审判的中立性强调了审判主体在诉讼中的应然地位,它是由诉讼公正所引导的一项重要的法律原则。法院是唯一行使国家审判权的机关,我国刑事诉讼法要求作为审判主体的法院在具体的审判过程中须保持与控辩双方的等位距离,从而使控辩双方能够保持相对的平衡,体现法治和正义的要求。相对于审判的被动性而言,中立性是其所追求的目标之一。同时,审判主体必须拥有依据事实和法律进行独立评价和自主裁判的权力,否则,其中立性就无从体现。强调审判主体在审判过程中的中立性和独立性的结合,是审判活动公正性的必要保障。在审判过程中,任何与案件有利害关系的法官均应回避与其自身利益存在冲突的刑事案件的审理活动,公正地确定被告人的刑事责任;执行审判职能的法官在审判活动中应排除一切不当干扰,在尊重事实和法律的前提下完成审判任务。

5. 刑事审判的强制性。刑事审判活动并不是建立在控辩双方的合意基础上,即刑事案件特别是公诉案件的发生、发展、终结不取决于控辩双方的意愿和选择,其诉讼结果并不以诉讼当事人的意志为转移。法官的裁判意志独立于控辩双方,并不是对双方意见简单的综合选择;在刑事自诉案件中,虽然当事人之间可以进行调解或和解,但其调解的事项仅限于当事人的诉权处分事项,而不能及于刑罚权。刑事审判的强制性还体现在其生效裁判的强制执行上。

6. 刑事审判的公开性。刑事审判的公开性是该项程序区别于刑事审前程序的一项重要的法律特征。我国刑事诉讼法要求刑事审理和裁判原则上应当公开进行,即审判活动应当在审判主体的主持下,在各方诉讼参与主体共同参与的过程中完成。刑事审判的公开性是指审判活动应当公开进行,法庭的大门永远是敞开的,除为了保护特定的社会利益依法不公开审理的案件外,都应当公开审理,将审判活动置于公众和社会的监督之下。即使是依法不公开审理的案件,宣告判决也应当公开,这是摒除司法不公的最有力的手段。

7. 亲历性。亲历性,是指案件的裁判者必须自始至终参与审理,审查所有证据,对案件作出判决须以充分听取控辩双方的意见为前提。

8. 终局性。终局性,是指法院的生效裁判对于案件的解决具有最终决定意义。判决一旦生效,诉讼的任何一方原则上不能要求法院再次审判该案件,其他任何机关也不得对该案重新处理,有关各方都有履行裁判或不妨害裁判执行的义务。这是由审判是现代法治国家解决社会纠纷和争端的最后一道机制的性质决定的。

Ⅲ 刑事审判的任务

【案例 14－1－02】邱某某贪污、受贿案

被告人邱某某被指控犯有贪污罪、受贿罪,检察机关向某市某区人民法院提起公诉。检察机关指控被告人邱某某在担任某市卫生局医政处主任科员期间,利用职务便利,擅自从某区体检站代管的某市体检管理费账户内领取金额为人民币148,398元的支票一张,转入某汽车销售公司,以N国际贸易有限公司的名义,为自己购买一辆轿车,合计费用为人民币145,398元,某汽车销售公司另退回邱某某现金人民币3000元。同时,邱某某开虚假发票用于冲账,从中侵吞公款148,398元。另外,被告人邱某某在采购乙肝病毒试剂过程中收受H生物工程公司贿赂的人民币2万元。被告人邱某某在立案前主动供述了上述犯罪事实。

法院经审理认为,被告人邱某某利用职务便利,贪污公款人民币14万余元,依法应当在10年以上有期徒刑量刑。公诉机关指控被告人邱某某犯贪污罪的罪名成立,但指控其受贿的事实,因现有证据尚不足以认定被告人犯受贿罪,不予支持。被告人邱某某犯罪后自首,依法可予减轻处罚。邱某某到案后,退缴了全部赃款,可予酌情从轻处罚。

【案例14-1-03】刘某破坏生产经营案

刘某先后担任和雍公司销售员、店长、产品采购经理等职务,负责电脑产品的销售。其间,刘某为了达到扩大销售业绩以升职的个人目的,故意违反公司限价规定,以低于产品入库成本价销售电脑产品,但报给和雍公司的销售价格则高于限价,即电脑的实际销售价格与上报销售价格每台相差700元至1000元不等。因和雍公司有不成文规定,当月向大宗客户销售电脑的货款可在两个月后入账,故刘某借机用后面收取的销售款来弥补前账,终因销量过大致公司成本亏损。

经统计,刘某负责销售的电脑产品共计4088台,入库成本价(购进电脑的裸机价)计1393万余元,刘某报给公司的销售收入计1470余万元,但刘某实际交给公司的销售款计859万余元。至案发,造成和雍公司成本计533万余元无法收回。

公诉机关指控被告人刘某的行为构成破坏生产经营罪,应依法追究刑事责任。

被告人刘某及其辩护人对起诉指控的事实、罪名均无异议。

法院经审理认为,刘某以追求销售业绩和升职为目的,擅自低于限价销售公司产品,造成公司巨额亏损,其行为无论是从主观目的还是从行为对象、客观后果来看,均不符合破坏生产经营罪的构成要件。被告人刘某利用担任公司销售员的职务便利,以低于公司规定限价的价格销售电脑,系滥用公司职权的行为,不符合故意毁坏财物罪的构成要件,宣告被告人刘某无罪。

■ 法理与法律适用评析

刑事审判的任务包括以下三个方面:

1. 审查判断证据与犯罪事实。控方向法院提起指控,就必须承担举证责任。刑事审判的任务也是内容之一就是审查并判断控方提出的证据、指控的犯罪事实是否存在,是否为被告人所为,证据是否确实、充分。刑事审判的这一任务体现在判决书必须对控方指控的犯罪事实以及提供的证据作出认定与否的宣告。在案例 14－1－02 中,人民法院在审查全案证据及被告人的犯罪事实后认为,因现有证据尚不足以认定被告人犯受贿罪,对公诉机关指控被告人邱某某受贿的事实不予认定。

2. 审查有关程序性事项。审判不限于实体意义上的犯罪事实,还包括一些程序性事项。程序性事项一般包括两个方面:(1)涉及程序问题的事实。比如,侦查、司法工作人员是否需要回避,本案管辖是否存在争议等。(2)有关证据合法性的问题。如法庭审理中,被告人提出口供系遭受刑讯逼供而来的,以及辩护人提出侦查取证行为违法,因此请求排除证据等事项等都属于法院审判的范围。法院在审查程序性事项时也可以要求检察机关、诉讼参与人提出证据或传唤证人。尤其是在处理非法证据排除事项时,法院可以传唤侦查人员出庭接受质证。

3. 适用法律,对案件作出裁判。在认定指控的犯罪事实是否成立、证据是否确实充分之后,必须依据刑法和刑事诉讼法的相关规定,对被告人的行为是否构成犯罪、构成什么罪、是否需要判处刑罚、判处何种刑罚、刑罚如何执行、判决生效的时间和条件等作出裁判并予以公开宣告。在案例 14－1－03 中,人民法院经审理发现刘某的行为虽然在客观上具有一定的社会危害性,但其并不符合现行刑法中任何罪名的规定,应当严格遵循罪刑法定原则宣告其无罪。

刑事审判的上述三项任务紧密关联。法律适用是审查判断证据与犯罪事实以及进行程序性审查的结果,而在审查判断事实和证据以及进行程序性审查的过程中,同样存在法律适用问题。

Ⅳ 刑事审判的意义

在现代法治社会,刑事审判具有维护追诉正当性、保护被告人不受错误追究、保障辩护权实现等多方面的意义。

1. 审判具有维护追诉正当性的意义。在现代社会,侦查机关、检察机关承担追诉犯罪维护社会秩序的职责,这种追诉必须具有正当性,即依法律规定的正当程序进行。然而,追诉行为本身极具攻击性,易偏离法律程序而侵犯公民权利,从而破坏法律秩序。法院通过审判,排除非法证据,能够起到纠正与遏制侦查机关、检察机关违法行为,维护追诉行为合法性与正当性的作用,从而维护法治。

2. 审判具有保护被告人不受错误追究的意义。检察机关、自诉人对被告人的指控,只是提出罪与刑的请求。法院通过审理,对检察机关以及自诉人的指控进行全面审查,包括证据的充分性、法律适用的准确性,就可以实现定罪量刑的准确性,最大限度地避免冤枉无辜。在案例 14 – 1 – 03 中,人民法院对被告人的行为基于刑法并未明文规定为犯罪行为而遵循罪刑法定原则,宣告被告人无罪,保护被告人不受错误追究。

3. 审判具有保障辩护权实现的意义。被告人享有辩护权,审判为辩护权的行使提供了平台。只有通过审判,才能保障被告人的辩护权,使其获得公正的对待,也才能体现刑事司法制度的公信力。在案例 14 – 1 – 01 与案例 14 – 1 – 02 中,家属均为被告人聘请了辩护律师,使得被告人在辩护人的帮助下有效行使法律赋予的辩护权;同时,由于律师等辩护人广泛地参与刑事诉讼,促使人民法院必须以事实为根据,以法律为准绳,作出公正的判决,树立刑事司法公信力和权威。

Ⅴ 刑事审判程序

刑事审判程序是指人民法院审判刑事案件的步骤和方式、方法的总和。我国刑事诉讼法规定了以下几种基本的审判程序。

1. 第一审程序。第一审程序是指人民法院根据审判管辖的规定,对人民检察院提起公诉和自诉人自诉的案件进行初次审判的程序。

2. 第二审程序。第二审程序是指人民法院对上诉、抗诉案件进行审判的程序。在案例 14 – 4 – 01 中,二审法院对于下级人民法院作出的判决进行全面审查,发现案件事实不清,证据不足,裁定撤销原判,发回重审。

3. 特殊案件的复核程序。特殊案件的复核程序包括死刑复核程序以及人民法院根据《刑法》第 63 条第 2 款的规定在法定刑以下判处刑罚的案件的复核程序。

4. 审判监督程序。审判监督程序是对已经发生法律效力的判决、裁定,在发现确有错误时，进行重新审判的程序。根据审判监督程序进行审判的案件，如果原来是第一审案件，依照第一审程序进行审判；如果原来是第二审案件，则依照第二审程序进行审判。

第二节　刑事审判的原则

[1] 审判公开原则

一、审判公开原则的概念

审判公开原则，是指人民法院审理案件和宣告判决，都公开进行，允许公民到法庭旁听，允许新闻记者采访和报道，即把法庭审判的全部过程，除休庭评议案件外，都公之于众。审判公开是一项民主的审判原则，已为现代各国立法所普遍规定，《世界人权宣言》和《公民权利和政治权利国际公约》也予以确认，从而成为国际性的刑事司法准则。根据我国《宪法》第 130 条的规定，人民法院审理案件，除法律规定的特别情况外，一律公开进行。根据《刑事诉讼法》第 11 条的规定，人民法院审判案件，除本法另有规定的以外，一律公开进行。这就是我国刑事诉讼中公开审判原则的法律依据。

就公开的内容而言，审判公开包括审理过程的公开和审判结果的公开，也可以说是审理公开和判决公开。审理过程公开就是要公开开庭，当庭调查事实和证据，当庭进行辩论；审判结果公开就是要公开宣告判决，包括公开判决的内容、判决的理由和依据。

就公开的对象而言，审判公开包括向当事人公开和向社会公开。向当事人公开要求法庭开庭审理，而不得进行书面审理，案件事实与证据的调查应当在当事人的参加下进行。向社会公开就是允许公民到场旁听审判过程，允许新闻记者向社会公开报道审判活动和审判结果。实际上，允许公民旁听和允许记者公开报道也可以理解为审判公开的形式。

二、审判公开原则的意义

审判公开是诉讼民主的重要表现，是诉讼公正的重要保证。审判公开原则的意义主要体现在以下三个方面。

首先，审判公开将审判活动置于当事人和社会的监督之下，有利于保障审判的公正性。当事人和社会的公开监督，可以促使法院严格遵守法定程序，认真贯彻各项审判制度，尊重和保障诉讼参与人的诉讼权利，准确严格地适用法律,作出公正裁判。

其次,审判公开有利于增强刑事司法的公信力和司法的权威性。审判公开增强了刑事司法的透明度,并且将刑事审判过程和审判结果置于当事人和公众的监督之下,不仅有助于防止司法腐败和司法权的滥用或专横行使,而且有利于促进当事人和公众对国家刑事司法活动的认同、信任和尊重,从而有利于提升刑事司法的公信力,增加刑事司法的权威性。

最后,审判公开有利于加强法治宣传,增强民众的法律意识。审判公开,公民有权旁听审判,记者可以报道,这也是让公民参与司法过程的一种形式。这种形式可以培育公众的法律意识,增强其民主参与的积极性。同时,审判公开使审判过程成为教育当事人和增强公众法治观念的重要形式。从审判过程中获得的信息,可以丰富当事人和公众的法律知识,增强公民权利意识和义务观念,提高公民同犯罪作斗争的自觉性和积极性。

三、审判公开原则的例外

为了保护更重要的利益,各国法律都规定了审判公开原则限制适用的特别情形。这种限制主要表现在两个方面:一是法庭评议不公开;二是对部分案件不公开审理。

根据《刑事诉讼法》第188、285条的规定,下列案件不公开审理:(1)有关国家秘密的案件。其目的是防止泄露国家秘密,危害国家利益。是否属于国家秘密根据《保守国家秘密法》确认。(2)有关个人隐私的案件,如强奸案件等。其目的是保护被害人或者其他人的名誉,防止对社会产生不利影响。(3)审判时被告人不满十八周岁的案件。由于未成年人的心理和生理尚处于成长、发育状态,思想不稳定,容易受外界的影响,不公开审理,有利于对犯罪的未成年人的教育和挽救。此外,《刑诉法解释》还规定,对于当事人提出申请的确属涉及商业秘密的案件,法庭可以决定不公开审理。对于不公开审理的案件,应当当庭宣布不公开审理的理由。不公开审理的案件,宣告判决一律公开进行。

四、公开审判的基本要求

为真正实现公开审判,人民法院应做到以下两点:

1. 对于依法应当公开审判的案件,应在开庭前将案件的案由、被告人姓名以及开庭的时间、地点,以适当的方式、方法公之于众,以便群众能够到庭旁听,记者能够到庭采访。刑事诉讼法要求凡是公开审判的案件,应在开庭3日以前先期公布案由、被告人姓名、开庭时间和地点。在司法实践中,公布的方法多采用在法院门前以公告牌的形式公告。对于影响较大或者教育意义深刻的案件，可采取新闻媒介报道等其他适当方式。

2. 建立一套与公开审判原则相配套的，便于群众旁听、记者采访的具体的工作制度，如旁听证发放制度、安全检查以及法庭安全保卫制度等，为群众旁听、记者采访提供切实的便利条件。

Ⅱ 直接言词原则

一、直接言词原则的概念

直接言词原则，是指法官必须在法庭上亲自听取当事人、证人及其他诉讼参与人的口头陈述，案件事实和证据必须由控辩双方当庭口头提出并以口头辩论和质证的方式进行调查。直接言词原则包括直接原则和言词原则两项原则，因二者均以有关诉讼主体出席法庭为先决条件，联系紧密，故理论上合称为直接言词原则。

所谓直接原则，是指法官必须与诉讼当事人和诉讼参与人直接接触，直接审查案件事实材料和证据。直接原则又可分为直接审理原则和直接采证原则。前者的含义是，法官审理案件时，公诉人、当事人及其他诉讼参与人应当在场。除法律另有特别规定外，如果上述人员不在场，不得进行法庭审理；否则，审判活动无效。在这一意义上，直接审理原则也称为在场原则。直接采证原则是指，法官对证据的调查必须亲自进行，不能由他人代为实施，而且必须当庭直接听证和直接查证，法官不得将未经当庭亲自听证和查证的证据予以采纳，不得以书面审查方式采信证据。

所谓言词原则，是指法庭审理须以口头陈述的方式进行。包括控辩双方要以口头进行陈述、举证和辩论，证人、鉴定人要口头作证或陈述，法官要以口头的形式进行询问调查。除非法律有特别规定，凡是未经口头调查之证据，不得作为定案的依据而被采纳。

二、直接言词原则的意义

直接言词原则对于实现公正审判有重要的意义。

一方面，有利于查明案件事实真相。法官直接听取控辩双方的陈述和辩论，参加证据调查，有利于审查判断证据的真实性，对案件事实作出准确判断，形成可靠的心证，最终作出公正裁判。

另一方面，有利于实现程序公正。当事人尤其是被告人直接参与法庭审理，其他诉讼参与人亲自到庭，使控辩双方能够平等地行使举证、质证和辩论的权利，保障了当事人的审判参与权，并使法律规定的各项审判制度、原则和程序得到真正贯彻，有利于实现程序公正。

三、直接言词原则的适用

我国刑事诉讼法虽然没有明确规定直接言词原则，但关于第一审程序和第二审程序的有关通知证人、鉴定人出庭的规定，关于控辩双方和被害人当庭质证的规定，关于公诉人、被害人、被告人、辩护人经审判长许可可以直接向证人、鉴定人发问的规定以及控辩双方当庭进行辩论和被告人有权进行最后陈述的规定等，都体现了审理的直接性和言词性原则。依据刑事诉讼法的规定，贯彻直接言词原则，人民法院应做到以下几点：

1. 及时通知有关人员出庭。

2. 开庭审理过程中，合议庭的审判人员必须始终在庭，参加庭审的全过程。

3. 所有证据包括法庭依当事人申请或依职权收集的证据，都必须当庭出示，当庭质证。证人出庭作证应作为一般原则，不出庭只能是例外。证人出庭作证，能有效贯彻直接言词原则，准确认定案件事实。

4. 保证控辩双方有充分的陈述和辩论的机会和时间。

直接言词原则在按普通程序审理的过程中应当被严格遵循，但按简易程序审理的案件可以例外。因为简易程序的价值就在于提高审判的效率，如果完全按直接言词原则的要求进行举证、质证和辩论，就不再具有简易的特点和快捷的效果。

Ⅲ 辩论原则

一、辩论原则的含义

辩论原则，是指在法庭审理中，控辩双方应以口头的方式进行辩论，法院裁判的作出应以充分的辩论为必经程序。

辩论原则包括以下几方面的内容：

1. 辩论的主体是控辩双方和其他当事人。处于对抗地位的控诉方和辩护方，附带民事诉讼的原告方和被告方是辩论的主体，都享有辩论的权利。

2. 辩论的内容是证据问题、事实问题和法律适用问题。从法律性质分，辩论的内容包括实体问题和程序问题。围绕案件实体事实和程序事实的辩论，主要针对证据能力和证据的证明力、证据的充分性以及程序的合法性展开。实体法和程序法的适用问题也是辩论的内容。

二、辩论原则的意义

贯彻辩论原则，其重要意义主要有以下两个方面：

1. 保障被告人的辩护权。在侦查和审查起诉阶段，被告人辩护缺乏有效的形式和手段。法庭审理是刑事诉讼的中心，贯彻公开原则，最利于辩论。辩论原则保障被告人及其辩护人能够充分地表达辩护意见。

2. 有利于准确认定事实和证据，适用法律，作出公正的判决。通过充分的法庭辩论，法官可以充分听取关于案件事实和法律适用的不同意见，作出公正的判决。

三、辩论原则在我国的适用

适用辩论原则，需要注意以下两点：

1. 除了在法庭辩论阶段集中进行辩论以外，在法庭调查过程中，控辩双方也可以围绕某一证据的合法性、相关性问题进行辩论。

2. 法庭应当保障控辩双方有平等、充分的辩论机会。法庭应当引导辩论双方围绕案件争议焦点进行辩论。实践中有的法官预先规定辩护人发言的时间，构成了对辩护方辩论权的限制，是错误的。

Ⅳ 集中审理原则

一、集中审理原则的含义

集中审理原则，又称不中断审理原则，是指法院开庭审理案件，应在不更换审判人员的条件下连续进行，不得中断审理的诉讼原则。该原则要求法庭对每个刑事案件的审理，除必要的休息时间外，原则上应当是不中断地连续进行。换言之，法庭审理案件从开庭到判决应当尽可能地一气呵成，不应中断。

集中审理原则的内容主要包括以下四点：

1. 一个案件组成一个审判庭进行审理，每起案件自始至终亦应由同一法庭进行审判，而且在案件审理已经开始尚未结束以前不允许法庭再审理任何其他案件。这是为了防止因交叉审理而使法官、陪审员在不同案件之间发生混淆，保证合议庭对每个案件都能够形成系统完整的印象并作出准确的判断，从而保证裁判质量。

2. 法庭成员不可更换。法庭成员（包括法官和陪审员）必须始终在场参加审理。对于法庭成员因故不能继续参加审理的，应当及时替换。参与裁判制作的法官、陪审员必须参与案件的全部审理活动，接触所有的证据，全面听取法庭辩论，否则无法对案件形成全面认知并作出公正裁判。

3. 集中证据调查与法庭辩论。证据调查必须在法庭成员与控辩双方以及有关诉讼参与人均在场的情况下进行，证据调查与辩论应在法庭内集中完成。这体现了言词原则的要求，有利于贯彻审判公开原则，实现平等辩论、平等武装理念，这也是保证法庭整体全面地发现事实，形成完整“心证”，并作出正确裁判的重要条件。

4. 庭审不中断并迅速作出裁判。法庭审理应不中断地进行,法庭因故延期审理较长时间的,应重新进行以前的庭审。庭审结束后,法庭应迅速作出裁判并予以宣告。这不仅是提高诉讼效率、及时实现刑罚权的需要,也是保障被告人迅速审判权的必然要求。

二、集中审理原则的意义

集中审理原则与直接原则、言词原则、公开原则、平等辩论、平等武装、迅速审判等现代刑事审判特别是控辩式庭审诸原则密切相关。具体而言,集中审理原则的意义在于:

1. 通过以上系统的保障措施保证法庭审理顺利、迅速、公正地进行,有利于实现刑事审判公正与效率的双重价值目标。集中审理不仅是通过公正审判获得实体正义的保证,而且是以高效率来获得公正价值的实现。集中审理原则无疑是加速审判终结、尽快实现正义所必要的技术要求,因此具有程序与实体的双重价值。

2. 有利于实现被告人的辩护权以及迅速审判权。集中审理原则要求集中所有的证据调查与法庭辩论,由此可以实现控辩平等对抗,避免法庭单方面接触控方证据而形成片面认识,为被告人针对指控充分行使辩护权、发挥辩护职能提供了平台。许多国家法律明确规定被告人享有迅速审判权,这是维护被告人利益的需要,是人权保障理念高度发展的体现。为防止案件久拖不决,切实维护被告人的利益,我国也应赋予被告人迅速审判权,而集中审理原则则通过实现案件的快速审结,为被告人迅速审判权的实现提供保障。在案例14－1－01中,人民法院对于附带民事诉讼原告人在刑事案件审理过程中提起的附带民事诉讼与刑事部分予以一并审理,节约了司法资源,方便附带民事诉讼原告人参与诉讼,同时也使案件事实的认定保持一致。

3. 能让法官、陪审员通过集中、全面地接触证据对案件形成全面、准确的认识从而作出正确裁判。在大陆法系国家,集中审理是法官形成心证的最佳方式,也是保证法官形成正确心证的手段和程序。我国台湾地区学者林山田则指出,在此审理密集原则下,可促使法官在对其审理诉讼客体之内容记忆尚极清新时,即行判决,一方面可及早结案,另一方面亦可以免因中断后,续行审理时,因为法官对于诉讼客体已是记忆模糊,而未能作成公平合理之判决。由此,集中审理被认为是诉讼上为发现实体真实,形成正确"心证",提升裁判品质的技术要求,与审判的基本原则言词辩论、直接主义之事实审理密不可分,是实现司法公正,维系程序正义不可或缺的一环。

4. 有利于实现审判监督，防止司法不公。集中进行证据调查与法庭辩论，有助于深入贯彻审判公开原则，让审判过程充满阳光，更利于当事人以及社会公众监督审判活动，这对于消除暗箱操作、防止司法不公，具有积极意义。

我国最高人民法院于2002年8月12日公布的《关于人民法院合议庭工作的若干规定》第3条关于合议庭成员不得更换的规定，第9条关于合议庭评议案件时限的规定以及第14条关于裁判文书制作期限的规定，体现了集中审理原则的精神，是一个巨大的进步，对于实现审判公正、提高审判效率具有重要意义。但上述规定与集中审理原则的要求仍有一定的距离。为充分发挥合议庭的作用，进一步强化庭审功能，应确立并贯彻集中审理原则。

第三节　审 级 制 度

【案例14-3-01】李某某、李某诈骗案

李某某、李某系父子。2000年6月，李某通过他人介绍搭识了SJ建筑工程公司总经理史某某，并将其父李某某介绍给史某某。之后，李某某谎称与某发电厂签订了投资意向书，其是负责该项目引资的，可以发包该工程项目，目前尚缺一些前期费用，谁肯借钱，将来可将该工程给谁做等，骗得了史某某的信任。史某某分两次将人民币95万元作为前期费用送至李某某家中。被告人李某某、李某出具了承诺书，承诺史某某所出的资金全部用于开发某县发电厂项目，史某某有承接该项目的优先权。应史某某的要求，李某冒充国营企业作为担保，出具了收到史某某95万元的借条。被告人李某某骗得钱款后，分别用于其他渠道投资或开办私营公司等，对某县发电厂却分文未投。案发后，被告人李某某、李某家属退赔了8万元。

一审判决认为被告人李某某、李某虚构投资发电厂，给他人承接工程项目，从而骗取他人的信任而骗得他人钱财，数额特别巨大，构成诈骗罪，公诉机关指控的罪名成立。

一审判决后，李某某提出上诉。二审法院认为原判事实不清、证据不足，裁定撤销原判、发回重审。一审法院另行组成合议庭对该案进行重新审理，判决后，原审被告人李某某不服，提出上诉。在诉讼过程中，李某某申请撤回上诉。二审法院认为，上诉人李某某、原审被告人李某犯诈骗罪的事实清楚，证据确实、充分，定罪量刑并无不当，审判程序合法，上诉人李某某撤回上诉的申请符合法律规定，裁定准许上诉人李某某撤回上诉。

■ 法理与法律适用评析

一、审级制度的概念

审级制度，是指法律规定案件起诉后最多经过几级法院审判必须终结的诉讼制度。

在刑事诉讼中，各国法院设置的级别不尽相同，有的设置四级，也有的设置三级。但就审级制度而言，基本上分为两类：一类是两审终审制，指不论法院组织设置几级，案件最多经过两级法院的审判即告终结；另一类是三审终审制，指不论法院组织设置几级，案件最多经过三级法院的审判即告终结。无论哪一类，最后一级法院对案件作出的判决、裁定均为终审判决、裁定，一经作出即发生法律效力。

我国人民法院分为四级，即最高人民法院、高级人民法院、中级人民法院和基层人民法院。我国实行两审终审制的审级制度。

二、两审终审制

《刑事诉讼法》第10条规定：人民法院审判案件，实行两审终审制。两审终审制，是指一个案件至多经过两级人民法院审判即告终结的制度，对于第二审人民法院作出的终审判决、裁定，当事人等不得再提出上诉，人民检察院不得按照上诉审程序提出抗诉。根据两审终审制的要求，地方各级人民法院按照第一审程序对案件审理后所作的判决、裁定，尚不能立即发生法律效力；只有在法定上诉期限内，有上诉权的人没有上诉，同级人民检察院也没有抗诉，第一审法院所作出的判决、裁定才发生法律效力。在法定期限内，如果有上诉权的人提出上诉，或者同级人民检察院提出了抗诉，上一级人民法院应依照第二审程序对该案件进行审判。上一级人民法院审理第二审案件作出的判决、裁定，是终审的判决、裁定，立即发生法律效力。这样经过两级法院对案件审判后，该案的审判即告终结。

两审终审制的实质是允许一个案件经过两级法院审理，也最多只能经过两级法院审理的审级限制。但我国的两审终审制有以下三种例外：(1)最高人民法院审理的第一审案件为一审终审，其判决、裁定一经作出，立即发生法律效力，不存在提起二审程序的问题。(2)判处死刑的案件，必须依法经过死刑复核程序核准后，其裁判才能发生法律效力，交付执行。(3)地方各级人民法院根据《刑法》第63条第2款的规定在法定刑以下判处刑罚的案件，必须经最高人民法院的核准,其判决、裁定才能发生法律效力并交付执行。

第四节　审　判　组　织

Ⅰ 审判组织的概念和种类

审判组织,是指人民法院审判案件的组织形式。

根据《刑事诉讼法》和《人民法院组织法》的规定,人民法院审判刑事案件的组织形式有三种,即独任制、合议制和审判委员会。

Ⅱ 独任制

独任制,是指由审判员 1 人独任审判的制度。

根据《刑事诉讼法》第 183 条的规定,独任制仅限于基层人民法院适用简易程序、速裁程序审判的案件。因为这类案件案情比较简单,情节比较轻微,由审判员 1 人进行审判,既可以保证办案质量,又可以节省司法资源,便于法院集中力量处理比较重大、复杂的案件。

审判员依法独任审判时,行使与合议庭的审判长同样的职权。适用独任审判,须按照刑事诉讼法规定的简易程序或速裁程序进行,依法应当公开审理的案件,都应当公开审理,并要认真执行回避、辩护、上诉等各项审判制度,切实保障当事人和其他诉讼参与人的诉讼权利。

Ⅲ 合议制

合议制是一种集体审判的制度,即案件的审判,由审判人员数人组成合议庭进行。

合议制是人民法院审判案件的基本组织形式。除基层人民法院适用简易程序、速裁程序审判案件可以采用独任制外,人民法院审判刑事案件均须采取合议庭的组织形式。实行合议制,有利于发挥集体的智慧,集思广益,防止主观片面、个人专断和徇私舞弊。

一、合议庭的组成方式

由于各级人民法院管辖的第一审刑事案件的情况不同,第一审和第二审的任务亦不同,法律对合议庭的组成有不同的规定。根据《刑事诉讼法》第183、249 条的规定,合议庭的组成方式如下:

1. 基层人民法院和中级人民法院审判第一审案件，应当由审判员3人或审判员和人民陪审员共3人或7人组成合议庭进行。

2. 高级人民法院审判第一审案件，应当由审判员3~7人或者由审判员和人民陪审员共3人或者7人组成合议庭进行；最高人民法院审判第一审案件，应当由审判员3~7人组成合议庭进行。

3. 中级以上人民法院审判上诉、抗诉案件，由审判员3人或5人组成合议庭进行。

4. 最高人民法院复核死刑案件、高级人民法院复核死刑缓期执行的案件，应当由审判员3人组成合议庭进行。

二、合议庭的组成原则

合议庭的组成，应遵守以下原则：

1. 合议庭的成员人数应当是单数。该原则有利于合议庭在评议意见分歧时作出决定。

2. 合议庭的组成人员，只能由经过合法任命的本院的审判员和在本院执行职务的人民陪审员充任。《刑事诉讼法》第13条规定：人民法院审判案件，依照本法实行人民陪审员陪审的制度。人民陪审员是指从人民群众中产生的非专职的参加合议庭的审判人员。各级人民法院审判第一审案件，均可吸收人民陪审员作为合议庭成员参与审判。人民陪审员在人民法院执行职务期间，同审判员有同等的权利义务。这是人民群众参加国家管理的一种形式，体现了司法民主精神。人民法院应当切实实行陪审制度，进一步健全陪审制度，真正发挥人民陪审员在审判工作中的作用。

3. 合议庭由院长或者庭长指定审判员1人担任审判长；院长或者庭长参加审判案件的时候，自己担任审判长。在审判员不能参加合议庭的情况下，助理审判员由本院院长提出，经审判委员会通过，可以临时代行审判员职务，并可以担任审判长。应当注意，人民陪审员参加合议庭审判案件时，不能担任审判长。

4. 不得随意更换合议庭成员。根据最高人民法院2002年8月12日发布的《关于人民法院合议庭工作的若干规定》第3条的规定，合议庭组成人员确定后，除因回避或者其他特殊情况，不能继续参加案件审理的之外，不得在案件审理过程中更换。更换合议庭成员，应当报请院长或者庭长决定。合议庭成员的更换情况应当及时通知诉讼当事人。

三、合议庭的活动原则

1. 合议庭成员地位与权责平等原则。根据《关于人民法院合议庭工作的若干规定》第4条的规定，合议庭的审判活动由审判长主持，全体成员平等参与案件的审理、评议、裁判,共同对案件认定事实和适用法律负责。上述关于合议庭成员地位与权责的平等性的规定,有助于强化合议庭的功能。

《关于人民法院合议庭工作的若干规定》第6条规定,审判长履行下列职责:(1)指导和安排审判辅助人员做好庭前调解、庭前准备及其他审判业务辅助性工作;(2)确定案件审理方案、庭审提纲、协调合议庭成员的庭审分工以及做好其他必要的庭审准备工作;(3)主持庭审活动;(4)主持合议庭对案件进行评议;(5)依照有关规定,提请院长决定将案件提交审判委员会讨论决定;(6)制作裁判文书,审核合议庭其他成员制作的裁判文书;(7)依照规定权限签发法律文书;(8)根据院长或者庭长的建议主持合议庭对案件复议;(9)对合议庭遵守案件审理期限制度的情况负责;(10)办理有关审判的其他事项。

2. 审判长最后发表评议意见原则。《关于人民法院合议庭工作的若干规定》第7条规定:合议庭接受案件后,应当根据有关规定确定案件承办法官,或者由审判长指定案件承办法官。其第10条第1款规定:合议庭评议案件时,先由承办法官对认定案件事实、证据是否确实、充分以及适用法律等发表意见,审判长最后发表意见;审判长作为承办法官的,由审判长最后发表意见。对案件的裁判结果进行评议时,由审判长最后发表意见。审判长应当根据评议情况总结合议庭评议的结论性意见。上述关于合议庭在评议时发表意见的先后顺序的技术性规定,有助于避免合议庭其他成员受审判长意见影响而导致审判长个人主导合议庭审判工作的弊端,对于充分发挥合议庭成员尤其是审判长以外的成员的积极性,正确发挥审判长的应有作用,具有重要的意义。附带需要指出的是,开庭审理和评议案件,必须由同一合议庭进行。另外,根据规定,合议庭成员进行评议的时候,应当认真负责,充分陈述意见,独立行使表决权,不得拒绝陈述意见或者仅作同意与否的简单表态。同意他人意见的,也应当提出事实根据和法律依据,进行分析论证。合议庭成员对评议结果的表决,以口头表决的形式进行。

3. 少数服从多数原则。合议庭成员在评议案件的时候,应当表明自己的意见。如果意见分歧,应按多数人的意见作出决定,但是少数人的意见应当写入笔录。评议笔录由书记员制作,由合议庭的组成人员在审阅确认无误后签名。评议情况应当保密。

4. 开庭审理并且评议后作出判决原则。合议庭开庭审理并且评议后,应当作出判决或者裁定。对于疑难、复杂、重大的案件,合议庭认为难以作出决定的,由合议庭提请院长决定提交审判委员会讨论决定。院长认为不必要的,可以建议合议庭复议一次。审判委员会的决定,合议庭应当执行。合议庭有不同意见的,可以建议院长提交审判委员会复议。

根据《关于人民法院合议庭工作的若干规定》第 9 条的规定,合议庭评议案件应当在庭审结束后 5 个工作日内进行。根据其第 14 条的规定,合议庭一般应当在作出评议结论或者审判委员会作出决定后的 5 个工作日内制作出裁判文书。

裁判文书一般由审判长或者承办法官制作。但是审判长或者承办法官的评议意见与合议庭评议结论或者审判委员会的决定有明显分歧的,也可以由其他合议庭成员制作裁判文书。对制作的裁判文书,合议庭成员应当共同审核,确认无误后签名。

院长、庭长可以对合议庭的评议意见和制作的裁判文书进行审核,但是不得改变合议庭的评议结论。院长、庭长在审核合议庭的评议意见和裁判文书过程中,对评议结论有异议的,可以建议合议庭复议,同时应当对要求复议的问题及理由提出书面意见。合议庭复议后,庭长仍有异议的,可以将案件提请院长审核,院长可以提交审判委员会讨论决定。

合议庭对审判委员会的决定有异议,可以提请院长决定提交审判委员会复议一次。

Ⅳ 审判委员会

审判委员会是人民法院内部设立的对审判工作实行集体领导的组织。

根据《人民法院组织法》的规定,各级人民法院均设立审判委员会。审判委员会由院长、庭长和资深审判员组成,参加审判委员会的成员称审判委员会委员。各级人民法院的审判委员会委员,由院长提请本级人民代表大会常务委员会任免。

审判委员会的任务是总结审判经验,讨论重大、复杂或者疑难的案件,讨论其他有关审判工作的问题。根据《刑事诉讼法》第 185 条的规定,对于疑难、复杂、重大的案件,合议庭认为难以作出决定的,由合议庭提请院长决定提交审判委员会讨论决定。审判委员会在对案件的实质处理上的职权,决定了它在诉讼中的地位,表明它具有审判组织的性质。

根据《关于人民法院合议庭工作的若干规定》第 12 条的规定,合议庭应当依照规定的权限,及时对评议意见一致或者形成多数意见的案件直接作出判决或者裁定。但是对于下列案件,合议庭应当提请院长决定提交审判委员会讨论决定:(1)拟判处死刑的;(2)疑难、复杂、重大或者新类型的案件,合议庭认为有必要提交审判委员会讨论决定的;(3)合议庭在适用法律方面有重大意见分歧的;(4)合议庭认为需要提请审判委员会讨论决定的其他案件,或者本院审判委员会确定的应当由审判委员会讨论决定的案件。在案例 14-3-01 中,人民法院与人民检察院在案件事实认定与证据审查判断上存在分歧,导致对被告人的定罪量刑存在重大分歧,由合议庭提请院长提交审判委员会讨论决定,这样的做法是正确的。

审判委员会会议由院长主持。在审判实践中,院长不能主持时可以委托副院长主持。审判委员会讨论案件和其他问题,实行民主集中制,各委员权利平等。审判委员会表决案件,应当在合议庭审理的基础之上进行,并应充分听取合议庭成员关于审理和评议情况的说明,慎重地考虑合议庭的评议结论。审判委员会对案件的决定,合议庭应当执行。如果有不同意见,可以建议院长提交审判委员会复议。复议后作出的决定,合议庭必须执行。

根据《刑诉法解释》的规定,独任审判的案件,审判员认为有必要的,也可以提请院长决定提交审判委员会讨论决定。

■ 法条链接

《刑事诉讼法》第 3、5、10、11、12、13、55、57、58、59、101、183、184、185、216、233、236、246、247、248、249、252、254、256 条。

■ 参考文献

1. 孙长永:《中国刑事诉讼法制四十年:回顾、反思与展望》,中国政法大学出版社 2021 年版。
2. 左卫民等:《合议制度研究》,法律出版社 2001 年版。
3. 宋英辉等:《刑事诉讼原理》(第 3 版),北京大学出版社 2014 年版。
4. 龙宗智:《"以审判为中心"的改革及其限度》,载《中外法学》2015 年第 4 期。
5. 牟绿叶:《刑事程序禁止不利益变更原则及其中国化》,载《中外法学》2022 年第 2 期。
6. 施鹏鹏:《刑事既判力理论及其中国化》,载《法学研究》2014 年第 1 期。
7. 郭烁:《二审上诉问题重述:以认罪认罚案件为例》,载《中国法学》2020 年第 3 期。
8. 易延友:《我国刑事审级制度的建构与反思》,载《法学研究》2009 年第 3 期。
9. 汪海燕:《论刑事庭审实质化》,载《中国社会科学》2015 年第 2 期。

第十五章　第一审程序

第一节　第一审程序的概念和意义

【案例 15-1-01】石某盗窃一审刑事案[1]

上海市长宁区人民检察院指控,2020 年 3 月、4 月,被告人石某利用上门做家政服务的机会,多次至该市长宁区延安西路、天山路、仙霞路等地雇主家内实施盗窃,共窃得现金人民币 9400 元(以下币种均为人民币)。具体分述如下:

1. 2020 年 3 月 28 日 18 时许,被告人石某至被害人李某位于该市长宁区天山西路的住处,窃得李某置于卧室杂物柜内的现金 4000 元。

2. 同年 3 月 31 日 8 时许,被告人石某以相同方式,至被害人许某位于该市长宁区天山路的住处,窃得许某置于卧室衣柜内的现金 1000 元。

3. 同年 4 月 1 日 14 时许,被告人石某以相同方式,至被害人石某某位于该市长宁区仙霞路的住处,窃得石某某置于客厅椅子拎包内的现金 1400 元。

4. 同年 4 月 2 日 10 时许,被告人石某以相同方式,至被害人徐某位于该市长宁区延安西路的住处,窃得徐某置于卧室床头柜内的现金 3000 元。

同年 4 月 2 日,被告人石某被公安机关抓获。

上述事实,被告人石某在开庭审理过程中亦无异议,且有被害人李某、许某、石某某、徐某的陈述,上海市公安局长宁分局现场勘验笔录、扣押笔录、扣押清单、发还物品清单、案发经过表格等证据予以证实,足以认定。

法院认为,被告人石某以非法占有为目的,窃取他人财物,数额较大,其行为已构成盗窃罪,依法应予惩处。公诉机关的指控,事实清楚,定性正确。被告人石某到案后能如实供述自己的罪行,自愿认罪认罚,依法可以从轻处罚。辩护人与此相关的辩护意见,法院予以采纳。为维护社会治安秩序,保护公私

---

〔1〕 上海市长宁区人民法院刑事判决书,(2020)沪 0105 刑初 627 号。

财产所有权不受侵犯，判决如下：(1)被告人石某犯盗窃罪，判处有期徒刑8个月，并处罚金人民币1500元；(2)禁止被告人石某自刑罚执行完毕或假释之日起3年内从事家政服务工作；(3)违法所得发还各被害人(已发还)。

【案例15-1-02】郎某、何某诽谤案[1]

2020年7月7日18时许，郎某在杭州市余杭区某小区东门快递驿站内，使用手机偷拍正在等待取快递的被害人谷某，并将视频发布在某微信群。后郎某、何某分别假扮快递员和谷某，捏造谷某结识快递员并多次发生不正当性关系的微信聊天记录。为增强聊天记录的可信度，郎某、何某还捏造"赴约途中""约会现场"等视频、图片。7月7日至16日，郎某将上述捏造的微信聊天记录截图39张及视频、图片陆续发布在该微信群，引发群内大量低俗、侮辱性评论。

同年8月5日，上述偷拍的视频以及捏造的微信聊天记录截图27张被他人合并转发，并相继扩散到110余个微信群(群成员约2.6万)、7个微信公众号(阅读数2万余次)及1个网站(浏览量1000次)等网络平台，引发大量低俗、侮辱性评论，严重影响了谷某的正常工作生活。

2020年8月至12月，此事经多家媒体报道引发网络热议，其中，仅微博话题"被造谣出轨女子至今找不到工作"阅读量就达4.7亿次、话题讨论5.8万人次。该事件在网络上广泛传播，给广大公众造成不安全感，严重扰乱了网络社会公共秩序。

2020年8月7日，谷某就郎某、何某涉嫌诽谤向浙江省杭州市公安局余杭分局报案。8月13日，余杭分局作出对郎某、何某行政拘留9日的决定。10月26日，谷某委托诉讼代理人向浙江省杭州市余杭区人民法院提起刑事自诉，并根据法院通知补充提交了相关材料。12月14日，法院立案受理并对郎某、何某采取取保候审强制措施。

因相关事件及视频在网络上进一步传播、蔓延，案件情势发生重大变化。检察机关认为，郎某、何某的行为不仅侵害被害人的人格权，而且经网络迅速传播，已经严重扰乱网络社会公共秩序。由于本案被侵害对象系随意选取，具有不特定性，任何人都可能成为被侵害对象，严重破坏了广大公众安全感。对此类案件，由自诉人收集证据并达到事实清楚，证据确实、充分的证明标准难

---

〔1〕 郎某、何某诽谤案，最高人民检察院指导案例137号(2022年)。

度很大,只有通过公诉程序追诉才能及时、有效收集、固定证据,依法惩罚犯罪、维护社会公共秩序。12月22日,浙江省杭州市余杭区人民检察院建议公安机关立案侦查。

12月25日,余杭分局对郎某、何某涉嫌诽谤罪立案侦查。12月26日,谷某向余杭区人民法院撤回起诉。

2021年1月20日,余杭分局将该案移送审查起诉。余杭区人民检察院审查认为,郎某、何某为寻求刺激、博取关注,捏造损害他人名誉的事实,在网络上散布,造成该信息被大量阅读、转发,严重侵害谷某的人格权,导致谷某被公司劝退,随后多次求职被拒,使谷某遭受一定经济损失,社会评价也遭受严重贬损,且二被告人侵害对象选择随意,造成不特定公众恐慌和社会安全感、秩序感下降;诽谤信息在网络上大范围流传,引发大量低俗评论,对网络公共秩序造成严重冲击,严重危害社会秩序,符合《刑法》第246条第2款"严重危害社会秩序"的规定。

2月26日,余杭区人民检察院依法对郎某、何某以涉嫌诽谤罪提起公诉。鉴于二被告人认罪认罚,对被害人进行赔偿并取得谅解,余杭区人民检察院对二被告人提出有期徒刑1年,缓刑2年的量刑建议。

2021年4月30日,余杭区人民法院依法公开开庭审理本案。庭审中,二被告人再次表示认罪认罚。

辩护人对检察机关指控事实、定性均无异议。郎某的辩护人提出,诽谤信息的传播介入了他人的编辑、转发,属于多因一果。公诉人答辩指出,郎某作为成年人应当知道网络具有开放性、不可控性,诽谤信息会被他人转发或者评论,因此,他人的扩散行为应当由其承担责任。而且,被他人转发,恰恰说明该诽谤信息对社会秩序的破坏。

余杭区人民法院审理后当庭宣判,采纳检察机关指控的犯罪事实和量刑建议,判决二被告人有期徒刑1年,缓刑2年。宣判后,二被告人未提出上诉,判决已生效。

■ 法理与法律适用评析

第一审程序是指人民法院对人民检察院提起公诉或者自诉人提起自诉的刑事案件进行初次审判的程序。由于案件的性质、危害程度以及提起控诉的主体不同,我国刑事诉讼法对审判公诉案件和自诉案件的第一审程序分别作了规定,因此第一审程序又分为公诉案件的第一审程序、自诉案件的第一审程序。其中,公诉案件的第一审程序主要包括:案件的受理和审查;组成合议庭;审判前的准备和法庭审判。对于自诉案件的审判程序根据其自身特点作了一些特殊规定,没有特殊规定的,应当参照公诉案件第一审程序进行。

在上述案例中,被害人谷某委托诉讼代理人向法院提起刑事自诉,法院立案受理并对郎某、何某采取取保候审强制措施。这属于自诉案件的第一审程序。本案一开始,被害人依据诽谤罪属于"告诉才处理"的案件的法律规定,向法院提起刑事自诉。后来,余杭区人民检察院依法对郎某、何某以涉嫌诽谤罪提起公诉,谷某向余杭区人民法院撤回自诉。余杭区人民法院依法公开开庭审理此案,是按照公诉案件的第一审程序进行的诉讼活动。

第一审程序因具体审理方式、阶段等繁简不一,又可分为普通程序、简易程序、速裁程序。

第二节　公诉案件的第一审普通程序

1 认罪认罚案件的审理

【案例15-2-01】钱某故意伤害罪一审刑事案[1]

被告人钱某因其朋友钱某3庆祝海鲜店开业,于2019年9月28日应邀至嵊州市揽香酸菜鱼馆与被害人马某1及邢某等人共进晚餐。其间,被告人钱某与马某1因敬酒发生争吵,马某1因不满钱某喝酒态度持玻璃酒杯用力砸向钱某头部,致酒杯破碎及钱某额头受伤流血。被告人钱某被激怒欲与马某1单挑,被邢某、钱某2等人劝阻至餐馆门口。随后,被告人钱某从其电瓶车内取出一把折叠刀,持刀朝马某1胸部、腹部连刺数刀致其受伤。马某1随即被送往医院救治,终因全身多处刀刺创,失血性休克,并发局部心肌坏死伴感染,心外膜炎伴心包广泛粘连,弥漫性化脓性腹膜炎,肠管大部分切除,融合性支气管肺炎,肝大片坏死,引起多器官功能衰竭经医治无效于同年11月27日死亡。邢某在劝阻被告人钱某过程中被刺中右膝致轻微伤。案发后,被告人钱某与被害人亲属就民事赔偿达成和解协议,并取得被害人亲属的谅解。

案发当晚,被告人钱某报警主动向公安机关投案并如实供述犯罪事实。

---

〔1〕 浙江省绍兴市中级人民法院刑事判决书,(2020)浙06刑初23号。

上述事实,有公诉机关提交,并经庭审质证、认证的证据予以证实。

法院认为,被告人钱某故意伤害他人身体,致一人死亡,其行为已构成故意伤害罪。公诉机关指控的罪名成立,予以支持。被告人钱某犯罪后自动投案,如实供述自己的罪行,系自首,可从轻处罚。鉴于本案源起民间纠纷,被害人马某1对本案的发生有一定过错,案发后,被告人钱某与被害人亲属已达成和解协议并取得谅解,可从轻处罚。被告人及辩护人请求从轻处罚的意见成立。被告人钱某自愿认罪认罚,可依法从宽处罚,公诉机关的量刑建议合理,法院予以采纳。判决如下:

被告人钱某犯故意伤害罪,判处有期徒刑12年,剥夺政治权利3年。

■ 法理与法律适用评析

根据《刑事诉讼法》第201条第1款之规定:"对于认罪认罚案件,人民法院依法作出判决时,一般应当采纳人民检察院指控的罪名和量刑建议,但有下列情形的除外:(一)被告人的行为不构成犯罪或者不应当追究其刑事责任的;(二)被告人违背意愿认罪认罚的;(三)被告人否认指控的犯罪事实的;(四)起诉指控的罪名与审理认定的罪名不一致的;(五)其他可能影响公正审判的情形。"据此,在认罪认罚案件的判决上,除例外情形,人民法院以采纳人民检察院指控的罪名和量刑建议为一般原则。

在本案例中,被告人钱某自愿认罪认罚,法院认为可依法从宽处罚,针对公诉机关的量刑建议,法院也认为合理并予以采纳。当然,《刑事诉讼法》这一条规定使用的"一般应当"表明,对于公诉机关的量刑建议,法院并不必然采纳。法院经审理认为量刑建议明显不当,或者被告人、辩护人对量刑建议提出异议的,根据《刑事诉讼法》第201条第2款之规定:(1)人民检察院可以调整量刑建议。(2)人民检察院不调整量刑建议或者调整量刑建议后仍然明显不当的,人民法院应当依法作出判决。

此外,在特殊情形时应作如下处理:

1. 检察院要求撤回起诉的

宣告判决前,人民检察院要求撤回起诉的,人民法院应当审查撤回起诉的理由,作出是否准许的裁定。

2. 人民法院发现新的事实,可能影响定罪的

审判期间,人民法院发现新的事实,可能影响定罪量刑的,可以建议人民检察院补充或者变更起诉;人民检察院不同意或者在指定时间内未回复意见

的，人民法院应当就起诉指控的犯罪事实，依照《刑诉法解释》第295条的规定作出判决、裁定。

3. 检察院指控的罪名与指控的事实不符的

人民法院可以更改起诉的罪名。人民法院如果认为人民检察院指控的罪名与指控的事实不符，应建议人民检察院改变罪名，重新起诉。如果人民检察院不同意变更指控罪名，人民法院应当首先向控辩双方告知其改变指控罪名的意图，在控辩双方进行必要的准备后，再行审理。

4. 人民检察院根据新的事实、证据重新起诉的

对于曾经因证据不足不能认定被告人有罪而宣布被告人无罪的案件，在人民检察院根据新的事实、证据重新起诉后法院依法受理的，人民法院应当在判决中写明被告人曾被人民检察院提起公诉，因证据不足，指控的犯罪不能成立，被人民法院依法判决宣告无罪的情况；前案作出的判决不予撤销。

Ⅱ 法庭秩序

法庭秩序，是指人民法院开庭审理案件时，为保证法庭审理的正常进行，所有的诉讼参与人和旁听人员都必须遵守的秩序和纪律。任何人参加法庭庭审都不得有妨碍法庭秩序的行为，否则，将受到如下的法律制裁：训诫；责令退出法庭；罚款；司法拘留；对构成犯罪的，追究其刑事责任。

《刑事诉讼法》第199条规定："在法庭审判过程中，如果诉讼参与人或者旁听人员违反法庭秩序，审判长应当警告制止。对不听制止的，可以强行带出法庭；情节严重的，处以一千元以下的罚款或者十五日以下的拘留。罚款、拘留必须经院长批准。被处罚人对罚款、拘留的决定不服的，可以向上一级人民法院申请复议。复议期间不停止执行。对聚众哄闹、冲击法庭或者侮辱、诽谤、威胁、殴打司法工作人员或者诉讼参与人，严重扰乱法庭秩序，构成犯罪的，依法追究刑事责任。"

Ⅲ 延期审理和中止审理

一、延期审理

延期审理，是指在法庭审判过程中，遇到影响进行审判的情形时，法庭决定宣告休庭，将案件的审理活动推迟，顺延时间，待阻碍审理进行的原因消失后继续审理。

《刑事诉讼法》第204条规定，在法庭审判过程中，遇有下列情形之一，影响审判进行的，可以延期审理：(1)需要通知新的证人到庭，调取新的物证，重

新鉴定或者勘验的;(2)检察人员发现提起公诉的案件需要补充侦查,提出建议的;(3)由于申请回避而不能进行审判的。

对于辩护人依照有关规定拒绝继续为被告人进行辩护或者被告人当庭拒绝辩护人为其辩护,而被告人要求另行委托辩护人或者要求人民法院另行指定辩护律师,合议庭同意的,亦应当宣布延期审理。

延期审理原则上要求计入审理期限,不能无限期推延。延期审理的开庭日期和地点能当庭确定的,应当当庭通知公诉人、当事人和其他诉讼参与人,不能确定的,应当在确定后另行通知。

二、中止审理

中止审理是人民法院在审判过程中,因出现案件在较长时间内无法继续审理的情形,而作出的暂时停止正在进行的诉讼活动的一种决定,待该障碍情形消除后再恢复诉讼。

根据《刑事诉讼法》第206条第1款的规定,在审判过程中,有下列情形之一,致使案件在较长时间内无法继续审理的,可以中止审理:(1)被告人患有严重疾病,无法出庭的;(2)被告人脱逃的;(3)自诉人患有严重疾病,无法出庭,未委托诉讼代理人出庭的;(4)由于不能抗拒的原因。

Ⅳ 一审办案期限的规定

《刑事诉讼法》第208条对一审程序的办案期限作了明确规定:(1)人民法院审理公诉案件,应当在受理后2个月以内宣判,至迟不得超过3个月。(2)对于可能判处死刑的案件或者附带民事诉讼的案件,以及有《刑事诉讼法》第158条规定情形之一的,经上一级人民法院批准,可以延长3个月;因特殊情况还需要延长的,报请最高人民法院批准。(3)人民法院改变管辖的案件,从改变后的人民法院收到案件之日起计算审理期限。(4)人民检察院补充侦查的案件,补充侦查完毕移送人民法院后,人民法院重新计算审理期限。

根据《刑事诉讼法》第98条的规定,犯罪嫌疑人、被告人被羁押的案件,不能在刑事诉讼法规定的一审期限内办结,需要继续审理的,对被告人可以取保候审或者监视居住,继续对案件进行审理。

另外,被告人作精神病鉴定的期间不计入一审办案期限。

第三节　自诉案件的第一审程序

1 自诉案件的受理审查

【案例15-3-01】张某涉诽谤罪刑事一审案[1]

被告人张某于2003年至2008年攻读博士研究生学位，导师系凌某。张某2008年以硕士研究生毕业，2010年至2018年在上海市中西医结合医院就职，轮岗于中医内科、传统医学科、皮肤科等8个左右的部门，于2018年年底办理退工手续。

2019年初期，被告人张某多次到自诉人办公室、出诊地点滋事，声称自诉人凌某对其图谋不轨。2020年6月，被告人张某在新浪微博上以"生命之泪水"账号发布标题为《上海科学技术奖的专家教授有学术诚信和师风师德方面的要求吗?》的博文，捏造自诉人凌某"大搞权色交易，中医系慢慢地成为他的后宫"及凌某因潜规则被告人张某不成，而在博士论文答辩、求职阶段、工作期间利用职权或影响力打压被告人张某，致张某未取得博士学位及工作不如意、离职等事实。经上海市杨浦公证处公证，该博文被转发3725次，点击5093次，留言1007次。2020年9月，被告人张某又以"加油呦呦"账号在天涯论坛发布标题为《女生遭名校博导噩梦般骚扰、打击报复、逼迫就范十五年，"流氓行为"曝光》的文章，点击数达460次。

被告人张某提出"生命之泪水""加油呦呦"系其注册并使用的账号，其在微博上所言均系真实的、没有诽谤的事实，故其行为不构成诽谤罪的辩解。经查，自诉人与被告人10余年前系师生关系，2010年张某进入上海市某医院就职，2018年离职。2019年起，被告人张某以自诉人凌某对其有性企图为由以"生命之泪水""加油呦呦"等用户名在新浪微博网站、天涯论坛网站发布《上海科学技术奖的专家教授有学术诚信和师风师德方面的要求吗?》《女生遭名校博导噩梦般骚扰、打击报复、逼迫就范十五年，"流氓行为"曝光》等文章，捏造凌某对张某有性骚扰、性企图，因未达目的而对张某学业、工作进行打压的事实。上述博文已超出个人对事实的倾向性陈述范围，且在互联网上散布，实际点击、浏览次数达5500余次，转发达3000余次，情节严重，张某的行为已符

---

〔1〕 上海市虹口区人民法院刑事判决书，(2020)沪0109刑初717号。

合刑法规定的诽谤罪的构成要件,应以诽谤罪对其定罪处罚。被告人张某的上述辩解,无事实、法律依据,法院不予采纳。

法院认为,被告人张某利用信息网络,捏造事实诽谤他人,公然损害他人名誉,情节严重,其行为已构成诽谤罪。自诉人凌某指控被告人张某犯诽谤罪罪名成立。根据被告人张某犯罪的事实、性质、情节及对于社会的危害程度,判决被告人张某犯诽谤罪,判处有期徒刑7个月。

■ 法理与法律适用评析

自诉案件的本质特征是起诉权属受害人或者其法定代理人,这是因为自诉案件所保护的权益通常限于受害人个人范围。自诉案件的前两种类型都是轻微的普通刑事案件,对社会危害不大,主要是涉及当事人之间的名誉、人格或者家庭成员之间、邻里之间关系的案件。将追诉权交与受害人或者其法定代理人行使,对正确处理人民内部矛盾,促进团结,增强家庭和邻里和睦,化消极因素为积极因素是十分有利的。第三类案件则出于加强对受害人诉讼权利的保护。

自诉案件的主要特点:

1. 自诉案件情节简单,因果关系清楚。自诉案件有明确的原告、被告,一般不需要侦查机关动用专门的侦查手段,而仅通过庭审中抗辩双方的质证、询问,人民法院就能查清案件事实。这是自诉案件的一个重要特点。《刑事诉讼法》对自诉案件范围的规定,也突出表明了自诉人能够承担举证责任。如果案情重大复杂,需要动用专门的侦查手段,进行大量的侦查活动,不仅自诉人无法提供证据证明案情,就是人民法院也难以做到。因此,只有事实清楚、情节简单,不需要进行侦查的刑事案件,才能作为自诉案件,由人民法院直接受理并审理清楚,作出正确合法的裁判。

2. 自诉案件的受害人作为自诉人与被告人的诉讼权利是平等的。这也是自诉案件与公诉案件不同的一个重要特点。在公诉案件中,被害人与被告人的诉讼权利是不同的,公诉案件控诉职能的主要执行者是人民检察院,而不是被害人,被告人仍然是辩护职能的执行者;被害人没有上诉权,只有请求人民检察院抗诉的权利,而被告人具有独立上诉权。但自诉案件的受害人和其法定代理人是自诉人,是诉讼一方的当事人,他与被告人的诉讼权利是平等的。例如,当一人的合法权益遭到犯罪行为侵害时,其有权以自诉人的身份向人民法院提起控诉,作为被指控实施侵害的被告人也有权提起反诉;因对方犯罪行为而遭受物质、精神损失时,双方均有权提起附带民事诉讼;双方均享有申请回避的权利;对一审判决、裁定不服,双方均有权上诉。由此可见,受害人作为自诉人与被告人诉讼权利平等,是自诉案件的一个重要特征。

3. 案件具有可分性。这是自诉案件区别于公诉案件的又一个重要特点。可分性,是指当一个犯罪行为侵犯了数人利益时,其中任何一个受害人都有权向人民法院提起诉讼;当一受害人明知有数名侵害人时,有权仅就部分侵害人提起诉讼;当侵害人对受害人实施了两个以上犯罪行为时,受害人有权仅对其中某个或某些犯罪行为提起诉讼。自诉案件的可分性,是基于自诉主体自主处分起诉权产生的。

Ⅱ 自诉案件的第一审程序的特点

【案例 15-3-02】余某故意伤害案〔1〕

自诉人田某向法院诉称:2014年9月20日中午,余某在外出送人时与在屋里的田某发生口角,田某让其等着别走,余某果真站在原地未走,待田某来理论。由于田某父母知道田某的精神状况不好,故劝余某赶紧离开,但是余某仍旧站在原地不走。待田某出现在面前时,余某便从包内拿出铁棍朝田某乱抡,导致田某受伤,余某自行离开。后经法医鉴定,田某的身体所受损伤程度为轻伤一级。

针对上述指控,田某提供了110接处警记录、北京大学第三医院诊断证明书、北京市海淀区人民法院刑事判决书等证据。余某向法院递交了答辩意见。

海淀区人民法院在2018年11月12日作出一审裁定,认为该院(2016)京0108刑初558号判决书中已经认定涉案事实系自诉人田某主动无端挑起,具有寻衅滋事的目的,持凶器前往殴打余某。法院已经依据该事实对自诉人田某定罪处罚。现自诉人田某未向法院递交任何新的证据材料,故本案缺乏罪证,裁定驳回田某对余某的起诉。

在法定期限内,田某对一审裁定不服,提出上诉。田某的上诉理由是,其认为余某的行为构成故意伤害罪,请求二审法院裁定撤销一审裁定,指令一审法院进行审理。田某的诉讼代理人的主要代理意见是,田某系精神病人,被告人余某明知此情况仍与田某发生冲突,且实施伤害行为,余某的行为不构成正当防卫,而构成故意伤害罪。

---

〔1〕 北京市海淀区人民法院刑事判决书,(2019)京0108刑初720号。

北京市第一中级人民法院在2019年2月28日作出裁定，认为一审法院在审理中违反法律规定的诉讼程序，可能影响公正审判。据此裁定：(1)撤销海淀区人民法院(2018)京0108刑初1167号刑事裁定；(2)将本案发回海淀区人民法院重新审判。

2021年7月30日，海淀区人民法院重审后判决被告人余某无罪。判决现已生效。

对犯罪事实清楚，有足够证据的自诉案件，应当开庭审理。自诉案件，符合简易程序适用条件的，可以适用简易程序审理。不适用简易程序审理的自诉案件，参照适用公诉案件第一审普通程序的有关规定审理。《刑事诉讼法》根据自诉案件的特点，对这类案件的第一审程序作了一些有别于公诉案件第一审程序的规定。除这些特别规定外，人民法院在审判自诉案件时应当参照公诉案件的审判程序进行。例如，开庭前的各项准备工作以及庭审程序等，不可擅自从简或省略。

自诉案件的第一审程序有以下特点：

1. 人民法院可以调解。调解指当事人在自愿和合法的前提下，在人民法院的主持下，就非刑事处罚的内容达成协议并结束诉讼的活动。确立自诉案件适用调解方式，有利于及早解决轻微的犯罪问题，增进人民内部的团结，防止矛盾激化；同时，以达成协议的方式结束诉讼，省时省力，利于提高诉讼效益。适用调解方式应注意：(1)对《刑事诉讼法》第210条第3项规定的自诉案件不能适用调解方式，因为其本质上属于公诉案件，行为侵害的是国家和社会公共利益。(2)调解必须坚持自愿和合法原则，不得损害国家、集体以及公民利益。(3)调解必须由人民法院主持。(4)调解协议不能涉及刑事部分。刑事调解书由审判人员、书记员以及双方当事人签名或者盖章，并加盖人民法院印章。调解书一经签收，即发生法律效力。自诉人反悔，就同一事实又告诉时，人民法院应不予受理。调解没有达成协议或者调解书签收前一方反悔的，人民法院应当进行判决。

2. 自行和解。自行和解指在判决宣告前，自诉人和被告人在互相谅解的基础上，使纠纷获得解决。基于这种谅解，自诉人放弃追究被告人刑事责任的请求，被告人则自愿承担保障被害人合法权益的义务。当事人双方自行和解后，自诉人应向法院撤回自诉。适用自行和解应注意：(1)自行和解应当在宣告判决以前提出，以维护人民法院判决的严肃性，一旦人民法院判决宣告了，则不允许自行和解。(2)自行和解必须在严格遵守国家法律、法规，保障社会公益和当事人合法权益的前提下进行。威逼、利诱、欺诈等违法情况下的和解是无效的。人民法院对和解协议要进行审查,认为和解、撤回自诉确属自愿的,应当裁定准许,认为系被强迫、威吓等,并非出于自愿的,不予准许。

3. 撤回起诉。撤回起诉指自诉人在起诉后,基于某种原因,又不愿行使这种起诉权,向人民法院申请撤回起诉。它是基于自诉案件的告诉权由自诉人自己处分而确立的审理程序。自诉人提出撤回起诉的,人民法院一般应予准许,但人民法院对这类申请,应主动审查,以防止自诉人在威吓之下被迫撤诉。经审查后,人民法院可根据不同情况,依法决定是否准许撤诉。另外,重婚案件被害人自诉后,人民法院应不允许撤回自诉,而是依法审判。适用撤回自诉的情形主要包括:(1)缺乏罪证又提不出补充证据,经人民法院说服,撤回自诉的;(2)当事人自行和解后,撤回自诉的;(3)自诉人出于自身利益的考虑主动撤回起诉的。同时,根据《刑事诉讼法》第211条第2款的规定,自诉人经两次依法传唤,无正当理由拒不到庭的,或者未经法庭许可中途退庭的,按撤诉处理。但部分自诉人撤诉或者被裁定按撤诉处理的,不影响案件的继续审理。撤诉应在宣告判决前提出。在审判实践中,除因证据不足而撤诉的外,自诉人一经撤诉,就同一事实再起诉的,人民法院不予受理。

4. 被告人在审判期间下落不明的。对于被告人在自诉案件审判期间下落不明的,人民法院应当裁定中止审理。被告人到案后,应当恢复审理,必要时应当对被告人依法采取强制措施。

5. 人民法院审理自诉案件的期限。(1)被告人被羁押的,应当在受理后2个月以内宣判,最迟不得超过3个月。对于附带民事诉讼的案件,以及有《刑事诉讼法》第158条规定情形之一的,经上一级人民法院批准,可以延长3个月;因特殊情况还需要延长的,报请最高人民法院批准。(2)未被羁押的,应当在受理后6个月以内宣判。

6. 被告人可以提起反诉。告诉才处理和被害人有证据证明的轻微刑事案件的被告人或者其法定代理人在诉讼过程中,可以对自诉人提起反诉。反诉,指自诉案件的被告人,在诉讼过程中,控告自诉人犯有与本案有关联的犯罪行为,要求人民法院一并审理而提出的诉讼。反诉是相对自诉而讲的,没有自诉,反诉就无从谈起。反诉也是一种自诉,是一个独立的诉讼;它是自诉案件的被告人对原告提出的控诉,不是对自诉的答辩。

提起反诉应具备以下条件:(1)反诉的对象必须是同一案件的自诉人,反之则不属于反诉。这是由反诉主体的联系性决定的。由于被告人提起反诉,本诉的自诉人成为反诉案件的被告人,而本诉的被告人在反诉中又成了“自诉人”，双方互为原告、被告，方能构成反诉。如果自诉案件被告人所控的犯罪行为，不是自诉人所为，而是自诉人亲属所为，就不属于反诉，而只能作为另一个独立的自诉案件。(2)反诉的内容必须是与自诉案件有关联的犯罪行为。如果被告人所控自诉人的犯罪行为与自诉案件根本无关，就不能作为反诉，而只能作为另一独立的自诉案件。(3)反诉案件必须是人民法院可以直接受理的范围。如果被告人提起的反诉属于公诉案件，人民法院则应主动移送有立案管辖权的司法机关处理。

一审反诉，必须在自诉人向人民法院提起自诉后，法庭宣判前提起。反诉案件适用自诉案件的规定，应当与自诉案件一并审理。在这种互诉案件中，双方当事人同时是自诉人又是被告人，具有双重身份，在诉讼中的权利、地位也是一样的。例如，审理时双方可以互相讯问，双方当事人都可以充分陈述自己的意见，都有权作最后陈述。这样有利于人民法院从各方面查明案情，分辨是非，正确判定每个当事人有罪还是无罪。互诉案件不能互相抵销刑罚。

反诉一经成立，原自诉人撤回自诉的，不影响反诉案件成立。

第四节　简易程序

【案例15-4-01】敦化林区基层法院适用简易程序审结一起诈骗案[1]

2017年8月28日、9月22日，杜某某在明知其自身无经济来源、负债累累的情况下，对被害人冷某谎称将存款存入其做工程的朋友手中(实则并无此人)，可获得高额利息，诱使冷某将已存入银行的4万元定期存款，分为两次取出，并跟随杜某某分别存入敦化市某银行内。

之后，杜某某再次谎称办理业务借走冷某身份证，实则使用身份证偷偷取出冷某的4万元存款，用于自己的生活花销、赌博等，现已挥霍一空。

2019年1月14日，杜某某主动到公安机关投案。

敦化林区基层法院受理该案后，鉴于事实清楚，证据确实、充分，且被告人杜某某对自己所犯罪行、公诉机关所指控事实和适用简易程序，均无异议，承办法官依照《刑事诉讼法》第214条之规定，结合公诉机关起诉意见，决定适用简易程序进行公开开庭审理。因该案在犯罪事实方面无争议，庭审中，承办

[1]【法宝引证码】CLI. CR. 45938162 敦化林区基层法院适用简易程序审结一起诈骗案。

法官引导控、辩双方简化法庭调查和法庭辩论环节，在对被告人杜某某认罪认罚真实性进行核实，并听取被告人最后陈述后，当庭进行了宣判。

敦化林区基层法院根据被告人杜某某的犯罪事实、性质、情节及社会的危害程度，依法判决被告人杜某某犯诈骗罪，判处有期徒刑3年，缓刑3年，并处罚金人民币2000元，并继续追缴被告人杜某某违法所得人民币4万元，返还被害人。

敦化林区基层法院适用简易程序审结该诈骗案，用时短、流程快，在保证审判质量的同时，实现了快审快结，既有利于犯罪分子尽早接受教育改造，也对辖区群众起到了更强烈的警示教育作用，既维护了被害人的合法权利，也是司法体制改革中充分整合、利用司法资源开展审判工作要求的体现。

■ 法理与法律适用评析

一、简易程序概述

简易程序是相对于普通程序而言的，指基层人民法院对某些案件事实清楚、证据充分，被告人对指控的犯罪事实没有异议并同意依法适用的较普通审判程序相对简化的第一审审判程序。

简易程序不是普通程序的附庸，也不是普通程序的一个分支，而是与普通程序并存的一种独立的诉讼程序。但简易程序没有规定要适用普通程序中的有关规定。简易程序是依法对第一审普通程序的简化，只能在第一审程序中适用。

简易程序是对第一审普通程序的简化，主要表现在以下三个方面：(1)审判组织的简化；(2)庭审程序的简化；(3)审理期限的缩短。

这些简化的目的在于提高办案效率，但在诉讼中也不可一味追求简化而忽略保障被告人的诉讼权利，如被告人享有的申请回避、提供新的证据、进行辩论、自诉案件中申请撤诉、最后陈述、提出上诉等诉讼权利，决不可因程序简化而被任意限制甚至剥夺。

二、简易程序适用的案件范围

1. 基层人民法院管辖的案件，符合下列条件的，可以适用简易程序审判：(1)案件事实清楚、证据充分的；(2)被告人承认自己所犯罪行，对指控的犯罪事实没有异议的；(3)被告人对适用简易程序没有异议的。人民检察院在提起公诉的时候，可以建议人民法院适用简易程序。

2. 对于具有下列情形之一的案件，不适用简易程序：(1)被告人是盲、聋、哑人,或者是尚未完全丧失辨认或者控制自己行为能力的精神病人的;(2)案件有重大社会影响的;(3)共同犯罪案件中部分被告人不认罪或者对适用简易程序有异议的;(4)辩护人作无罪辩护的;(5)被告人认罪但经审查认为可能不构成犯罪的;(6)自诉案件中属于《刑事诉讼法》第210条第3项规定的公诉转自诉的案件不能使用简易程序;(7)不宜适用简易程序审理的其他情形。

三、简易审判程序的特点

简易审判程序是相对于第一审普通程序而言相对较为简化的程序。具体而言,其有以下程序特点:

1. 只适用于基层人民法院第一审程序。其他三级法院均不可适用。

2. 决定适用简易程序的程序。一是法院在受理案件后,经审查认为案件事实清楚、证据充分的,在将起诉书副本送达被告人时,应当询问被告人对指控的犯罪事实的意见,告知其适用简易程序的法律规定。被告人对指控的犯罪事实没有异议并同意适用简易程序的,人民法院可以决定适用简易程序,并在开庭前通知人民检察院和辩护人。二是检察院在起诉时可以向法院建议使用简易程序审理案件,法院对此应当询问被告人对指控的犯罪事实的意见以及是否同意适用简易程序审理。对不符合简易程序使用条件的,法院应当通知人民检察院。对于自诉案件,法院决定适用简易程序审理的,依照前述规定处理。用简易程序审理案件,人民法院应当在开庭3日前,将开庭的时间、地点通知人民检察院、自诉人、被告人、辩护人,也可以通知其他诉讼参与人。通知可以采用简便方式,但应当记录在案。

3. 审判组织可以简化。对可能判处3年有期徒刑以下刑罚的,可以由审判员一人独任审判;对可能判处3年以上有期徒刑的,应当组成合议庭进行审判。在适用简易程序独任审判过程中,发现对被告人可能判处的有期徒刑超过3年的,应当转由合议庭审理。

4. 适用简易程序审理公诉案件,人民检察院应当派员出席法庭。

5. 审理程序简化。具体表现:(1)开庭前的准备阶段,在期间和送达方式上不受《刑事诉讼法》第187条的限制。(2)公诉人可以摘要宣读起诉书。(3)公诉人、辩护人、审判人员对被告人的讯问、发问可以简化或者省略。(4)对控辩双方无异议的证据,可以仅就证据的名称及所证明的事项作出说明;对控辩双方有异议或者法庭认为有必要调查核实的证据,应当出示,并进行质证。(5)控辩双方对与定罪量刑有关的事实、证据没有异议的,法庭审理可以直接围绕罪名确定和量刑问题进行。但适用简易程序审理案件,宣读起诉书后，审判人员应当询问被告人对起诉书指控的犯罪事实的意见，告知被告人适用简易程序审理的法律规定，确认被告人是否同意适用简易程序审理。不可省略的程序是，在判决宣告前应当听取被告人的最后陈述。被告人可以就起诉书指控的犯罪进行陈述和辩护。经审判人员许可，被告人及其辩护人可以同公诉人、自诉人及其诉讼代理人互相辩论。适用简易程序的自诉案件，参照上述程序。(6)宣判的形式。一般采取当庭直接宣判。(7)审理的期限缩短。人民法院适用简易程序审理的案件应当在20日内审结。对可能判处有期徒刑超过3年的，可以延长至1个半月。

四、简易程序的变更

人民法院在适用简易程序审理公诉案件时，发现有下列情形之一的，应当将简易程序转为普通程序重新审理：(1)被告人的行为可能不构成犯罪的；(2)被告人应当判处3年以上有期徒刑刑罚的；(3)被告人当庭对起诉指控的犯罪事实予以否认的；(4)案件事实不清或者证据不足的；(5)被告人可能不负刑事责任的；(6)其他不宜适用简易程序审理的情形。

转为普通程序审理的案件，审理期限应当从决定转为普通程序之日起计算。

第五节　速裁程序

【案例15－5－01】肖某某危险驾驶案〔1〕

被告人肖某某，男，务工人员。2019年11月11日21时许，被告人肖某某酒后驾驶小型轿车从福建省莆田市秀屿区东庄镇前云村自己家中往秀屿区月塘镇西园村方向行驶，途经秀屿区东庄镇前云村圆圈路段时被莆田市秀屿区公安分局东庄派出所民警查获。经呼气检测，肖某某的酒精呼气检测值为124.6mg/100ml。经鉴定，从肖某某的血样中检出乙醇浓度为124.77mg/100ml。

被告人肖某某因涉嫌危险驾驶罪，于2019年11月12日13时被莆田市公安局秀屿分局刑事拘留，于当日15时移送莆田市秀屿区人民检察院审查起

〔1〕肖某某危险驾驶案，最高人民检察院发布4起认罪认罚案件适用速裁程序典型案例(2020年)。

诉。秀屿区人民检察院对本案适用认罪认罚从宽制度,于当日 17 时以肖某某涉嫌危险驾驶罪提起公诉,并建议法院适用速裁程序审理本案。次日 10 时,莆田市秀屿区人民法院适用速裁程序开庭审理本案,采纳检察机关指控和量刑建议并当庭宣判,判处被告人肖某某拘役 1 个月,缓刑 2 个月,并处罚金人民币 1000 元。肖某某服判,不上诉。

检察机关在该案中主要履职情况:

(一)提前了解案情,及时启动 48 小时速裁办理机制。2019 年 11 月 11 日 21 时许,肖某某酒后驾驶机动车被查获,并被带至医院抽血后送至执法办案管理中心。经莆田市公安局秀屿分局通知,莆田市秀屿区人民检察院及时派员了解案件基本情况。司法鉴定机构为危险驾驶案件开设"绿色通道",于 12 日 9 时许出具鉴定意见:从肖某某血样中检出乙醇浓度为 124.77mg/100ml。12 日 10 时,莆田市公安局秀屿分局对肖某某立案侦查。12 日 13 时,肖某某被刑事拘留。立案后,检察官在执法办案管理中心查阅相关证据材料后认为,本案案情简单,事实清楚,证据确实、充分,肖某某亦如实供述,对鉴定意见没有异议,无法定从重处罚情节,建议对本案适用 48 小时速裁办理机制。12 日 15 时,公安机关将本案移送人民检察院审查起诉。

(二)充分保障被告人诉讼权利,准确适用认罪认罚速裁程序。受理当日,检察官制作简版审查报告,认定肖某某的行为构成危险驾驶罪,初步拟定量刑建议后,电话通知值班律师在执法办案管理中心为肖某某提供法律帮助。12 日 16 时,检察官讯问肖某某,肖某某自愿认罪认罚。12 日 16 时 30 分,值班律师阅卷后,承办检察官听取了值班律师的意见。值班律师对定性没有异议,提出肖某某系初犯、偶犯,认罪态度较好,建议从轻处理,可以适用速裁程序。检察官告知肖某某其涉嫌的犯罪事实、触犯的罪名、量刑情节及适用认罪认罚从宽制度后提出量刑建议,同时建议适用速裁程序审理本案。肖某某对罪名、量刑建议、适用速裁程序的建议没有异议,并在值班律师的见证下签署认罪认罚具结书。

(三)依法起诉,当庭宣判。12 日 17 时,检察官制作起诉书,在起诉书中写明肖某某认罪认罚情况、量刑建议、建议适用速裁程序等内容,将案件起诉至莆田市秀屿区人民法院。13 日 10 时,人民法院开庭审理本案,检察机关派员出庭支持公诉,被告人肖某某对指控内容无异议,人民法院采纳检察机关指控和量刑建议并当庭宣判。

■ 法理与法律适用评析

刑事速裁程序是针对犯罪事实清楚，证据确实、充分，被告人认罪认罚的轻微刑事案件，经被告人同意，人民法院省略部分庭审环节，对案件进行快速审理所适用的程序。与刑事诉讼法规定的简易程序相比，速裁程序属于“简上加简”的程序，这种进一步的简化主要体现在以下三个方面。第一，从审判组织上看，适用简易程序审理案件，对可能判处3年有期徒刑以下刑罚的，可以组成合议庭进行审判，也可以由审判员一人独任审判；而适用速裁程序审理案件，统一由审判员一人独任审判。第二，从审理程序上看，适用简易程序审理案件，不受《刑事诉讼法》关于送达期限，讯问被告人，询问证人、鉴定人，出示证据，法庭辩论程序规定的限制；而适用速裁程序审理案件，除不受送达期限的限制外，一般不进行法庭调查、法庭辩论，即基本上省略了法庭调查和法庭辩论程序。第三，从审理期限上看，适用简易程序审理案件，人民法院应当在受理后20日以内审结；适用速裁程序审理案件，审理期限进一步缩短，人民法院应当在受理后10日以内审结，对可能判处的有期徒刑超过1年的，可以延长至15日。第四，从宣判方式看，适用简易程序审理案件，法院无须当庭宣判；适用速裁程序审理案件，法院应当当庭宣判。

目前，速裁程序的适用条件主要包括：(1)基层人民法院管辖的可能判处3年有期徒刑以下刑罚的案件；(2)案件事实清楚，证据确实、充分；(3)被告人认罪认罚；(4)被告人同意适用速裁程序。此外，人民检察院在提起公诉的时候，可以建议人民法院适用速裁程序。

但有下列情形之一的，不适用速裁程序：(1)被告人是盲、聋、哑人，或者是尚未完全丧失辨认或者控制自己行为能力的精神病人的；(2)被告人是未成年人的；(3)案件有重大社会影响的；(4)共同犯罪案件中部分被告人对指控的犯罪事实、罪名、量刑建议或者适用速裁程序有异议的；(5)被告人与被害人或者其法定代理人没有就附带民事诉讼赔偿等事项达成调解或者和解协议的；(6)其他不宜适用速裁程序审理的。

人民法院在审理过程中，发现有被告人的行为不构成犯罪或者不应当追究其刑事责任、被告人违背意愿认罪认罚、被告人否认指控的犯罪事实或者其他不宜适用速裁程序审理的情形的，应当按照《刑事诉讼法》第三编第二章第一节或者第三节的规定重新审理（按照公诉案件普通程序或简易程序的规定重新审理）。

本案的典型意义有：一是依托公安执法办案管理中心“联接平台”，探索速裁案件“先行机制”。莆田市秀屿区人民检察院会同区法院、区公安局、区司法局出台《关于使用执法办案中心进行危险驾驶案件48小时速裁办理的机制实施细则(试行)》,以公安执法办案管理中心平台为连接点,挂牌设置派驻检察室、速裁办公室,建立危险驾驶案件48小时速裁办理机制。

二是构建轻微刑事案件办理“快车道”,依法保障被告人诉讼权利,案件办理全程提速不降质。对事实简单、清楚,证据类型化、易收集,定性无争议的案件,如危险驾驶案件,应当密切侦、诉、审衔接配合,构建案件快速流转办理机制,有效提升办案效率。莆田市适用48小时速裁办理机制处理危险驾驶案件,平均用时仅42小时,极大地节约了诉讼资源,减少了诉讼参与人的诉累。同时,坚持提速不降低质量,在公安执法办案管理中心设立值班律师工作站,依法保障犯罪嫌疑人在被抓获后24小时内获得法律帮助,值班律师可以就案件处理依法向司法机关提出意见,确保犯罪嫌疑人、被告人认罪认罚的自愿性、合法性和真实性,确保速裁案件兼顾实体公正和程序公正。

■ 法条链接

《刑事诉讼法》第188、214、222条。

■ 参考文献

1.《刑事诉讼法学》编写组:《刑事诉讼法》,高等教育出版社2020年版。

2.李少平主编:《最高人民法院关于适用〈中华人民共和国刑事诉讼法〉的解释理解与适用》,人民法院出版社2021年版。

3.叶青主编:《刑事诉讼法学》(第4版),上海人民出版社、北京大学出版社2020年版。

4.于同志:《深化以审判为中心的刑事诉讼制度改革》,载《中国应用法学》2023年第3期。

5.张泽涛:《“以审判为中心”的内涵及其制度完善》,载《法学》2016年第11期。

第十六章　第二审程序

第一节　第二审程序概述

1 第二审程序的特征和功能

【案例 16－1－01】王某故意杀人案[1]

1990 年 6 月 14 日上午，王某（时年 17 岁）从上海市青浦某职校逃学后，独自至上海青浦某住家欲翻找游戏机，女主人卓某发现后大声呼救，至厨房拿菜刀自卫，王某上前捂卓某的嘴，扭打拉扯至卫生间内，王某为阻止卓某叫喊，用右手手臂勒住卓某颈部直至死亡。其间，王某夺刀时左手臂被砍伤。王某清理现场并携菜刀欲离开，听到房内婴儿哭声，怕引起邻居注意，对啼哭的 3 个月大婴儿顾某加害后，将其藏匿于大衣柜内后逃离。卓某、顾某分别系机械性窒息、颅脑损伤而死亡。

1990 年 6 月警方已确定王某为嫌疑人，且签发刑事拘留证和通缉令。2018 年 3 月 21 日，王某在安徽省宁国市被抓获。

上海市第二中级人民法院经审理认为，王某的行为已构成故意杀人罪，依法应予处罚。王某犯罪时未满 18 周岁，按 1979 年《刑法》对王某可判处死刑，缓期 2 年执行。现对其予以追究，依法按照刑法从旧兼从轻原则，应当适用现行刑法规定。同时，综合考虑王某犯罪事实、情节以及社会危害程度，到案后具有坦白情节等，依法应从轻处罚。虽王某在逃，于 2018 年 3 月 21 日到案，已过 20 年，但本案依法不受追诉期限的限制，故王某依法应当承担刑事责任，并于 2019 年 10 月 3 日以故意杀人罪，被判处无期徒刑，剥夺政治权利终身。

判决后，王某提出上诉，认为（1）自己系防卫过当，（2）对顾某无加害故意和行为，（3）其犯罪时系未成年，应从轻减轻判处。上海市高级人民法院依法

---

〔1〕 上海市第二中级人民法院刑事判决书，（2018）沪 02 刑初 127 号。

组成合议庭审理此案，驳回上诉，维持原判，并告知此裁定为终审裁定。

■ 法理与法律适用评析

第二审程序，又称上诉审程序，指刑事案件一审裁判法院的上一级法院依据有上诉权主体的上诉或者检察机关的抗诉，对一审裁判进行审理时所遵循的步骤、规则和方法。根据两审终审制原则，第一审裁判作出后，如果法定期限内，没有合法上诉、抗诉，期限届满后，第一审裁判即发生法律效力。我国刑事诉讼第二审程序，具有终局性、被动性、全面性三个特征。

第二审程序是对第一审程序的监督和制约，是保障一审程序审判质量的重要途径，在刑事案件进入执行程序之前，为检察机关和有关当事人提供具有全面监督性质的审理程序。

关于上诉审程序的功能属性，国际上有两种认识：其一，复审说。第二审程序应当是第一审程序的重复过程，实质上是第二次“一审”，只不过是法院审级不同而已。其二，事后审查说。上诉审法院应针对一审未生效裁判在认定事实和适用法律上是否存在错误进行审查。多数国家采事后审查说，采复审说较少，但无论是何种功能属性，其程序一般均落实在未生效裁判的司法救济方面。

我国刑事诉讼实行两审终审的审级制度，同一个案件，经过两级法院的审理和判决后，即告终结。第二审程序不同于复审制，也不是完全的事后审查制。基于刑事诉讼强调的公正优先、兼顾效率原则以及追求实体公正的基本价值取向，其功能属性是对第一审人民法院未生效裁判全面审查，并在此基础上作出裁判。该程序具有一定的审判监督性质，监督的对象并不受原起诉和一审范围的限制。

正是基于上述功能属性，我国设定刑事第二审程序的任务是通过审理上诉、抗诉案件，对第一审人民法院的判决或裁定之认定事实、适用法律，以及诉讼程序是否正确、合法，进行全面审查，依法维护正确的判决或裁定，纠正错误的判决或裁定，促使犯罪人认罪服法，保障无罪的人不受刑事追究，从而保障刑法和刑事诉讼法的正确实施。

根据《刑事诉讼法》的规定，中级人民法院受理判处无期徒刑以上的刑事案件。本案中，王某17岁时故意杀死两人，其行为发生在1990年，按1979年《刑法》对其可判处死刑，缓期2年执行；现予追究，判处无期徒刑，已给予从轻处罚。当然，被告人有上诉权利。二审法院经审理，驳回上诉，维持原判。

Ⅱ 第二审程序的特有原则

【案例16-1-02】薛某、李某非法经营案[1]

2020年1月至8月，薛某、李某在未取得危险化学品经营许可证的情况下，共同销售压缩封装的一氧化二氮气体（俗称"笑气"）。其间，薛某负责提供用于销售的微信号及进货和销售渠道等，李某负责登录相关微信号向他人销售及配送等，非法经营额约人民币50万元。2020年8月起，薛某伙同他人，以同样手法销售一氧化二氮气体，非法经营额约30万元；查获待售的一氧化二氮气体，价值约16万元。李某于2020年8月起，单独销售上述气体，非法经营额约30万元。

2021年1月19日，李某经公安人员电话联系后至指定地点接受调查。李某到案后，基本如实供述上述事实。

薛某、李某因涉嫌非法经营一氧化二氮气体分别于2020年10月18日、23日被江苏淮安警方传唤，后均被取保候审。薛某退赔违法所得5万元。

一审法院认为，薛某、李某的行为均已构成非法经营罪，依法应予处罚。在共同犯罪中，薛某系主犯，李某系从犯，且李某自首，法院以非法经营罪，判处薛某有期徒刑6年，罚金人民币20万元；判处李某有期徒刑3年6个月，罚金人民币15万元；追缴违法所得，连同退缴的违法所得和查获的一氧化二氮气体、犯罪工具，予以没收。薛某提出上诉，李某未上诉。

二审法院经审理认为，一审法院根据上诉人薛某、原审被告人李某犯罪的事实、性质、情节和对于社会的危害程度所作的判决，并无不当，且审判程序合法。李某于2020年10月23日被警方取保候审，其在取保候审期间，经上海警方电话联系后至指定地点接受调查，系履行其取保候审的义务，不应认定其为自首，但基于上诉不加刑原则，且原审量刑不属于畸轻，对李某刑期不再予以调整。薛某的上诉理由不成立。依照《刑事诉讼法》第236条第1款第1项、第237条第1款及《刑诉法解释》第401条第1款第1项之规定，裁定如下：驳回上诉，维持原判。该裁定为终审裁定。

■ 法理与法律适用评析

刑事二审程序是整个刑事诉讼中的重要一环，但又是相对独立的阶段，除

---

〔1〕 上海市第二中级人民法院刑事裁定书，(2021)沪02刑终1283号。

刑事诉讼的基本原则外,还有刑事二审程序的特有原则:保障上诉权原则、全面审查原则、上诉不加刑原则。

一、保障上诉权原则

《刑事诉讼法》第 14 条第 1 款规定,人民法院、人民检察院和公安机关应当保障犯罪嫌疑人、被告人和其他诉讼参与人依法享有的辩护权和其他诉讼权利。此较之 1996 年《刑事诉讼法》,强调对犯罪嫌疑人、被告人和其他诉讼参与人诉讼权利的保障。上诉权,指当事人及其法定代理人等不服第一审刑事判决、裁定,申请上一级人民法院对案件重新审判的权利。当事人及其法定代理人等享有上诉权,不得以任何借口加以剥夺。这是保障上诉权原则在刑事诉讼中的体现。

保障上诉权原则,指参加刑事诉讼的司法机关和司法人员有责任和义务为当事人和有关诉讼参与人依法行使上诉权提供保障。其核心是对上诉自由的保障,即上诉权人有权决定是否在法定的期限内行使权利,并不因其行使上诉权而遭受于己不利的后果。具体而言:首先,严格遵守法律作出的禁止性规定,不能以任何借口剥夺和限制当事人,尤其是被告人的上诉权。其次,实施积极行为,提供帮助,以使上诉权人能够正常行使上诉权。如人民法院须将载有上诉权相关规定的一审判决书送达有关上诉权人,向相关人员解释上诉权人范围和上诉形式,向被告方上诉权人解释上诉不加刑原则的规定及含义。最后,依法制止侵犯上诉权的行为,排除障碍。如及时排除他人非法干涉,消除外界不良压力;人民检察院对于严重侵害上诉权的案件依法提出抗诉等。

二、全面审查原则

考察各国上诉审程序,其特征表现在上诉审的范围是否受上诉请求的限制,通常有全面审理与部分审理两种模式。全面审理一般不受上诉范围的限制,二审对上诉案件全面审查,德国即采用这种模式。

部分审理仅限于对当事人在上诉状或复审申请书声明不服的部分进行审理,日本系采用这一模式的代表。部分审理还有法律审与事实审的区别。在一些实行三审终审制的国家,原审为事实审,上诉审则为法律审,这是由于这些国家陪审团与专职法官审判职责的分工以及原审和上级法院在设置陪审制方面的不同规定所致,即上诉法院通常不考虑证据方面问题,只对初审法院适用法律方面错误与否重审。无论大陆法系还是英美法系,目前大多数国家采用部分审理模式。这是刑事诉讼不告不理、一事不再理、辩论原则等在上诉审程序中的体现。

《刑事诉讼法》第222条规定,第二审人民法院应当就第一审判决认定的事实和适用法律进行全面审查,不受上诉或者抗诉范围的限制。共同犯罪的案件只有部分被告人上诉的,应当对全案进行审查,一并处理。由此,我国实行全面审查原则,包括:(1)审理范围不受上诉、抗诉内容的限制。第二审人民法院不仅要对上诉、抗诉部分审查,对未上诉、抗诉部分也要审查。(2)既是事实审,又是法律审,既要审查一审裁判认定事实是否清楚,也要审查证据是否确实、充分,还要审查实体法和程序法的适用是否准确;对案件外的事实通过调查取证而予以查清。当事人可在上诉后提出新的事实和证据,第二审人民法院将查证属实的新证据作为定案的根据并作出裁判。(3)在共同犯罪案件中,只有部分被告人上诉,或者检察机关就部分被告人的判决抗诉,第二审人民法院应当全案审查一并处理。(4)对于附带民事诉讼上诉案件,应当全案审查,不仅审查附带民事部分,还应审查刑事部分,并借此正确界定相关的民事责任。

根据学界通说,全面审查原则是第二审程序的重要特征,其设立的根据包括:首先,体现实事求是、有错必纠的指导思想,是唯物辩证法的普遍联系原理在二审程序中的运用;其次,体现人民法院对人民、对法律负责的精神;最后,有助于第二审人民法院对下级人民法院的审判监督。可见,全面审查原则体现追求裁判实体结果真实、准确的价值取向,表明第二审程序的设计具有能动的司法倾向,诉讼侧重于维护国家和社会的公共利益。

三、上诉不加刑原则

上诉不加刑原则,最早确立于1808年《法国刑事诉讼法典》,它是从"禁止不利变更原则"引申出来的。1877年《德意志刑事诉讼法典》吸收这一原则,明确规定:"被告一方对判决不服提出上诉时,新的判决不得处以比原判决更重的刑罚。"英美法系国家采用这一原则较晚,1968年《英国刑事上诉法》颁布时才确定。目前,大多数国家的刑事诉讼法都确认上诉不加刑原则。

上诉不加刑在各国刑事诉讼法上有多种不同表述,德国称为"禁止加重刑罚",日本谓之为"禁止变更为不利"。[1] 尽管表述不尽相同,但基本内容和法律要求相似。目前,各国刑事诉讼法对上诉不加刑原则的适用范围:(1)由被告人独立提起,或者其法定代理人、辩护人提起,或者检察官为被告人利益提起的上诉案件,适用上诉不加刑原则。(2)实行两审终审制的第二审,实行三审终审制的第二审、第三审适用上诉不加刑原则。(3)对未上诉的

---

〔1〕 参见陈林林:《论上诉不加刑》,载《法学研究》1998年第4期。

共同被告人,适用上诉不加刑原则。

各国在执行这一原则时的表现:(1)对被告人可以增加不属于刑罚性质的其他措施。(2)在不加重原判刑罚的情况下,对被告人可以改变罪名,适用刑罚较重的罪名。(3)部分案件不适用上诉不加刑原则,如英国对治安法院审判的案件。

《刑事诉讼法》第237条规定,第二审人民法院审理被告人或者他的法定代理人、辩护人、近亲属上诉的案件,不得加重被告人的刑罚。第二审人民法院发回原审人民法院重新审判的案件,除有新的犯罪事实,人民检察院补充起诉的以外,原审人民法院也不得加重被告人的刑罚。人民检察院提出抗诉或者自诉人提出上诉的,不受前款规定的限制。这是上诉不加刑原则在我国刑事诉讼法上的原则性规定。

根据刑事诉讼法规定及相关司法解释,在运用上诉不加刑原则时应注意:(1)人民检察院提出抗诉或者自诉人提出上诉的案件,不适用上诉不加刑原则。(2)共同犯罪案件,只有部分被告人上诉的,对其他被告人不得加重刑罚;若检察机关只对部分被告人提出抗诉的,对其他同案被告人不得加重刑罚。(3)对被告人实行数罪并罚的,既不得加重决定执行的刑罚,也不能在维持原判决的决定执行刑罚情况下,加重数罪中的某一罪或者几个罪的刑罚。(4)对被告人判处拘役或者有期徒刑宣告缓刑的,不得撤销原判决的缓刑或者延长缓刑考验期;没有宣告职业禁止、禁止令的,不得增加宣告;已宣告的,不得增加内容、期限;没有限制减刑、决定终身监禁的,不得增加限制和决定。(5)对事实清楚、证据充分,但判决的刑罚畸轻的案件,不得以事实不清或者证据不足发回原审人民法院重新审理。必须依法改判的,应当依照审判监督程序重新审理。

本案是一起共同犯罪案件。其一,一审判决后,薛某提出上诉,引起第二审程序。其二,二审诉讼时贯彻全面审查原则,不但审理薛某的上诉请求,同时,也对未上诉的李某涉案事实进行审查,并作出裁判。经审理发现,一审认定李某自首有误,李某从而丧失一个法定从轻情节。其三,二审程序依据上诉不加刑原则,即使撤销自首认定,按司法解释规定,也不再加重刑罚。这是保障上诉权原则、全面审查原则、上诉不加刑原则在共同犯罪案件中的适用。

第二节　第二审程序的提起

Ⅰ 第二审程序提起的形式

【案例 16-2-01】刘某强奸提请抗诉案[1]

刘某与汪某(2005年出生)父亲系连襟关系。2017年1月15日晚,汪父酒后将刘某留宿在家,汪父醉酒熟睡在沙发上,刘某与汪某睡一张床。当晚,刘某趁汪某熟睡之机将其奸淫。同月19日,汪父等人在刘某承认上述事实后,将刘某看管并报警。

一审法院以强奸罪,判处刘某有期徒刑6年。

判决后,被害人近亲属以一审时未依法告知被害人及其法定代理人有权委托诉讼代理人或申请法律援助,未将案件进展情况、处理结果及时告知等,剥夺了未成年被害人及其法定代理人在刑事诉讼中的各项权利,以严重违反法定诉讼程序为由,提请检察机关抗诉。上海市静安区人民检察院依照《刑事诉讼法》第229条的规定,审查并认为提请抗诉的理由成立,依法提出抗诉。

上海市人民检察院第二分院认为,静安区检察机关抗诉意见正确,应予支持。

■ 法理与法律适用评析

《刑事诉讼法》规定,提起第二审程序的形式有上诉和抗诉。上诉,指有上诉权的主体,在第一审刑事判决、裁定宣告后的法定期限内,申请上一级审判机关重新审理案件的诉讼活动。抗诉,指人民检察院对人民法院的判决、裁定认为确有错误,提出要求人民法院重新审理的诉讼行为。刑事诉讼中的抗诉,分为第二审程序抗诉和审判监督程序抗诉。本章仅指第二审程序的抗诉。

上诉主体又称上诉权人,即依法享有上诉权的人。《刑事诉讼法》第227条第1、2款规定,被告人、自诉人和他们的法定代理人,不服地方各级人民法院第一审的判决、裁定,有权用书状或者口头向上一级人民法院上诉。被告人的辩护人和近亲属,经被告人同意,可以提出上诉。附带民事诉讼的当事人和

---

〔1〕 上海市第二中级人民法院刑事裁定书,(2017)沪02刑终781号。

他们的法定代理人,可以对地方各级人民法院第一审的判决、裁定中的附带民事诉讼部分,提出上诉。上诉主体分为:独立的和非独立的上诉主体。

一方面,独立上诉主体指有权独立提出上诉的主体,包括被告人、自诉人、附带民事诉讼的当事人及其法定代理人。

被告人作为刑事诉讼的主体之一,是被追究刑事责任的对象,整个刑事诉讼都是围绕其进行的。是否有罪,有罪时应受何种刑罚处罚,构成刑事裁判的实质内容,案件的诉讼过程和审判结果与其切身利益息息相关。由于被告人在刑事诉讼中的特殊地位,法律着重强调保护其上诉权。《刑事诉讼法》第227条第3款规定,对被告人的上诉权,不得以任何借口加以剥夺。

法定代理人是为无行为能力或限制行为能力人代为行使诉讼权利的人。《刑事诉讼法》第108条第3项规定,法定代理人是指被代理人的父母、养父母、监护人和负有保护责任的机关、团体的代表。在刑事诉讼中,无刑事责任能力的精神病人和12周岁以下的未成年人,即使行为造成的危害达到犯罪程度,也不能被列为被告人。所以,法定代理人是为未成年人以及在刑事诉讼中已丧失或限制诉讼行为能力的人代为诉讼。法定代理人不是当事人,但其居于当事人的保护人地位,法律确认法定代理人的意思表示与当事人一致,其诉讼行为与当事人的行为具有同等法律效力。被告人具有独立上诉权。

自诉人、附带民事诉讼原告、被告及其法定代理人亦具有独立的上诉权。其中,附带民事诉讼的原告和被告,仅就一审裁判的附带民事部分提出上诉。当事人因未成年、患精神病成为无行为能力或限制行为能力的人,其法定代理人代为诉讼,独立行使上诉权。

另一方面,非独立上诉权主体,指附条件才能行使上诉权的人,包括辩护人和被告人近亲属,需要经过被告人同意,是代替被告人行使上诉权的人。《刑事诉讼法》第108条第6项规定,近亲属是指夫、妻、父、母、子、女、同胞兄弟姊妹。征得同意后,非独立上诉权主体可代为行使上诉权。实践中,对辩护人或者近亲属上诉的,人民法院应允许他们与被告人会面,征求意见;被告人坚持不上诉的,不能提出上诉。辩护人或近亲属坚持上诉的,只能待第一审判决生效后作为申诉人申诉。

《刑事诉讼法》第227条规定的上诉权主体,不包括公诉案件的被害人。被害人不服一审判决时,可以通过请求人民检察院提出抗诉,以此救济权益。

被害人的上诉权是一个有争议的问题。虽然我国刑事诉讼法规定被害人是当事人之一,且裁判结果也与其利益息息相关,但是,法律没有赋予被害人提出上诉的权利,只赋予被害人向人民检察院申请抗诉的权利。[1] 近年来,随着国际范围内对被害人权利保障意识的不断加强,一些国家赋予被害人相对的上诉权,即被害人可以向行使控诉权的机关申诉,请求检控机关提出上诉,除请求显属无理外,检控官应提出上诉,但上诉人仍然是检察官。如《意大利刑事诉讼法典》第 572 条规定,被害人包括未设立为民事当事人的被害人,可要求公诉人提出任何刑事效力的上诉。另一些国家规定,公诉案件被害人有独立的上诉权。如《俄罗斯刑事诉讼法》第 325 条第 1 款规定,公诉案件的受害人及法定代理人有权对刑事判决依诉讼程序提出上诉。

我国学界对于被害人的上诉权问题,有两种观点。“否定说”认为:(1)赋予被害人直接上诉权会改变诉讼结构,被害人作为控方参加诉讼在形式上使案件由公诉转为自诉。[2] (2)赋予被害人独立上诉权,上诉不加刑原则会受到一定限制。(3)被害人因感情因素等易滥用上诉权,会降低诉讼效率,增加诉讼成本,也可能会使被告人不敢上诉,不利于法院上下级之间的审判监督。“肯定说”认为:(1)赋予被害人上诉权有利于被害人合法权利的维护,也有利于弥补检察机关工作的不足。[3] (2)赋予被害人上诉权不违背上诉不加刑原则,也不限制被告人的上诉权。我国立法上,没有规定公诉案件被害人享有独立的上诉权。

《刑事诉讼法》第 229 条规定,被害人及其法定代理人不服地方各级人民法院第一审的判决的,自收到判决书后 5 日以内,有权请求人民检察院提出抗诉。人民检察院自收到被害人及其法定代理人的请求后 5 日以内,应当作出是否抗诉的决定并且答复请求人。可见,被害人申请抗诉时,如提不出充足的理由,检察机关一般不会抗诉,这与域外检控机关对被害人申诉除明显无理外,一般均应提出上诉的规定相比,显得较为保守。

抗诉主体,世界上多数国家规定检察机关可以对原审法院的裁判基于一定的理由提出抗诉,但检察机关作为抗诉主体不是绝对的,往往受到某种限制。英美法系国家基于“一事不再理”原则,对起诉方抗诉限制很严。如美国总体而言检察官没有抗诉权,只有个别州赋予检察官抗诉权,其认为,允许检察官抗诉,特别是对无罪判决提出抗诉,无疑是违反宪法规定的“一事不再

---

〔1〕 参见万毅、林喜芬编著:《刑事诉讼法》,清华大学出版社 2010 年版,第 392 页。

〔2〕 参见刘根菊:《关于公诉案件被害人权利保障问题》,载《法学研究》1997 年第 2 期。

〔3〕 参见黄太云:《刑事诉讼制度的重大改革——刑事诉讼法修改的几个重大问题述要》,载《中国法学》1996 年第 2 期。

理”原则的。[1] 大陆法系国家的刑事诉讼一般允许起诉方提出抗诉，对之限制较少。

在我国，检察机关作为抗诉主体，可以通过二审抗诉启动第二审程序，但这一抗诉主体具有不完全独立性。《刑事诉讼法》规定，地方各级人民检察院对同级人民法院第一审判决、裁定，应当通过原审人民法院提出抗诉，并应将抗诉书抄送上一级人民检察院；上级人民检察院如果认为抗诉不当，可以向同级人民法院撤回抗诉，并通知下级人民检察院；上级人民检察院如果认为抗诉有理，予以支持。抗诉主体的这一特性，是由我国检察机关实行上下级领导体制决定的，客观上，对抗诉的准确性起着保障作用。

本案中，作为被害人的法定代理人虽不能提出上诉，也不能抗诉，但法律赋予其提请抗诉权。最高人民法院、最高人民检察院、公安部、司法部《关于依法惩治性侵害未成年人犯罪的意见》第 17 条规定：人民法院确定性侵害未成年人犯罪案件开庭日期后，应当将开庭的时间、地点通知未成年被害人及其法定代理人。未成年被害人的法定代理人可以陪同或者代表未成年被害人参加法庭审理，陈述意见，法定代理人是性侵害犯罪被告人的除外。上述意见从诉讼程序上进一步确立法定代理人的法律地位，所以，同级人民检察院经审查，抗诉理由成立的，依法提出抗诉。

Ⅱ 提起二审程序的期限、理由

【案例 16－2－02】罗某忠抢劫抗诉案[2]

2010 年 12 月 16 日，罗某兵结伙孟某，经预谋后纠集罗某忠、郭某伟等人，携带砍刀、口罩等，于次日凌晨至上海某汽配厂门卫室，采用持刀威胁、捆绑等方法，劫得杨某、谢某、郭某现金人民币 400 余元、苹果手机及索尼笔记本电脑各一部，价值 11,360 元。罗某兵、孟某、罗某忠、郭某伟先后被抓获。孟某有立功表现。

检察机关认为，罗某兵、孟某结伙罗某忠、郭某伟的行为均构成抢劫罪。孟某、罗某忠构成累犯，依法应从重处罚。孟某有立功表现，依法可从轻处罚。法院以抢劫罪，分别判处罗某兵、孟某、罗某忠、郭某伟相应的刑罚。其中：罗某忠被判处有期徒刑 5 年 6 个月，罚金人民币 5000 元；追缴违法所得，发还被

〔1〕 参见王以真主编：《外国刑事诉讼法学》，北京大学出版社 1994 年版，第 263 页。
〔2〕 上海市第二中级人民法院刑事裁定书，（2011）沪二中少刑终字第 34 号。

害人。

检察机关抗诉认为，原审认定罗某忠具有累犯情节，系适用法律错误导致量刑不当。上级检察机关支持抗诉。

二审法院认为，《中华人民共和国刑法修正案（八）》（以下简称《刑法修正案（八）》）规定未成年人犯罪不成立累犯，该修正案自2011年5月1日起施行。本案由公诉机关于2011年4月8日提起公诉，认定罗某忠构成累犯。最高人民法院《关于〈中华人民共和国刑法修正案（八）〉时间效力问题的解释》规定，被判处有期徒刑以上刑罚，刑罚执行完毕或者赦免以后，在2011年4月30日以前再犯应当判处有期徒刑以上刑罚之罪的，是否构成累犯，适用修正前刑法第65条的规定；但是，前罪实施时不满18周岁的，是否构成累犯，适用修正后刑法第65条的规定。原判决对罗某忠认定为累犯属适用法律错误，应予纠正。检察机关的抗诉意见正确，依法应予支持。

二审法院对罗某忠依法改判有期徒刑4年6个月，罚金人民币5000元；对其他当事人均维持原判。

■ 法理与法律适用评析

上诉、抗诉的期限，是上诉或抗诉主体行使上诉、抗诉权利的法定期限。《刑事诉讼法》第230条规定，不服判决的上诉和抗诉的期限为10日，不服裁定的上诉和抗诉的期限为5日，从接到判决书、裁定书的第二日起算。上诉或抗诉主体在这个法定期限内，可以行使、放弃、撤回其上诉、抗诉的权利，同时，一审裁判并不发生既判力和执行力。

如果不上诉或抗诉，一旦期限届满，一审裁判即发生法律效力，被判处无期徒刑以下的刑事案件，即交付执行机关执行。对附带民事判决或裁定的上诉期限，应当按刑事部分的上诉期限确定。附带民事部分是另行审判的，上诉期限按照民事诉讼法的规定执行。

上诉、抗诉期限是法定期间，事关上诉主体的诉讼权利和刑事诉讼的效率，构成刑事诉讼程序的重要内容。当事人和人民检察院的上诉或抗诉应当在法定期限内进行。《刑事诉讼法》第106条规定，当事人由于不能抗拒的原因或者有其他正当理由而耽误期限的，在障碍消除后5日以内，可以申请继续进行应当在期满以前完成的诉讼活动。前款申请是否准许，由人民法院裁定。这是关于期限耽误的特殊规定。

上诉理由，指上诉权人提出上诉的事实和法律依据。为了切实保障当事人的上诉权,各国对上诉理由并无严格的限制;但由于有些国家在第二审程序中实行部分审查原则,上诉理由往往决定了法院上诉审内容的范围。如果没有写明上诉理由,一般认为对全案裁判内容不服。如《德国刑事诉讼法典》第318条规定,对上告可以限制在一定的上告事项上。没有给予限制或根本没有说明理由时,视原判决的全部内容被要求撤销、变更。也有一些国家把是否写明上诉理由作为上诉的法定条件之一。如日本控诉审,是对原判决是否适当进行审查的审查审,故申请人的控诉理由必须主张原判决有瑕疵。[1]

我国第二审程序的启动,法律没有规定上诉的法定理由。只要当事人不服一审裁判,在法定期限内提出,人民法院不得以无上诉理由拒绝启动二审程序。

抗诉理由,指人民检察院提出抗诉的根据。抗诉是检察机关代表国家提出的,应当具有一定的合理性,以体现检察机关执法的严肃性。《刑事诉讼法》第228条规定,抗诉必须是人民检察院认为本级人民法院的第一审判决或裁定"确有错误"。根据《人民检察院刑事诉讼规则》的规定,"确有错误"指以下几种情形:(1)认定的事实确有错误或者据以定罪量刑的证据不确实、不充分的。(2)有确实、充分证据证明有罪判无罪,或者无罪判有罪的。(3)重罪轻判,轻罪重判,适用刑罚明显不当的。(4)认定罪名不正确,一罪判数罪、数罪判一罪,影响量刑或者造成严重社会影响的。(5)免除刑事处罚或者适用缓刑、禁止令、限制减刑等错误的。(6)人民法院在审理过程中严重违反法律规定的诉讼程序的。

上述案例就是适例。罗某忠犯罪时未满18周岁,其所涉案件被提起公诉是在2011年4月。《刑法修正案(八)》规定未成年人犯罪不成立累犯,按司法解释关于修正案时间效力的规定,原判认定罗某忠累犯确有错误。故而,检察机关以原判对罗某忠认定累犯抢劫,适用法律错误,导致量刑不当为由提出的抗诉意见正确,该案得以改判。

Ⅲ 提起第二审程序的途径和方式

【案例16-2-03】黄某盗窃案[2]

黄某系一商店员工,张某系黄某的徒弟。1997年黄某在盘点货物时多次

---

〔1〕 参见王以真主编:《外国刑事诉讼法学》,北京大学出版社1994年版,第399页。

〔2〕 参见叶青主编:《案例刑事诉讼法学》,中国法制出版社2013年版,第377页。

发现短少货款，共计3000余元。黄某怀疑是张某所为，后张某再一次行窃时被发现。黄某考虑到自己和商店的荣誉以及张某的前途，在张某交出货款并保证不再盗窃的情况下，没有报案。1998年张某又一次盗窃营业款时被查获。检察院对黄某以包庇罪提起公诉。法院审理认为黄某的行为已构成包庇罪，对其判处拘役6个月。

上诉期内，黄某父亲在征得黄某同意后，向某市中级人民法院提出口头上诉，中级人民法院告知其应当通过原审人民法院提出上诉。黄父又向一审法院提出口头上诉，但法院告知其应当提交上诉状，否则不予受理，黄父请人写了上诉状递交法院时，法院又以上诉期满为由不予受理。

■ 法理与法律适用评析

上诉的途径。权利人既可以向原审法院提出，也可以直接向二审法院提出。《刑事诉讼法》第231条规定，被告人、自诉人、附带民事诉讼的原告人和被告人通过原审人民法院提出上诉的，原审人民法院应当在3日以内将上诉状连同案卷、证据移送上一级人民法院，同时将上诉状副本送交同级人民检察院和对方当事人。被告人、自诉人、附带民事诉讼的原告人和被告人直接向第二审人民法院提出上诉的，第二审人民法院应当在3日以内将上诉状交原审人民法院送交同级人民检察院和对方当事人。

抗诉的途径。《刑事诉讼法》第232条第1款规定，地方各级人民检察院对同级人民法院第一审判决、裁定的抗诉，应当通过原审人民法院提出抗诉书，并且将抗诉书抄送上一级人民检察院。原审人民法院应当将抗诉书连同案卷、证据移送上一级人民法院，并且将抗诉书副本送交当事人。

上诉、抗诉的方式。为了维护上诉审的严肃性，各国立法多采取书面上诉、抗诉，但从保护当事人上诉权角度出发，一般也允许口头提出上诉。法律规定，上诉人有权用书面或口头方式提出上诉；而抗诉只能制作抗诉书。

无论向第一审人民法院还是向第二审人民法院提出上诉，法院都不应以任何理由推诿、拒绝。上述案例中，第二审人民法院以上诉应当通过一审法院提出为由不予受理，一审法院以没有上诉状为由拒绝受理口头上诉，均是错误的，应予纠正。被告人及其近亲属可以一审法院违法导致上诉期满为由，向法院申请继续行使期满以前应当完成的诉讼活动，人民法院依法应当允许。

Ⅳ 上诉、抗诉的效力

【案例16-2-04】罗某、戴某、卢某等诈骗案[1]

2008年12月至2009年1月，罗某、戴某、卢某经预谋，伙同张某等人购买诈赌工具后在上海市嘉定区某地设立赌场，通过派李某等人充当"枪手"角色，制造正常赌博假象，并采用遥控骰子控制赌局的诈赌方式，多次唆使他人或诱骗被害人前往赌场参赌，从而使被害人输钱后，误以为欠下赌债被骗钱财（俗称"杀猪"）。其中：罗某、戴某、卢某参与诈骗人民币33万元，其中未遂11万元；李某参与诈骗7.75万元，其中未遂2.5万元；张某参与诈骗未遂8.5万元。

案发后，罗某家属主动代罗某退赃人民币119,500元。已由警方发还被害人。

一审法院认为，罗某、戴某、卢某、李某、张某的行为构成诈骗罪，依法应予处罚。其中，罗某、戴某、卢某、李某诈骗数额巨大，部分已着手的诈骗行为，只是由于意志以外原因而未获取财物，系未遂，情节严重，且系主犯；张某参与诈骗，亦属未遂，情节严重，且系从犯，依法应从轻处罚。前述部分犯罪属未遂，可比照既遂犯从轻处罚。卢某、张某犯罪时以及李某部分犯罪时系未成年，依法应对卢某、李某减轻处罚，对张某从轻处罚。卢某、李某有自首情节，依法可减轻处罚。罗某、张某有立功表现，依法可从轻处罚。罗某、戴某、张某自愿认罪及罗某家属能代为退赔全部赃款，可酌情从轻处罚。卢某、李某、张某有较好的认罪、悔罪态度，张某在取保候审期间能遵守有关监管规定，经法院落实监管措施，可对卢某、李某、张某适用缓刑。依照《刑法》和最高人民法院《关于处理自首和立功具体应用法律若干问题的解释》相关规定，分别以诈骗罪：判处罗某有期徒刑3年6个月，罚金3500元；判处戴某有期徒刑5年，罚金5000元；判处卢某有期徒刑2年，缓刑2年，罚金1000元；判处张某有期徒刑1年，缓刑1年，罚金500元；判处李某拘役4个月，缓刑4个月，罚金500元。扣押的500元发还被害人，犯罪工具予以没收。

检察机关审查后认为，该判决认定被告人罗某、戴某、卢某诈骗犯罪数额巨大，三人又诈骗未遂，情节严重，张某诈骗未遂，情节严重，对四人适用相应法条予以从轻、减轻判处存在错误，导致量刑不当，提出抗诉。

---

[1] 上海市第二中级人民法院刑事裁定书，(2009)沪二中少刑终字第26号。

二审中，上海市人民检察院第二分院经审查认为抗诉不当。根据《刑事诉讼法》的规定，决定撤回抗诉。二审法院裁定准许撤回抗诉，一审判决自裁定送达之日起发生法律效力。

■ 法理与法律适用评析

上诉、抗诉的效力内容。上诉、抗诉作为一种诉讼法律行为，必然产生诉讼上的拘束力，其效力内容包括：(1)阻却第一审裁判既判力的发生。上诉、抗诉的发生，会阻却第一审裁判的生效，但不能阻却第一审裁判所有效力。事实上，一审裁判一经作出，即具有形式上或程序上的法律约束力，任何人，包括第一审人民法院都不能任意将其撤销或变更。《刑事诉讼法》第260条规定，第一审人民法院判决被告人无罪、免除刑事处罚的，如果被告人在押，在宣判后应当立即释放。(2)审级管辖的转移。上诉、抗诉一旦被提出，管辖便转移到上一级人民法院。原审人民法院必须将案件、证据材料等全部移送给上级人民法院。

上诉、抗诉的效力范围。基于全面审查原则，上诉、抗诉的效力范围应是原裁判的全部，不仅限于上诉、抗诉的理由或者请求的范围。如果仅对第一审判决附带民事部分提出上诉，这种效力仍及于刑事部分，反之，仅对刑事部分上诉，其效力仍及于附带民事部分。

上诉、抗诉的撤回。撤回上诉和抗诉，是行使上诉权和抗诉权的一种形式。上诉、抗诉期届满前，上诉权人或检察机关可以撤回上诉或抗诉。即使撤回后又要求上诉、抗诉的，只要期限未届满，应当允许。但超过期限再要求撤诉的，是否准许，由人民法院审查后裁定。

本案中，一审法院结合全案的事实、证据及各个被告人对社会的危害程度，作出判决。检察机关以量刑不当提出抗诉，上级检察机关认为抗诉不当，予以撤回。根据司法解释的规定，上级检察机关认为抗诉不当，向二审法院要求撤回的，二审法院可以裁定准许，但认为原判存在将无罪判为有罪、轻罪重判等情形的，应当不予准许，继续审理。二审法院经审理裁定，准许撤回抗诉，一审判决自裁定送达之日起发生法律效力。

第三节 第二审程序的审理

1 二审程序的审理方式

审理方式,是指人民法院审理案件时所采用的方法和形式。[1]第二审程序包括开庭审理、不开庭审理两种方式。

开庭审理,是指人民法院在合议庭的主持下和检察人员、诉讼参与人的参加下,依照法定程序和方式在法庭上对案件进行审理。开庭审理最能体现刑事审判公平、公开、公正的价值追求。《刑事诉讼法》第234条第1款规定,第二审人民法院对于下列案件,应当组成合议庭,开庭审理:(1)被告人、自诉人及其法定代理人对第一审认定的事实、证据提出异议,可能影响定罪量刑的上诉案件;(2)被告人被判处死刑的上诉案件;(3)人民检察院抗诉的案件;(4)其他应当开庭审理的案件。人民法院审理上诉、抗诉案件,由审判员3人或者5人组成合议庭进行。可见,直接审理是第二审程序审理方式的基本原则。

不开庭审理方式适用于事实清楚的上诉案件。《刑事诉讼法》第234条第2款规定,第二审人民法院决定不开庭审理的,应当讯问被告人,听取其他当事人、辩护人、诉讼代理人的意见。第二审人民法院的合议庭经过阅卷、调查、讯问,认为事实清楚,证据确实、充分,可以决定不开庭审理,但应遵循以下程序:(1)合议庭成员共同阅卷,并制作阅卷笔录。(2)讯问被告人,听取其供述和辩解以及对一审裁判的意见。共同犯罪案件,对没有上诉的被告人也应当讯问。(3)听取其他当事人、辩护人、诉讼代理人意见。(4)合议庭评议和宣判。合议庭认定的事实没有变化,证据确实的,可以作出相应的处理决定,并予公开宣判。[2] 因此,可以看出我国第二审程序采用开庭审理是原则,不开庭审理是例外。第二审人民法院开庭审理上诉、抗诉案件,可以到案件发生地或者原审人民法院所在地进行。

---

〔1〕 宋英辉主编:《刑事诉讼法学》,北京师范大学出版社2010年版,第347页。

〔2〕 张军、陈卫东主编:《新刑事诉讼法教程》,人民法院出版社2012年版,第321、323页。

Ⅱ 第二审程序中各方的诉讼地位

【案例16-3-01】苏某介绍卖淫案[1]

苏某于2017年4月租借上海市静安区某地居住，于同年7月至9月多次介绍他人至酒店、公寓等处向嫖客卖淫，收取人民币8000余元。

2017年9月28日，苏某在其暂住地被抓获。

一审法院认为，苏某的行为已构成介绍卖淫罪，依法应予处罚。法院以介绍卖淫罪，判处苏某：有期徒刑1年，罚金人民币10,000元；责令退赔违法所得，予以没收。

上诉人苏某上诉否认一审判决认定的事实与罪名。辩护人提出非法证据排除，并认为一审判决认定事实和适用法律错误，苏某不构成犯罪，建议改判苏某无罪。检察机关建议对苏某驳回上诉，维持原判。

二审期间，辩护人提出非法证据排除申请，二审法院依法召集由上诉人苏某、辩护人、检察员参加的庭前会议，对一审法院采纳的相关证据进行合法性审查。辩护人提出鉴定人员无相应鉴定资质，上诉人的微信支付流水电子信息，均呈现为开放性的记事本形式，无法证明合法来源，且存在重大瑕疵。

经庭前会议审查，一审庭审中公诉人提供鉴定人员资质证书，官方网站上也可查询到其鉴定资质，该鉴定程序合法，鉴定过程及方法符合法律规定，应予采信。另查明，侦查机关依法向腾讯公司出具调取证据通知书，调取相关微信支付信息的程序合法，腾讯公司提供的微信支付信息光碟写入的数据为只读文件，不可更改，故辩护人提出其可自由增删、数据来源不合法的意见，没有事实依据，不予采信。

二审法院认为，苏某的行为已构成介绍卖淫罪，依法应予处罚，原判认定事实清楚，证据确实、充分，定罪准确，量刑适当，诉讼程序合法。综上，依照《刑事诉讼法》第236条第1款第1项的规定，裁定驳回上诉，维持原判。本裁定为终审裁定。

■ 法理与法律适用评析

由于我国第二审在审理方式和审理范围上和第一审基本一致，且根本目的都是查清案件事实，明确被告人的刑事责任，所以第二审程序中各方诉讼权利和

---

〔1〕 上海市第二中级人民法院刑事裁定书，(2018)沪02刑终1189号。

地位与第一审程序区别不大,其诉讼结构仍然要坚持控辩平等、审判中立的基本格局。不过,人民检察院和被告人在第二审程序中的地位仍有一些特殊性。

一、第二审法庭审理中的人民检察院

根据《刑事诉讼法》第235条的规定,人民检察院提出抗诉的案件或者第二审人民法院开庭审理的公诉案件,同级人民检察院都应当派员出席法庭。第二审程序中,人民检察院有出庭与不出庭两种情况,在不派员出庭的案件中,检察机关仍是法律监督者,因此,人民检察院可以要求阅卷并提出书面意见,人民法院也可以要求人民检察院阅卷并提出书面意见,以更好地发挥人民检察院的法律监督职能。

在人民检察院应当派员出庭的案件中,检察机关的法律地位具有双重性,从其出庭履行职能分析,其既是公诉职能,又是法律监督职能的主体,侧重点应在法律监督上。检察人员第二审出庭的任务:(1)支持抗诉或者听取上诉意见,对原审人民法院作出的错误判决或者裁定提出纠正意见。(2)维护原审人民法院正确的判决或者裁定,建议法庭维持原判。(3)维护诉讼参与人的合法权利。(4)对法庭审理案件有无违反法律规定的诉讼程序情况在笔录中记明。(5)依法从事其他诉讼活动。

二、第二审程序中的被告人

在二审程序中,被告人可能同时拥有多种身份,即上诉人、被抗诉人(原审被告人)、附带民事诉讼被上诉人等,其基本权利与第一审程序相同,但是,在不存在检察机关抗诉的情况下,作为上诉人的被告人还享有上诉不加刑原则的保护。

本案中,上诉人苏某否认判决认定的犯罪事实,在二审阶段委托了辩护人;辩护人亦作无罪辩护,并申请非法证据排除。二审法院依据刑事诉讼法关于第二审程序除已有规定外,可比照第一审程序的规定,召集上诉人及其辩护人、检察员进行庭前会议,就辩护人提出的问题一一审查,然后开庭审理。前述庭前会议内容不再进行法庭调查,在合议庭评议时一并讨论,再依法作出终审裁定。

Ⅲ 二审程序的审理对象和范围

【案例16-3-02】王某盗窃案[1]

2019年1月初,王某某(已判决)发现在某银行App生活频道腾讯视频

[1] 上海市第二中级人民法院刑事判决书,(2020)沪02刑终932号。

VIP 充值栏目所属商城中,使用抓包软件可利用已充值成功的订单,不支付对价而将其他腾讯账号充值为腾讯视频 VIP 账号。王某应王某某要求,利用其提供的数据信息、陈某(已判决)提供的他人银行账户制作可盗充腾讯视频 VIP 的自动充值软件。2019 年 1 月 10 日至 22 日,王某和王某某分别使用该软件将陈某和付某提供的腾讯账号盗充为腾讯视频 VIP 账号。至案发,某信息技术(上海)股份有限公司被盗充腾讯视频 VIP 月卡 5386 份、季卡 7200 份,共计价值人民币 348,933.6 元。王某获利 12,414 元。2019 年 9 月 6 日王某被抓获。

一审法院认为,王某的行为已构成盗窃罪,依法应予处罚。共同犯罪中,王某系从犯,依法应减轻处罚。王某在年满 18 周岁前开始实施犯罪行为,依法应适当从轻处罚。法院以盗窃罪,判处王某有期徒刑 5 年 3 个月,罚金人民币 10,000 元;赃款依法予以追缴,发还被害单位,不足部分责令退赔;犯罪工具依法没收。

王某提出上诉。

二审诉讼中,根据侦查机关提取的王某某与陈某于 2019 年 1 月 15 日的 QQ 聊天记录,当陈某向王某某提出继续盗充腾讯视频 VIP 卡时,王某某明确拒绝。对于上述材料,原公诉机关和一审法院均未作调查核实。二审检察机关在审查时发现上述情况。

二审审理中,法庭依照《刑诉法解释》有关庭外补充调查的规定,会同检察人员对王某某、陈某两人视频提讯后确认:(1)王某某、陈某、王某曾同处于某 QQ 聊天群,但在群内未谈及盗充腾讯视频 VIP 卡的事,线下亦未见面交流过;(2)2019 年 1 月 15 日当陈某向王某某提出继续盗充腾讯视频 VIP 卡时,王某某明确予以拒绝;(3)2019年 1 月 15 日以后,陈某个人盗充腾讯视频 VIP 卡的事实,与王某某、王某没有关联。上述 QQ 聊天记录以及两份提讯笔录在二审庭审前依法送达辩护人。

二审庭审中,上述证据分别经过庭审质证,上诉人、辩护人均无异议。辩护人认为,陈某在 2019 年 1 月 15 日以后的犯罪金额与王某及王某某均无关,应将这部分金额从王某的涉罪金额中扣除后再定罪量刑。检察机关认为,二审法庭调查阶段出示的证据材料,证明王某没参与 2019 年 1 月 15 日以后的盗窃,一审判决认定王某参与 2019 年 1 月 18 日至 22 日陈某盗窃 98,031.6 元,应当不予认定。

二审法院认为,一审判决认定的王某伙同王某某、陈某于 2019 年 1 月 18 日至 22 日,以同样手法继续盗充 VIP 季卡 1878 份,共计 98,031.6 元,没有证据证实,依法不予确认。法院认为,上诉人王某的行为构成盗窃罪,依法应予处罚。一审判决认定事实不清,适用法律错误,量刑不当,依法予以纠正。法院依照《刑事诉讼法》第 236 条第 1 款第 3 项和《刑法》相关规定,撤销原判刑期及附加刑;以盗窃罪,改判王某有期徒刑 1 年 10 个月,罚金人民币 5000 元;犯罪工具依法没收,赃款依法追缴。本判决为终审判决。

■ 法理与法律适用评析

一、第二审程序的审理对象

第二审程序的审理对象,指第二审人民法院在诉讼参与人的参加下,依照法定程序进行诉讼活动所指向的目标。刑事诉讼的最终目标是依法解决被告人的刑事责任问题,但由于各个诉讼阶段的性质、任务不同,所以诉讼对象也不同。第二审程序的审理对象是第一审人民法院未生效的判决、裁定。

明确第二审程序的审理对象,可以避免使上诉、抗诉案件的审理成为第一审程序的简单重复;应当重视第二审程序特有的审判监督职能和对被告人的权利保障职能,重视在审判组织、上诉不加刑、全面审查、充分保障被告人上诉权等问题上的一系列规定。

二、第二审程序的审理范围

第二审程序实行全面审查的原则,其审理范围可以概括为全案审查。根据刑事诉讼法及司法解释的规定,全案审查体现在:(1)从案件的性质看,审理附带民事诉讼的上诉案件,应当对包括刑事部分在内的事实全案审查。(2)从诉讼主体看,共同犯罪案件,只有部分被告人上诉的,或者人民检察院只对部分被告人的判决提出抗诉的,要对全案审查;另外若上诉的被告人死亡,其他被告人未上诉的,仍应对全案审查。(3)从审查的内容看,既要审查第一审裁判认定的事实是否清楚、证据是否充分,又要审查其适用的法律是否正确,其中包括实体法和程序法的适用。(4)从诉讼请求看,既要审查上诉、抗诉理由和根据,又要审查未被上诉、抗诉而涉及第一审裁判的其他内容。(5)从证据审查看,可以对案件外的事实调查,当事人也可以在上诉后提出新的事实和证据,二审法庭应将查证属实的新证据作为定案根据并作出裁判。

本案是共同犯罪,各被告人应分别到案而分案处理。即使分案处理,亦需厘清各当事人的责任。该案一审法院判决后,王某依法上诉,并委托辩护人。二审法院与检察机关贯彻全面审查的原则,发现部分共同犯罪事实责任不清,遂依法比照第一审程序关于庭外调查的规定,在庭外对涉案已在服刑的王某某、陈某提讯,将形成的材料送达王某的辩护人,并经过法庭质证,作出如上改判。

Ⅳ 二审程序审理的特殊环节和审理期限

一、二审程序审理的特殊环节

在刑事诉讼法的规定中,第一审程序是最全面、最完整的程序,是整个刑事诉讼审判程序的基础。其他审理程序没有规定的,都应参照第一审程序的规定。《刑事诉讼法》第 242 条规定,第二审人民法院审判上诉或者抗诉案件的程序,除本章已有规定的以外,参照第一审程序的规定进行。第二审程序审理应与第一审程序基本相同,但在具体操作过程中,还应注意以下几个方面。

1. 对上诉、抗诉的审查。首先,要审查上诉、抗诉是否在法定期限内,抗诉理由是否符合法律的规定等。其次,审查第一审人民法院移送的上诉、抗诉案卷、证据,包括移送上诉、抗诉案件函,上诉状或者抗诉书,第一审判决书或裁定书 8 份(每增加 1 名被告人增加 1 份),及其电子文本全部案件材料和证据。如果前述材料齐备,第二审人民法院应当收案;材料不齐备的,应当通知第一审人民法院及时补充。

2. 法庭调查和法庭辩论。根据《刑诉法解释》第 398 条和第 399 条的规定,对于开庭审理的上诉、抗诉案件,在法庭调查阶段,审判人员宣读第一审判决书、裁定书后,上诉案件由上诉人或者辩护人先宣读上诉状或者陈述上诉理由,抗诉案件由检察员先宣读抗诉书;既有上诉又有抗诉的案件,先由检察员宣读抗诉书,再由上诉人或者辩护人宣读上诉状或者陈述上诉理由。在二审中出庭的检察人员和辩护人需要出示、宣读、播放一审中已移交人民法院的证据的,可以申请法庭出示、宣读、播放。法庭调查的重点要针对上诉或抗诉的理由,全面查清事实,核实证据。具体而言,可以围绕对一审判决、裁定有争议的问题或者疑问的部分进行。根据案件情况,可以按照下列方式审理:(1)宣读第一审判决书,可以只宣读案由、主要事实、证据名称和判决主文等。(2)法庭调查应当重点围绕对第一审判决提出异议的事实、证据以及新的证据等进行;对没有异议的事实、证据和情节,可以直接确认。(3)对同案审理案件中未上诉的被告人,未被申请出庭或者人民法院认为没有必要到庭的,可以不再传唤到庭。(4)被告人犯有数罪的案件,对其中事实清楚且无异议的犯罪,可以不在庭审时审理。同案审理的案件,未提出上诉、人民检察院也未对其判决提出抗诉的被告人要求出庭的,应当准许。出庭的被告人可以参加法庭调查和辩论。

在法庭辩论阶段，上诉案件，先由上诉人、辩护人发言，后由检察员、诉讼代理人发言；抗诉案件，先由检察员、诉讼代理人发言，后由被告人、辩护人发言；既有上诉又有抗诉的案件，先由检察员、诉讼代理人发言，后由上诉人、辩护人发言。

二、二审法院办理上诉、抗诉案件的期限

《刑事诉讼法》第243条规定，第二审人民法院受理上诉、抗诉案件，应当在2个月以内审结。对于可能判处死刑的案件或者附带民事诉讼的案件，以及有《刑事诉讼法》第158条规定情形之一的，经省、自治区、直辖市高级人民法院批准或者决定，可以延长2个月；因特殊情况还需要延长的，报请最高人民法院批准。最高人民法院受理上诉、抗诉案件的审理期限，由最高人民法院决定。

二审案件的审理期限，应当从收到下级人民法院依照《刑事诉讼法》第231条或者第232条的规定移送的案件材料之日起计算，终止于二审审判的宣告之日。实践中，以二审法院受理案件时起算。对于第二审人民法院发回原审人民法院重新审判的案件，审理期限根据《刑事诉讼法》第241条的规定，原审人民法院从收到发回的案件之日起，重新计算审理期限。审理期限仍然按照刑事诉讼法关于一审案件审理期限的规定执行。

第四节　第二审程序的裁判

Ⅰ 第二审裁判的种类和运用

【案例16-4-01】万某强奸、猥亵儿童案〔1〕

一审法院认定：2019年7月某日，万某明知被害人严某、张某系幼女，分别在上海市青浦区其住处，以手摸生殖器的方式猥亵。2020年1月6日14时许，万某在上述住处先后对张某以手摸生殖器、用生殖器插入被害人肛门的方式猥亵。

一审法院认为，万某的行为已构成猥亵儿童罪，依法应从重处罚。万某如实供述，依法应从轻处罚。法院以猥亵儿童罪，判处万某有期徒刑3年6个月。

被告人万某不服，提出上诉。

二审法院依法全案审查事实和证据，发现：(1)猥亵儿童事实不清。对于

〔1〕　上海市第二中级人民法院刑事裁定书，(2021)沪02刑终1136号。

原判认定万某“用生殖器插入被害人肛门进行猥亵”一节事实，经查，除万某的口供外，无其他任何证据印证上述事实。(2)遗漏重要事实未予起诉。经查，张某被侵害后，第一时间告诉父母，而后报警，故报案正常。女孩在母亲陪同下作陈述，警方全程录音录像，取证程序合规。警方开具验伤通知做检查，具体验伤及鉴定可予佐证。同时，万某因涉嫌强奸犯罪被刑事拘留，因涉嫌猥亵儿童犯罪被逮捕，问题在于该案批捕时片面注重被告人口供，没有坚持证据裁判原则，故一审判决遗漏万某对张某强奸事实，应当在重审时由公诉机关补充事实和证据，予以补充起诉。(3)本案的程序问题。一审审判时，只为万某指定法律援助律师，而忽视了对未成年被害人及其家属的知情权、参与诉讼的权利的保护。

二审法院依法发回重审。公诉机关补充强奸事实后，法院对万某以强奸罪，判处有期徒刑7年；以猥亵儿童罪，判处有期徒刑2年，决定执行有期徒刑8年6个月。万某再次上诉，二审法院经依法审理，驳回上诉，维持原判。

■ 法理与法律适用评析

第二审人民法院的终审裁判一般可以分为驳回上诉和撤销原判决的裁判。前者又分为程序性驳回和实体性驳回。程序性驳回适用于不符合法定条件的上诉；实体性驳回适用于经过审理后认为上诉无理由，原判认定事实、适用法律正确的上诉。撤销原判决的裁判，表现为两种形态：一种是变更，适用于上诉审法院审理终结后，认为上诉理由成立，原判认定事实或适用法律错误的案件，直接改判；另一种是发回重审，适用于上诉审法院发现原判事实不清、证据不充分或原审违反诉讼程序的案件，将其发回重审。

第二审法院还可以采用审理中止裁定或者终局性裁定，解决某些特殊的诉讼问题，以中止或终结第二审程序。

《刑事诉讼法》第236、238条和第239条规定，第二审人民法院对上诉或者抗诉案件的处理有以下方式。

1. 维持原判

第二审人民法院经审理认为，原判决认定事实和适用法律正确、量刑适当的，应当裁定驳回上诉或者抗诉，维持原判。维持原判用裁定形式，应着重写明驳回上诉、抗诉的理由及维持原判的根据。另外，如果原审判决书在叙述犯罪事实、情节上不够准确或者文字有错误，即使不影响原判决的正确性，也应在裁定中更正，以确保生效裁判的严肃性。

2. 变更原判

改判是指第二审人民法院经审理直接作出改变第一审判决内容的裁判。属于改判的情形:其一,原判决适用法律有错误;其二,原判决量刑不当;其三,原判决事实不清或者证据不足,二审查清事实也可以直接改判。实践中,直接改判的主要是次要的事实不清或证据不足,且是第二审人民法院能够自行查证的案件。

改判要用判决形式,应着重写明原判适用法律错误或量刑不当之处,以及应当适用的法律或判处的刑罚。如原判事实不清或证据不足,应当指出不清、不足之处,并根据查证属实的事实和证据直接改判。另外,对于人民检察院抗诉的案件,高级人民法院以上的第二审人民法院审查后,认为应当判处被告人死刑的,应按照《刑事诉讼法》第 236 条的规定直接改判,而不是以管辖错误发回重审。

3. 裁定撤销原判,发回重审

根据《刑事诉讼法》的规定,第二审人民法院撤销原判,发回原审重审的情形有两种:其一,原判决事实不清或证据不足;其二,一审诉讼过程中违反法律规定的诉讼程序。

违反法律规定的诉讼程序是指:(1)违反《刑事诉讼法》有关公开审判的规定的;(2)违反回避制度的;(3)剥夺或者限制了当事人的法定诉讼权利,可能影响公正审判的;(4)审判组织的组成不合法的;(5)其他违反法律规定的诉讼程序,可能影响公正审判的。

"撤销原判,发回重审"适用裁定形式,并应着重写明违反的诉讼程序及其构成的影响,或写明撤销原判的理由及其发回重审的依据。依据《刑事诉讼法》第 239 条的规定,原审人民法院对于发回重新审判的案件,应当另行组成合议庭,依照第一审程序进行审判。重新审判后作出的判决仍为第一审判决,依照《刑事诉讼法》第 227、228、229 条的规定,当事人可以上诉,人民检察院也可以抗诉,按第二审程序审理。第二审人民法院的判决、裁定和最高人民法院的判决、裁定,都是终审判决、裁定。依据《刑事诉讼法》第 236 条第 2 款的规定,发回重审以一次为限。对于原审人民法院重新审判并作出判决的案件,被告人提出上诉或者人民检察院提出抗诉的,第二审人民法院应当依法判决或者裁定,不得再发回重新审判。这样规定,旨在保障审判程序的规范性,强化对当事人上诉权的尊重和保护,提高审判程序运行效力。

本案是一起性侵犯儿童案件,涉及被告人拒不供认情况下,如何认定被害人证言的问题。二审程序全案审查,发现被害人的陈述来源正常,取证程序合法,指证事实有相关证据印证,并形成证据链条,被告人供述纯属抵赖,故判定原审认定事实不清,撤销原判,发回重审。检察机关依照《刑事诉讼法》第237条相关规定,补充起诉并不受"不得加重刑罚"的限制。

Ⅱ 对附带民事诉讼以及自诉案件上诉的处理和裁判

在第二审程序中,对附带民事诉讼和自诉的处理除上述三种方式之外,还可以适用调解、和解或者撤诉对案件进行处理。

对于附带民事诉讼案件的处理,要注重刑事部分和民事部分之间的协调。在"民事就刑事"原则下,第二审人民法院审理刑事附带民事上诉案件应注意:(1)若发现刑事及附带民事部分均有错误,应当一并改判。(2)若审理中发现已发生法律效力的刑事部分确有错误需改判,应对刑事部分按照审判监督程序指令再审,并将附带民事部分发回,与刑事案件一并审理。应当移送监狱执行的被告人是第二审附带民事诉讼被告人的,在第二审附带民事诉讼案件审结前,可暂缓送监执行。(3)若审理中发现已经生效附带民事部分确有错误需改判,只对附带民事部分按照审判监督程序纠正。此外,第二审期间,原审民事原告人增加独立的诉讼请求或者第一审附带民事诉讼被告人提出反诉的,第二审人民法院可以根据自愿、合法的原则进行调解,调解不成的,告知当事人另行起诉。

对于自诉案件的处理,除第二审程序的一般规定外,还可以调解、和解、反诉等方法处理。

Ⅲ 第二审裁判的效力

【案例16-4-02】朱某强迫卖淫(强奸证据不足,罪名不成立)案[1]

2004年8月,丁某起意从河南省诱骗女子来沪卖淫,从中牟利。后丁某在公交车上搭识谢某(女,15岁),胁迫谢某并将其带至上海市。当晚,丁某提出让谢某至发廊卖淫遭到拒绝,指使李某及朱某帮助威吓,李某帮助丁某拍摄谢某的裸照,以此要挟。丁某、李某先后对谢某强奸。后朱某帮助寻找卖淫发廊,并于李某为丁某看管谢某时,对谢某强奸,李某也对谢某强奸。之后数月内,丁某以裸照等相威胁,强迫谢某至该地发廊、足浴房等处卖淫,获利数千元人民币,朱某未获利。

---

〔1〕 上海市第二中级人民法院刑事判决书,(2020)沪02刑终148号。

2005年2月27日，谢某报警，当晚丁某、李某被抓获，均已被判刑。警方对朱某刑事拘留并追逃。朱某于2018年6月6日在江苏省苏州市被抓获，到案后如实供述强迫卖淫事实，不供认强奸事实。

一审法院认为，朱某的行为已分别构成强迫卖淫罪、强奸罪，应从重处罚。朱某系从犯，应减轻处罚，到案后如实供述强迫卖淫事实，可从轻处罚。法院以强迫卖淫罪，判处朱某有期徒刑4年6个月，罚金人民币3000元；以强奸罪，判处朱某有期徒刑5年6个月，剥夺政治权利1年；决定执行有期徒刑9年6个月，剥夺政治权利1年，罚金人民币3000元。

朱某对判决认定其犯强迫卖淫罪无异议，不认可犯有强奸罪。

二审经审理查明朱某强迫卖淫事实及证据与原判相同。二审庭审后，检察机关对被害人谢某的陈述再复核，笔录提交法庭质证。

二审法院认为：首先，一审判决认定朱某强奸的案发经过不正常。被害人最初两份陈述并没有指证朱某强奸；在第三次陈述前，警方讯问李某时，李某提及与朱某看管过程中，朱某强奸谢某。警方找被害人复核，直截了当询问，询问方式不当。其次，被害人陈述缺乏对被强奸过程及细节描述，仅以只言片语略过整个过程。最后一份笔录距审判间隔15年之久，同样缺乏对被强奸事实的整体叙述，且与之前所作的陈述存在矛盾。最后，李某供述并非其亲眼所见，而称朱某说要进房间强奸，其等候在门外。朱某所谓的强奸行为源自李某说法，而李某这一说法并非其亲眼所见。所以，认定朱某强奸行为的多份陈述相互矛盾，证据链条脱节，无法印证。综上，一审认定朱某强奸行为的证据局限于上述两份言词证据，证据之间缺乏内在的联系，无法共同证明同一待证事实，且不能合理排除矛盾，不能作为定案依据。

二审法院认为，一审认定朱某犯强迫卖淫罪的事实清楚，证据确实、充分，但认定其犯强奸罪的证据不足，依法不予确认。依照《刑事诉讼法》第236条第1款第3项及《刑法》的规定，撤销一审刑事判决，以强迫卖淫罪，改判上诉人朱某有期徒刑4年6个月，罚金人民币3000元。

■ 法理与法律适用评析

我国实行两审终审制，第二审判决和裁定为终审判决和裁定。这意味着原审全部终结，人民法院作为国家的审判机关对案件的评价已结束，其作出的判决和裁定具有权威性、强制性，除法律规定的特殊情况外，不得再对此案作出重复评价或是重复审理。具体而言，终局裁判在实体上具有执行力，当事人均要受到判决的约束,不得再就同一事实再行起诉;作为享有审判权的人民法院亦须尊重以国家名义作出的判断,不得就同一事实再行审理。这是既判力原则中一案不二诉和一事不再理的要求。第二审判决、裁定因其具体内容和作出方式不同,其产生的相应法律效力也有区别。

1. 驳回上诉、抗诉,维持原判,是刑事第二审裁判的标准形式。其效力体现在:一是终结此案件的普通程序;二是第一审裁判和第二审裁判立即生效,判决、裁定应当交付执行。这种裁判具有完全既判力和执行力。

2. 撤销原判、直接改判的法律效力:一是终结此案件的第二审诉讼程序,乃至整个普通程序;二是第一审判决或裁定有错误而予以撤销;三是第二审人民法院对于此案的实体问题作出新的终审判决。这种判决、裁定同样具有完全的既判力和执行力。

3. 撤销原判、发回重审的效力有其特殊性。首先,撤销原审判决、裁定的效力溯及第一审判决、裁定的全部内容;其次,发回重审的效力使案件回到第一审诉讼之初;最后,撤销原判、发回重审虽然是终审裁定,但它只是终结该案的第二审诉讼阶段,而没有终结整个案件的普通诉讼程序。这种裁判是没有既判力的,且执行力是不完全的。

此案是经年累月遗留的案件,强迫卖淫犯罪中的强奸行为在《中华人民共和国刑法修正案(九)》(以下简称《刑法修正案(九)》)后,单独评价,然后与强迫卖淫罪实行数罪并罚。二审诉讼中发现,案件焦点在于被害人陈述前后不一,在被告人不作供述的情况下,如何判断言词证据的真伪。即使检方在第一次庭审中继续补充,但对上诉人强奸行为的认定无法达到证据确实、充分,故二审法院依法不予认定,并作出改判。上述案件的改判具有法律效力,具体而言,终局裁判在实体上具有执行力,依法应予执行;而在程序上,终局裁判具有“既判力”。

第五节　对扣押、冻结在案财物的处理

【案例 16-5-01】黄某非法集资案〔1〕

2010 年以来,被告人黄某以非法占有为目的,在未经有关部门依法批准

〔1〕 河南省安阳市中级人民法院刑事判决书,(2014)安中刑一初字第 20 号。

的情况下，以安阳市隆骐置业有限公司的名义，以投资开发房地产为由，以高额利息、返点为诱饵，向不特定社会公众非法集资，涉及13,185人次，实收金额人民币681,716,840元，实际诈骗金额531,040,390元。

资产追缴情况：黄某购买安阳东区的土地款5300万元和洹上名门门面房预付款2000万元被追回，用于兑付安阳集资群众本金；扣押的豫AUF667奔驰轿车、豫E11356海马轿车、隆骐置业办公用品已处置拍卖，拍卖款交于北关区处置办公室隆骐专案账户；上述款项用于兑付安阳报案集资户本金的12%，共计6746.76万元，目前专案账户剩余资金579.8821万元。

相关涉案资产的鉴定、评估意见：(1)对滑县中澳双语学校资产评估价值为73,213,577.68元。(2)对郑州市升龙凤凰城A区7层701至709房屋评估价值为25,571,610元。(3)对郑州市永和铂爵写字楼1203号、1204号房屋评估价值为13,559,990元。(4)对三门峡海洋新天域32号楼0101、0201号房屋评估价值为5,445,849元。(5)对三门峡中泰公司售楼部资产评估价值为1,591,596元。(6)对扣押的黑龙江安达市牛都名苑小区34套房屋评估价值为5,916,421元。(7)对三门峡鹏泰国际花园小区项目评估，参考价值为180,157,100元。(8)对安阳市文峰区甜水井办事处北门东马道房屋评估价值为344,400元。

一审法院认为，被告人黄某以非法占有为目的，隐瞒集资款的真实用途，以高额利息为诱饵，骗取集资款79,853万元，实际集资诈骗52,993.6619万元，数额特别巨大，其行为已构成集资诈骗罪。黄某集资诈骗给国家和人民利益造成了特别重大损失，应予严惩。黄某能自动归案，如实供述主要犯罪事实，属自首，应予以从轻处罚。法院以集资诈骗罪，判处被告人黄某死刑，缓期2年执行，剥夺政治权利终身，没收个人全部财产。公安机关扣押在案的被告人黄某的涉案资产滑县中澳双语学校、郑州市升龙凤凰城A区7层701号至709号房屋、郑州市永和铂爵写字楼1203号、1204号房屋、三门峡海洋新天域32号楼0101号和0201号房屋、三门峡中泰公司售楼部资产、黑龙江省安达市牛都名苑小区34套房屋、三门峡鹏泰国际花园小区项目资产、安阳市文峰区甜水井办事处北门东马道房屋，依法处置后返还被害人，其余非法所得继续予以追缴。

■ 法理与法律适用评析

一、妥善保管被查封、扣押、冻结的财物

1. 人民法院对查封、扣押、冻结的涉案财物及其孳息，应当妥善保管，并制

作清单，附卷备查；对人民检察院随案移送的实物，应当根据清单核查后妥善保管。任何单位和个人不得挪用或者自行处理。查封不动产、车辆、船舶、航空器等财物，应当扣押其权利证书，经拍照或者录像后原地封存，或者交持有人、被告人的近亲属保管，登记并写明财物的名称、型号、权属、地址等详细信息，并通知有关财物的登记、管理部门办理查封登记手续。扣押物品，应当登记并写明物品名称、型号、规格、数量、重量、质量、成色、纯度、颜色、新旧程度、缺损特征和来源等。扣押货币、有价证券，应当登记并写明货币、有价证券的名称、数额、面额等，货币应当存入银行专门账户，并登记银行存款凭证的名称、内容。扣押文物、金银、珠宝、名贵字画等贵重物品以及违禁品，应当拍照，需要鉴定的，应当及时鉴定。对扣押的物品应当根据有关规定及时估价。冻结存款、汇款、债券、股票、基金份额等财产，应当登记并写明编号、种类、面值、张数、金额等。

2. 审判期间，对不宜长期保存、易贬值或市场价格波动大的财产，或者有效期即将届满的票据等，经权利人申请或同意，并经院长批准，可以依法先行处置，所得款项由人民法院保管。涉案财物先行处置应当依法、公开、公平。

二、妥善处理作为证据使用的实物

1. 对作为证据使用的实物，应当随案移送。第一审判决、裁定宣告后，被告人上诉或者人民检察院抗诉的，第一审人民法院应当将上述证据移送第二审人民法院。

2. 对实物未随案移送的，应当根据情况，分别审查以下内容：(1)大宗的、不便搬运的物品，是否随案移送查封、扣押清单，并附原物照片和封存手续，注明存放地点等。(2)易腐烂、霉变和不易保管的物品，查封、扣押机关变卖处理后，是否随案移送原物照片、清单、变价处理的凭证(复印件)等。(3)枪支弹药、剧毒物品、易燃易爆物品以及其他违禁品、危险物品，查封、扣押机关根据有关规定处理后，是否随案移送原物照片和清单等。上述未随案移送的实物，应当依法鉴定、估价的，还应当审查是否附有鉴定、估价意见。对查封、扣押的货币、有价证券等，未移送的，应当审查是否附有原物照片、清单或者其他证明文件。

三、调查被查封、扣押、冻结的财物

法庭审理过程中，对查封、扣押、冻结的财物及其孳息，应当调查其权属、来源等情况，是否属于违法所得或者依法应当追缴的其他涉案财物。案外人对查封、扣押、冻结的财物及其孳息提出权属异议的，人民法院应当审查并依法处理。

1. 经审查，不能确认查封、扣押、冻结的财物及其孳息属于违法所得或者依法应当追缴的其他涉案财物的，不得没收。

2. 经审查，确属违法所得或者依法应当追缴的其他涉案财物的，应当判决返还被害人，或者没收上缴国库，但法律另有规定的除外。(1)对被害人的合法财产，权属明确的，应当依法及时返还，但须经拍照、鉴定、估价，并在案卷中注明返还的理由，将原物照片、清单和被害人的领取手续附卷备查；权属不明的，应当在人民法院判决、裁定生效后，按比例返还被害人，但已获退赔的部分应予扣除。查封、扣押、冻结的财物及其孳息，经审查，确属违法所得或者依法应当追缴的其他涉案财物的，应当判决返还被害人，或者没收上缴国库，但法律另有规定的除外。对判决时尚未追缴到案或者尚未足额退赔的违法所得，应当判决继续追缴或者责令退赔。判决返还被害人的涉案财物，应当通知被害人认领；无人认领的，应当公告通知；公告满 1 年无人认领的，应当上缴国库；上缴国库后有人认领，经查证属实的，应当申请退库予以返还；原物已经拍卖、变卖的，应当返还价款。(2)对侵犯国有财产的案件，被害单位已经终止且没有权利义务继受人，或者损失已经被核销的，查封、扣押、冻结的财物及其孳息应当上缴国库。

四、处理被查封、扣押、冻结的财物及作为证据使用的实物

被告人将依法应当追缴的涉案财物用于投资或者置业的，对因此形成的财产及其收益，应当追缴。被告人将依法应当追缴的涉案财物与其他合法财产共同用于投资或者置业的，对因此形成的财产中与涉案财物对应的份额及其收益，应当追缴。随案移送的或者人民法院查封、扣押的财物及其孳息，由第一审人民法院在判决生效后负责处理。判决追缴违法所得或责令退赔的，应当写明追缴、退赔的金额或财物的名称、数量等情况；已发还的，应在判决书中写明。涉案财物较多，不宜在判决主文中详细列明的，可以附清单。实物未随案移送，由扣押机关保管的，人民法院应当在判决生效后 10 日以内，将判决书、裁定书送达扣押机关，并告知其在 1 个月以内将执行回单送回，确因客观原因无法按时完成的，应当说明原因。对冻结的存款、汇款、债券、股票、基金份额等财产判决没收的，第一审人民法院应当在判决生效后，将判决书、裁定书送达相关金融机构和财政部门，通知相关金融机构依法上缴国库并在接到执行通知书后 15 日以内，将上缴国库的凭证、执行回单送回。查封、扣押、冻结的财物与本案无关但已列入清单的，应当由查封、扣押、冻结机关依法处理。查封、扣押、冻结的财物属于被告人合法所有的，应当在赔偿被害人损失、执行财产刑后及时返还被告人。财物未随案移送的，应当通知查封、扣押、冻结机关将赔偿被害人损失、执行财产刑的部分移送人民法院。

本案涉及大量被查封、扣押、冻结的财物，在案件审理过程中，对易贬值损耗的轿车、隆骐置业办公用品已处置拍卖，剩余资金存入专案账户，截至判决日仍查封在案；购买土地款、预付款已被追缴，用于兑付受害群众的本金；对涉案房产权属进行评估，待判决处置后返还受害人；其余非法所得继续追缴。

根据我国《刑事诉讼法》第245条以及《刑诉法解释》第437条至第450条的规定，公安机关、检察机关和审判机关对于扣押在案的财物，应当作如上处理。

第六节 在法定刑以下判处刑罚的核准程序

【案例16-6-01】许某盗窃案[1]

2006年4月21日晚10时，许某来到广州天河区黄埔大道某银行的自动柜员机取款。结果许某发现，取出人民币1000元后，银行卡账户里只被扣1元；许某随后先后取款多达171笔，合计人民币17.4万元。2006年4月24日，许某辞去其在广州的工作，携款潜逃。一年后，许某在陕西宝鸡火车站被捕归案。2007年12月，广东省广州市中级人民法院一审以盗窃罪判处许某无期徒刑，剥夺政治权利终身，没收个人全部财产。许某随后提出上诉，2008年2月案件发回重审。3月31日，广东省广州市中级人民法院依照《刑法》第63条的规定，以盗窃罪，判处许某有期徒刑5年，罚金人民币2万元。许某再度上诉，2008年5月，广东省高级人民法院二审驳回上诉，维持原判。

■ 法理与法律适用评析

《刑法》第63条规定："犯罪分子具有本法规定的减轻处罚情节的，应当在法定刑以下判处刑罚。犯罪分子虽然不具有本法规定的减轻处罚情节，但是根据案件的特殊情况，经最高人民法院核准，也可以在法定刑以下判处刑罚。"

《刑诉法解释》规定，报请最高人民法院核准在法定刑以下判处刑罚的案件，应当按照下列情形分别处理：(1)被告人未上诉、人民检察院未抗诉的，在

---

〔1〕 广东省广州市中级人民法院刑事判决书，(2008)穗中法刑二重字第2号。

上诉、抗诉期满后3日以内报请上一级人民法院复核。上级人民法院同意原判的,应当书面层报最高人民法院核准;不同意的,应当裁定发回重新审判,或者按照第二审程序提审。(2)被告人上诉或者人民检察院抗诉的,上一级人民法院维持原判,或者改判后仍在法定刑以下判处刑罚的,应当依照前项规定层报最高人民法院核准。对符合《刑法》第63条第2款规定的案件,第一审人民法院未在法定刑以下判处刑罚的,第二审人民法院可以在法定刑以下判处刑罚,并层报最高人民法院核准。

报请最高人民法院核准在法定刑以下判处刑罚的案件,应当报送判决书、报请核准的报告各5份,以及全部案卷、证据。对在法定刑以下判处刑罚的案件,最高人民法院予以核准的,应当作出核准裁定书;不予核准的,应当作出不核准裁定书,并撤销原判决、裁定,发回原审人民法院重新审判或者指定其他下级人民法院重新审判。发回第二审人民法院重新审判的案件,第二审人民法院可以直接改判;必须通过开庭查清事实、核实证据或者纠正原审程序违法的,应当开庭审理。

本案中,许某盗窃金融机构人民币,数额特别巨大,没有法定减轻处罚的情节,盗窃后携款逃匿,案发后又没有退赃。重审判决之所以对许某在法定刑以下量刑,主要是基于以下考虑:(1)许某的盗窃犯意和取款行为是在自动柜员机出现异常的情况下发生的,与有预谋、有准备的盗窃犯罪相比,主观恶性相对较小。(2)许某是利用自动柜员机出现异常,使用本人银行卡指令超出余额取款的方法窃取款项的,与采取破坏性手段盗取钱财相比,犯罪情节相对较情。根据本案具体事实、情节和对于社会的危害程度,如果依据法定量刑幅度判处其最低刑,仍不符合罪责刑相适应原则。考虑到许某案这一特殊情况,依照《刑法》第63条第2款关于犯罪分子虽然不具有刑法规定的减轻处罚情节,但是根据案件的特殊情况,经最高人民法院核准,也可以在法定刑以下判处刑罚的规定,对其在法定刑以下量刑,判处有期徒刑5年。

■ 法条链接

《刑事诉讼法》第227、228、229、230、231、232、233、234、236、237、238、239、240、241、242、243、244、245条。

■ 参考文献

1. 宋英辉主编:《刑事诉讼法学》,北京师范大学出版社2010年版。

2. 王以真主编:《外国刑事诉讼法学》,北京大学出版社 1994 年版。
3. 万毅、林喜芬编著:《刑事诉讼法》,清华大学出版社 2010 年版。
4. 刘根菊:《关于公诉案件被害人权利保障问题》,载《法学研究》1997 年第 2 期。
5. 张军、陈卫东主编:《新刑事诉讼法教程》,人民法院出版社 2012 年版。

第十七章　死刑复核程序

第一节　死刑复核程序概述

Ⅰ 死刑复核程序的概念和特征

死刑复核程序，是指人民法院对判处死刑的案件依法报请有核准权的法院进行审查核准的一种特别程序，包括对判处死刑立即执行案件和判处死刑缓期二年执行案件的核准程序。其具有以下重要特征：

1. 适用案件的特定性。死刑复核程序只能适用于作出死刑和死刑缓期执行判决、裁定的刑事案件。

2. 诉讼阶段的特殊性。死刑复核程序是在死刑或死刑缓期执行的一审或二审判决或裁定作出之后、生效并交付执行之前进行。

3. 死刑核准权的专属性。死刑和死刑缓期执行案件的核准权由法律特别规定分别赋予最高人民法院和地方高级人民法院行使。

4. 程序启动的主动性。死刑复核程序的启动不需要以起诉、上诉或抗诉为条件，有死刑或死刑缓期执行判决权，但没有相应核准权的法院都必须主动将案件逐级报请有核准权的最高人民法院或地方高级人民法院核准，否则死刑裁判就不能产生法律效力。

5. 审查期限的不确定性。基于核准案件结果的不可逆性和审查的缜密性要求，作为特别审判程序的死刑复核程序在法律上没有规定法定审理期限。

Ⅱ 死刑复核程序的性质和适用范围

一、死刑复核程序的性质

死刑复核程序是一种具有审判监督性质的特别审判程序。

一方面，死刑复核程序是一种特别审判程序。刑事诉讼法从立法层面明确死刑复核程序具有审判功能属性，同时明确该项程序在适用对象、诉讼阶段、审理主体、审理期限等方面与其他审判程序具有不同的程序特征。

另一方面，死刑复核程序是一种具有审判监督性质的特别审判程序。死刑复核程序的审判监督性质体现在它对死刑案件认定事实、适用法律进行全面审查，不受一审和二审判决裁定的限制上；同时，该项程序也是一种预防性的事前监督程序，即在死刑裁判生效前进行全面审查，以确保死刑案件的审判质量，充分体现慎用死刑的政策。

二、死刑复核程序的适用范围

我国《刑事诉讼法》第246条规定："死刑由最高人民法院核准。"同时，《刑法》第48条第2款明确规定："死刑除依法由最高人民法院判决的以外，都应当报请最高人民法院核准。死刑缓期执行的，可以由高级人民法院判决或者核准。"因此，死刑复核程序的适用范围并非所有判处死刑的刑事案件，而是没有死刑核准权的人民法院判处死刑或死刑缓期二年执行的刑事案件才需要报请有核准权的人民法院核准。

Ⅲ 死刑复核程序的任务及意义

作为我国刑事诉讼程序中的一项特别审判程序，死刑复核程序具有其特定的诉讼任务，即对报请复核的死刑裁判在认定事实和适用法律上进行全面审查，并依法核准正确的死刑裁判，纠正、变更事实认定错误或量刑不当的死刑裁判，以确保正确适用死刑，贯彻慎重适用死刑的刑事司法政策。

死刑复核程序是决定刑事被告人生与死的特别审判程序，在我国依然保留死刑的刑罚体系和司法环境中，该项程序的设立具有非常重要的意义：其一，死刑复核程序的设立有利于在刑事诉讼过程中贯彻少杀、慎杀方针，防止错杀无辜，从程序上对判处死刑的案件加设最后一道防线，使错误或不当的死刑裁判可以在生效并执行前获得纠正的机会。其二，死刑复核程序可以有效保障死刑案件和死刑缓期二年执行案件的承办质量，避免死刑适用标准把握不一的情况发生，最大限度保障死刑适用标准在全国范围内的规范和统一。

第二节　判处死刑立即执行案件的复核程序

Ⅰ 死刑的核准权

死刑核准权是死刑复核程序的核心内容，是有关人民法院对报请复核的死刑判决和裁定进行审查并决定是否核准的一种权限。我国《刑事诉讼法》

第247条规定:"中级人民法院判处死刑的第一审案件,被告人不上诉的,应当由高级人民法院复核后,报请最高人民法院核准。高级人民法院不同意判处死刑的,可以提审或者发回重新审判。高级人民法院判处死刑的第一审案件被告人不上诉的,和判处死刑的第二审案件,都应当报请最高人民法院核准。"

Ⅱ 报请复核的程序

【案例17-2-01】陈某故意杀人案〔1〕

被告人陈某与吕某(女性被害人)因情感纠纷,多次前往吕某住处进行观察。2020年2月1日19时许,陈某携水果刀,再次前往吕某住处观察,因目睹吕某与王某(男性被害人)有亲密行为,遂心生怨恨蓄意报复。陈某敲门进入吕某住处后,持刀先后捅刺王某胸腹部、背部等处10余刀,捅刺吕某颈部、胸部等处数刀,致王某、吕某当场死亡,作案后逃离现场。经鉴定,吕某和王某均系锐器致伤而亡。同年2月5日,陈某被公安机关抓获归案。

辽宁省营口市人民检察院依法以陈某犯故意杀人罪提起公诉,营口市中级人民法院于2020年9月1日作出(2020)辽08刑初19号刑事附带民事判决,认定被告人陈某犯故意杀人罪,判处死刑,剥夺政治权利终身。宣判后的法定期限内,陈某没有提出上诉,检察院也没有抗诉。辽宁省高级人民法院依法对该案进行复核审理,于2020年12月11日作出(2020)辽刑核34975455号刑事裁定,同意一审判决,并依照死刑复核程序报请最高人民法院核准。2021年7月17日最高人民法院核准辽宁省高级人民法院(2020)辽刑核34975455号同意原审以故意杀人罪判处被告人陈某死刑,剥夺政治权利终身的刑事裁定。

■ 法理与法律适用评析

中级人民法院判处死刑的第一审案件,被告人未上诉、人民检察院未抗诉的,在上诉、抗诉期满后10日以内报请高级人民法院复核。高级人民法院同意判处死刑的,应当在作出裁定后10日以内报请最高人民法院核准。

本案一审宣判后,被告人陈某未在法定期限内上诉,上诉期满后,一审法院依法报请高级人民法院复核,高级人民法院裁定同意判处死刑,并依法报请最高人民法院核准死刑。最高人民法院经复核,认定本案原审判决被告人陈

〔1〕 中华人民共和国最高人民法院陈某故意杀人死刑复核刑事裁定书。

某死刑,事实清楚,证据确实、充分,程序合法,依法核准陈某死刑。

【案例 17-2-02】龙某某强奸、非法持有枪支案[1]

被告人龙某某系湖南省某县某镇某村人,在修建其住宅时,为强奸、囚禁女性的目的,在其卧室下挖了一个不透风、不见光的密室。2019 年 2 月 13 日 15 时左右,龙某某在驾车途中看到独自站在路边等车的被害人龙某甲(女性被害人,时年 16 岁),遂产生强奸之念,诱骗龙某甲上车,并刻意安排龙某甲坐车后排,同时通过谎称自己手机没电而借用龙某甲手机,从而控制龙某甲的通信工具。龙某某开车回家后,强行将龙某甲推进密室,并使用暴力将其奸淫。之后,龙某某用铁链拴住龙某甲的颈部,并将铁链锁在墙上的铁环上。从次日起,龙某某采用语言威胁、持仿五四手枪和电击棍恐吓等手段,多次奸淫龙某甲,直至同年 3 月 9 日被民警抓获。民警从龙某某家密室中解救出龙某甲,并扣押手枪 1 支。龙某甲因外伤致双正中神经、双尺神经、双桡神经受损,构成轻伤二级。经鉴定,上述手枪为以火药为动力发射的枪支。

湘西土家族苗族自治州人民检察院以被告人龙某某犯强奸罪、非法持有枪支罪提起公诉,湖南省湘西土家族苗族自治州中级人民法院于 2020 年 3 月 5 日作出(2019)湘 31 刑初 27 号刑事附带民事判决,认定被告人龙某某:犯强奸罪,判处死刑,剥夺政治权利终身;犯非法持有枪支罪,判处有期徒刑 2 年,决定执行死刑,剥夺政治权利终身。宣判后,龙某某提出上诉。湖南省高级人民法院经依法不公开开庭审理,于 2020 年 7 月 6 日作出(2020)湘刑终 139 号刑事裁定,驳回龙某某上诉,维持原判,并依照死刑复核程序报请最高人民法院核准。2021 年 6 月 18 日最高人民法院核准湖南省高级人民法院(2020)湘刑终 139 号维持第一审对被告人龙某某以强奸罪判处死刑,剥夺政治权利终身;以非法持有枪支罪判处有期徒刑二年,决定执行死刑,剥夺政治权利终身的刑事裁定。

■ 法理与法律适用评析

中级人民法院判处死刑的第一审案件,被告人上诉或者人民检察院抗诉,高级人民法院按照二审程序对案件进行审理,裁定维持原死刑判决的,应当在作出裁定后 10 日以内报请最高人民法院核准。

---

〔1〕 中华人民共和国最高人民法院龙某某强奸死刑复核刑事裁定书。

在本案例中，一审宣判后，被告人龙某某在法定期限内上诉，经高级人民法院开庭审理后，驳回上诉，裁定维持原死刑判决，并依法报请最高人民法院核准死刑。

Ⅲ 报请复核的案件要求

1. 报请复核的死刑案件，应当一案一报。一案一报是为了确保死刑复核程序运行的及时性、严肃性。依据《刑诉法解释》第 425 条第 1 款的规定，“报请复核的死刑、死刑缓期执行案件，应当一案一报”。

2. 同案审理的案件应当报送全案案卷和证据。《刑诉法解释》第 425 条第 2 款规定：“同案审理的案件应当报送全案案卷、证据。”这样有利于确保有核准权的法院在死刑复核过程中了解全部案情，正确查明案件事实。

3. 报请复核的材料应当齐备。案件复核时报送的材料应当包括：报请复核的报告，第一审、第二审裁判文书，案件综合报告各 5 份以及全部案卷、证据。此外，《刑诉法解释》第 425 条第 3 款还规定，曾经发回重新审判的案件，原第一审、第二审案卷应当一并报送。

Ⅳ 案件的复核程序

一、复核的审判组织

《刑事诉讼法》第 249 条规定：“最高人民法院复核死刑案件，高级人民法院复核死刑缓期执行的案件，应当由审判员三人组成合议庭进行。”也就是说，死刑复核的审判组织不含人民陪审员。

二、复核的方式

我国刑事诉讼法对死刑复核的审判方式，根据审判实践，可以概括为书面阅卷与调查讯问相结合的方式。具体而言，审判人员一般通过以下方式展开死刑复核：

1. 审查复核全部案卷和证据材料。审判人员通过全面审阅案卷和证据材料，能够发现原判认定事实是否清楚，适用法律是否正确，审判程序是否合法，法律手续是否完备等，有利于就死刑案件作出正确的复核裁定。

2. 讯问被告人。依据《刑事诉讼法》第 251 条第 1 款的规定，最高人民法院复核死刑案件，应当讯问被告人。这样不仅有助于开展复核工作的人民法院全面了解案情，查明事实真相，而且有利于保障被告人的辩护权，使被告人能够当面陈述自己的辩护意见，有力维护其合法的诉讼权益。

3. 听取辩护律师的意见。依据《刑事诉讼法》第 251 条第 1 款的规定，最高人民法院复核死刑案件，辩护律师提出要求的，应当听取辩护律师的意见。据此，只要辩护律师提出要求，死刑复核机关就应当听取辩护律师的意见。辩护律师提出书面意见的，还应当附卷。

4. 审查最高人民检察院的意见。依据《刑事诉讼法》第251条第2款的规定，在复核死刑案件过程中，最高人民检察院可以向最高人民法院提出意见。《刑诉法解释》第435条也规定："死刑复核期间，最高人民检察院提出意见的，最高人民法院应当审查，并将采纳情况及理由反馈最高人民检察院。"

三、向最高人民检察院通报复核结果

根据《刑事诉讼法》第251条第2款的规定，最高人民法院应当将死刑复核结果通报最高人民检察院。这一规定旨在强化人民检察院对死刑复核程序的法律监督。

V 案件复核后的处理

【案例17-2-03】辛某勇抢劫、盗窃案〔1〕

2009年2月上旬，被告人辛某勇与同乡林某某、辛某亮（均系另案被告人，已判刑）预谋前往宜春市万载县伺机劫财。同月18日，辛某勇和辛某亮从广东省回到万载县与林某某合谋犯罪事宜。同月23日上午，辛某勇与林某某携带菜刀、手套、电击防爆枪等作案工具，至万载县陈某家伺机作案。当日下午，辛某勇、林某某闯入陈某家，被陈妻李某发现。辛某勇见状持棍连续击打李某头部，林某某扼掐李某颈部，二人合力用围裙绳勒颈并用菜刀割颈，致李某颈部大出血休克死亡。二人从李某身上和家中劫得现金、黄金饰品、玉币以及银链子等财物后逃离陈家。当晚，辛某勇、林某某、辛某亮驾驶摩托车逃往广东省。辛某勇、林某某将所劫黄金首饰变卖并平分赃款，玉币由林某某留存。2017年三四月，被告人辛某勇伙同他人在广东省广州市、佛山市等地盗窃轿车3辆、货车1辆（价值共计29,8569元）。

江西省宜春市人民检察院对被告人辛某勇犯抢劫罪、盗窃罪一案依法提起公诉，宜春市中级人民法院经审理，于2018年9月21日作出（2018）赣09刑初5号刑事判决，认定被告人辛某勇犯抢劫罪，判处死刑，剥夺政治权利终身，并处没收个人全部财产；犯盗窃罪，判处有期徒刑12年，并处罚金人民币10万元，决定执行死刑，剥夺政治权利终身，并处没收个人全部财产。宣判

〔1〕 中华人民共和国最高人民法院辛某勇抢劫、盗窃死刑复核刑事判决书。

后，辛某勇提出上诉。江西省高级人民法院经依法开庭审理，于2019年3月1日作出(2018)赣刑终293号刑事裁定，驳回上诉，维持原判，并依法报请最高人民法院核准。

最高人民法院依法组成合议庭复核后，最终判决：(1)撤销江西省高级人民法院(2018)赣刑终293号刑事裁定和宜春市中级人民法院(2018)赣09刑初5号刑事判决中对被告人辛某勇以盗窃罪判处有期徒刑12年，并处罚金人民币10万元的部分和决定执行刑罚的部分。(2)被告人辛某勇犯盗窃罪，判处有期徒刑7年，并处罚金人民币6万元。(3)核准江西省高级人民法院(2018)赣刑终293号刑事裁定维持第一审对被告人辛某勇以抢劫罪判处死刑，剥夺政治权利终身，并处没收个人全部财产的部分，与其犯盗窃罪判处有期徒刑7年，并处罚金人民币6万元的刑罚并罚，决定执行死刑，剥夺政治权利终身，并处没收个人全部财产。

■ 法理与法律适用评析

《刑事诉讼法》第250条规定："最高人民法院复核死刑案件，应当作出核准或者不核准死刑的裁定。对于不核准死刑的，最高人民法院可以发回重新审判或者予以改判。"根据《刑诉法解释》第429条的规定，最高人民法院复核死刑案件，应当根据下列情形分别作出不同处理：原判认定事实和适用法律正确、量刑适当、诉讼程序合法的，应当裁定核准；原判认定的某一具体事实或者引用的法律条款等存在瑕疵，但判处被告人死刑并无不当的，可以在纠正后作出核准死刑的判决、裁定。

最高人民法院在复核辛某勇死刑判决过程中，认为第一审判决、第二审裁定认定辛某勇抢劫和部分盗窃的事实清楚，证据确实、充分，定罪准确，量刑适当，依法予以核准确认；但对于第一审判决、第二审裁定认定辛某勇结伙盗窃被害人车辆的事实不清，证据不足，依法予以纠正并改判，改判后与核准的死刑数罪并罚，最终判决执行死刑。

Ⅵ 复核后的其他相关问题

【案例17-2-04】吴某集资诈骗案[1]

被告人吴某自2006年3月始，以合伙或投资等为名，向徐某某等人高息

---

〔1〕 浙江省高级人民法院刑事判决书，(2012)浙刑二重字第1号。

集资,随后又通过高额利息方式,以投资、借款、资金周转等名义,先后从林某某等11人处集资7亿余元,用于偿还集资款本金、支付高额利息、购买房产、汽车及一些个人挥霍等。

浙江省金华市人民检察院以被告人吴某犯集资诈骗罪提起公诉,该案经浙江省金华市中级人民法院审理,于2009年10月29日作出(2009)浙金刑二初字第1号刑事判决,认定被告人吴某犯集资诈骗罪,判处死刑,剥夺政治权利终身,并处没收其个人全部财产;对被告人吴某违法所得予以追缴,返还给被害人。吴某不服,提出上诉。浙江省高级人民法院经公开庭审,于2012年1月6日作出(2010)浙刑二终字第27号刑事裁定,驳回上诉,维持原判,并对该死刑判决依法报请最高人民法院核准。

最高人民法院经复核后认为,一审判决、二审裁定认定事实清楚,证据确实、充分,定性准确,审判程序合法,唯量刑不当,于2012年4月19日作出(2012)刑二复43120172号刑事裁定:(1)不核准浙江省高级人民法院(2010)浙刑二终字第27号维持第一审以集资诈骗罪判处被告人吴某死刑,剥夺政治权利终身,并处没收个人全部财产的刑事裁定;(2)撤销浙江省高级人民法院(2010)浙刑二终字第27号维持第一审以集资诈骗罪判处被告人吴某死刑,剥夺政治权利终身,并处没收个人全部财产的刑事裁定;(3)发回浙江省高级人民法院重新审判。

2012年5月21日,浙江省高级人民法院经重审后以集资诈骗罪判处被告人吴某死刑,缓期2年执行,剥夺政治权利终身,并处没收全部个人财产。该项判决也是核准吴某死刑,缓期2年执行的判决。

■ 法理与法律适用评析

根据《刑诉法解释》的规定,最高人民法院裁定不予核准死刑的,根据案件情况,可以发回第二审人民法院或者第一审人民法院重新审判。高级人民法院依照复核程序审理后报请最高人民法院核准死刑,最高人民法院裁定不予核准,发回高级人民法院重新审判的,高级人民法院可以依照第二审程序提审或者发回原审人民法院重新审判。最高人民法院裁定不予核准死刑,发回重新审判的案件,原审人民法院应当另行组成合议庭审理。但以下两类案件可以不另行组成合议庭审理:(1)复核期间出现新的影响定罪量刑的事实、证据,最高人民法院裁定不予核准死刑,并撤销原判,发回重新审判的案件;(2)原判认定事实正确、证据充分,但依法不应当判处死刑,最高人民法院裁定不予核准,并撤销原判,发回重新审判的案件。

本案例中,最高人民法院裁定不予核准死刑后,将案件发回浙江省高级人民法院重新审理,浙江省高级人民法院并没有发回一审法院审理,而是依照第二审程序提审的方式作出最终判决。因高级人民法院有死刑缓期二年执行判决或裁定的核准权,故其对吴某集资诈骗案提审后进行的二审程序,也是死刑缓期执行复核程序,故浙江省高级人民法院对吴某作出的死刑缓期二年执行的判决,也是核准吴某死刑缓期执行的判决。

最高人民法院基于吴某案所反映出的我国民间信贷领域法制建设滞后问题所造成的发案背景,提出了对该案慎用死刑的基本裁判态度,这是我国最高审判机关对经济犯罪适用死刑政策具有重大里程碑意义的裁判,在一定程度上也推动了我国《刑法修正案(九)》对集资诈骗罪废除适用死刑的刑罚制度改革。

第三节　判处死刑缓期二年执行案件的复核程序

Ⅰ 死刑缓期执行的核准权

死刑缓期二年执行的核准权,是指有关人民法院对报请复核的死刑缓期执行判决和裁定进行审查并决定是否核准的权限。死刑缓期执行的裁定或判决只有经过复核程序并经有权核准的人民法院核准后,方能产生法律上的效力。我国《刑事诉讼法》第 248 条规定:“中级人民法院判处死刑缓期二年执行的案件,由高级人民法院核准。”据此,死刑缓期二年执行案件的核准权由地方高级人民法院行使。

在我国的刑罚种类中,死刑缓期二年执行并不是一个独立的刑种,而是对死刑的一种执行方式。虽然死刑缓期二年执行是一种不立即执行的死刑裁判,但对其的适用,我国刑事诉讼法仍然要求以严格审慎适用为原则。

Ⅱ 报请复核的程序

【案例 17 -3 -01】赵某某故意杀人案[1]

被告人赵某某与被害人李某、余某两家因相邻地界纠纷而生积怨。2017

〔1〕 甘肃省高级人民法院刑事裁定书,(2019)甘刑核 32099012 号。

年9月24日7时许，赵某某与被害人李某、余某夫妇又生冲突，在双方互相厮打过程中，赵某某持砍柴刀刺中余某右颈部和李某胸、臂、头部，致李某和余某当场死亡。后赵某某逃离现场，当日被抓获。

甘肃省临夏回族自治州人民检察院以被告人赵某某犯故意杀人罪提起公诉，甘肃省临夏回族自治州中级人民法院经审理，于2018年10月18日以（2018）甘29刑初30号作出刑事附带民事判决，认定被告人赵某某犯故意杀人罪，判处死刑，剥夺政治权利终身，赔偿附带民事诉讼原告经济损失61,718元。赵某某在法定期限内没有提出上诉。甘肃省临夏回族自治州中级人民法院遂依法将该案报送甘肃省高级人民法院核准。

甘肃省高级人民法院经审查认为裁定：（1）不同意甘肃省临夏回族自治州中级人民法院（2018）甘29刑初30号以故意杀人罪判处被告人赵某某死刑，剥夺政治权利终身的刑事判决。（2）发回甘肃省临夏回族自治州中级人民法院重新审判。

■ 法理与法律适用评析

中级人民法院判处死刑缓期执行的案件，若被告人不上诉、人民检察院也未抗诉，上诉、抗诉期满后，中级人民法院应当报请高级人民法院核准。高级人民法院经审查复核后核准的，判决即发生法律效力；高级人民法院审查后裁定不予核准的，则可视案件具体情况，或撤销原判，发回重审，或直接改判。

在本案例中，一审宣判后，被告人赵某某未在法定期限内上诉，上诉期满后，中级人民法院依法报请高级人民法院复核。高级人民法院审查后认为被害人存在重大过错，且该案系邻里纠纷引发，裁定不予核准，撤销原判，发回原审法院重审。

Ⅲ 案件复核后的处理

【案例17-3-02】彭某走私、贩卖、运输、制造毒品案[1]

2015年三四月，彭某分别从广东广州、中山两市寄送冰毒给黄某（已判刑），并指使黄某将上述毒品分别贩卖给吕某、郭某（均另案处理）。2015年4月10日，黄某在运送毒品给吕某途中被抓获。后民警在黄某住处搜出冰毒。

---

〔1〕 广东省高级人民法院刑事裁定书，（2018）粤刑终655号。

2015年5月9日,公安人员从彭某住处起获冰毒。

广东省佛山市人民检察院以被告人彭某犯贩卖、运输毒品罪提起公诉,佛山市中级人民法院经审理,于2016年10月13日作出(2016)粤06刑初95号一审判决,被告人彭某犯贩卖毒品罪,判处死刑,缓期2年执行,剥夺政治权利终身,并处没收个人全部财产。被告人彭某不服,提出上诉。广东省高级人民法院于2016年12月16日作出(2016)粤刑终1584号刑事裁定,以原判认定彭某犯贩卖毒品罪事实不清、证据不足,发回佛山市中级人民法院重新审理。

佛山市中级人民法院经重新审理,于2017年11月27日作出(2017)粤06刑初12号刑事判决,判处彭某死刑,缓期2年执行,剥夺政治权利终身,并处没收个人全部财产。宣判后,彭某仍然不服,再次提出上诉。广东省高级人民法院经二审,认定彭某贩卖冰毒3701.31克,已构成贩卖毒品罪。但认定原审对本案事实认定中有关涉案人员住处缴获毒品的日期和缴获毒品的数量有一定出入,应予以纠正。原审判决认定彭某贩卖毒品的主要事实清楚,证据确实、充分,定罪准确,量刑适当,审判程序合法,应予维持。故广东省高级人民法院二审维持一审的量刑判决,同时核准对彭某的死刑缓期2年执行的判决。

■ 法理与法律适用评析

高级人民法院复核死刑缓期执行的案件,应当由审判员3人组成合议庭进行。案件在复核后,应当依据《刑诉法解释》第428条的规定,由相关高级人民法院按照下列情形分别作出处理:原判认定事实和适用法律正确、量刑适当、诉讼程序合法的,应当裁定核准;原判事实不清、证据不足的,可以裁定不予核准,并撤销原判,发回重新审判,或者依法改判。

在本案例中,一审宣判后,彭某提出上诉,广东省高级人民法院经审查后认为,彭某犯贩卖毒品罪事实不清、证据不足,撤销原判,发回广东省佛山市中级人民法院重新审理。广东省佛山市中级人民法院重新审理后,彭某再一次提出上诉,广东省高级人民法院最终核准以贩卖毒品罪判处被告人彭某死刑,缓期2年执行,剥夺政治权利终身,并处没收个人全部财产。

【案例17-3-03】于某某抢劫、故意伤害案[1]

被告人于某某在2018年3月8日至23日,多次通过QQ或微信,以约定

---

〔1〕 上海市第二中级人民法院刑事判决书,(2021)沪02刑初48号。

性交易为由取得性服务者租住地址后，携刀前往性服务者住处，采用持刀威胁或使用暴力的方法，迫使性服务者使用微信转账或者直接劫取现金共计人民币3.8万元。2020年12月29日，被告人于某某在被羁押的上海浦东新区看守所内，将与其发生争执的同监室的被害人袁某某殴打致伤，经鉴定构成轻伤和轻微伤。

本案由上海市人民检察院第二分院于2018年以于某某构成抢劫罪第一次提起公诉，上海市第二中级人民法院于2019年10月24日作出(2018)沪02刑初85号刑事判决，对于某某判处死刑，缓期2年执行，剥夺政治权利终身。于某某不服，提出上诉。2021年7月1日，上海市高级人民法院以二审期间出现新的影响本案定罪量刑的事实为由，作出(2019)沪刑终116号刑事裁定，撤销一审法院上述第85号判决，发回一审法院重新审判。次日，上海市人民检察院第二分院就于某某羁押期间所涉故意伤害罪，向法院提出补充起诉。上海市第二中级人民法院经审理，于2022年1月28日作出(2021)沪02刑初48号一审判决，对于某某犯抢劫罪判处死刑，缓期2年执行，剥夺政治权利终身，并处没收个人全部财产；对于某某在羁押期间所犯故意伤害罪判处有期徒刑1年，决定执行死刑，缓期2年执行，剥夺政治权利终身，并处没收个人全部财产。

■ 法理与法律适用评析

中级人民法院判处死刑缓期执行的案件，若被告人提出上诉，或者人民检察院提出抗诉的，案件由高级人民法院进行二审。高级人民法院经审理若认定原审判决事实清楚，证据确实、充分，程序合法，即裁定驳回上诉，维持原判。该维持原判的裁定也是核准死刑缓期2年执行的裁定。

高级人民法院二审或复核期间出现新的影响定罪量刑的事实、证据的，可以裁定不予核准，撤销原判，发回重审，或者依照《刑诉法解释》第271条的规定，审理后依法改判。

本案被告人于某某在原一审判决后，不服判决，提出上诉。其在看守所羁押期间又犯故意伤害罪，该犯罪事实虽然不需要改变原审的刑罚适用，但仍然需要经审理进行评价并定罪量刑。高级人民法院据此依法作出撤销原判，发回重新审判的裁定。

上海市高级人民法院这一发回重审的裁定使被告人于某某新犯的故意伤害罪事实获得补充评价，同时，通过发回上海市第二中级人民法院重审，也保护了于某某上诉的权利。

■ 法条链接

《刑事诉讼法》第246、247、248、250、251条;《刑诉法解释》第423、427、428、429条。

■ 参考文献

1. 叶青主编:《刑事诉讼法学》(第4版),上海人民出版社、北京大学出版社2020年版。
2. 赵秉志主编:《中国废止死刑之路探索——以现阶段非暴力犯罪废止死刑为视角》(中英文对照本),中国人民公安大学出版社2004年版。
3. 张远煌:《中国非暴力犯罪死刑限制与废止研究》,法律出版社2006年版。
4. 刘树德:《死刑片论——死刑复核权收归之际的思考》,人民法院出版社2007年版。
5. 赵秉志主编:《死刑个案实证研究》,中国法制出版社2009年版。
6. 陈兴良:《死刑备忘录》,武汉大学出版社2006年版。
7. 任志中:《死刑适用问题研究》,知识产权出版社2012年版。

第十八章　审判监督程序

第一节　审判监督程序及其特点

【案例 18－1－01】杨某某贩卖毒品案[1]

2019 年 5 月 14 日 23 时许，在北京市朝阳区某小区北侧停车场，被告人杨某某以人民币 5400 元的价格向董某某出售白色晶体 5 包（约重 3.09 克），被公安民警抓获；经鉴定，白色晶体中均含甲基苯丙胺。后杨某某认罪认罚，并签署具结书。据此，公诉机关建议对被告人杨某某所犯贩卖毒品罪判处有期徒刑 9 个月至 1 年，并处罚金。北京市朝阳区人民法院认为，公诉机关指控的罪名成立且量刑建议适当，遂以被告人杨某某犯贩卖毒品罪，判处有期徒刑 10 个月，罚金人民币 10,000 元。

宣判后，被告人杨某某认为一审判决量刑过重，向北京市第三中级人民法院提出上诉；在法定期间内，北京市朝阳区人民检察院则以杨某某上诉为由提出抗诉，认为其认罪动机不纯，一审认罪认罚从宽处理不应再适用，应对杨某某处以更重的刑罚。

【案例 18－1－02】李某等非法制造、买卖、运输、邮寄、储存枪支、弹药、爆炸物案[2]

2014 年 3 月 25 日，上诉人（原审被告人）李某因犯非法买卖枪支罪被安徽省六安市中级人民法院判处有期徒刑 3 年，缓刑 5 年。2014 年 4 月 1 日，寿县看守所释放了李某。宣判后，李某未上诉，人民检察院未抗诉。

---

〔1〕 北京市朝阳区人民法院刑事判决书，(2019) 京 0105 刑初 2015 号；北京市第三中级人民法院刑事裁定书，(2019) 京 03 刑终 807 号。

〔2〕 安徽省高级人民法院刑事裁定书，(2020) 皖刑再 6 号；安徽省六安市中级人民法院刑事决定书，(2020) 皖 15 刑监 4 号。

2020年7月7日，安徽省六安市中级人民法院院长认为原判决确有错误，经该院审判委员会讨论决定，作出(2020)皖15刑监4号再审决定，对(2013)六刑初字第00031号刑事判决中涉及李某犯罪事实部分另行组成合议庭再审；同日，该院决定逮捕李某，当日由六安市公安局执行逮捕。2020年8月31日，该院作出(2020)皖15刑再1号刑事判决，撤销该院(2013)六刑初字第00031号刑事判决的第4项，即被告人李某犯非法买卖枪支罪，判处有期徒刑3年，缓刑5年；认定原审被告人李某犯非法买卖枪支罪，判处有期徒刑5年。

原审被告人李某不服，提出上诉。法院审理过程中，上诉人李某申请撤回上诉。

■ 法理与法律适用评析

审判监督程序，又称再审程序，是指人民法院、人民检察院对确有错误的已发生法律效力的判决、裁定，依法进行重新审判的程序。审判监督程序不是每一个案件必经的程序，只有判决和裁定已经发生法律效力又确有错误的案件，才能适用这一程序。

相比第二审程序，审判监督程序有较大的区别：(1)审理的对象不同。审判监督程序的审理对象是判决、裁定已经发生法律效力的案件，包括正在执行和已经执行完毕的案件；第二审程序的审理对象是第一审判决、裁定尚未发生效力的案件。(2)提起的主体不同。有权提起审判监督程序的主体，包括最高人民法院、上级人民法院、本院的院长和审判委员会以及最高人民检察院、上级人民检察院；而有权提起第二审程序的主体，则是依法享有上诉权的当事人及其法定代理人，经被告人同意的辩护人和近亲属，以及依法享有抗诉权的检察机关。缺席审判程序中，被告人的近亲属或经其同意的辩护人也可以提出上诉。(3)提起的理由不同。提起审判监督程序的理由，须认为生效裁判在认定事实、适用法律上有错误；而第二审程序对上诉理由未作任何限制，只要上诉人不服第一审裁判而依法提出上诉，上一级人民法院就须按第二审程序进行审理，检察机关按照第二审程序提出抗诉则须具备原裁判确有错误的理由。(4)提起的期限不同。法律对提起审判监督程序的期限没有限制，只是在发现漏罪或者改判为有罪时，应在刑法规定的追诉时效内提起；而第二审程序的上诉、抗诉，则须在法定期限内提出，否则上诉、抗诉无效。(5)审理案件的法院不同。按照审判监督程序审理案件的法院，既可以是原审人民法院，也可以是任何上级人民法院；但依第二审程序审理案件的法院，则只能是第一审人民法院的上一级人民法院。

审判监督程序在我国具有重要的价值。第一，审判监督程序是贯彻执行刑事审判工作"实事求是、有错必纠、不枉不纵"方针的重要法律保障。刑事案件的情况错综复杂，受主客观因素的影响，难以做到每个案件在认定事实或适用法律上都不发生错误，因此在已经发生法律效力的案件中，仍可能有极少数案件的判决裁定确有错误。对此，必须予以纠正，不能知错不改。第二，审判监督程序是上级人民法院对下级人民法院和人民检察院对人民法院审判工作依法实行监督的重要方式和有效措施。法律规定审判监督程序，使最高人民法院和其他上级人民法院有权按照审判监督程序提审或者指令下级人民法院再审，纠正错误判决裁定，这样有利于原审人民法院或重新审理的其他人民法院从中总结经验教训，改进审判作风和方法，提高办案质量，保证法律的统一正确实施。第三，审判监督程序是人民群众对审判工作发挥监督作用的重要渠道。当事人及其法定代理人、近亲属提出的申诉，有关国家机关、单位和公民等提出的纠正错误裁判的意见和要求，成为提起审判监督程序的材料来源，有利于发挥人民群众对审判工作的监督作用，帮助督促人民法院及时发现问题，纠正判决、裁定中的错误，平反冤假错案，提高办案质量。

从前述两个案件看，第一个案件暗含刑事第二审程序与审判监督程序的比较。在认罪认罚案件中，被告人投机以取得上诉利益的情况下，不少检察机关形成了积极抗诉的趋势。不过，被告人的上诉并不都是真正出于对一审裁判的不服，也有一些是出于"留所服刑"等策略性考虑；无论出于何种上诉理由，或是否有检察机关的抗诉，二审法院都必须坚持全面审查与依法裁判原则，既不能因抗诉而对被告人一律加重刑罚，也不大可能因上诉而一律从宽处罚，毕竟此时被告人认罪认罚的意愿已受到动摇。如此，是否针对被告人的上诉而必然抗诉就可以再考虑，检察机关其实可以针对一审的上诉而提出抗诉，也可以在二审作出错误裁判的情况下提起再审，这需要检察机关结合两程序的差异在实践中合理选择。第二个案件则是法院自行提起审判监督程序。对于存在错误的生效裁判，原审法院及其上级法院都可以提起再审。该案是原审法院发现原审裁判存在量刑过轻的问题，进而撤销原审裁判进行再审，符合我国刑事再审程序提起的主体要求。

第二节　刑事申诉及其处理

【案例 18-2-01】聂树斌刑事再审案[1]

1994 年 8 月 5 日，河北省石家庄市液压件厂女工康某下班后遇害。根据群众反映，石家庄市公安局郊区分局将聂树斌抓获。聂树斌交代了强奸勒死康某的犯罪经过，并带领公安人员指认作案现场及埋藏被害人衣物的地点，与侦查人员的现场勘查一致；聂树斌对康某生前照片及被害现场提取物进行了辨认，确认系被害人照片及所穿衣物；聂树斌所供被害妇女的体态、所穿衣物与被害人之夫侯某某、证人余某某所证一致。据此，石家庄市中级人民法院以强奸妇女罪、故意杀人罪合并判处聂树斌死刑，剥夺政治权利终身，决定执行死刑。河北省高级人民法院二审裁判两罪并罚，决定执行死刑，剥夺政治权利终身，并依法核准了聂树斌的死刑。

2005 年 1 月，涉嫌故意杀人罪的王书金自认上述案件是其所为，引发社会关注。2007 年 5 月，申诉人张某某（聂树斌母亲）、聂某 1（聂树斌父亲）、聂某 2（聂树斌胞姐）向河北省高级人民法院和多个部门提出申诉，请求宣告聂树斌无罪。2014 年 12 月 4 日，根据河北省高级人民法院请求，最高人民法院指令山东省高级人民法院复查本案。

山东省高级人民法院依法组成合议庭，对本案进行全面审查后认为，原审判决缺少能够锁定聂树斌作案的客观证据，在被告人作案时间、作案工具、被害人死因等方面存在重大疑问，不能排除他人作案的可能性，原审认定聂树斌犯故意杀人罪、强奸妇女罪的证据不确实、不充分，建议最高人民法院启动审判监督程序重新审判。

最高人民法院对山东省高级人民法院的复查意见进行了审查，于 2016 年 6 月 6 日作出（2016）最高法刑申 188 号再审决定，提审本案。根据 2012 年《刑事诉讼法》第 245 条第 1 款、《刑诉法解释》第 384 条第 3 款之规定，最高人民法院依法组成合议庭，对本案进行了书面审理。其间，最高人民法院审查了本案原审卷宗、河北省高级人民法院和山东省高级人民法院复查卷宗；赴案发地核实了相关证据，察看了案发现场、被害人上下班路线、原审被告人聂树斌

[1] 中华人民共和国最高人民法院刑事判决书，（2016）最高法刑再 3 号。

被抓获地点及其所供偷衣地点，询问了部分原办案人员和相关证人；就有关尸体照片及尸体检验报告等证据的审查判断咨询了刑侦技术专家，就有关程序问题征求了法学专家意见；多次约谈申诉人及其代理人，听取意见，依法保障其诉讼权利；多次听取最高人民检察院意见。最后，最高人民法院认为，原审认定聂树斌犯故意杀人罪、强奸妇女罪的事实不清、证据不足；根据1979年《刑事诉讼法》的相关规定，不能认定聂树斌有罪；对申诉人及其代理人、最高人民检察院提出的应当改判聂树斌无罪的意见，予以采纳，判决聂树斌无罪。

■ 法理与法律适用评析

聂树斌案是近些年由当事人及其近亲属申诉，进而引起再审的重大冤假错案，对于深度窥探申诉引发的刑事审判监督程序具有典型意义。

审判监督程序中的申诉，是指申诉权人对人民法院的生效裁判不服，以书状或者口头的方式向人民法院或者人民检察院提出该裁判在认定事实或者适用法律上的错误并要求重新审判的行为。根据刑事诉讼法的规定和司法实践，申诉材料来源主要包括：(1)当事人及其法定代理人、近亲属的申诉。他们不仅是这些判决、裁定直接或间接的利害关系人，也是最了解案件情况、最有条件提出申诉的人；向司法机关提出申诉，既是法律赋予他们的权利，也是提起审判监督程序的主要材料来源，还是使确有错误的裁判得以纠正的重要途径。(2)各级人民代表大会代表提出的纠正错案议案。人大代表与人民群众有着密切联系，能够了解到群众对人民法院判决、裁定正确与否的意见；在人民代表大会召开会议期间，人大代表可以有针对性地提出议案。(3)公安司法机关通过办案或者复查案件对错案的发现。公安司法机关在办案过程中，经常发生“办一案破一片”或者“办此案发现彼案”的情况，它既是发现犯罪案件、抓获犯罪人的重要途径，也是纠正错案的重要渠道。(4)人民群众的来信来访。(5)机关、团体、企业事业单位和新闻媒体等对生效裁判反映的意见。

申诉的效力。世界大多数国家的法律规定，申诉或申请再审虽经提出，但不能立即停止对原裁判的执行。如日本刑事诉讼法规定，请求再审不具有停止执行刑罚的效力(法院作出开始再审裁定的除外)；德国法律规定，判决的执行不得因申请再审而停止，但法院命令延期或暂停执行的除外。不同于上诉，不论理由是否正确，必然引起第二审程序并使一审裁判不能生效和执行，我国刑事诉讼法对申诉理由有明确的限定。即使如此,当事人等提出申诉也不能停止对原裁判的执行。具体的申诉理由包括:(1)有新的证据证明原判决、裁定认定的事实确有错误,可能影响定罪量刑的。(2)据以定罪量刑的证据不确实、不充分,依法应当予以排除,或者证明案件事实的主要证据之间存在矛盾的。(3)原判决、裁定适用法律确有错误的,如罪与非罪不清,将此罪定为彼罪以及在对罪轻、罪重的法律适用出现错误而导致轻罪重判、重罪轻判等。(4)违反法律规定的诉讼程序,可能影响公正审判的,即程序不合法而可能对案件的公正审理造成影响的。(5)审判人员在审理案件的时候,有贪污受贿、徇私舞弊、枉法裁判行为的。只要有证据证明在诉讼过程中负责处理该案的审判人员有前述各种行为之一的,就可以成为提出申诉、申请案件再审的理由。符合上述申诉理由之一的,人民法院应当依照审判监督程序对案件进行重新审判。

人民法院、人民检察院按申诉管辖接受申诉材料后,应进行严格审查。人民检察院对申诉的审查,一般按如下程序进行:(1)初步审查。申诉的受理与初步审查由控告申诉检察部门进行。审查刑事申诉案件,应当审查申诉材料、原案法律文书,也可以调取相关人民检察院审查报告、案件讨论记录等材料,还可以听取申诉人、原案承办人员意见;对于首次申诉的,应当调阅原案卷宗,并听取申诉人或者其委托代理律师意见,必要时可以公开听证。(2)刑事检察部门决定复查。控告申诉检察部门认为原判决、裁定或处理可能错误,属于对检察机关终结处理决定首次申诉的或被害方对不起诉决定不服的,直接移交刑事检察部门。刑事检察部门受理后,经审查认为原判决、裁定或者处理决定正确的,经检察官联席会议讨论后决定审查结案;认为存在错误可能,或属于首次申诉、被害方对不起诉决定申诉的,应进行复查。复查由原办案人员外的检察官或检察官办案组进行,全面审查申诉材料和案卷,听取申诉人及其委托代理律师意见,还可以听取原申诉案件办理部门或者原案承办人员、原案承办部门意见;必要时可以调查核实,复核与案件有关的笔录和鉴定意见,询问原案当事人、证人和其他有关人员等。(3)审查与复查期限。控告申诉检察部门和刑事检察部门应当自受理或收到刑事申诉案件后的三个月内作出相关处理;报检察长决定,可以适当延长办理期限。复查的期限同上,报检察长决定,可以延长三个月。(4)复查处理。对不服人民检察院诉讼终结的刑事处理决定的申诉,经复查认为原处理决定正确的,予以维持;原处理决定部分错误的,应予以纠正;原处理决定错误的,予以撤销;需要重新进入诉讼程序的,将案件移送有管辖权的人民检察院或者本院有关部门依法办理。对人民法院已经发生法律效力的刑事判决、裁定的申诉,经复查认为确有错误的,应向人民法院提出再审检察建议或抗诉。

人民法院的申诉处理一般按下列程序进行。(1)提出主体:当事人及其法定代理人、近亲属或案外人,前述申诉可以委托律师进行。(2)提交材料:申诉状,原一审、二审判决书、裁定书等法律文书,以及其他相关材料,如新证据或线索材料等;经过人民法院复查或者再审的,应当附有驳回申诉通知书、再审决定书、再审判决书、裁定书。(3)审查法院:一般由终审法院审查申诉,但第二审法院裁定准许撤回上诉的案件,申诉人对第一审判决提出申诉的,第一审人民法院可以受理审查;上一级人民法院可以直接审查处理疑难、复杂、重大的案件。最高人民法院或上级人民法院可以指定终审法院外的其他人民法院进行审查。(4)审查形式:可以听取当事人和原办案单位的意见,也可以对原判据以定罪量刑的证据和新的证据进行核实。必要时,可以进行听证。(5)审查期限:审查一般应在 3 个月内作出决定,至迟不得超过 6 个月。因案件疑难、复杂、重大或者其他特殊原因需要延长审查期限的,可以依法申请上一级人民法院或最高人民法院批准延长。(6)审查处理:对符合申诉理由的,应决定再审;不符合申诉要求的,应当说服申诉人撤回申诉;对仍然坚持申诉的,应当书面通知驳回。

聂树斌案是典型的"真凶现身"型冤假错案。因他案的被告人王书金自认,聂树斌强奸、杀人案才引起社会关注,聂树斌的近亲属也提出申诉,最终推动刑事再审程序的启动,这反映了申诉在我国刑事再审程序中具有重要作用。(1)申诉是启动再审的重要形式。刑事案件经过检察机关审查起诉与法院的审判,再由原司法机关启动再审的可能性较小,即使司法机关有审查案件的诸多便利,但翻案不仅涉及司法机关的自我否定,也涉及错案情况下的责任追究,利益牵涉太广。从本案王书金承认犯罪的 2005 年至 2007 年被告人近亲属提出申诉的 2 年多期间,司法机关并没有依职权启动再审;即使是近亲属进行申诉,也直到 2014 年才有部分进展。申诉下的启动再审并不容易,但仍然是当事人特别是被告人及其近亲属的一种非常重要的救济途径。(2)申诉审查异地进行。本案发生至引起社会关注已经 10 多年,案件被告人聂树斌已被执行死刑,翻案可能引起的影响较大。传统上应由终审法院进行审查,但难度较大。为此,根据终审法院河北省高级人民法院的申请,最高人民法院指定了山东省高级人民法院对案件进行复查,体现了对申诉的慎重,更是对程序公正性的尊重。(3)申诉启动案件再审需要严格的审查。虽然有他案被告人王书金的自认,聂树斌案的再审启动仍然花了很长一段时间,这与申诉的法定理由有很大关系。为此,受最高人民法院指定的山东省高级人民法院多次申请延长期限,对案件进行全面复查;即使作出启动再审的建议后,最高人民法院仍然又复查了卷宗,并进行实地调查核实,包括察看了案发现场、被害人上下班路线、原审被告人聂树斌被抓获地点及其所供偷衣地点,询问了部分原办案人员和相关证人,咨询了刑侦技术专家,征求了法学专家意见等。(4)最高人民法院在审判监督程序中有特殊地位。最高人民法院对各级人民法院的生效裁判都可以进行审查并决定再审,有权提审或指令下级法院再审。本案聂树斌的死刑第二审及复核都由河北省高级人民法院进行,但最高人民法院最终指定了山东省高级人民法院进行审查,并最终自己提审,反映了最高人民法院的最高审判监督权限。

第三节　审判监督程序的提起与审理

【案例18-3-01】顾某介绍贿赂案[1]

2017年1月至2018年8月,被告人顾某分别根据宋某、张某和仲某的要求,与兴化市人民法院执行局原助理执行员吴某沟通关系,希望其能在相关案件的执行中予以关照,并促成吴某分别收受人民币3000元、20,000元和20,000元,自己也从中非法获利10,000元。后顾某自动投案,如实供述了上述犯罪事实。案件审理期间,顾某还主动向法院退还违法所得人民币10,000元,预缴罚金人民币53,000元。据此,江苏省泰兴市人民法院以被告人顾某犯介绍贿赂罪,判处拘役3个月,并处罚金人民币53,000元,对顾某退还的违法所得人民币1万元,予以没收,上缴国库。

该判决发生法律效力后,江苏省泰州市人民检察院以泰检三部审刑抗〔2022〕Z1号刑事抗诉书,于2022年4月14日按照审判监督程序向江苏省泰州市中级人民法院提出抗诉,认为原审判决认定事实清楚,证据确实、充分,但判决未在10万元以上犯罪数额2倍以下判处罚金,适用法律确有错误。

江苏省泰州市中级人民法院依法组成合议庭,于2022年6月1日公开开庭审理了本案。江苏省泰州市人民检察院检察员蔡某某出庭履行职务,原审被告人顾某到庭参加诉讼。法院审查认定,原判认定事实清楚,判处其拘役3

---

〔1〕 江苏省泰州市中级人民法院刑事判决书,(2022)苏12刑抗3号。

个月、没收违法所得恰当,但判处的罚金低于10万元,于法不符,应予以纠正,故决定支持江苏省泰州市人民检察院的抗诉意见。

【案例18-3-02】高某盗窃案[1]

2021年1月21日21时许,被告人高某和被害人卞某夫妇吃完饭后,一起返回到呼和浩特市玉泉区卞某家中,高某以和别人视频显摆为由,将卞某脖子上戴着的金项链和佛珠串拿过去戴在自己脖子上,并趁卞某去卫生间的时候,带着金项链和佛珠串离开。次日,高某将被害人的金项链以32,663元的价格出售给金鑫金店,并在店里留下了假的个人信息。2021年6月29日,高某被民警抓获,被盗金项链被扣押并发还被害人;经认定,被盗黄金项链的市场零售价格为人民币37,152元。

原审法院认为,被告人高某以非法占有为目的,盗窃他人财物,经鉴定价值人民币37,152元,数额巨大,其行为构成盗窃罪。高某在犯罪后退赃退赔,取得被害人卞某的谅解,且自愿认罪认罚,具有悔罪表现。据此,原审法院认定高某犯盗窃罪,判处其有期徒刑2年6个月,并处罚金人民币10,000元。

判决发生法律效力后,原审法院院长发现,原审判决认定的犯罪事实清楚,证据确实、充分,但适用法律错误,经提交本院审判委员会讨论,作出(2021)内0104刑监1号再审决定书,对该案进行再审。法院依法另行组成合议庭,公开开庭审理了本案;人民检察院依法派出检察员出庭履行职务,被告人高某及其辩护人到庭参加诉讼。

再审中,原审被告人高某对起诉书指控的犯罪事实和罪名均无异议。辩护人提出以下辩护意见:(1)被告人高某认罪认罚,如实供述自己的罪行,已完成退赔退赃,并取得被害人的谅解,应从轻或减轻处罚。(2)被告人高某的犯罪手段和犯罪后果所造成的社会危害性不大,并不是有预谋的盗窃,且已退赔退赃,未给被害人卞某造成损失。(3)被告人高某犯罪行为的主观恶性不深,犯罪动机单纯,就是在虚荣心的作祟下见财起意,其本身并不是以盗窃为生。(4)被告人高某归案前后表现较好,是一时冲动才实施的犯罪。(5)被告人高某具有坦白的情节,归案后如实供述罪行,积极退赃退赔,具有悔罪表现,应从宽处理。综上,被告人充分认识到了自己的错误,自愿认罪认罚,社会危害及主观恶性不大,请从宽处理。公诉机关认为,被告人高某的犯罪情节特别

---

〔1〕 内蒙古自治区呼和浩特市玉泉区人民法院刑事判决书,(2022)内0104刑再2号。

严重,应当依法判处有期徒刑3年,并处罚金。

再审法院认为,原审法院因被告人高某的家属在审理过程中主动赔偿被害人并取得被害人谅解,在法定刑以下以盗窃罪判处被告人高某有期徒刑2年6个月,并处罚金人民币10,000元,属适用法律错误,应予以纠正。据此,撤销本院(2021)内0104刑初377号刑事判决,以盗窃罪判处高某有期徒刑3年,并处罚金人民币5000元。

■ 法理与法律适用评析

考虑到审判监督程序是对已生效裁判的再审,裁判的稳定性和既判力应得到尊重,故而我国的审判监督程序有一系列的限制和条件,以免轻易启动再审程序。

在提起主体方面,根据《人民法院组织法》以及《刑事诉讼法》的有关规定,有权主体只限于人民法院和人民检察院。当事人及其近亲属只有对生效的裁定提出刑事申诉的权利,是否再审须经人民法院或者人民检察院审查决定。从法院方面看,各级人民法院院长对本院已经发生法律效力的判决和裁定,如果发现在认定事实上或者在适用法律上确有错误,必须提交审判委员会处理;最高人民法院对各级人民法院、上级人民法院对各下级人民法院的生效判决裁定,如发现确有错误时,有权提起审判监督程序。在审判实践中,对需要重新审判的案件,为便于就地解决问题,一般由原审人民法院再审。但原审法院对申诉予以抵制,久拖不办的,最高人民法院或者上级人民法院可提审该案。从检察院方面看,与最高人民法院类似,最高人民检察院可以对各级人民法院的生效裁判提出抗诉;上级人民检察院可以对下级人民检察院的生效裁判提出抗诉,人民检察院不能对同级人民法院的生效裁判提出抗诉,从而启动再审程序。

在提起再审的理由方面,《刑事诉讼法》第254条对提起审判监督程序的理由作了原则性的规定,即已经发生法律效力的判决和裁定,被“发现在认定事实上或者在适用法律上确有错误”。至于“确有错误”具体包含哪些内容,法律未作具体规定。不过,申诉引起检察机关、审判机关的审查,最终决定再审也需要原生效裁判存在事实或适用法律上的错误。据此,检察机关、审判机关提起审判监督程序的理由除了可以根据两高司法解释的相关规定,也可以参照申诉下再审的理由。

在提起审判监督程序的方式上,目前有再审、提审和抗诉。提审和再审都是人民法院对判决已生效的案件进行重新审理的活动，但二者之间有区别，前者是由原审人民法院的上级法院进行的，后者一般是由原审法院进行的。抗诉则是指检察机关对法院的生效裁判提出的再审，接受抗诉的人民法院应当组成合议庭重新审理案件，对于原判决事实不清或证据不足的，亦可以指令下级人民法院再审。对需要提起审判监督程序的案件，一般以原审法院重新审理为宜，重大、疑难、复杂案件以及适用法律错误或严重违反诉讼程序的案件以上级法院提审为宜。

重新审判并没有单独的审判方式，而是适用第一审程序或第二审程序。在是否开庭上，考虑到审判的公正性，我国明确对依照第一审程序审理的、依照第二审程序需要对事实或者证据进行审理的、人民检察院按照审判监督程序提出抗诉的、可能对原审被告人（原审上诉人）加重刑罚的以及有其他应当开庭审理情形的案件进行公开开庭审理。对于下列情形，人民法院可以不开庭，采取书面方式进行审理：原判决、裁定认定事实清楚，证据确实、充分，但适用法律错误，量刑畸重的；1979 年《刑事诉讼法》施行以前裁判的；原审被告人（原审上诉人）、原审自诉人已经死亡或者丧失刑事责任能力的；原审被告人（原审上诉人）在交通十分不便的边远地区监狱服刑，提押到庭确有困难的，但人民检察院提出抗诉的，人民法院应征得人民检察院同意等情形。在具体程序上，再审程序有几点值得关注：(1) 再审案件一般根据原审结案件的审级来确定相应的审判程序。如果原来是第一审案件，应当依照第一审程序进行审判，所作的判决、裁定，可以上诉、抗诉；如果原来是第二审案件，或者是上级人民法院提审的案件，应当依照第二审程序进行审判，所作的判决、裁定，是终审的判决、裁定。(2) 由原审人民法院审理的，应当另行组成合议庭进行审理，即再审应当由合议庭进行审理，且原审判组织人员应当回避。

再审的期限与原审存在差异。我国刑事公诉案件第一审的普通程序期限一般为 2 个月，至迟不超过 3 个月；自诉案件期限同上，但被告人未被羁押的，应在 6 个月内宣判；第二审人民法院受理上诉、抗诉案件，应当在 2 个月以内审结。

前述两个案件分别是检察机关和法院发现原审裁判错误，从而提出抗诉或决定再审的。裁判作为法官行使裁判权的结果，可能会受到控辩双方提供的证据、意见以及法官个人认知等方面的影响，造成事实认定、法律适用或程序等错误；在短暂的一审上诉期限内不能及时发现或启动二审的，裁判将直接生效，由此裁判的错误只能通过审判监督程序进行纠正。上述两案件就是因适用法律错误，且未能及时发现，从而以审判监督程序进行纠正的；具体的审理程序也是参照原审程序进行的，包括合议庭审理、检察机关派员出庭、公开审理等。虽然作出的终审裁判与原裁判差距并不大，但反映了我国审判监督程序秉持的实事求是、有错必纠的理念，有利于确保法律适用的统一、准确，有利于司法公正。

■ 法条链接

《刑事诉讼法》第15、227、228、233、252～258条；《刑诉法解释》第454～474条；《人民检察院刑事诉讼规则》第591～600条；《关于适用认罪认罚从宽制度的指导意见》第54条；《人民检察院办理刑事申诉案件规定》。

■ 参考文献

1. 王爱立主编：《中华人民共和国刑事诉讼法释义》，法律出版社2018年版。
2. 叶青主编：《刑事诉讼法学》（第4版），上海人民出版社、北京大学出版社2020年版。
3. 卞建林：《认罪认罚案件审理程序的若干问题》，载《中国刑事法杂志》2022年第1期。
4. 龙宗智：《刑事再审案件的审理方式与证据调查——兼论再审案件庭审实质化》，载《法商研究》2019年第6期。
5. 陈卫东、赵恒：《刑事申诉听证制度研究》，载《法学杂志》2016年第1期。
6. 叶青、韩东成：《轻罪刑事政策下认罪认罚从宽制度的司法适用程序若干问题研究》，载《中国刑事法杂志》2020年第5期。
7. 张建伟：《刑事申诉的重新定位及其诉讼化难题》，载《吉林大学社会科学学报》2020年第4期。

第十九章　各种判决裁定的执行程序

第一节　执行程序概述

1 执行的概念和依据

【案例 19－1－01】薛某丽集资诈骗案[1]

2013 年六七月，被告人薛某丽经与刘某（在逃）、费某（另案处理）商议成立南京易乾宁公司、江苏易乾宁公司后，雇用他人向社会不特定公众以发放宣传单、借助媒体等方式进行虚假宣传，采用重复配置转让债权列表等欺骗方式，以支付 5% 至 14.9% 不等的年利息向社会不特定公众非法集资，并不断在全国各地开设分支机构扩大集资规模，至 2016 年 4 月共向 95,067 人非法吸收资金超 185 亿元。集资后，薛某丽将少部分集资款用于对外贷款、投资股权基金等经营活动，大部分集资款被用于兑付前期集资款利息、个人使用等。2016 年 8 月，被告人薛某丽利用购买的他国护照潜逃境外。2016 年 12 月 14 日，薛某丽在香港经深圳罗湖口岸回内地自首。涉案金额约 185 亿余元，集资参与人达 69,000 余人。

2019 年 7 月 26 日，江苏省南京市中级人民法院对薛某丽集资诈骗一案作出判决。法院认为，被告人薛某丽以非法占有为目的，使用诈骗方法非法集资，数额特别巨大，其行为构成集资诈骗罪。根据薛某丽在共同犯罪中的地位和作用及其具有自首情节，依照有关法律规定，依法应予以从轻处罚。一审判决如下：(1)被告人薛某丽犯集资诈骗罪被判处有期徒刑 15 年，并处没收个人财产 2000 万元。(2)查封、扣押、冻结的财物依法处置后，按比例返还集资参与人；不足部分责令被告人薛某丽继续退赔。2019 年 11 月 22 日，江苏省高级人民法

---

〔1〕 赵兴武、隋文婷：《向近 10 万人非法吸收资金超 185 亿——被告人薛秀丽犯集资诈骗罪一审获刑 15 年　没收个人财产 2000 万元》，载《人民法院报》2019 年 7 月 27 日，第 3 版。

院终审维持原判。鉴于本案集资参与人的损失数额特别巨大,根据法律及司法解释的相关规定,本案财产刑执行时,退赔集资参与人损失优先于财产刑的执行。

■ 法理与法律适用评析

刑事诉讼中的执行,是指人民法院、人民检察院、公安机关及其他刑罚执行机关将已经发生法律效力的判决、裁定所确定的内容依法交付执行机关,以实施其确定的内容,以及处理执行中的诉讼问题而进行的各种活动。执行是刑事诉讼的最后一个环节,也是刑事诉讼中行使刑罚权的关键程序。但是,并非对判决、裁定的整个执行过程和全部活动,都属于刑事诉讼的范畴,属于刑事诉讼的执行活动包括交付执行和变更执行两个方面。刑事执行是一种刑事司法活动,具有合法性、及时性、强制性等特点。

刑事执行的依据是人民法院发生法律效力的刑事判决、裁定,是执行机关对罪犯实施惩罚和改造的法律依据。无论是判决还是裁定,除判决被告人无罪或免除刑事处罚的外,其他判决、裁定必须在发生法律效力后才能交付执行,否则便是违法。根据《刑事诉讼法》第 259 条的规定,判决和裁定在发生法律效力后执行。发生法律效力的判决和裁定包括三种:已过法定期限没有上诉、抗诉的判决和裁定;终审的判决和裁定;最高人民法院核准的死刑的判决和高级人民法院核准的死刑缓期 2 年执行的判决。

在本案中,有且只有一个生效的判决。南京市中级人民法院作出的一审判决一经发生法律效力,必须按照判决所确定的内容严格加以执行,因此对集资参与人的财产损失补偿问题,要严格按照判决内容,待判决生效后,按“三统两分”[1]统一资产处置的原则,将涉案财产的处置、清退、发还等工作及时向集资参与人统一汇总,按比例发还。

Ⅱ 执行的主体机关

【案例 19-1-02】罗某盗窃案[2]

2021 年 4 月 7 日至 5 月 11 日,被告人罗某携带事先准备的剪钳多次进入

〔1〕“三统两分”原则是依据国务院《关于进一步做好防范和处置非法集资工作的意见》在依法妥善处置跨省案件时需要遵循的一个办案原则,即“坚持统一指挥协调、统一办案要求、统一资产处置、分别侦查诉讼、分别落实维稳的工作原则”。

〔2〕陕西省宝鸡市中级人民法院刑事判决书,(2021)陕 03 刑终 254 号。

宝鸡市渭滨区、金台区等小区内盗窃多辆山地自行车，案发后被公安机关查获并追缴回部分销赃款返还受害人。一审法院宝鸡市渭滨区人民法院判决被告人罗某犯盗窃罪，判处有期徒刑1年4个月，并处罚金人民币3000元。宣判后，原审被告人罗某不服，提出上诉。上诉人罗某称，犯罪事实是其主动交代的，应认定自首，且有部分退赔及认罪认罚情节，请求二审法院从轻判处，并量处缓刑。

二审陕西省宝鸡市中级人民法院受理后，依法组成合议庭对案件进行审理，认为原审判决认定事实和适用法律正确，审判程序合法。唯二审期间，罗某家属代为退赔全部赃款，并取得部分被害人出具的谅解书。因此，宝鸡市陈仓区某社区受宝鸡市中级人民法院委托进行影响评估，宝鸡市陈仓区司法局于2021年11月3日作出(2021)宝陈矫调评字第73号社会影响调查评估意见书，评估意见为罗某具备社区矫正监管条件，适宜适用社区矫正。最终，二审法院宝鸡市中级人民法院予以确认，并依照《刑事诉讼法》第264条，依法改判上诉人(原审被告人)罗某犯盗窃罪，判处有期徒刑1年4个月，缓刑2年。缓刑考验期限，从判决确定之日起计算。

■ 法理与法律适用评析

执行机关是指将刑事判决、裁定所确定的内容付诸实施的机关。在我国，执行机关包括人民法院、罪犯改造机关(监狱、未成年犯管教所等)、公安机关和社区矫正机构。执行机关应当将罪犯及时收押，并且通知罪犯家属。判处有期徒刑、拘役的罪犯，执行期满，应当由执行机关发给释放证明书。根据《刑事诉讼法》第269条的规定，管制、宣告缓刑、假释或者暂予监外执行的判决和裁定，由社区矫正机构负责执行。本案被告人罗某经法院指定的社会影响调查机构评估，具备社区矫正监管条件，适宜适用社区矫正。

我国其他执行机关的执行范围如下：

1. 根据《刑事诉讼法》第260、262、271、272条的规定，无罪或免除刑罚的判决，死刑、罚金与没收财产的判决和裁定，均由人民法院执行。

2. 根据《刑事诉讼法》第264条的规定，罪犯被交付执行刑罚的时候，应当由交付执行的人民法院在判决生效后10日以内将有关的法律文书送达公安机关、监狱或者其他执行机关。(1)对被判处死刑缓期2年执行、无期徒刑、有期徒刑的罪犯，由公安机关依法将该罪犯送交监狱执行刑罚。(2)对被判处有期徒刑的罪犯，在被交付执行刑罚前，剩余刑期在3个月以下的，由看守所代为执行。对被判处拘役的罪犯，由公安机关执行。对未成年犯应当在未成年犯管教所执行刑罚。（3）根据《刑事诉讼法》第270条的规定，剥夺政治权利由公安机关执行。

■ 法条链接

《刑事诉讼法》第259、260、262、264、269、270、271、272条。

第二节　各种判决、裁定的执行程序

1 死刑立即执行判决的执行

【案例19-2-01】朱某东杀妻案——冰柜藏尸案[1]

2015年12月31日，朱某东与杨某萍登记结婚，后共同居住于上海市虹口区某小区。案发前，二人因故产生矛盾。朱某东先后购买了《死亡解剖台》等书籍和冰柜，并从工作单位离职。2016年10月17日上午，朱某东在家与杨某萍发生争执，用手扼掐杨某萍的颈部，致杨某萍机械性窒息死亡。后朱某东将杨某萍的尸体用被套包裹，藏于家中阳台冰柜内。当日上午，朱某东将杨某萍支付宝账户中的人民币4.5万元转至自己账户，并在之后数月内大肆挥霍其与杨某萍的钱财用于旅游、消费。2017年2月1日，朱某东将其杀害妻子杨某萍一事告知父母，并在父母陪同下投案。

2018年8月23日，上海市第二中级人民法院作出一审判决，被告人朱某东犯故意杀人罪，判处死刑，剥夺政治权利终身。朱某东随后向上海市高级人民法院提出上诉。2019年7月5日，上海市高级人民法院对该案进行二审宣判，裁定驳回上诉，维持原判。经最高人民法院核准，2020年6月4日，上海市第二中级人民法院对朱某东执行了死刑。

■ 法理与法律适用评析

死刑是依法剥夺犯罪分子生命的刑罚，是刑罚中最严厉的刑种。为防止无法挽回的错杀，《刑事诉讼法》第261、262、263条，《人民法院组织法》第17

---

〔1〕 中华人民共和国最高人民法院朱晓东故意杀人死刑复核刑事裁定书。

条，以及《刑诉法解释》的相关条文在死刑执行程序上作了严格而周密的规定。本案中，虽然朱某东杀害妻子手段特别残忍，社会影响极其恶劣，但对其死刑的判决及审核仍然十分审慎，经最高人民法院核准，由一审法院执行死刑。

一、死刑令的签发

最高人民法院判处和核准的死刑立即执行的判决，应当由最高人民法院院长签发执行死刑的命令。对判处死刑的罪犯，公安机关应当依据人民法院执行死刑的命令，将罪犯交由人民法院执行。

二、执行死刑前的准备工作

最高人民法院和高级人民法院的执行死刑命令，均由高级人民法院交付第一审人民法院执行（《刑诉法解释》第499条），第一审人民法院接到执行死刑的命令后，应当在7日以内执行。执行死刑的这一法定期限必须得到严格遵守，不得借故延期执行。人民法院在交付执行死刑前，应当做好以下准备工作（《刑事诉讼法》第263条、《刑诉法解释》第506条）：

1. 确定执行死刑的日期与地点。执行的地点选择在刑场或者指定的羁押场所内。

2. 通知人民检察院派员临场监督。人民法院应当在交付执行死刑3日以前，通知同级人民检察院派员临场监督。担负现场监督职责的检察人员如发现有违法情况，应当立即纠正。

3. 执行死刑。《刑事诉讼法》第263条、《刑诉法解释》第507条明确规定了死刑执行的方法与相关程序：死刑采用枪决或者注射等方法执行，采用枪决、注射以外的其他方法执行死刑的，应当事先层报最高人民法院批准。死刑执行前，负责指挥执行的审判人员应当对罪犯验明正身，核对罪犯的有关情况，查明其确系该判决认定的应当执行死刑的罪犯，还应当询问罪犯有无遗言、信札，并制作笔录，然后交付执行人员执行死刑。在执行前，如果发现可能有错误，应当暂停执行，依法定程序报请最高人民法院裁定。

三、死刑执行的停止

《刑事诉讼法》第262条第1款规定，下级人民法院在接到执行死刑命令后，发现有下列情形之一的，应当停止执行，并立即报告最高人民法院，由最高人民法院作出裁定：（1）在执行前发现判决可能有错误的；（2）在执行前罪犯揭发重大犯罪事实或者有其他重大立功表现，可能需要改判的；（3）罪犯正在怀孕的。

在停止执行的情况下，执行死刑的人民法院应当立即用书面形式报告核准死刑的人民法院，由院长签发停止执行死刑的命令，并指令原审人民法院或指定的人民法院查明有关情况上报，并根据《刑事诉讼法》第262条第2款规定的不同情形分别处理。

Ⅱ 死刑缓期执行、无期徒刑、有期徒刑和拘役判决的执行

【案例19-2-02】谭某某以危险方法危害公共安全案——“玛莎拉蒂”肇事案[1]

2019年7月3日19时许，被告人谭某某、刘某、张某到河南省永城市一烤串店聚餐饮酒。聚餐结束后，22时22分许张某曾电话联系代驾，在代驾到来之前，谭某某驾驶“豫NE5XXX”号牌玛莎拉蒂莱万特越野车，载着刘某、张某离开，沿永城市区多条路段行驶，在连续剐蹭停在路边的6辆汽车后，又与对面驶来的一辆传祺轿车和停在路边的一辆大众速腾轿车相剐碰，谭某某因车辆无法通过被迫停下。被撞车车主及周围群众上前劝阻，刘某和张某让谭某某赶紧离开。谭某某不顾群众劝阻，强行驾车逃逸，至东外环路和永兴街交叉口时，高速追尾正等待通行信号的“豫N01XXX”宝马轿车，致宝马轿车起火燃烧，造成车内人员葛某某、贾某某当场死亡，驾驶员王某某受重伤。

2020年11月6日，河南省商丘市中级人民法院在永城市人民法院对被告人谭某某、刘某、张某以危险方法危害公共安全一案公开宣判，以危险方法危害公共安全罪，分别判处：被告人谭某某无期徒刑，剥夺政治权利终身；被告人刘某某有期徒刑3年，缓刑3年；被告人张某某有期徒刑3年，缓刑3年。

■ 法理与法律适用评析

《刑事诉讼法》第264条第1款规定，罪犯被交付执行刑罚的时候，应当由交付执行的人民法院在判决生效后10日以内将有关的法律文书送达公安机关、监狱或者其他执行机关。本案中，谭某某被判无期徒刑，应由监狱执行刑罚。在交付执行过程中需要注意以下程序性规定：

1. 交付执行的法律文书。根据《中华人民共和国监狱法》（以下简称《监狱法》）第16条的规定，人民检察院的起诉书副本、人民法院的判决书、执行通知书、结案登记表这4种法律文书对于刑罚执行机关对罪犯正确执行刑罚，对罪犯进行教育改造，具有重要意义。人民法院交付执行的时候，以上4种法

---

[1] 赵栋梁、杨委峰：《河南“玛莎拉蒂醉驾案”一审宣判——被告人谭明明被判无期 另2名被告人获刑3年缓刑3年》，载《人民法院报》2020年11月7日，第3版。

律文书必须齐备，缺一不可。一案有若干罪犯的，应当按罪犯的人数送达上述文书，不能共用。

2. 交付执行的期限。根据《监狱法》第 15 条及《刑诉法解释》第 511、513 条的规定，被判处死刑缓期二年执行、无期徒刑、有期徒刑、拘役的罪犯被交付执行刑罚的时候，应当由交付执行的人民法院在判决生效后 10 日以内将有关的法律文书送达公安机关、监狱或者其他执行机关。执行通知书的回执经看守所盖章后，应当附卷备查。

死刑缓期二年执行、无期徒刑、有期徒刑、拘役虽然都属于限制人身自由的刑罚，但由于犯罪性质不同、刑种不同、刑期不同、犯罪人是否成年不同，而在刑罚的执行方式、执行场所等方面都有所不同。《刑事诉讼法》第 264 条第 2、3 款分别规定，对被判处死刑缓期 2 年执行、无期徒刑、有期徒刑的罪犯，由公安机关依法将该罪犯送交监狱执行刑罚；对被判处有期徒刑的罪犯，在被交付执行刑罚前，剩余刑期在 3 个月以下的，由看守所代为执行；对被判处拘役的罪犯，由公安机关执行；对未成年犯应当在未成年犯管教所执行刑罚。

Ⅲ 管制、宣告缓刑、假释、暂予监外执行的执行

【案例 19－2－03】韦某某、刘某某等敲诈勒索案[1]

被告人韦某某自 2007 年 8 月至 2019 年 11 月担任西安市长安区人大代表。2015 年以来，韦某某利用其职务、身份便利，长期纠集该村党支部委员兼村监委会主任刘某某、村监委会委员高某某、村民杨某等人，假借村委会名义，以召开工作会议、开具介绍信等方式指使刘某某、高某某、杨某等人多次插手、干预地界内的工程项目，以实现其强揽工程、勒索钱财的不法目的，多次实施寻衅滋事、敲诈勒索等犯罪活动，逐步形成了以被告人韦某某、刘某某为主要成员的恶势力团伙。该团伙惯常采用暴力、胁迫等手段处理与他人的纠纷，肆意侵害他人人身及财产权益，并主要以纠集团伙有组织地实施犯罪活动的方式为非作恶，扰乱正常的经济、社会生活秩序，造成了较为恶劣的社会影响。

一审法院根据本案各被告人的犯罪事实、性质、情节、悔罪表现及对社会的危害程度，依照《刑法》第 293、274 条之规定，认定被告人韦某某、刘某某、高某某、杨某犯寻衅滋事罪、敲诈勒索罪的罪名成立。根据《刑事诉讼法》第

---

〔1〕 韦亚朝、刘小军等敲诈勒索案，陕西省西安市中级人民法院（2020）陕 01 刑终 437 号刑事裁定书。

265 条第 1、4、5 款及第 269 条，判决：被告人韦某某犯寻衅滋事罪，判处有期徒刑 1 年 11 个月；犯敲诈勒索罪，判处有期徒刑 6 年 1 个月，并处罚金人民币 30,000 元；决定执行有期徒刑 7 年，并处罚金人民币 30,000 元……被告人高某某犯寻衅滋事罪，判处有期徒刑 1 年 2 个月；犯敲诈勒索罪，判处有期徒刑 2 年 6 个月，并处罚金人民币 10,000 元；决定执行有期徒刑 3 年，暂予监外执行，并处罚金人民币 10,000 元。暂予监外执行期间，对被告人高某某实行社区矫正。

■ 法理与法律适用评析

《刑事诉讼法》第 269 条规定，对被判处管制、宣告缓刑、假释或者暂予监外执行的罪犯，依法实行社区矫正，由社区矫正机构负责执行。

社区矫正是专门机关与社会力量相结合的结果，是一种不使罪犯与社会隔离并利用社区资源改造罪犯的方法，是所有在社区环境中管理教育罪犯方式的总称。[1] 社区矫正工作是积极利用各种社会资源，整合社会各方面力量，对罪行较轻、主观恶性较小、社会危害性不大的罪犯或者经过监管改造，确有悔改表现，不致再危害社会的罪犯在社区中进行有针对性的管理、教育和改造工作。社区矫正作为面向复杂社会开放式处遇的行刑制度，实践中面对着多元主体的多重诉求和多种疑难问题需要化解。社区矫正对象的监督管理、教育帮扶等活动，主要适用《中华人民共和国社区矫正法》（以下简称《社区矫正法》）的相关规定。

1. 机构设立、人员构成与职责

根据《社区矫正法》第 8 条的规定，全国的社区矫正工作主要是由国务院司法行政部门承担。县级以上地方人民政府司法行政部门主管本行政区域内的社区矫正工作。人民法院、人民检察院、公安机关和其他有关部门依照各自职责，依法做好社区矫正工作。人民检察院依法对社区矫正工作实行法律监督。

2. 社区矫正的对象与工作

根据《社区矫正法》第 2 条的规定，社区矫正的适用范围及对象主要有被判处管制、宣告缓刑、假释和暂予监外执行的罪犯这 4 种对象。根据《社区矫正法》第 3 条的规定，社区矫正工作坚持监督管理与教育帮扶相结合，专门机

---

〔1〕 参见康树华：《社区矫正的历史、现状与重大理论价值》，《法学杂志》2003 年第 5 期。

关与社会力量相结合，采取分类管理、个别化矫正，有针对性地消除社区矫正对象可能重新犯罪的因素，帮助其成为守法公民。具体而言，社区矫正机构在社区矫正对象的社区矫正期间主要发挥监督管理和教育帮扶两方面的作用。

3. 决定、接受与解除、终止

根据《社区矫正法》第20条和第21条的规定，社区矫正决定机关应当自判决、裁定或者决定生效之日起5日内通知执行地社区矫正机构，并在10日内送达有关法律文书，同时抄送人民检察院和执行地公安机关。人民法院判处管制、宣告缓刑、裁定假释的社区矫正对象，应当自判决、裁定生效之日起10日内到执行地社区矫正机构报到。人民法院决定暂予监外执行的社区矫正对象，由看守所或者执行取保候审、监视居住的公安机关自收到决定之日起10日内将社区矫正对象移送社区矫正机构。

本案中，被告人高某某作为人民法院决定暂予监外执行的社区矫正对象，应当由看守所或者执行取保候审、监视居住的公安机关自收到决定之日起10日内将社区矫正对象移送社区矫正机构，并根据《社区矫正法》第44、45条和第46条的规定，解除、终止社区矫正。

Ⅳ 剥夺政治权利判决的执行

【案例19-2-04】王某金强奸杀人案[1]

2020年11月24日，河北省邯郸市中级人民法院对最高人民法院发回重新审理的被告人王某金故意杀人、强奸案进行公开宣判。邯郸市中级人民法院经审理查明，被告人王某金于1993年11月29日强奸并杀害被害人张某甲，于1994年11月21日强奸并杀害被害人刘某某，于1995年农历八月初的一天强奸并杀害被害人张某乙，于1995年农历七月下旬的一天强奸被害人贾某某后杀害未遂。

邯郸市中级人民法院认为，被告人王某金故意非法剥夺他人生命，致3人死亡，以暴力胁迫手段强奸妇女，其行为构成故意杀人罪、强奸罪，应依法数罪并罚。王某金犯罪动机卑劣，犯罪情节及后果均特别严重，社会危害极大，虽有自首情节，亦不足以对其从轻处罚。王某金的犯罪行为给附带民事诉讼原告人造成的经济损失，应当予以赔偿。遂人民法院以被告人王某金犯故意杀人罪判处死刑，剥夺政治权利终身，犯强奸罪判处有期徒刑15年，剥夺政治权

---

〔1〕 河北省邯郸市中级人民法院刑事判决书，(2020)冀04刑初72号。

利5年，决定执行死刑，剥夺政治权利终身。

■ 法理与法律适用评析

剥夺政治权利是我国《刑法》规定的一种附加刑，也可以单独适用。根据《刑法》第54条的规定，对罪犯剥夺政治权利，主要是指剥夺其选举权和被选举权，言论、出版、集会、结社、游行、示威自由的权利，担任国家机关职务的权利，担任国有公司、企业、事业单位和人民团体领导职务的权利。

本案中，被告人被判处死刑，并剥夺政治权利终身，根据《刑事诉讼法》第270条的规定，对被判处剥夺政治权利的罪犯，由公安机关执行。执行期满，应当由执行机关书面通知本人及其所在单位、居住地基层组织。公安机关执行时应宣布剥夺政治权利的期限和内容，并组织罪犯所在单位或居住地群众对其实行监督。在执行剥夺政治权利的刑罚时，要注意政治权利的范围，不能把不属于政治权利的其他权利也作为政治权利一起剥夺。

Ⅴ 罚金、没收财产判决的执行

【案例19-2-05】张某中再审改判无罪案[1]

2007年12月25日，物美控股集团有限公司创始人、董事长张某中被指控犯诈骗罪、单位行贿罪、挪用资金罪而被提起公诉。2008年9月，河北省衡水市中级人民法院不公开审理了此案。2008年10月9日，衡水市中级人民法院作出一审判决，对张某中以诈骗罪判处有期徒刑15年，并处罚金50万元，以单位行贿罪判处有期徒刑3年，以挪用资金罪判处有期徒刑1年，决定执行有期徒刑18年，并处罚金50万元；违法所得予以追缴，上缴国库。

一审宣判后，张某中提出上诉。2009年3月30日，河北省高级人民法院作出终审判决：维持一审判决对张某中单位行贿罪、挪用资金罪定罪量刑和诈骗罪定罪部分，及违法所得追缴部分；认定张某中犯诈骗罪，判处有期徒刑10年，并处罚金50万元，与其所犯单位行贿罪、挪用资金罪并罚，决定执行有期徒刑12年，并处罚金50万元。

2016年10月，张某中向最高人民法院提出申诉。最高人民法院于2017年12月27日作出再审决定，并于2018年2月12日公开开庭审理了此案。2018年5月31日，最高人民法院对张某中诈骗、单位行贿、挪用资金再审一

---

〔1〕 中华人民共和国最高人民法院刑事判决书，(2018)最高法刑再3号。

案进行公开宣判，撤销原审判决，改判张某中无罪，原判已执行的罚金及追缴的财产，依法予以返还。

■ 法理与法律适用评析

财产刑包括判处罚金、没收财产。《刑事诉讼法》第 271 条和第 272 条分别规定了罚金和没收财产的执行；对于附带民事判决中财产部分的执行，则应依照《民事诉讼法》和最高人民法院的相关规定办理。

一、罚金

根据《刑事诉讼法》第 271 条的规定，罚金判决由人民法院负责执行。被判处罚金的罪犯或者犯罪单位，应按照判决确定的数额在判决规定的期限内一次或分期缴纳。期满无故不缴纳的，人民法院应当强制缴纳。对于被判处罚金的自然人，期满无故不缴纳的，人民法院可以通知其所在单位扣发工资或采取查封、变卖罪犯个人财产等方式执行；对于被判处罚金的罪犯单位，人民法院可以通知银行从其账户上直接划款。罪犯缴纳的罚金，应按规定及时上缴国库，任何机关、个人都不得挪作他用或者私分。

二、没收财产

没收财产，是指把犯罪人个人所有财产的一部分或者全部依法无偿地收归国有的一种刑罚。没收财产可以附加适用，也可以独立适用。根据《刑事诉讼法》第 272 条和《刑诉法解释》第 525 条的规定，没收财产的判决，无论附加适用还是独立适用，都由人民法院执行；在必要的时候，可以会同公安机关执行。判处没收财产的，判决生效后，应当立即执行。

此外，最高人民法院自 2014 年 11 月 6 日施行的《关于刑事裁判涉财产部分执行的若干规定》中规定，刑事裁判涉财产部分，由第一审人民法院执行。第一审人民法院可以委托财产所在地的同级人民法院执行。人民法院办理刑事裁判涉财产部分执行案件的期限为 6 个月。有特殊情况需要延长的，经本院院长批准，可以延长。没收财产的范围，只限于犯罪分子本人所有的部分财产或全部财产，不得没收属于罪犯家属所有或应有的财产。对于没收的财产，应按有关规定及时上缴国库或财政部门，任何机关、个人都不得私自挪用、调换、压价私分或变相私分。

本案是在全面依法治国、加强产权和企业家权益保护大背景下，最高人民法院依法纠正涉产权和企业家冤错案件的典型案例。原判中对罚金及财产追缴的执行都必须严格按规定及时上缴国库，任何机关、个人都不得挪作他用或者私分，改判后应依法及时予以返还。

Ⅵ 无罪判决和免除刑罚判决的执行

【案例 19－2－06】张某超再审无罪案[1]

2005 年 1 月 10 日，山东省临沭县第二中学分校一名女生突然失踪。1 个月后，2 月 11 日 14 时被发现死于学校 3 楼厕所内。根据该校高一学生杨某振和王某波等人的证词，警方认为该校学生张某超有重大作案嫌疑。2006 年 3 月 6 日，临沂市中级人民法院判决“张某超犯强奸罪，判处无期徒刑，剥夺政治权利终身”。

2011 年，张某超在与母亲马某萍的一次会见中突然开口喊冤，称自己遭到刑讯逼供。从此，马某萍开始为儿子四处申诉。2017 年 11 月 16 日，最高人民法院决定再审张某超案，指令山东省高级人民法院另行组成合议庭对该案进行再审。2019 年 12 月 5 日，张某超案由山东省高级人民法院进行了不公开审理，经过 4 个多小时的审理，出庭的检察员认为案件事实不清、证据不足，检方提出疑罪从无，但法院未当庭宣判。2020 年 1 月 13 日，山东省高级人民法院对张某超案再审宣判，张某超被无罪释放。2020 年张某超向山东省临沂市中级人民法院递交了国家赔偿申请，请求国家赔偿 788.9 万元，最终国家向张某超支付了 332 万元赔偿金。

■ 法理与法律适用评析

《刑事诉讼法》第 260 条规定，第一审人民法院判决被告人无罪、免除刑事处罚的，如果被告人在押，在宣判后应当立即释放。根据这一规定，无罪、免除刑事处罚的判决，由人民法院执行。为了保护不应受到刑罚处罚的被告人的合法权益，这类判决一经宣布，首先要将被关押的被告人立即释放。由人民法院将无罪或免除刑事处罚的判决书连同执行通知书送交看守所，看守所在接到上述法律文书后应当立即释放被关押的被告人。即使当事人及其法定代理人提出上诉或人民检察院提出抗诉，一审判决尚未生效，也不影响释放被告人的立即执行，不得等待判决生效后才予以执行。这是针对无罪判决和免除刑事处罚判决的执行问题所作出的特殊法律规定。

被宣告无罪的被告人在释放后，对其因被错误逮捕而蒙受的损害，还可以

---

〔1〕 山东省临沂市中级人民法院国家赔偿决定书，(2020)鲁 13 法赔 2 号。

根据《国家赔偿法》向赔偿义务机关提出损害赔偿、恢复名誉等请求。本案中,依被告人张某超申请,赔偿义务机关应当依法给予赔偿,为被害人消除不良影响,恢复名誉。

■ 法条链接

《刑事诉讼法》第260、261、262、263、264、269、270、271、272条,《刑法》第54条,《刑诉法解释》第499、506、522、525条,《人民法院组织法》第17条,《国家赔偿法》第17、18条,《社区矫正法》第2、3、8、9、11、20、23、28条,《监狱法》第15、16条,最高人民法院《关于刑事裁判涉财产部分执行的若干规定》第2、3、4、6条。

■ 参考文献

1. 李少平主编:《最高人民法院关于适用〈中华人民共和国刑事诉讼法〉的解释理解与适用》,人民法院出版社2021年版。
2. 陈光中主编:《刑事诉讼法》(第7版),北京大学出版社、高等教育出版社2021年版。
3. 叶青主编:《刑事诉讼法学》(第4版),上海人民出版社、北京大学出版社2020年版。

第二十章　执行变更程序

第一节　死刑、死刑缓期执行的变更

Ⅰ 死刑执行的变更

【案例 20-1-01】杨某某强奸案——百香果女孩再审案〔1〕

2018 年 10 月 4 日，广西灵山 10 岁女童杨某卖百香果回家途中，被同村男子杨某某使用残忍的暴力手段强奸后死亡。2019 年 7 月 12 日，一审法院广西壮族自治区钦州市中级人民法院作出(2019)桂 07 刑初 34 号刑事判决，以强奸罪判处杨某某死刑立即执行，剥夺政治权利终身。宣判后，杨某某不服判决提出上诉，称自己可能患有精神疾病，没有控辨能力，请求减刑。

2020 年 3 月 25 日，广西壮族自治区高级人民法院二审撤销一审判决，改判杨某某死刑，缓期 2 年执行，剥夺政治权利终身，并对其限制减刑。2020 年 5 月，最高人民法院经研究决定，对广西壮族自治区高级人民法院二审终审的杨某某强奸一案调卷审查。调卷审查期间，被害人母亲提出申诉。同年 11 月，最高人民法院审查决定，指令广西壮族自治区高级人民法院另行组成合议庭对该案进行再审。

2020 年 12 月 28 日，广西壮族自治区高级人民法院对最高人民法院指令再审的原审被告人杨某某强奸案进行公开宣判，经广西壮族自治区高级人民法院审判委员会讨论决定，判决撤销(2019)桂刑终 326 号刑事判决；维持(2019)桂 07 刑初 34 号刑事判决，即撤销二审判决，改判杨某某死刑立即执行，剥夺政治权利终身，并对杨某某的死刑判决依法报请最高人民法院核准。2021 年 2 月 2 日，遵照最高人民法院下达的执行死刑命令，广西壮族自治区钦州市中级人民法院对“百香果女孩被害案”凶手杨某某执行死刑。

---

〔1〕 中华人民共和国最高人民法院刑事裁定书，(2021)最高法刑核 78493152 号。

■ 法理与法律适用评析

本案中，对被告人杨某某的判决经历了从死刑立即执行到改判死刑缓期二年执行，再到改判死刑立即执行，充分体现了我国对死刑判决审慎的态度和严谨的诉讼程序。《刑事诉讼法》第262条和第263条在死刑的执行程序中规定了停止执行死刑和暂停执行死刑两种变更执行的情况。这些规定是进一步完善死刑案件执行程序、保证死刑案件质量的重要举措，有利于加强司法人权保障，有利于防范冤假错案，有利于从制度上保证司法的公平与正义，体现了我国在适用死刑上的慎重态度。

根据《刑事诉讼法》第262条和《刑诉法解释》的相关规定，下级人民法院在接到最高人民法院执行死刑的命令后，应当在7日以内交付执行，但是发现有下列情形之一的，应当停止执行，并且立即报告最高人民法院，由最高人民法院作出裁定：(1)在执行前发现判决可能有错误的；(2)在执行前罪犯揭发重大犯罪事实或者有其他重大立功表现，可能需要改判的；(3)罪犯正在怀孕。

在停止执行死刑或者暂停执行死刑的决定作出后，执行死刑的人民法院应当立即报告最高人民法院，由最高人民法院签发停止执行死刑的裁定，下级人民法院接到最高人民法院停止执行死刑的裁定后，应当会同有关部门调查核实停止执行死刑的事由，并及时将调查结果和意见层报最高人民法院审核。最高人民法院对停止执行死刑的案件，应当按照下列情形分别处理：(1)确认罪犯怀孕的，应当改判；(2)确认罪犯有其他犯罪，依法应当追诉的，应当裁定不予核准死刑，撤销原判，发回重新审判；(3)确认原判决、裁定有错误或者罪犯有重大立功表现，需要改判的，应当裁定不予核准死刑，撤销原判，发回重新审判；(4)确认原判决、裁定没有错误，罪犯没有重大立功表现，或者重大立功表现不影响原判决、裁定执行的，应当裁定继续执行死刑，并由院长重新签发执行死刑的命令。

本案再审后维持一审判决，判决发生效力且不存在影响死刑变更的情形，因此在遵照最高人民法院下达的执行死刑命令后，由一审广西壮族自治区钦州市中级人民法院对本案被告人杨某某执行死刑。

Ⅱ 死刑缓期执行的变更

【案例 20-1-02】胡某故意杀人刑罚变更案〔1〕

2018 年 4 月 11 日贵州省贵阳市中级人民法院作出(2018)黔 01 刑初 13 号刑事判决,认定罪犯胡某犯故意杀人罪,判处死刑,缓期 2 年执行,剥夺政治权利终身。判决发生效力后交付执行。2020 年 4 月 8 日,执行机关贵州省王武监狱提出减刑建议书,并经贵州省监狱管理局审核报送贵州省高级人民法院审理。贵州省高级人民法院依法组成合议庭进行了审理。

执行机关提出,罪犯胡某在死刑缓期执行期间,没有故意犯罪,并在 2018 年 12 月至 2020 年 1 月共获两次表扬。经审理查明,罪犯胡某因犯故意杀人罪,被判处死刑,缓期 2 年执行,剥夺政治权利终身,限制减刑。现死刑缓期执行期(2018 年 7 月 11 日至 2020 年 7 月 10 日)已满。在死刑缓期执行期间,罪犯胡某确无故意犯罪。在 2018 年 12 月至 2020 年 1 月共获两次表扬。上述事实有执行机关提供的计分考核罪犯行政奖励审批表、罪犯减刑审核表等证据证实,法院予以确认。法院认为,罪犯胡某在死刑缓期执行期间,没有故意犯罪,应予减刑。

■ 法理与法律适用评析

死刑缓期 2 年执行不是独立的刑罚种类,而是我国刑罚中死刑的一种特殊执行制度,是指对于罪该判处死刑的犯罪分子,如果不是必须立即执行,在判处死刑的同时宣告缓期 2 年执行,实行监管改造,以观后效的一种制度。

死刑缓期执行必然产生减刑或执行死刑两种结果,都涉及执行变更的问题。根据《刑法》的有关规定和《刑事诉讼法》第 261 条第 2 款的规定,被判处死刑缓期 2 年执行的罪犯,在死刑缓期执行期间,如果没有故意犯罪,死刑缓期执行期满,应当予以减刑;如果故意犯罪,情节恶劣,查证属实,应当执行死刑。应当予以减刑的,由执行机关提出书面意见报请高级人民法院裁定;应当执行死刑的,由高级人民法院报请最高人民法院核准;对于故意犯罪未执行死刑的,死刑缓期执行的期间重新计算,并报最高人民法院备案。

在本案中,罪犯胡某在死刑缓期执行期间,没有故意犯罪,并在 2018 年 12 月至 2020 年 1 月共获 2 次表扬,由执行机关贵州省王武监狱提出减刑建议

---

〔1〕 贵州省高级人民法院刑事裁定书,(2020)黔刑更 106 号。

书，并经贵州省监狱管理局审核报送贵州省高级人民法院审理，由贵州省高级人民法院依法组成合议庭予以审理确认。

■ 法条链接

《刑事诉讼法》第261、262、263条；《刑诉法解释》第500、501、502、503条。

第二节　监外执行

【案例20－2－01】社区矫正对象崔某某暂予监外执行收监执行监督案[1]

社区矫正对象崔某某，男，1958年8月出生，原山东某国有企业总经理。2015年6月2日因犯受贿罪被山东省淄博市博山区人民法院判处有期徒刑10年，刑期至2025年1月20日止。2015年7月4日，崔某某被交付山东省淄博监狱服刑。2016年5月6日，崔某某因在监狱中诊断患有胃癌被暂予监外执行，在山东省淄博市博山区某镇司法所接受社区矫正。因其儿子在上海工作并定居，崔某某被暂予监外执行后在上海接受手术及化疗。后为便于病情复查及照料看护，崔某某提出申请变更社区矫正执行地至上海市金山区。2017年3月6日，崔某某变更至上海市金山区某镇司法所接受社区矫正。崔某某在上海市金山区接受社区矫正期间能遵守社区矫正相关规定，按时向社区矫正机构报告病情复查情况，矫正表现良好。

2020年，金山区人民检察院结合病情诊断、专家意见和法医审查报告认为，崔某某化疗结束后3年期间未发现癌症复发或转移现象，暂予监外执行情形消失且刑期未满，依法监督社区矫正机构提请监狱管理机关将崔某某收监执行。

■ 法理与法律适用评析

监外执行，是指被判处无期徒刑、有期徒刑或者拘役的罪犯，本应在监狱或其他执行机关执行，由于出现了法律规定的某种特殊情形，不适宜在监狱或其他刑罚执行机关执行刑罚时，暂时采取的一种变通执行的方法。

---

〔1〕 社区矫正对象崔某某暂予监外执行收监执行监督案，最高人民检察院指导案例132号（2022年）。

在本案中,社区矫正对象崔某某,被判处有期徒刑且患有严重疾病,需要保外就医,符合《刑事诉讼法》第265条第1款规定的予以监外执行的情形。此外,也不属于适用保外就医可能有社会危险性的罪犯,或者自伤自残的例外情形,因此,在2016年5月6日,崔某某被暂予监外执行。

《刑事诉讼法》第267条规定了监外执行的监督:“决定或者批准暂予监外执行的机关应当将暂予监外执行决定抄送人民检察院。人民检察院认为暂予监外执行不当的,应当自接到通知之日起一个月以内将书面意见送交决定或者批准暂予监外执行的机关,决定或者批准暂予监外执行的机关接到人民检察院的书面意见后,应当立即对该决定进行重新核查。”《刑事诉讼法》第268条第1款细化了应当及时收监的条件:对暂予监外执行的罪犯,有下列情形之一的,应当及时收监:(1)发现不符合暂予监外执行条件的;(2)严重违反有关暂予监外执行监督管理规定的;(3)暂予监外执行的情形消失后,罪犯刑期未满的。

本案中,金山区人民检察院发挥了监外执行的监督职能,在结合病情诊断、专家意见和法医审查报告后认为,崔某某暂予监外执行情形消失且刑期未满,因此依法监督社区矫正机构提请监狱管理机关将崔某某收监执行。

■ 法条链接

《刑事诉讼法》第265、267、268条。

第三节 减刑和假释程序

【案例20-3-01】孙某果案[1]

1995年,孙某果因犯强奸罪被判处有期徒刑3年。其亲属通过伪造病历等非法手段帮助孙某果获得取保候审和保外就医,所判刑期大部分没有实际执行。1998年,孙某果再次因犯强奸罪、强制侮辱妇女罪和故意伤害罪,被昆明市中级人民法院一审判处死刑,立即执行。孙某果上诉后,云南省高级人民法院二审改判死刑缓期2年执行。此后,孙某果亲属多次通过非法手段,为孙某果获得改判、减刑,致孙某果在2010年被释放。

---

〔1〕 云南省高级人民法院刑事判决书,(2019)云刑再3号。

"扫黑除恶"专项斗争开始后，更名为"李某宸"的孙某果因涉黑涉恶被抓。2019 年 11 月 8 日，云南省玉溪市中级人民法院以孙某果犯组织、领导黑社会性质组织罪等 7 项罪名，判处孙某果有期徒刑 25 年，剥夺政治权利 5 年，并处没收个人全部财产。孙某果不服提出上诉，2019 年 12 月 17 日，云南省高级人民法院二审驳回孙某果的上诉，维持原判。

2019 年 12 月 23 日，云南省高级人民法院对孙某果 1997 年所犯强奸罪、强制侮辱妇女罪、故意伤害罪、寻衅滋事罪进行再审，决定对孙某果执行死刑，剥夺政治权利终身，并处没收个人全部财产。2020 年 2 月 10 日，孙某果被执行死刑。

■ 法理与法律适用评析

减刑和假释是我国刑罚执行中的重要制度，体现了我国惩办与宽大相结合，惩罚与教育相结合的刑事政策。正确地适用减刑和假释，对于鼓励犯罪分子加速改造，实现刑事诉讼的任务，具有重要意义。

一、实体依据

《刑法》第 78 条和第 81 条详细规定了减刑、假释的适用条件与限度。根据《刑法》第 78 条第 1 款的规定，被判处管制、拘役、有期徒刑、无期徒刑的犯罪分子，在执行期间，认真遵守监规，接受教育改造，确有悔改表现的，或者有立功表现的，可以减刑；有重大立功表现的，应当减刑。

与此同时，《刑法》第 50 条第 2 款也对限制减刑的情况作出了规定："对被判处死刑缓期执行的累犯以及因故意杀人、强奸、抢劫、绑架、放火、爆炸、投放危险物质或者有组织的暴力性犯罪被判处死刑缓期执行的犯罪分子，人民法院根据犯罪情节等情况可以同时决定对其限制减刑。"

根据《刑法》第 81 条的规定，被判处有期徒刑的犯罪分子，执行原判刑期二分之一以上，被判处无期徒刑的犯罪分子，实际执行 13 年以上，如果认真遵守监规，接受教育改造，确有悔改表现，没有再犯罪的危险，可以假释。如果有特殊情况，经最高人民法院核准，可以不受上述执行刑期的限制。对累犯以及因故意杀人、强奸、抢劫、绑架、放火、爆炸、投放危险物质或者有组织的暴力性犯罪被判处 10 年以上有期徒刑、无期徒刑的犯罪分子，不得假释。

二、程序规定

《刑事诉讼法》第 269 条规定，对被判处管制、宣告缓刑、假释或者暂予监外执行的罪犯，依法实行社区矫正，由社区矫正机构负责执行。

《刑事诉讼法》第 273 条第 2 款规定:"被判处管制、拘役、有期徒刑或者无期徒刑的罪犯,在执行期间确有悔改或者立功表现,应当依法予以减刑、假释的时候,由执行机关提出建议书,报请人民法院审核裁定,并将建议书副本抄送人民检察院。人民检察院可以向人民法院提出书面意见。"这一规定,明确了减刑、假释的程序。

监狱等执行机关在报请人民法院审核裁定减刑、假释时,必须做到材料完备、手续齐全,以保证人民法院审理活动的顺利进行。《刑诉法解释》第 535 条规定了人民法院受理减刑、假释案件,应当审查的由执行机关移送的各项材料。人民检察院对报请减刑、假释案件提出意见的,执行机关应当一并移送受理减刑、假释案件的人民法院。经审查,材料不全的,应当通知提请减刑、假释的执行机关在 3 日以内补送;逾期未补送的,不予立案。

三、审理方式

《刑诉法解释》第 538 条规定人民法院审理减刑、假释案件,应当组成合议庭,可以采用书面审理的方式,但也规定了应当开庭审理的 7 种情形。对于经查证核实,具备法定条件的减刑、假释案件,应裁定予以减刑、假释。减刑、假释裁定书应扼要写明罪犯确有悔改或立功表现的事实,引用《刑法》《刑事诉讼法》等法律规定的有关条款,并注明减刑、假释的起止日期。《监狱法》第 30 条规定,减刑建议由监狱向人民法院提出,人民法院应当自收到减刑建议书之日起 1 个月内予以审核裁定;案情复杂或者情况特殊的,可以延长 1 个月。减刑裁定的副本应当抄送人民检察院。

根据最高人民法院《关于减刑、假释案件审理程序的规定》第 16、17、18 条与《刑诉法解释》第 539 条和第 540 条之规定,减刑、假释裁定作出前,执行机关书面提请撤回减刑、假释建议的,人民法院可以决定是否准许。人民法院作出减刑、假释的裁定后,应当在 7 日内送达提请减刑、假释的执行机关、人民检察院以及罪犯本人。作出假释裁定的,还应当送达社区矫正机构或者基层组织。

四、监督程序

《刑事诉讼法》第 274 条规定了对减刑、假释的监督,人民检察院认为人民法院减刑、假释的裁定不当,应当在收到裁定书副本后 20 日以内,向人民法院提出书面纠正意见。人民法院应当在收到纠正意见后 1 个月以内重新组成合议庭进行审理,作出最终裁定。

本案引发社会广泛关注,除因孙某果前后犯下了诸多严重罪行,还有孙某果改判、减刑过程中发生的一系列"违法操作"。从最后发布的调查通报来看，孙某果在监狱服刑期间，在其父母四处张罗下，利用虚假的专利发明重大立功获取减刑。再审重新判处孙某果死刑，并对涉孙某果案的渎职腐败犯罪行为予以严肃惩处，弘扬了法治精神，伸张了社会正义。

■ 法条链接

《刑事诉讼法》第269、273、274条，《刑法》第78、81条，《刑诉法解释》第534、535、538条，最高人民法院《关于减刑、假释案件审理程序的规定》第16、17、18条，《监狱法》第30条。

第四节 对新罪、漏罪和申诉的处理

1 对新罪、漏罪的处理

【案例20-4-01】巫某平漏罪案[1]

被告人巫某平曾任安徽省蚌埠市委、政法委书记、市公安局局长，2017年8月因受贿罪，被滁州市中级人民法院判处有期徒刑5年6个月，并处罚金60万元，刑期自2016年5月19日至2021年11月18日。

2018年11月，刘某水因涉黑被抓。2019年10月，刘某水、刘某本、刘某刚、刘某安犯组织、领导黑社会性质组织罪、非法采矿罪、非法储存爆炸物罪、聚众斗殴罪、聚众扰乱社会秩序罪等，分别被判处20年至25年不等有期徒刑，并处没收个人全部财产。服刑期间的巫某平，也因为"'刘氏兄弟'涉黑案"，被发现漏罪。

2020年7月13日，安徽省芜湖市繁昌县人民法院公开宣判这一起黑社会性质组织"保护伞"案件，以包庇、纵容黑社会性质组织罪判处巫某平有期徒刑3年6个月，与前犯受贿罪判处的有期徒刑5年6个月数罪并罚，决定执行有期徒刑8年。

---

〔1〕 安徽省芜湖市繁昌县人民法院（现安徽省芜湖市繁昌区人民法院）刑事判决书，（2020）皖0222刑初53号。

■ 法理与法律适用评析

新罪,是指罪犯在服刑期间又犯的新罪行。漏罪,是指判决生效后在执行过程中发现的罪犯在判决宣告以前所犯的尚未判决的罪行。

《刑事诉讼法》第273条第1款规定:"罪犯在服刑期间又犯罪的,或者发现了判决的时候所没有发现的罪行,由执行机关移送人民检察院处理。"发现了罪犯的新罪或漏罪,都应依法追诉,这必然会涉及执行的变更问题。

本案中,被告人巫某平在刑罚执行期间,被发现了在判决宣告以前所犯的尚未判决的漏罪,应由监狱等有管辖权的机关进行侦查。侦查终结后,写出起诉意见书,连同案卷材料、证据一并移送人民检察院。由人民检察院按管辖分工的不同,向有管辖权的安徽省芜湖市繁昌县人民法院起诉。人民法院依法进行审判,将罪犯的漏罪所判处的刑罚与原判决尚未执行完毕的刑期,按数罪并罚的原则,决定应当执行的刑罚。

Ⅱ 对错判申诉的处理

【案例20-4-02】李某莲故意杀人再审无罪案——"毒糖杀人案"[1]

1998年10月9日,江西省遂川县横岭乡茂源村里,肖某某的两个儿子在家附近的石壁上捡到四粒"桂花奶糖",食用后不久中毒死亡。警方从现场发现三张"桂花奶糖"包装纸,并从糖纸上检出"毒鼠强"成分。次日,该村48岁的村民李某莲因有重大作案嫌疑被警方带走。1998年12月22日,李某莲被批准逮捕,1999年5月20日,江西省人民检察院吉安分院以故意杀人罪将李某莲诉至江西省吉安地区中级人民法院。1999年7月6日,江西省吉安地区中级人民法院作出一审判决,以故意杀人罪判处被告人李某莲死刑,缓期2年执行。

随后,李某莲提出上诉。2000年5月,江西省高级人民法院驳回李某莲的上诉,维持原判。在死刑缓期执行期间,李某莲没有故意犯罪,2年期满以后其刑罚减为无期徒刑。之后因李某莲在监狱内表现良好,又陆续获得5次减刑。即使在监狱内屡次获得减刑,李某莲的申诉也一直没有停止。

2011年2月24日,经最高人民法院指令,江西省高级人民法院决定另行组成合议庭再审该案。当年11月10日,经该院审判委员会讨论决定,江西省高级人民法院裁定维持原判。2017年上半年,最高人民检察院经复查后向最

---

〔1〕 江西省高级人民法院刑事判决书,(2018)赣刑再2号。

高人民法院提出了再审建议。当年7月9日，最高人民法院认为“李某莲的申诉符合重新审判的条件”，第二次指令江西省高级人民法院再审。2018年2月，江西省高级人民法院向李某莲送达再审决定书。

2018年6月1日，江西省高级人民法院对该案再审宣判，判决李某莲无罪，并予以释放。同年7月18日，李某莲向江西省高级人民法院递交国家赔偿申请书，提出请求包括赔偿侵犯人身自由赔偿金10,902,694.6元、侵害生命健康权的赔偿金1000万元、精神损害抚慰金2000万元以及申诉支出50万元，合计41,402,694.6元。9月18日下午，江西省高级人民法院作出赔偿决定，李某莲获293万余元国家赔偿，其中包括侵犯人身自由赔偿金203万余元，以及精神损害抚慰金90万元。

■ 法理与法律适用评析

《刑事诉讼法》第275条规定：“监狱和其他执行机关在刑罚执行中，如果认为判决有错误或者罪犯提出申诉，应当转请人民检察院或者原判人民法院处理。”根据该规定，在执行刑罚中，监狱和其他执行机关如果发现对罪犯的判决有错误，应及时将有关情况及意见向人民检察院或原判人民法院反映。在执行刑罚中，罪犯本人认为生效裁判有错误的，也可以向人民检察院或原判人民法院提出申诉，请求重新处理。所谓申诉，是指罪犯认为对自己的判决有错误，在服刑中提出撤销或变更原判刑罚的请求。对于罪犯的申诉材料，监狱或其他刑罚执行机关应当及时传递，不得扣压。

人民检察院或者原判人民法院对收到的申诉材料及意见，应当迅速审查。对于确有错误的，应依法提起审判监督程序，对案件进行再审。对于原判正确，申请没有理由的，可以驳回申诉，并将处理结果通知申诉人和有关执行机关。《监狱法》第24条规定，监狱在执行刑罚过程中，根据罪犯的申诉，认为判决可能有错误的，应当提请人民检察院或者人民法院处理，人民检察院或者人民法院应当自收到监狱提请处理意见书之日起6个月内将处理结果通知监狱。

在本案中，被告人李某莲即使在监狱内屡次获得减刑，但他的申诉也一直没有停止。即使2011年江西省高级人民法院再审裁定维持原判，他也依旧坚持申诉。最终在2017年，最高人民检察院经复查后向最高人民法院提出了再审建议，最高人民法院第二次指令江西省高级人民法院再审，最终改判无罪。被告人李某莲通过申诉终还自己清白，并根据《国家赔偿法》的相关规定，依法获得国家赔偿。

■ 法条链接

《刑事诉讼法》第273、275条,《监狱法》第24条。

■ 参考文献

1. 李少平主编:《最高人民法院关于适用〈中华人民共和国刑事诉讼法〉的解释理解与适用》,人民法院出版社2021年版。
2. 陈光中主编:《刑事诉讼法》(第7版),北京大学出版社、高等教育出版社2021年版。
3. 叶青主编:《刑事诉讼法学》(第4版),上海人民出版社、北京大学出版社2020年版。

第二十一章　未成年人刑事案件诉讼程序

第一节　未成年人犯罪案件诉讼程序概述

未成年人刑事诉讼程序，是指由法律专门规定适用于未成年人刑事案件的特别刑事诉讼程序，和普通刑事诉讼程序一样，包含侦查、起诉、审判、执行等程序，不同之处在于犯罪主体是未成年人。

未成年人犯罪，是世界各国普遍存在的一个严重的社会问题。未成年人正处在成长发育的过程之中，生理、心理等方面发育尚未完全成熟，辨别是非能力和自我控制能力较差，缺乏社会经验，富于幻想，容易受外界事物和不良环境的影响误入歧途，但同时未成年人也具有较大的可塑性，容易接受教育矫治改过自新，所以刑事实体法对未成年人犯罪作出特别规定，予以法律的宽宥。同样地，由于未成年人上述生理和心理发育的特殊性，只有实体法的规定并不能完全帮助未成年人克服经历刑事诉讼过程的负面影响，必须配备与之相适应的程序法规定。

我国少年司法制度起步晚，发展速度较慢，多年来只在实体法上有原则性规定，直到2012年我国《刑事诉讼法》修改时，吸收近年来我国各地司法机关在办理未成年人刑事案件中取得的经验和成果，增设了“未成年人刑事案件诉讼程序”专章，对未成年人犯罪案件的刑事诉讼程序作了特别规定，填补了我国未成年人犯罪刑事诉讼专门立法的空白，对于我国少年司法制度的发展具有里程碑意义。

对于未成年人的刑事责任能力，各国的立法规定不尽一致，我国《刑法》第17条对此作了明确规定。一般而言，我国未成年人犯罪的诉讼程序，是指对于已满14周岁未满18周岁的人犯罪的案件的处理程序，但对于已满12周岁不满14周岁的未成年人实施故意杀人、故意伤害罪，致人死亡或者以特别残忍手段致人重伤造成严重残疾，情节恶劣，经最高人民检察院核准追诉的，同样需要承担刑事责任。换言之，我国未成年人刑事诉讼程序既包括对已满

14周岁未满18周岁的未成年人犯罪的侦查、起诉、审判和执行等刑事诉讼程序,也包括对已满12周岁不满14周岁未成年人犯罪的核准追诉程序。同时,根据《中华人民共和国预防未成年人犯罪法》(以下简称《预防未成年人犯罪法》)的规定,公安机关发现未成年人实施的有刑法规定,但因不满法定刑事责任年龄不予刑事处罚的行为,或者其他严重危害社会的行为,应当及时制止,依法调查处理。同时,对于未成年人实施的有刑法规定,但是情节显著轻微、危害不大,不作为犯罪处理的,也可对其进行保护处分。故这一保护处分程序和未成年人刑事诉讼程序密切相关,着眼于对未成年人最适宜的处置,通过矫治教育帮助他们回归社会,所以本书将该保护处分程序也放在未成年人刑事诉讼程序内予以论述。

第二节　未成年人刑事诉讼的方针和原则

1 未成年人刑事诉讼方针

《刑事诉讼法》第277条第1款规定:"对犯罪的未成年人实行教育、感化、挽救的方针,坚持教育为主、惩罚为辅的原则。"《未成年保护法》第113条第1款规定:"对违法犯罪的未成年人,实行教育、感化、挽救的方针,坚持教育为主、惩罚为辅的原则。"我国是人民民主专政的社会主义国家,对于未成年人犯罪的处理,一贯实行"教育、感化、挽救"的方针。

首先,未成年人是国家的希望,民族的未来,把我国下一代培养成为有社会主义觉悟的、有文化的劳动者,是全党和全国各族人民的共同任务。关怀、爱护和教育包括有违法犯罪行为在内的未成年人,是党和政府义不容辞的职责,也是全社会共同的责任。

其次,未成年人具有较大的可塑性和接受教育的可能性。从实践来看,大多数未成年犯罪嫌疑人实行的是轻微或者一般犯罪,接受教育矫治改掉不良习性的可能性非常大。这就需要我们对犯罪的未成年人在生活上关心体贴,在政治上爱护,帮助他们学习文化技术,使他们消除疑惧心理和对立情绪,早日重返社会。

最后,要秉持"宽容而不纵容"的政策。对犯罪情节严重的未成年人,采取必要的惩罚措施,促使其认罪、悔罪,但最终目的还是实现教育、感化和挽救。

Ⅱ 未成年人刑事诉讼原则

◎ 社会调查原则

【案例21-2-01】卫某某强奸案[1]

被告人卫某某(男,14岁)和被害人何某某(女,13岁)系恋爱关系。2020年12月至2021年5月19日,卫某某在明知何某某未满14周岁的情况下,仍在其住处及租住的某公寓房内,多次与何某某发生性关系,并致被害人何某某怀孕堕胎。

2021年5月17日,卫某某至公安派出所投案自首,如实供述了犯罪事实。2021年5月18日,卫某某被公安机关以涉嫌强奸罪取保候审。2021年9月17日,公安机关以卫某某涉嫌强奸罪将本案移送检察机关审查起诉。2021年12月23日,被告人卫某某被人民法院以强奸罪判处有期徒刑2年9个月,缓刑2年9个月。

■ 法理与法律适用评析

本案中检察机关委托社工组织对卫某某的成长经历、犯罪原因、监护教育等进行了全面的社会调查,为后期对卫某某的处理提供了参考。

社会调查原则,是指司法机关在办理未成年人刑事案件过程中,不仅要评估犯罪行为的严重程度,还应当了解未成年犯罪嫌疑人自身的情况,通过自行或委托有关组织和机构,就未成年犯罪嫌疑人的成长经历、犯罪原因、监护教育等情况进行调查,分析未成年人犯罪的主客观原因,采取最恰当的处理方式,以达到教育、感化、挽救的目的。社会调查是许多国家办理未成年人刑事案件的惯例,是未成年人刑事诉讼程序贯彻刑罚个别化和全面调查原则的具体表现。进行社会调查不仅可以有针对性地对违法犯罪的未成年人进行教育挽救,还可以促使其认罪悔改。在侦查阶段,社会调查情况是侦查机关对未成年犯罪嫌疑人采取取保候审或刑事拘留强制措施的判断依据之一;在审查批捕阶段,社会调查有利于检察机关判断未成年犯罪嫌疑人的人身危险性,正确适用强制措施;在审查起诉阶段,社会调查为决定对未成年犯罪嫌疑人进行非犯罪、非刑罚、非监禁处置提供依据;在法庭审理阶段,社会调查是法院定罪量

---

〔1〕 卫某某强奸案,上海市浦东新区人民法院(2021)沪0115刑初5070号刑事判决书。

刑、刑罚执行和法庭教育的参考依据；在刑罚执行阶段，社会调查也为对未成年人进行有效的社区矫正奠定基础。

本案中，经过社会调查发现卫某某自幼父母离异且均另组家庭，卫某某实则由爷爷奶奶抚养长大，爷爷奶奶对其较为溺爱，卫某某的家庭教育严重缺失。卫某某因家庭变故对父母心生不满，初二时结识不良少年群体，产生厌学情绪，并在2019年经诊断患有抑郁症和焦虑症，经治疗有好转。卫某某在校期间结识与其家庭成长环境相似的何某某，两人以恋人身份相处。2021年年初两人辍学后，卫某某因和家人发生矛盾，和何某某一同在外租住，后何某某怀孕流产导致案发。

◎ 分案处理原则

【案例21-2-02】刘某某非法拘禁案[1]

被告人张某某（成年人）虚构被害人侍某某欠其价值400余万元人民币赌债的事实，先后纠集多名成年人及被告人刘某某（男，17岁，分案处理）为其追讨赌债。

2021年7月25日凌晨，由张某某将被害人侍某某诱骗至酒店客房，在控制侍某某人身自由后对其进行殴打，逼迫其说出手机密码。遭到拒绝后，多人采用捆绑、封嘴等方式于当日9时许将侍某某挟持至安徽省天长市住处，再继续采用捆绑、用针扎手指等方式胁迫侍某某说出手机及数字钱包密码，由张某某指挥操作，将被害人火币网账户中的共计43余万虚拟币USDT（泰达币）转账至指定火币网账户。之后，又胁迫侍某某向其朋友借得共计27万USDT，均转账至指定火币网账户，后于当日17时许将侍某某释放。

2021年7月31日，被告人刘某某被公安机关抓获；2021年11月3日公安机关以张某某等人涉嫌抢劫罪，刘某某等人涉嫌非法拘禁罪将该案移送检察机关审查起诉；2021年12月21日，被告人刘某某被人民法院以非法拘禁罪判处有期徒刑1年6个月。

■ 法理与法律适用评析

分案处理原则，是指在刑事诉讼过程中对未成年人和成年人共同犯罪案件，一般应当将未成年人和成年人分案办理，分别适用不同的诉讼程序，分别

[1] 刘某某非法拘禁案，上海市浦东新区人民法院（2021）沪0115刑初5071号刑事判决书。

羁押、分别处理、分别执行。分案处理有利于未成年与成年被告人各自诉讼权利的保护，有助于对未成年人采取特殊保护的庭审方式和犯罪记录封存的落实，也有助于成年人获得案件公开审理的权利。

本案中刘某某系未成年人，受被告人张某某等人纠集参与犯罪，其主观仅知为帮助张某某追讨赌债，后实施了非法限制他人人身自由且暴力殴打的行为，并不清楚该赌债是虚构的，主观上不具有非法占有的目的，故将其与其他成年被告人分案起诉，将刘某某以非法拘禁罪起诉至少年法庭，其他成年人以抢劫罪、非法拘禁罪起诉至刑事审判庭，体现了对未成年人的特别保护。

◎ 保密原则

【案例21－2－03】施某某贩卖毒品案[1]

2020年11月至2021年1月，犯罪嫌疑人施某某(男，17岁)在其就读的某中学高三班级内，先后10次以100元2粒的价格，将其通过医院就诊开具的治疗多动症的处方药——含有哌醋甲酯成分的18毫克“专注达”盐酸哌甲酯缓释片(共10粒)、36毫克“专注达”盐酸哌甲酯缓释片(共10粒)出售给其同学，获利约人民币1000元，后施某某因涉嫌贩卖毒品罪被公安机关移送起诉至检察机关。

■ 法理与法律适用评析

保密原则，是指在办理未成年人刑事案件中，对于知悉、掌握的和未成年人密切相关的信息予以保密，不得公开或者传播涉案未成年人的姓名、住所、照片、图像及可能推断出该未成年人的其他资料。保密原则的立法初衷在于在刑事诉讼过程中最大限度地保障未成年人隐私，更有利于对他们开展教育、感化、挽救工作，防止由于隐私泄露给他们造成不必要的精神创伤，避免其被“标签化”，从而顺利实现未成年被告人的再社会化。

本案涉及多名高三未成年人，且发生在校园内，性质恶劣，影响范围也较广，但警示意义突出。后期在作为涉毒品典型案例宣传时，要注重落实保密原则，隐去涉案人和学校的具体情况以及其他可以推断出涉案人情况的细节，在教育宣传的同时保护涉案未成年人隐私。

---

〔1〕 施某某贩卖毒品案，上海市公安局浦东分局沪公浦(三林刑)诉字〔2021〕309953号移送审查起诉意见书。

◎ **强制辩护原则**

【案例21－2－04】丁某某盗窃案[1]

2022年2月12日1时许，被告人丁某某（男，16岁）至上海市浦东新区某超市，踹门进入店内，从店内吧台收银箱内窃得现金人民币6000余元，窃得中华、黄金叶等牌香烟20条，之后同他人将上述赃物销赃得款9000余元。经鉴定，上述香烟价值人民币11,000余元。

2022年2月19日，被告人丁某某被公安机关抓获。2022年6月23日，公安机关以丁某某涉嫌盗窃罪将该案移送检察机关审查起诉；2022年8月3日，被告人丁某某被人民法院以盗窃罪判处有期徒刑8个月，罚金500元。

■ 法理与法律适用评析

《刑事诉讼法》第278条规定："未成年犯罪嫌疑人、被告人没有委托辩护人的，人民法院、人民检察院、公安机关应当通知法律援助机构指派律师为其提供辩护。"本案检察机关在审查逮捕阶段经审查发现，丁某某未满18周岁，且没有聘请律师，公安机关亦尚未为丁某某委托法律援助律师。故检察机关立刻办理相关手续，通知法律援助机构指派律师为丁某某提供辩护，保障未成年人获得辩护的权利。

第三节　未成年人案件的诉讼程序

Ⅰ 保护处分

保护处分，指以保护为目的的处分，是对罪错未成年人采取刑罚之外的专门性教育矫治措施，是进行提前干预、预防其再犯的措施，适用的对象包括：实施了《预防未成年人犯罪法》规定的严重不良行为的未成年人；实施违反治安管理行为的未成年人；实施刑法分则规定的行为，但因情节显著轻微危害不大，不认为是犯罪的未成年人；实施刑法分则规定的行为但因未达刑事责任年龄不予刑事处罚的未成年人。

---

[1] 丁某某盗窃案，上海市浦东新区人民法院（2022）沪0115刑初1027号刑事判决书。

◎ **观护帮教**

【案例 21-3-01】陈某某等人非法拘禁案[1]

陈某某（男，17 岁）与刘某某（男，17 岁）在同一学校就读，因为琐事引发矛盾，两人关系恶化，长期不和。2021 年 9 月 24 日晚，两人再次发生冲突，相约至上海市浦东新区某酒吧附近见面，陈某某纠集黄某某（男，16 岁）、蒋某某（男，15 岁）等人共同到场“教训”刘某某。9 月 25 日 5 时，陈某某、蒋某某等人强行将刘某某带至某酒店房间内限制其人身自由。其间，由蒋某某提议，黄某某、陈某某等人逼迫刘某某长时间洗冷水澡，用湿毛巾抽打刘某某，击打刘某某的头部并浇冷水，虐待被害人刘某某，直至当日晚上刘某某寻得机会后逃离。

2021 年 12 月 30 日，公安机关以陈某某等人涉嫌非法拘禁罪将其移送检察机关审查起诉。2022 年 6 月 16 日，陈某某等人被检察机关作出附条件不起诉决定，蒋某某被公安机关作出保护处分决定。

■ 法理与法律适用评析

观护帮教是针对罪错未成年人开展的观察看护和帮助教育，一般是依托社工组织开展专业化的考察、帮教和教育矫正，并将帮教结果作为司法处理的依据，使未成年人能够正常回归社会，预防再犯。保护处分期间的观护帮教，更关注于教育罪错未成年人使其能够认识到自身行为的危害性，并为其提供学习法律知识和文化知识的机会，同时会对其不良行为进行矫正。

本案中，15 岁的蒋某某虽然在案件中起了重要作用，但由于其未达刑事责任年龄，公安机关未对其作任何处理。检察机关督促公安机关对蒋某某作出保护处分的决定，后公安机关对蒋某某进行了训诫，并委托社工对他进行观护帮教，让他在司法机关、社工组织、家庭等的共同关心帮助下，增强法治观念，提高遵纪守法和遵守社会公德的意识。

---

〔1〕 陈某某等人非法拘禁案，上海市浦东新区人民检察院沪浦检未附不诉〔2022〕5 号附条件不起诉决定书。

◎ 专门教育

【案例 21－3－02】施某某、周某某放火案[1]

2021 年 1 月 27 日,被告人周某某(男,15 岁)、施某某(男,15 岁)在上海市浦东新区上南路附近为寻求刺激,使用随身携带的打火机点燃纸巾乱扔,致多辆电动车、自行车、门店招牌、空调外机被烧毁,共计造成损失约人民币 18,000 元,后两人逃逸。

2021 年 4 月 19 日,公安机关以施某某、周某某涉嫌放火罪将该案移送检察机关审查起诉;2022 年 7 月 28 日,被告人施某某、周某某均被法院以放火罪判处有期徒刑 1 年,缓刑 1 年。两人在取保候审和缓刑考验期间均被送往专门学校接受专门教育。

■ 法理与法律适用评析

专门教育是指在专门学校对罪错未成年人进行教育和矫治的保护处分措施,也是保护处分措施中最强有力的手段。《预防未成年人犯罪法》第 43 条指出,对有严重不良行为的未成年人,未成年人的父母或者其他监护人、所在学校无力管教或者管教无效的,可以向教育行政部门提出申请,经专门教育指导委员会评估同意后,由教育行政部门决定送入专门学校接受专门教育。

本案中,检察机关经审查发现,周某某、施某某除上述放火罪之外,还有盗窃他人电动车的行为,在学校也经常违反规定,逃学逃课,属于“问题少年”。经分析研判,检察机关认为两名未成年犯罪嫌疑人在取保候审期间更适宜在专门学校接受教育矫治,遂联合教育行政部门将两人提交上海市专门教育研究与评估中心进行评估。经评估,两人被送入专门学校接受专门教育。目前,两人在该校学习状况良好,行为规范也得到了极大提升。这也是浦东新区人民检察院办理的第一例在案未成年犯罪嫌疑人送入专门学校接受教育的案例。

---

〔1〕 施某某、周某某放火案,上海市浦东新区人民法院(2021)沪 0115 刑初 3268 号刑事判决书。

Ⅱ 立案侦查

【案例21-3-03】孙某某盗窃案[1]

2020年10月至12月，被告人孙某某（男，17周岁）多次伙同他人，经事先预谋，在江苏省及上海市浦东新区多地，采用拉轿车车门方式，窃得多名被害人存放于轿车内的财物，涉案财物总计达人民币10,000余元。

2020年12月30日，公安机关至江苏省昆山市抓获被告人孙某某；2022年2月21日，公安机关以孙某某涉嫌盗窃罪将该案移送检察机关审查起诉；2022年7月11日，被告人孙某某被人民法院以盗窃罪判处有期徒刑9个月，并处罚金500元。

在立案侦查阶段，公安机关讯问孙某某时，按规定通知其父母作为法定代理人到场参与讯问，但其父母表示两人均在外地工作，路途遥远无法到场参与，其他成年家属也都不在上海，因此公安机关聘请了青少年社工担任合适成年人到场参与讯问。

■ 法理与法律适用评析

讯问、审判未成年犯罪嫌疑人、被告人时，应当通知其法定代理人到场。一方面，可以切实地保护未成年犯罪嫌疑人、被告人的合法权益，减少他们在诉讼活动中受到负面影响，同时保证诉讼活动的正常进行；另一方面，未成年人走上犯罪道路，往往与家庭教育不当有密切的关系，到场制度可以使父母了解子女的犯罪事实以及他们走上犯罪道路的原因，反思家庭教育方面存在的问题，这有助于父母配合司法机关共同教育、挽救未成年人。

当法定代理人不能或者不适合到场时，可以通知合适成年人到场，使其代为行使法定代理人的部分诉讼权利，维护涉罪未成年人合法权益，并履行监督、沟通、抚慰、教育职责。需要注意的是，当法定代理人不能或者不宜到场的情形消失后，人民检察院应当及时通知法定代理人到场。

Ⅲ 审查逮捕

《刑事诉讼法》第280条第1款规定："对未成年犯罪嫌疑人、被告人应当严格限制适用逮捕措施……"故对于未成年人刑事案件，一般情况下可捕可

〔1〕 孙某某盗窃案，上海市浦东新区人民法院（2022）沪0115刑初664号刑事判决书。

不捕的坚决不捕，避免羁押造成的交叉感染，为未成年人顺利回归社会铺平道路。未成年人刑事案件以不批准逮捕为原则，以批准逮捕为例外，故在此仅阐述不批准逮捕和相应的措施。

◎ 不批准逮捕及观护帮教

【案例 21－3－04】李某盗窃案〔1〕

2021 年 11 月 18 日 11 时许，被不起诉人李某伙同他人（另案处理）至上海市浦东新区三林镇某居民小区，采用撬断挂锁入室的方法，窃得被害人张某家中金银饰品若干，其中一件足金合成红宝石耳饰经鉴定价值人民币 793 元。

2021 年 11 月 20 日，被不起诉人李某因涉嫌盗窃罪被刑事拘留。后经检察机关审查，本案系入户盗窃，被不起诉人李某犯罪时系未成年人，认罪悔罪，赃物已找回并发还被害人，取得被害人谅解，且李某的父母在本区有固定的住所和工作，能够担任李某的保证人，故检察机关于 2021 年 12 月 27 日对李某作出不批准逮捕决定，并对李某开展不捕后的观护帮教工作。2022 年 1 月 6 日，公安机关以李某涉嫌盗窃罪将该案移送检察机关审查起诉；2022 年 1 月 26 日，检察机关对李某作出不起诉决定。

■ 法理与法律适用评析

对于不批准逮捕的未成年犯罪嫌疑人，绝不是简单的“一放了之”。为了弥补非羁押性强制措施执行方式的不足，避免涉罪未成年人在较长的取保候审、监视居住期间再次犯罪或脱逃，确保刑事诉讼的顺利进行，也为了使其顺利回归社会，需要对其开展观护帮教工作。观护人员负责帮教对象的日常观护工作，主要包括对帮教对象的价值观纠偏、行为矫治、心理疏导，安排其参加公益劳动、知识学习和技能培训等活动。观护帮教期满后，观护机构根据帮教对象在观护帮教期间的综合表现，制作情况报告并提出处理建议，提交检察机关。检察机关综合案件情况及观护帮教情况等，对观护对象作出最终司法处理决定。

---

〔1〕 李某盗窃案，上海市浦东新区人民检察院沪浦检未刑不诉〔2022〕4 号不起诉决定书。

◎ **羁押必要性审查**

【案例 21－3－05】刘某某、宋某某诈骗案[1]

2020 年年底至 2021 年 4 月，同案人邓某、李某某（成年人，均另案处理）在某直播平台注册成立公会，先后招募被告人刘某某（男，17 岁）、宋某某（男，17 岁）及多名成年同案人，通过网络以冒用身份、暧昧聊天、构建亲昵关系并控制直播 PK 结果、水军起哄等方式共同诱骗被害人梁某某等人进入该直播平台并充值打赏。经审计，从 2021 年 1 月 19 日至 4 月 19 日，该公会骗取全国各地被害人钱款共计 9 万余元人民币。

2021 年 4 月 23 日，公安机关在该公会经营地将被告人刘某某、宋某某抓获。到案后，刘某某、宋某某对上述犯罪事实拒不供认。

2021 年 5 月 31 日，检察机关以被告人刘某某、宋某某涉嫌诈骗罪对其批准逮捕。2021 年 6 月 22 日，经被告人刘某某的辩护律师、宋某某的法定代理人申请，检察机关对刘某某、宋某某进行羁押必要性审查。2021 年 7 月 14 日，检察机关经审查决定，建议公安机关对被告人刘某某、宋某某变更强制措施。2021 年 7 月 15 日，公安机关采纳检察机关建议，对被告人刘某某、宋某某采取取保候审强制措施。2021 年 12 月 21 日，刘某某、宋某某均被人民法院以诈骗罪判处有期徒刑 9 个月，缓刑 1 年，罚金 1500 元。

■ 法理与法律适用评析

羁押必要性审查，是指人民检察院依据《刑事诉讼法》第 95 条的规定，对被逮捕的犯罪嫌疑人、被告人有无继续羁押的必要性进行审查，对不需要继续羁押的，建议办案机关予以释放或者变更强制措施的监督活动。羁押是保障刑事诉讼顺利进行的重要手段，但也意味着对人身自由的剥夺。相较于成年人的刑事诉讼，少年司法本身便具备宽容性更高的性质，就未成年人而言，更应当以羁押为例外，以不羁押为常态。对涉罪未成年人进行羁押必要性审查，有助于保护未成年人的合法权利，对被羁押未成年人的权利救济有重要意义。

本案中，犯罪嫌疑人刘某某、宋某某在审查批捕阶段对部分犯罪事实避重就轻、相互推诿，认罪态度较差，故综合全案情况，对两人批准逮捕。在批准逮捕后，刘某某、宋某某经教育后能如实供述全部犯罪事实，并且在家属的帮助

---

〔1〕 刘某某、宋某某诈骗案，上海市浦东新区人民法院（2021）沪 0115 刑初 4560 号刑事判决书。

下积极退缴违法所得。经羁押必要性审查,检察机关认为刘某某、宋某某犯罪时系未成年人,到案后逐步认罪悔罪,且已退缴全部违法所得,可能被判处1年以下有期徒刑或者宣告缓刑,故建议公安机关对两人变更强制措施。

Ⅳ 审查起诉

◎ 心理疏导/心理测评

【案例21-3-06】宓某某寻衅滋事案[1]

2020年5月13日16时许,郑某(女,15岁,在校学生,另行处理)因与被害人王某某(女,15岁,在校学生)有矛盾,遂纠集黄某某(女,15岁,在校学生,另行处理)至上海某中学找到王某某,并在该校操场上通过抽耳光、脚踹等方式随意殴打王某某。后郑某、黄某某又伙同被告人宓某某(男,17岁,社会人员)、闵某某(男,15岁,社会人员,另行处理)一起将王某某带至上海某商业广场消防通道内,同时黄某某还通知张某某(女,15岁,另行处理)前来现场。随后,郑某、黄某某、张某某、闵某某和被告人宓某某等人通过扇耳光、踢踹、让被害人下跪自扇耳光等方式共同对王某某进行殴打并同步拍摄视频,后又从王某某处强拿硬要1300元人民币。

经鉴定,被害人王某某因外力致面部软组织挫伤、体表挫伤面积15.0cm^2以上,二项损伤均构成轻微伤。

2020年5月14日11时许,被告人宓某某在某酒店被公安机关抓获;2020年8月17日公安机关以被告人宓某某涉嫌寻衅滋事罪将其移送检察机关审查起诉。2021年4月15日,被告人宓某某被人民法院以寻衅滋事罪判处有期徒刑1年。

审查起诉阶段,被告人宓某某在看守所出现自残自伤行为。随后,检察机关携带心理疏导老师进入看守所进行心理疏导。后在检察官释法说理和心理老师的多次疏导干预下,被告人宓某某的情绪逐渐平静,能接受现状并配合司法处理。

■ 法理与法律适用评析

心理疏导/心理测评能够帮助检察官了解未成年犯罪嫌疑人、被害人、证

---

〔1〕 宓某某寻衅滋事案,上海市浦东新区人民法院(2021)沪0115刑初275号刑事判决书。

人等相关人员的心理状况，一定程度上能够帮助缓解未成年犯罪嫌疑人犯罪后、被害人被侵害后（性侵害、监护侵害以及其他犯罪侵害）、证人作证后心理上和身体上的恐惧、不安状态。法律规定人民检察院根据需要可以对涉罪未成年人（包括未达法定刑事责任年龄而不负刑事责任的未成年人）、未成年被害人、未成年证人（特别是目睹暴力者）进行心理疏导。必要时，经未成年人及其法定代理人同意，可以对未成年人进行心理测评。心理测评应当由具有心理咨询师资质的检察人员或者委托具有执业资质的心理咨询师进行。

本案中，被告人宓某某在案发后出现自残自伤行为显露出其在案发后的处于恐惧不安、矛盾冲突的心理状态，既担忧刑事处罚对其未来发展造成不良后果，又对多人参与仅其被刑事处理感到不平衡。检察机关通过专业的心理疏导能够帮助其逐步消除上述状态。

◎ 认罪认罚

【案例21－3－07】周某某敲诈勒索案[1]

2021年5月至6月，被不起诉人周某某（男，17岁）明知他人实施敲诈勒索犯罪，仍多次将名下的银行卡提供给他人使用，并帮助转移敲诈所得钱款。

经查实，2021年5月1日，被不起诉人周某某名下的中国邮政储蓄银行卡支付结算被害人许某某（成年人）被敲诈勒索金额18,000元；同年5月18日和5月19日，被不起诉人周某某名下的中国农业银行卡支付结算被害人赵某某（成年人）被敲诈勒索金额11,700元；同年6月16日，被不起诉人周某某名下的中国农业银行卡支付结算被害人岑某某（成年人）被敲诈勒索金额6000元后转移。

2021年5月19日，公安机关在被不起诉人周某某住处将其抓获。2021年11月4日，公安机关以周某某涉嫌敲诈勒索罪将其移送至检察机关审查起诉。

审查起诉阶段，被不起诉人周某某积极认罪悔罪、退赃退赔，并在律师和合适成年人的见证下自愿签署认罪认罚具结书。2022年1月12日，检察机关对周某某作出不起诉决定。

---

〔1〕 周某某敲诈勒索案，上海市浦东新区人民检察院沪浦检未刑不诉〔2022〕1号不起诉决定书。

■ 法理与法律适用评析

未成年人认罪认罚流程基本与上述成年人一致,但也存在个别差异,主要体现在以下几个方面:一是告知未成年犯罪嫌疑人权利义务的同时也要告知其法定代理人。二是未成年犯罪嫌疑人签署具结书时,其法定代理人应当到场并签字确认。法定代理人无法到场的,合适成年人应当到场签字确认。三是法定代理人、辩护人对未成年人认罪认罚有异议的,未成年犯罪嫌疑人则不需要签署具结书。

本案中,被不起诉人周某某的法定代理人均在外地,无法到场参与见证,故检察机关在被不起诉人及其法定代理人无异议的情况下,聘请了合适成年人到场参与见证。最后,检察机关在综合被不起诉人具有未成年人、坦白、认罪认罚、赔偿被害人损失等从宽情节的基础上,对周某某作出不起诉决定。

◎ 附条件不起诉

【案例 21-3-08】孙某某等四人寻衅滋事案[1]

2018 年 5 月 14 日晚 5 时许,宋某某(已判刑)纠集郭某某(已判刑)及被不起诉人孙某某、应某某、陈某某、吴某某(均 17 岁,系在校学生)等人至某中学门口,宋某某和郭某某向被害人沈某某询问某高三学生在何处时,觉得沈某某态度不恭。待沈某某等人走后,宋某某和郭某某决定"教训"沈某某,遂宋某某、郭某某及被不起诉人孙某某、应某某、陈某某、吴某某等人尾随沈某某等人至某小区内,共同对沈某某及同行的张某某实施殴打。其间被不起诉人应某某持就地捡拾的棍子对被害人殴打,宋某某持仿真手枪对被害人进行威胁,并同郭某某及被不起诉人孙某某、陈某某、吴某某对被害人扇耳光、拳打脚踢等。经法医鉴定,被害人沈某某头部及左眼部均分别构成轻微伤,被害人张某某腹部外伤。

2018 年 6 月 12 日,被不起诉人孙某某被公安人员抓获,同日被取保候审。次日,被不起诉人应某某主动投案,并根据公安人员的要求电话通知被不起诉人吴某某、陈某某投案。吴某某、陈某某据此投案,同日 3 人均被取保候审。

---

[1] 孙某某等四人寻衅滋事案,上海市浦东新区人民检察院沪浦检未检附不诉〔2019〕67 号附条件不起诉决定书、上海市浦东新区人民检察院沪浦检未检附不诉〔2019〕690 号附条件不起诉决定书。

2019 年 1 月 7 日，公安机关以孙某某等 4 人涉嫌寻衅滋事罪将其移送检察机关审查起诉。2019 年 2 月 15 日，检察机关依法对 4 人作出附条件不起诉决定；同年 8 月 14 日考察结束，同年 8 月 16 日检察机关对孙某某 4 人作出不起诉决定。

■ 法理与法律适用评析

附条件不起诉，是指检察机关对符合条件的未成年犯罪嫌疑人，设定一定的条件和考察期限，未成年犯罪嫌疑人在考察期内遵守相关规定、履行相关义务，考察期满后未发现应当起诉的情形后，检察机关将依法对未成年犯罪嫌疑人作出不起诉处理。

根据《刑事诉讼法》第 282 条的规定，作出附条件不起诉应当同时满足以下五个条件：

1. 对象条件。附条件不起诉只适用于未成年人，即犯罪时未满 18 周岁的人。

2. 罪名条件。附条件不起诉的犯罪嫌疑人所涉嫌的罪名为刑法分则第四章、第五章、第六章规定的犯罪，在此范围之外的其他罪名，不得适用附条件不起诉。

3. 刑罚条件。附条件不起诉的犯罪嫌疑人可能被判处 1 年有期徒刑以下刑罚。应当指出的是，此处“1 年有期徒刑以下刑罚”是指对该未成年人一旦交付审判，法院对其可能适用的刑罚，而不是指其所犯罪的法定最高刑。

4. 起诉条件。附条件不起诉的案件应当是犯罪嫌疑人的犯罪事实已经查清，证据确实、充分，符合起诉条件的案件。应当指出的是，对于事实不清，证据不够确实、充分的，应当通过补充侦查查明犯罪事实。在犯罪事实查明之前，不得适用附条件不起诉。若无法通过补充侦查查明犯罪事实，也不得适用附条件不起诉，而应当作出存疑不诉处理决定；如果犯罪情节轻微，依照刑法规定不需要判处刑罚或者免除刑罚，人民检察院可以直接作出不起诉决定。如果发现犯罪嫌疑人没有犯罪事实，或者有《刑事诉讼法》第 16 条规定的六种情形之一，应当作出绝对不起诉处理决定，也不得适用附条件不起诉。

5. 悔罪条件。附条件不起诉的未成年犯罪嫌疑人应当有悔罪表现。一般来说，“悔罪表现”在行动上可以具体表现为对犯罪事实的供认不讳、积极认罪认罚、认识到自己行为的危害性、积极向被害人赔礼道歉、积极对被害人赔偿等。

本案主犯宋某某和郭某某均被判刑，考虑到孙某某等4人均系在校生，且面临高考，虽无前科劣迹，但存在抽烟、触犯校规、打架、结交不良朋辈等不良行为，法治观念淡薄，家庭教育缺失，有接受教育矫治的必要，故检察机关对孙某某等4人作出附条件不起诉决定。在考察期间，检察机关会同社工组织、家长组建帮教考察小组，为4人制定个性化的帮教方案。孙某某等4人在考察期间表现良好，最终被检察机关作出不起诉决定。

◎ **核准追诉**

这里的核准追诉，特指低龄未成年人的核准追诉。《刑法》第17条第3款规定："已满十二周岁不满十四周岁的人，犯故意杀人、故意伤害罪，致人死亡或者以特别残忍手段致人重伤造成严重残疾，情节恶劣，经最高人民检察院核准追诉的，应当负刑事责任。"根据该条规定，低龄未成年人犯罪的核准追诉需要满足以下几个条件：

1. 犯罪主体条件。行为人应当是已满12周岁不满14周岁的未成年人。如果行为人不满12周岁，应当一律不追究刑事责任；已满14周岁甚至16周岁的，应当按照《刑法》第17条第1、2款处理。

2. 行为条件。启动核准追诉程序中的行为人应当是实施了故意杀人、故意伤害罪。但从相关立法精神和立法司法解释来看，此处的"犯故意杀人、故意伤害罪"应当理解为实施故意杀人、故意伤害致人死亡或者以特别残忍手段致人重伤造成严重残疾这两种行为，而不能理解为仅仅触犯这两个具体罪名。

3. 后果条件。核准追诉案件的犯罪后果应当是"致人死亡"或者"以特别残忍手段致人重伤造成严重残疾"。这其中包括4个要素："致人死亡""特别残忍手段""重伤""严重残疾"。这4个要素在司法实践中应当与《刑法》第234条第2款保持一致。"特别残忍手段"没有明确的法律规定，但全国人大常委会法制工作委员会刑法室认为"特别残忍手段"是指故意要造成他人严重残疾而采用毁容、挖眼睛、砍掉手脚等手段伤害他人的行为。司法实践中对"特别残忍手段"的认定要与毁容、挖眼睛、砍掉手脚的严重性程度相当，同时要严格谨慎地把握。"重伤"的定义应当符合《刑法》第95条的规定，具体认定应根据2014年施行的最高人民法院、最高人民检察院、公安部、国家安全部、司法部《人体损伤程度鉴定标准》作出。"严重残疾"的定义可以参照1996年国家（质量）技术监督局颁布的《职工工伤与职业病致残程度鉴定标准》认定，六级以上残疾应认定为"严重残疾"。2016年，最高人民法院、最高人民检察院、公安部、国家安全部、司法部《人体损伤致残程度分级》发布,应依据该标准确定伤残等级。

4. 情节条件。"情节恶劣"的认定也没有具体标准,要根据案件的具体情况综合性判断。在低龄未成年人中,"情节恶劣"的认定包括案发前的犯罪动机、犯罪预谋、犯罪过错等,案发时的犯罪手段、犯罪地点、犯罪时间、作用等,案发后的认罪悔罪、自首等以及有无毁尸灭迹、毁灭罪证、打击报复证人或者妨碍作证,有无逃避侦查、给大众心理和社会稳定造成不良影响等。

5. 程序条件。法律规定对低龄未成年人核准追诉需要层报最高人民检察院核准才能追诉。

Ⅴ 法庭审理

◎ 不公开审理

【案例 21-3-09】陈某某帮助信息网络犯罪活动案[1]

2021 年 3 月,被告人陈某某(男,17 岁)明知他人可能从事信息网络犯罪活动,仍将自己名下的中国工商银行银行卡、中国建设银行银行卡各一张及关联的银行 U 盾、事先绑定的移动电话卡提供给他人使用,收取费用人民币 6000 元。

2021 年 3 月,周某某等数十人在上海市等全国各地被他人实施网络诈骗数百万元。其中 48 万余元转入陈某某名下的中国工商银行账户和中国建设银行账户后流转至他人账户。2021 年 8 月,浦东新区人民法院依法对陈某某不公开开庭审理,并通知其法定代理人到场参加庭审。

■ 法理与法律适用评析

不公开审理,是指人民法院在进行诉讼活动时,根据法律规定或者其他正当事由,对案件不进行公开审理的司法审判制度。《刑事诉讼法》第 285 条规定:"审判的时候被告人不满十八周岁的案件,不公开审理。但是,经未成年被告人及其法定代理人同意,未成年被告人所在学校和未成年人保护组织可以派代表到场。"

人民法院对于未成年人犯罪的案件不公开审理,是为了更好地教育、感

〔1〕 陈某某帮助信息网络犯罪活动案,上海市浦东新区人民法院(2021)沪 0115 刑初 4757 号刑事判决书。

化、挽救犯罪的未成年人。未成年人在生理、心理上尚处于发育阶段,辨别是非和自我控制能力较差,易受到外界环境的干扰。如果公开审理,一方面可能直接影响未成年被告人在法庭上的正确陈述,给法庭调查造成困难,阻碍诉讼的正常进行,另一方面容易对未成年被告人身心造成不良影响,产生"破罐子破摔"的负面情绪,不利于其之后的正常改造和回归社会。

本案中,被告人陈某某在审判时系未满18周岁的未成年人,属于依法不公开审理的情形,浦东新区人民法院对该案件进行不公开审理,保障其诉讼权利,符合法律规定。

◎ 庭审教育

【案例21-3-10】闫某盗窃案[1]

2021年5月底某日凌晨,被告人闫某(男,17岁)伙同李某某途经浦东新区周浦镇年家浜路某小区时,见被害人郑某某停放在33号旁过道内的一辆喜力牌HL 200-4H普通二轮摩托车(价值人民币7300元)未上锁,遂趁周围无人之机,将摩托车窃走。2021年9月,上海市浦东新区人民法院依法适用简易程序对闫某涉嫌盗窃一案不公开开庭审理。

法庭辩论结束后,公诉人、辩护人、法定代理人均根据庭审要求先后对闫某进行教育,最后由审判员进行法庭教育:"被告人闫某文化程度不高,是非观念不强,遵纪守法意识淡薄,实施盗窃触犯法律构成犯罪。希望被告人闫某吸取本案教训,深刻反思自己的所作所为,加强文化、法律知识和职业技能学习,通过社区矫正重启新生活,做一个遵纪守法、自食其力的人;也希望被告人闫某的家长加强与未成年子女的交流、沟通,加强对未成年子女的引导,提高家庭教育能力和水平,帮助其走好今后的人生道路。"

■ 法理与法律适用评析

《刑诉法解释》第576条第1款和第2款明确了庭审教育阶段:"法庭辩论结束后,法庭可以根据未成年人的生理、心理特点和案件情况,对未成年被告人进行法治教育;判决未成年被告人有罪的,宣判后,应当对未成年被告人进行法治教育。对未成年被告人进行教育,其法定代理人以外的成年亲属或者教师、辅导员等参与有利于感化、挽救未成年人的,人民法院应当邀请其参

---

〔1〕 闫某盗窃案,上海市浦东新区人民法院(2021)沪0115刑初3782号刑事判决书。

加有关活动。”在此阶段，诉讼参与人可以依据庭审中所查明的犯罪事实，结合社会调查报告、心理测评报告等内容，针对未成年人的个性化特点，着重从情、理、法等方面开展教育，深入浅出地剖析未成年被告人犯罪的原因和社会危害性，促使其深刻反省，认识到自己的犯罪性质、危害后果和应受处罚。

本案中，法庭诉讼参与人先后对未成年被告人闫某进行法治教育，重点指明未成年被告人今后的出路，使其感到司法机关不仅仅是对其进行审判，而且还对其进行教育和挽救，帮助其树立改过自新的信心和决心，实现惩教结合的目的。

◎ 犯罪记录封存

【案例21－3－11】豆某某申诉公安机关违规开具有犯罪记录证明案[1]

2020年8月17日，豆某某因工作需要，持本人身份证至上海浦东新区某派出所开具“无犯罪记录证明”，该派出所出具了沪公（浦）证（2020）第072665号证实，证明豆某某在1995年6月16日至2020年8月17日有“不予起诉，抢夺，长宁分局刑侦支队，2013年7月19日”的记录。豆某某向长宁区人民检察院申诉该派出所开具的证明违法，长宁区人民检察院将线索移送浦东新区人民检察院。经调查核实，豆某某出生于1995年6月16日，因犯抢夺罪于2013年7月被长宁区人民检察院作出不起诉决定，其犯罪时系未成年人。2020年8月19日，浦东新区人民检察院向上海市公安局浦东分局制发纠正违法通知书，认为该派出所给豆某某开具的有犯罪记录的证明，违反了犯罪记录封存的相关法律规定，且该证明中包含的“不予起诉，抢夺”等内容也不符合该证明应当证明的内容。后上海市公安局浦东分局依法予以了纠正。

■ 法理与法律适用评析

犯罪记录封存制度，是指对犯罪时不满18周岁，被判处5年有期徒刑以下刑罚的记录予以保密的制度，除因司法机关办理案件的需要或者有关单位依据国家规定进行查询外，被封存的犯罪记录不能因任何原因和理由向任何单位和个人泄露或者提供。该项制度的确立旨在促进未成年罪犯更好地回归社会。

未成年人犯罪记录，是指国家专门机关对未成年犯罪人员情况的客观记

[1] 豆某某申诉公安机关违规开具有犯罪记录证明案，沪浦检未检纠违〔2022〕417号。

载。应当封存的未成年人犯罪记录的范围,包括侦查、起诉、审判及刑事执行过程中形成的有关未成年人犯罪或者涉嫌犯罪的全部案卷材料与电子档案信息。不予刑事处罚、不追究刑事责任、不起诉、采取刑事强制措施的记录,以及对涉罪未成年人进行社会调查、帮教考察、心理疏导、司法救助等工作的记录,应当按照相关规定和程序进行封存。

本案中,派出所工作人员在受理公民违法犯罪记录查询工作时,未关注到查询人豆某某犯罪时系未成年人,为豆某某开具了有不起诉记录的证明,违反了犯罪记录封存的相关法律规定。

Ⅵ 刑事执行

一、羁押执行

《刑事诉讼法》第 264 条第 3 款规定,对未成年犯应当在未成年犯管教所执行刑罚。未成年犯管教所是监狱的一种类型,是国家关押、教育、改造未成年犯的刑罚执行机关,监管对象主要包括两类群体:一是被判处无期徒刑、有期徒刑且未满 18 周岁的未成年人;二是年满 18 周岁,但是余刑不满 2 年的罪犯。为了更好地教育、挽救和改造 18 周岁以下的犯罪未成年人,我国建立了未成年犯管教制度,在省、自治区、直辖市一级设立未成年犯管教所。自 1952 年 4 月,全国第一个少年犯管教所在天津成立以来,国家制定了一系列有关少年管教的政策法规,对未成年犯管教所的设置、性质、任务、管教方针、教育改造的内容和方法、管教制度、对被管教人员的生活待遇,以及期满后的升学或就业等问题,都作了特别的规定,并在实践中不断地得到贯彻和执行。未成年犯管教所与其他劳动改造场所不同,贯彻对未成年犯"教育改造为主,轻微劳动为辅"的原则,对于未成年犯着重进行思想政治教育、道德法治教育、文化教育和生产技术教育,并且根据他们的年龄和生理发育的情况,组织他们从事轻微的体力劳动,以培养他们的劳动观念和劳动习惯,学会一定的生产技能,为刑满释放后继续升学或者谋取适当的职业打下基础。人民法院可以与未成年犯管教所等服刑场所建立联系,了解未成年罪犯的改造情况,协助做好帮教、改造工作,并可以对正在服刑的未成年罪犯进行回访考察。

此外,根据《看守所留所执行刑罚罪犯管理办法》第 2 条的规定,被判处有期徒刑的成年和未成年罪犯,在被交付执行前,剩余刑期在 3 个月以下的,由看守所代为执行刑罚。被判处拘役的成年和未成年罪犯,由看守所执行刑罚。或因留所服刑的罪犯剩余刑期较短,又受看守所的场地、人力等因素限制,该管理办法在明确对男性和女性罪犯、成年和未成年罪犯分别关押和管理的同时，仅对一般的会见通信、生活卫生、考核奖惩、教育改造等方面进行规定，并未在此基础上进一步细化未成年犯与成年犯的区别。

二、社区矫正

【案例 21－3－12】朱某某收监执行案[1]

2021 年 10 月 18 日，静安区人民法院作出（2021）沪 0116 刑初 841 号刑事判决，以抢劫罪判处被告人朱某某（女，15 岁）有期徒刑 1 年，缓刑 2 年，并处罚金人民币 1000 元。2021 年 11 月 11 日，朱某某被浦东新区司法局纳入社区矫正。2022 年 11 月 28 日，执行机关浦东新区司法局提出，罪犯朱某某自入矫以来，因在社区矫正期间违反监督管理规定，被给予五次训诫、二次警告，情节严重，建议对朱某某撤销缓刑，收监执行。2022 年 12 月 26 日，静安区人民法院依法作出裁定：1. 撤销刑事判决中对罪犯朱某某判处有期徒刑 1 年，缓刑二年的缓刑部分；2. 对罪犯朱某某收监执行原判有期徒刑 1 年。2022 年 12 月 30 日，朱某某被送交浦东新区看守所执行。

■ 法理与法律适用评析

社区矫正是与监狱矫正相对应的一种非监禁刑罚执行方式。《刑事诉讼法》第 269 条规定，对被判处管制、宣告缓刑、裁定假释或者暂予监外执行的罪犯，依法实行社区矫正，由社区矫正机构负责执行。对未成年人的社区矫正，应当与成年人分别进行，并吸收熟悉未成年人身心特点的人员参加矫正小组，根据未成年社区矫正对象的年龄、心理特点、发育需要、成长经历、犯罪原因、家庭监护教育条件等情况，采取针对性的矫正措施。

被宣告缓刑的犯罪分子，在缓刑考验期限内，违反法律、行政法规或者国务院有关部门关于缓刑的监督管理规定，或者违反人民法院判决中的禁止令，情节严重的，应当撤销缓刑，执行原判刑罚。社区矫正对象被裁定撤销缓刑、假释，被决定收监执行，或者社区矫正对象死亡的，社区矫正终止。

本案中，朱某某因犯抢劫罪被判处缓刑后实行社区矫正，在社区矫正期间多次违反监督管理规定，经检察机关和司法局多次联合进行训诫教育仍不予改正，故根据《刑诉法解释》第 543 条第 1 款第 4 项的规定，人民法院应当对其作出撤销缓刑的裁定，同时对朱某某收监执行，终止社区矫正。

---

〔1〕 朱某某收监执行案，上海市静安区人民法院（2022）沪 0106 刑更 10 号刑事裁定书。

■ 参考文献

1. 叶青主编:《未成年人刑事诉讼法学》,北京大学出版社 2019 年版。
2. 陈光中主编:《刑事诉讼法》(第 7 版),北京大学出版社、高等教育出版社 2021 年版。
3. 陈瑞华:《刑事诉讼法》,北京大学出版社 2021 年版。
4. 吴燕:《未成年人检察实务操作》,中国检察出版社 2021 年版。
5. 童建明、万春、宋英辉主编:《未成年人检察业务》,中国检察出版社 2022 年版。
6. 宋英辉、甄贞主编:《未成年人犯罪诉讼程序研究》,北京师范大学出版社 2011 年版。

第二十二章 单位犯罪追诉程序

第一节 单位犯罪案件诉讼程序概述

1 单位犯罪诉讼程序的概念

【案例22－1－01】鄄城县某某工艺品有限公司走私普通货物、物品案[1]

被告单位某某公司成立于2018年8月21日,公司主要经营工艺品和人发制品加工、销售,法定代表人赵某某。鄄城县某某工艺品有限公司长期从事人发加工业务,纪某某(已病故)系该公司的采购负责人。为降低生产成本,2018年开始,纪某某从缅甸供货商“开某”“孙某1”等人处购买人发,并将所购货物交由房某某、田某。房某某、田某采取绕过非设关地的方式将货物走私入境至云南瑞丽,再通过某1、某2等快递公司将货物发运至鄄城县某某工艺品有限公司。货款由鄄城县某某工艺品有限公司支付到“开某”“孙某1”在国内指定的银行账户或者直接支付现金。纪某某向房某某、田某支付每公斤13元至25元的“过货费”。2019年5月至2020年11月,鄄城县某某工艺品有限公司采用上述方式走私进口人发11,031.11公斤,偷逃应缴税额2,531,978.8元。

根据被告单位鄄城县某某工艺品有限公司的犯罪事实、性质、情节及社会危害性,判决如下:(1)被告单位鄄城县某某工艺品有限公司犯走私普通货物罪,判处罚金人民币254万元。(2)日照海关缉私分局扣押的被告单位鄄城县某某工艺品有限公司的550万元,其中2,531,978.8元依法没收,由扣押机关上缴国库;254万元转至法院作为罚金,上缴国库,余款由日照海关缉私分局依法处理。

---

[1] 山东省青岛市中级人民法院刑事判决书,(2022)鲁02刑初4号。

■ 法理与法律适用评析

单位犯罪案件诉讼,是指公检法等国家专门机关在单位犯罪案件当事人和其他诉讼参与人的参加下,依照法定的刑事诉讼程序解决犯罪嫌疑单位和被告单位的刑事责任问题的专门活动。根据最高人民法院《关于审理单位犯罪案件具体应用法律有关问题的解释》中第1条和第2条的规定,单位既包括国有、集体所有的公司、企业、事业单位,也包括依法设立的合资经营、合作经营企业和具有法人资格的独资、私营等公司、企业、事业单位。但个人为进行违法犯罪活动而设立的公司、企业、事业单位实施犯罪的,或者公司、企业、事业单位设立后,以实施犯罪为主要活动的,不以单位犯罪论处。

本案中,被告单位鄄城县某某工艺品有限公司属于单位犯罪案件当事人的范畴。

Ⅱ 单位犯罪的立案管辖

【案例22-1-02】何某刑事自诉案[1]

自诉人何某向法院递交自诉状,指控苏州裕坤科技有限公司犯侵犯公民个人信息罪,诬告陷害罪,妨害作证罪,帮助毁灭、伪造证据罪,诽谤罪,并申请法院判令赔偿自诉人精神损失费5万元、名誉赔偿费5万元,赔偿经济损失21,890元;指控肖某玻璃科技(苏州)有限公司犯侵犯公民个人信息罪,诬告陷害罪,妨害作证罪,帮助毁灭、伪造证据罪,诽谤罪,并申请法院判令赔偿自诉人精神损失费5万元、名誉赔偿费10万元,赔偿经济损失175,126元;申请法院判令停止侵害,消除影响。

法院认为,关于自诉人指控的侵犯公民个人信息罪,自诉人并未提供证据证明苏州裕坤科技有限公司、肖某玻璃科技(苏州)有限公司存在出售或者提供个人信息,并且情节严重的行为。关于自诉人指控的诬告陷害罪,自诉人并未提供证据证明苏州裕坤科技有限公司、肖某玻璃科技(苏州)有限公司存在捏造事实诬告陷害,使自诉人受刑事追究,并且情节严重的事实。关于自诉人指控的妨害作证罪,帮助毁灭、伪造证据罪,自诉人并未提供证据证明苏州裕坤科技有限公司、肖某玻璃科技(苏州)有限公司存在以暴力、威胁、贿买等方法组织证人作证或者指使他人作伪证的行为或者存在帮助当事人毁灭、伪造证据的行为。侵犯公民个人信息罪,诬告陷害罪,妨害作证罪,帮助毁灭、伪造

---

〔1〕 江苏省苏州工业园区人民法院刑事裁定书,(2019)苏0591刑初554号。

证据罪，属于刑事诉讼法规定的公诉案件，自诉人并无证据证明且无公安机关不予受理证明而直接向法院提起自诉，法院不予受理。关于自诉人指控的诽谤罪，自诉人提供的证据不足以证明苏州裕坤科技有限公司、肖某玻璃科技（苏州）有限公司故意捏造并散布虚构的事实。自诉人与苏州裕坤科技有限公司、肖某玻璃科技（苏州）有限公司存在纠纷，自诉人向苏州工业园区劳动仲裁委员会申请仲裁，向苏州市公安局苏州工业园区分局胜浦派出所指控苏州裕坤科技有限公司、肖某玻璃科技（苏州）有限公司，但均未获得支持。综上，自诉人指控苏州裕坤科技有限公司、肖某玻璃科技（苏州）有限公司犯侵犯公民个人信息罪，诬告陷害罪，妨害作证罪，帮助毁灭、伪造证据罪，诽谤罪罪证不足，指控内容不明晰，不应予以受理。

■ 法理与法律适用评析

单位犯罪的立案管辖，是指公安机关、人民检察院、人民法院在直接受理一审单位犯罪案件上的分工和权限。公安机关受理一般情况下的单位犯罪；人民检察院在对诉讼活动实行法律监督中发现的司法工作人员利用职权实施的非法拘禁、刑讯逼供、非法搜查等侵犯公民权利、损害司法公正的犯罪，可以由人民检察院立案侦查。对于公安机关管辖的国家机关工作人员利用职权实施的重大犯罪案件，需要由人民检察院直接受理的时候，经省级以上人民检察院决定，可以由人民检察院立案侦查；自诉案件，由人民法院直接受理。

本案中，自诉人指控被告单位侵犯公民个人信息罪，诬告陷害罪，妨害作证罪，帮助毁灭、伪造证据罪等属于刑事诉讼法规定的公诉案件，自诉人应向公安机关报案。自诉人无证据证明且无公安机关不予受理证明直接向法院提起自诉，法院不予受理。

第二节　单位犯罪诉讼程序中的诉讼代表人制度

1 诉讼代表人制度的确立

【案例 22-2-01】海城市某某矿业有限公司非法占用农用地案[1]

海城市人民检察院起诉指控，被告单位海城市某某矿业有限公司于 2017

〔1〕 辽宁省鞍山市千山区人民法院刑事判决书，(2022) 辽 0311 刑初 2 号。

年开始,在矿长梁某某(已死亡)的组织指挥下,未办理林地使用手续,非法占用牌楼镇宋堡村棋盘山地块的林地进行矿石开采,造成植被严重毁坏及岩石裸露。经海城市恒祥森林资源资产价格评估有限公司鉴定:截至案发时新增占用林地面积121,874平方米(182.8亩),森林类别为商品林,调查地块原有植被严重毁坏,完全丧失种植条件。法院审理查明的事实与公诉机关指控内容一致。

法院认为,被告单位海城市某某矿业有限公司违反土地管理法规,非法占用林地,改变被占用土地用途,数量较大,造成林地大量毁坏,其行为构成非法占用农用地罪。判决如下:被告单位海城市某某矿业有限公司犯非法占用农用地罪,判处罚金人民币20万元。

■ 法理与法律适用评析

《刑诉法解释》第336条第1款和第2款规定,被告单位的诉讼代表人,应当是法定代表人、实际控制人或者主要负责人;法定代表人、实际控制人或者主要负责人被指控为单位犯罪直接责任人员或者因客观原因无法出庭的,应当由被告单位委托其他负责人或者职工作为诉讼代表人。但是,有关人员被指控为单位犯罪直接责任人员或者知道案件情况、负有作证义务的除外。根据以上方式难以确定诉讼代表人的,可以由被告单位委托律师等单位以外的人员作为诉讼代表人开庭审理单位犯罪案件,应当通知被告单位的诉讼代表人出庭。

诉讼代表人不符合《刑诉法解释》第337条规定的,应当要求人民检察院另行确定。被告单位的诉讼代表人不出庭的,应当按照下列情形分别处理:(1)诉讼代表人系被告单位的法定代表人、实际控制人或者主要负责人,无正当理由拒不出庭的,可以拘传其到庭;因客观原因无法出庭,或者下落不明的,应当要求人民检察院另行确定诉讼代表人;(2)诉讼代表人系其他人员的,应当要求人民检察院另行确定诉讼代表人。被告单位的诉讼代表人享有《刑事诉讼法》规定的有关被告人的诉讼权利。

本案中,被告单位海城市某某矿业有限公司诉讼代表人由其临时负责人王某某担任。

Ⅱ 诉讼代表人的条件

【案例22-2-02】某某市滹沱河水利管理局与高某1、杨某1单位受贿案[1]

被告单位某某市滹沱河水利管理局无视国家法律规定，作为国有事业单位，在经济往来中，为谋取利益，非法收受他人财物共计人民币108.7508万元，情节严重，其行为构成单位受贿罪。被告人高某1系被告单位直接负责的主管人员，被告人杨某1系被告单位直接责任人员，其行为构成单位受贿罪；被告人杨某1利用职务上的便利，以侵吞、骗取等手段非法占有公款共计人民币23.95万元，数额巨大，其行为构成贪污罪；被告人杨某1利用职务上的便利，为他人谋取利益，非法收受他人财物共计人民币22.1278万元，数额巨大，其行为构成受贿罪。公诉机关指控罪名成立，法院予以支持。被告人杨某1犯数罪，依法应数罪并罚。综合本案被告人的犯罪事实、犯罪情节、犯罪性质和社会危害后果、被告人认罪悔罪表现，判决：(1)被告单位某某市滹沱河水利管理局犯单位受贿罪，判处罚金20万元。(2)被告人高某1犯单位受贿罪，判处有期徒刑6个月，缓刑1年。(3)被告人杨某1犯单位受贿罪，判处有期徒刑6个月；犯贪污罪判处有期徒刑3年，并处罚金20万元；犯受贿罪判处有期徒刑3年，并处罚金20万元；决定执行有期徒刑6年，并处罚金40万元。(4)依法追缴被告单位某某市滹沱河水利管理局违法所得人民币1,087,508元，上缴国库。(5)随案移送的被告人杨某1退缴的违法所得460,778元，予以没收，上缴国库。

二审法院认为，原判认定事实清楚，审判程序合法。裁定：驳回上诉，维持原判。

■ 法理与法律适用评析

诉讼代表人要能最大限度地维护单位的合法权益，因此诉讼代表人一般应符合以下条件：(1)未参与单位犯罪。若诉讼代表人参与了单位犯罪，一方面其自身可能被采取了强制措施，人身自由受到一定限制，无法充分有效地行使诉讼权利；另一方面由于其与单位主体之间存在责任的分担问题，可能会有推卸责任之嫌。(2)熟悉单位的经营管理活动。单位犯罪一般发生在单位的经营管理活动中，由熟悉其经营管理活动的人担任诉讼代表人能较好地维护

---

[1] 山西省忻州市中级人民法院刑事裁定书，(2020)晋09刑终65号。

单位的合法权益；一般应由单位内部的高级职员或具有较高职务和身份的人担任。(3)品行良好，未涉嫌其他犯罪或被执行过刑罚。

本案诉讼代表人张某作为某某市滹沱河水利管理局局长，符合诉讼代表人的3个条件即未参与单位犯罪，熟悉单位的经营管理活动，品行良好，未涉嫌其他犯罪或被执行过刑罚。

Ⅲ 单位变更时诉讼代表人的确定

【案例22-2-03】某市道路运输管理处、雷某某单位受贿罪二审案[1]

2011年至2013年，某市道路运输管理处（以下简称某市运管处）在协助广西道路运输协会组织开办道路运输安全管理人员培训班（以下简称安全员培训班）当中，利用道路运输安全监督管理的职责指定某市运升机动车驾驶培训学校有限公司（以下简称某市运升驾校）承办培训班。某市运升驾校承办安全员培训班5期，共计收取学员培训费126万余元，除去培训班的培训资料、办班活动经费等正常必要开支之外，通过虚列支出的方式套取现金人民币共423,796元给予某市运管处。时任某市运管处安全科科员、副科长的雷某某经某市运管处分管领导授意，具体负责联系某市运升驾校承办安全员培训班事宜，并由其和罗某（另案处理）收取上述款项。某市运管处将此款项用于单位职工个人福利和业务部门招待等支出。

2017年12月14日，某市运管处已并入某市交通运输信息管理中心，随后某市交通运输信息管理中心更名为某市交通运输信息中心，并于2018年3月21日取得事业单位法人证书。

二审认为，上诉单位（原审被告单位）某市运管处非法收受他人财物，为他人谋取利益，情节严重，雷某某作为某市运管处工作人员，积极收取财物，系直接责任人员，二者均已构成单位受贿罪。某市人民检察院对本案定罪量刑的出庭意见正确，法院予以采纳。雷某某在侦查阶段退出所得赃款2万元，一审未判处追缴，故法院维持原判定罪量刑部分，对雷某某退出的赃款予以追缴。判决如下：(1)维持南宁市武鸣区人民法院(2018)桂0122刑初12号刑事判决第一项、第二项，即被告单位某市运管处犯单位受贿罪，判处罚金人民币20万元；被告人雷某某犯单位受贿罪，判处有期徒刑1年，缓刑1年。(2)撤销南宁市武鸣区人民法院(2018)桂0122刑初12号刑事判决第三项。

---

〔1〕 广西壮族自治区南宁市中级人民法院刑事判决书，(2019)桂01刑终145号。

(3)对上诉人(原审被告人)雷某某退出的违法所得人民币2万元,予以没收,上缴国库。(4)继续追缴上诉单位(原审被告单位)某市运管处的违法所得403,796元,上缴国库。

■ 法理与法律适用评析

单位变更的情形一般有3种,即单位分立、单位合并、单位终止。单位的分立有分解分立和分支分立两种形式。分解分立,是指把原有的单位依法分为两个或两个以上的独立单位(法人),原有单位消灭;而分支分立指原有单位将其部分的财产或业务分出一部分或若干部分,原有单位依然存续,分出的部分依法成为新的单位。在分解分立的情况下,若已消灭的原单位的法定代表人未被追究刑事责任,则仍由原单位的法定代表人作为诉讼代表人参加诉讼;若其被追究刑事责任,可由分立后的单位的法定代表人作为诉讼代表人参加诉讼;若分立后的单位的法定代表人有2人以上,可协商决定1至2人参加诉讼,协商不成,由人民法院指定;若有关负责人都涉嫌犯罪,可由人民法院在合适人选中指定。在分支分立的情况下,应由仍存续的原单位的法定代表人作为诉讼代表人;若其被追究刑事责任,由原单位的其他负责人担任诉讼代表人;其他负责人也都被追究刑事责任的,可从分立后的法定代表人或其他负责人中选任。

本案中,某市运管处已并入某市交通运输信息管理中心,随后某市交通运输信息管理中心更名为某市交通运输信息中心,并于2018年3月21日取得事业单位法人证书,属于单位合并的情形,因此并入后的单位某市交通运输信息中心法定代表人黄某某担任诉讼代表人。

第三节　单位犯罪强制措施的运用

1 财产担保

【案例22-3-01】刘某某、山西某某金属贸易有限公司走私普通货物物品案[1]

二审认定,原审被告单位山西某某金属贸易有限公司在出口货物过程中,

[1] 天津市高级人民法院刑事裁定书,(2019)津刑终64号。

违反海关法规,低报出口货物价格,偷逃应缴税额较大,其行为已构成走私普通货物罪;上诉人刘某某作为原审被告单位山西某某金属贸易有限公司直接负责的主管人员,制作低于真实成交价格的虚假报关单据,偷逃应缴税额较大,其行为亦构成走私普通货物罪。刘某某主动接受侦查机关调查,如实供述山西某某金属贸易有限公司低报价格走私出口货物的犯罪事实,系自首,依法亦应认定原审被告单位山西某某金属贸易有限公司自首。原审被告单位积极退缴违法所得并缴纳罚金保证金。综合考虑其犯罪事实及自首、积极退缴违法所得并缴纳罚金保证金等情节,依法可从轻处罚。原审法院对原审被告单位山西某某金属贸易有限公司依法从轻处罚,量刑适当。上诉人刘某某案发后自首,认罪悔罪,主动配合办案部门工作,积极督促原审被告单位退缴违法所得及缴纳罚金保证金,依法可从轻处罚。上诉人刘某某及其辩护人所提应依法对刘某某从轻处罚的上诉理由和辩护意见,法院予以采纳。原审法院在量刑时已充分考虑上诉人刘某某犯罪的事实、性质、情节及法定、酌定量刑情节,对刘某某从轻处罚并适用缓刑,所处刑罚适当。上诉人刘某某所提原审判决对其量刑过重,其符合免予刑事处罚的条件,请求改判其免予刑事处罚的上诉理由,法院不予采纳。

■ 法理与法律适用评析

财产担保,是指公安机关、人民检察院、人民法院责令犯罪嫌疑单位、被告单位或犯罪嫌疑单位、被告单位商请第三人交纳指定的保证金,保证其不逃避侦查、起诉、审判并随传随到的一种强制措施。

本案中,2018 年 4 月 27 日,天津保税区海关缉私分局扣押山西某某金属贸易有限公司违法所得人民币 65 万元。2019 年 8 月 1 日山西某某金属贸易有限公司向法院缴纳违法所得及罚金保证金人民币 867,070.75 元。

Ⅱ 查封、扣押财产和冻结银行存款

【案例 22－3－02】四川某某医疗器械有限公司、熊某某、幸某某等走私国家禁止进出口的货物、物品案[1]

一审法院查明,2015 年年初,被告单位四川某某医疗器械有限公司 4 名股东被告人熊某某、幸某某、叶某、苏某在明知我国禁止旧机电设备进口的情

[1] 四川省成都市中级人民法院刑事判决书,(2018)川刑 01 初 129 号。

况下,经商量共同决定从国外采购旧的彩超设备到国内进行销售牟利。随后,四川某某医疗器械有限公司通过汇邦公司、锐讯公司、嘉德盛公司以高报价格的方式逃避海关监管,走私入境旧彩超设备6台。2015年年底开始,被告人熊某某、幸某某为了节约成本,又通过李某2(另案处理)以非报关的方式走私入境旧彩超设备10台。被告单位四川某某医疗器械有限公司在走私行为中,被告人熊某某、幸某某负责联系和销售购买彩超设备,被告人叶某负责支付货款,被告人苏某负责彩超设备的维护、培训工作。从2015年至2016年,被告单位四川某某医疗器械有限公司共走私16台旧彩超设备,采购价共计570,490美元,折合人民币3,664,270元。

另查明,2016年11月10日,被告人熊某某、幸某某、叶某分别被抓获归案。同日,在被告人叶某带领下,成都海关缉私局抓获被告人苏某。

还查明,案发后,陈某1、朱某分别退缴涉案款项3.5万元人民币、2.5万元人民币。成都海关缉私局扣押Vivid7彩超设备一台,冻结四川某某医疗器械有限公司在中国建设银行账户内存款669,297.95元、被告人叶某名下在中国工商银行账户1内存款350,148.43元和在中国工商银行账户2内存款120,432元,扣押四川某某医疗器械有限公司及被告人会计账册、电脑主机、硬盘、U盘、手机等物品。

■ 法理与法律适用评析

在保证金担保不足以防止产生对社会危害及诉讼危害时,可采取查封、扣押犯罪嫌疑单位、被告单位的财产或冻结其银行存款的强制措施。适用该强制措施可有效防止单位转移财产或赃款、赃物,保障诉讼顺利进行及罚金刑的执行。

本案中,冻结四川某某医疗器械有限公司在中国建设银行账户内存款669,297.95元以及被告人叶某名下在中国工商银行账户1内存款350,148.43元和在中国工商银行账户2内存款120,432元,扣押四川某某医疗器械有限公司及被告人会计账册、电脑主机、硬盘、U盘、手机等物品,可以保障诉讼的顺利进行及罚金刑的执行。

Ⅲ 中止经营活动（又称责令停业）

【案例 22－3－03】楼某祥非法行医案[1]

楼某祥在未取得医师执业证书和医疗机构执业许可证的情况下，在东阳市吴宁街道爱国南路 37 号经营牙科诊所，开展牙科诊疗活动，于 2010 年 1 月 13 日被东阳市卫生局查获，又于 2017 年 4 月 7 日被东阳市卫生和计划生育局查获，分别处以行政罚款人民币 3000 元、7000 元。后被告人楼某祥在未取得医疗机构执业许可证和医师执业证书的情况下，继续在东阳市吴宁街道爱国南路 37 号、48 号经营牙科诊所，开展牙科诊疗活动，于 2020 年 4 月 29 日在其经营的牙科诊所内对患者进行诊疗时，被东阳市卫生健康局查获，并责令停业。

■ 法理与法律适用评析

责令停业这一强制措施要求单位在被追诉期间暂时中止一切经营活动，是针对单位采取的各种强制措施中最为严厉的一种。本案中，采取财产担保、扣押、冻结等强制措施不足以防止违法犯罪，因此东阳市卫生健康局责令涉案牙科诊所中止经营活动。

第四节 单位犯罪中的自诉、上诉、抗诉

Ⅰ 单位犯罪中的自诉

【案例 22－4－01】自诉人西门子股份公司等与被告单位南京某某自动化科技有限公司、被告人高某某销售假冒注册商标的商品案[2]

2014 年 3 月起，被告单位及被告人高某某在网络上搜索假冒“SIEMENS”“西门子”注册商标的总线插头、编程电缆等商品，购买后与其他真品商品一并销售。截至 2014 年 12 月 18 日，被告单位实际销售假冒“SIEMENS”“西门

[1] 浙江省东阳市人民法院刑事判决书，(2020)浙 0783 刑初 658 号。

[2] 江苏省南京市建邺区人民法院刑事判决书，(2016)苏 0105 刑初 339 号。

子"注册商标的商品194件,销售金额为32,000余元。工商部门在被告单位南京某某自动化科技有限公司扣押未销售的假冒注册商标商品共926件,未销售金额为14万余元。另查明,2015年9月2日,南京市工商局行政管理局建邺分局对南京某某自动化科技有限公司上述行为作出行政处罚决定,责令南京某某自动化科技有限公司停止侵权行为,没收侵权商品,罚款人民币20万元整,上缴国库。南京某某自动化科技有限公司未提出行政复议和行政诉讼,当日缴纳了罚款20万元。

法院认为,被告单位南京某某自动化科技有限公司销售明知是假冒注册商标的商品,数额较大,被告人高某某作为被告单位直接负责的主管人员,二者行为均已构成销售假冒注册商标的商品罪。自诉人西门子股份公司、西门子(中国)有限公司指控被告单位南京某某自动化科技有限公司、被告人高某某犯销售假冒注册商标的商品罪的罪名成立。判决如下:被告单位南京某某自动化科技有限公司犯销售假冒注册商标的商品罪,判处罚金人民币12万元。(被告单位已缴纳行政机关罚款人民币20万元,折抵本次全额罚金)被告人高某某犯销售假冒注册商标的商品罪,判处罚金人民币5万元。

■ 法理与法律适用评析

单位被害人既然和自然人被害人一样拥有诉讼主体资格,那么其在权益受到侵害并且案件属于法律规定的自诉案件范围时也应当可以像自然人一样提起自诉。根据《刑诉法解释》的规定,单位自诉案件应包括:(1)告诉才处理的案件,如单位被侮辱、诽谤案;(2)被害单位有证据证明的轻微刑事案件,如侵犯知识产权案件,单位作为被害人可直接向人民法院提起自诉;(3)被害单位有证据证明对被告人侵犯自己的财产权利的行为应当依法追究刑事责任,且有证据证明曾经提出控告,而公安机关或者人民检察院不予追究被告人刑事责任的案件。另外,如果公民个人向人民法院提起自诉,控告单位侵犯其人身、财产权利,单位则成为自诉案件中的被告。如在生产、销售伪劣商品案中,自然人就可向人民法院提起自诉,控告单位侵犯其人身、财产权利。当然在这种自诉案件中,被告单位也可提起反诉。

本案中,西门子股份公司、西门子(中国)有限公司诉被告单位南京某某自动化科技有限公司、被告人高某某销售假冒注册商标的商品罪属于司法解释规定的被害单位有证据证明的轻微刑事案件。西门子股份公司、西门子(中国)有限公司作为被害人可直接向人民法院提起自诉。

Ⅱ 单位犯罪中的上诉

【案例22-4-02】河南某某国际酒店有限公司集资诈骗案〔1〕

2013年12月底,为解决资金缺口,河南某某国际酒店有限公司法定代表人黄某某与该公司股东黄某卫(已判刑)、田某爽(另案处理)预谋,由黄某卫招募人员以公司名义在商丘市筹集资金。后黄某卫在商丘市注册成立商丘市某某实业有限公司,并以商丘市某某实业有限公司为担保人,河南某某国际酒店有限公司为借款人,以高息为诱饵,通过宣传推介、口口相传等方式,夸大公司经营实力,虚构资金用途,大肆向社会公众非法集资。所集资金除部分用于投资经营外,主要用于偿还个人债务、支付高息及业务经理提成、个人消费等,致使集资款不能偿还。经鉴定,2014年1月至9月,该酒店非法集资1.9亿余元,支付集资参与人利息及业务经理提成累计2113万余元,业务经理奖金及好处费1017万元,造成517名集资参与人未兑付资金9693万余元。一审法院据此判决:(1)河南某某国际酒店有限公司犯集资诈骗罪,判处罚金人民币40万元。(2)对河南某某国际酒店有限公司违法所得96,934,210元,依法继续追缴,返还集资参与人。

二审认为,原判认定事实和适用法律正确,量刑适当,审判程序合法,但对查封的河南某某国际酒店有限公司名下的资产未依法处置不当,应予纠正。(1)维持商丘市睢阳区人民法院(2021)豫1403刑初434号刑事判决第一项,撤销该判决第二项;(2)查封在案的上诉单位河南某某国际酒店有限公司名下位于南阳市房产(产权证号:××,面积1383.48平方米;产权证号:××,面积1432.35平方米),依法处置后得款退赔集资参与人,如有余额,依法退还被告人单位;如有不足,剩余违法所得继续追缴,依法返还集资参与人。

■ 法理与法律适用评析

我国追究单位犯罪的刑事责任是以"双罚制"为主,以"单罚制"为辅。在"单罚制"中,只追究对单位直接负责的主管人员和其他直接责任人员的刑事责任,所以在上诉程序中适用自然人的有关规定。在"双罚制"中,被追究刑事责任的主体是双重的,既有自然人又有被告单位,二者均为独立的诉讼主体,均有权在法定期限内对一审人民法院的裁判提出上诉。本案中,原审被告

〔1〕 河南省商丘市中级人民法院刑事判决书,(2021)豫14刑终534号。

单位河南某某国际酒店有限公司通过上诉程序使案件重新审理。

Ⅲ 单位犯罪中的抗诉

【案例22-4-03】广州市某某科技有限公司、肇庆某某博士医药有限公司等生产、销售有毒、有害食品案[1]

被告单位广州市某某科技有限公司伙同被告单位肇庆某某博士医药有限公司在生产的食品中掺入有毒、有害的非食品原料，并由广州市某某科技有限公司进行销售，其中，广州市某某科技有限公司属“有其他特别严重情节”。被告人郑某某、王某某系广州市某某科技有限公司直接负责的主管人员，被告人谢某系肇庆某某博士医药有限公司直接负责的主管人员。广州市某某科技有限公司、郑某某、王某某的行为构成生产、销售有毒、有害食品罪，且系单位犯罪，部分系共同犯罪；肇庆某某博士医药有限公司、谢某的行为构成生产有毒、有害食品罪，且系单位犯罪、共同犯罪。肇庆某某博士医药有限公司、谢某犯罪后自动投案，如实供述自己的罪行，系自首，依法予以从轻处罚。广州市某某科技有限公司当庭自愿认罪，酌情予以从轻处罚。以生产、销售有毒、有害食品罪，分别判处被告单位广州市某某科技有限公司罚金人民币150万元；判处被告人郑某某有期徒刑11年，并处罚金人民币50万元；判处被告人王某某有期徒刑10年，并处罚金人民币50万元。以生产有毒、有害食品罪，分别判处被告单位肇庆某某博士医药有限公司罚金人民币30万元；判处被告人谢某有期徒刑2年，并处罚金人民币10万元。公安机关扣缴在案的“健大鸟”能量糖，予以销毁。追缴被告单位广州市某某科技有限公司的违法所得人民币450,000余元、被告单位肇庆某某博士医药有限公司的违法所得人民币28,000元，予以没收，上缴国库。

抗诉机关无锡市新吴区人民检察院提出的抗诉意见是：原审判决认定的罪名不正确，认定的事实确有错误，导致量刑不当。

二审法院认为，原审判决的审判程序合法，认定的事实清楚，证据确实、充分，对上诉人郑某某、王某某及原审被告单位广州市某某科技有限公司适用法律正确，量刑适当，依法应予维持。原审被告单位肇庆某某博士医药有限公司明知其销售的食品中掺入有毒、有害的非食品原料，仍销售给广州市某某科技有限公司，其行为已构成销售有毒、有害食品罪，谢某系肇庆某某博士医药有

[1] 江苏省无锡市中级人民法院刑事判决书，(2020)苏02刑终178号。

限公司直接负责的主管人员,其行为构成销售有毒、有害食品罪,且系单位犯罪、共同犯罪。根据谢某的犯罪数额及认罪悔罪表现,及在二审审理过程中主动退出全部违法所得等情节,可对谢某予以进一步从轻处罚。原审判决对肇庆某某博士医药有限公司的定罪及对谢某的定罪量刑不当,应予以纠正。谢某及其辩护人提出的部分上诉理由及辩护意见成立,法院予以采纳。判决如下:

(1)维持无锡市新吴区人民法院(2019)苏0214刑初28号刑事判决第一项、第三项、第四项对原审被告单位广州市某某科技有限公司、上诉人郑某某、王某某的定罪、量刑部分及第六项。(2)撤销无锡市新吴区人民法院(2019)苏0214刑初28号刑事判决第二项、第五项、第七项。(3)原审被告单位肇庆某某博士医药有限公司犯销售有毒、有害食品罪,判处罚金人民币30万元(罚金于本判决生效次日起10日内缴纳)。(4)上诉人谢某犯销售有毒、有害食品罪,判处有期徒刑7个月(刑期从判决执行之日起计算。判决执行前先行羁押2日,羁押1日折抵刑期1日,即自2020年6月12日起至2021年1月9日止),并处罚金人民币10万元(罚金于本判决生效次日起10日内缴纳)。(5)原审被告单位肇庆某某博士医药有限公司退缴的违法所得人民币28,000元,予以没收,上缴国库;继续追缴原审被告单位广州市某某科技有限公司的违法所得人民币450,000元,予以没收,上缴国库。

■ 法理与法律适用评析

抗诉是人民检察院对人民法院的裁判实行有效法律监督的重要方式。对于单位犯罪的案件,地方各级人民检察院发现同级人民法院对被告单位或被告人(自然人)的处罚不当都可以依法提出抗诉。人民检察院的抗诉可以针对全案也可以只针对案中的某一部分。抗诉理由大致有以下几种:(1)原判认定事实确有错误;(2)原判适用法律错误;(3)原判定案的证据不确实、不充分;(4)原判对被告单位判处罚金以及对主管人员和其他直接责任人员量刑畸轻畸重;(5)原一审审判程序严重违法;(6)审判人员在审理案件时有贪污受贿、徇私舞弊、枉法裁判的。二审人民法院审理抗诉案件不受上诉不加刑的限制,在审理后依法作出裁判。

在本案中,无锡市新吴区人民检察院提出抗诉的理由是该判决认定的罪名不正确,认定的事实确有错误,导致量刑不当,案件也得到了改判。

第五节　单位犯罪中辩护权的行使

Ⅰ 单位行使辩护权的方式

【案例22－5－01】平潭某某某百惠国际贸易有限公司等涉走私普通货物、物品案[1]

被告单位平潭某某某百惠国际贸易有限公司为谋取非法利益,违反海关法规,逃避海关监管,采用伪报贸易性质及低报价格的方式帮助他人进口货物。被告人毛某作为平潭某某某百惠国际贸易有限公司直接负责的主管人员,决定并委托××公司实施上述行为,偷逃应缴税额达388万余元,情节严重。被告单位平潭某某某百惠国际贸易有限公司、被告人毛某的行为均已构成走私普通货物罪,依法应予处罚。根据本案的犯罪事实、数额、情节及对社会的危害程度等,法院决定对平潭某某某百惠国际贸易有限公司和毛某减轻处罚,并对毛某适用缓刑。公诉机关的量刑建议适当,被告单位、被告人及其辩护人亦表示同意,法院予以采纳。判决如下:(1)被告单位平潭某某某百惠国际贸易有限公司犯走私普通货物罪,判处罚金人民币100万元(已缴纳)。(2)被告人毛某犯走私普通货物罪,判处有期徒刑2年6个月,缓刑2年6个月(缓刑考验期限自判决确定之日起计算)。(3)走私犯罪违法所得予以追缴,供犯罪所用的本人财物予以没收。

■ 法理与法律适用评析

单位行使辩护权的方式有三种:

1. 自行辩护。自行辩护即单位的主管人员和直接责任人员以及诉讼代表人针对控方的指控所进行的论证单位无罪、罪轻、减轻或免除罪责的反驳和辩解,以维护单位的合法权益。但应该明确诉讼代表人是代表单位参加诉讼活动,为单位辩护是其职责所在,其身份仍然是诉讼代表人而非辩护人。

2. 委托辩护。委托辩护是指犯罪嫌疑单位、被告单位与有资格充当辩护人的人订立委托协议,使其参加诉讼为单位进行辩护。辩护人辩护权的取得

---

〔1〕 上海市第三中级人民法院刑事判决书,(2022)沪03刑初18号。

是基于单位与被委托人之间订立的委托协议。

3. 指定辩护。指定辩护是指在犯罪嫌疑单位、被告单位没有委托辩护人而人民法院认为需要辩护人为其进行辩护的情况下，由人民法院指定辩护人为其进行辩护。指定辩护是维护和保障单位行使辩护权的一种补救措施，是完善辩护制度的体现。

在本案中，被告单位平潭某某某百惠国际贸易有限公司采取的是委托辩护的方式，即委托上海众华律师事务所律师进行辩护。

Ⅱ 辩护人的范围

【案例 22－5－02】威海某进出口有限公司、朴某哲走私普通货物、物品案[1]

被告人朴某哲作为被告单位威海某进出口有限公司直接负责的主管人员，为给威海某进出口有限公司牟取非法利益，逃避海关监管，以伪报品名方式先后从威海口岸、青岛口岸走私进口韩国化妆品，朴某哲及威海某进出口有限公司均构成走私普通物品罪。公诉机关指控的犯罪事实清楚，证据确实、充分，罪名成立，法院予以支持。朴某哲对于威海口岸走私犯罪事实，构成自首，对于青岛口岸走私犯罪事实，构成坦白，威海某进出口有限公司对相应的犯罪事实分别成立自首和坦白，依法对朴某哲和威海某进出口有限公司从轻处罚。朴某哲在取保候审期间，又实施犯罪行为，量刑时酌情予以考虑。朴某哲和威海某进出口有限公司自愿认罪认罚，积极预缴部分罚金，依法予以从宽处罚。公诉机关所提朴某哲和威海某进出口有限公司对于威海口岸走私犯罪构成自首及量刑建议成立，朴某哲辩护人所提相关辩护意见成立，均予以采纳。根据被告人朴某哲、被告单位威海某进出口有限公司犯罪的事实、性质、情节和社会危害程度，判决如下：(1)被告单位威海某进出口有限公司犯走私普通货物罪，判处罚金人民币 41 万元。(罚金限判决生效后 30 日内缴纳)被告人朴某哲犯走私普通物品罪，判处有期徒刑 1 年 3 个月。(刑期从判决执行之日起计算。判决执行之前先行羁押的，羁押 1 日折抵刑期 1 日，即自 2021 年 12 月 30 日起至 2023 年 3 月 19 日止)(2)扣押在案的款项及被告人朴某哲取保候审保证金移送法院抵作被告单位威海某进出口有限公司的罚金，依法上缴国库。(3)未随案移送的查扣物品由查扣机关依法处理。

---

[1] 山东省青岛市中级人民法院刑事判决书，(2022)鲁 02 刑初 11 号。

■ 法理与法律适用评析

由于单位犯罪既可实行单罚制也可实行双罚制，在单罚制的情况下，自然人委托辩护人的范围适用《刑事诉讼法》中的有关规定，在双罚制的情况下，单位和自然人可分别委托辩护人。单位委托辩护人的范围一般可分为以下几类：(1)对单位直接负责的主管人员和其他直接责任人员；(2)犯罪嫌疑单位、被告单位授权委托的诉讼代表人；(3)律师；(4)由上级主管机关推荐的人以及人民法院许可担任辩护人的其他公民。我国有关自然人辩护的规定也可适用于单位。

本案中，被告单位威海某进出口有限公司行使辩护权的方式是自行辩护，即由单位员工张某慧作为诉讼代表人为单位犯罪进行辩护，而法定代表人朴某哲则采取委托律师辩护的方式为其进行辩护。

第六节　单位犯罪中的不起诉和简易程序

1 单位犯罪的不起诉

【案例 22－6－01】台州某电机有限公司、沈某某虚开增值税专用发票案[1]

沈某某系台州某电机有限公司法定代表人，让浙江某资源股份有限公司虚开共 11 份增值税专用发票，税价合计人民币 1,151,162.45 元，税额合计人民币 167,262.94 元。

检察院认为，被不起诉单位台州某电机有限公司违反增值税专用发票管理规定，让他人为自己虚开增值税发票，被不起诉人沈某某系被不起诉单位直接负责的主管人员，其行为触犯了《刑法》第 205 条。鉴于本案犯罪金额不大，被不起诉单位已补缴税款，被不起诉人沈某某有自首情节，并自愿认罪认罚，依照《刑法》第 67 条第 1 款的规定，可以免除处罚。检察院依照《刑事诉讼法》第 177 条第 2 款的规定，决定对台州某电机有限公司、沈某某不起诉。

■ 法理与法律适用评析

人民检察院对侦查部门移送审查起诉的案件进行审查后，既可以依法作出提起公诉的决定，也可以依法作出不起诉的决定。对单位犯罪案件作出不

---

[1] 温岭市人民检察院不起诉决定书，台温检刑不诉〔2021〕20201 号。

起诉的决定,是指人民检察院对公安机关侦查终结移送起诉和自行侦查终结的单位犯罪案件进行审查后,依法作出不将自然人犯罪嫌疑人和犯罪嫌疑单位交付人民法院审判的一种处理决定。不起诉是人民检察院审查起诉后所作的处理方式之一,具有终止刑事诉讼的效力。根据《刑事诉讼法》的规定,对单位犯罪案件作出不起诉的决定,同样有法定不起诉、酌定不起诉和存疑不起诉三种。

本案中,由于被不起诉单位已补缴税款,被不起诉人沈某某有自首情节,并自愿认罪认罚,故免除处罚。

Ⅱ 单位犯罪的简易程序

【案例22-6-02】无锡某某金属材料有限公司、蔡某某虚开增值税专用发票用于骗取出口退税、抵扣税款发票案[1]

被告单位无锡某某金属材料有限公司违反发票管理法律、法规,让他人为本单位虚开增值税专用发票,虚开的税款数额较大,无锡某某金属材料有限公司的行为已构成虚开增值税专用发票罪。被告人蔡某某作为被告单位无锡某某金属材料有限公司直接负责的主管人员,应当以虚开增值税专用发票罪被追究刑事责任。根据本案的犯罪事实和情节,法院决定对被告单位无锡某某金属材料有限公司、被告人蔡某某分别予以减轻处罚,对蔡某某宣告缓刑。无锡市锡山区人民检察院提出的量刑建议适当,法院予以采纳。判决如下:(1)被告单位无锡某某金属材料有限公司犯虚开增值税专用发票罪,判处罚金人民币18万元(罚金于本判决生效第2日起10日内缴纳)。(2)被告人蔡某某犯虚开增值税专用发票罪,判处有期徒刑2年,缓刑2年(缓刑考验期限,自判决确定之日起计算)。

■ 法理与法律适用评析

单位犯罪只要符合《刑事诉讼法》关于简易程序规定的情形即可适用该程序。由于单位犯罪中“双罚制”涉及双重主体,为了统一简易程序适用的标准,我们可以单位犯罪案件中自然人是否适用简易程序来确定整个案件是否适用简易程序。因为自然人与单位是密不可分的,都是同案被追究刑事责任的主体,自然人的犯罪事实清楚,单位犯罪的事实也就清楚。另外,在简易程

---

〔1〕 江苏省无锡市锡山区人民法院刑事判决书,(2021)苏0205刑初796号。

序的审判中，诉讼代表人仍然可以通过陈述意见以及作最后陈述来维护单位的合法权益，简易程序的适用不会妨碍诉讼代表人诉讼权利的行使。

本案中，对无锡某某金属材料有限公司、蔡某某虚开增值税专用发票用于骗取出口退税、抵扣税款发票案依法适用简易程序，实行独任审判。

■ 法条链接

《刑法》第30、31条；《刑诉法解释》第335、336、337、339、340、346条。

■ 参考文献

1. 叶青主编：《刑事诉讼法学》（第4版），上海人民出版社、北京大学出版社2020年版。
2. 陈光中主编：《刑事诉讼法》（第7版），北京大学出版社、高等教育出版社2021年版。
3. 申君贵：《单位犯罪诉讼程序研究》，湘潭大学出版社2010年版。

第二十三章　当事人和解的公诉案件诉讼程序

第一节　刑事和解程序概述

【案例23-1-01】李某某故意伤害案[1]

2021年8月7日下午，67岁的吴某某来到超市买菜，因未佩戴口罩被保安李某某拦下。因着急进去买菜，吴某某多次试图溜进超市。当吴某某再一次想溜进超市时，李某某一气之下将她从腋下抱起甩往超市门外，导致吴某某摔倒在地；经鉴定，吴某某多处肋骨骨折，达到轻伤一级。

案发后，李某某主动到公安机关投案自首。随后，公安机关将该案移送福清市人民检察院审查起诉。承办检察官审查后认为，本案的发生具有偶然性，刚参加工作的李某某工作经验不足、主观恶性不大，而且作为被害人的吴某某本身也存在过错，所以积极推动双方和解。

承办检察官分别电话联系了双方当事人，听取各方的意见，了解到李某某家境困难，赔偿数额是和解不成的症结所在。为了促成双方达成和解，一方面，检察官积极向李某某进行释法说理，告知其伤害行为的法律后果，应当承担的刑事责任及赔偿义务；另一方面，检察官又耐心地与被害人吴某某进行沟通，告知其此次事件的发生，双方都有过错，李某某家庭困难，各让一步才能达成和解。同时，检察官还和李某某工作的超市进行联系，希望超市也能参与和解。经过多次的电话和当面沟通，吴某某愿意降低赔偿金额，超市也愿意承担部分赔偿款。

最终，在检察机关的见证下，李某某、超市和吴某某签署了刑事和解协议，当场支付了赔偿款，李某某向吴某某赔礼道歉，取得了她的谅解。据此，福清

[1] 陈洪娟：《福清检察：积极促成刑事和解，诠释检察温度》，载微信公众号"福清检察"2022年7月12日，https://mp.weixin.qq.com/s/8A0_9ba5dngd7GPmQuTiRQ。

市人民检察院认为，李某某的行为已构成故意伤害罪，但鉴于本案是偶发性的轻伤害案件，李某某系初犯，无前科劣迹，案发后主动投案，自愿认罪认罚，积极赔偿被害人损失并取得谅解，故检察院依法作出相对不起诉决定。

■ 法理与法律适用评析

当事人和解的公诉案件诉讼程序（以下简称刑事和解程序）是《刑事诉讼法》五种特别程序之一，其与刑事自诉案件，民事案件中的当事人和解、调解都有所不同。

现代意义上的刑事和解最早起源于西方，是恢复性司法的主要形式之一。一般认为，基于对传统刑事司法弊病的反思和被害人保护运动的兴起，刑事和解制度起源于20世纪70年代的北美，随后扩展至全世界。当前，刑事和解理念或制度在主要西方国家都有不同程度的确立，如美国少年司法中的调解会议、英国少年司法中的刑事和解、法国的“和解普遍化”运动等。

现代意义上的刑事和解在中国的起源与发展比西方晚。从不完全的制度考证来看，2002年北京市朝阳区人民检察院通过的《轻伤害案件处理程序实施规则》成为确立该制度的首例；大约在同一时期，在南方的上海，杨浦区公安机关也在进行类似的实践。此外，我国还广泛存在司法和解模式，即结合法律中规定的刑事附带民事诉讼，法官积极推动双方当事人和解，并对达成协议的案件犯罪人予以从轻处罚。地方的实践得到了中央的重视与回应。2004年，党的十六届四中全会将“构建社会主义和谐社会的能力”作为执政能力建设的基本任务之一，为刑事和解制度在中国的展开提供了政策支持；2005年，中共中央举办的省部级主要领导干部提高构建社会主义和谐社会能力专题研讨班上确定了“和谐社会”的内涵，使司法制度与和谐社会直接联系起来，并成为和谐社会的标志之一；2006年，党的十六届六中全会确立了“宽严相济”的刑事司法政策，为和谐社会下司法制度的建设提供了直接指引。虽然刑事和解本身仍存在诸多争议，但在2012年《刑事诉讼法》的修改中，刑事和解程序被作为一个独立的特别程序予以确立，从而使我国刑事和解的规范化、程序化、司法化，发展到了一个新的阶段。

我国的刑事和解主要是指在刑事诉讼过程中，犯罪嫌疑人、被告人真诚悔罪，以赔偿损失、赔礼道歉等方式获得被害人的谅解，双方自愿达成和解协议，公安司法机关审查确认，并对犯罪嫌疑人、被告人予以从宽处罚的案件处理方式。其具有以下特征：（1）刑事和解的主体是犯罪嫌疑人、被告人与被害人，不同于辩诉交易中控诉机关与辩护人之间的协商。(2)刑事和解的前提是犯罪嫌疑人、被告人"真诚悔罪"并承认该罪行为。这是和解的事实基础,也是对受害人的一种精神抚慰。(3)刑事和解的案件限于轻微案件,目前主要是民间纠纷引起的可能判处 3 年有期徒刑以下的人身、财产损害案件,以及渎职以外的可能判处 7 年有期徒刑以下的过失犯罪案件。(4)刑事和解的协商是自愿的。刑事和解中公安司法机关虽然可以建议、推动当事人双方和解,但和解应当出于当事人的自愿而非公安司法机关的压力。(5)刑事和解的主要内容是民事责任,当事人无权对刑事责任进行协商。

在我国,即使被害人作为当事人,其在刑事诉讼中的权利也与被追诉人差异较大。作为新时期恢复性司法的一种重要形式,刑事和解受到平衡理论、叙说理论和恢复正义理论等支持,强调刑事程序对直接受害人利益的关注及所有利益关系方的平衡、恢复与优化,无论基于公正价值还是效率价值,对司法程序、社会秩序都有非常积极的意义。从我国刑事司法实践来看,近八成的刑事犯罪都属于轻微刑事案件,社会危害性相对较小。对这类案件一律依照普通刑事程序追究责任,被告人最终将面临牢狱之灾,从而被贴上罪犯的标签,其生活、工作及声誉都会受到不小的影响,甚至是终生受害;虽然被害人的报复心理可以得到一定程度的满足,可能还可以通过附带民事诉讼获得赔偿,但一方面这种报复增加了整个社会的戾气,另一方面赔偿可能无法执行。因此结果可能是,当事人双方都对这种结果不满,而且还相互仇恨,埋下了社会关系不稳的种子。刑事和解制度的运用,通过当事人双方的协商,给予加害人事后补救的机会,给予受害人及时"获救"的机会,从而为双方当事人关系的化解、利益的最大化提供了机会,真正实现案结事了,社会和谐。

本案就是顾客和保安之间的一般纠纷,双方都没有深仇大恨,具备和解的基础。通过刑事和解,特别是在李某某困难的情况下,其工作的超市也愿意积极参与,最终在吴某某降低赔偿数额后,三方签署了和解协议,被害人吴某某得到了及时赔偿,李某某也不因一时工作冲动而遭受牢狱之灾,超市也为社区和谐贡献了力量,很好地实现了和解制度保障权益与恢复关系的功能,实现了公正与效率的价值,这也是普通刑事程序所无法或很难达到的效果。

第二节　刑事和解适用的一般规定

【案例 23－2－01】宋某某故意伤害案[1]

2020 年 1 月 24 日 12 时许，被告人宋某某与被害人曾某某因债务纠纷发生争吵，宋某某一气之下先是打了曾某某两巴掌，又用手掐曾某某的脖子，用木板凳砸曾某某，致其受伤倒地。宋某某的妻子杨某见状报警，宋某某在现场被公安机关抓获。经鉴定，曾某某寰枢关节半脱位的损伤程度为轻伤二级，左侧头皮瘢痕的损伤程度为轻微伤。案发后，被告人宋某某赔偿医疗费 7000 元。

2020 年 5 月 14 日，沅陵县人民检察院以被告人宋某某犯故意伤害罪向湖南省沅陵县人民法院提起公诉。公诉机关认为，被告人宋某某故意伤害他人身体，致一人轻伤，其行为已构成故意伤害罪；被告人宋某某具有自首、认罪认罚、部分赔偿等量刑情节，建议对其判处有期徒刑 6 个月至 1 年。附带民事诉讼原告人曾某某向该院提起附带民事诉讼。

湖南省沅陵县人民法院受理后，依法组成合议庭，进行了合并审理。在审理过程中，双方当事人于 2021 年 2 月 5 日就附带民事诉讼达成和解协议并已履行完毕，曾某某向法院申请撤诉并获得准许。被告人宋某某与被害人曾某某达成和解协议并取得被害人谅解，公诉机关当庭调整量刑，建议对被告人宋某某免予刑事处罚。

法院经审理查明的事实和证据与公诉机关指控的事实一致，最终采纳公诉机关的量刑建议，判决被告人宋某某犯故意伤害罪，免予刑事处罚。

【案例 23－2－02】司某过失致人死亡案[2]

2021 年 8 月，司某接受钟祥市某村村民杨某的聘请，到柴湖镇收割黄豆，因为疏忽大意，在倒车作业时不慎将站在收割机后面的杨某碾压致死。

案件移送审查起诉后，承办检察官经过认真审查分析，发现两家在此之前

---

〔1〕 湖南省沅陵县人民法院刑事判决书，(2020)湘 1222 刑初 87 号。

〔2〕 刘怡廷、罗海迪、徐倩倩：《钟祥：检察官释法说理促成刑事和解》，载《检察日报》2022 年 4 月 12 日，第 6 版。

并无矛盾。因杨某骤然离世给其家庭经济造成严重影响，杨某家人强烈要求严惩司某；司某由于自己的无心之失将面临牢狱之灾，也给其家庭造成悲剧。

为此，承办检察官希望能积极促成和解。一方面，其联系杨某家人，了解他们的诉求，倾听他们的心声，向他们充分释法说理，讲解了犯过失致人死亡罪的法律规定，并转达司某主动投案自首、认罪认罚的态度；另一方面，其也多次向司某及其家人转达杨某家人的诉求，告知司某履行赔偿责任既是他的法律责任，也是他得到从宽处理的机会。通过努力，当事人双方终于达成赔偿谅解协议。检察院依法对本案开展羁押必要性审查，对司某作出变更强制措施的决定，由逮捕关押变更为取保候审。

承办检察官认为，司某在案发现场等待，到案后如实供述自己的罪行，是自首，且认罪认罚，可以从轻处罚。2022 年 1 月 27 日，法院支持了检察院的公诉意见，以过失致人死亡罪判处司某有期徒刑 1 年，缓刑 2 年。

■ 法理与法律适用评析

作为特别诉讼制度，刑事和解的适用有明确的限定条件。

在适用范围上，当前法律明确将适用刑事和解的案件限定为两类。第一类为涉嫌刑法分则第四章、第五章规定的犯罪案件，也即侵犯公民人身、民主权利和侵犯公民财产权利的犯罪；但这类案件也并非都可以刑事和解，只有民间纠纷引起的、可能判处 3 年有期徒刑以下刑罚的案件才可以。第二类为除渎职犯罪外的过失犯罪案件，且这类案件应当是可能判处 7 年有期徒刑以下刑罚的。同时，法律要求犯罪嫌疑人、被告人在 5 年内曾经故意犯罪的，不得适用和解。

在适用条件上，要求犯罪嫌疑人、被告人真诚悔罪，向被害人赔偿损失、赔礼道歉等；被害人谅解犯罪嫌疑人、被告人，自愿和解。从态度上看，犯罪嫌疑人、被告人要真诚悔罪，被害人要愿意和解；从行动上看，犯罪嫌疑人、被告人应当通过赔偿损失、赔礼道歉等方式表达自己认罪和对罪行的反思，需要被害人愿意签署谅解书。

在适用效果上，犯罪嫌疑人、被告人真诚悔罪，积极赔偿、赔礼道歉等行为将获得刑罚上的从宽处理。根据当前的法律规定，刑事和解是法定的从宽处罚情节。根据案件情况，被告人与被害人达成刑事和解的，一般应当从轻处罚，符合非监禁条件的，则应当适用非监禁刑；如以最低刑处罚仍然过重，可以减轻处罚；在认为不需要判处刑罚的情况下，可以免予刑事处罚。

当然,实践中刑事和解的达成还需要有人牵线搭桥。刑事和解主要是在犯罪嫌疑人、被告人与被害人之间协商,其他社会主体也可以适当介入刑事和解,这不仅体现了和解对当事人之间关系的缓和或恢复,更体现了对受到影响的局部社会关系的恢复。为此,在整个诉讼过程中,公安司法机关积极了解当事人和受影响社区的诉求,动员、推动、说服有关各方参与到和解之中,常见的如人民调解委员会、村民委员会、居民委员会、当事人所在单位或同事、亲友等组织或个人。当然,作为国家机关,公安司法机关必须对刑事和解进行审查,包括:双方是否自愿和解;犯罪嫌疑人、被告人是否真诚悔罪,是否向被害人赔礼道歉,赔偿数额与其所造成的损害和赔偿能力是否相适应;被害人及其法定代理人或者近亲属是否明确表示对犯罪嫌疑人予以谅解;是否符合法律规定;是否损害国家、集体和社会公共利益或者他人的合法权益;是否符合社会公德。〔1〕 公安司法机关应当告知当事人刑事和解后的案件处理,以及当事人双方在案件中享有的权利义务,听取双方当事人的意见,必要时还需要听取双方当事人的亲属、当地居民委员会或村民委员会以及其他了解情况的相关人员的意见,并制作相关的笔录,确保和解的合法性和自愿性。

从前述案件可以看到,两个案件都是普通刑事案件,适合刑事和解的展开。在一些案件中,为了保护被害人的利益,公安司法机关可以积极作为,主导、促成、见证并监督刑事和解,从而更好地解决纠纷,实现社会关系的恢复而不仅是单纯的惩罚犯罪。一旦被告人真正能与被害人达成和解,公安司法机关,特别是最终的审判机关,应当在刑事惩罚的从宽上有所体现,鼓励这种当事人之间,甚至是社区成员之间的和解。

---

〔1〕 这是《人民检察院刑事诉讼规则》第497条作出的详细规定。《刑事诉讼法》对审查内容只作了粗略的要求,即对自愿性与合法性的审查,但具体审查内容并不明确。这里作出的详细规定实际上超越了自愿性与合法性的范畴,如需要被害人的法定代理人或近亲属的谅解,这只在被害人不具有完全行为能力的情况下具有合理性,因此,这并不符合《刑事诉讼法》的规定。如此,考虑到检察机关的审查在公安机关的审查之后,这个审查内容可能对公安机关的审查具有一定的引导作用。但法院的审查在检察机关的审查之后,法院是否也会遵循其规定,便不得而知了。

第三节　刑事和解适用的误区

【案例23-3-01】徐某某故意伤害案[1]

2019年11月28日19时许,被告人徐某某与被害人姚某2等人酒后到盖州市英皇国际KTV唱歌,因徐某某未按承诺结算在KTV的部分消费,姚某2与其发生争执、推搡。后徐某某到附近的福渔达水果蔬菜超市购买了一把水果刀,随即返回英皇国际KTV北侧聚福隆洗浴门前将姚某2拦住,多次用刀向姚某2比划,并刺扎姚某2右腹股沟一刀,致姚某2当场流血、倒地。后在场的李某1及徐某某先后拨打"110"电话报警,徐某某在现场等待警察赶到后将其带走。被害人姚某2因右腹股沟处刺伤致右髂外动脉破裂急性大失血,最终抢救无效死亡。

辽宁省营口市中级人民法院受理营口市人民检察院指控被告人徐某某犯故意伤害罪暨附带民事诉讼原告人周某、许某1、姚某1提起刑事附带民事诉讼一案,于2020年7月28日作出(2020)辽08刑初13号刑事附带民事判决,认定被告人徐某某犯故意伤害罪,判处无期徒刑,剥夺政治权利终身;判处被告人徐某某赔偿附带民事诉讼原告人周某、许某1、姚某1经济损失共计38,496元等。

宣判后,各附带民事诉讼原告人及被告人徐某某均提出上诉。上诉人周某、许某1、姚某1的上诉理由:原审判决对徐某某量刑畸轻,请求增加经济损失至712,709元。上诉人徐某某的上诉理由:原判没有认定被害人有过错,属认定事实错误,原审判决量刑过重。辩护人的辩护意见:徐某某系初犯、偶犯,具有自首情节,其亲属对被害人家属进行民事赔偿并取得谅解,原审判决量刑过重。

辽宁省高级人民法院审理后认为,上诉人徐某某故意持械非法损害他人身体健康,致一人死亡,其行为已构成故意伤害罪,应依法处罚。鉴于其亲属在二审中代为赔偿被害方经济损失,并达成和解,取得谅解,视为其具有悔罪表现,结合本案起因及其认罪的具体情况,可对其适当从轻处罚。各附带民事上诉人在二审中与徐某某亲属达成赔偿和解协议,自愿放弃其他民事诉求并

---

〔1〕 辽宁省高级人民法院刑事附带民事判决书,(2020)辽刑终257号。

申请撤回上诉，符合相关法律规定，应依法予以准许和确认。据此，法院认定上诉人（原审被告人）徐某某犯故意伤害罪，判处有期徒刑15年。

【案例23－3－02】朱某涉嫌徇私枉法案[1]

2010年11月27日，宋某某到怀远县公安局报案称被孙某2强奸，提交了案发时所穿内裤，并被带至怀远县妇幼保健院进行检查，提取了阴道擦拭物，相关案件材料及生物检材由被告人朱某保管（办案组组长，组员有王某、吴某）。

案发后，朱某、王某、吴某到怀远县常坟镇口头传唤孙某2但未找到，同年12月1日询问了证人，后未再展开调查取证工作。宋某某报案后，孙某2请托孙某3、孙某4等人从中调解。孙某3找到被告人朱某，希望能将案件撤销或搁置不查，不要追究孙某2的责任；朱某则要求孙某3等人做好调解工作，让宋某某不要告诉。后经孙某3等人多次调解，虽宋某某本人拒绝在否定强奸的调解协议上签字，但其丈夫孙某1最终接收了9.7万元。孙某3将此情况电话告知朱某，案件被搁置不查。2014年10月，因与孙某2发生矛盾，宋某某到怀远县公安局询问孙某2强奸案件的处理情况；2015年2月，怀远县公安局对孙某2涉嫌强奸案立案侦查，2017年3月，孙某2因犯强奸罪被判处刑罚。

怀远县人民检察院于2021年4月8日就朱某涉嫌徇私枉法罪立案侦查，并由怀远县人民法院受理。

■ 法理与法律适用评析

作为特别程序的刑事和解有明确的范围，这种限制主要出于真正实现社会关系恢复的目的。对于民间纠纷引起的相对轻微案件，当事人之间并无重大矛盾，造成的结果也相对较为轻微，从而可以为恢复性司法的施展提供空间。对于较为严重的案件，虽然当事人之间也可能就民事赔偿等方面达成一定的协议，但考虑到案件本身的性质、结果的严重性，社会关系乃至当事人之间真正的“和好如初”是非常困难的，为此，我国并没有将较为严重的案件纳入刑事和解的范畴，而是根据一般的自首、坦白、积极赔偿等法定或酌定量刑情节予以从宽处理。如根据《关于常见犯罪的量刑指导意见（试行）》的规定，

---

〔1〕 安徽省蚌埠市中级人民法院刑事裁定书，（2021）皖03刑终420号。

积极赔偿被害人的，最多可以获得减少基准刑的40%，而达到刑事和解的，则可以减少基准刑的50%左右。

前述两个案件中，虽然被告人都积极赔偿被害人，但都较为明显地超过了适用刑事和解的范畴。如第一个案件实际判处的刑罚大大超过了3年，第二个案件则不是民间纠纷引起的，而被告人的赔偿也不能直接导致公安机关“搁置”案件。公安机关对刑事和解的案件，仍然需要移送起诉，并提出从宽处罚的意见，最终由检察机关审查决定。公安机关无权对和解案件直接予以终止诉讼程序的处理。

【案例23-3-03】饶某故意伤害案〔1〕

被告人饶某与被害人占某打架，造成占某轻伤二级。饶某因涉嫌故意伤害罪被移交检察机关审查起诉后，与被害人自行达成刑事和解协议。和解协议内容包括以判处缓刑为前提的分期履行赔偿款，由占某出具刑事谅解书。

在审判中，法院认为被告人饶某具有坦白情节，有悔罪表现，取得了被害人的谅解，而被害人占某有一定过错，决定对被告人饶某依法从轻处罚并适用缓刑。

被告人饶某被判处缓刑后，却因故未能按时履行和解协议规定的内容。被害人占某到法院请求撤销缓刑，要求强制执行和解协议的民事部分。

■ 法理与法律适用评析

刑事和解的达成，基于当事人双方之间的协议，公安司法机关要进行审查确认，甚至有的刑事和解是公安司法机关积极促成的。由此，根据法律规定，这种协议对当事人是有效的，公安司法机关也应依法给予犯罪嫌疑人、被告人从宽处罚。

双方当事人达成和解协议的，犯罪嫌疑人、被告人应及时履行。考虑到公安机关对案件的处理并没有裁量权，只能将当事人达成协议的情况及协议附卷移送检察机关，由检察机关作出处理。犯罪嫌疑人、被告人在侦查阶段可以没有履行或完全履行，但原则上仍应尽快履行。但由检察机关作出处理的，犯罪嫌疑人、被告人最迟应在检察机关作出从宽处罚的决定前履行；一次性履行

〔1〕《刑事和解协议未履行如何处理?》，载大庆市萨尔图区法院网2017年2月28日，http://dqset.hljcourt.gov.cn/public/detail.php?id=17051。

有困难的，应在被害人同意并提供有效担保的情况下，分期履行。和解协议无论是在审判阶段达成的，还是到审判阶段没有履行完毕的，都应当及时履行。

刑事和解协议对当事人有约束力。依法自愿达成的刑事和解协议对双方当事人有约束力；当事人在不起诉决定作出前反悔的，可以另行达成和解；无法达成和解的，视为没有和解。当事人在检察机关作出不起诉决定后反悔的，或和解协议已经履行完毕后反悔的，除和解违反自愿、合法原则，协议应当履行。和解协议履行完毕的，被害人或者其法定代理人、近亲属又提起附带民事诉讼的，人民法院不予受理，但和解违反自愿、合法原则的除外；在法院受理附带民事诉讼后双方愿意和解，但被告人又无法即时履行全部赔偿义务的，法院应制作民事调解书。犯罪嫌疑人或者其亲友等以暴力、威胁、欺骗或者其他非法方法强迫、引诱被害人和解，或者在协议履行完毕之后威胁、报复被害人的，应当认定和解协议无效。

刑事和解协议对公安司法机关有约束力。刑事和解协议达成后，公安机关可以在移送检察机关审查起诉时，向其提出从宽处理的建议。人民检察院在审查逮捕或审查起诉时，对公安机关的从宽处理建议应当充分考虑。对于审查逮捕的，刑事和解协议可以作为犯罪嫌疑人社会危害性大小的考虑因素，经审查无须逮捕的，可以作出不批准逮捕的决定；也可以据此依法变更强制措施。在审查起诉时，刑事和解协议可以作为是否需要判处刑罚或免除刑罚的考虑因素，从而由检察院作出不起诉决定，或提起公诉时，向法院提出从宽量刑的建议。当然，刑事和解协议对检察机关的这种效力是以刑事和解的自愿、合法为前提的；如果犯罪嫌疑人或者其亲友等以暴力、威胁、欺骗或者其他非法方法强迫、引诱被害人和解，或者在协议履行完毕后威胁、报复被害人，检察机关应当认定和解协议无效；对已经作出不批准逮捕或者不起诉的决定的，人民检察院根据案件情况可以撤销原决定，对犯罪嫌疑人批准逮捕或者提起公诉。对法院来讲，和解协议达成并履行完毕的，不再支持当事人的反悔，也不再受理被害方提出的附带民事诉讼，除非和解协议本身违反自愿性、合法性的要求。法院在作出裁判时，应当根据和解协议对被告人从轻处罚；被告人符合非监禁刑适用条件的，法院应当适用非监禁刑；判处法定最低刑仍然过重的，法院可以减轻处罚；在综合全案后，认为犯罪情节轻微不需要判处刑罚的，法院还可以免除被告人的刑事处罚。不过，对于共同犯罪案件，如出现部分被告人与被害人达成和解协议的情况，在对该部分被告人从宽处罚的同时，也应注意全案的量刑平衡。

从本案可以看出，法院根据和解协议已作出有效裁判，不会因被告人未履行和解协议内容而启动再审,撤销原判决,故应由当事人双方通过民事程序解决纠纷。

■ 法条链接

《刑事诉讼法》第 288 ~ 290 条;《人民检察院刑事诉讼规则》第 492 ~ 504 条;《刑诉法解释》第 587 ~ 597 条;《公安机关办理刑事案件程序规定》第 333 ~ 338 条。

■ 参考文献

1. 王爱立主编:《中华人民共和国刑事诉讼法释义》,法律出版社 2018 年版。
2. 叶青主编:《刑事诉讼法学》(第 4 版),上海人民出版社、北京大学出版社 2020 年版。
3. 宋英辉、袁金彪主编:《我国刑事和解的理论与实践》,北京大学出版社 2009 年版。
4. 陈光中、葛琳:《刑事和解初探》,载《中国法学》2006 年第 5 期。
5. 陈瑞华:《论协商性的程序正义》,载《比较法研究》2021 年第 1 期。

第二十四章　刑事赔偿程序

第一节　刑事赔偿责任

【案例 24-1-01】张玉环案[1]

1993年10月24日，江西省南昌市进贤县凰岭乡张家村，两名幼童忽然失踪。次日，二人被发现死在附近的下马塘水库内。几天后，时年26岁的同村人张玉环被警方锁定为犯罪嫌疑人。2001年11月28日，经过长达8年的司法程序，张玉环终审被判死刑，缓期2年执行。漫长的25年里，张家人一直四处奔走，持续申诉。

2020年7月9日上午，江西张玉环杀害2名幼童案在江西省高级人民法院开庭再审。2020年8月4日下午4时，江西省高级人民法院对张玉环案再审宣判，最终以"原审判决事实不清，证据不足"，宣告张玉环无罪。

2020年9月2日，蒙冤近27年无罪获释的张玉环在其国家赔偿案代理律师及家人的陪同下，向江西省高级人民法院提交了国家赔偿申请。

2020年9月4日，江西省高级人民法院经审查认为，张玉环的申请符合《国家赔偿法》规定的立案条件，决定予以受理。

2020年10月30日，江西省高级人民法院向赔偿请求人张玉环送达了国家赔偿决定书，依法决定向赔偿请求人张玉环支付赔偿金4,960,521.5元。

■ 法理与法律适用评析

刑事赔偿是国家赔偿制度的一部分，它是指侦查、检察、审判、监狱管理机关及其工作人员，在行使职权时违法侵犯公民、法人和其他组织的合法权益并

〔1〕 案例来源：张玉环案简介，百度百科，https://baike.baidu.com/item/%E5%BC%A0%E7%8E%89%E7%8E%AF%E6%A1%88/22677918?fr=aladdin，最后访问时间：2022年6月27日。

造成损害的,由国家承担赔偿责任的制度。

根据相关法律规定,构成刑事赔偿责任要具备以下四个条件:

一是主体要件。刑事赔偿责任的侵权主体是行使侦查、检察、审判、监狱管理职权的机关及其工作人员。除此之外,其他任何国家机关、企事业单位和个人均不能构成刑事赔偿责任的侵权主体。

二是行为要件。刑事赔偿责任侵权主体的行为是行使职权的行为,也就是说,与行使职权无关的个人行为、民事行为所造成的损害,不在刑事赔偿之列。职权行为,是指客观上与行使职权相关联的行为,这里不能狭窄地理解为职权内的行为。例如,刑讯逼供并不是司法工作人员职责权限内的行为,但它是司法工作人员在办理案件过程中,与其行使职权有联系的行为,因此,应予赔偿。

三是法律要件。只有违法行使职权的行为才能引起刑事赔偿。职权行为的违法与否是决定国家应否赔偿的重要前提,只有违法行使职权的行为才能引起刑事赔偿。违法行使职权既包括违反实体法,例如无罪判有罪,也包括违反程序法,例如违法查封、扣押、冻结或者追缴与本案无关的合法财产等,既包括作为形式的违法,例如违法使用武器、警械,也包括不作为形式的违法,例如对犯罪嫌疑人、被告人或者对被判刑的人超期羁押等。

四是损害结果要件。刑事赔偿以损害事实的存在为前提,没有损害结果,就无须赔偿。刑事诉讼中违法行使职权造成的损害包括人身自由被限制或剥夺、身体被伤害、死亡,财产遭受损失,名誉权、荣誉权遭受损害等。刑事赔偿必须有损害事实,并且违法行使职权的行为与损害事实的发生具有因果关系。

张玉环案是近年来被纠正的具有全国影响力的冤案。张玉环被错误羁押9778天,最后以"原审判决事实不清,证据不足"改判。《国家赔偿法》对刑事赔偿作出了具体规定,通常是指侦查、检察、审判、监狱管理机关及其工作人员,在行使职权时违法侵犯公民、法人和其他组织的合法权益并造成损害时,由国家来承担具体的经济赔偿。刑事赔偿制度的存在和完善有利于保障受侵害主体的权益,有利于进一步促进公安机关、国家安全机关、检察机关、审判机关、监狱管理机关严格执法和规范司法。

■ 法条链接

《国家赔偿法》第2条。

第二节　刑事赔偿范围

【案例 24 -2 -01】郭某华案[1]

郭某华因犯强奸罪于 2012 年 6 月 28 日被送交湖南省郴州监狱服刑。2013 年 10 月 24 日晚，郭某华出现呕吐和晕厥症状，被送至湘南医院，并被诊断为肺部感染、肾功能不全和酸碱失衡等病因导致感染性休克，医院建议转 ICU 治疗。监狱警官建议先观察，暂不转 ICU 治疗。25 日凌晨，郭某华经抢救无效死亡。2014 年 12 月 2 日，郭某华亲属向湖南省郴州监狱提出赔偿申请。因赔偿义务机关、复议机关均逾期未作出赔偿决定，郭某华亲属遂向湖南省高级人民法院赔偿委员会申请作出赔偿决定。

■ 法理与法律适用评析

一、侵犯人身权的赔偿范围

行使侦查、检察、审判、监狱管理职权的机关及其工作人员在刑事诉讼中侵犯人身权应予赔偿的情形大体可分为两类：一类是羁押判刑赔偿；另一类是侵犯公民生命健康权的赔偿。

羁押判刑赔偿主要包括：

第一，违反刑事诉讼法的规定对公民采取拘留措施的，或者依照刑事诉讼法规定的条件和程序对公民采取拘留措施，但是拘留时间超过刑事诉讼法规定的时限，其后决定撤销案件、不起诉或者判决宣告无罪终止追究刑事责任的。

第二，对公民采取逮捕措施后，决定撤销案件、不起诉或者判决宣告无罪终止追究刑事责任的。有证据证明有犯罪事实是适用逮捕的首要条件，因此，没有证据证明某人实施了犯罪行为就批准或者决定并执行了逮捕的，随后决定撤销案件、不起诉或者判决宣告无罪终止追究刑事责任的应给予赔偿。

第三，依照审判监督程序再审改判无罪，原判刑罚已经执行的。这里的“原判刑罚”是指原判剥夺人身自由或者生命的刑罚，不包括管制、拘役和有

---

〔1〕 案例来源：郭某先等人因郭某华死亡申请湖南省郴州监狱国家赔偿案，https://www.chinacourt.org/article/detail/2020/12/id/5685554.shtml，最后访问时间：2022 年 7 月 2 日。

期徒刑缓刑及剥夺政治权利。“已经执行”包括已经全部执行或者部分执行。原判刑罚生效执行后，如果经审判监督程序再审改判无罪，就确认了已经执行的刑罚是错判，理应予以赔偿。

侵犯公民生命健康权的赔偿主要是指：

第一，刑讯逼供或者以殴打、虐待等行为或者唆使、放纵他人以殴打、虐待等行为造成公民身体伤害或者死亡的。

第二，违法使用武器、警械造成公民身体伤害或者死亡的。

二、侵犯财产权的赔偿范围

根据《国家赔偿法》的相关规定，刑事诉讼中违法行使职权侵犯公民、法人或其他组织的财产权应予赔偿的有两种情况：

一是违法对财产采取查封、扣押、冻结、追缴等措施的。这是指查封、扣押、冻结了与案件无关的财物或存款，超出法定范围查封、扣押财物或冻结存款，追缴的财物不是犯罪分子的违法所得，而是其合法的收入，没收的财物不是违禁品，不是犯罪分子用以作案的个人物品等。

二是依照审判监督程序再审改判无罪，原判罚金、没收财产已经执行的。如果原判罚金、没收财产已经执行了，则除退还罚金、没收的财产外，国家还应赔偿公民因此而受到的损害。

三、不适用刑事赔偿的情形

在刑事诉讼中，属于下列情形之一的，国家不承担赔偿责任：

第一，因公民自己故意作虚伪供述，或者伪造其他有罪证据被羁押或者被判处刑罚的。这是指公民在意志自由的情况下，以使侦查、起诉、审判发生错误为目的，或为他人承担罪责，使真正的犯罪分子逃脱法律制裁而故意作虚假的有罪供述，或者伪造其他有罪证据的情况。

第二，依照《刑法》第 17、18 条的规定，不负刑事责任的人被羁押的。这是指实施了《刑法》所禁止的危害社会的行为，因其未达到刑事责任年龄或不具有刑事责任能力而不负刑事责任，但公安司法机关在未搞清行为人的年龄和实际责任能力前曾对其羁押的，行为人不能请求赔偿。

第三，依照《刑事诉讼法》第 16 条、第 177 条第 2 款规定不追究刑事责任的人被羁押的。这是指对于情节显著轻微、危害不大，不认为是犯罪的，犯罪已过追诉时效的，经特赦令免除刑罚的，依照刑法告诉才处理，没有告诉或者撤回告诉的，犯罪嫌疑人、被告人死亡的，其他法律规定免予追究刑事责任的人曾被羁押的，国家不予赔偿。对于犯罪情节轻微，依照刑法规定不需要判处刑罚或者免除刑罚的，人民检察院依法作出不诉处理的，国家不予赔偿。

第四，侦查、检察、审判、监狱管理机关的工作人员实施的与行使职权无关的个人行为。

第五，因公民自伤、自残等故意行为致使损害发生的。

第六，法律规定的其他免除国家赔偿的情形。

上述案例中，郭某华因在监狱内没有得到及时救治而亡是否属于刑事赔偿范围是需要认定的重要问题。该问题的核心实际上是监狱警官的不作为和郭某华死亡之间是否存在因果关系。可以确定的是，虽然郭某华是服刑人员，但是监狱对其人身安全负有保障义务和责任，当服刑人员身体出现问题的时候，监狱应当提供必要的医疗救治。在本案中，监狱以不作为的方式对郭某华的生命健康权构成了侵害，所以，监狱是赔偿义务机关，应当对郭某华的死亡履行赔偿义务。

■ 法条链接

《国家赔偿法》第 17、18、19 条。

第三节　刑事赔偿程序

【案例 24－3－01】聂树斌案[1]

聂树斌因涉嫌强奸罪、故意杀人罪被判处死刑，并于 1995 年 4 月 27 日被执行死刑。后最高人民法院提审，于 2016 年 11 月 30 日作出刑事再审判决，改判聂树斌无罪。2016 年 12 月 14 日，聂树斌的母亲向河北省高级人民法院申请国家赔偿。

河北省高级人民法院在办案过程中，多次与赔偿请求人充分沟通协商，双方在赔偿项目、赔偿数额等方面达成一致意见。根据双方达成的协议内容，河北省高级人民法院作出(2016)冀法赔 1 号决定，向聂树斌母亲支付死亡赔偿金、丧葬费、聂树斌生前被侵犯人身自由赔偿金、精神损害抚慰金以及聂树斌母亲张焕枝生活费等费用。

---

〔1〕 案例来源：最高人民法院发布纪念国家赔偿法颁布实施二十五周年典型案例之聂树斌再审无罪国家赔偿案，https://baijiahao. baidu. com/s? id = 1687407645083724170&wfr = spider&for = pc，最后访问时间：2022 年 6 月 29 日。

■ 法理与法律适用评析

一、刑事赔偿请求人和刑事赔偿义务机关

（一）刑事赔偿请求人

受害的公民、法人和其他组织是赔偿请求人，有权要求刑事赔偿。受害的公民、法人和其他组织，是指其合法权益因行使侦查、检察、审判、监狱管理职权的机关及其工作人员违法行使职权的行为而遭到损害的公民、法人和其他组织。受害的公民死亡的，其继承人和其他有扶养关系的亲属有权要求赔偿。受害的法人和其他组织终止的，承受其权利的法人和其他组织有权要求赔偿。

（二）刑事赔偿义务机关

第一，行使侦查、检察、审判、监狱管理职权的机关及其工作人员在行使职权时侵犯公民、法人和其他组织的合法权益造成损害的，该机关为赔偿义务机关。这是确定刑事赔偿义务机关的一般原则，体现了“谁侵权，谁承担赔偿义务”的原则。

第二，对公民采取拘留措施，依照《国家赔偿法》的规定应当给予国家赔偿的，作出拘留决定的机关为赔偿义务机关。

第三，对公民采取逮捕措施后决定撤销案件、不起诉或者判决宣告无罪的，作出逮捕决定的机关为赔偿义务机关。

第四，再审改判无罪的，作出原生效判决的人民法院为赔偿义务机关。二审改判无罪，以及二审发回重审后作无罪处理的，作出一审有罪判决的人民法院为赔偿义务机关。按照这一规定，再审改判无罪的，作出原生效判决的人民法院为赔偿义务机关。如果原生效的是一审判决，那么该第一审人民法院为赔偿义务机关；如果原生效的是上诉审判决，那么该上诉审人民法院为赔偿义务机关。

二、刑事赔偿程序

刑事赔偿程序是在违法行使侦查、检察、审判和监狱管理职权的侵权事实被确认之后，提起赔偿和审查解决赔偿问题的步骤和方法。赔偿请求人要求赔偿，应当先向赔偿义务机关提出，也可以在申请行政复议或者提起行政诉讼时一并提出。

（一）赔偿义务机关先行处理程序

1. 赔偿义务机关主动赔偿。根据《国家赔偿法》第22条第1款的规定，赔偿义务机关对有该法第17、18条规定情形之一的情形，应当本着有错必纠、对人民负责的精神，主动给予赔偿。

2. 赔偿请求人提出赔偿请求。赔偿请求人要求赔偿的,应当先向赔偿义务机关提出。

要求赔偿应当递交申请书,申请书应当载明以下事项:(1)受害人的姓名、性别、年龄、工作单位和住所,法人或者其他组织的名称、住所和法定代表人或者主要负责人的姓名、职务。(2)具体的要求、事实根据和理由。赔偿要求包括赔偿方式和赔偿数额。(3)申请的年、月、日。(4)赔偿请求人书写申请书确有困难的,可以委托他人代书,也可以口头申请,由赔偿义务机关记入笔录。

3. 赔偿义务机关受理、审查和作出决定。赔偿义务机关收到赔偿请求人的赔偿申请书或者口头申请后,应当进行审查,区分不同的情况予以处理:

其一,经过审查,对事实清楚、符合法定赔偿条件、应予赔偿的,赔偿义务机关应当自收到申请之日起2个月内,作出是否赔偿的决定。赔偿义务机关作出赔偿决定,应当充分听取赔偿请求人的意见,并可以与赔偿请求人就赔偿方式、赔偿项目和赔偿数额依照《国家赔偿法》第四章的规定进行协商。赔偿义务机关决定赔偿的,应当制作赔偿决定书,并自作出决定之日起10日内送达赔偿请求人。共同赔偿的案件,赔偿请求人可以向共同赔偿义务机关中的任何一个赔偿义务机关要求赔偿,该赔偿义务机关应当先予赔偿。

其二,对赔偿请求已过法定时效或请求人不具有法定资格的,通知其不予受理;对不属于本机关赔偿的,应告知请求人向负有赔偿义务的机关提出申请;对申请材料不齐备的,可以告知请求人补充有关材料。本机关负有赔偿义务的,还需进一步查明侵权的起止时间和造成损害的程度。在审查中,必要时可以调取有关的案卷材料。认为证明材料不足或不能证明有关赔偿的事实时,可以要求赔偿请求人补充证明材料,也可以自行调查。赔偿义务机关决定不予赔偿的,应当自作出决定之日起10日内书面通知赔偿请求人,并说明不予赔偿的理由。赔偿义务机关在规定期限内未作出是否赔偿的决定,赔偿请求人可以自期限届满之日起3个月内,向人民法院提起诉讼。

(二)赔偿复议程序

如果赔偿义务机关逾期不予赔偿或者赔偿请求人对赔偿数额有异议,赔偿请求人可以自期间届满之日起30日内向其上一级机关申请复议。逾期不予赔偿,包括赔偿义务机关作出了不予赔偿决定、受理后到期不予答复和不予受理等情形。对赔偿数额有异议,包括对赔偿方式和对具体的赔偿金额有异议。

复议机关收到复议申请后,应及时调取案卷和有关材料进行审查,对事实不清的,可以要求赔偿义务机关补充调查,也可以自行调查;对赔偿请求人尚未向赔偿义务机关提出赔偿要求的,告知其先向赔偿义务机关提出。赔偿义务机关作出赔偿决定的期间尚未届满而请求人提出复议申请的,应告知赔偿请求人督促赔偿义务机关在期间届满前作出赔偿决定,待期间届满后再提出复议申请。

刑事赔偿申请复议,实行一次复议制。复议机关对复议申请进行复议后,应分别情况作出复议决定:原决定事实清楚,适用法律正确的,予以维持;原决定认定事实不清,适用法律或赔偿方式、数额不当的,作出新的赔偿决定。复议机关应自收到复议申请之日起2个月内作出决定。

赔偿义务机关是人民法院的,如果逾期不予赔偿或者请求人对赔偿数额有异议,赔偿请求人可以在2个月期间届满之日起30日内直接向上一级人民法院赔偿委员会申请作出赔偿决定,而不必经过复议程序。

(三)赔偿委员会的决定程序

1.赔偿委员会决定程序的启动

赔偿请求人不服复议决定的,可以在收到复议决定之日起30日内向复议机关所在地的同级人民法院赔偿委员会申请作出赔偿决定;复议机关逾期不作决定的,赔偿请求人可以自期限届满之日起30日内向复议机关所在地的同级人民法院赔偿委员会申请作出赔偿决定。

2.赔偿委员会的设置

中级以上的人民法院设立赔偿委员会,由人民法院3名以上审判员组成,组成人员的人数应当为单数。

3.赔偿决定程序

赔偿决定程序是解决刑事赔偿争议的一种非诉讼的特殊程序,不适用民事诉讼法或者行政诉讼法规定的诉讼程序。在赔偿决定程序中:没有原告、被告,只有申请人和被申请人;不实行开庭审理,而是书面审理,必要时可向赔偿义务机关或赔偿请求人调查了解情况;采取特别的审理组织——赔偿委员会,既不能独任审理,也不采取合议庭的形式审理;赔偿委员会审理终结,不用判决和裁定结案,而是采用赔偿决定结案;不实行两审终审,而是一次终局,赔偿委员会作出的赔偿决定,是发生法律效力的决定,必须执行。

赔偿委员会作赔偿决定,实行少数服从多数的原则。赔偿委员会认为重大、疑难的案件,必要时由赔偿委员会主任报请院长提交审判委员会讨论决定,审判委员会的决定,赔偿委员会应当执行。

人民法院赔偿委员会处理赔偿请求,赔偿请求人和赔偿义务机关对自己提出的主张,应当提供证据。被羁押人在羁押期间死亡或者丧失行为能力的,赔偿义务机关的行为与被羁押人的死亡或者丧失行为能力是否存在因果关系,赔偿义务机关应当提供证据。赔偿委员会分别根据下列情形依法作出决定:赔偿义务机关的决定或者复议机关的复议决定认定事实清楚,适用法律正确,赔偿方式、赔偿数额适当的,应当决定予以维持;赔偿义务机关的决定、复议机关的复议决定认定事实清楚但适用法律不当的,应当撤销原决定,依法重新作出决定;赔偿方式、赔偿数额不当的,应当作出变更决定;确有《国家赔偿法》第17、18条规定情形之一,赔偿义务机关或者复议机关逾期未作出决定的,应当依法作出赔偿或者不予赔偿的决定;赔偿请求人申请赔偿事项属于《国家赔偿法》第19条规定的国家不承担赔偿责任的情形之一,或者已超过法定时效的,应当作出不予赔偿的决定。

(四)刑事赔偿中的追偿制度

刑事赔偿中的追偿制度,又称求偿权制度,是指刑事赔偿义务机关在赔偿请求人损失后,对具有法定情形之一的工作人员的一种经济上的惩罚。其目的在于督促其司法工作人员严格执法,增强责任感和负责精神,恪尽职守,同时还可以减少国家因赔偿所遭受的损失,减轻财政负担。

根据《国家赔偿法》第31条的规定,刑事赔偿中的追偿对象包括:

第一,有《国家赔偿法》第17条第4项、第5项规定的行为的司法工作人员。详言之,刑讯逼供或者以殴打等暴力行为或者唆使他人以殴打等暴力行为造成公民身体伤害或者死亡的,以及违法使用武器、警械造成公民身体伤害或者死亡的,应当由这些司法工作人员承担部分或全部赔偿费用。

第二,在处理案件时有贪污受贿、徇私舞弊、枉法裁判行为的司法工作人员。

此外,对于具有上述情形的责任人员,有关机关应当依法给予处分;构成犯罪的,应当依法追究刑事责任。

三、刑事赔偿方式和计算标准

(一)赔偿方式

1. 支付赔偿金

支付赔偿金,是指向赔偿请求人支付一定数额的货币,主要适用于对人身造成损害的赔偿。对应当返还的财产,因损毁无法恢复原状或者已经灭失的以及侵犯财产权造成其他损失的,也应支付赔偿金。支付赔偿金这种方式适用范围广,便于计算,在具体执行上简便易行,是国家赔偿的主要方式。

2. 返还财产

返还财产,是指赔偿义务机关将财产归还给对该财产享有所有权的受害人的赔偿形式。返还的财产可能是金钱,也可能是原物,但必须以原财产存在为前提。侵犯财产权,能够返还财产的,应当返还财产。

3. 恢复原状

恢复原状,是指赔偿义务机关对应当返还的财产造成损毁,能够进行修复的,通过修复使之恢复到受损害前的形状和性能。

除上述方式以外,司法工作人员的职权行为造成受害人名誉权、荣誉权损害的,应当在侵权行为影响的范围内,为受害人消除影响,恢复名誉,赔礼道歉。造成严重后果的,应当支付相应的精神损害抚慰金。

(二)赔偿计算标准

1. 侵犯公民人身自由赔偿的计算标准

《国家赔偿法》第33条规定,侵犯公民人身自由的,每日赔偿金按照国家上年度职工日平均工资计算。"上年度",是指赔偿义务机关、复议机关或者人民法院赔偿委员会作出赔偿决定时的上年度。复议机关或者人民法院赔偿委员会决定维持原赔偿决定的,按作出原赔偿决定时的上年度执行。国家上年度职工日平均工资数额,应当以职工年平均工资除以全年法定工作日数的方法计算。年平均工资以国家统计局公布的数据为准。

2. 侵犯公民生命健康权赔偿的计算标准

造成公民身体伤害的,应当支付医疗费、护理费,以及赔偿因误工减少的收入。减少的收入每日的赔偿金按照国家上年度职工日平均工资计算,最高额为国家上年度职工年平均工资的5倍。

造成部分或者全部丧失劳动能力的,应当支付医疗费、护理费、残疾生活辅助具费、康复费等因残疾而增加的必要支出和继续治疗所必需的费用,以及残疾赔偿金。残疾赔偿金根据丧失劳动能力的程度确定,按照国家规定的伤残等级确定,最高不超过国家上年度职工年平均工资的20倍。造成全部丧失劳动能力的,对其扶养的无劳动能力的人,还应当支付生活费。

造成死亡的,应当支付死亡赔偿金、丧葬费,总额为国家上年度职工年平均工资的20倍。对死者生前扶养的无劳动能力的人,还应当支付生活费。

前述生活费的发放标准参照当地最低生活保障标准执行。被扶养的人是未成年人的,生活费给付至18周岁止;其他无劳动能力的人,生活费给付至死亡时止。

3. 侵犯财产赔偿的处理

处罚款、罚金、追缴、没收财产或者违法征收、征用财产的,返还财产;查封、扣押、冻结财产的,解除对财产的查封、扣押、冻结;应当返还的财产损坏的,能够恢复原状的恢复原状,不能恢复原状的,按照损害程度给付相应的赔偿金;应当返还的财产灭失的,给付相应的赔偿金;财产已经拍卖或者变卖的,给付拍卖或者变卖所得的价款;变卖的价款明显低于财产价值的,应当支付相应的赔偿金;吊销许可证和执照、责令停产停业的,赔偿停产停业期间必要的经常性费用开支;返还执行的罚款或者罚金、追缴或者没收的金钱,解除冻结的存款或者汇款的,应当支付银行同期存款利息;对财产权造成其他损害的,按照直接损失给予赔偿。

四、赔偿费用的来源和支付

(一)赔偿费用的来源

《国家赔偿法》第 37 条第 1 款规定,赔偿费用,列入各级财政预算。根据相关规范,国家赔偿费用,列入各级财政预算,由各级财政按照管理体制分级负担。各级政府应当根据本地区的实际情况,确定一定数额的国家赔偿费用,列入本级财政预算。国家赔偿费用由各级财政机关负责管理。当年实际支付国家赔偿费用超过年度预算的部分,在本级预算预备费中解决。

(二)赔偿费用的支付

赔偿义务机关应当自收到支付赔偿金申请之日起 7 日内,依照预算管理权限向有关的财政部门提出支付申请。财政部门应当自收到支付申请之日起 15 日内支付赔偿金。

(三)赔偿费用的申请与核拨

赔偿义务机关申请核拨国家赔偿费用或者申请返还已经上交财政的财产,应当根据具体情况,提供下列有关文件副本:赔偿请求人请求赔偿的申请书;赔偿义务机关作出的赔偿决定;复议机关的复议决定书;人民法院的判决书、裁定书或赔偿决定书;赔偿义务机关对有故意或者重大过失的责任者依法实施追偿的意见或者决定;财产已经上交财政的有关凭据;财政机关要求提供的其他文件或者文件副本。

财政机关对赔偿义务机关的申请进行审核后,应当及时核拨已经支付的国家赔偿费用;财产已经上交财政,应当依法返还赔偿请求人的,应当及时返还,然后再由赔偿义务机关返还给赔偿请求人。

赔偿义务机关向赔偿请求人支付赔偿费用或者返还财产,赔偿请求人应当出具收据或者其他凭证,赔偿义务机关应当将收据或者其他凭证的副本报送同级财政机关备案。

五、刑事赔偿请求时效

国家赔偿请求时效,是指赔偿请求人向赔偿义务机关请求国家赔偿的法定期间。在法律规定的期间内,赔偿请求人行使赔偿请求权,能得到法律保护,反之,就丧失依法定程序获得赔偿的权利。规定赔偿请求时效,有利于督促权利人及时行使赔偿请求权,使赔偿义务机关和人民法院及时处理国家赔偿案件,稳定社会关系和社会秩序。

赔偿请求时效既不能太长,也不宜太短。根据《国家赔偿法》第39条的规定,赔偿请求人请求国家赔偿的时效为2年。这一请求时效自其知道或者应当知道国家机关及其工作人员行使职权时的行为侵犯其人身权、财产权之日起计算,但被羁押等限制人身自由期间不计算在内。赔偿请求人在赔偿请求时效的最后6个月内,因不可抗力或者其他障碍不能行使请求权的,时效中止。从中止时效的原因消除之日起,赔偿请求时效期间继续计算。这里的时效中止是指在时效进行过程中,出现了特定的法定事由阻碍权利人行使权利,法律规定暂时停止时效的进行,待阻碍时效进行的原因消除后,时效期间继续进行。

最高人民法院于2016年对聂树斌案再审改判无罪后,聂树斌父母向人民法院提出国家赔偿申请,此案成为全社会关注的热点案件。因错误判决被执行死刑引发的国家赔偿案件,如何正确履行国家责任,合理确定赔偿项目、赔偿数额和赔偿方式,充分维护受害人亲属的合法权益,是国家赔偿案件审理中的重点和难点。人民法院与赔偿请求人在死亡赔偿金、丧葬费和侵犯人身自由赔偿金及聂树斌母亲生活费等方面依法定标准达成一致意见的基础上,通过协商确定了精神损害抚慰金,体现了国家对此类情况下受害人亲属的诚意,以及对其相关权利的全力维护和保障。聂树斌案在国家赔偿程序方面起到了示范作用。国家赔偿案件要做到兼顾法律效果和社会效果,特别是在法律效果方面,要明确、完善和优化赔偿程序,这是不断推进国家赔偿法制水平的必然要求。

■ 法条链接

《国家赔偿法》第21、39条。

■ 参考文献

1. 刘志远主编:《中国刑事赔偿原理与实务》,中国人民公安大学出版社2011年版。
2. 刘志远主编:《刑事案件国家赔偿实务指南》,中国法制出版社2010年版。
3. 崔玮:《我国刑事赔偿义务承担机制之检讨》,载《法律适用》2019年第5期。
4. 吴四江:《轻罪被害人之刑事诉讼赔偿机制探究——以域外相关立法与司法经验为借

鉴》,载《政治与法律》2013 年第 6 期。
5. 张新宇:《涉案财物灭失刑事赔偿标准的法律认定》,载《行政法学研究》2017 年第 5 期。
6. 马怀德:《刑事赔偿应当确立有利于受害人原则》,载《法律适用》2015 年第 9 期。
7. 张新宇:《刑事赔偿中的有利于受害人原则及其适用》,载《法商研究》2021 年第 1 期。
8. 曹贡辉:《刑事赔偿程序研究》,西南政法大学 2019 年博士学位论文。
9. 何君、郭晓丽:《刑事赔偿司法解释的效力与请求时效》,载《人民司法(应用)》2017 年第 22 期。
10. 杨临萍、何君:《刑事赔偿:美国法的经验与中国制度的完善》,载《甘肃行政学院学报》2014 年第 4 期。
11. 丁晓华:《刑事赔偿标准的发展及完善》,载《上海政法学院学报(法治论丛)》2016 年第 2 期。
12. 叶青、陈海锋:《由赵作海案引发的程序法反思》,载《法学》2010 年第 6 期。
13. 祝铭山主编:《刑事司法赔偿》,中国法制出版社 2004 年版。
14. 应松年、杨小君:《国家赔偿若干理论与实践问题》,载《中国法学》2005 年第 1 期。
15. 刘合华、陈现杰、张玉娟、何君:《〈关于办理刑事赔偿案件适用法律若干问题的解释〉的理解与适用》,载《人民司法(应用)》2016 年第 31 期。
16. 鲜铁可、马滔、赵景川:《办理刑事赔偿案件须准确理解八个问题》,载《检察日报》2016 年 2 月 22 日,第 3 版。
17. 马滔:《从检察角度来看〈刑事赔偿解释〉的理解与适用》,载《中国法律评论》2016 年第 2 期。
18. 张昔:《论我国独立刑事赔偿制度的建构——以刑诉法与〈国家赔偿法〉衔接为视角》,华东政法大学 2014 年硕士学位论文。
19. 马怀德、孔祥稳:《我国国家赔偿制度的发展历程、现状与未来》,载《北京行政学院学报》2018 年第 6 期。
20. 龙建明:《刑事赔偿制度现状反思与完善进路》,载《广西社会科学》2016 年第 12 期。
21. 张旭勇、章超钧:《刑事赔偿追偿的制度障碍及其破除》,载《苏州大学学报(法学版)》2021 年第 2 版。
22. 瓮怡洁:《刑事赔偿制度研究》,中国人民公安大学出版社 2008 年版。
23. 向泽选、武晓晨、陈雪芬编:《刑事赔偿案例与问答》,群众出版社 2002 年版。
24. 白雅丽:《侵犯财产权的刑事赔偿问题探析》,载《法律适用》2015 年第 9 期。
25. 何君:《侵犯人身自由权刑事赔偿的原则及法律适用》,载《人民司法(案例)》2017 年第 8 期。
26. 安凤德:《公安机关终止侦查与刑事赔偿范围相关问题研究——以刘某申请国家赔偿案为视角》,载《法律适用(司法案例)》2017 年第 14 期。

27. 马怀德:《〈刑事赔偿解释〉对刑事赔偿范围的影响》,载《中国法律评论》2016 年第 2 期。
28. 张平、王安胜:《刑事赔偿范围包括指定居所监视居住》,载《检察日报》2014 年 4 月 16 日,第 3 版。

第二十五章　依法不负刑事责任的精神病人的强制医疗程序

第一节　强制医疗程序的概述

Ⅰ 强制医疗程序的含义

依法不负刑事责任的精神病人的强制医疗程序（以下简称强制医疗程序）主要是指国家对实施暴力行为，危害公共安全或者严重危害公民人身安全，经法定程序鉴定依法不负刑事责任且有继续危害社会可能的精神病人实施的，限制其人身自由，对其进行隔离并强制进行医学治疗，帮助其恢复健康、复归社会的程序。

Ⅱ 强制医疗程序的性质

强制医疗程序的性质是一种保安处分措施。保安处分是国家刑事法律和行政法规所规定的，对实施了危害行为的无责任能力人、限制责任能力人以及其他有相当人身危险性的人所采取的，代替或者补充刑罚而适用的，旨在消除行为者的危险状态，预防犯罪、保卫社会安全的各种治疗、矫正措施的总称。[1] 虽然强制医疗与刑罚、刑事强制措施有相似之处，如这三种制度都有产生限制或者剥夺被适用者人身自由的效力，但是，这三种制度适用的对象和目的是不同的。其中，强制医疗程序的适用对象是经法定程序鉴定确认不负刑事责任的精神病人，主要目的是防止其继续危害社会，并通过医学治疗使其康复并回归社会；刑罚的适用对象是被判决有罪的犯罪人，主要目的是对其犯罪行为进行惩罚，起到刑法特殊预防和一般预防的效果；刑事强制措施的适用对象是尚未确定刑事责任的被追诉对象，主要目的是保障刑事诉讼程序的顺利进行。可见，强制医疗程序与刑罚、刑事强制措施的本质区别在于其针对的

〔1〕 参见苗有水：《保安处分与中国刑法发展》，中国方正出版社 2001 年版，第 1 页。

是不负刑事责任的精神病人,强制医疗程序是一种既不同于刑罚,也不同于强制措施的保安处分措施。

Ⅲ 强制医疗的功能定位

一、强制医疗程序有助于保障非精神病人不受非法拘禁

英国学者格尔德在《牛津精神病学教科书》中曾这样说过:“在20世纪,精神病学曾被个别精神科医生误用,更严重的是有的精神科医生和雇佣他们的机构出于政治或商业目的滥用精神病学,对持不同政见者及其支持者进行诊断和强制医疗。”[1]精神病是一种医学疾病,对于精神病的鉴定需要具有相关资质的专业人员进行。由于在法律上对于精神病的界定存在争议,正如上文所述,这也为某些具有特殊目的的人所利用,一些本不具有精神病或者具有精神疾病并未达到需要强制医疗程度的人,因为强制医疗而被非法拘禁。由于强制医疗关乎公民的基本人权,若运用不当,特别是被不法之徒利用,将正常人作为精神病人进行强制治疗,将会给被送治人带来严重的人身伤害和精神创伤,极易侵犯公民的基本人权。为此,强制医疗程序的科学化和正当化是非常必要的。强制医疗程序不仅需要有专业医学人员的专业鉴定支持,更需要通过正当法律程序,即通过司法审查、庭审对抗等方式进行。强制医疗的正当程序化有助于保障心智健全的人不受强制医疗的威胁和侵害。

二、强制医疗程序有助于维护社会的公共利益

强制医疗程序正当程序化的核心在于限制权力,防止国家公权力的滥用。强制医疗程序的正当程序化能够阻止“被精神病”情况的发生,有助于人权保障,也能够防止因强制医疗的滥用造成社会恐慌,这也有助于维护社会的公共利益。

第二节　强制医疗程序的适用条件

Ⅰ 精神状态要件

强制医疗程序的适用对象为依法不负刑事责任的精神病人。我国精神病人刑事责任能力的规定主要是在《刑法》第18条中,不负刑事责任的精神病

---

〔1〕［英］格尔德、［英］梅奥、［英］考恩:《牛津精神病学教科书》,刘协和等译,四川大学出版社2004年版,第76页。

人主要是指不能辨认或者不能控制自己行为的精神病人。如果为限制刑事责任能力的精神病人或者完全有刑事责任能力的精神病人,则应当分别对其从轻或者减轻处罚,或者予以刑罚处罚。

确定一个人是否是依法不负刑事责任的精神病人的结论需要由具有专业知识和技能的精神病学专家作出。由于人民法院并非具有鉴定精神病能力的专业机构,其在审理依法不负刑事责任的精神病人的强制医疗案件时,应当将被申请人交由专业的精神病鉴定机构进行鉴定,并参考鉴定机构的鉴定意见作出裁判。

Ⅱ 行为要件

强制医疗程序的适用需要满足强制医疗程序中的精神病人实施了暴力行为,危害公共安全或者严重危害公民人身安全的行为要件。其中,暴力行为,是指以人身、财产为侵害目标,采取暴力手段,对被害人的身心健康和生命财产安全造成极大损害,直接危及人的生命、健康与自由的一种行为。一般来说,暴力行为主要有杀人、伤害、抢劫等,会对公民的人身权益、财产权益造成巨大损害。公共安全,主要是指广大群众的生命健康和公私财产安全。危害公共安全,主要是指对不特定多数人的生命健康或重大公私财产安全造成损害。人身安全从广义上讲包括生命、健康、自由、住宅、人格和名誉等,从狭义上讲主要是生命和健康。严重危害人身安全主要包括杀人、伤害、绑架等行为。

Ⅲ 社会危害性要件

【案例25－2－01】倪某根强制医疗案〔1〕

2013年1月1日17时至20时许,倪某根在其住处用斧头砍击其妻子杨某某头部等部位,致杨某某死亡。经法医鉴定,杨某某系被他人用锐器砍击头部致颅脑损伤而死亡。经江苏省扬州五台山医院司法鉴定所鉴定,倪某根患阿尔茨海默病(老年前期型),无刑事责任能力。申请机关认为,被申请人倪某根实施故意杀人行为,严重危害公民人身安全,经法定程序鉴定属于依法不负刑事责任的精神病人,有继续危害社会的可能性,依照《刑事诉讼法》的规定,应当对其强制医疗。

---

〔1〕 江苏省靖江市人民法院刑事判决书,(2013)泰靖刑医字第1号。

■ 法理与法律适用评析

强制医疗程序的适用对象需要为有继续危害社会可能的精神病人。当依法不负刑事责任的精神病人在实施了暴力行为,危害公共安全或者严重危害公民人身安全的行为后,如果其因重伤、重病或者其他情况丧失了行动能力,在不具有危害社会的可能的情况下,可以不适用强制医疗程序,但应当由其近亲属或者监护人严加看管。本案中,倪某根即被鉴定为患阿尔茨海默病,有继续危害社会的可能性。

第三节　强制医疗程序的程序设计

Ⅰ 强制医疗程序的提起

强制医疗程序是不同于普通刑事诉讼程序的特别程序。强制医疗程序的对象为不负刑事责任的精神病人,其目的是防止这些精神病人继续危害社会,而非追究其刑事责任。为此,提起这一程序采用的方式并非起诉,而是申请。依据《刑事诉讼法》第 303 条的规定,能够提起强制医疗程序的主体为人民检察院。公安机关、精神病人的法定代理人或者利害关系人均不享有提起的权利。人民检察院获得提起强制医疗程序的渠道主要包括两种:公安机关移送和人民检察院在审查起诉过程中自行发现。当公安机关发现精神病人符合强制医疗条件时,应当写出强制医疗意见书,移送人民检察院。公安机关的强制医疗意见书是指公安机关发现精神病人符合强制医疗条件,而移送人民检察院处理的法律文书。该法律文书中应当写明需要强制医疗的人的基本情况、案件认定的犯罪事实、鉴定情况、处理的意见和理由以及所依据的法律条款等。另外,依据《刑事诉讼法》第 303 条的规定,人民法院在审理案件过程中发现被告人符合强制医疗条件的,可以作出强制医疗的决定。在人民法院自行发现的情况下,人民法院首先应当裁定终止原审理程序,进而进入对于强制医疗的审理程序。原审理程序的自诉人认为该裁定有误的,有权进行上诉;原审理程序的公诉机关有权进行抗诉。

Ⅱ 强制医疗的审理

一、强制医疗的审判组织及审限

《刑事诉讼法》第 304 条第 1 款规定:“人民法院受理强制医疗的申请后,

应当组成合议庭进行审理。”可见，强制医疗的审判组织是合议庭而非独任庭。合议庭是由数名审判人员或审判员和陪审员集体审判案件的基本组织形式。适用合议庭审理案件，有利于集思广益，有利于办案人员之间互相监督，使裁判更为公正合理。强制医疗决定的作出需要非常专业的知识，其中适用合议庭，有利于吸收具有精神病学专业知识及丰富临床经验的医师或者教授等专业人员担任人民陪审员，他们能为法庭最终作出正确的裁判提供科学的医学鉴定意见，从而可以保障强制医疗审理的公平、公正。

《刑事诉讼法》第305条第1款规定：“人民法院经审理，对于被申请人或者被告人符合强制医疗条件的，应当在一个月以内作出强制医疗的决定。”可见，强制医疗的审限为1个月。同时，依据《刑事诉讼法》第149条的规定，对犯罪嫌疑人作精神病鉴定的期间不计入办案期限。对于被申请人进行精神病鉴定的期间不计入强制医疗的1个月审限中。《刑事诉讼法》规定强制医疗的审限为1个月，一方面有利于防止审判拖延，保护被申请人的合法权益；另一方面也有利于避免精神病人再实施危害社会的行为，从而维护国家、社会、公众的合法权益。

二、强制医疗的审理内容

强制医疗的审理对象为实施暴力行为，危害公共安全或者严重危害公民人身安全，有继续危害社会可能的，经依法鉴定不负刑事责任的精神病人。为此，在强制医疗的审理过程中，审理的内容主要包括被申请人是否是在患有精神病的情况下实施的暴力行为、危害公共安全的行为或者严重危害公民人身安全的行为，是否因精神病而依法不负刑事责任，是否因精神病仍有继续危害社会的危险等几个方面。上述几个方面必须同时具备，方可对被申请人进行强制医疗。

三、强制医疗的被申请人的权利保障及程序救济

在强制医疗程序中，对被申请人法定诉讼权利的保障是非常重要的，这主要是由被申请人特殊的生理条件决定的。由于被申请人是精神病人，其辨认能力和控制能力是有欠缺甚至是丧失的，他无法如正常人一般对自己的行为进行陈述和辩解，无法充分行使自身的诉讼权利，也无法很好地维护自身的合法权益。为此，《刑事诉讼法》第304条第2款规定：“人民法院审理强制医疗案件，应当通知被申请人或者被告人的法定代理人到场。被申请人或者被告人没有委托诉讼代理人的，人民法院应当通知法律援助机构指派律师为其提供法律帮助。”在审理强制医疗案件时，人民法院应当保障被申请人或者被告人享有的法定代理人到场权，法律帮助权等法律赋予的诉讼权利。

由于强制医疗是与一般刑事诉讼程序不同的特别程序，在人民法院作出强制医疗的决定后，被决定强制医疗人、被害人及其法定代理人、近亲属对强制医疗决定的救济手段并非上诉，而是向上一级人民法院申请复议。上一级人民法院应当在法定的期间内作出回复。

Ⅲ 强制医疗的解除

【案例 25－3－01】陈某新解除强制医疗案〔1〕

被强制医疗人陈某新于 2014 年 3 月 20 日被南通市通州区人民法院决定强制医疗，南通市通州区公安局将被强制医疗人陈某新交付南通市通州区第二人民医院进行强制医疗。经过治疗，申请人季某英于 2014 年 10 月 22 日提出申请，称被强制医疗人陈某新患有"精神分裂症（偏执型）"并处于缓解期，目前自知力大部分恢复，情感反应基本适切，意志行为正常，要求对被强制医疗人陈某新解除强制医疗。

2014 年 10 月 28 日，南通市通州区人民法院书面具函给治疗单位南通市通州区第二人民医院，要求其出具对被强制医疗人陈某新的诊断评估报告。南通市通州区第二人民医院于 2014 年 10 月 30 日出具诊断评估报告，评估意见是被强制医疗人陈某新罹患精神分裂症（偏执型），目前处于缓解状态，不需要继续采取强制医疗措施。

审理中，被强制医疗人陈某新当庭保证其愿意配合家人进行继续治疗，保证戒烟、戒酒，不再与他人发生纠纷；其家人和户籍所在地的村干部也愿意督促其继续治疗和戒烟、戒酒，确保其不再违法犯罪。

■ 法理与法律适用评析

强制医疗的目的并非在于对暴力犯罪且继续具有危险性的不负刑事责任的精神病人进行惩罚，而是要通过治疗消除其人身危险性。因此，在其病情好转，人身危险性缓解时，应当有解除强制医疗的配套制度。《刑事诉讼法》第 306 条规定："强制医疗机构应当定期对被强制医疗的人进行诊断评估。对于已不具有人身危险性，不需要继续强制医疗的，应当及时提出解除意见，报决定强制医疗的人民法院批准。被强制医疗的人及其近亲属有权申请解除强制医疗。"可见，决定强制医疗的人民法院享有解除权；强制医疗机构、被强制医

〔1〕 江苏省南通市通州区人民法院刑事决定书，（2014）通刑医字第 0004 号。

疗人及其近亲属享有申请解除权。解除强制医疗的条件为被强制医疗人已不具有人身危险性且无强制医疗的必要。

■ 法条链接

《刑法》第 18 条;《刑事诉讼法》第 302、303、304、305、306、307 条。

■ 参考文献

1. 苗有水:《保安处分与中国刑法发展》,中国方正出版社 2001 年版。
2. [英]格尔德、[英]梅奥、[英]考恩:《牛津精神病学教科书》,刘协和等译,四川大学出版社 2004 年版。
3. 叶青主编:《刑事诉讼法学》(第 4 版),上海人民出版社、北京大学出版社 2020 年版。

第二十六章　犯罪嫌疑人、被告人逃匿、死亡案件违法所得的没收程序

第一节　违法所得没收程序的功能、性质及特点

Ⅰ 违法所得没收程序的功能

【案例 26 -1 -01】李某波案[1]

李某波曾担任江西省鄱阳县财政局经济建设股股长一职。在其任职期间，李某波利用职务便利伙同他人贪污县财政局经建资金 9400 万元人民币，并将 2953.335 万元人民币以投资、购买房产的形式转移至新加坡，又利用虚假证明办理了投资移民手续，取得了新加坡的永久居民权并于 2011 年 1 月携家人潜逃至新加坡。

2011 年 2 月 23 日，最高人民检察院通过公安部向国际刑警组织请求对李某波、徐某红夫妇发布红色通报，并向新加坡国际刑警发出了协查函。

2011 年 3 月初，新加坡警方以涉嫌洗钱罪拘捕了李某波、徐某红夫妇，二人后被保释。随后，新加坡法院法官 3 次发出冻结令，冻结李某波夫妇价值共计约 545 万新加坡元的涉案财产。

2013 年 3 月 11 日，在最高人民法院和最高人民检察院的指导下，江西省上饶市人民检察院向上饶市中级人民法院提出李某波案没收违法所得申请书，上饶市中级人民法院受理并通过最高人民法院的网站对外发出没收公告。

2013 年 3 月 20 日，最高人民检察院向新加坡检方发出请代为向李某波及其利害关系人告知并送达没收公告的司法协助请求书。

2013 年 8 月 15 日，新加坡法院一审判决认定新加坡总检察署对李某波的所有指控罪名成立，判处李某波 15 个月监禁，18.2 万新加坡元赃款归还中

---

〔1〕 李某波贪污案，最高人民检察院指导案例 74 号(2020 年)。

国。李某波不服一审判决，提出上诉。2014 年 7 月 10 日，新加坡上诉法院终审维持一审原判。

2014 年 8 月 29 日，江西省上饶市中级人民法院开庭审理了李某波违法所得没收案。

2015 年 1 月，新加坡移民局作出取消李某波全家 4 人新加坡永久居留权的决定。2015 年 2 月 2 日，李某波主动写信要求回国投案自首。

2015 年 3 月 3 日，上饶市中级人民法院就李某波违法所得没收案作出一审裁定，裁定认为：李某波身为国家工作人员，利用职务便利，伙同他人将巨额公款转出后非法占有，涉嫌重大贪污犯罪，其逃匿新加坡后被通缉，1 年后未能到案。有证据证明，李某波将其所贪污公款中的人民币 2900 余万元转移至新加坡；被新加坡警方查封的李某波夫妇名下的财产以及李某波在新加坡用于“全球投资计划”项目投资的 150 万新加坡元，均系李某波的违法所得，依法均应予以没收。

2015 年 4 月 20 日，按照最高人民检察院的司法协助请求，新加坡总检察署通过新加坡警方将裁定正式送达李某波本人及其在新加坡的 7 个利害关系人。

2015 年 4 月 25 日，未收到李某波及利害关系人的异议，裁定正式生效。

2015 年 5 月 9 日，李某波被遣返回国，同日被执行逮捕。

2015 年 12 月 30 日，上饶市人民检察院以李某波犯贪污罪，向上饶市中级人民法院提起公诉。2017 年 1 月 23 日，上饶市中级人民法院以贪污罪判处李某波无期徒刑，剥夺政治权利终身，并处没收个人全部财产；扣除同案犯徐某堂等人已被追缴的赃款以及依照违法所得没收程序裁定没收的赃款，剩余赃款继续予以追缴。

■ 法理与法律适用评析

违法所得没收程序是一种特殊程序，其作用首先在于剥夺犯罪收益，解决因犯罪嫌疑人逃匿、死亡引起的难以处理的违法所得问题。同时，该程序也有助于解决犯罪嫌疑人、被告人在犯罪期间转移财产而在逃匿后将犯罪所得作为继续实施犯罪行为的经济基础的情况，切断其资金链条。所以，对赃款赃物的有效追缴不但能够有力打击犯罪，挽回犯罪所造成的经济损失，实现“无人应从犯罪中获益”的法律精神，而且能够斩断犯罪资金链条，兼具社会防卫和预防犯罪之功效。

李某波案是我国违法所得没收程序第一案,意义非凡。本案中,李某波虽潜逃至新加坡,但是通过非法所得没收程序,其贪污公款违法所得得以被没收。可见,该程序无论是对国家财产的恢复还是对腐败分子的威慑,均具有极大的意义。

Ⅱ 违法所得没收程序的性质和特点

违法所得没收程序属于刑事特别程序,其不以定罪量刑为主要内容,并具有以下特点:

1. 违法所得没收程序对物不对人,普通刑事诉讼程序是一种对人的诉讼,而违法所得没收程序是一种针对物的特别诉讼活动。

2. 违法所得没收程序独立于对人的刑事诉讼程序,因而无须建立在对被告人定罪的基础之上。事实上,违法所得没收程序正是在反思传统没收制度必须以定罪为前提而导致的缺陷的基础上发展起来的。在传统没收制度下,即使能够证明某些财物属于犯罪所得,但在未发现或认定犯罪人的情况下也无法适用;如果犯罪嫌疑人或被告人在逃、失踪或者死亡,刑事诉讼因此处于停顿状态或被终止,也无法实现对犯罪所得的没收。

3. 违法所得没收程序的启动只能由人民检察院提出申请,由人民法院进行审理,控诉和审判职能分离,体现了司法职权的合理配置;公安机关可以向检察机关提出没收违法所得的建议。

4. 违法所得没收程序启动后审理的方式,是人民法院组成合议庭进行审理。人民法院进行审理必然遵循证据裁判主义原则,没有足够的证据不可以裁定没收犯罪嫌疑人、被告人的违法所得。

5. 在审理过程中,犯罪嫌疑人、被告人的近亲属和其他利害关系人有权申请参加诉讼,也可以委托诉讼代理人参加诉讼。利害关系人参加诉讼的,人民法院应当开庭审理并作出裁定。

6. 对于人民法院的裁定,利害关系人或者人民检察院可以向法院提出上诉、抗诉。

第二节 违法所得没收程序的适用条件

违法所得没收程序是在被追诉人不在案,未就其刑事责任得出终局判决的情况下,对其违法所得、其他涉案财产作出的处置,在一定程度上克减了被追诉人的诉讼权利，因此适用该程序的案件范围需予以限制。《刑事诉讼法》第 298 条第 1 款规定："对于贪污贿赂犯罪、恐怖活动犯罪等重大犯罪案件，犯罪嫌疑人、被告人逃匿，在通缉一年后不能到案，或者犯罪嫌疑人、被告人死亡，依照刑法规定应当追缴其违法所得及其他涉案财产的，人民检察院可以向人民法院提出没收违法所得的申请。"

Ⅰ 罪名条件

一、对贪污贿赂、恐怖活动等犯罪的理解

《刑诉法解释》第 609 条规定："刑事诉讼法第二百九十八条规定的'贪污贿赂犯罪、恐怖活动犯罪等'犯罪案件，是指下列案件：(一)贪污贿赂、失职渎职等职务犯罪案件；(二)刑法分则第二章规定的相关恐怖活动犯罪案件，以及恐怖活动组织、恐怖活动人员实施的杀人、爆炸、绑架等犯罪案件；(三)危害国家安全、走私、洗钱、金融诈骗、黑社会性质组织、毒品犯罪案件；(四)电信诈骗、网络诈骗犯罪案件。"可见，最高人民法院是对《刑事诉讼法》的规定作了扩大解释。

二、对重大犯罪案件的理解

关于《刑事诉讼法》中"等重大犯罪案件"的规定，可以看作是刑事诉讼法的一种立法技术。刑事诉讼法不可能穷尽所有应当适用该程序的犯罪类型，用"等"既可以表示与"重大性"相当的犯罪，也可以避免频繁地修订法律，方便刑事诉讼法适应社会发展。对于"重大犯罪案件"的掌握，应当将其理解为社会危害严重、社会影响恶劣、造成的损害结果重大的案件。《刑诉法解释》第 610 条规定："在省、自治区、直辖市或者全国范围内具有较大影响的犯罪案件，或者犯罪嫌疑人、被告人逃匿境外的犯罪案件，应当认定为刑事诉讼法第二百九十八条第一款规定的'重大犯罪案件'。"

Ⅱ 犯罪嫌疑人、被告人的条件

【案例 26－2－01】任某厚案[1]

任某厚，男，某省人民政府原副省长，曾任 A 矿业(集团)有限责任公司(以下简称 A 集团)董事长、总经理，B 环保能源开发股份有限公司(以下简称

〔1〕 任某厚受贿、巨额财产来源不明违法所得没收案，最高人民检察院指导案例 130 号(2021 年)。

B环能公司)董事长。

1. 涉嫌受贿犯罪事实

2001年至2013年,犯罪嫌疑人任某厚利用担任A集团董事长、总经理,B环能公司董事长,某省人民政府副省长等职务上的便利,为相关请托人在职务晋升、调整等事项上提供帮助:向下属单位有关人员索要人民币共计70万元用于贿选;要求具有行政管理关系的被管理单位为其支付旅游、疗养费用,共计人民币123万余元;收受他人所送人民币共计30万元,被办案机关依法扣押、冻结。

2. 涉嫌巨额财产来源不明犯罪事实

2000年9月至2014年8月,犯罪嫌疑人任某厚及其亲属名下的财产和支出共计人民币3100余万元,港币43万余元,美元104万余元,欧元21万余元,加元1万元,英镑100镑;珠宝、玉石、黄金制品、字画、手表等物品155件。

任某厚的合法收入以及其亲属能够说明来源的财产为人民币1835万余元,港币800元,美元1489元,欧元875元,英镑132镑,物品20件。任某厚亲属对扣押、冻结在案的人民币1265万余元,港币42万余元,美元104万余元,欧元21万余元,加元1万元及物品135件不能说明来源。

2014年9月20日,任某厚因严重违纪被免职,同年9月30日因病死亡。经最高人民检察院指定管辖,江苏省人民检察院于2016年7月11日启动违法所得没收程序。同年10月19日,江苏省人民检察院将案件交由扬州市人民检察院办理。同年12月2日,扬州市人民检察院向扬州市中级人民法院提出没收违法所得申请。

利害关系人任某1、任某2、袁某申请参加诉讼。2017年6月21日,扬州市中级人民法院公开开庭审理。同年7月25日,扬州市中级人民法院作出违法所得没收裁定,依法没收:任某厚受贿犯罪所得人民币30万元及孳息;巨额财产来源不明犯罪所得人民币1265万余元、港元42万余元、美元104万余元、欧元21万余元、加元1万元及孳息,以及珠宝、玉石、黄金制品、字画、手表等物品135件。

■ 法理与法律适用评析

根据《刑事诉讼法》第298条的规定,犯罪嫌疑人、被告人的条件包括:其一,犯罪嫌疑人、被告人潜逃,在通缉1年后不能到案;其二,犯罪嫌疑人、被告人死亡。这两种情况都要求依照刑法规定应当追缴犯罪嫌疑人、被告人违法所得及其他涉案财产。

一、犯罪嫌疑人、被告人潜逃的情况

针对犯罪嫌疑人、被告人潜逃的情况，要求必须要在通缉 1 年后不能到案。侦查机关应已经查明犯罪嫌疑人、被告人具有一定的犯罪事实，证明行为人已经构成犯罪，即在公安机关、检察院或者法院采取强制措施之前或者办理案件期间逃匿，经过公安机关通缉时间达 1 年之后仍未到案。如果通缉 1 年不能到案，则可以推定犯罪嫌疑人、被告人无法到案，依法必须及时地对违法所得作出处理，从而有效维护国家以及相关当事人的利益。

二、犯罪嫌疑人、被告人死亡的情况

在刑事诉讼过程中，已经查清的犯罪事实、证据能够证明犯罪嫌疑人、被告人应当被追究刑事责任，但犯罪嫌疑人、被告人已经在诉讼过程中死的，应当根据《刑事诉讼法》第 16 条第 5 项的规定，不追究刑事责任，已经追究的，应当撤销案件，或者不起诉，或者终止审理，或者宣告无罪。尽管犯罪嫌疑人、被告人在这种情况下不需要承担任何刑事责任，但他们的违法所得必须及时处理。没收违法所得程序弥补了通过普通刑事诉讼程序处理违法所得时时间、程序成本较高的缺陷，可以在不需要判决被告人有罪的情况下追缴违法所得或者将其返还给被害人。本案即属于犯罪嫌疑人死亡后启动违法所得没收程序的情况。

第三节　违法所得没收程序的程序设计

Ⅰ 启动与受理

违法所得没收程序的启动权由人民检察院掌握，并且在决定是否启动违法所得没收程序上，检察机关可以根据便宜主义原则作出决定，即人民检察院可以根据案件的实际情况，选择是否提出没收违法所得的申请或继续通缉犯罪嫌疑人、被告人。《刑事诉讼法》第 298 条第 3 款规定了人民检察院在提出申请时应该承担的举证义务："没收违法所得的申请应当提供与犯罪事实、违法所得相关的证据材料，并列明财产的种类、数量、所在地及查封、扣押、冻结的情况。"检察机关必须提供证据证明申请的合法性，没有证据不能认定犯罪事实和违法所得。证据材料不仅包括与犯罪事实相关的证据材料，也包括与违法所得相关的证据材料。

没收违法所得及其他涉案财产的申请,应当向犯罪地、犯罪嫌疑人或者被告人居住地的中级人民法院提出。《刑事诉讼法》第 299 条第 1 款规定:“没收违法所得的申请,由犯罪地或者犯罪嫌疑人、被告人居住地的中级人民法院组成合议庭进行审理。”没收违法所得的申请,由犯罪地或居住地中级人民法院受理。另外,在人民法院受理案件后的审判方式上,由于违法所得没收程序是未经定罪的一个特殊程序,为保障案件的正确审理,实现没收违法所得和保护无辜人利益的双重目的,该程序不允许采取独任法官审理;对于检察机关提出的申请复核受理条件的,人民法院应当组成合议庭进行审理,由合议庭对案件进行慎重讨论后加以决定。因此,违法所得没收程序具有相当的正式性。

Ⅱ 公告

违法所得中,有一部分涉及其他利害关系人的合法利益,有一部分涉及被追诉人本人与其近亲属的财物权属划分。如果一概排除他们在没收问题上的请求权,将导致利益的失衡。由于违法所得没收程序是在犯罪嫌疑人、被告人逃匿、死亡后启动的,案件的审理也就缺乏犯罪嫌疑人、被告人的参与,为使犯罪嫌疑人、被告人知晓司法机关已经启动违法所得没收程序,并且将该事项告知犯罪嫌疑人、被告人的近亲属或者其他可能的利害关系人,故刑事诉讼法规定了人民法院受理没收违法所得的申请后的公告期间。根据《刑事诉讼法》第 299 条第 2 款的规定,人民法院受理没收违法所得的申请后,应当发出公告。公告期间为 6 个月。在这 6 个月的期间内,犯罪嫌疑人、被告人的近亲属和其他利害关系人有权申请参加诉讼,也可以委托诉讼代理人参加诉讼。该公告期间的规定可以使得犯罪嫌疑人、被告人的近亲属和其他利害关系人有足够的时间了解案情,对违法所得没收程序提出异议,从而使审判者有机会更加全面客观地审查与犯罪事实、违法所得相关的证据材料,财产的种类、数量、所在地以及是否应当查封、扣押、冻结这些财产。不仅如此,犯罪嫌疑人、被告人的近亲属和其他利害关系人还有权委托诉讼代理人维护自己的利益。

Ⅲ 审理

《刑事诉讼法》第 299 条第 3 款规定:“人民法院在公告期满后对没收违法所得的申请进行审理。利害关系人参加诉讼的,人民法院应当开庭审理。”对于这个法条,可以理解为对于公告期间内的违法所得没收申请,人民法院组成的合议庭应当进行审理;在是否开庭的问题上,只有在利害关系人对检察机关提出的没收财产提出异议并参加到没收程序中去的时候,人民法院才必须开庭审理案件。

此处对于如何开庭审理，包括相关开庭步骤、证明规则、证明标准等的规定不够详细，尤其是没有规定作为刑事诉讼规则核心的证明标准，即这种证明标准是否与证明被告有罪的标准相同，是否需要达到案件事实清楚，证据确实、充分的标准，是否需要排除合理怀疑。本书认为，尽管人民法院在该程序中需要审查与犯罪事实相关的证据材料，它也明显有别于普通的审判程序。对于诉讼效率的追求也使得该程序的审理过程相对简略，证明标准低于排除合理怀疑的要求，这些情况需要在今后的刑事诉讼法实施过程中加以规范。

Ⅳ 裁定

根据《刑事诉讼法》第 300 条的规定，人民法院经审理，对经查证属于违法所得的财产，有两种处理方式：(1) 对属于被害人的财产，应当依法返还被害人；(2) 除此以外的属于违法所得及其他涉案财产，应当裁定予以没收。人民法院经审理，不能认定是违法所得的，应当裁定解除查封、扣押、冻结措施。在案件审理后的处理方式上，由于人民法院并没有对被告人是否犯罪、所犯何罪作出认定，所以审理的结果不可以是判决，而是应当以裁定的方式结案，并且裁定处理的结果是可以上诉、抗诉的。具体而言，依法返还被害人财产和予以没收的裁定属于实体性裁定，而解除查封、扣押、冻结措施是程序性裁定。

Ⅴ 上诉与抗诉

根据《刑事诉讼法》第 300 条的规定，对于人民法院作出的裁定，犯罪嫌疑人、被告人的近亲属、利害关系人可以提出上诉，人民检察院可以提出抗诉。为保护犯罪嫌疑人、被告人的近亲属及利害关系人的利益，避免一裁终局造成无法救济的情况，刑事诉讼法规定犯罪嫌疑人、被告人的近亲属或者其他利害关系人享有上诉的权利。这样，没收违法所得程序案件的裁定与定罪量刑的判决一样，具有可救济性；救济的渠道也与普通程序一致，即可以通过近亲属、利害关系人上诉、检察院抗诉的形式寻求对裁定的准确性和公正性再次审查。由于违法所得没收程序不以定罪为基础，适用相对宽松的证明规则，对作为起诉方的政府部门限制较少，在大幅提升打击犯罪和没收犯罪所得效率的同时，也极易损害公民的财产权利，故刑事诉讼法上诉、抗诉的制度设置，重视对第三者或者无辜者利益的保护，这是刑事诉讼法保障人权目的在违法所得没收程序中的具体体现。

Ⅵ 终止与回转程序

违法所得没收程序与其他刑事程序的一个明显区别特点，就是人民法院审理违法所得没收程序刑事案件结果的不确定性，以及作出裁定的非终局性。根据《刑事诉讼法》第301条的规定，“在逃的犯罪嫌疑人、被告人自动投案或者被抓获的，人民法院应当终止审理”，犯罪嫌疑人、被告人逃匿后又重新出现，可以成为法院审理这类案件的中止理由。更为明显的区别特征是法院对这类案件作出裁定的非终局性。在法院的其他一般判决或者裁定中，只要是一审后没有上诉或者抗诉的判决、裁定，或者二审作出的判决、裁定，都具有终结性；对这些判决、裁定所确定的内容，都应当毫无偏差地执行。但法院根据违法所得没收程序所作出的裁定就不一样了。《刑事诉讼法》第301条第2款明确规定：“没收犯罪嫌疑人、被告人财产确有错误的，应当予以返还、赔偿。”可以这样说，法院对此类案件作出的裁定，在相当多的情况下，处于不确定的状态。

■ 法条链接

《刑事诉讼法》第298、299、300、301条；《刑诉法解释》第609、610条。

■ 参考文献

1. 朱孝清：《违法所得没收程序的几个问题》，载《人民检察》2014年第15期。
2. 简乐伟：《违法所得没收程序适用中的问题与应对》，载《暨南学报（哲学社会科学版）》2015年第1期。

第二十七章　缺席审判程序

[I] 对在境外的被告人的缺席审判程序

【案例 27－1－01】程某某贪污案〔1〕

2022 年 1 月 17 日，河南省郑州市中级人民法院公开宣判“百名红通”人员河南省漯河市委原书记、豫港（集团）有限公司原董事长程某某贪污案，对被告人程某某以贪污罪判处有期徒刑 12 年，并处罚金人民币 50 万元；追缴程某某贪污犯罪所得依法予以返还。

法院经审理查明，2000 年 12 月 7 日至 2000 年 12 月 15 日，被告人程某某利用担任豫港（集团）有限公司董事长的职务便利，以在新西兰设立分公司为由，先后三次指使财务人员将公款转入其名下支票账户及其在新西兰开设的个人账户，非法占有公款港元、新西兰元、美元折合人民币共计 308.88 万余元。程某某于 2001 年 2 月 7 日逃往境外。

本案是我国适用刑事缺席审判程序审理的第一起外逃被告人贪污案。程某某在境外，其近亲属代为委托两名辩护人为其出庭辩护。郑州市中级人民法院在审理过程中依法充分保障了缺席被告人程某某的各项诉讼权利。

郑州市中级人民法院认为，被告人程某某的行为构成贪污罪，数额特别巨大，应依法惩处。程某某逃匿境外逾 20 年，拒不到案接受审判，拒不退缴赃款，应予从重处罚。法院遂作出上述缺席判决。该案一审宣判后，法定上诉期内，被告人及其近亲属、辩护人均未上诉，目前判决已经发生法律效力。

■ 法理与法律适用评析

所谓刑事缺席审判程序，是指对法律规定的特定案件中不在庭审现场的被告人进行的特殊审判，以解决其刑事责任的特别程序。我国《刑事诉讼法》

---

〔1〕 参见孙航：《我国“刑事缺席审判第一案”程某某贪污案一审宣判》，载《人民法院报》2022 年 1 月 18 日，第 3 版。

第 292 条至第 295 条规定了关于“在境外”的被告人(贪污贿赂犯罪案件,以及需要及时进行审判,经最高人民检察院核准的严重危害国家安全犯罪、恐怖活动犯罪案件)的具体缺席审判程序,主要内容包括:(1)人民法院应当通过有关国际条约规定的或者外交途径提出的司法协助方式,或者被告人所在地法律允许的其他方式,将传票和人民检察院的起诉书副本送达被告人。(2)被告人有权委托辩护人,被告人的近亲属可以代为委托辩护人;被告人及其近亲属没有委托辩护人的,人民法院应当通知法律援助机构指派律师为其提供辩护。(3)人民法院应当将判决书送达被告人及其近亲属、辩护人。(4)被告人或者其近亲属不服判决的,有权向上一级人民法院上诉;辩护人经被告人或者其近亲属同意,可以提出上诉;人民检察院认为人民法院的判决确有错误的,应当向上一级人民法院提出抗诉。(5)在审理过程中,被告人自动投案或者被抓获的,人民法院应当重新以普通程序审理;罪犯在判决、裁定发生法律效力后到案的,人民法院应当将罪犯交付执行刑罪;交付执行刑罚前,罪犯对判决、裁定提出异议的,人民法院应当重新审理。

就本案来说,法院依法定方式将传票和起诉书副本送达程某某本人,是保障被告人知情权和辩护权的基础。法院确认程某某未按要求到案,放弃参加庭审的权利;其近亲属代为委托的辩护人参加了庭审。庭审程序维持了“控、辩、审”的诉讼结构,依次进行了法庭调查、法庭辩论、被告方的最后意见陈述等环节,有利于查清案件真相、保障被告人的利益。本案的被告人或者近亲属放弃了《刑事诉讼法》第 294 条规定的上诉权,该案判决已经确定,具有了法律效力。

刑事缺席审判的一个重要问题是证明标准问题。依照《刑事诉讼法》第 200 条的规定,有罪判决的证明标准:“案件事实清楚,证据确实、充分。”对于被告人不在庭审现场、具有天然弱点的刑事缺席审判程序,更应该坚持如此的法律标准。本案认定程某某先后三次指使财务人员将公款转入其名下支票账户及其在新西兰开设的个人账户,将公款转为个人所有,其行为构成刑法规定的贪污罪。为证明贪污罪的指控,检察机关针对涉案款项公款性质、转款记录、数额认定、赃款去向等证据材料作了充分的、严谨的证据审查。公诉人在庭审程序中通过举证质证有力证明了起诉书指控的犯罪事实,达到了指控犯罪事实清楚、争议问题辨析明确的良好出庭效果。[1]该案与通常情况下官员贪污贿赂案件相比，对程某某的指控只有确凿的三笔贪污款项，没有其他贪污贿赂的事实情节，办案机关坚守了刑事法治原则和证明标准。在缺席审判程序中，我们应特别强调，有几起犯罪事实达到法定证明标准就起诉审理几起，不能生硬地起诉一些达不到法律标准的案件，应该坚持宁精勿粗、宁少勿滥的起诉原则。

Ⅱ　因病无法出庭被告人的缺席审判程序

【案例 27-1-02】孙某甲贪污案[2]

2019 年 5 月 10 日上午，由辽宁省丹东市振兴区人民检察院依法提起公诉的孙某甲犯贪污罪一案在丹东市振兴区人民法院公开开庭审理，并当庭宣判。

振兴区人民检察院于 2018 年 1 月 4 日向振兴区人民法院就孙某甲涉嫌贪污案提起公诉。2010 年至 2013 年，时任北京矿冶研究总院丹东冶金机械厂副厂长的被告人孙某甲与该厂厂长孙某乙（已判刑）、党委书记刘某（已判刑）、党委副书记关某某（已判刑）、副厂长王某某（已判刑）、副厂长郑某（已判刑）研究决定，共同将被告人孙某甲主管的该厂营销部门在销售机械设备过程中形成的账外资金 73 万元予以侵吞，其中孙某甲得款 116,274.91 元。该案在提起公诉后，因孙某甲患脑梗无法出席庭审，也不能正确表达意思，振兴区人民法院对案件中止审理，诉讼程序停滞。《刑事诉讼法》2018 年 10 月修正后，振兴区人民检察院认为该案符合缺席审判条件，经与被告人家属沟通并取得同意，该案重新启动诉讼程序。

2019 年 5 月 10 日，丹东市振兴区人民法院以刑事缺席审判的程序开庭审理此案。因孙某甲在侦查阶段认罪悔罪，并有自首情节，振兴区人民法院当庭宣判孙某甲有期徒刑 2 年 6 个月，对其贪污公款 10 万余元予以追缴。

---

〔1〕 参见徐日丹：《最高检详解我国“刑事缺席审判第一案”程三昌案的检察经验》，载中华人民共和国最高人民检察院网，https://www.spp.gov.cn/spp/zdgz/202202/t20220214_544476.shtml。

〔2〕 参见刘键、王双：《辽宁：首例刑事缺席审判案件宣判》，载正义网，http://www.jcrb.com/procuratorate/jcpd/201905/t20190515_2001589.html。

■ 法理与法律适用评析

《刑事诉讼法》第296条规定，因被告人患有严重疾病无法出庭，中止审理超过6个月，被告人仍无法出庭，被告人及其法定代理人、近亲属申请或者同意恢复审理的，人民法院可以在被告人不出庭的情况下缺席审理，依法作出判决。这是解决诉讼障碍型缺席审判（贪污贿赂犯罪案件等被告人在境外的属于明确刑事责任型缺席审判〔1〕）的规定。此种情形的缺席审判可视为被告人的一种程序选择权，被告人（及其法定代理人、近亲属）可以选择缺席审判程序，使法院尽快对案件进行裁判，也可以继续保持"中止审理"状态。〔2〕

因被告人患有严重疾病无法出庭的案件，被告方有权拒绝使用缺席审判程序。在这种情况下，此类案件将长时间处于《刑事诉讼法》第206条规定的"中止审理"状态，故此时案件将面临很多法律上的问题。此类案件不符合《刑事诉讼法》第298条规定的没收违法所得程序的条件，查封、扣押、冻结的财物没有经过审判，处于暂时的被控制状态（可以返还被害人的财产）。附带民事诉讼没法审理，被告人可能承担的民事责任无法在刑事诉讼程序中解决；从法理上说，应该允许被害方单独提起民事诉讼，以解决被告人的赔偿责任。

在司法实践中，相当一部分被告人（及其法定代理人、近亲属）有动机、有动力拒绝缺席审判，因为中止审理的状态可以使其免于罪犯的身份，案件内容没有法院的审理和裁判，可能是对其有利的结果。

本案是被告方同意适用缺席审判程序的，其刑罚的执行是一个需要我们认真思考的问题：本案的被告人适用《刑事诉讼法》第265条规定的"暂予监外执行"吗？《刑事诉讼法》第265条规定："对被判处有期徒刑或者拘役的罪犯，有下列情形之一的，可以暂予监外执行：（一）有严重疾病需要保外就医的……"本案的孙某甲患脑梗，不能正确表达个人意思，符合暂予监外执行的条件。孙某甲的脑梗在2年6个月的时间内没有治好，是不需要坐牢的；法院作出的有期徒刑判决，基本上是"空判"。如果他的病在较短的时间治疗好了，他依然要在剩余的徒刑期间里坐牢。"暂予监外执行"可以构成被告方选择缺席审判程序的动力。刑事诉讼法蕴含着两者的互动因果关系，我们通过此案可以清晰地看出来。

---

〔1〕 参见卞建林，吴思远：《刑事缺席审判程序：立法反思与实践走向》，载《求是学刊》2020年第5期。

〔2〕 参见李寿伟主编：《中华人民共和国刑事诉讼法解读》，中国法制出版社2018年版，第739页。

■ 法条链接

《刑事诉讼法》第291、292、293、294、295、296条。

■ 参考文献

1. 卞建林、吴思远:《刑事缺席审判程序:立法反思与实践走向》,载《求是学刊》2020年第5期。
2. 李寿伟主编:《中华人民共和国刑事诉讼法解读》,中国法制出版社2018年版。